Inhaltsverzeichnis

Die Familienpsychologie ist eine neue Stimme im Konzert der psychologischen Disziplinen. Sie beschäftigt sich zum einen - kurz gesagt - mit der *Entwicklung der Familie* als einer Gruppe besonderer Art, zum anderen aber auch mit der *Entwicklung in der Familie*, d.h. dem Verhalten und Erleben des einzelnen im Kontext seiner Familie. Was "Familie" ist, orientiert sich dabei nicht nur an gesellschaftlich vermittelten Leitbildern, sondern vor allem daran, wie sich im gemeinschaftlichen Lebensvollzug Familienleben konkret abspielt. Familien oder familienähnliche Lebensformen sind somit - so eine zentrale These dieses Buches - *intime Beziehungssysteme*, in denen die beteiligten Personen die Bedingungen ihres Lebens und Zusammenlebens im Rahmen ihrer Möglichkeiten selbst schaffen. Nicht immer führt dies zu einer ungestörten Entwicklung der Familie oder des einzelnen in der Familie.

Zur Behandlung und Behebung dysfunktionaler Entwicklungen in intimen Beziehungssystemen hat sich in den letzten Jahrzehnten die Familientherapie als ein besonderer, mit dem Etikett "systemisch" nur ungenau beschriebener Interventionsansatz entwickelt. In ihrem rasanten Aufblühen hat diese sich rasch in viele Schulen aufspaltende Therapieform wenig Notiz von den Fortschritten der neueren Psychologie, insbesondere in den Bereichen der Persönlichkeits-, Entwicklungs- und Sozialpsychologie, genommen. Zugleich sind bei einer nahezu ausschließlichen Beachtung "gestörter" Familienbeziehungen andere nicht-therapeutische, aber gleichermaßen bedeutsame Themen des Familienlebens wie etwa die Psychologie der familiären Sozialisation eher in den Hintergrund gerückt.

Die Familienpsychologie will nun dieses Ungleichgewicht austarieren. Zum einen soll den nicht-klinischen Aspekten der Persönlichkeitsentwicklung im Kontext der Familie mehr Beachtung verschafft werden. Zum anderen geht es darum, die verschiedenen Ansätze der familiären Intervention stärker an dem Erkenntnisfundus und an den methodischen Standards der Psychologie zu orientieren. Dies ist die Zielsetzung des vorliegenden Textes. Im übrigen handelt es sich dabei um die erste umfassende Darstellung zum Thema "Familienpsychologie" im deutschsprachigen Raum.

Einige Kapitel sind bereits an anderer Stelle veröffentlicht und teilweise für die Zwecke dieses Bandes erheblich umgearbeitet worden. Zwar stellt jedes Kapitel eine abgeschlossene Einheit dar und kann somit für sich allein gelesen werden. Zugleich ergibt sich aber auch aus der thematischen Abfolge der einzelnen Kapitel ein roter Faden, der von den Grundlagen über Theorie und Empirie, Diagnostik und Intervention bis zur Ausbildung im Bereich Familienpsychologie führt. Alles in allem beinhaltet somit die Sequenz der insgesamt 14 Kapitel eine Einführung in zentrale Themen der Familienpsychologie.

Aus Lesbarkeitsgründen habe ich bei geschlechtsbezogenen Formulierungen durchgängig die "männliche Sprachform" gewählt. Ich möchte aber ausdrücklich klarstellen, daß es sich dabei weder um eine Diffamierung weiblicher Positionen noch um die Zementierung einer männlichkeitsorientierten Weltsicht handelt.

Abschließend ein Wort des Dankes. Zunächst danke ich den diversen Verlagen, die einer Wiederverwendung bereits veröffentlichter Texte zugestimmt haben. Ein detaillierter Quellennachweis findet sich am Ende des Buches. Für ihre sorgfältige und zügige Arbeit beim Schreiben des Manuskripts danke ich Barbara Kalter und Hilde Maier-Krisch. Dipl.-Psych. Stefan Ruppert hat außer den Abbildungen und Tabellen eine reproduktionsfähige Druckvorlage des Gesamtmanuskripts sowie des Personen- und Sachregisters angefertigt, wofür ich ihm besonders danke. Dipl.-Psych. Astrid von Medinger erstellte das Literaturverzeichnis. Ihr danke ich ebenso herzlich wie Petra Gotzler, die mit Akribie die letzte Fassung des Gesamttexts Korrektur gelesen hat.

München, im Juli 1991   Klaus A. Schneewind

I GRUNDLAGEN DER FAMILIENPSYCHOLOGIE

Übersicht:

Das *erste Kapitel* ist ein programmatisches Plädoyer für die Etablierung der Familienpsychologie als einer neuen psychologischen Disziplin. Nach der Präzisierung eines psychologisch sinnvollen Familienbegriffs werden Fragen der Theoriebildung, Familienentwicklung, Familiendiagnostik, familiären Intervention und Ausbildung in Familienpsychologie behandelt. Die Argumente konvergieren in dem Vorschlag, die Familienpsychologie als ein eigenständiges Teilgebiet der Psychologie einzuführen.

Das *zweite Kapitel* beschäftigt sich mit dem Wandel familiärer Lebensformen. Anhand einer Reihe von Indikatoren wie z.B. Abnahme von Eheschließungen, Geburtenrückgang oder Scheidungshäufigkeit wird für die Bundesrepublik Deutschland dieser Wandel unter Bezug auf subjektive und objektive Veränderungsdaten beschrieben. Abschließend wird auf einige Gründe des familiären Wandels - vor allem im Hinblick auf eine Umgestaltung innerfamiliärer Beziehungen - eingegangen.

Das *dritte Kapitel* behandelt ausführlicher eine zentrale These dieses Buches, wonach in einer psychologischen Sicht Familien als intime Beziehungssysteme zu verstehen sind. Dabei werden im einzelnen die Kennzeichen und Abgrenzungskriterien gegenüber anderen Formen zwischenmenschlicher Beziehungen diskutiert. Außerdem werden die beiden zentralen Strukturdimensionen von intimen Beziehungssystemen, nämlich "Verbundenheit" und "zugestandene Autonomie", in ihrer Auswirkung auf die Entwicklung des einzelnen und der Familie analysiert.

Im Zentrum des *vierten Kapitels* steht ein Überblick über empirische Befunde zu benachteiligenden Ungleichheiten von Familien und Kindern in einer interkulturellen Perspektive. Obwohl dieser Beitrag bereits Anfang der 80er Jahre geschrieben wurde, hat er - vor allem was ökonomische und ökologische Benachteiligungen von Familien anbelangt - nichts an Aktualität eingebüßt. Auf dem Hintergrund der Ergebnisse von Interventionsstudien zur Unterernährung und zur Kindesentwicklung in der Familie werden mögliche Wege zur Bekämpfung familiärer Benachteiligung aufgezeigt.

1. Gegenstand und Aufgaben der Familienpsychologie

1.1 Einführende Bemerkungen

Kein Zweifel: die Familie ist ins Gerede geraten. Da gibt es z. B. die Schriftstellerin Susan Sonntag, die der Familie sozusagen den Tod wünscht, wenn sie von der modernen Kleinfamilie sagt, sie sei ein "psychologisches und moralisches Desaster ..., ein Gefängnis der sexuellen Repression, ein Tummelplatz der inkonsequenten moralischen Unklarheit, ein Museum des Besitzdenkens, eine Brutstätte der Schuldgefühle, eine Schule der Selbstsucht" (zit. nach Howard 1980, S. 58). Und da gibt es den Buchautor David Cooper (1981), der einen Schritt weiter geht und bereits im Titel seines Buches den "Tod der Familie" konstatiert. Und schließlich gibt es Stimmen wie die des Sozialwissenschaftlers Barrington Moore (1969), der immerhin pietätvollerweise die Anregung gibt, daß der "Patient Familie" (Richter 1970) nach seinem Ableben feierlich beigesetzt werden solle.

Ist es bei soviel niederdrückender Morbidität nicht ein wenig unzeitgemäß, angesichts eines im Sterben liegenden Patienten ein Plädoyer für die Geburt einer neuen psychologischen Disziplin zu halten? Könnte es da nicht zu der grotesken Situation kommen, daß zugleich mit dem Erscheinen der Familienpsychologie als einem Teilgebiet der Psychologie ihr Gegenstand, nämlich die Familie, verschwindet? Oder soll - und dies wäre wenigstens ein noch nachvollziehbares Motiv - rasch eine Familienpsychologie aus der Taufe gehoben werden, um dem maladen Patienten Familie vielleicht doch noch auf die Beine zu helfen? Immerhin würde dies bei so manchem Psychologen das ihm wohlvertraute Helfer- und Rettersyndrom ansprechen. Allerdings würde auch hier - wie in vielen anderen Bereichen - die Psychologie wieder einmal zu spät kommen. Selbst wenn man einer "Verteidigung der bürgerlichen Familie" (Berger & Berger 1984) das Wort reden möchte - und um die geht es eigentlich, wenn vom Leben und Tod oder zumindest von der Krise der Familie die Rede ist (vgl. Perrez 1979) - sind uns andere Disziplinen, allen voran die Soziologie, voraus. So macht etwa das Soziologenehepaar Brigitte und Peter Berger (1984, S. 7) von Anfang an seine Position klar, wenn sie sagen: "Wir glauben an die fundamentale Berechtigung der bürgerlichen Familie für die Vergangenheit ebenso wie für die heutige Zeit - in Fragen der Moral genauso wie als Voraussetzung für eine freie Gesellschaftspolitik."

Ob man sie nun gutheißt - die bürgerliche Familie - oder nicht, eins steht fest: es gibt sie, wenn man davon ausgeht, daß hinter der von der ehemaligen Familienministerin Rita Süssmuth (1981, S. 137) gegebenen Definition, wonach die Familie als "biologisch-soziale Gruppe von Eltern mit ihren ledigen, leiblichen und/oder adoptierten Kindern" zu verstehen ist, sich auch die diversen Formen bürgerlichen Familienlebens verbergen. Nach der amtlichen Statistik sind dies in der alten Bundesrepublik Deutschland im Jahre 1988 immerhin 8,6 Millionen Ehepaare, die mit mindestens einem Kind in einem Haushalt zusammenleben.

Dies möchte ich nun freilich nicht als Plädoyer für die bürgerliche Familie verstanden wissen, sondern lediglich als einen Hinweis darauf, daß allein, wenn man sich an einem traditionellen, d. h. rechtlich-staatlich legitimierten Familienbegriff orientiert, eine Familienpsychologie nicht um ihren Gegenstand zu bangen braucht. In der Tat ist dies nur *ein* Argument für eine Familienpsychologie und ein defensives dazu, was wohl nicht ausreicht, um für eine Etablierung einer Familienpsychologie das nötige Fundament abzugeben. Im übrigen würde diese Schwäche auch nicht auszumerzen sein, wenn man den Bedeutungsumfang des Familienbegriffs erweitern würde, z. B. dadurch, daß man auch sogenannte nicht-traditionelle Familien oder quasi-familiäre Lebensformen - von der nicht-ehelichen Lebensgemeinschaft bis hin zur Kommune oder gar homosexuellen Partnerschaft - mit dem Wort "Familie" belegen würde.

Schon eher kommen wir an das Fundament einer Familienpsychologie, wenn wir uns vor Augen führen, daß wir letztlich alle unentrinnbar "Familienmenschen" sind. Auf diesen Aspekt hat Duss von Werdt (1980, S. 18) hingewiesen, wenn er sagt: "Jeder hat Vater und Mutter, selbst wenn er sie nie erlebt und gekannt hat. Er ist und bleibt ihr Kind. Sie sind und bleiben seine Eltern. Man ist nie niemandes Kind. ... Diese zwei Existenzdimensionen des Kindlichen und des Elterlichen, des Filialen und des Parentalen, machen den *Familienmenschen* aus. Sie liegen jeder Form von tatsächlich wahrgenommener Elternschaft und konkret erfahrener Eltern-Kind-Beziehung voraus als deren Bedingung." Dieses unentrinnbare Faktum biologischer Kind- und Elternschaft macht sich im übrigen die moderne Verhaltens- und Verhaltensentwicklungsgenetik mit ihren Adoptions- und Zwillingsuntersuchungen zunutze (vgl. Scarr & Kidd 1983). Die biologisch-genetische Perspektive darf daher bei der Grundlegung einer Familienpsychologie nicht außer acht bleiben.

Der Fokus der Familienpsychologie wird jedoch - so möchte ich vorschlagen - primär ein anderer sein, nämlich *das Verhalten und Erleben von Personen in Beziehung zu ihrer Familie*. Dies entspricht ziemlich genau dem Definitionsvorschlag des an der Georgia State University in Atlanta tätigen Psychologen Luciano L'Abate, der meines Wissens als erster überhaupt im Jahr 1983 das Wort "Family Psychology" als Buchtitel benutzte und dem das Verdienst zukommt, 1985 ein zweibändiges "Handbook of Family Psychology and Therapy" herausgegeben zu haben. L'Abate (1983, S. XI) führt den Begriff Familienpsychologie ein als "den Zweig der Psychologie, der als Wissenschaft und als Profession die Beziehung zwischen dem Individuum und seiner Familie behandelt".

Zunächst ist dies eine etwas blutleer klingende und wenig aufregende akademische Terrainabgrenzung, die - um zumindest die Vision von Lebendigkeit entstehen zu lassen - einer weiteren Erläuterung bedarf. Ich möchte dies im folgenden anhand von sechs Punkten versuchen, von denen ich glaube, daß sie für das Programm einer Familienpsychologie bedeutsam sind. Diese Punkte umfassen (1) den Versuch zur Klärung eines psychologischen Familienbegriffs, (2) Probleme der theoretischen Fundierung der Familienpsychologie, (3) einige Überlegungen zu einer Familienentwicklungspsychologie, (4) einige Gedanken zur Familiendiagnostik, sowie (5) zur familiären Intervention und schließlich (6) einige Hinweise zur akademischen Ausbildung im Bereich der Familienpsychologie. Abgesehen davon, daß ich die einzelnen Punkte hier nicht in extenso abhandeln kann, wird vieles von dem, was ich vorzubringen habe, auf dem Niveau von Vorschlägen, Forderungen, Anregungen oder Wünschen bleiben.

1.2 Familien als intime Beziehungssysteme

Wenn die Familienpsychologie sich - wie vorgeschlagen - mit dem Verhalten und Erleben von Personen in Beziehung zu ihrer Familie beschäftigen soll, kommt man um eine Präzisierung dessen, was Familie eigentlich sein soll, nicht herum. Dabei kann man sich am traditionell rechtlichen Familienbegriff orientieren, der im wesentlichen auf dem Filiations- und Sorgerechtsprinzip beruht. D. h. eine Familie entsteht dann, wenn zwei Generationen durch biologisch oder rechtlich, d. h. durch Adoption, begründete Elternschaft miteinander verbunden werden und wenn eine legalisierte Klärung des Sorgerechts für die nachwachsende Generation erfolgt ist.

Wie gesagt, man *kann* im Rahmen dieses Familienbegriffs Familienpsychologie betreiben, muß sich dann aber dessen bewußt sein, daß damit eine ganze Reihe von Lebensformen ausgeklammert wird, die - in einem durchaus auch traditionellen Sinne - quasi-familiäre Funktionen erfüllen. Um einige Beispiele zu nennen: kinderlose Ehepaare, nicht eheliche Lebensgemeinschaften mit und ohne Kindern, Pflegefamilien, Familien nach dem Tagesmütter- oder SOS-Kinderdorfmodell, Mehrfamilienverbände oder polygame Familien - sie alle würden sich nach dem bei uns gegenwärtig geltenden rechtlichen Familienbegriff nicht als Familien qualifizieren. Und doch findet auch in diesen Familien "Leben" statt. Auch hier werden - zumindest teilweise - Kinder großgezogen, es werden Streitigkeiten ausgetragen und Zärtlichkeiten ausgetauscht, es wird Angenehmes und Unangenehmes gemeinsam erfahren, es werden Pläne geschmiedet, Erfolge gefeiert und Enttäuschungen beklagt, kurz: es findet gemeinschaftliches Leben statt. Für eine psychologische Perspektive ist dies der entscheidende Punkt, nämlich wie dieser gemeinschaftliche Lebensvollzug das Verhalten und Erleben des einzelnen formt. Empirisch ist es dabei von nachrangiger Bedeutung, welchen rechtlichen Status die Personen haben, die miteinander leben. Wichtiger ist vielmehr, welche Personen tatsächlich miteinander leben, wie sie ihr gemeinschaftliches Leben organisieren, was sich dabei an konkreten Lebensaktivitäten ereignet und wie sich dies verhaltens- und erlebensformierend auf den einzelnen auswirkt.

Ich möchte daher vorschlagen, einen psychologischen Familienbegriff am *Prinzip des gemeinschaftlichen Lebensvollzugs* zu orientieren. Dabei stellt sich sofort die Frage, welche Bedeutung dem Begriff "gemeinschaftlicher Lebensvollzug" gegeben werden soll, denn immerhin wird ja auch in Lebensbereichen, die sich auf einen Blick nicht als familiäre oder quasi-familiäre Lebenskontexte erkennen lassen, gemeinschaftlich Leben vollzogen, z. B. in Arbeits-, Sport- oder Freizeitgruppen.

Ich habe an anderer Stelle den Vorschlag gemacht, familiäre bzw. quasi-familiäre Personengruppen als *intime Beziehungssysteme* zu bezeichnen und sie anhand folgender vier Kriterien von anderen sozialen Beziehungssystemen zu unterscheiden (vgl. Kapitel 3 und 5 in diesem Band). Es sind dies:

(1) *Abgrenzung.* Damit ist gemeint, daß zwei oder mehr Personen ihr Leben in raum-zeitlicher Abhebung von anderen Personen oder Personengruppen nach bestimmten expliziten oder impliziten Regeln in wechselseitiger Bezogenheit gestalten. Der Aspekt der raum-zeitlichen Abhebung impliziert zum einen

(2) *Privatheit,* d. h. das Vorhandensein eines umgrenzten Lebensraumes oder zumindest eines Mediums, in dem ein wechselseitiger Verhaltensaustausch möglich ist, und zum anderen

(3) *Dauerhaftigkeit,* d. h. einen auf längerfristige Gemeinsamkeit angelegten Zeitrahmen, der sich aufgrund wechselseitiger Verpflichtung, Bindung und Zielorientierung ergibt. Auf diesem Hintergrund gewinnt schließlich ein viertes Kriterium Gestalt, nämlich

(4) *Nähe,* d. h. die Realisierung von physischer, geistiger und emotionaler Intimität im Prozeß interpersonaler Beziehungen.

Intime Beziehungssysteme sind durch einen mehr oder minder hohen Grad an *interpersonaler Involviertheit* oder - wie Altmann und Taylor (1973) es nennen - *sozialer Penetration* gekennzeichnet. Damit ist der Umfang, die Tiefe und die Intensität wechselseitiger Bezogenheit gemeint, die sich zwischen den extremen Polen der Symbiose auf der einen und des Autismus auf der anderen Seite bewegen kann (vgl. L'Abate 1976).

Ich bin mir dessen bewußt, daß mit dem Vorschlag, Familien als intime Beziehungssysteme zu begreifen, nicht alle definitorischen Probleme aus dem Weg geräumt sind. Ich meine allerdings, daß angesichts einer zumindest für die westlichen Industrienationen allenthalben festgestellten zunehmenden Pluralisierung und Individualisierung von Lebensstilen die Familienpsychologie neben der Beschäftigung mit traditionellen Familienformen sich auch offenhalten sollte für alternative Lebensformen. Und zwar auch solche, von denen wir zum jetzigen Zeitpunkt vielleicht noch gar nichts ahnen. In diesem Sinne ist im Vergleich zum traditionell rechtlichen Verständnis von Familie der Begriff "intimes Beziehungssystem" sowohl psychologisch adäquater als auch inhaltlich umfassender.

1.3 Zur theoretischen Fundierung der Familienpsychologie

Um es gleich vorwegzunehmen: Ich sehe mich außerstande, eine Familientheorie oder gar *die* Familientheorie zu präsentieren. Dennoch plädiere ich dafür, daß eine akademisch betriebene Familienpsychologie sich hartnäckig um eine theoretische Fundierung ihrer Disziplin bemühen sollte. Dies ist insofern kein Gemeinplatz und durchaus der Erwähnung wert, als einige renommierte Vertreter der Familientherapie wie etwa Jay Haley oder Carl Whitaker eine äußerst mißtrauische bis feindselige Haltung gegenüber theoretischen Anliegen äußern. Carl Whitaker muß sich z. B. die Bemerkung nachsagen lassen, "daß die Familientherapie am allerdringendsten eine 'Nichttheorie' brauche" (vgl. Minuchin & Fishman 1983, S. 24). Fairerweise muß man jedoch auch sagen, daß diese abstinente Haltung nicht für alle Familientherapeuten zutrifft. So berichten etwa Minuchin und Fishman (1983, S. 25) von einem Gesinnungswandel in diesem Punkt, wenn sie ihre heutige Position wie folgt markieren: "Für die Ausbildung braucht es nicht nur ein Bündel klar differenzierter Techniken, sondern auch eine Reihe von übergreifenden Konzepten, die den Techniken erst Sinn und Bedeutung verleihen." Einen Schritt weiter gehen z. B. Duhl und Duhl (1979) vom Boston Family Institute, die ihre Studenten schon zu Beginn ihrer familientherapeutischen Ausbildung dort abholen, wo sie sind, nämlich bei ihren eigenen impliziten Familientheorien. In Konfrontation mit expliziten theoretischen Ansätzen und ihren eigenen Erfahrungen sollen dann die Studenten aktiv in den Prozeß der Theorieentwicklung eingebunden werden.

Allerdings wird man zugeben müssen, daß das bisherige Angebot an expliziten Familientheorien den Anforderungen eines rigorosen Theoriebegriffs kaum genügt. Es ist wohl angemessener, von theoretischen Modellen oder Metaphern zu sprechen. Aber auch diese können als Ordnungsraster für eine wissenschaftlich betriebene Familienpsychologie wertvolle Dienste leisten. Dies gilt beispielsweise für die häufig als Metatheorie in Anspruch genommene Familiensystemtheorie, die von manchem als eine "kopernikanische Revolution" (vgl. Guntern 1980) oder im Falle der Familienpsychologie gar als "Quantensprung" (vgl. L'Abate & Thaxton 1983, S. 9) gefeiert wird. Gemeint ist mit diesem revolutionären Quantensprung eine Verlagerung der ausschließlichen Beschäftigung mit intrapsychischen Phänomenen zugunsten einer systemischen, auf interpersonale Beziehungen abhebenden Sichtweise.

In den Augen der Systemiker weist man sich dann nachgerade als wissenschaftlich rückständig aus, wenn man bei Worten wie "systemisch", "holistisch", "Homöostase" oder "zirkuläre Kausalität" keine glänzenden Augen bekommt. Um nicht mißverstanden zu werden: ich möchte mich nicht gegen eine systemische Denkweise aussprechen - immerhin habe ich ja selbst gerade vorgeschlagen, Familien als intime Beziehungs*systeme* zu begreifen. Ich meine nur, daß man der Psychologie Unrecht tut, wenn man ihr unterstellt, sie habe sich nicht mit interpersonalen Beziehungen beschäftigt. Ich erinnere nur an die in den Dreißiger Jahren entstandenen persönlichkeitstheoretischen Konzeptionen von Lewin (1935), Murray (1938) oder auch die später entstandene Theorie der interpersonalen Beziehungen von Sullivan (1953).

Was allerdings in der akademischen Psychologie in der Tat zu kurz gekommen ist, ist die Beschäftigung mit der Familie als einem im Lebensgang des einzelnen in aller Regel früh einsetzenden, langfristig wirkenden und vielfältige Lebensbereiche tangierenden Beziehungskontext. So stellten beispielsweise Dunne und L'Abate (1978, S. 115) "ein Familientabu in psychologischen Lehrbüchern" fest. Bei einer inhaltsanalytischen Auswertung von 60 Lehrbüchern aus sechs einschlägigen Themenbereichen der Psychologie ergab sich z. B. im Bereich der Persönlichkeits- und der Sozialpsychologie für familienrelevante Begriffe ein durchschnittlicher Seitenanteil von weniger als 1 Prozent.

Auch bei Zeitschriftenpublikationen scheint die Situation nicht viel anders zu sein, wenn man als Beispiel eine Auswertung der Zeitschrift "Developmental Psychology" nimmt, die Kaye (1985) für die Jahrgänge 1972, 1977 und 1982 durchgeführt hat. Er kommt zu dem Ergebnis, daß nur in einer von hundert Veröffentlichungen tatsächlich Interaktionen zwischen Personen untersucht werden. Kaye (1985, S. 45) kommentiert diesen Befund wie folgt: "Ursprünglich habe ich diese Übersicht durchgeführt, um ein Anwachsen von Untersuchungen zur Eltern-Kind-Interaktion zu dokumentieren ..., aber in Wirklichkeit gibt es ein solches Anwachsen nicht." Und Kaye fährt fort: "Was angewachsen ist, ist die Verwendung einer systemischen Rhetorik, um Interaktionen innerhalb der Familie zu beschreiben." Woran es fehlt, sind Prozeßmodelle, die nicht nur konstatieren, *daß* innerhalb einer Familie Interaktionen mit wechselseitiger Verhaltensbeeinflussung ablaufen, sondern *wie* diese Interaktionen ablaufen und *wie* sie das Verhalten und Erleben des einzelnen steuern.

Ein guter Startpunkt hierfür sind Untersuchungsansätze, die aus beobachtbaren und sich wiederholenden Interaktionen die verhaltensleitenden Regeln in Familiendyaden, -triaden und Familienkonstellationen höherer Ordnungszahl erkennbar machen. Diese Regeln bestimmen die Qualität und die Breite des Handlungsspielraums, die der einzelne im Kontext seiner Familienbeziehungen hat. So konzentriert sich beispielsweise Minuchin (1977) in seinem Ansatz der strukturellen Familientherapie auf die Regeln, die sowohl den Grad an Nähe und Distanz als auch das Ausmaß an exekutiver Macht innerhalb einer Familie, aber auch in ihren Außenkontakten, bestimmen. Bekanntlich leitet Minuchin aus diesen Regeln ein normatives Modell der Familientherapie ab, in dem er innerhalb der Familie auf die Herstellung klarer Grenzen zwischen den einzelnen Mitgliedern bzw. Teilgruppen des Familiensystems hinarbeitet und zugleich eine deutliche, nach Generationen geordnete Hierarchisierung zum therapeutischen Ziel erhebt.

Auch wenn man sich Minuchin's normativem Therapiemodell nicht anschließt, kann man aus seiner Vorgehensweise viel über systemisches Denken lernen. Ein wichtiger Punkt dabei ist, daß es wenig Sinn macht, die Regeln eines Familiensystems zu verdinglichen, wie es ebensowenig Sinn macht, das Familiensystem selbst zu verdinglichen (vgl. Massey 1985). Die aus der Interaktionsstruktur erschlossenen Familienregeln sind vielmehr Konstrukte, die auf wechselseitige Abstimmungsleistungen *einzelner Personen* hinweisen. Es sind also die in einem Familienverband gemeinschaftlich ihr Leben vollziehenden Personen, die sich *in* der familiären Interaktion als Personen äußern und *durch* die familiäre Interaktion als Personen geformt werden. Genau dies ist der genuin psychologische Aspekt der Familienpsychologie, der sie von anderen Familienwissenschaften abhebt.

Geht man davon aus, daß es nicht nur die von außen abstrahierbaren familiären Interaktionsmuster gibt, die letztlich ja nichts anderes als das Produkt einer kognitiven Leistung des Beobachters sind, sondern daß auch die einzelnen Familienmitglieder selbst kognitionsfähige Beobachter sind, dann stellt sich auch die Frage nach der internen Repräsentation von Familienbeziehungen bei den einzelnen Personen eines Familienverbands. Ich habe an anderer Stelle hierfür den Begriff des *familienspezifischen internen Erfahrungsmodells* vorgeschlagen (Schneewind 1987a, S. 980). Mit diesem Begriff soll das subjektive Wissen von der Familienrealität gemeint sein, d. h. das Wissen, das eine Person von ihren Familienmitgliedern entwickelt hat. Dieses personspezifische Wissen von der Familienrealität ist bei den einzelnen Familienmitgliedern mehr oder weniger bewußt. Es ist mehr oder weniger differenziert und es zeigt eine mehr oder weniger große Überlappung mit der subjektiven Sicht, die andere Familienmitglieder von der Familienrealität haben. Auf jeden Fall ist dieses subjektive Wissen von der Familienrealität ein unverzichtbares Bestimmungsstück beider Konstruktion von Prozeßmodellen zur Klärung der oben aufgeworfenen Frage, *wie* familiäre Interaktion ablaufen und *wie* sie das Verhalten und Erleben des einzelnen steuern.

1.4 Familienentwicklung in psychologischer Sicht

Als eines der Kriterien zur Kennzeichnung intimer Beziehungssysteme hatte ich das Merkmal "Dauerhaftigkeit" im Sinne eines auf längere Frist angelegten Zeitrahmens gemeinschaftlichen Lebensvollzugs vorgeschlagen. Zugleich hatten wir gesehen, daß der Prozeß des gemeinschaftlichen Lebensvollzugs unter anderem erkennbar wird an den Regeln, die den Verhaltensaustausch zwischen den einzelnen Familienmitgliedern koordinieren. Diese Regeln sind über die Zeit hinweg mehr oder weniger stabil. Von daher liegt es nahe, die Konstanz bzw. den Wandel von familiären Regel- oder Interaktionsmustern im Zeitverlauf zu studieren und dies als Familienentwicklung zu bezeichnen.

Dies wäre jedoch ein weiteres Beispiel für die Verdinglichung eines Systemmerkmals, bei der die psychologische Perspektive verlorenzugehen droht. Wir erinnern uns, daß es ja Personen sind, die die Familienregeln in jedem Augenblick gemeinsamen Tuns von neuem lebendig werden lassen - sei es, daß sie ihr koordiniertes Verhalten nach eingespielten Regeln reproduzieren oder nach veränderten Regeln neu gestalten. Nur Personen, nicht aber abstrakte Systeme sind sich entwickelnde lebende Organismen. Von daher scheint es mir in psychologischer Sicht angemessener zu sein, *Familienentwicklung als den im Kontext der Familie in wechselseitiger Bezogenheit verlaufenden Prozeß der Persönlichkeitsentwicklung* zu bezeichnen. Dieser Prozeß wird von manchen auch als Koevolution oder Koindividuation bezeichnet (vgl. Willi 1985, Simon & Stierlin 1984).

Im Prozeß gemeinschaftlichen Lebensvollzugs mit anderen vollzieht sich nicht nur die Persönlichkeitsentwicklung des einzelnen, sondern es wird auch gemeinsame Geschichte geschaffen. Diese gemeinsame Familiengeschichte, die immer auch individuelle Biographie ist, geht als ein wesentliches Bestimmungsstück in das aktuelle Beziehungsgeschehen einer Familie ein. Ein wichtiger Punkt dabei ist, daß bei jeder einzelnen Person nicht nur die im Rahmen des gegenwärtigen familiären Beziehungskontexts geschaffene Geschichte wirksam ist, sondern auch die in früheren intimen Beziehungssystemen erfahrene Geschichte. Konkret heißt dies für eine bestimmte Person, daß z. B. die Geschichte früherer Partnerschaften und insbesondere - nach dem traditionellen Familienmodell - die mit den Personen der Herkunftsfamilie geschaffene gemeinsame Geschichte sowie die Geschichte, die diese Bezugspersonen ihrerseits in ihrer Familie erfahren haben, psychologisch relevant ist.

Familiengenealogisch heißt dies, daß wenigstens die erste und zweite Parentalgeneration ihre Spuren im aktuellen Beziehungsgeschehen hinterlassen. Diese Spuren aufzuhellen und ihre Bedeutung für das aktuelle Beziehungsverhalten und -erleben des einzelnen nachzuzeichnen, ist Aufgabe der *psychologischen Familienrekonstruktionsforschung*. Ansätze hierzu sind vorhanden: Ich denke etwa an Tomans (1974) Familienkonstellationsanalysen, an die Familiengenogrammforschung, wie sie von Guerin und Pendagast (1976) vorgeschlagen wurde, oder an den derzeit wohl elaboriertesten Ansatz von Kramer (1985) zur Analyse *transgenerationaler Muster* des Familienlebens.

Dennoch scheint mir diese familienhistorische Mehrgenerationenperspektive der Familienentwicklungspsychologie in den gegenwärtigen Ansätzen der weitgehend soziologisch orientierten Familienentwicklungs- und Familienstreßtheorie (vgl. Duvall 1977, McCubbin & Patterson 1983a) zu wenig Berücksichtigung zu finden. Die Familienstreßtheorie beispielsweise geht bei einer realzeitlichen Untersuchung von Familienentwicklungsverläufen von der Wirkung aktueller normativer und nicht-normativer Stressoren auf das Familiensystem aus. Dabei werden *normative Stressoren* als erwartbare Übergänge im Familienlebenszyklus bezeichnet. Hierzu gehören etwa der Übergang von der Partnerschaft zur Erstelternschaft oder der Übergang vom Familienleben mit Kindern zum sogenannten "leeren Nest". Als *nicht-normative Stressoren* werden hingegen außerhalb des Erwartungshorizonts der Familie liegende Ereignisse bezeichnet. Hierzu gehören etwa Ereignisse wie Arbeitslosigkeit, schwere Krankheit oder unzeitgemäßer Tod eines Familienmitglieds. Abgesehen davon, daß die Unterscheidung von normativen und nicht-normativen Familienstressoren nicht unproblematisch ist - soll man z. B. Scheidung und Wiederverheiratung als normative oder nicht-normative Übergänge im Familienzyklus bezeichnen? -, wird die Bewältigung solcher Ereignisse auch von der bisherigen Beziehungsgeschichte der betroffenen Personen abhängen. In manchen Fällen wird die individuelle familiäre Beziehungsgeschichte selbst die Qualität eines psychologischen Stressors haben, was sich z.B. im Zusammenhang mit Studien zur Gewalt in der Familie auch empirisch nachweisen läßt (vgl. Engfer 1986).

Bei einer realzeitlichen Analyse von Familienentwicklungsprozessen wird allerdings neben einer familienhistorisch-individualbiographischen Perspektive auch die *aktuelle Lebenslage* von Familien in ihren materiellen und sozialen Bedingtheiten mit zu berücksichtigen sein. Familienentwicklungsprozesse sind stets eingebettet in neben- und übergeordnete materielle und soziale Systeme - ein Aspekt, auf den insbesondere Bronfenbrenner (1981, 1983) mit seinem ökologischen Entwicklungsmodell den Finger gelegt hat. Die jeweils aktuelle Lebenslage von Familien steckt den Rahmen ab für den Handlungs- und Erfahrungsspielraum, innerhalb dessen gemeinschaftlicher Lebensvollzug von Familien überhaupt erst möglich wird. Diese Rahmenbedingungen werden zu Produzenten sozialer Ungleichheit, wenn sie im interfamiliären Vergleich den Handlungs- und Erfahrungsspielraum von Familien mehr oder weniger drastisch einschränken. Wir haben hierzu in unseren eigenen sozialökologischen Untersuchungen zur Wirkung restriktiver Familienumwelten empirische Belege gefunden (vgl. Schneewind, Beckmann & Engfer 1983). Allerdings fehlen auch hier realzeitliche Prozeßmodelle, die die Frage beantworten können, *wie* im Familienentwicklungsverlauf familienhistorische und lebenslagenspezifische Faktoren den Prozeß der Koindividuation im Familienkontext beeinflussen. Ich sehe dies als die Aufgabe einer wahrhaft psychologischen Familienentwicklungsforschung, die im übrigen - obwohl sie durchaus systemisch orientiert ist - keineswegs auf Kausalanalysen verzichten muß.

1.5 Familiendiagnostik

Es ist eine der Stärken der akademischen Psychologie, daß sie sich - vielleicht mehr als andere Verhaltens- und Gesellschaftswissenschaften - um eine solide empirische Forschung und methodische Fundierung ihrer Arbeit bemüht. Ich möchte dafür plädieren, daß dies auch im Fall der Familienpsychologie so bleibt. Auch dies ist kein Gemeinplatz und bedarf durchaus der Erwähnung, da gerade in der Familientherapie neben der bereits angesprochenen mißtrauischen Haltung gegenüber Fragen der Theorie eine mindestens ebenso starke Aversion gegenüber Anliegen der empirischen Forschung und insbesondere auch gegenüber der Diagnostik unverkennbar ist.

Was die Familiendiagnostik anbelangt, mag dies z. T. auch am traditionellen Diagnostikverständnis der Psychologie liegen. Ganahl, Rau-Ferguson und L'Abate (1985, S. 1266 f.) gehen sogar so weit, "den traditionellen Ansätzen der Psychodiagnostik ein Versagen in drei Bereichen" vorzuwerfen, nämlich (1) eine Überbetonung intrapsychischer Phänomene, was zu einer Vernachlässigung der Beziehungen zwischen Individuen geführt habe, (2) die Favorisierung einer "linearen Episte mologie", die einer Berücksichtigung von Entwicklungskontexten im Weg gestanden habe und (3) die Außerachtlassung des "Systemprinzips der Nichtsummativität", was für eine direkte Beobachtung interagierender Familienmitglieder hinderlich gewesen sei.

Abgesehen davon, daß in dieser Situationsbewertung der Diagnostik nach meinem Geschmack wiederum zu viel "systems speak" im Spiel ist, bin ich natürlich auch der Auffassung, daß die Diagnostik von Familieninteraktionen auf dem Wege direkter Beobachtung ein wesentliches Thema der Familiendiagnostik sein muß. Im übrigen würde es dabei nicht schaden, wenn sich die familienpsychologische Diagnostik auch von innovativen Methoden befruchten ließe, die im Rahmen der Familientherapie entwickelt worden sind. Ich denke dabei etwa an metaphorisch-bildhafte Techniken der Familienskulpturanalyse (vgl. Constantine 1978, Schweitzer & Weber 1982) oder an Analysen von Interaktionsprozessen im Rollenspiel (vgl. Sader 1986).

Nach dem bisher Gesagten kann sich aber die Familiendiagnostik nicht in der bloßen Außenbeobachtung von Familieninteraktionen erschöpfen. Daneben geht es *zweitens* auch um das Beziehungs*erleben* der am Interaktionsprozeß beteiligten Personen als Bestandteil des familienspezifischen Erfahrungsmodells jedes einzelnen. Darüber hinaus geht es *drittens* - wie wir im Zusammenhang mit familienentwicklungspsychologischen Fragen gesehen haben - um die Rekonstruktion erlebter und gemeinsam geschaffener Geschichte im Familienkontext - ein Aspekt, der ebenfalls für die Analyse der subjektiven Familienrealität unverzichtbar ist. Und es geht schließlich *viertens* um die Erfassung der objektiven materiellen und sozialen Lebenslage von Familien und ihre subjektive Bedeutung für die einzelnen Familienmitglieder.

In diesem Zusammenhang scheint mir ein von Cromwell, Olson und Fournier (1976) unterbreiteter Vorschlag zur Klassifikation familiendiagnostischer Verfahren hilfreich zu sein. Dabei wird hinsichtlich der *Datenquelle* zwischen einer Insider- und einer Outsiderperspektive und hinsichtlich der *Datenart* zwischen subjektiven, erlebensbezogenen und objektiven, verhaltensbezogenen Informationen unterschieden. Darüber hinaus ist es sinnvoll, familiäre Beziehungsaspekte auf unterschiedlichen Systemebenen zu untersuchen, z. B. dem Eltern-Kind-System, dem Partnersystem oder dem Familiensystem als Ganzem (vgl. Cromwell & Peterson 1983). Wir selbst haben unlängst zur Erfassung *erlebter* familiärer Beziehungsaspekte nach diesen Gesichtspunkten ein Familiendiagnostisches Test-System (FDTS) entwickelt (vgl. Schneewind, Beckmann & Hecht-Jackl 1985, Schneewind 1988a) und dabei nachweisen können, daß zwischen dem Beziehungserleben auf verschiedenen Systemebenen und "traditionellen" Persönlichkeitsdaten sinnvoll interpretierbare Zusammenhänge bestehen (vgl. Kapitel 10 in diesem Band).

Darüber hinaus kann etwa am Beispiel des erlebten Familienklimas dessen Bedeutung für die Eingangsdiagnostik, Therapieplanung und Evaluation von Familientherapieverläufen nachgewiesen werden (vgl. Moos & Moos 1983). Was allerdings im Rahmen der familientherapeutischen Prozeßforschung noch weitgehend fehlt, ist die genaue Klärung der Frage, *wie* Veränderungen des Beziehungserlebens und -verhaltens zustande kommen. Hier bedarf es in der Tat des Zusammenspiels einer verhaltensorientierten Interaktionsdiagnostik und einer erlebensorientierten Beziehungsdiagnostik.

1.6 Familiäre Intervention

Wenn von familiärer Intervention die Rede ist, ist das Stichwort "Familientherapie" reflexartig zur Stelle. Ganz im Gegensatz zu der bereits angesprochenen Vernachlässigung familienrelevanter Themen in psychologischen Lehrbüchern (vgl. Dunne & L'Abate 1978) läßt sich für den Bereich der Familientherapie eine geradezu boomartige Entwicklung feststellen. Für den angloamerikanischen Raum berichten etwa Olson, Russell und Sprenkle (1980) in einem Dekadenrückblick auf die 70er Jahre, daß im Zeitraum von 1970 bis 1979 rund 1.500 wissenschaftliche Zeitschriftenartikel und 200 Bücher zur Ehe- und Familientherapie publiziert wurden. Im gleichen Zeitraum stieg die Zahl einschlägiger Fachzeitschriften von 2 auf 10 an, und die American Association for Marriage and Family Therapy hatte von 1970 bis 1980 einen Mitgliederzuwachs von 800 Prozent zu verzeichnen.

Trotz - oder vielleicht gerade *wegen* - dieser Entwicklung, die im übrigen in den USA wie auch bei uns weitgehend außerhalb der akademischen Institutionen stattgefunden hat und wohl immer noch stattfindet, ist eine solide wissenschaftliche Fundierung der familientherapeutischen Praxis ins Hintertreffen geraten. Erneut eröffnet sich hier für die Psychologie mit ihrem traditionell forschungs- und methodenorientierten Selbstverständnis ein weites Betätigungsfeld. Im übrigen ist das nötige "know how" hierfür bereits weitgehend vorhanden (vgl. Gurman 1983). Es bietet sich somit die Chance - wenn nicht gar die Verpflichtung - dem Wildwuchs immer neuer Modeströmungen, die unter dem Firmennamen "Familientherapie" aus dem Boden schießen, mit dem Konzept einer empirisch fundierten *klinischen Familienpsychologie* entgegenzutreten (vgl. Ganahl, Rau-Ferguson & L'Abate 1985). Dies wird wohl auf absehbare Zeit eine Aufgabe sein, die an akademische Institutionen gebunden bleibt, wobei man sich allerdings dem Innovationspotential außerakademischer Aktivitäten in Sachen Familientherapie nicht verschließen sollte.

Bei einer Bewertung des gegenwärtigen Stands der Forschung zur Familientherapie fällt vor allem ein Fehlen an programmatischer Forschung auf. Die Therapieprozeßforschung im Bereich der Familientherapie ist unterentwickelt (vgl. Pinsof 1981). Replikations-, Kreuzvalidierungs- und Therapieschulenvergleichsstudien sowie Untersuchungen zur differentiellen Indikation fehlen weitgehend, ganz zu schweigen von Forschungsansätzen zur Effizienzkontrolle von Therapietrainings- und Supervisionsprogrammen. Die zentrale Frage bleibt (Ganahl, Rau-Ferguson & L'Abate 1985, S. 1263): "Was wirkt am besten bei wem, wenn es von wem, in welcher Situation für welchen Typ von Problemen angewandt wird?"

Fragen dieser Art sind wohl nur auf der Basis einer methodisch und theoretisch fundierten Familienpsychologie zu beantworten, die auch einen Blick für unauffällige oder - wie Walsh (1982) es nennt - "normale Familienprozesse" hat. Dies ist einer der Gründe, weswegen die Gleichung "Familientherapie = Familienpsychologie" nicht aufgeht. Und ich möchte hinzufügen, daß trotz der gegenwärtig dominanten Stellung der Familientherapie auch die Gleichung "Familiäre Intervention = Familientherapie" eine Ungleichung ist. Familiäre Intervention beinhaltet nämlich wenigstens noch drei weitere Aspekte.

Zum ersten den Aspekt der *familiären Prävention,* der neuerdings auch mehr und mehr mit dem Gedanken des "family enrichment" (vgl. Mace 1983) verbunden wird (vgl. Guerney, Guerney & Cooney 1985, Becker & Minsel 1986). Dabei geht es vornehmlich um eine familienbezogene Wissens- und Handlungsvermittlung mit dem Ziel, die Eigenständigkeit und Selbstregulationsfähigkeit von Familien zu stärken. Obwohl der präventive Ansatz wenig populär und auch - im Vergleich zur Familientherapie - wenig spektakulär ist, kann man der von Vincent (1958) in Analogie zur christlichen Seefahrt gegebenen Einschätzung zustimmen, wonach durch akkurate Navigationshilfen mehr Leben gerettet werden als durch die besten Rettungsboote oder Seerettungsdienste. Für eine präventive Familienberatung bietet sich insbesondere ein familienentwicklungsorientierter Ansatz an, um das Bewältigungspotential von Familien bei mehr oder minder krisenhaften Übergängen im Familienlebenszyklus zu stärken. Beispiele hierfür sind etwa Probleme beim Übergang zur Elternschaft, bei Ablösungsschwierigkeiten Jugendlicher und ihrer Eltern, bei Trennung, Scheidung und Wiederverheiratung, bei der Betreuung älterer Familienangehöriger oder bei Partnerverlust durch Tod. An dieser Stelle zeigt die angewandte Familienpsychologie ihr pädagogisch-psychologisches Gesicht. Mir scheint es wichtig, diese Perspektive in Zukunft noch weiter zu stärken.

Ein zweiter, über familientherapeutische Fragestellungen hinausgehender Aspekt der familiären Intervention besteht in der Berücksichtigung von formellen und informellen Unterstützungssystemen auf kommunaler und Quartierebene. Hier bieten sich Anknüpfungspunkte zur sozialen Netzwerkforschung (vgl. Keupp 1982) und der auf ihr aufbauenden Netzwerktherapie (vgl. Rueveni 1979, Speck 1984).

Ein dritter Aspekt familiärer Intervention betrifft die Einflußnahme der Familienpsychologie auf der politischen Ebene, wenn es um Fragen der materiellen und sozialen Rahmenbedingungen familiärer Lebensgestaltung geht. Im Zusammenhang mit dem Bedarf an wissenschaftlicher Politikberatung ist hierbei psychologisches Expertentum, das ja notwendig aus einem familienpsychologischen Wissensfundus schöpfen muß, neben dem Rat anderer Familienwissenschaften in hohem Maße gefragt. Beispiele hierfür sind neben der auf Bundesebene gesetzlich vorgeschriebenen regelmäßigen Familienberichterstattung die Gutachten des politisch unabhängigen Beirats für Familienfragen beim Bundesministerium für Jugend, Familie und Gesundheit (vgl. z. B. 1976, 1980, 1984). Diese Gutachten beschäftigen sich z. B. mit Fragen einer familiengerechten Wohnungspolitik, mit der familiären Betreuungssituation von Kleinkindern, mit Anpassungsproblemen im Spannungsfeld von Erwerbs- und Familientätigkeit oder mit der Ausgestaltung von Maßnahmen zur Gewährung von Erziehungsgeld und Erziehungsurlaub. All diese Fragestellungen haben auch eine familienpsychologische Komponente. Darüber hinaus bieten sich im Rahmen der politischen Ressortforschung auch Möglichkeiten zur Wirkungsanalyse familienpolitischer Maßnahmen, für die sich die Familienpsychologie nicht zu schade sein sollte, sofern die Kriterien freier wissenschaftlicher Forschung nicht verletzt werden.

1.7 Ausbildung in Familienpsychologie

Ich komme zu meinem letzten Punkt, bei dem ich mich kurz fassen kann, da es wenig - zumindest wenig Positives - zu sagen gibt. Was sich sagen läßt, ist, daß es ein eklatantes Mißverhältnis zwischen den im Berufsfeld von Psychologen geforderten Kompetenzen und der Vermittlung dieser Kompetenzen durch entsprechende akademische Ausbildungsprogramme gibt. Dies gilt auch für die USA, wo man in dieser Hinsicht ein ausgeglicheneres Bild erwarten würde.

VandenBos und Stapp (1983) haben beispielsweise bei der Auswertung der APA Umfrage zu psychologischen Dienstleistungen aus dem Jahre 1982 festgestellt, daß 66 Prozent der Psychologen, die im Bereich von Beratung und Therapie tätig sind, in der einen oder anderen Weise mit der Behandlung von Ehe- und Familienproblemen zu tun haben. Auch die Psychologen, die vornehmlich im pädagogisch-psychologischen Bereich tätig sind, geben an, daß sie 42 Prozent ihrer Zeit mit familienbezogenen Problemen zubringen. Und noch ein weiterer Befund aus den USA: bei einer Umfrage bei klinischen und Beratungspsychologen, die sich in den ersten zwei Jahren ihrer Berufspraxis befanden, stellte sich heraus, daß 55 Prozent in der Supervision von Eheberatungsfällen und 51 Prozent in der Supervision von Familienberatungsfällen tätig waren.

Vergleichbare Daten aus dem deutschsprachigen Raum sind mir hierzu nicht bekannt. Aber ich vermute, daß die Situation bei uns nicht viel anders ist. Diese Vermutung möchte ich auch auf den Kontrast zwischen beruflichen Anforderungen einerseits und akademischer Ausbildungswirklichkeit andererseits erweitern. Bei einer Umfrage unter 148 amerikanischen Universitäten mit Ausbildungsprogrammen in angewandter Entwicklungspsychologie gaben nur 5 Institutionen ein familienorientiertes Ausbildungskonzept an (vgl. Rau-Ferguson 1980). In einer Umfragestudie mit amerikanischen Ausbildungsprogrammen mit klinisch-psychologischem Schwerpunkt identifizieren sich lediglich 10 Prozent der Dozenten als familienorientiert und 18 Prozent der Kurse, die sich mit Psychotherapie beschäftigen, hatten einen Bezug zur Familientherapie (vgl. Cooper, Rampage & Soucy 1981).

Eine theorie-, methoden- und forschungsorientierte Ausbildung in Familienpsychologie, die - wie ich zu zeigen versucht habe - an die guten Traditionen der Psychologie anknüpfen kann und mehr umfaßt als eine Ausbildung in Familientherapie, gibt es auch in den USA nur an zwei Universitäten - der Georgia State University und der Michigan State University (vgl. L'Abate 1985a, Appendix A und B).

In der Bundesrepublik Deutschland ist mir außer dem von uns in München seit dem Wintersemester 1984/85 im Rahmen des Diplomstudienganges Psychologie eingerichteten Vertiefungsfach "Familienpsychologie" keine ähnliche Initiative bekannt. Allerdings ist unser Programm mit seinen insgesamt 26 Semesterwochenstunden allenfalls als ein Schritt in die richtige Richtung zu sehen. Was fehlt, ist eine Weiterführung dieses Programms im Rahmen einer Postgraduiertenausbildung. Und diese wird bei einer unter numerus clausus-Druck stehenden Disziplin, wie sie die Psychologie nun einmal ist, in nächster Zeit kaum einzurichten sein - zumindest solange nicht, bis der sogenannte "Studentenberg" abgetragen ist. Aber auch dann wird es die Familienpsychologie nicht leicht haben, wenn man sich die Struktur der gegenwärtigen Studienreform unseres Faches ansieht. Die Familienpsychologie droht sozusagen im "Bermudadreieck" von Klinischer Psychologie, Pädagogischer Psychologie und Arbeits-, Organisations- und Wirtschaftspsychologie zu versinken.

Druck kommt auch von außen. Ich denke z. B. an die Aktivitäten bereits etablierter Familienwissenschaften wie etwa die Familiensoziologie, die sich in nicht geringem Maße auch auf einen psychologischen Wissensfundus stützen und dabei ihre Disziplinen offensiv weiterentwickeln. Gleiches gilt auch für die Familientherapie, die ohnehin - was die Ausbildung anbelangt - sich außerhalb akademischer Institutionen offensiv bis aggressiv weiterentwickelt. Sie rekrutiert ihre Klientel aus Berufsfeldern, die von der Sozialpädagogik bis zur Medizin reichen, und trägt mit dazu bei, daß ein erheblicher Konkurrenzdruck auf angestammte Berufsfelder von Psychologen ausgeübt wird - was ja nicht unbedingt von Nachteil sein muß, wenn die Psychologie dem etwas entgegenzusetzen hätte.

Düstere Aussichten also für die Geburt der Familienpsychologie? Wenn man Pessimist ist: ja. Ich bin es nicht, und ich denke auch, daß das "freudige Ereignis" heimlich schon stattgefunden hat. Es fragt sich nur, ob das Kind überlebensfähig ist. Und um die Familienmetapher für die Familienpsychologie noch weiter zu strapazieren: sicher bedarf das noch zerbrechliche Kind des behutsamen Schutzes starker Eltern, um weiter gedeihen zu können. Daß dies nicht ohne materielle und soziale Unterstützung von innen, d. h. innerhalb der "Großfamilie" Psychologie, und von außen, z. B. durch entsprechende Forschungsförderung und legislative Maßnahmen, geht, paßt ebenfalls in diese Metapher. Obwohl - wie ich meine - schon heute nicht nur der programmatische Rahmen, sondern auch die dazugehörige Substanz an Wissen durchaus vorhanden ist, wird sich erst dann zeigen, ob die Familienpsychologie mehr werden kann als das, was sie heute noch weitgehend ist, nämlich "a name without the game" (L'Abate 1985a, S. IX).

2. Wandel der Familie

2.1 Einführende Bemerkungen

"Die Ehe ist eine Institution. Reichen die Mitarbeiter auch aus?" - so sorgt sich Stanislaw Jerzy Lec (1982, S.14) in einem seiner "unfrisierten Gedanken". Und was für die Institution Ehe zu befürchten ist, gilt dies nicht auch für die Institution Familie, obwohl doch - oder vielleicht gerade weil - Ehe und Familie laut Artikel 6, Absatz 1 des Grundgesetzes der Bundesrepublik Deutschland "unter dem besonderen Schutz der staatlichen Ordnung" stehen?

Auf jeden Fall ist "die Familie" im Gespräch. Im scharfen Kontrast von pro und contra erscheint Familie einmal als Hort, ein andermal als Tort, bewegt sich gelebte Familie zwischen Lust und Frust oder wird erfahren als "Glück und Getto" (v. Wulffen 1980). An solchen Positionen und Ambivalenzen werden die Schwierigkeiten im Umgang mit dem Phänomen "Familie" deutlich. Auch in der wissenschaftlichen Szene lassen die Titel von einschlägigen Büchern und Zeitschriftenartikeln - je nach Standort der Autoren - erkennen, ob das gegenwärtige Erscheinungsbild "der Familie" mit Zustimmung, Ablehnung oder zumindest mit Verunsicherung gesehen wird. Neben denen, die sich ausdrücklich für die "Verteidigung der bürgerlichen Familie" (Berger & Berger 1984) einsetzen oder in einer sozialhistorischen Perspektive einen Wandel vom "Patriarchat zur Partnerschaft" (Mitterauer & Sieder 1980) feststellen, gibt es andere, die den "Tod der Familie" (Cooper 1981) konstatieren, in der Familie den "Verlust an Geborgenheit" (Packard 1984) beklagen oder die "Familie in der Krise" (Menne & Alter 1988) sehen. Einige sprechen vorsichtiger von der "Familie im Wandel" (Ringeling & Svilar 1980), von der "Familie im Umbruch" (Lempp 1986) oder vom "Balanceakt Familie" (Rerrich 1988). Schließlich äußert sich für eine Reihe von Autoren die Unsicherheit über die Zukunft der Familie in fragend vorgebrachten Titeln wie "Familie wohin?" (Pross 1979), "Krise der Kleinfamilie?" (Perrez 1979), "Finis familiae?" (Neuhaus 1982) oder "Die Familie hat Zukunft - aber welche?" (Umbach & Mackensen 1984).

2.2 Familie als Institution und gelebte Wirklichkeit

Als erste Orientierung beim Nachdenken über die Zwiespältigkeiten beim Umgang mit "der" Familie ist es zunächst einmal hilfreich, zwischen "Familie als gelebter Wirklichkeit" und "Familie als Institution" zu unterscheiden. So sagt etwa Wingen (1989, S. 30 f): "Familie als Alltagswirklichkeit ist ... sehr betont als ein 'dynamischer Prozeß' zu sehen. Dies gilt in mehrerer Hinsicht: Aufeinanderfolge unterschiedlicher, durch je spezifische Problemlagen gekennzeichneter Phasen im Familienzyklus sowie in der Generationenfolge, aber auch Wandel der familialen Lebensformen und Erscheinungsweisen im sozialhistorischen Ablauf, und zwar nicht nur in sozialschichtenspezifischer Sicht. Insofern erscheint es auch problematisch, von 'der' Familie zu sprechen, die es in Wirklichkeit nicht gibt; es gibt in Struktur und Funktionserfüllung unterschiedliche Familien. Demgegenüber erscheint Familie als Institution, gekennzeichnet u.a. durch Formen der gesellschaftlichen Anerkennung, sehr viel mehr auf Dauer gestellt." Dem institutionellen Familienbegriff liegen vor allem soziologische Überlegungen zugrunde, wie dies etwa in dem Definitionsvorschlag von Lüscher (1988, S.19) zum Ausdruck kommt: "Der Begriff Familie bezeichnet primär auf die Gestaltung der sozialen Beziehungen zwischen Eltern und Kindern hin angelegte Sozialformen eigener Art, die als solche sozial anerkannt werden."

Gesellschaftliche oder soziale Anerkennung heißt im Klartext vor allem rechtlicher Schutz und durch die "öffentliche Hand" bewirkte materielle Unterstützung bestimmter staatlich sanktionierter Familienformen. Insofern ist Familienpolitik ein Instrument zur Begünstigung erwünschter Formen familiären Zusammenlebens, gleichzeitig aber auch zur Privilegienverweigerung von unerwünschten Lebensformen mit quasifamiliärem Charakter. Als Beispiel sei die "Institution" der nichtehelichen Lebensgemeinschaft im Vergleich zur Institution Ehe genannt. Aus juristischer Sicht argumentiert etwa Rüfner (1989, S. 62) auf den ersten Blick für eine mögliche Gleichstellung von nichtehelicher Lebensgemeinschaft und Ehe, wenn er feststellt: "Da das Grundgesetz keine Verfolgung der nichtehelichen Lebensgemeinschaft vorschreibt, ist es nicht in jedem Fall verboten, Vorteile, welche Eheleuten im Beamtenrecht, im Steuer- und Sozialrecht gewährleistet werden, auf Partner nichtehelicher Lebensgemeinschaft zu erstrecken. Bemerkenswert ist dabei, daß dieses Argument auf dem Fehlen einer staatlichen Verfolgung der nichtehelichen Lebensgemeinschaft gründet." Deutlicher wird Rüfner, indem er fortfährt: "Wenn der Staat seine Verpflichtung erfüllen will, die Ehe besonders zu schützen und zu fördern, verbietet sich freilich eine volle Gleichstellung von Ehe und nich-tehelicher Lebensgemeinschaft, die auch als Tendenz des Gesetzgebers verfassungswidrig wäre. Wenn also im deutschen Recht, insbesondere im Beamten-, Steuer- und Sozialrecht, Eheleute durch viele Bestimmungen begünstigt werden, so ist dies nicht nur verfassungsmäßig, sondern von der Verfassung so gewollt. Das im Ausland nicht seltene Argument, die Eheschließung dürfe nicht vom Staat gefördert werden, um die Entschließungsfreiheit der Partner zu wahren, und aus diesem Grunde müsse das Recht gegenüber Ehe und nichtehelicher Lebensgemeinschaft möglichst neutral sein, ist daher in der Bundesrepublik verfassungsrechtlich illegitim und unbrauchbar."

Ähnlich wie die Ehe sieht Rüfner (1989, S. 63) auch die Familie gegenüber der nichtehelichen Lebensgemeinschaft mit Kindern rechtlich privilegiert, wenn er erklärt: "Familie i.S. des Grundgesetzes ist nicht jede beliebige Gruppe, die sich zu einer familienähnlichen Gemeinschaft zusammentut, sondern die Gemeinschaft von Eltern und Kindern, also die Kleinfamilie moderner Prägung. ... Das Grundgesetz sieht dabei die Ehe als alleinige Grundlage einer vollständigen Familiengemeinschaft an." Zwar wird auch das Zusammenleben einer nichtehelichen Mutter oder eines nichtehelichen Vaters mit ihrem bzw. seinem Kind im Sinne des bereits erwähnten Artikels 6, Absatz 1 des Grundgesetzes als Familie anerkannt, nicht jedoch das Zusammenleben beider unverheirateter Eltern mit ihrem Kind. Ist letzteres der Fall, dann ergeben sich für den Juristen trotz gemeinschaftlichen Lebensvollzugs zwei getrennte Familien, bestehend aus dem Mutter-Kind- und dem Vater-Kind-Paar. Obwohl auch Rüfner (1989, S. 63 f) dies für "eine etwas skurrile Rechtskonstruktion" hält, meint er doch, es sei "nicht möglich, den besonderen Schutz der Ehe mit dem

Hinweis auf den Schutz der Familie auszuhebeln. Der Schutz der Familie darf nicht dazu führen, daß der Schutz der Ehe verfehlt wird."

Die am Beispiel der Gegenüberstellung von nicht-ehelicher Lebensgemeinschaft und Ehe bzw. Familie beschriebenen rechtlichen Regelungen machen nicht nur deutlich, was unter "gesellschaftlicher Anerkennung" der Institution Familie zu verstehen ist. Zugleich sind mit dieser rechtlich umschriebenen Bedeutungsauslegung von Familie als ehegebundener Elternschaft Elemente eines Familienleitbildes genannt, das noch um einige weitere Bestimmungsstücke ergänzt werden kann. Neben legalisierter Partnerbeziehung und Elternschaft sind dies nach Taubin und Mudd (1983) vor allem Permanenz der Partnerschaft, sexuelle Exklusivität, Heterosexualität und die Dominanz des Mannes als primärer Ernährer. Aus diesen Bestimmungsstücken setzt sich das von Scanzoni, Polonko, Teachman und Thompson (1989, S. 13) als "vorherrschendes Paradigma" bezeichnete Leitbild der traditionellen Normalfamilie zusammen, welches "aus einem Mann und einer Frau besteht, die legal verbunden in einer dauerhaften und sexuell exklusiven Erstehe mit ihren Kindern in einem gemeinsamen Haushalt leben. Dabei widmet sich der Mann voll dem Berufsleben, während die Frau sich weitgehend aus der Berufstätigkeit zurückzieht, um volle Verantwortung für Haushalt und Kindererziehung zu übernehmen." Im Kontrast zu diesem Idealprofil

Tab. 2.1 Gegenüberstellung traditioneller Kennzeichen der Familie und ihrer "nicht-traditionellen" Alternativen (nach Macklin 1980, S. 176)

"Traditionelle" Perspektive	"Nicht-traditionelle" Alternativen
legal verheiratet	Singles; nicht-eheliche Lebensgemeinschaft
mit Kindern	bewußte Kinderlosigkeit
zwei Elternteile	Ein-Elternteil-Familie (ledig / früher verheiratet)
Permanenz der Ehe	Scheidung, Wiederverheiratung (binukleare Familien, mit oder ohne gemeinsames Sorgerecht, Stieffamilien)
Mann als primärer Verdiener	Androgyne Ehe (einschl. "offene Ehe", Zweikarrieren-Ehen)
Sexuelle Exklusivität	Außerehel. Beziehungen (z.B. sexuell offene Ehe, Partnertausch)
Heterosexualität	gleichgeschlechtliche intime Beziehungen
Zwei-Erwachsenen-Haushalt	Multi-Erwachsenen-Haushalt (z.B. erweiterte Familien, Kommunen, Wohngemeinschaften)

der Normalfamilie lassen sich zu jedem einzelnen Kennzeichen der traditionellen Familienform nicht-traditionelle Varianten finden wie dies Macklin (1980, S. 176) in einer tabellarischen Übersicht zeigt (vgl. Tabelle 2.1).

Der in unserem Zusammenhang wesentliche Punkt ist nun, daß die von Macklin zusammengetragenen Kennzeichen der traditionellen Perspektive von Familie in den letzten Jahrzehnten ihre normative Verbindlichkeit mehr oder minder verloren haben. Dies hat dazu geführt, daß sich das Schlagwort von der "Pluralisierung der Familienformen" eingebürgert hat, womit im wesentlichen eine größere soziale Akzeptanz und auch quantitative Ausweitung der verschiedenen nicht-traditionellen Alternativen des herkömmlichen Familienleitbildes gemeint ist. Einschränkend ist hierzu allerdings zu sagen, daß dieser Wandel sich vor allem auf die Situation der westlichen Industrienationen bezieht.

Wenn also von einem Wandel oder bisweilen von einer Krise der Familie gesprochen wird, dann ist es vor allem eine "Krise" der vordem als verbindlich angesehenen traditionellen "Normalfamilie", insofern dieser Familientypus quantitativ an Bedeutung verloren hat. Die Konsequenz ist eine auch im Bereich der rhetorischen Behandlung von Familie beobachtbare Verlagerung von der "Familie als Institution" zur "Familie als gelebte Wirklichkeit". Kaufmann (1988, S. 394) meint in diesem Zusammenhang, es sei vielleicht "das offensichtlichste Krisensymtom, daß man ... von einer 'Krise der Normalfamilie' *spricht*, daß also unsere familialen Denkmodelle sich verändern. Dies zeigt sich zum Beispiel in der zunehmenden sozialen Akzeptanz nichtehelicher Lebensgemeinschaften, aber auch im zunehmenden politischen Druck, sog. alternativen Familienformen gleiche Rechte wie den durch die Ehe begründeten Familien zu gewähren. Dies sind Forderungen, die in ihrer Konsequenz zu einer Delegitimierung der Exklusivität des herkömmlichen Familienleitbildes führen."

2.3 Indikatoren familiären Wandels

Im folgenden sollen nun einige Indikatoren für diesen Wandlungs- oder Delegitimierungsprozeß des traditionellen Familienleitbildes dargestellt werden. Wir orientieren uns dabei an den bereits genannten Bestimmungsstücken des "vorherrschenden Paradigmas" von der Familie. Im Vordergrund stehen zwei Zugangsweisen zum empirischen Nachweis der jeweiligen Wandlungsprozesse: zum einen soll - soweit verfügbar - beispielhaft anhand von repräsentativen Meinungsumfragen, die zu unterschiedlichen Zeitpunkten zum selben Thema durchgeführt wurden, die Veränderung des Meinungsklimas zum Thema Ehe und Familie beleuchtet werden. Zum anderen soll unter Bezug auf familiendemographische Daten die Veränderung des herkömmlichen Familienleitbildes sichtbar gemacht werden. In beiden Fällen beschränken sich die Aussagen mangels entsprechender Daten aus der ehemaligen DDR auf die Situation der Bundesrepublik Deutschland vor der Wiedervereinigung.

2.3.1 Abnehmende Attraktivität der Ehe

Trotz des weiter oben bereits erwähnten vorrangigen staatlichen Schutzes der Institution Ehe vor der Institution Familie hat sich die Zugkraft einer legalisierten Partnerschaft in Form der Ehe über die Jahre deutlich verringert. In Tabelle 2.2 sind die Ergebnisse von zwei Umfragen des Instituts für Demoskopie Allensbach aus den Jahren 1963 und 1978 (Köcher 1985) einander gegenübergestellt, die sich auf die Frage beziehen, ob die Ehe grundsätzlich für notwendig oder überlebt gehalten wird.

Tab. 2.2   Einstellungen zur Institution Ehe in den Jahren 1963 und 1978 (Köcher 1985, S. 136/137)

Frage: "Halten Sie die Einrichtung der Ehe persönlich für notwendig oder für überlebt?"			
	1963		**1978**	
	Frauen im Alter von unter 25 Jahren	Männer im Alter von unter 25 Jahren	Frauen im Alter von unter 25 Jahren	Männer im Alter von unter 25 Jahren
	%	%	%	%
notwendig	86	81	38	30
überlebt	0	5	37	30
unentschieden	14	14	25	40
	100	100	100	100

In Tabelle 2.2 sind lediglich die Ergebnisse der Frauen und Männer im Alter unter 25 Jahren angeführt, da sich diese Altersgruppe mutmaßlich in einer Lebensphase befindet, in der die Frage nach der Form der Partnerbeziehung eine gewisse Relevanz hat. Die Ergebnisse zeigen recht eindrucksvoll die Erosion der Ehe als einer selbstverständlichen Form partnerschaftlichen Zusammenlebens - und zwar für beide Geschlechter. Während 1963 noch eine hohe Akzeptanz der Ehe bei der damals jungen Generation festzustellen ist, reduziert sich 15 Jahre später die subjektive Bedeutung der Ehe bei einer vergleichbaren Altersgruppe dramatisch: der Akzeptanzwert für die Ehe liegt um ca. 50 Prozentpunkte niedriger, während die Ablehnung der Ehe als einer überholten Einrichtung im Schnitt um etwa 30 Prozent höher liegt. Allerdings ergibt sich auch ein deutlicher Anstieg unentschiedener Meinungen, was womöglich als ein Indikator für die Einstellungsambivalenz zu diesem Thema zu werten ist.

Die in diesen Zahlen zum Ausdruck kommende Ehemüdigkeit läßt sich anhand demographischer Daten auch im faktischen Heiratsverhalten wiederfinden. In einer Studie von Heilig (1985) wurde für Frauen aus unterschiedlichen Alterskohorten über den Zeitraum von 1950 bis 1983 untersucht, in welchem Alter sie mindestens einmal verheiratet waren. Die Ergebnisse dieser Analyse sind in Abbildung 2.1 wiedergegeben.

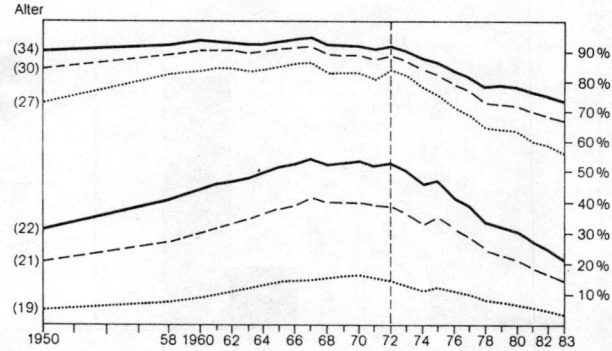

Abb. 2.1   Heiratshäufigkeit und Heiratsalter: Von je 100 ledigen Frauen im Alter von 16 Jahren waren im Alter von 19,21,23,27, 30, bzw. 34 Jahren (mindestens einmal) verheiratet (nach Heilig 1985, S. 528)

Die Daten machen deutlich, daß zwischen 1950 und 1972 von den jeweils 34-jährigen Frauen recht konstant etwa 90 Prozent wenigstens einmal verheiratet waren. Nach 1972 sinkt die Verheiratetenquote dieser Frauenaltersgruppe ständig und erreicht 1983 einen Wert von 73 Prozent. Noch deutlicher ist der Rückgang der Heiratsneigung bei den 22-jährigen Frauen. Lag die Heiratsquote dieser Altersgruppe ab der Mitte der 60er bis in die frühen 70er Jahre noch bei 50 Prozent oder darüber, so ist auch hier ab 1972 ein kontinuierliches Absinken der Heiratshäufigkeit bis auf 21 Prozent im Jahr 1983 festzustellen.

Die Gründe für diese Entwicklung sind vielfältig und können hier nicht im einzelnen diskutiert werden. Sicher spielt dabei das im fraglichen Zeitraum stetig gewachsene Ausbildungsniveau junger Frauen und die damit einhergehende Erhöhung ihrer Erwerbsbeteiligung, die ihrerseits zu mehr finanzieller Unabhängigkeit führt, als Erklärung eine gewisse Rolle. Daß insgesamt weniger und wenn, dann später geheiratet wird, hat nachweislich aber auch mit der Bevorzugung neuer Partnerschaftsformen zu tun. Hier steht die nichteheliche Lebensgemeinschaft an erster Stelle. Die gestiegene Bedeutung dieser Partnerschaftsform wird an ihrer rasanten quantitativen Zunahme in der Zeit zwischen 1972 und 1987 erkennbar (vgl. Abbildung 2.2).

Die Daten in Abbildung 2.2 beziehen sich auf Mikrozensuserhebungen in den Jahren 1972, 1982 und 1987 und machen zweierlei deutlich: Zum einen hat sich die Zahl nichtehelicher Lebensgemeinschaften innerhalb eines Zeitraums von 15 Jahren (1972 bis 1987) von 136.500 auf 778.000 erhöht und damit um mehr als das 5,5-fache zugenommen. Zum anderen ist der Anteil unverheiratet zusammenlebender Partner mit Kindern relativ gering. 1972 waren es knapp 19 Prozent und 1987 nur noch knapp 12 Prozent. Vaskovics, Buba und Rupp (1990, S. 9) erklären diesen Sachverhalt mit dem Hinweis auf einen Strukturwandel der nichtehelichen Lebensgemeinschaft: "1972

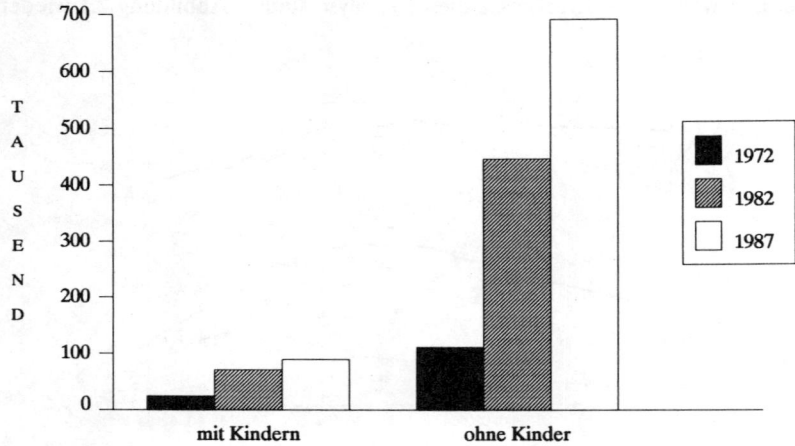

Abb. 2.2 Entwicklung der Zahl nichtehelicher Lebensgemeinschaften von 1972 bis 1987 (nach Vaskovics, Buba & Rupp 1990, S. 10)

waren unter den nichtehelichen Lebensgemeinschaften relativ viele mit älteren Personen, zum Teil auch Geschiedene mit Kindern. Die nichteheliche Lebensgemeinschaft war also vor allem ein *nacheheliches* Phänomen. 1987 bilden dagegen die jüngeren, ledigen Personen die Hauptgruppe bei den nichtehelichen Lebensgemeinschaften. Diese Lebensform wird also zunehmend zu einem *vorehelichen* Phänomen, gegebenenfalls zu einer alternativen Lebensform von Leuten, die noch keine Ehe eingegangen sind."

Inwieweit sich die nichteheliche Lebensgemeinschaft in Konkurrenz oder Ergänzung zur Ehe als eine dauerhafte alternative Lebensform durchsetzt, wird größtenteils davon abhängen, ob und in welchem Umfang junge Paare eine Lebenskonzeption verwirklichen wollen, in der Kinder einen festen Platz haben. Der Wunsch, Kinder haben zu wollen, scheint jedoch in nichtehelichen Lebensgemeinschaften kaum geringer ausgeprägt zu sein als in jungen Ehen. So konnten Vaskovics, Buba und Rupp (1990) in einer neueren Studie an knapp 800 unverheiratet zusammenlebenden jungen Paaren nachweisen, daß 76 Prozent einmal Kinder haben möchten. Lediglich 8 Prozent wollen kinderlos bleiben und weitere 15 Prozent sind in dieser Frage noch unentschieden. Dies entspricht ziemlich genau den Zahlen, die bei einer Befragung von knapp 1100 jungen Ehepaaren zum Thema Kinderwunsch gefunden wurden (vgl. Schneewind, Vaskovics & Mitarbeiter 1989). Für die Bundesrepublik Deutschland gilt für die nichteheliche Lebensgemeinschaft als vorehelicher Lebensform offenkundig, daß geheiratet wird, wenn der Kinderwunsch realisiert werden soll. So vertritt Nave-Herz (1989, S. 214) - gestützt auf einer Fülle entsprechender Forschungsbefunde - die Auffassung, die heute mögliche Wahl zwischen der nichtehelichen Lebensgemeinschaft und der Ehe habe "nicht die Ehe und Familie obsolet werden lassen, wie häufig vermutet wird, sondern sie hat bewirkt, daß sich der Phasenablauf bis zur Ehegründung ... und die Sinnzuschreibung der Ehe verändert haben. In der Bundesrepublik wird heutzutage ... die Eheschließung überwiegend aus drei Gründen vollzogen oder geplant: wegen einer Schwangerschaft, eines Kinderwunsches oder wegen des Vorhandenseins von Kindern (u.U. aus früheren Partnerschaften)." Nave-Herz spricht aus diesen Gründen von einer "kindorientierten Ehegründung". So gesehen ist die sinkende Attraktivität der Ehe und die parallel dazu wachsende Bedeutung der nichtehelichen Lebensgemeinschaft auch auf dem Hintergrund rückläufiger Geburtenzahlen zu sehen. Diesem Aspekt wenden wir uns in dem nun folgenden Abschnitt zu.

2.3.2 Zwischen Quantität und Qualität: Geburtenrückgang und verantwortete Elternschaft

Daß der Geburtenrückgang in der Bundesrepublik Deutschland - wie in anderen westlichen Industrienationen auch - ein wesentliches Kennzeichen gesellschaftlichen Wandels ist, ist mittlerweile allgemein bekannt. Auf der Einstellungsebene läßt sich dies etwa an den veränderten Vorstellungen über die Größe einer idealen Familie ablesen (vgl. Tabelle 2.3).

Tab. 2.3 Angaben zur idealen Kinderzahl in den Jahren 1953 bis 1984 (nach Köcher 1985, S. 162)

Frage: "Was betrachten Sie heute als die ideale Größe einer Familie: Vater, Mutter und wieviele Kinder?"					
	1953	1966	1976	1981	1984
	%	%	%	%	%
keine Kinder	5	2	5	6	2
1 Kind	11	9	11	12	9
2 Kinder	50	52	61	59	64
3 Kinder	23	26	19	18	19
4 und mehr Kinder	11	11	4	5	6
	100	100	100	100	100

Die in Tabelle 2.3 wiedergegebenen Ergebnisse machen deutlich, daß das Ideal der meisten Befragten zunehmend auf eine Familie mit zwei Kindern konvergiert. Dies geht vor allem zu Lasten eines Idealbilds von Familie mit drei oder mehr Kindern. Der entscheidende Umbruch im Meinungsklima zu dieser Frage scheint sich in der Zeit zwischen 1966 und 1976 vollzogen zu haben. Während 1966 für 61 Prozent der

Befragten eine Familie mit ein oder zwei Kindern und für 37 Prozent eine Familie mit drei oder mehr Kindern das Ideal darstellte, bestand 1976 für 72 Prozent eine Idealfamilie aus einem Elternpaar mit ein oder zwei Kindern und nur noch 23 Prozent hielten eine Familie mit drei oder mehr Kindern für ideal.

Dieser in den frühen 70er Jahren einsetzende Trend schrumpfender Familiengrößen wird auch durch die faktischen Geburtenzahlen der amtlichen Statistik bestätigt. Dabei ist vorauszuschicken, daß die tatsächlichen Geburtenhäufigkeiten deutlich unter den Vorstellungen einer idealen Kinderzahl bleiben. Einen Überblick über die Veränderung der Geburtenhäufigkeit seit 1950 vermittelt Tabelle 2.4 (vgl. Bretz & Mitarbeiter 1990, S. 113).

Die Zahlen in Tabelle 2.4 stellen sogenannte "zusammengefaßte Geburtenziffern" dar. Diese Werte geben für ein bestimmtes Kalenderjahr die Summe der altersspezifischen Geburtenzahlen an, d.h. wieviele Kinder 1000 Frauen in ihrer reproduktionsfähigen Phase (Altersspanne: 15 bis 49 Jahre) zur Welt bringen unter der Voraussetzung, daß die Geburtenverhältnisse des jeweiligen Kalenderjahres konstant bleiben. Die ab 1970 für Deutsche und Ausländer getrennt aufgeführten Geburtenziffern zeigen, daß Ausländer pro Kalenderjahr stets höhere Werte erzielen als Deutsche, was vermutlich auf unterschiedliche kulturelle Normen des generativen Verhaltens in den Herkunftsländern zurückzuführen ist. Insgesamt läßt sich jedoch für die Ausländer ein Anpassungseffekt feststellen, d.h. im Zeitverlauf ergibt sich ein ähnliches Absinken der Geburtenziffern wie bei den Deutschen.

Bemerkenswert ist, daß für die deutschen Frauen ab 1970 und für die ausländischen Frauen ab 1980 die Zahl der Geburten pro 1000 Frauen deutlich unter 2000 sinkt. Unter der Annahme, daß jeweils die Hälfte der geborenen Kinder männlich und die andere Hälfte weiblich ist, bedeutet dies, daß nicht mehr genügend Mädchen geboren werden, die später selbst Kinder bekommen, um somit den quantitativen Bestand der Bevölkerung zu sichern. Die sogenannte "Nettoreproduktionsrate", d.h. der Prozentsatz, der im Kalenderjahr pro 100 Frauen geborenen Mädchen liegt für die deutschen Frauen seit ca. 15 Jahren zwischen 65 und 70 Prozent. Dies sind für manche Sozialpolitiker alarmierende Zahlen, da unter der Voraussetzung einer unverändert geringen Neigung zum Kinderkriegen langfristig ein markanter Bevölkerungsrückgang prognostiziert wird. Dies wiederum hat im Zusammenhang mit der veränderten Altersstruktur der Bevölkerung Auswirkungen auf den Generationenvertrag der Alterssicherung, d.h. immer weniger junge Leute müssen für die Altersversorgung von immer mehr älteren Menschen aufkommen.

Zu den gesellschaftlichen Aufgaben und Leistungen der Familie (vgl. Lüscher 1989, Kaufmann 1990) gehört jedoch nicht nur die rein quantitative "Produktion" von Kindern für den Staat, um dessen personellen Bestand zu sichern. Wenn man schon einmal die Position einnimmt, daß der Staat mehr oder minder explizit formulierte Ansprüche an die Familie bezüglich der nachwachsenden Generation hat, dann kommt zu der quantitativen noch eine qualitative Dimension hinzu. Mit anderen Worten: Aus der Sicht des Staates geht es auch darum, daß an die Familie Anforderungen bezüglich der Erziehung und Sozialisation ihrer Kinder gestellt werden, damit

Tab. 2.4   Zusammengefaßte Geburtenziffern für die Kalenderjahre 1950 bis 1988 (nach Bretz & Mitarbeitern 1990, S. 113, Tab. 51)

| Kalenderjahr | Zusammengefaßte Geburtenziffer für Kalenderjahre | | |
	Bevölkerung insgesamt	Deutsche	Ausländer
1950	2 100	.	.
1960	2 366	.	.
1961	2 457	.	.
1962	2 441	.	.
1963	2 518	.	.
1964	2 543	.	.
1965	2 507	.	.
1966	2 535	.	.
1967	2 490	.	.
1968	2 382	.	.
1969	2 214	.	.
1970	2 016	2 010	2 176
1975	1 451	1 365	2 374
1978	1 381	1 334	2 008
1979	1 379	1 333	2 005
1980	1 445	1 397	2 066
1983	1 331	1 320	1 539
1984	1 291	1 287	1 401
1985	1 281	1 277	1 383
1986	1 345	1 339	1 465
1987	1 368	1 327	1 913
1988	1 423	...	...

ebendiese Kinder später einmal als Erwachsene ihren Beitrag zur qualitativen Bestandssicherung, d.h. zur gesellschaftlichen Wohlstandswahrung und -mehrung, leisten können (vgl. hierzu die Vorstellungen der Kommission "Zukunftsperspektiven gesellschaftlicher Entwicklungen", 1983).

Die Familie ist hier nicht allein gefordert. Die Schule und andere Ausbildungsinstitutionen haben am selben Strang zu ziehen. Die Erwartungshaltung an die einzelnen Familien ist dennoch, die Voraussetzungen und Begleitumstände dafür zu schaffen, daß ihre Kinder eine qualifizierte Schul- und Berufsausbildung erhalten (vgl. Deutscher Bundestag 1979). Wie es scheint, haben die Eltern diese Erwartungen weitgehend verinnerlicht. Hurrelmann (1988, S. 68) stellt hierzu fest: "Der Erwartungsdruck der Eltern an die Leistungsfähigkeit ihrer Kinder ist stark: Nur 10 % der Eltern wollen sich mit dem Schulabschluß der Hauptschule zufrieden geben, neun Zehntel erwarten Real- und Gymnasialabschluß."

Quer zu diesen sich auch auf die Kinder und Jugendlichen übertragenden Leistungserwartungen steht eine epochale Umgewichtung von Erziehungszielen, die in einer Reihe von Untersuchungen gut dokumentiert ist (vgl. Jugendwerk der Deutschen Shell 1985, Allerbeck & Hoag 1985). Der zentrale Befund ist eine Zunahme von "Selbstentfaltungswerten" wie Autonomie und Selbständigkeit, während "Pflicht- und Akzeptanzwerte" wie Gehorsam und Unterordnung über die letzten Jahrzehnte deutlich an Boden verloren haben. In einer etwas anderen Terminologie macht Tabelle 2.5 diese Entwicklung anhand von Umfragedaten deutlich (vgl. Noelle-Neumann & Piel 1983, S. 93).

Die Autoren dieser Studie unterscheiden zwischen Erziehungszielen, die zwischen 1967 und 1983 eine wachsende oder abnehmende Zustimmung erfahren haben. "Konkurrierender Individualismus" und "kritische Autonomie" haben demnach in diesem Zeitraum zugenommen, während "Konformität" und "Konventionalität" an Bedeutung verloren haben. Freilich trifft dieser Wertewandel auch das Eltern-Kind-Verhältnis selbst. Mit der Betonung und Anerkennung kindlicher Autonomieansprüche wandelt sich die Eltern-Kind-Beziehung mehr und mehr zu einem partnerschaftlichen Zusammenleben. Aus dem Erziehungsverhältnis wird ein Beziehungsverhältnis, was sich im epochalen Wandel - so eine von Schütze (1988) anhand von entsprechenden Daten belegten These - einerseits in einer stärkeren Kindzentrierung, andererseits aber auch in einer Schwächung des Paarsystems äußert. Hinzu kommt eine zunehmende Reflexion und Pädagogisierung der Elternrolle durch eine Schar von Experten, die - vielleicht ohne es selbst besser zu machen - es "besser wissen" und damit viele Eltern an ihrer eigenen Erziehungsfähigkeit zweifeln lassen.

Alles in allem spricht in einer globalen Sicht einiges dafür, daß Elternsein zunehmend schwieriger geworden ist. Kaufmann (1990, S. 109) weist darauf hin, daß es nun nicht mehr genüge, "Forderungen an das Kind zu stellen und diese durchzusetzen, sondern Erziehung verlangt ein differenziertes Austarieren von Forderung und Gewährenlassen, von Unterstützung und Ermunterung zur Eigenaktivität, von Schutz und Risiko." Viele potentielle Eltern sind sich der Widersprüchlichkeiten und Risiken bewußt, wenn sie vor die Frage gestellt sind, ob sie Erziehungsaufgaben übernehmen

Tab. 2.5   Veränderung der Erziehungsziele zwischen 1967 und 1983 (nach Noelle-Neumann & Piel 1983, S. 93)

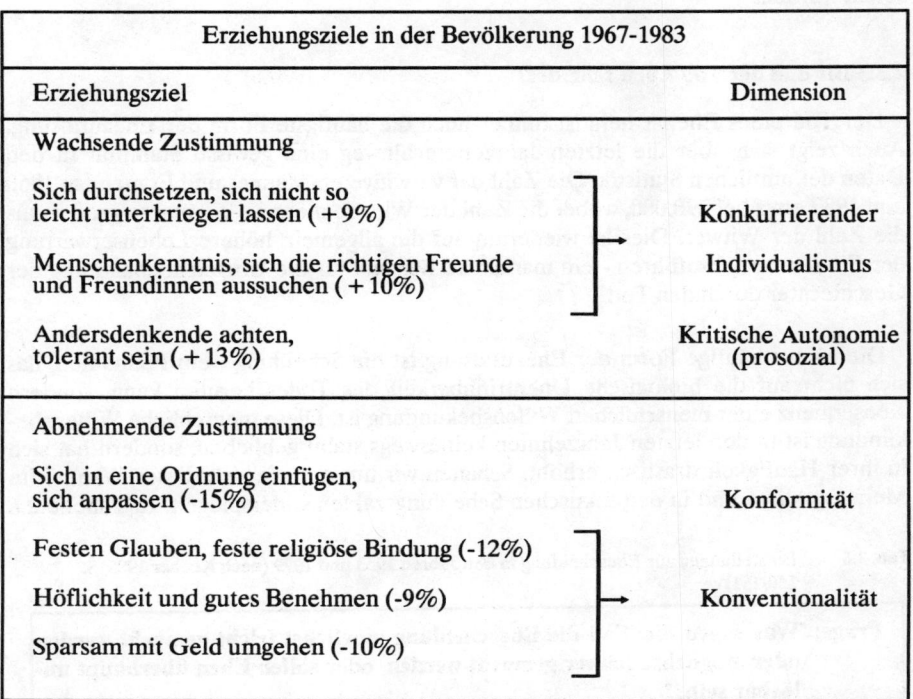

Erziehungsziele in der Bevölkerung 1967-1983	
Erziehungsziel	Dimension
Wachsende Zustimmung	
Sich durchsetzen, sich nicht so leicht unterkriegen lassen (+9%)	Konkurrierender
Menschenkenntnis, sich die richtigen Freunde und Freundinnen aussuchen (+10%)	Individualismus
Andersdenkende achten, tolerant sein (+13%)	Kritische Autonomie (prosozial)
Abnehmende Zustimmung	
Sich in eine Ordnung einfügen, sich anpassen (-15%)	Konformität
Festen Glauben, feste religiöse Bindung (-12%)	
Höflichkeit und gutes Benehmen (-9%)	Konventionalität
Sparsam mit Geld umgehen (-10%)	

wollen. Wenn sie sich schließlich für ein Leben mit Kindern entscheiden, gehen sie sozusagen "sehenden Auges" in das "Abenteuer Erziehung" hinein und übernehmen somit "verantwortete Elternschaft" im Bewußtsein eines langfristigen Verpflichtungs- charakters ihres Elternseins einerseits und der verlorengegangenen Sicherheiten einer autokratischen Ausübung der Elternrolle andererseits.

Es gibt aber auch die anderen, die angesichts der Erfordernis einer verantworteten Elternschaft einer Übernahme von Erziehungsverpflichtungen abwartend und mit Ambivalenz gegenüberstehen. Nach vorliegenden Untersuchungen bewegt sich der Anteil von Paaren mit unsicherem Kinderwunsch bei nichtehelichen Lebensgemein- schaften und bei jungen Ehen um etwa 15 Prozent (vgl. Schneewind, Vaskovics & Mit- arbeiter 1989, Vaskovics, Buba & Rupp 1990). Es wäre sicher ungerechtfertigt, diese Paare - und auch den geringen Anteil derer, die sich bewußt gegen ein Leben mit Kindern entschieden haben - als "kinderfeindlich" einzustufen, wie dies bisweilen ge- schieht. Das Gegenstück zu verantworteter Elternschaft ist verantwortete Nicht-El- ternschaft, d.h. ein Bewußtsein davon, daß die Bedingungen für die Übernahme von Erziehungsverpflichtungen - aus welchen Gründen auch immer - nicht oder noch nicht gegeben sind. In diesem Sinne kann gelebte Elternschaft als verantwortete El- ternschaft dazu beitragen, daß Kinder, wenn sie denn geboren werden, unter entsprechend günstigen familiären Entwicklungsbedingungen aufwachsen können - auch wenn gesamtgesellschaftlich die quantitativen Ziele der Bevölkerungspolitik nicht erreicht werden.

2.3.3 Bis daß der Tod Euch scheidet?

Der Tod eines Ehepartners ist immer noch die häufigste Form der Eheauflösung. Auch zeigt sich über die letzten Jahrzehnte hinweg eine gewisse Stabilität in den Daten der amtlichen Statistik. Die Zahl der verwitweten Männer und Frauen lag 1960 und 1987 etwa bei 290.000, wobei die Zahl der Witwen mehr als 2,5-mal so groß ist als die Zahl der Witwer. Dies ist wiederum auf die allgemein höhere Lebenserwartung der Frauen zurückzuführen - ein markantes Beispiel für die Ungleichbehandlung der Geschlechter durch den Tod.

Die nächst häufige Form der Eheauflösung ist die Scheidung - ein Phänomen, das sich nicht auf die biologische Unentrinnbarkeit des Todes berufen kann, sondern Konsequenz einer menschlichen Willensbekundung ist. Diese menschliche Willensbekundung ist in den letzten Jahrzehnten keineswegs stabil geblieben, sondern hat sich in ihrer Häufigkeit drastisch erhöht. Schauen wir uns an, wie sich dieser Wandel im Meinungsklima und in den faktischen Scheidungszahlen widerspiegelt. In Tabelle 2.6

Tab. 2.6   Einstellungen zur Ehescheidung in den Jahren 1953 und 1979 (nach Köcher 1985, S. 150/151)

Frage: "Was sagen Sie: Soll die Ehescheidung möglichst leicht gemacht werden oder möglichst schwer gemacht werden, oder sollen Ehen überhaupt unlösbar sein?"				
	1953		1979	
	Frauen im Alter von unter 30 Jahren	Männer im Alter von unter 30 Jahren	Frauen im Alter von unter 30 Jahren	Männer im Alter von unter 30 Jahren
	%	%	%	%
möglichst leicht	14	15	43	55
lassen wie es ist	16	15	21	19
möglichst schwer	25	32	18	14
unlösbar sein	35	27	3	1
andere Antwort	0	0	1	0
weiß nicht bzw. keine Angabe	10	11	14	11
	100	100	100	100

ist zunächst der Einstellungswandel der Bevölkerung zur Frage der Permanenz der Ehe auf der Basis von Umfragedaten wiedergegeben. Wir beschränken uns dabei auf das Meinungsspektrum von Männern und Frauen, die 1953 bzw. 1979 bis zu 30 Jahre alt waren.

Die Ergebnisse zeigen sehr klar eine deutliche Zunahme der Befürwortungen für eine Erleichterung der Scheidung. Hingegen nehmen die Stimmen derer ab, die für eine Erschwerung der Scheidung plädieren. Besonders auffällig ist das nahezu vollständige Zurückgehen der Überzeugung, daß die Ehe unlösbar sein solle. Während 1953 noch 35 Prozent der befragten Frauen und 27 Prozent der Männer in dieser Altersgruppe der Unauflösbarkeit der Ehe das Wort redeten, reduzierte sich der entsprechende Antwortanteil zu diesem Thema 1979 auf 3 bzw. 0 Prozent.

Die faktischen Scheidungszahlen der amtlichen Statistik bestätigen den Trend einer zunehmenden Aufweichung des Permanenzgebots der Ehe. Tabelle 2.7 gibt hierzu die entsprechenden Informationen für die Jahre 1950 bis 1988 (vgl. Bretz & Mitarbeiter 1990, S. 127).

Tab. 2.7   Ehescheidungen im langfristigen Vergleich (nach Bretz & Mitarbeitern 1990, S. 127, Tab. 57)

Jahr	Insgesamt	Je 10 000 Einwohner	Je 10 000 bestehende Ehen	Verhältnis zur Zahl der Eheschließungen (auf 100 geschlossene Ehen kommen... Ehescheidungen)
1950	84 740	16,9	67,5	15,8
1960	48 878	8,8	35,0	9,4
1975	106 829	17,3	67,4	27,6
1976	108 258	17,5	68,8	29,6
1977	74 658	12,2	47,7	20,8
1978	32 462	5,3	20,8	9,9
1980	94 222	15,6	61,3	26,6
1985	129 124	21,0	86,1	35,1
1986	122 443	20,1	82,6	32,9
1987	129 850	21,2	87,6	33,9
1988	128 729	21,0	...	32,4

Bei einer Interpretation der in Tabelle 2.7 angeführten Daten ist zu berücksichtigen, daß die relativ hohen Scheidungszahlen im Jahre 1950 noch auf die Nachwirkungen des zweiten Weltkrieges zurückzuführen sind und daß die geringe Zahl der Scheidungen in den Jahren 1977 bis 1980 mit der Reform des Ehe- und Familienrechts im Jahre 1977 zu erklären ist. Nimmt man 1960 und 1988 als Bezugsjahrgänge, so hat die Zahl der Ehescheidungen pro 100 geschlossener Ehen von 9,4 auf 32,4 zugenommen, was einen Anstieg um nahezu das 3,5-fache bedeutet.

Eine andere Zugangsweise zur Frage der Ehescheidungen besteht darin, daß man danach fragt, wieviele Ehen eines bestimmten Eheschließungsjahrgangs innerhalb eines definierten Zeitraums - z.B. innerhalb von 25 Jahren - geschieden werden. Hierzu geben Bretz und Mitarbeiter (1990, S. 129) mit Bezug auf Daten der amtlichen Statistik folgende Information: "Während beispielsweise von den 1950 geschlossenen Ehen nach 25 Ehejahren 'nur' 10 % geschieden wurden, waren es vom Eheschließungsjahrgang 1960 nach der gleichen Ehedauer bereits 15 %, während der Eheschließungsjahrgang 1970 bis zum letzten Beobachtungsjahr (nach bisher 17 Ehejahren) zu 20 Prozent geschieden ist und unter Berücksichtigung des Scheidungsverhaltens früherer Jahrgänge schließlich noch eine Quote von 24 Prozent erreichen wird. Für den Eheschließungsjahrgang 1980 ergibt sich nach der gleichen Berechungsmethode sogar eine Wahrscheinlichkeit von 30 %."

Die Folgen von Ehescheidungen sind gravierend - vor allem wenn minderjährige Kinder mitbetroffen sind. Dies war 1960 in 58 Prozent und 1988 in 50 Prozent der Scheidungen der Fall. Auch wenn sich damit eine relativ sinkende Tendenz betroffener Scheidungswaisen andeutet, hat sich die absolute Zahl von minderjährigen Kindern aus Scheidungsfamilien von 1960 im Vergleich zu 1988 wegen der gestiegenen Scheidungshäufigkeit von 45.000 auf 93.000 erhöht, mithin also um mehr als verdoppelt. Trotz der empirisch in einer Reihe von Längsschnittstudien nachgewiesenen Anpassungsschwierigkeiten von Kindern - vor allem Jungen - aus geschiedenen Ehen scheint langfristig die psychische Entwicklung dieser Kinder im Schnitt günstiger zu verlaufen als bei Kindern, die aus Familien stammen, in denen es zwar nicht zur Scheidung gekommen ist, jedoch die Paarbeziehung der Eltern stark konfliktbelastet ist (vgl. Hetherington, Cox & Cox 1985, Wallerstein & Kelly 1980).

Neben den genannten Effekten läßt sich vermuten, daß die Zunahme an Scheidungen sich mindestens in zweierlei Hinsicht auf Strukturveränderungen der Familie auswirkt. Zum einen sollte sich die Zahl der Alleinerziehenden erhöhen und zum anderen kann ein Ansteigen der Zahl der Wiederverheiratungen bzw. nichtehelichen Lebensgemeinschaften aufgrund einer erhöhten Scheidungsquote erwartet werden. Beide Vermutungen lassen sich anhand der amtlichen Statistik bestätigen. Die Zahl der Alleinerziehenden hat von 1972 bis 1988 von rund 1,5 Millionen auf 1,9 Millionen zugenommen, was einem Anstieg von ca. 27 Prozent entspricht (vgl. Bretz & Mitarbeiter 1990, S. 18, Tab. 2). Dabei liegt der Anteil der alleinerziehenden Väter mit 12 bzw. 16 Prozent deutlich unter dem der alleinerziehenden Mütter (88 bzw. 84 Prozent).

Bezüglich der Wiederverheiratungen ergibt sich, daß von 1960 bis 1988 trotz sinkender absoluter Eheschließungen sich der Prozentsatz derer, die vorher schon einmal verheiratet waren, von 16,6 auf 29,1 Prozent erhöht, also nahezu verdoppelt hat (vgl. Bretz & Mitarbeiter 1990, S. 101, Tab. 46). Da bei vielen dieser Wiederverheiratungen auch Kinder aus früheren Partnerschaften oder Ehen mit im Spiel sind, ergeben sich neue und komplexe Familienkonstellationen, d.h. aus der Sicht der betroffenen Kinder Stieffamilien mit Stiefeltern, Stief- und Halbgeschwistern sowie einem erweiterten Netzwerk an neuen Großeltern, Onkeln, Tanten usw. Für alle Beteiligten führt dies zu besonderen Herausforderungen, auch für entsprechende Beratungs- und Therapieansätze (vgl. Friedl 1988, Krähenbühl, Jellouschek, Kohaus-Jellouschek & Weber 1986, Visher & Visher 1987).

2.3.4 Verändertes Selbstverständnis der Frauen

Einer der auffälligsten Indikatoren sozialen Wandels ist die zunehmende Beteiligung der Frauen am Erwerbsleben. Daß weibliche Berufstätigkeit in den Köpfen der betroffenen Frauen und beteiligten Männer selbst für kinderlose verheiratete Frauen nicht immer selbstverständlich war, geht aus den in Tabelle 2.8 wiedergegebenen Umfragedaten hervor (vgl. Köcher 1985, S. 103).

Tab. 2.8   Einstellung zur Berufstätigkeit kinderloser Ehefrauen in den Jahren 1959 und 1979 (nach Köcher 1985, S. 103)

	Frauen		Männer	
	1959	1979	1959	1979
	%	%	%	%
Nicht dagegen(1959)/ Dafür (1979)	71	77	57	73
Dagegen	22	11	32	14
Unentschieden	7	12	11	13
	100	100	100	100

Frage: "Darüber, ob eine verheiratete Frau berufstätig sein soll oder nicht, gehen ja bekanntlich die Meinungen auseinander. Sind Sie persönlich dagegen oder nicht dagegen (1959) / dafür oder dagegen (1979), daß eine verheiratete Frau - solange sie keine Kinder hat - nebenbei berufstätig ist?

Zwar hatte - bezogen auf die Zeitpunkte 1959 und 1979 - schon immer eine Majorität von Frauen und Männern nichts dagegen, daß verheiratete Frauen "nebenbei" berufstätig sind, solange sie keine Kinder haben. Dennoch hat sich vor allem bei den Männern ein deutlicher Einstellungswandel vollzogen. Während 1959 erst 57 Prozent der befragten Männer nichts gegen eine Berufstätigkeit der Frauen hatte, immerhin aber 32 Prozent dagegen waren, hat sich das in der Nachkriegszeit etablierte Bild der Hausfrauenehe 1979 auch bei den Männern geändert: 73 Prozent sind nunmehr für eine Erwerbstätigkeit verheirateter Frauen, während die Zahl derer, die sich dagegen aussprechen, auf 14 Prozent gesunken ist.

Der amtlichen Statistik ist nach Sommerkorn (1988, S. 117) zu entnehmen, daß die Beteiligung verheirateter Frauen (mit und ohne Kinder) am Erwerbsleben "sich in den letzten rd. hundert Jahren von knapp 1/10 auf knapp 1/2 gesteigert" hat. "Und in der Geschichte der Bundesrepublik hat sich dieser Anteil von 1950 bis 1980 beinahe verdoppelt: war 1950 nur ein gutes Viertel aller verheirateten Frauen erwerbstätig, so war es im Jahre 1980 fast die Hälfte."

Von besonderem Interesse ist die Erwerbsbeteiligung von Müttern, da eine außerhäusliche Erwerbstätigkeit von manchen als abträglich für eine angemessene Entwicklung der Kinder angesehen wird (vgl. z.B. Hellbrügge 1960, Pechstein 1985). Tabelle 2.9 zeigt, daß auch hier eine Erhöhung der Erwerbstätigenquote in den letzten Jahrzehnten festzustellen ist (vgl. Nave-Herz 1988, S. 299).

Tab. 2.9 Erwerbstätigenquote von Müttern in den Jahren 1950 bis 1982 in Prozent (nach Nave-Herz 1988, S. 299, Tab. 2)

a) alle Mütter

Jahr	mit Kindern unter 18 J.	mit Kindern unter 15 J.	mit Kindern unter 6 J.
1950	24,3	22,8	-
1961	34,7	32,7	29,7
1970	35,7	34,2	29,8
1980	42,3	40,8	35,8
1982	42,6	41,4	35,8

b) verheiratete Mütter

Zahl der Kinder unter 15 Jahren

Jahr	1	2	3 und mehr
1950	22,5	21,8	25,7
1961	37,3	31,7	31,7
1970	39,0	30,5	29,3
1980	46,2	36,7	31,7
1982	46,2	36,7	29,9

Allerdings muß hierbei nach dem Alter und der Zahl der Kinder differenziert werden. Der Tendenz nach gilt, daß - mit Ausnahme der Mütter mit drei und mehr Kindern - in allen Sparten eine Zunahme der Berufstätigkeit von Müttern zu verzeichnen ist. Der relative Anteil berufstätiger Mütter sinkt jedoch, je mehr Kinder zu betreuen sind und je jünger die Kinder sind.

Die zum Zeitpunkt der Niederschrift dieses Textes neuesten Zahlen der amtlichen Statistik zeigen bei einem Vergleich von Ehefrauen unter 35 Jahren, daß die Erwerbsquote der Ehefrauen ohne Kinder von 84,5 Prozent im Jahre 1972 auf 87,3 Prozent im Jahre 1987 weiter zugenommen hat. Stärker ist jedoch im gleichen Zeitraum die Erwerbsquote der Frauen mit Kind(ern) angestiegen, und zwar von 37,1 auf 45,1 Prozent (vgl. Bretz & Mitarbeiter 1990, S. 44, Tab. 14). Wichtig ist in diesem Zusammenhang die Frage nach dem Umfang der Erwerbstätigkeit. Während 1972 und 1987 gleichermaßen ca. 85 Prozent der kinderlosen Ehefrauen einer Vollzeitbeschäftigung nachgehen, stellt sich die Situation für die erwerbstätigen Mütter deutlich anders dar. 1972 waren rund 49 Prozent und 1987 etwa 54 Prozent der Mütter teilzeitbeschäftigt. Teilzeitbeschäftigung ist jedoch bei den Männern der Frauen, die unter 35 Jahre alt sind und Kinder haben, ein äußerst selten anzutreffendes Phänomen. 1972 waren es lediglich 1 Prozent dieser Männer und 1987 mit 1,6 Prozent nicht viel mehr, die einer Teilzeitbeschäftigung nachgingen (vgl. Bretz & Mitarbeiter 1990, S. 45, Tab. 15). Aus diesen Zahlen geht klar hervor, was auch in differenzierteren Untersuchungen zur Frage der Aufgabenteilung in der Familie bestätigt wird: nach wie vor liegt die Hauptlast der Kindererziehung - und auch der sonstigen Hausarbeiten - bei den Müttern (vgl. v. Schweitzer 1981, Nave-Herz 1984).

Dennoch ist ein Mentalitätswandel bei der Mehrheit der Frauen unverkennbar. Ihre stärkere Bildungsbeteiligung und ihre erhöhte Berufsqualifikation wollen sie auf breiter Front auch in einem tatsächlich ausgeübten Beruf umsetzen. Zugleich wollen sie aber auch - wie neuere Untersuchungen zeigen - auf Elternschaft nicht verzichten (vgl. Brigitte-Redaktion 1988, Wisssenschaftlicher Beirat für Familienfragen beim BMJFG 1984, Hoff 1987).

Daß die meisten Frauen - auch wenn sie Kinder bekommen - berufstätig bleiben wollen, ist trotz dem seit 1986 eingeführten Erziehungsgeld und Erziehungsurlaub nur zu verständlich: auf dem Hintergrund der weiter oben bereits erwähnten Schätzung, daß ca. 30 Prozent der heute geschlossenen Ehen in einer Scheidung enden, wird eine Heirat im Sinne von Keupp (1988) zu einer "riskanten Chance". Zur Sicherung der eigenen ökonomischen Unabhängigkeit und zur Wahrung der Berufschancen in einer sich rasch wandelnden Arbeitswelt ist es durchaus eine rationale Strategie, wenn sich Frauen - auch Frauen mit Kindern - um einen Verbleib im Berufsleben bemühen.

2.3.5 Kinder - ein teures Vergnügen

Nachdem in den vorangegangen Abschnitten über eine Reihe von Veränderungen zur Struktur und Entwicklung von Ehe und Familie berichtet wurde, soll nun noch kurz auf einen Aspekt eingegangen werden, bei dem sich über die Zeit wenig geändert hat, nämlich die relative ökonomische Benachteiligung von Familien mit

Kindern. Zwar sind sich alle, die sich mit dieser Thematik beschäftigt haben, einig, daß auch Familien mit Kindern an der allgemeinen Wohlstandsentwicklung teilgenommen haben. Der relative Abstand der Einkommenssituation von Ehepaaren mit Kindern im Vergleich zu Ehepaaren ohne Kinder hat sich jedoch kaum verringert. In Tabelle 2.10 sind die entsprechenden Daten zusammengestellt (vgl. Schnabel 1987, S. 28 sowie 30 f)

Die Werte in Tabelle 2.10 sind bezogen auf das durchschnittliche Pro-Kopf-Einkommen eines kinderlosen Ehepaares mit einem bzw. zwei Verdienern. Dieses wurde jeweils für alle untersuchten Jahre gleich 100 gesetzt und erlaubt somit einen unmittelbaren Vergleich des Pro-Kopf-Einkommens für die Familien mit unterschiedlicher Kinderzahl. Dabei wird mit sog. Vollpersonenwerten gerechnet, d.h. innerhalb eines Familienhaushalts wird der Ehemann mit 1,0, die Ehefrau mit 0,8 und

Tab. 2.10 Prozentualer Anteil des Netto-Pro-Kopf-Einkommens in Abhängigkeit von der Familiengröße bezogen auf das Einkommen von kinderlosen Ehepaaren mit einem Verdiener bzw. zwei Verdienern (nach Schnabel 1987, S. 28f)

	1956	1967	1974	1976	1981	1986
Kinderloses Ehepaar = 100 (1 Verdiener)	100	100	100	100	100	100
Verheiratet (1 Verdiener) mit						
1 Kind	77,5	77,3	76,4	77,9	77,4	78,6
2 Kindern	63,5	66,7	63,8	65,6	66,2	67,2
3 Kindern	57,8	61,7	57,0	59,2	62,0	62,4
Kinderloses Ehepaar = 100 (Doppelverdiener)	100	100	100	100	100	100
Verheiratet (1 Verdiener) mit						
1 Kind	39,6	40,4	39,3	42,2	42,6	44,2
2 Kindern	32,5	34,9	32,8	35,5	36,5	37,8
3 Kindern	29,5	32,2	29,3	32,1	34,1	35,1

jedes Kind mit 0,6 bezüglich ihres Pro-Kopf-Anteils am Gesamteinkommen gewichtet. Die Werte in Tabelle 2.10 besagen somit, daß z.B. 1986 das Pro-Kopf-Einkommen einer Familie mit zwei Kindern 67,2 Prozent des Pro-Kopf-Einkommens eines kinderlosen Ehepaares mit einem Verdiener ausmacht. Noch deutlicher wird die Schrumpfung des Pro-Kopf-Einkommens einer vierköpfigen Familie, wenn man es auf die Einkommenssituation eines doppelt verdienenden kinderlosen Ehepaares bezieht. Der entsprechende Wert beträgt dann 37,8 Prozent und macht damit deutlich, wie unterschiedlich die finanziellen Ressourcen zwischen Familien mit und ohne Kindern verteilt sind. Im übrigen läßt ein Blick auf Tabelle 2.10 auch erkennen, daß sich zwischen 1956 und 1986 an dieser Situation wenig geändert hat. Dabei ist zu bedenken, daß in die Berechnung der Einkommen für die Familien mit Kindern die staatlichen Transferzahlungen, d.h. Kindergeld und Kinderfreibetrag, mit eingegangen sind.

Der mit steigender Kinderzahl sinkende finanzielle Spielraum von Familien mit Kindern ist vornehmlich darauf zurückzuführen, daß die faktischen Aufwendungen für Kinder durch den Familienlastenausgleich beileibe nicht gedeckt werden. Zwar hat sich der Anteil der staatlichen Entlastung an den Kinderkosten in den letzten Jahren - vor allem für Familien mit drei und mehr Kindern - erhöht, dennoch liegt z.B. der Entlastungseffekt für eine Familie mit zwei Kindern im Jahr 1986 bei 19,4 Prozent (vgl. Cornelius 1987, S. 60). Konkret heißt dies, daß bei monatlichen Aufwendungen für zwei Kinder in Höhe von DM 1.322.-- (zur Berechnung der Kinderkosten vgl. Votteler 1987) DM 257.-- vom Staat beigesteuert werden. Der Rest, d.h. DM 1.065.--, ist aus anderen Quellen des Familieneinkommens zu begleichen.

Angesichts dieser Zahlen wird verständlich, daß das Großziehen von Kindern eine finanzielle Investition von erheblichem Ausmaß und im Vergleich zu den Kinderlosen eine massive Wohlstandseinbuße bedeutet. Lampert (1989) beziffert für ein Ein-Verdiener-Ehepaar, das 1979 sein erstes und 1981 sein zweites Kind bekommen hat, den Einkommensverzicht dieser Familie bis zu dem Zeitpunkt, zu dem die Kinder 18 Jahre alt sind, auf rund DM 712.000.--. Seine Berechnungen kommentiert Lampert (1989, S. 103) wie folgt: "Diese Opportunitätskosten von Familien mit Kindern geben eine Vorstellung von dem bewußt oder unbewußt akzeptierten 'Opfer' an materiellem Wohlstand."

Obwohl sich mit der Einführung des Bundeserziehungsgeldgesetzes im Jahre 1986 eine spürbare finanzielle Entlastung für junge Eltern ergibt (vgl. Cornelius 1987), darf nicht übersehen werden, daß der Entlastungseffekt zeitlich sehr begrenzt ist. Ebenso wie Kinder eines langfristigen Engagements ihrer Eltern bedürfen, sollten sich Eltern auch auf ein langfristiges Engagement des Staates verlassen können, wenn es darum geht, zu einer gerechteren Lastenverteilung bei den Aufwendungen für die nachwachsende Generation zu kommen.

2.4 Wurzeln familiären Wandels

Die in den vorangegangenen Abschnitten beschriebenen Aspekte eines Wandels "der Familie" beziehen sich vor allem auf eine Auflösung des Verbindlichkeitscharakters des noch in den 50er Jahren vorherrschenden traditionellen Leitbilds von Ehe und Familie. Dieser von Soziologen als "Desorganisation" (König 1974), oder "Deinstitutionalisierung" (Tyrell 1988) bezeichnete Wandel äußert sich vor allem in einer größeren Vielfalt faktisch gelebter Formen familiärer oder familienähnlicher Gemeinschaftlichkeit. Von einer radikalen Abkehr vom Prototyp "Familie" im Sinne eines Ersatzes des traditionellen Familienparadigmas durch völlig neue Formen von Partnerschaft und Elternschaft kann jedoch nicht die Rede sein. So stellt etwa Nave-Herz (1989, S. 219) fest, "daß sowohl auf statistischer als auch auf normativer Ebene die Eltern-Familie der dominante Familientyp in der Bundesrepublik geblieben ist."

Der dennoch sichtbar gewordene Wandel wird eher auf veränderte strukturelle Bedingungen moderner Gesellschaftssysteme zurückgeführt und nicht der Institution Familie an sich angelastet. So meint etwa Rerrich (1988, S. 169), daß "die Familie ... nur der Ort, nicht die Ursache des Geschehens" sei. Und Kaufmann (1988, S. 407) kommt zu dem Schluß: "Was sich heute als krisenhafte Symptomatik familialer Lebensformen manifestiert, läßt sich auch als soziales Wirksamwerden des kulturellen Komplexes 'Modernität' im Bereich von Familien interpretieren." Derselbe Autor hält eine allenthalben stattgefundene "Optionserweiterung" menschlicher Lebensgestaltung in unserem Kulturkreis für die zentrale Kategorie zur Beschreibung gesellschaftlichen Wandels. Zugleich gibt er eine komprimierte Analyse der gesellschaftlichen Voraussetzungen, die zu dieser Optionserweiterung geführt haben (vgl. Kaufmann 1990, S. 78 f): "Was wir gemeinhin als das Fortschrittliche der neuzeitlichen Gesellschaftsentwicklung ansehen, hat vor allem mit dem Zuwachs an institutionalisierten Möglichkeiten für die verschiedensten Zwecke und Wechselfälle des Lebens zu tun: Von der Erweiterung des Güterangebots über die Entwicklung und Differenzierung des Bildungs- und Gesundheitswesens bis zu den hochkomplexen Organisationsformen moderner Staaten. Die zunehmende gesellschaftliche Arbeitsteilung, die Vervielfältigung erwerbswirtschaftlicher, staatlicher, verbandlicher, religiöser, gemeinnütziger und vereinsmäßiger Einrichtungen führen zu einem Gewinn an Freiheit, aber auch zu einem immer unübersehbareren Angebot an Möglichkeiten."

Hinzu kommt, daß sich in den letzten Jahrzehnten im Schnitt eine deutliche Erhöhung des Lebensstandards ergeben hat. Einschlägige Indikatoren der Wohlstandsmehrung in der Bundesrepublik sind z.B: eine drastische Erhöhung des realen Volkseinkommens, eine Verkürzung der Wochen- und Lebensarbeitszeit, eine Verbesserung der Wohnungsqualität verbunden mit einer zunehmend kompletter werdenden Ausstattung mit arbeitserleichternden Haushaltsgeräten und hochwertigen Konsumgütern, eine erhöhte Mobilität als Folge einer gestiegenen Motorisierungsdichte, eine Verlängerung der Urlaubszeiten und eine zunehmende Reiseaktivität, eine Vervielfachung der Kommunikationsmöglichkeiten durch ein immer engmaschigeres Netz an installierten Telefonen und anderer Kommunikations-Hardware. Die Liste läßt sich noch erweitern. In allen Fällen ist eine Vergrößerung der Verfügbarkeit von Handlungsmöglichkeiten die Konsequenz und stellt somit erhöhte Anforderungen an das Auswählen und Entscheiden zugunsten bestimmter Handlungsalternativen.

Begleitet wird diese gesellschaftlich-institutionelle und wohlstandsbedingte Angebotsvielfalt von einer Optionserweiterung, die sich vor allem im Lebenszusammenhang von Frauen niederschlägt: deren erhöhte Bildungs- und Erwerbsbeteilung führt insgesamt zu mehr geistiger und ökonomischer Unabhängigkeit; die Planbarkeit von Schwangerschaften durch nahezu perfekte Kontrazeptionsmethoden erlaubt eine Entkoppelung von Sexualität und Elternschaft; ein offensiv vorgetragenes Aufmerksammachen auf Frauenbenachteiligungen und Fraueninteressen führt zu einer beständigen Erweiterung weiblicher Handlungsspielräume. All dies hat auch Auswirkungen auf die Gestaltung der Beziehung zwischen den Geschlechtern, die nach einem Wort von Mitterauer und Sieder (1980) langfristig als eine Entwicklung vom "Patriarchat zur Partnerschaft" gedeutet werden kann.

Ehen werden nicht mehr "gestiftet", sondern sind - ob mit oder ohne Trauschein - das Ergebnis einer gemeinsamen Wahlentscheidung, die im partnerschaftlichen Diskurs sich im Prinzip stets von Neuem bewähren muß. "Diese neue Bedeutung der Ehe schafft zugleich auch neue Belastungen", argumentiert Beck-Gernsheim (1989, S. 109) und fährt fort: "Das, was die große Chance der persönlich gewählten Gemeinsamkeit ist, die Schaffung einer eigenen Welt jenseits der Vorgaben von Familie, Verwandtschaft und Sippe, eben das fordert den beiden Beteiligten auch enorme Eigenleistungen ab. Im neuen Heiratssystem dürfen die Partner nicht nur, nein sie *müssen* auch ihre Gemeinsamkeit selbst entwerfen." Partnerschaft verwirklicht sich somit im Spannungsfeld von Bewährung und Scheitern im alltäglichen gemeinschaftlichen Lebensvollzug.

Insofern nichteheliche Lebensgemeinschaften als voreheliche Lebensform aufzufassen sind, erscheint es durchaus sinnvoll, im praktizierten gemeinsamen Alltag die Belastbarkeit, Stabilität und Solidarität der Beziehung erfahrbar zu machen. Diese "subjektive Empirie" einer tragfähigen langfristigen Gemeinschaftlichkeit ist - wie unsere eigenen Untersuchungen zeigen (vgl. Schneewind, Vaskovics & Mitarbeiter 1989) - zugleich auch eine der wichtigsten Voraussetzungen bei der Entscheidung für oder gegen Kinder. Immerhin bedeutet eine Verwirklichung des Kinderwunsches eine langfristige und unumkehrbare Festlegung von Verantwortlichkeiten - ein Erfordernis, das im Gegensatz zu den häufig apostrophierten Kennzeichen des "modernen" oder gar "postmodernen" Menschen steht, dessen Welt nicht nur aus einer breiten Alternativenvielfalt, sondern auch aus einer beträchtlichen Revidierbarkeit seiner Entscheidungen besteht.

Die Optionserweiterung auf der individuellen Ebene hat zu einem allgemein als "Individualisierung" bezeichneten Prozeß geführt, den Lüscher (1988, S. 33) schärfer mit dem Begriff "subjektive Multiperspektivität" umreißt. Für ihn soll dieser Begriff ausdrücken, "daß für den einzelnen eine Vielzahl von Orientierungen des Handelns denkbar ist und möglich scheint, wobei jede auf plausible Weise den anstehenden Aufgaben zu genügen und das Handeln zu legitimieren vermag". Das Aushaltenkönnen von zum Teil widersprüchlichen Perspektiven, aber auch das Durchhaltenkönnen von Lebensperspektiven, für die man sich einmal entschieden hat, gestaltet sich unter den Bedingungen vergleichbar attraktiver Optionen bisweilen als ein schwieriges Geschäft.

Im Kontext von Partnerschaft und Familie kompliziert sich die Situation um ein Weiteres: Hier kommt es zur Verknüpfung oder aber Konfrontation von unterschiedlichen Perspektiven verschiedener Personen. Die Balance von Verbundenheit und wechselseitig zugestandener Autonomie muß in teilweise mühsamen Aushandlungsprozessen immer von neuem austariert werden (vgl. Kapitel 3 in diesem Band). Das Tolerieren der subjektiven Sichtweise des anderen, der konstruktive Umgang mit Konflikten, das Miteinanderteilen von verletzten Gefühlen und die Fähigkeit zum Aushandeln neuer (relativer) Stabilitäten in krisenhaften Zeiten - all dies sind Fähigkeiten, die gefordert sind, wenn mit der Norm eines partnerschaftlich-egalitären Zusammenlebens Ernst gemacht werden soll. Eine Norm, die - wie wir gesehen haben - nicht nur auf der Paar- sondern auch auf der Eltern-Kind-Ebene das innerfamiliäre Beziehungsgeschehen mehr und mehr bestimmt.

Die mit dem Modernisierungsprozeß einhergehende "Enttraditionalisierung" überkommener Leitbilder der Lebensgestaltung hat zu erweiterten Handlungsspielräumen und Freiheiten in nahezu allen Lebensbereichen - auch im Bereich von Partnerschaft, Ehe und Familie - geführt. Die Kehrseite der Medaille ist jedoch, daß die Befreiung von den Zwängen traditioneller Verbindlichkeiten zu einem neuen Typus von Zwängen führt: dem *Zwang* zur Selbstbestimmung auf der individuellen und dem *Zwang* zum stetigen Neuaushandeln von Gegenseitigkeit auf der zwischenmenschlichen Ebene. Für viele ist dies eine Situation, auf die sie aufgrund fehlender Vorbilder - auch in ihren eigenen Herkunftsfamilien - nicht vorbereitet sind und für die sie keine angemessenen "Bewältigungskompetenzen" mitbringen.

Es sei die These gewagt, daß der entscheidende epochale Wandel nicht eigentlich die "Pluralisierung von Familienformen" ist, sondern die an der Norm der Partnerschaftlichkeit orientierte Umgestaltung innerfamiliärer Beziehungen, die allerdings im Alltag familiären Zusammenlebens nicht immer eingelöst wird. In dieser Perspektive ist es dann letztlich unerheblich, welche Formen familiärer oder quasifamiliärer Gemeinschaftlichkeit realisiert werden. Entscheidender ist vielmehr, daß "Familien als intime Beziehungssysteme" (vgl. Kapitel 3 in diesem Band) die Aufgaben erfüllen und Herausforderungen bestehen, mit denen sie sich in ihrem Lebensprozeß auseinanderzusetzen haben. An dieser Stelle kann eine Familienpsychologie, die sich als Beziehungspsychologie versteht, Hilfestellung bei der Aufgabe leisten, daß Familien - in welcher Form sie sich auch immer präsentieren - die Klärung und angemessene Bewältigung ihrer Lebensaufgaben selbst in die Hand nehmen.

3. Familien als intime Beziehungssysteme

3.1 Familien und familienähnliche Lebensformen

Nach Artikel 6 des Grundgesetzes der Bundesrepublik Deutschland steht zwar die "Ehe und Familie unter dem besonderen Schutz der staatlichen Ordnung", als Rechtsbegriff kommt jedoch die Familie im Bürgerlichen Gesetzbuch von 1900 nicht vor, obwohl das vierte Buch die Überschrift "Familienrecht" trägt. Dennoch hat sich in den gegenwärtigen westlichen Industriegesellschaften für den offiziellen Gebrauch ein Begriffsverständnis durchgesetzt, das im wesentlichen einem Definitionsvorschlag entspricht, der von der ehemaligen Familienministerin Süssmuth (1981, S. 124) formuliert wurde: "Familie kann in einem sehr weiten Verständnis die Gruppe von Menschen bezeichnen, die miteinander verwandt oder verschwägert sind, gleichgültig ob sie zusammen oder getrennt leben. Im engeren Sinne wird Familie übereinstimmend als biologisch-soziale Gruppe von Eltern mit ihren ledigen, leiblichen und/oder adoptierten Kindern verstanden."

Nimmt man das weitere und engere Verständnis von Familie zusammen, so sind das Filiations- und das Verwandtschaftsprinzip die beiden definitionsstiftenden Elemente dieses Familienbegriffs. Eine Reihe unterschiedlicher Lebensformen läßt sich dieser Familiendefinition zuordnen. So ist etwa ein kinderloses Ehepaar oder zwei unverheiratet zusammenlebende Schwestern ohne Kinder genauso als Familie zu bezeichnen wie die ledige Mutter mit ihrem Kind. Zusammenschlüsse von mehreren blutsverwandten oder verschwägerten Personen mit oder ohne Kindern zu einer "Großfamilie" qualifizieren sich ebenso als Familie wie die traditionelle Kleinfamilie, bestehend aus einem verheirateten Elternpaar mit seinen abhängigen Kindern.

Ebenso deutlich wird aber auch, daß bestimmte *quasifamiliäre Lebensformen* wie z. B. Pflegekindfamilien, nicht-eheliche Lebensgemeinschaften oder umfassende Wohngemeinschaften mit und ohne Kindern entsprechend der obigen Definition keine Familien darstellen, auch wenn Untereinheiten in diesen Personengruppen (wie etwa Ehepaare oder Mutter-Kind-Paare) den Definitionskriterien durchaus genügen. Aus psychologischer Sicht ist dies ein wenig befriedigender Zustand, da bestimmte Menschen (z.B. Pflegekinder oder nichteheliche Väter) auf diese Weise aus dem Lebenszusammenhang ihrer persönlichen Beziehungen "herausdefiniert" werden. Noch klarer wird dies, wenn man "Familien" nach dem Tagesmütter-oder SOS-Kinderdorfmodell ins Auge faßt. In beiden Fällen ist der Familienbegriff nicht anwendbar, in der Regel auch nicht für irgendwelche Untergruppen. Und doch findet in diesen Gruppierungen gemeinsames Leben statt, das in hohem Maße an das Leben in traditionellen Familien erinnert.

Was aber ist die traditionelle Familie? Nach der Brockhaus-Definition aus dem Jahre 1968 ist es "das Elternpaar mit den unselbständigen Kindern als Einheit des Haushalts" (Brockhaus Enzyklopädie 1986, Band 6, S. 48). Unterstellt wird dabei, daß das Elternpaar eine heterosexuelle Zweiergemeinschaft darstellt, die in einer auf Permanenz und sexuelle Exklusivität angelegten Ehe legalisiert ist. Ein weiteres Kennzeichen traditioneller Familien ist es, daß gewöhnlich der Mann die Rolle des primären Verdieners innehat. Nimmt man alle diese Kriterien zusammen, so läßt sich ein "Profil" der traditionellen Familie erstellen, von dem sich die nicht-traditionellen Alternativen abheben. Macklin (1980) hat dies in einer kontrastierenden Übersicht getan, wobei bereits das Abweichen in einem der Merkmale des traditionellen Familienprofils zu einer nicht-traditionellen Alternative führt, so z.B. wenn in einer sonst traditionellen Familie das Kriterium der sexuellen Exklusivität nicht bzw. nicht mehr erfüllt wird. Alternative Lebensformen treten dabei umso prägnanter hervor, je mehr sie mit den Merkmalen einer nicht-traditionellen Lebensgestaltung "angereichert" sind. Aber auch die alternativen Abweichungen von der traditionellen Familie verweisen auf mehr oder minder gemeinschaftlich vollzogene Lebensformen. Familie konstituiert sich somit im *gemeinschaftlichen Lebensvollzug*. Durch die Art, Dauer und Intensität des gemeinschaftlichen Lebensvollzugs entstehen Bindungen, die einen Einfluß auf die Personen und ihre Beziehungen untereinander haben. Je nachdem, welche Bedeutung von "Familie" im Vordergrund steht, werden auch andere Arten von Bindungen angesprochen. Karpel und Strauss (1983) haben dies in einer Übersicht veranschaulicht, wobei folgende Bedeutungsvarianten von Familie unterschieden werden:

- Die *funktionale Familie* ist vor allem durch die Art und Weise gekennzeichnet, wie sie in ihrem täglichen Zusammenleben die praktischen Anforderungen des Lebens - von der Haushaltsführung über die Freizeitgestaltung bis zur Kindererziehung - regelt. Dies besagt nicht, daß es in der funktionalen Familie nicht auch zu dysfunktionalen Entwicklungen kommen kann, etwa dann, wenn Basisbedürfnisse einzelner Familienmitglieder wie z. B. das Bedürfnis nach Nahrung und Schutz nicht befriedigt werden.

- Für die *rechtliche Familie* werden Bindungen vor allem von außen durch die Normen des Rechtssystems definiert. Bindungen entstehen hierbei z.B. durch die Unterhalts- und Erziehungsverpflichtungen, die Adoptiveltern bei der Annahme von nicht-leiblichen Kindern eingehen. Gleiches gilt für Unterhalts- und Sorgerechtsregelungen bei einer Scheidung, wobei der Fortbestand von "Bindungen" in diesem Fall vor allem auch in langfristigen Zahlungsverpflichtungen besteht.

- Die *Familie, wie sie von ihren Mitgliedern gesehen wird*, bezieht sich auf die subjektive Wahrnehmung der einzelnen Familienmitglieder, wer als zur Familie gehörig erachtet wird und wer nicht. Wird etwa das "schwarze Schaf" oder der "verlorene Sohn" zur Familie gezählt? Oder wird der Vater, der "nie zuhause ist" von den Kindern noch als zur Familie gehörig betrachtet? Hier werden subjektive Abgrenzungen deutlich, die zwischen den einzelnen Familienmitgliedern variieren können, bisweilen aber auch von allen - ausgesprochen oder unausgesprochen - geteilt werden.

- Die *Familie mit langfristigen Verpflichtungen* ist gekennzeichnet durch ein hohes Maß an Erwartungen bezüglich Dauerhaftigkeit und Stabilität der wechselseitigen Bindungen. Als Forderung kommt dies wohl am stärksten in dem "Bis der Tod euch scheidet"-Versprechen junger Eheleute zum Ausdruck, das jedoch allzu häufig in der Realität des Lebens nicht eingelöst wird. Wirklich langfristige Bindungen sind jedoch solche, die nicht nur auf Versprechungen beruhen, sondern trotz oder gerade

52

wegen der gemeinsam durchlebten Belastungen und Wechselfälle des Lebens Bestand haben.

- Die *biologische Familie* schließlich bezieht ihre Bindungen aus dem Faktum der Blutsverwandtschaft. Auch wenn diese Bindungen durch zusätzliche soziale Beziehungen faktisch gelebt werden, stellen sie doch - wie die moderne Verhaltensgenetik zeigt - eine Einflußquelle des individuellen Verhaltens dar (vgl. Plomin 1986). Darüber hinaus ist die biologische Familie ein wichtiger, manchmal auch problematischer Bestandteil der Identitätsbestimmung des einzelnen. Man denke etwa an die Suche adoptierter Kinder nach ihren leiblichen Eltern oder die Auseinandersetzung der Nachkriegsgeneration mit der nazistischen Vergangenheit ihrer Eltern oder Großeltern.

Für die traditionelle Familie sind die von Karpel und Strauss (1983) beschriebenen Varianten des Familienbegriffs und die ihnen zugeordneten Bindungsformen vollkommen deckungsgleich. Mit anderen Worten: Die traditionelle Familie ist zugleich legale, biologische und funktionale Familie. Darüber hinaus nehmen sich alle Familienmitglieder als zur Familie gehörig wahr und sind eingebunden in einen Lebensrahmen mit langfristigem Verpflichtungscharakter. Für alternative familiäre Lebensformen gilt, daß ihnen wenigstens eines der Bedeutungs- und Bindungscharakteristika fehlt, was jedoch nicht in jedem Fall als Defizit erlebt wird. Eine nicht-eheliche Lebensgemeinschaft etwa, für die erkennbar gilt, daß sie weder eine legale noch eine biologische Familie ist, kann dennoch eine funktionale Familie darstellen, deren Mitglieder sich als zugehörig und langfristig aufeinander bezogen erleben. Das Fehlen legaler oder biologischer Bindungen mag sogar als ein wesentliches beziehungsstabilisierendes Moment besonders wertgeschätzt werden.

Ein wichtiger Aspekt der von Karpel und Strauss (1983) vorgestellten Familienbedeutungs- und Bindungsformen besteht darin, daß es für die einzelnen Familienmitglieder je nach Zugehörigkeit zu einer bestimmten Familienform unterschiedlich schwer ist, ihre Mitgliedschaft zu verändern. Sofern sich eine Personengruppe bloß als funktionale Familie definiert, in der es zentral um eine mehr oder weniger gelungene Aufteilung lebenspraktischer Alltagsroutinen geht, kann der einzelne relativ leicht seine Mitgliedschaft aufkündigen. Die Kurzlebigkeit vieler Wohngemeinschaften ist hierfür ein beredter Beleg. Weniger leicht ist dies möglich, wenn man Mitglied einer legalen Familie ist. Im Falle einer Scheidung mögen zwar die Partner auf einer unmittelbaren Verwirklichung ihres Scheidungsbegehrens bestehen, eine rechtskräftige Scheidung kann jedoch nach geltendem Recht frühestens nach einem Trennungsjahr erfolgen. Ähnliches gilt, wenn es nicht um das rechtlich erwirkte Verlassen des Familienverbandes geht, sondern - wie im Falle der Adoption - um das Hinzukommen eines nicht-leiblichen Familienmitgliedes. Auch hier fordert das Gesetz eine Probezeit, die allerdings nicht exakt festgelegt ist, sondern vom Vormundschaftsgericht nach Konsultation der Adoptionsvermittlungsstelle oder des Jugendamts bestimmt wird.

Nicht leicht zu lösen ist auch die in der subjektiven Zugehörigkeitswahrnehmung zu einer Familie wurzelnde Bindungsform. Der Grund hierfür liegt weniger in gesetzlich vorgeschriebenen Fristen, als vielmehr darin, daß solche Zugehörigkeitswahrnehmun-

53

gen in der Regel gekoppelt sind mit einem Erfahrungsprozeß von Gemeinschaftlichkeit, der einen gewissen Zeitbedarf hat. Wenn auch nicht exakt in den gleichen Zeitquanten findet dieser Zeitbedarf sein Gegenstück in der "Zeit, die es braucht", bis das Zugehörigkeitserleben erlischt oder zumindest eine andere Qualität erhält, wenn jemand den Familienbund verläßt. So mag etwa ein junger Erwachsener sich immer noch "wie ein Kind" seiner Herkunftsfamilie zugehörig fühlen, obwohl er gar nicht mehr mit ihr zusammenlebt.

Noch schwieriger ist es für den einzelnen, sich aus einer Familie mit langfristigem Verpflichtungscharakter herauszulösen. Karpel und Strauss (1983, S.6) bezeichnen die diesem Familientyp zugrundeliegenden dauerhaften Beziehungen als "Lebensbeziehungen" und meinen daß diese Dauerhaftigkeit einen wesentlichen Faktor darstellt, der Familiebeziehungen von sozialen oder beruflichen Beziehungen unterscheidet". Die häufig jahrelange und manchmal nicht zu Ende kommende "Trauerarbeit", die bei der Auflösung derartiger Lebensbeziehungen - sei es durch Tod, Trennung oder Scheidung - zu leisten ist, macht deutlich, wie schwer es ist, solche Beziehungsverluste zu bewältigen.

Für die biologische Familie gilt schließlich, daß man sich ihrer Mitgliedschaft - ob man will oder nicht - überhaupt nicht entziehen kann. Duss von Werdt (1980, S.18) hat darauf aufmerksam gemacht, daß wir alle unentrinnbar "Familienmenschen" sind: "Jeder hat Vater und Mutter, selbst wenn er sie nie erlebt und gekannt hat. Er ist und bleibt ihr Kind. Sie sind und bleiben seine Eltern. Man ist nie niemandes Kind... Diese zwei Existenzdimensionen des kindlichen und des elterlichen... machen den Familienmenschen aus. Sie liegen jeder Form von tatsächlich wahrgenommener Elternschaft und konkret erfahrener Eltern-Kind-Beziehung voraus als deren Bedingungen."

Bindungen können nach der Analyse von Karpel und Strauss entweder von außen zugeschrieben werden (wie im Falle der legalen Familie) oder durch mehr oder minder tiefgreifende Formen von Gemeinschaftlichkeit von jedem einzelnen erfahren werden (wie im Falle der funktionalen, wahrgenommenen oder mit langfristigen Verpflichtungscharakter ausgezeichneten Familie). Einen Sonderfall stellen Blutsbande dar, die zum einen auf biologischem Wege genetische Bindungen auch dann schaffen, wenn sie nicht im gemeinschaftlichen Lebensvollzug angeeignet werden und zum anderen auf dem Wege der "sozialen Vererbung" über Generationen hinweg eine familiäre Beziehungsgeschichte entstehen lassen, deren Einfluß in das Beziehungsgeschehen des "Hier und Jetzt" hineinwirkt.

3.2 Kennzeichen intimer Beziehungssysteme

Historisch gewachsene Beziehungserfahrungen sind erkennbar an Personen gebunden und sind somit Bestandteil dessen, was man als *Beziehungspersönlichkeit* bezeichnen kann. Die Beziehungserfahrungen einer Person fließen ein in die *konkreten Interaktionen* mit anderen Personen, die ihrerseits auf dem Hintergrund ihrer eigenen Beziehungsgeschichte das Interaktionsgeschehen mitbestimmen. Auf dem Wege der Interaktion werden somit zwei oder mehr Beziehungspersönlichkeiten miteinander verknüpft und bilden somit ein *Interaktionssystem*. Zugleich schaffen sie durch wiederholte Interaktionen mehr und mehr eine *gemeinsame Beziehungsgeschichte*, wodurch das Interaktionssystem dieser Personen zu einem *Beziehungssystem* wird (vgl. hierzu auch Hinde 1979). Beziehungssysteme haben somit zwei Teile, nämlich einen von außen beobachtbaren objektiven Teil, der sich in den wiederkehrenden Interaktionen zwischen zwei oder mehr Personen manifestiert. Darüber hinaus haben sie aber auch einen personintern repräsentierten subjektiven Teil, der sich aus der unabhängig voneinander gemachten und der gemeinsam erfahrenen Beziehungsgeschichte zusammensetzt.

Jede konkrete Interaktion wird somit bestimmt durch die unabhängige und gemeinsame Beziehungsgeschichte der Beziehungspartner. Zugleich wird jede abgeschlossene Interaktionsepisode unweigerlich Bestandteil der gemeinsamen Beziehungsgeschichte und nimmt damit Einfluß auf das nachfolgende Interaktionsgeschehen. Es ist dieser über das Vehikel der Interaktion im ständigen Fluß befindliche *Beziehungsprozeß*, der dazu führt, daß menschliche Beziehungssysteme sich zwischen den Polen von Stabilität und Wandel entwickeln.

Diese kurze Skizze menschlicher Beziehungssysteme ist in ihrer Allgemeinheit anwendbar auf alle Arten von Beziehungen, die sich zwischen Personen ergeben können, etwa auf Beziehungen im Berufsleben, Arzt-Patient-Beziehungen, Beziehungen zwischen Sportkameraden, aber eben auch auf Familienbeziehungen. Wie aber unterscheiden sich nun familiäre Beziehungssysteme von anderen Beziehungssystemen? Eine mögliche Antwort hierzu ist, daß sich familiäre und quasi-familiäre Lebensformen einem Typ menschlicher Gemeinschaftlichkeit zuordnen lassen, der gewöhnlich als *Primärgruppe* bezeichnet wird. Der amerikanische Sozialpsychologe Cooley (1909, S.23) hat bereits zu Beginn dieses Jahrhunderts diesen Gruppentyp wie folgt beschrieben: "Unter Primärgruppe verstehe ich jene, die durch ein enges Zusammenleben und durch enge Zusammenarbeit gekennzeichnet sind. Primär sind diese Gruppen in mancher Hinsicht, aber hauptsächlich doch darin, daß sie die soziale Seite und die Ideale des Individuums grundlegend formen. Das Ergebnis dieses engen Zusammenlebens ist, psychologisch gesehen, eine gewisse Verschmelzung von Individuen zu einem gemeinsamen Ganzen, so daß man selbst, zumindest für viele Zwecke, in dieser Gemeinsamkeit und in den Zielen der Gruppe aufgeht."

Die durch "enges Zusammenleben" und "enge Zusammenarbeit" gekennzeichneten Primärgruppen existieren nicht zweck- oder ziellos, sondern erfüllen eine Reihe von miteinander verschränkten Funktionen. Diese dienen sowohl der individuellen als auch der gesellschaftlichen Bedürfnisbefriedigung, wodurch gerade der Familie in ihren kulturell unterschiedlichen Erscheinungsformen besondere Bedeutung beigemessen wird. Für die gegenwärtige Kernfamilie lassen sich in Anlehnung an Goode (1960) und Neidhardt (1970) folgende Hauptfunktionen unterscheiden:

- die *Reproduktionsfunktion*, d.h. die Zeugung von Nachkommen, die auf der individuellen Ebene zur Befriedigung u.a. von sexuellen Bedürfnissen und auf der gesellschaftlichen Ebene zur Sicherung des Personenstandes der Sozietät führt;

- die *Existenzsicherungs- und Produktionsfunktion*, d.h. die Befriedigung individueller physischer und psychischer Bedürfnisse (wie z.B. Ernährung, Schutz, Gesundheit), die auf gesellschaftlicher Ebene eine Voraussetzung für die Verfügbarkeit der einzelnen Person im Produktionsprozeß ist;

- die *Regenerationsfunktion*, die auf dem Wege individueller und gemeinschaftlicher Freizeitgestaltung zu einer Kräfteerneuerung und Selbstverwirklichung führen kann. In gesellschaftlicher Sicht dient diese Funktion der Wiederherstellung der Produktionskraft der Gesellschaftsmitglieder;

- die *Sozialisations- und Erziehungsfunktion*, die für den einzelnen den Erwerb einer Fülle von Kompetenzen und aus gesellschaftlicher Perspektive die Möglichkeit zur Nutzung dieser Kompetenzen für übergeordnete Zwecke der Gemeinschaft mit sich bringt;

- die *Plazierungsfunktion*, bei der es individuell um die Verwirklichung von Bildungs- und Berufsinteressen und gesellschaftlich um die Erhaltung eines im internationalen Vergleich konkurrenzfähigen Bestands an Arbeitskräften geht.

Abgesehen davon, daß der modernen Kleinfamilie von manchen ein deutlicher "Funktionsverlust" oder zumindest eine "Funktionsverlagerung" zugeschrieben wird (vgl. Schäfer 1985), zeigt sich bei einer Betrachtung verschiedener Phasen im Familienzyklus, aber auch bei der Berücksichtigung unterschiedlicher Familienformen, daß sich die inhaltliche Ausgestaltung einzelner Funktionsbereiche verändert. So spielt etwa die Reproduktionsfunktion für Familien in einer späteren Phase des Familienzyklus in der Regel keine Rolle mehr, wenngleich sich in den letzten Jahren eine zunehmende Verbreitung des Phänomens der "späten Elternschaft" ergeben hat, (vgl. Gloger-Tippelt 1988). Gleiches gilt für eine Reihe nicht-traditioneller Familienformen, wie z.B. kinderlose Ehen sowie nicht-eheliche oder verwandtschaftliche Lebensgemeinschaften ohne Kinder. Und doch qualifizieren sich auch diese Lebensformen als Primärgruppen in dem zitierten Sinne von Cooley (1909, S. 23), insofern sie "durch enges Zusammenleben und durch enge Zusammenarbeit...die soziale Seite und die Ideale des Individuums grundlegend formen."

Für die Kennzeichnung von Primärgruppen ist somit weniger entscheidend, ob sie sich hinsichtlich ihrer Bezeichnung, personellen Zusammensetzung oder Funktionsbestimmung irgendwelchen vorgegebenen Definitionskriterien fügen. Entscheidend ist vielmehr, welche Voraussetzungen erfüllt sein müssen, damit sie den sich lebenszyklisch wandelnden Entwicklungserfordernissen ihrer Mitglieder gerecht werden können. Primärgruppen weisen in der Regel durch die spezifische Art ihres gemeinschaftlichen Lebensvollzugs einen relativ hohen Grad an *interpersonaler Involviertheit* auf. Sie können daher auch als *intime Beziehungssysteme* bezeichnet werden, die sich von anderen Beziehungssystemen mit geringerer interpersonaler Involviertheit unterscheiden (vgl. Perlman & Duck 1987). Der Grad an interpersonaler Involviertheit hängt ab von dem durch gemeinsame Beziehungserfahrungen gewachsenen Umfang sowie der Tiefe und Intensität wechselseitiger Bezogenheit (vgl. Altman & Taylor 1973). Das Ausmaß und die konkreten Äußerungsformen von interpersonaler Invol-

56

viertheit können sich im Zeitverlauf zwischen den pathologischen Extremen einer symbiotischen Überinvolviertheit und einer autistischen Unterinvolviertheit verändern (vgl. L'Abate 1976).

Daß es überhaupt zur Entwicklung von interpersonaler Involviertheit kommen kann, ist insbesondere an die Rahmenbedingungen der Abgrenzung, Privatheit und Dauerhaftigkeit gebunden (vgl. Schneewind 1987a). Dabei bezieht sich *Abgrenzung* auf den Zusammenschluß von zwei oder mehr Personen, die ihr Leben in raum-zeitlicher Abhebung von anderen Personen oder Personengruppen nach bestimmten Regeln in wechselseitiger Bezogenheit gestalten. Der Aspekt der raum-zeitlichen Abhebung beinhaltet zum einen *Privatheit*, d.h. das Vorhandensein eines umgrenzten Lebensraums oder zumindest eines Mediums, in dem ein wechselseitiger Verhaltensaustausch möglich ist, und zum anderen *Dauerhaftigkeit*, d.h. einen auf längerfristige Gemeinsamkeit angelegten Zeitrahmen, der sich aufgrund wechselseitiger Verpflichtung, Bindung und Zielorientierung ergibt.

Innerhalb dieser Rahmenbedingungen laufen eine Reihe von Beziehungsprozessen ab, die nach einem Vorschlag von Wynne (1985) in einer epigenetischen, d.h. aufeinander aufbauenden Abfolge von Entwicklungsphasen zu sehen ist. Im einzelnen beschreibt Wynne die folgenden Beziehungsstadien:

(a) *Bindung und Fürsorge*. Hierbei handelt es sich um die affektive Komponente von intimen Beziehungssystemen, die ihren Prototyp im frühen Mutter-Kind-Verhältnis hat. Im Falle einer sicheren Bindung an die Mutter (vgl. Ainsworth et al. 1978) zeigt das Kind in der Gegenwart der Mutter Merkmale wie Vertrauensbereitschaft, Erkundungsinteresse, Tröstbarkeit und das Aufsuchen der mütterlichen Nähe in Notsituationen. Komplementär dazu erweist sich die Mutter zuverlässig in ihrem Fürsorgeverhalten, wobei sie insbesondere aufmerksam und promt auf die kindlichen Bedürfnisse reagiert. Die in der BindungsFürsorgebeziehung ablaufenden Interaktionen sind durch einen hohen Grad an positiver Emotionalität gekennzeichnet. Sie tragen somit zu einer tiefen *emotionalen Involviertheit* zwischen Mutter und Kind bei und bilden zugleich das Fundament für ein positives Beziehungsklima im weiteren Fortgang des Mutter-Kind-Verhältnisses. Dies führt schließlich für Mutter und Kind gleichermaßen zu einer intensiven gefühlsmäßigen Verbundenheit.

Abgesehen davon, daß die Bindungs-Fürsorgebeziehung sich bei Kleinkindern nicht nur im Mutter-Kind-Verhältnis, sondern auch im Kontakt des Kindes mit anderen Bezugspersonen - insbesondere mit seinem Vater - nachweisen läßt, stellt sich die Frage, ob dieser Beziehungsaspekt auch bei anderen Personenkonstellationen beobachtbar ist. Am deutlichsten ist dies in der Phase des Verliebtseins der Fall, für die eine hohe wechselseitige Sensibilität für das Wohlergehen des anderen gepaart mit intensiven Gefühlen von Zuneigung und dem Bedürfnis nach Nähe charakteristisch ist (vgl. Hazan & Shaver 1987). Das *Kernstück der Bindungs-Fürsorgebeziehung*, nämlich die Verschränkung von vertrauensvollem Empfangen im Zustand der Bedürftigkeit einerseits und liebevollem Geben aus dem Fundus der Ressourcen andererseits, ist aber durchaus auch in weniger gefühlsintensiven

57

Lebensphasen ein Kennzeichen enger Beziehungen. Dabei kann es zu einem "Rollenwechsel zwischen Fürsorge-Spender und Fürsorge-Empfänger" (Wynne 1985, S. 125) kommen, wie er etwa von Ainsworth (1982, S.26) für den Fall einer "guten Ehe" beschrieben wurde: "In einer guten Ehe spielt bei Gelegenheit jeder Partner abwechselnd für den anderen die Rolle des Stärkeren oder Klügeren, so daß jeder sich beim anderen geborgen und wohl fühlen kann und jeder wünscht, mit dem anderen zusammenzubleiben und sich gegen tatsächliche oder drohende Trennung zur Wehr setzt."

(b) *Kommunizieren.* Die Entwicklung und Aufrechterhaltung persönlicher Beziehungen erfolgt auf dem Wege der Interaktion. Interaktion ist das Vehikel für Kommunikation, d.h. den Austausch von Botschaften zwischen zwei oder mehreren Personen. Hierzu bedarf es eines gemeinsamen verbalen und nonverbalen Symbolsystems, das als Medium für den Informationsaustausch dient. Dieses Symbolsystem muß erst eingeübt und in der Praxis des täglichen Umgangs daraufhin überprüft werden, ob man eine "gemeinsame Sprache" spricht. Auf diese Weise kommt es in der Regel zu einer Präzisierung des Bedeutungsgehalts von Sprache für die miteinander in Kommunikation stehenden Personen. Zugleich kann über das Kommunizieren auch eine Verbindung zwischen dem Kommunikationspartner hergestellt werden, die das Erleben von Gemeinschaftlichkeit wach hält. Die Benutzung bestimmter Wörter, eines bestimmten Tonfalls oder gar einer "Privatsprache", wie man sie häufig zwischen vertrauten Partnern findet, ist ein Beleg für das beziehungsstiftende Moment von Kommunikation in intimen Beziehungssystemen.

(c) *Gemeinsames Problemlösen.* Für diese Stufe seines epigenetischen Schemas sagt Wynne (1985, S.129): "Im *gemeinsamen* Problemlösen und *gemeinsamen* Engagement in der Erfüllung fortwährender und neuer Aufgaben sind Beziehungsprozesse am Werk, die den Boden für weiteres Wachstum schaffen." (Hervorhebung im Original). Gemeinsames Problemlösen hat sowohl etwas mit den vielen kleinen täglichen Herausforderungen zu tun, als auch mit den schwerwiegenderen Entscheidungen und Konflikten, die sich durch die Entwicklung von Beziehungssystemen unweigerlich ergeben. Im familiären Bereich erinnern die weiter oben beschriebenen Funktionen der Familie sowie die vielfältigen Entwicklungsaufgaben, die sich im Familienlebenszyklus stellen, an die Herausforderungen, die sich für das gemeinsame Problemlösen ergeben.

Im Idealfall erfordert gemeinsames Problemlösen den Einsatz aller Ressourcen, die in einem Beziehungssystem zur Verfügung stehen. Dadurch bietet sich für jeden einzelnen die Möglichkeit, seinen Beitrag zur Problemlösung zu leisten, wodurch sich im Laufe der Zeit innerhalb des Beziehungssystems informelle Rollenmuster ausbilden, die ihrerseits die Verbundenheit der Mitglieder eines Beziehungssystems vertiefen. Dies gilt insbesondere dann, wenn es zur effektiven gemeinsamen Bewältigung von Problemen kommt. Eine positive Bindungs-Fürsorgebeziehung und eine adäquate Kommunikation sind entsprechend dem epigenetischen Modell von Wynne wichtige Voraussetzungen für das Gelingen gemeinsamer Problemlösungsprozesse.

(d) *Gegenseitigkeit.* Wynne (1985) verbindet mit diesem Begriff die Überprüfung und eventuelle Neugestaltung von eingespielten Beziehungsprozessen angesichts sich ändernder Lebensumstände. In Familien äußern sich veränderte Lebensumstände zum einen durch *körperliche und psychische Entwicklungsprozesse der einzelnen Familienmitglieder* (z.B. Pubertät, Klimakterium, Ausbildung individueller Interessen), zum anderen aber auch durch *familienzyklisch bedingte Ereignisse* (z.B. Geburt eines Kindes, Verlassen des Elternhauses) sowie durch *äußere Einflüsse auf das Familiensystem* (z.B. Arbeitslosigkeit, Wohnungsverlust). Nach Wynne (1985, S. 131) beginnt Gegenseitigkeit "mit dem Erkennen von Schwierigkeiten, die nicht im Rahmen der bisherigen Beziehungsmuster gelöst werden können, sondern vielmehr eine Überarbeitung derselben und manchmal einen Übergang zu neuen Mustern bedingen... Die Stufe der Gegenseitigkeit schließt unmittelbar an die vorausgehende, das gemeinsame Problemlösen, an, denn auch hier geht es in gewissem Sinne um die Lösung eines Problems, nämlich, ob die Beziehung fortgesetzt werden kann oder soll, und wenn ja, zu welchen Bedingungen."

Gegenseitigkeit ist somit ein übergeordnetes Konzept, das für die vorausgegangenen Beziehungsprozesse neue Abstimmungen zwischen den Beziehungspartnern erforderlich macht. Als Beispiel sei der Übergang zur Elternschaft genannt, der von den Partnern unter anderem eine mehr oder minder umfassende Neuorganisation ihrer Paarbeziehung, ihrer Rollenaufteilung für die Bewältigung alltäglicher Routinen der Lebensführung, ihres beruflichen Engagements, ihrer Beziehung zur Herkunftsfamilie und zu Freunden verlangt (vgl. Schneewind, Vaskovics & Mitarbeiter 1988). Bei echter Gegenseitigkeit verfügt das Beziehungssystem über soviel Flexibilität, daß es für alle Beteiligten zu einer befriedigenden Neugestaltung ihrer Bindungs-Fürsorgebeziehung, ihres Kommunikationsverhaltens und ihres gemeinsamen Problemlösens kommt. Durch eine effektive Lösung seiner Gegenseitigkeitsprobleme gewinnt das Beziehungssystem an Tiefe seiner Verbundenheit und stabilisiert damit seinen Fortbestand.

3.3 Wir- und Ich-Orientierung als grundlegende Strukturmerkmale intimer Beziehungssysteme

Ein wesentliches Verdienst des von Wynne (1985) entwickelten Modells der Genese von Beziehungssystemen ist es, daß einige der Beziehungsaspekte klar zum Vorschein kommen, die einen Beitrag zur Vertiefung der Verbundenheit zwischen den Mitgliedern eines intimen Beziehungssystems leisten und damit auch dessen Dauerhaftigkeit erklären. Einige Punkte sind jedoch bei Wynne nicht oder nur am Rande thematisiert. Auf sie soll im folgenden eingegangen werden.

Zunächst einmal stellt sich die Frage, welche Funktion die wechselseitige Verbundenheit innerhalb eines intimen Beziehungssystems hat. Immerhin stehen intime Beziehungssysteme ja nicht im luftleeren Raum, sondern sie erfüllen bestimmte Zwecke, die in erster Linie etwas mit der *Lebenserhaltung und -erweiterung* ihrer Mitglieder, in zweiter Linie aber auch mit dem Fortbestand der Primärgruppe selbst sowie anderer übergeordneter sozialer Einheiten zu tun haben.

Der zentrale Punkt dabei ist, daß durch gemeinschaftlichen Lebensvollzug eine Vielfalt von Bedürfnissen und Aufgaben, die mit der Lebenserhaltung und -erweiterung aller Mitglieder zusammenhängen, in der Regel besser befriedigt und bewältigt werden können, als dies durch eine Einzelperson möglich wäre. Dies wird besonders deutlich bei Säuglingen und kleinen Kindern, die für sich gar nicht überlebensfähig wären und daher eine lange Zeit auf die Betreuung durch andere angewiesen sind. Aber auch dann, wenn keine Kinder beteiligt sind, mögen ökonomische, körperliche und psychische Gründe für den "Gruppenvorteil" von intimen Beziehungssystemen sprechen, der ihren Zusammenhalt begründet. Dabei ist "Intimität" im Sinne einer wechselseitigen persönlichen Selbstöffnung über verborgene Gedanken, Gefühle und Phantasien durchaus keine notwendige Voraussetzung für die Konstitution von intimen Beziehungssystemen - ein Aspekt, auf den auch *Wynne* hingewiesen hat. *Intimität* soll vielmehr die mit dem Begriff der interpersonalen Involviertheit bezeichnete wechselseitige Durchflechtung individueller Lebensprozesse bedeuten, die sich angesichts des allgemeinen Ziels der Lebenserhaltung und -erweiterung im gemeinschaftlichen Lebensvollzug gleichsam automatisch ergibt (zu den Varianten des Intimitätsbegriffs vgl. Perlman & Fehr 1987). Interpersonale Involviertheit, Intimität, Nähe oder Verbundenheit sind somit gleichbedeutende Begriffe, die auf ein wesentliches *Systemmerkmal* intimer Beziehungssysteme verweisen.

Obwohl es sich bei diesen Begriffen um die Kennzeichnung eines strukturellen Merkmals von intimen Beziehungssystemen handelt, mithin also um ein überindividuelles Merkmal, ist es dennoch auch in der Erfahrung der einzelnen Mitglieder eines intimen Beziehungssystems verwurzelt. Diese auf Gemeinschaftlichkeit beruhenden Erfahrungen, die im übrigen keineswegs immer dem reflexiven Bewußtsein zugänglich sein müssen, äußern sich auf unterschiedlichen psychischen Ebenen und können unter dem Begriff der *Wir-Orientierung* zusammengefaßt werden (vgl. hierzu auch das Konzept "Beziehungsbewußtsein" bei Acitelli & Duck 1987). Dabei lassen sich folgende Erfahrungsebenen der Wir-Orientierung unterscheiden:

(a) *Gemeinsames Wollen*, d.h. die im gemeinschaftlichen Lebensprozeß gründende Bereitschaft des einzelnen, zumindest einen Teil des individuellen Energiepotentials für die Erreichung gemeinsamer Ziele einzusetzen. Beispielhaft sei hier die Befriedigung der wichtigsten Grundbedürfnisse zur Lebenserhaltung wie etwa Ernährung, Kleidung, Wohnung, Schutz und Pflege genannt.

(b) *Gemeinsames Fühlen*, d.h. die aus dem Zusammenleben entspringende Erfahrung von gemeinsam erlebter positiver und negativer Emotionalität. Hierzu können aus dem Wir-Erleben resultierende Gefühle wie z.B. Glück, Zufriedenheit oder Stolz, aber auch Ärger, Verzweiflung und Scham gehören.

(c) *Gemeinsames Wissen*, d.h. ein das gemeinschaftliche Leben fundierender Bestand an Kenntnissen, Überzeugungen, Einstellungen und Werthaltungen, die sich auf unterschiedliche Lebensbereiche beziehen. Hierzu gehört insbesondere das Wissen über die gemeinsamen ökonomischen und sozialen Lebensgrundlagen, über Personen und Personenbeziehungen und über die Traditionen, Normen und Regeln, die den Rahmen für gemeinschaftliches Leben abgeben.

(d) *Gemeinsames Tun*, d.h. die Erfahrung einer mehr oder minder koordinierten Aktivitätsausübung, der im Sinne einer "Wir-Wirksamkeit" das Bewußtsein gemeinsamen Könnens entspricht (z.B. "Wir können zusammen arbeiten, zusammen feiern, miteinander reden").

(e) *Gemeinsame Zielerreichung*, d.h. die Erfahrung, durch gemeinsames Tun auch zum Ziele zu kommen. Im übrigen ist gemeinsames Tun nicht notwendig mit dem Erfolg gemeinsamer Zielerreichung verknüpft. Man mag zwar zusammen arbeiten oder miteinander reden können, dennoch besteht die Möglichkeit, daß das gemeinsame Arbeitsprodukt mißlingt oder daß das Problem, über das geredet wird, ungelöst bleibt.

Die hier akzentuierend unterschiedenen Aspekte der Wir-Orientierung beziehen sich erkennbar auf die allgemeinpsychologischen Grundkategorien der Motivation, der Emotion, der Kognition und des Handelns. Dabei gliedert sich letztere in die Komponenten der Verfügbarkeit von Handlungsmitteln einerseits und des zielerreichenden Einsatzes von Handlungsmitteln andererseits. Die in der Wir-Orientierung zusammengefaßten Ebenen gemeinsamer Erfahrungen stehen nicht isoliert nebeneinander, sondern bilden eine Ganzheit. Zugleich tragen sie zur Formierung von Verbundenheit in intimen Beziehungssystemen bei. Je länger in einem intimen Beziehungssystem gemeinschaftlicher Lebensvollzug praktiziert wird und je umfassender die Lebenskontexte sind, in denen dies geschieht, desto stärker kommt es zu einer Durchflechtung der verschiedenen Erfahrungsebenen von Gemeinschaftlichkeit.

Die der Wir-Orientierung entspringende Verbundenheit als Voraussetzung und Konsequenz gemeinschaftlicher Lebenspraxis ist jedoch nur *ein* strukturelles Merkmal intimer Beziehungssysteme. Darüber hinaus lassen sich intime Beziehungssysteme auch danach beschreiben, inwieweit sie ihren Mitgliedern Raum geben für ihre individuelle Entwicklung. Dabei handelt es sich um Prozesse der *Ich-Orientierung*, die sich zwar von denen der Wir-Orientierung abheben lassen, aber dennoch nach den selben allgemeinpsychologischen Kategorien beschreibbar sind, die auch zur Kennzeichnung der verschiedenen Erfahrungsebenen der Wir-Orientierung herangezogen wurden. Unter Bezug auf diese Erfahrungsebenen läßt sich somit *individuelles* Wollen, Fühlen, Wissen, Tun und Zielerreichen unterscheiden. Die Erfahrung, daß *ich* für mich etwas wollen kann (z.B. ein englisches Buch lesen), daß *ich* dabei etwas fühlen kann (z.B. mich ärgere oder freue), daß *ich* mir dabei Wissen aneignen kann, daß *ich* meine englischen Sprachkenntnisse anwenden und daß *ich* mein Ziel - nämlich das Buch mit Gewinn zu Ende zu lesen - erreichen kann - all dies fördert im Kontext intimer Beziehungssysteme die Ich-Orientierung und führt auf der Personenebene zu individueller Autonomie oder Eigenständigkeit.

Nun verweisen allerdings Begriffe wie Autonomie oder Eigenständigkeit auf einen individualpsychologischen und nicht auf einen beziehungspsychologischen Sachverhalt. Insofern eignen sich diese Begriffe nicht zur Kennzeichnung von Beziehungen. Zu beziehungsbeschreibenden Begriffen werden sie erst dann, wenn die mit ihnen erfaßten Sachverhalte in einen Beziehungskontext gestellt werden. Mit anderen Worten: Erst wenn individuelle Autonomie innerhalb eines Beziehungssystems *zuge-*

standen und *ermöglicht* wird, haben wir es mit einem Beziehungsbegriff zu tun. *Zuge-standene Autonomie* ist somit ein Merkmal von intimen Beziehungssystemen, das sich am Ausmaß der von der Wir-Orientierung abweichenden Ich-Orientierung ihrer Mitglieder ablesen läßt.

Wir-Orientierung und Ich-Orientierung sind zwei miteinander zusammenhängende, jedoch konzeptionell unterscheidbare Strukturmerkmale von intimen Beziehungssystemen, die zudem noch hinsichtlich ihres Ausprägungsgrades variieren können. So mag bei einem punktuellen Vergleich zweier Familien (A und B) der *Beziehungsstil* der einen Familie (A) durch einen losen Zusammenhalt bei gleichzeitig stark ausgeprägter individueller Autonomie ihrer Mitglieder gekennzeichnet sein. In einer anderen Familie (B) mag dagegen der Familienzusammenhalt sehr groß und das Ausmaß an Eigenständigkeit der einzelnen Familienmitglieder eher gering sein. Bei einer Gegenüberstellung zweier Familien (C und D) im Zeitverlauf kann sich trotz gleichen Ausgangsniveaus an Wir- und Ich-Orientierung beider Familien herausstellen, daß die eine Familie (C) eine wesentlich geringere Variabilität der beiden Strukturmerkmale aufweist als die andere Familie (D).

Komplexer noch als diese quantitativen Unterschiede sind qualitative Differenzierungen der beiden Strukturmerkmale von intimen Beziehungssystemen. Dies ist darauf zurückzuführen, daß die Gewichtungen und das Zusammenspiel der verschiedenen Erfahrungskategorien, die der Wir- und Ich-Orientierung zugrunde liegen, höchst unterschiedlich ausfallen können und dennoch zu vergleichbaren Ausmaßen der Verbundenheit und zugestandener Autonomie beitragen mögen (vgl. hierzu auch McAdams 1988). Beispielhaft sei hier erwähnt, daß Verbundenheit sich einmal durch ein gemeinsam erfahrenes emotionales Erlebnis von hoher Intensität (z.B. die gemeinsam durchlebte Trauer über den Verlust eines Freundes) und ein anderes Mal in dem Erfolgserlebnis einer gemeinsam gelösten Aufgabe (z.B. das Tapezieren der eigenen Wohnung) etablieren kann. Gleiches gilt für die Erfahrung von zugestandener Autonomie, die sich etwa in der emotionalen Befriedigung beim Anhören eines Musikstücks oder im Erleben eigener Kompetenz bei der Entwicklung eines lauffähigen Computerprogramms manifestieren kann.

Die erfahrungsfundierte Entwicklung der Wir- und Ich-Orientierung mit Blick auf die verschiedenen Erfahrungskategorien nachzuzeichnen ist ein schwieriges Geschäft. Dieses Geschäft wird noch schwieriger, wenn man bedenkt, daß die innerhalb eines intimen Beziehungssystems angeeigneten Beziehungserfahrungen und die zugestandenen Individualerfahrungen ihren "Reflex" auch in zugeordneten Erwartungsmustern haben. Mit Reflex ist hier gemeint, daß Erwartungen zwar etwas mit der Auswertung der im gemeinschaftlichen oder individuellen Lebensprozeß erfahrenen Realität zu tun haben, sich aber keineswegs darin erschöpfen. Sie können sich z.B. auch auf unabhängig vom gegenwärtigen Partner gemachte Beziehungserfahrungen oder auf vermittelte Erfahrungen anderer stützen, und somit zu Erfahrungs-Erwartungsdiskrepanzen führen. So können etwa in einer Partnerschaft die Beziehungserwartungen höher sein, als sie eigentlich durch die bisherige gemeinsame Beziehungsgeschichte "gerechtfertigt" sind. Insgesamt kann sich dies als ein Erwartungsdruck in Richtung auf "mehr Nähe" äußern - eine Situation, wie sie häufig in einer beginnenden, mit intensiven Verschmelzungsphantasien einhergehenden Liebesbeziehung anzutreffen ist. Umgekehrt können aber auch Erwartungen hinter den gemeinsamen Beziehungserfahrungen zurückbleiben und eine Erwartungseinstellung in Richtung auf "weniger Nähe" erzeugen, was z.B. bei einem Paar auf verletzende Erfahrungen in der Herkunftsfamilie oder in vorangegangenen Partnerschaften zurückzuführen sein mag. Gleichermaßen können Erwartungen an die zugestandene Autonomie geringer oder größer sein als die innerhalb eines intimen Beziehungssystems faktisch ermöglichte Eigenständigkeit ihrer Mitglieder.

Aus dem Zusammenspiel von Beziehungsgeschichte, aktuellen Beziehungserfahrungen und zukunftsbezogenen Beziehungserwartungen ergeben sich somit Möglichkeiten, die Dynamik von Wir- und Ich-Orientierung genauer zu studieren. Darüber hinaus werden auch die Konsequenzen des Zusammenwirkens von Wir- und Ich-Orientierung als den beiden grundlegenden Strukturmerkmalen intimer Beziehungssysteme für deren Fortbestand und die Entwicklung ihrer Mitglieder einer empirischen Analyse zugänglich. Insofern können von einer in diesem Sinne betriebenen Psychologie intimer Beziehungssysteme wichtige Beiträge zur Formierung einer neuen Wissenschaft erwartet werden - einer Wissenschaft, die Kelley (1986, S. 3) als "Wissenschaft der interpersonalen Beziehungen" bezeichnet hat.

4. Ungleichheiten von Familien und Kindern im kulturellen Kontext

4.1 Einführende Bemerkungen

Setzt man sich mit den Entwicklungsbedingungen und Möglichkeiten zur Reduktion von Ungleichheiten in unterschiedlichen sozio-kulturellen Kontexten auseinander, so könnte man zunächst versucht sein, den Terminus "Ungleichheit" mit negativen Wertungen befrachtet zu sehen. Dies ist jedoch in mehrerlei Hinsicht fragwürdig: Zum einen kann der Begriff "Ungleichheit" als ein wissenschaftliches Konzept in einer ausschließlich beschreibenden Weise verwendet werden (vgl. Jensen 1980); zum anderen muß der Terminus "Ungleichheit" - selbst wenn er als ein wertendes Konzept benutzt wird - nicht notwendig mit einer negativen Bedeutung verknüpft sein. Dies zeigt sich z. B. bei den weltweiten Versuchen zur Aufrechterhaltung und Pflege kultureller Unterschiedlichkeit und Pluralität.

Ungleichheit wird jedoch zu einem Begriff mit definitiv negativen Wertimplikationen, wenn Unterschiede zwischen Personen gleichgesetzt werden mit Benachteiligungen, Deprivationen und Defiziten eines besonderen, zum Vergleich anstehenden Teils der Bevölkerung. Wenn dies so ist, so existieren nach Joseph (1972, zitiert nach Rutter & Madge 1976, S. 3) "Umstände, die manche Leute im Vergleich zu anderen daran hindern, ihr physisches, emotionales und intellektuelles Potential zu entwickeln". In diesem Fall kann von "benachteiligender Ungleichheit" gesprochen werden. Das Konzept der "benachteiligenden Ungleichheit" bezieht sich somit einerseits auf eine universelle Idealnorm - wie vage sie auch immer definiert sein mag -, d. h. die Entwicklungsmöglichkeiten des menschlichen Potentials; andererseits weist dieses Konzept auf den Umstand hin, daß es Personen gibt, deren Möglichkeiten zur Verwirklichung ihres Entwicklungspotentials im Vergleich zu anderen Personen, die unter weitgehend vergleichbaren Bedingungen leben, mehr oder minder eingeschränkt sind.

Bei diesen Überlegungen spielen Kinder eine zentrale Rolle, und dies nicht erst seit der Proklamation des Internationalen Jahres des Kindes durch die Vereinten Nationen im Jahr 1979. Zwei Gedanken scheinen in diesem Zusammenhang wesentlich zu sein: Erstens das mehr funktionale Argument, wonach die Kinder von heute die Hauptträger der kulturellen und gesellschaftlichen Entwicklung von morgen sind. Somit könnte eine ungerechtfertigte Vernachlässigung der Kinder in einem erheblichen Maße zur Erschütterung des gesamten Gesellschaftssystems führen; zweitens das eher humanitäre Argument, wonach Kinder - wie jede andere Person - ein Recht darauf haben, ihr Leben in einer Weise zu führen, wie es eines menschlichen Wesens würdig ist.

1959 hat die Generalversammlung der Vereinten Nationen diese Gedanken einhellig in ihrer Erklärung der Rechte des Kindes akzeptiert. Neuerdings haben andere Organisationen die Erklärung der Vereinten Nationen bekräftigt oder erweitert, wie dies

z. B. 1979 anläßlich des 3. Internationalen Kolloquiums für Schulpsychologie mit einer Erklärung für die psychologischen Rechte des Kindes geschah.

Der zweite Paragraph der UN-Erklärung bezieht sich auf "das Recht auf mütterlichen Schutz und Fürsorge durch die Familie". Damit wird die herausragende Rolle der Familie als einer grundlegenden sozialen Institution in nahezu allen Teilen der Welt anerkannt. Es ist die Familie, in der die vermutlich stärkste Formung der kindlichen Entwicklung stattfindet. Von daher erscheint es nur konsequent, die Bedingungen und Wandlungen des Familienlebens und ihrer Effekte für die kindliche Entwicklung genauer in den Blick zu nehmen.

Darüber hinaus kann das Konzept der Benachteiligung nicht nur auf die individuelle Person - besonders das einzelne Kind - sondern auch auf das Familiensystem als Ganzes angewandt werden und zwar in dem Sinne, daß benachteiligte Familien daran gehindert werden, ihr Potential zu einem gesunden Familienleben zu verwirklichen. Dies stellt uns freilich vor die Frage, was mit einem gesunden Familienleben gemeint sein soll. Nach David (1978, S. 329) wird in wachsendem Maße dem Umstand Rechnung getragen, "daß rapide kulturelle, soziale, wirtschaftliche und technische Veränderungen zunehmend eine Beanspruchung für Familienstrukturen, traditionelle Werte und die Anpassung an neue Umwelten in verschiedenen Gesellschaften mit sich bringen". Auf diesem Hintergrund hat David (1978, S. 329) vorgeschlagen, ein gesundes Familienleben zu definieren "als eine Familieneinheit (was auch immer darunter in einer bestimmten Gesellschaft zu verstehen sein mag), die über die verschiedenen Phasen des Familienzyklus sich effektiv mit kulturellen, umweltbedingten, psychosozialen und sozioökonomischen Streßbedingungen auseinandersetzt".

Davids Definitionsvorschlag führt zwei neue Konzepte ein, nämlich Streß und Bewältigung, die in den letzten Jahren eine wachsende Zahl von Forschern aus den Sozial- und Verhaltenswissenschaften attrahiert haben (vgl. Coelho & Irving 1981). Der Bezug auf die Konzepte "Streß" und "Bewältigung" impliziert, (a) daß Streß unvermeidbar ist, wenn wir ein Kind oder eine Familie als ein sich wandelndes System in einer sich wandelnden Umwelt sehen (vgl. Hartup 1979); (b) daß unter der Voraussetzung adäquater Bewältigungsmechanismen die Bedingungen und die Wirkungen von Streß so beeinflußt werden können, daß eine angemessene Anpassung möglich wird und Fehlanpassungen minimiert werden; (c) daß Anpassung nicht nur als ein reaktiver, sondern auch als ein proaktiver Prozeß im Sinne Allports (1963) gesehen werden muß, d. h. eine Person wird nicht nur von ihrer Umgebung beeinflußt und passiv geformt, sondern ist grundsätzlich auch dazu fähig, ihre Umwelt und ihre Beziehung zur Umwelt aus sich heraus zu verändern. Das zuletzt genannte Argument bezieht sich auf die allgemeine Feststellung einer reziproken Transaktion des Individuums mit seiner Umwelt. Freilich ist dies eine im wesentlichen optimistische Perspektive von menschlicher Entwicklung, die nicht vergessen lassen sollte, daß es "Zyklen der Benachteiligung" (Rutter & Madge 1976) gibt, die Kinder und Familien daran hindern, ihre Entwicklungspotentiale zu entfalten.

Im folgenden sollen einige Bedingungen etwas näher betrachtet werden, die die Entwicklung von benachteiligenden Ungleichheiten bei Kindern und Familien wahrscheinlich machen. Außerdem sollen einige Ergebnisse von veränderungsorientierten Programmen mitgeteilt werden, die konzipiert wurden, um Familien und ihren Kindern dabei zu helfen, benachteiligende Bedingungen effektiver zu bewältigen. Abschließend sollen einige allgemeine Vorschläge gemacht werden, die besonders geeignet zu sein scheinen, auf dem Wege sozialer Maßnahmen zu einer Stärkung des familiären Entwicklungspotentials und somit eines gesunden Familienlebens beizutragen. Zuvor sollen jedoch die wichtigsten Bedingungen für eine angemessene Kindesentwicklung im Kontext der Familie kurz dargestellt werden, soweit dies der gegenwärtige Stand der Verhaltenswissenschaften zuläßt.

4.2 Kindesentwicklung in der Familie: einige allgemeine Aspekte

Das Thema der Pflege und Erziehung von Kindern in der Familie und deren Auswirkungen auf die Kindesentwicklung führt unmittelbar zum Problem des soziokulturellen Relativismus. Man kann sich fragen: Ist es überhaupt möglich, generalisierbare und transkulturell gültige Schlußfolgerungen über die Kindesentwicklung im Kontext der Familie zu ziehen? Nachdem die kinderpsychologische Forschung zum großen Teil in den hochindustrialisierten Ländern, besonders in den USA, durchgeführt worden ist, mag man sich fragen, ob die Gefahr eines kulturellen Imperialismus und Egozentrismus, selbst wenn dies gar nicht beabsichtigt ist, überhaupt vermeidbar ist. Wir können uns nicht ausführlicher mit dem komplexen Problem transkultureller Universalien der menschlichen Entwicklung auseinandersetzen. Dies ist an anderer Stelle eingehender diskutiert worden (vgl. Lonner 1980). Einige Argumente seien jedoch kurz behandelt.

Nach Liegle (1980, S. 204) haben einige Forscher vorgeschlagen, den Prozeß der Sozialisation kulturvergleichend vom Standpunkt einer "Weltkultur" (vgl. Pye 1963, Coleman 1965) oder "Weltgesellschaft" (vgl. Habermas 1976) zu studieren, und zwar in Anlehnung an die normativen Stufen und Phasenabfolgen, wie sie in den kognitiven Entwicklungstheorien von Piaget (1964) oder Kohlberg (1971) vorgeschlagen wurden. Es gibt aber zweifellos kulturelle Unterschiede im Elternverhalten, die ihrerseits auf unterschiedlich bewertete kulturelle Ziele zurückzuführen sind. So hat z. B. Levine (1977) darauf hingewiesen, daß es Universalien *und* kulturelle Unterschiede bei elterlichen Zielen gibt. Universelle elterliche Ziele sind nach Levine (1977, S. 20):

"1. Das physische Überleben und die Gesundheit des Kindes unter (impliziter) Berücksichtigung der normalen Entwicklung seiner Reproduktionsfähigkeit während der Pubertät;

2. die Entwicklung der verhaltensmäßigen Voraussetzungen eines Kindes zur ökonomischen Selbsterhaltung im Erwachsenenalter;

3. die Entwicklung der Fähigkeiten eines Kindes zur Maximierung anderer kultureller Werte z. B. Moral, Prestige, Reichtum, Religiosität, intellektuelle Leistung, persönliche Befriedigung, Selbstverwirklichung, so wie sie sich in kulturell unterschiedlichen Überzeugungen, Normen und Ideologien niedergeschlagen und symbolisch vergegenständlicht haben".

Andererseits läßt sich nach Levine auch eine kulturelle Variation elterlicher Ziele nachweisen. So z. B. in Gesellschaften mit hohen Sterblichkeitsquoten von Kindern, in denen die Bräuche der Kindererziehung die Priorität des physischen Überlebens und der Gesundheit des Kindes widerspiegeln. In größeren Teilen Afrikas werden z. B. Kinder gewöhnlich nicht abgestillt, bevor sie zwei Jahre oder sogar älter sind. Jedoch wurde in Gegenden mit sehr niedrigem Proteingehalt der Nahrung festgestellt, daß die Kinder länger als gewöhnlich gestillt werden, um auf diese Weise einen besseren Schutz des Kindes gegen Krankheiten aller Art zu gewährleisten, Krankheiten, gegen die das Kind nicht resistent wäre, wenn es früher in seinem Leben abgestillt würde. Man hat außerdem gefunden, daß die Abstillzeiten u. a. auch der Größe des Kindes angepaßt werden. In Bezug auf die ideale kulturelle Norm des Abstillens wird ein kleineres Kind später abgestillt als ein größeres Kind. Hier zeigt sich, daß eine kulturelle Norm offenkundig keine starre Anwendung findet, sondern entsprechend den individuellen Eigenschaften des Kindes, die als Grobindikatoren für seinen allgemeinen Gesundheitszustand dienen, verändert wird.

Ein weiteres Beispiel der kulturellen Unterschiedlichkeit elterlicher Sozialisationsziele und Erziehungspraktiken ergibt sich aus einer Gegenüberstellung globaler Ziele der Persönlichkeitsentwicklung in der westlichen und östlichen Welt. Kagan, Kearsley und Zelazo (1978) behaupten, daß es drei Dimensionen von Entwicklungszielen gibt, nämlich (a) Autonomie versus Soziabilität, (b) Sensualismus versus Gelassenheit und (c) aktives Handeln versus passive Kontemplation. Bezüglich ihrer drei Dimensionen argumentieren Kagan und Koautoren (1978, S. 11): "Obwohl die meisten Kulturen beide Pole dieser drei Dimensionen kennen, unterscheiden sie sich hinsichtlich ihrer Bevorzugung für die eine oder andere Seite. Der Westen wählt Autonomie, Sensualismus und Aktivität; der Osten Soziabilität, Gelassenheit und Kontemplation."

So hat beispielsweise Caudill (1973) darauf aufmerksam gemacht, daß in Japan traditionellerweise Soziabilität als das dominante Sozialisationsziel anzutreffen ist. Es wird hoch bewertet, wenn jemand den Zustand der *amaeru* erreicht hat, was soviel heißt, daß man sich auf den anderen verlassen kann und es genießt, passiv geliebt zu werden. Doi (1973) hat nachgewiesen, daß dieses kulturelle Ziel sich in einem bestimmten Muster von elterlichen Erziehungspraktiken niederschlägt. In der japanischen Gesellschaft ist es dem Kind erlaubt, für eine relativ lange Zeit in einer nahen, intimen und abhängigen Beziehung zur Mutter zu sein, was vermutlich in einem funktionalen Zusammenhang mit der Erreichung des Zustands der *amaeru* steht. Kasahara (1974) hat allerdings darauf hingewiesen, daß dieses Erziehungsverhaltensmuster in späteren Jahren der individuellen Entwicklung oder bei einem Wandel soziokultureller Erwartungen in einem erheblichen Maße dysfunktional werden kann. Dieser Autor glaubt, daß Furcht vor anderen Personen und soziale Ängstlichkeit ein Syndrom, das er als Anthropophobie bezeichnet, als eine Konsequenz einer übermäßigen Abhängigkeit von der Mutter zu interpretieren ist.

Obwohl es erkennbar kulturelle Unterschiede in den Sozialisationszielen und den konkreten Erziehungspraktiken gibt, hat die sozial und verhaltenswissenschaftliche Forschung in den letzten Jahren vermehrt zu einem allgemeinen Wissensfundus beigetragen, der speziell die Entwicklung in der frühesten und frühen Kindheit betrifft

67

und der unabhängig von seinen kulturellen Manifestationen von allgemeiner Bedeutung zu sein scheint (vgl. Cohen 1976, Lamb 1978, Clarke-Stewart 1977, Scarr 1979, Osofsky & Connors 1979). Einige Argumente und ihre Implikationen für die Pflege und Erziehung von Kindern im Kontext der Familie sollen im folgenden zusammengefaßt werden. Wir werden uns dabei mit drei allgemeinen Behauptungen auseinandersetzen, die etwas mit der aktiven Lernfähigkeit, Soziabilität und Individualität eines Kindes zu tun haben (vgl. Wissenschaftlicher Beirat für Familienfragen beim Bundesminister für Familie, Jugend & Gesundheit 1980).

(1) *Das Kind ist vom Beginn seines Lebens ein aktiv lernendes menschliches Wesen.* In den letzten zwei Jahrzehnten intensiver Forschung im Bereich der Säuglingsentwicklung hat sich gezeigt, daß Neugeborene über ein breites Spektrum wahrnehmungsmäßiger, kognitiver und sozio-emotionaler Kompetenzen verfügen, wenngleich diese in erheblichem Maße mit dem Wachheitszustand des Säuglings variieren. Ein Säugling scheint im besonderen Maße empfänglich zu sein für Reize mit biologischer oder sozialer Bedeutung, d. h. insbesondere für das menschliche Gesicht und die menschliche Stimme. In seinen Wachperioden reagiert ein Säugling aktiv auf seine soziale und dingliche Umgebung, vor allem wenn es sich dabei um eine Interaktionssituation mit der primären Bezugsperson handelt. Auf diese Weise erwirbt ein Kind das, was Clarke-Stewart (1977) eine *allgemeine Grundkompetenz* genannt hat. Nach Clarke-Stewart (1977, S. 84) bezieht sich diese Grundkompetenz nicht nur auf kognitive Leistungen, sondern "zeigt sich in allen Verhaltensweisen des Kindes wie intellektuellen Testleistungen, Erkundung der physischen Umgebung, Kenntnis von sozialen Situationen, Beziehungen zu anderen Personen, Nutzung und Verstehen von Sprache und Einlassen in kreative Betätigungen ... Mit dem Konzept einer allgemeinen Grundkompetenz ergibt sich daher ein vernünftiges Ziel, dem man für alle Kinder nachgehen sollte; eine solche Kompetenz ist die Basis für die spätere Entwicklung". Spezifische Aspekte der Pflege und Erziehung durch Erwachsene scheinen für die Entwicklung dieser Grundkompetenz eines Kindes notwendig zu sein. Entscheidend sind nicht so sehr die quantitativen Aspekte im Umgang mit dem Kind wie z. B. die Zahl der Stunden, die mit dem Kind verbracht werden, oder die Zahl der erwachsenen Personen pro Kind, obwohl die bloße Präsenz und Verfügbarkeit einer erwachsenen Person insbesondere in den frühen Stufen der Entwicklung eine notwendige, wenngleich auch nicht hinreichende Bedingung für eine angemessene Kinderpflege darstellt. Vielmehr ist es die Qualität der Pflege und Erziehung, die zu einer gedeihlichen Entwicklung des Kindes beiträgt. Einige der besonders wichtigen Qualitäten einer angemessenen Pflege und Erziehung von Kindern können nach Clarke-Stewart (1977, S. 86) wie folgt zusammengefaßt werden:

(a) *Stimulation,* d. h. Konfrontation mit Objekten und Personen;

(b) *Angemessenheit,* d. h. Anpassung des Niveaus und des Zeitablaufs der Stimulation an die Entwicklungsphase und den momentanen Zustand des Kindes;

(c) *Varietät,* d. h. die Bereitstellung von verschiedenen Arten und Qualitäten von Stimulation durch Sprache, Personen, Spielzeuge etc.;

(d) *Annahmebereitschaft*, d. h. Tolerieren der Individualität, so wie sie sich im Verhalten des Kindes ausdrückt, innerhalb vernünftiger Grenzen, deren Einhaltung fest aber freundlich gefordert wird;

(e) *Responsivität*, d. h. eine prompte, konsistente und angemessen differenzierte Rückmeldung auf das Verhalten des Kindes;

(f) *Zuneigung*, d. h. die verbale, gestische und physische Demonstration von Sympathie und Wohlwollen;

Obwohl einige der soeben genannten Aspekte einer angenähert optimalen Pflege und Erziehung von Kindern nahezulegen scheinen, daß eine permanente Verfügbarkeit möglichst unterschiedlicher sozialer und materieller Stimulation gewährleistet sein muß, sollte nicht vergessen werden, daß eine weitere wichtige Bedingung die Gleichförmigkeit, Geordnetheit und Voraussagbarkeit von externen Ereignissen ist, die das Kind zu bewältigen hat. Kontinuität und Vertrautheit mit seiner Umgebung ist eine notwenige Voraussetzung dafür, daß das Kind hinreichend stabile Erwartungen in eine vertrauenswürdige, vorhersagbare und kontrollierbare Welt entwickelt. Je älter das Kind wird, desto mehr ist es in der Lage, seine Umwelt nach seinen eigenen Bedürfnissen und Zielen zu beeinflussen. Dies führt zu einem kontinuierlich sich ausweitenden Prozeß der *Selbstsozialisierung* (vgl. Schneewind 1979a). Folglich muß dem Kind in wachsendem Maße Freiheit und Unabhängigkeit gewährt werden, um die Breite und Komplexität seiner Beziehungen zur Umwelt zu erweitern. Bronfenbrenner (1979) hat auf diesen Prozeß der selbstgeleiteten Entwicklung aufmerksam gemacht, indem er zwischen primären und sekundären Entwicklungskontexten unterschied.

(2) *Das Kind ist von Beginn seines Lebens ein soziales menschliches Wesen*. Wir haben bereits festgestellt, daß der Fortschritt eines Kindes in der Entwicklung seiner Grundkompetenz normalerweise eingebettet ist in die sozialen Interaktionen mit seinen primären erwachsenen Bezugspersonen; meistenteils sind dies die Eltern. Es ist inzwischen wohl bekannt, daß der Säugling über eine Reihe von sozialen Signalsystemen wie Weinen, Lächeln, Anschmiegen etc. verfügt, die wiederum entsprechende Verhaltensweisen auf der Seite seiner Bezugsperson auslösen. Besonders im Kontext von routinemäßig wiederholten Prozeduren der Pflege wie Füttern, Säubern, Windelnwechseln etc. lernt der Säugling spezielle Verhaltensweisen seiner Pflegeperson zu erwarten oder diese Verhaltensweisen sogar von sich aus hervorzurufen. Es hat den Anschein, daß die Vertrautheit und Wiederholbarkeit dieser vielfältigen "sozialen Spiele" den Nährboden für eine allgemein vertrauende, optimistische und zunehmend sich erweiternde Beziehung auch mit anderen Personen darstellt. Die Sensitivität der Eltern im Erkennen und Interpretieren der Verhaltensweise ihres Kindes und ihre Fähigkeit, angemessen und konsistent darauf zu reagieren, ist offenbar von zentraler Bedeutung für die sozioemotionale Entwicklung des Kindes.

Ein anderer zentraler Punkt scheint zu sein, daß es spezifische Phasen der sozialen Entwicklung gibt, die aufeinander aufbauen. Unter Bezug auf die Arbeiten von Bowlby (1969), Ainsworth (1972) und andere hat Sroufe (1979, S. 837) vorgeschla-

69

gen, daß der Säugling insbesondere im Alter zwischen 6 und 12 Monaten eine affektive Bindung an seine primäre Bezugsperson - gewöhnlich die Mutter - entwikkelt. Auf der Seite der Bezugspersonen verlangt dies nach Sroufe eine "responsive Verfügbarkeit". Nach dieser Phase, d. h. wenn das Kind etwa 12 bis 18 Monate alt ist, folgt die Thematik der "Exploration und Bewältigung". Diese Phase verlangt von der Bezugsperson die Bereitstellung einer "sicheren Basis", von der aus das Kind seine Versuche starten kann und zu der es zurückkehren kann, wenn es in Schwierigkeiten gerät. Abhängig von der Qualität und Intensität dieser Bindung scheint die nachfolgende sozio-emotionale und auch kognitive Entwicklung des Kindes in erheblichem Maße beeinflußt zu werden.

Von besonderer Bedeutung scheint zu sein, ob die Beziehung zwischen der Bezugsperson und dem Kind sich als sichere oder unsichere Bindung qualifiziert. Im Falle der *unsicheren Bindung*, die höchstwahrscheinlich aus einer unangemessenen Passung der Interaktionen zwischen Bezugsperson und Kind resultiert, hat das Kind keine Vertrauenseinstellung entwickelt (vgl. Erickson 1963). Daher ist das Kind dazu gezwungen, sich ständig der Verfügbarkeit der Eltern zu vergewissern. Es sollte jedoch erwähnt werden, daß die kulturvergleichenden Implikationen der Bindung zwischen Bezugsperson und Kind noch nicht geklärt sind (vgl. Ainsworth 1977). Besonders die Frage, ob das Kind optimalerweise eine einzige primäre Bindungsperson benötigt oder ob der Kontakt mit mehreren "Müttern" gleichermaßen effektiv ist, um die Voraussetzungen für eine ungestörte sozio-emotionale Entwicklung zu schaffen, muß nach den derzeitigen Erkenntnissen unentschieden bleiben. Es gibt allerdings einige positive Hinweise dafür, daß multiple Bezugspersonen keine abträglichen Effekte für die Entwicklung haben (vgl. hierzu die Sozialisationsstudien im Kibbutz von Gerson 1979, Liegle 1977). Nach allem, was wir bislang wissen, scheint jedoch in jedem Fall die Qualität der Pflege und Erziehung der beste Garant dafür zu sein, daß die sozio-emotionale Entwicklung des Kindes problemlos voranschreitet.

Wir können hier nicht ausführlicher auf die Details der weiteren sozialen Entwicklung eingehen. Es sollte aber wenigstens angemerkt werden, daß der Säugling bereits im ersten Lebensjahr zu sozialen Interaktionen mit Gleichaltrigen und Geschwistern fähig ist (vgl. Lewis & Rosenblum 1975), obwohl deren Einfluß in späteren Jahren - besonders im Hinblick auf die Bildung der Geschlechtsidentität und Geschlechtsrollenentwicklung - bedeutsamer wird.

Gerade in bezug auf die Geschlechtsrollenentwicklung hat der Einfluß der Väter in den letzten Jahren in erheblichem Maße das Forschungsinteresse attrahiert. Darüber hinaus wurde der Beitrag der Väter zum gesamten Sozialisationsprozeß in letzter Zeit gründlich studiert (vgl. Lamb 1976, Lynn 1974). Es bleibt jedoch zu fragen, ob die neueren Forschungsergebnisse in diesem Bereich in einer kulturvergleichenden Perspektive verallgemeinert werden können. Das Interesse an den Vätern, wie es sich in der westlichen Forschung darstellt, mag neben anderen Ursachen sehr wohl auch darauf zurückzuführen sein, daß in der westlichen Welt tendentiell eine Verlagerung von einer "patristisch-instrumentellen" Kultur zu einer eher "matristisch-expressiven" Kultur (vgl. Distler 1970) stattgefunden hat. In einer patristischen Kultur wird der männlichen Rolle der größere Wert zugeschrieben: Die Sozialisation in instrumentelle Rollen wird als das hauptsächliche kulturelle Ideal angesehen. In einer matristischen Kultur werden dagegen die expressiven Aspekte der weiblichen Rolle wie z. B. Gefühlsäußerungen, Intimität, sinnliche Wahrnehmung und Selbstexploration, in höherem Maße bewertet werden. Eine solch allgemeine kulturelle Verschiebung zugunsten eines traditionell "weiblichen" Rollenprofils scheint in Einklang mit einem generellen Wertwandel in Richtung auf "post-materielle" Bedürfnisse in den industrialisierten westlichen Ländern zu stehen (vgl. Inglehart 1977) und würde somit auch eine stärkere Beachtung der Vaterrolle im familiären Sozialisationsprozeß eher verständlich machen.

Welche Gründe es auch immer sein mögen: die Vaterrolle scheint vor allem in den westlichen Gesellschaften die Wissenschaft in besonderem Maße herausgefordert zu haben. Es bleibt abzuwarten, ob ähnliche Veränderungen in anderen Gesellschaften registriert werden können. Unabhängig von der Verschiedenartigkeit der Bedeutung der Vaterrolle in verschiedenen Kulturen hat sich gezeigt, daß Väter genauso effektive Bezugspersonen sein können wie Mütter und daß sie - neben anderen Einflüssen, die sie ausüben - eine besonders wichtige Rolle bei der Entwicklung der Geschlechtsidentität und des Geschlechtsrollenverhaltens ihrer Söhne und Töchter spielen (vgl. Lamb 1979).

(3) *Das Kind ist von Beginn seines Lebens ein einzigartiges menschliches Wesen.* Diese Grundannahme bezieht sich auf die heutzutage gut dokumentierte Tatsache, daß es nicht nur morphologische oder neurologische, sondern auch Verhaltensunterschiede bei Neugeborenen gibt. In der Tat hat sich in den Arbeiten von Thomas et al. (1963, 1970) und anderen (vgl. Self & Horowitz 1979) gezeigt, daß es frühe Temperamentsunterschiede gibt. Darüber hinaus konnte demonstriert werden, daß diese Temperamentsqualitäten einen Beitrag zur reziproken Interaktion des Kindes mit seiner Umgebung, insbesondere mit seinen primären Bezugspersonen, leisten. Frühe individuelle Unterschiede umfassen Aspekte wie Responsivität, Sensitivität, Beruhigbarkeit, Aktivitätsniveau, Adäquatheit der Kontrollen, Regularität der physiologischen Prozesse, Aufmerksamkeitsniveau, Rhythmizität, Ablenkbarkeit, Persistenz etc..

Es wäre eine unzulässige Vereinfachung, wenn man annehmen würde, daß diese individuellen Differenzen ausschließlich durch genetische Faktoren bestimmt sind. Daneben spielen sicher auch intrauterine und kongenitale Einflüsse eine Rolle. Unabhängig von diesen möglichen Quellen früher Verhaltensunterschiede gibt es einige Studien, die geschlechts- und kulturspezifische Differenzen der frühen Individualität herausstellen. So zeigte z. B. eine Studie von Freedman und Freedman (1969), in der die Brazelton Neonatal Behaviour Assessment Scale (vgl. Brazelton 1973) benutzt wurde, daß chinesisch-amerikanische und europäisch-amerikanische Säuglinge sich hinsichtlich einer Reihe von Temperamentsdimensionen deutlich unterschieden. Die chinesisch-amerikanischen Säuglinge waren weniger störbar, zeigten eine raschere Habituation, ein besseres Selbstberuhigungsverhalten und erwiesen sich als schneller tröstbar als die europäisch-amerikanischen Kinder. Die Autoren führen ihre Ergebnisse vornehmlich auf genetische Unterschiede zurück.

71

In einer anderen kulturvergleichenden Studie haben Brazelton und seine Mitarbeiter (vgl. Brazelton et al. 1976) gefunden, daß Säuglinge aus Sambia und Amerika sich deutlich hinsichtlich der Zuwachsquoten ihrer sozialen Aufmerksamkeitskennwerte unterschieden, wenn diese am ersten und am zehnten Tag ihres Lebens gemessen wurden. Obwohl die Säuglinge aus Sambia generell niedrigere Kennwerte bei Reaktivitätsmaßen erhielten, lagen ihre Werte für soziale Aufmerksamkeit insbesondere für den zweiten Zeitpunkt wesentlich höher als bei der amerikanischen Gruppe. Dieses Ergebnis führten die Autoren auf eine Kombination von angeborenen, d. h. genetischen, peri- und pränatalen Faktoren sowie kulturellen Einflüssen aufgrund der Erwartungshaltungen der Bezugspersonen zurück.

Der zuletzt genannte Befund verweist auf die Bedeutung des reziproken Charakters der Interaktionen zwischen dem Säugling und seinen Bezugspersonen. Nicht nur das Verhalten der Bezugsperson hat einen Einfluß auf die Verhaltensformung des Kindes, auch die individuellen Differenzen des Kindes wirken sich darauf aus, wie die Bezugsperson mit dem Kind interagiert (vgl. Bell 1979, Bell & Harper 1977). Dies ist von besonderer Bedeutung, wenn es sich bei dem Kind um ein "schwieriges" Kind im Sinne von Thomas et al. (1968) handelt, d. h. wenn das Kind Persönlichkeitsmerkmale wie niedriges oder hohes Aktivitätsniveau, geringe Regelhaftigkeit und Anpassungsfähigkeit, hohe Intensität, Persistenz und Ablenkbarkeit zeigt. Graham et al. (1973) sehen in den Temperamentsmerkmalen der Kinder Prädiktoren für spätere Verhaltensauffälligkeiten der Kinder. Sie glauben, daß die Art, wie die Eltern auf die Kinder reagieren, einen wesentlichen Beitrag zur Aufrechterhaltung von unerwünschten und schwierigen Verhaltensweisen der Kinder leisten. Graham et al. (1973, S. 338) sagen hierzu:

"Der sehr schwierige Säugling (d. h. das in hohem Maße unregelmäßige, unanpassungsfähige, vornehmlich negativ gestimmte Kind) wird vermutlich mehr kritische Gefühle bei seiner Mutter hervorrufen und wird vermutlich auch mehr Unstimmigkeiten zwischen den Eltern erzeugen. Gleichermaßen werden Eltern intoleranter sein, wenn zu einem späteren Zeitpunkt mit diesen unattraktiven und wenig geliebten Kindern Schwierigkeiten auftreten".

In die gleiche Richtung argumentiert Huntington (1979, S. 843), wenn sie sagt,

"daß wenige frischgebackene Mütter sich vor Augen führen, daß es nicht nur ihre eigene Fähigkeit, Hingabe und Geschicklichkeit ist, die ihrem Baby zu Wohlbehagen verhelfen, sondern daß es auch die Besonderheiten des Säuglings sind, die in einem starken Maße dazu beitragen. Extreme Irritierbarkeit und Untröstbarkeit auf der Seite des Säuglings kann verheerende Effekte für die frühe Mutter-Kind-Beziehung haben. Depression, Gefühle der Hilflosigkeit und ablehnende Einstellungen von Müttern sind unter diesen Umständen sehr verbreitet und tragen allesamt zu weiteren Schwierigkeiten bei."

Diese Einsicht hat einige Forscher dazu gebracht, Programme zu konzipieren, in denen die Eltern über die Zustandswechsel, unterschiedlichen Temperamentsqualitäten und individuellen Verhaltensmuster ihrer Neugeborenen informiert werden und lernen, angemessen damit umzugehen (vgl. Erickson 1976).

4.3 Defizite der Kinderbetreuung in der Familie

In diesem Abschnitt werden wir einige Aspekte behandeln, die mit einiger Wahrscheinlichkeit dazu beitragen, daß sich benachteiligende Ungleichheiten bei Familien und ihren Kindern bilden. Bevor wir uns näher mit den verschiedenen Argumenten beschäftigen, sollte festgehalten werden, daß die nachfolgende Zusammenstellung der Faktoren, die eine Belastung für das potentielle Wohlergehen einer Familie bedeuten, in keiner Weise als umfassend oder erschöpfend betrachtet werden kann. Darüber hinaus wurde auch kein Versuch unternommen, einen systematischen Bezugsrahmen zur Klassifikation aller möglicher Bedingungen zu erstellen, die einen Beitrag zur Entstehung und Aufrechterhaltung von benachteiligender Ungleichheit leisten. Ein solcher Bezugsrahmen ließe sich z. B. in Anlehnung an Bronfenbrenners (1981) Konzept einer Segmentierung von sozio-ökologischen Entwicklungskontexten in Mikro-, Meso-, Exo- und Makrosystemen finden. Schließlich sollte noch darauf hingewiesen werden, daß die verschiedenen hinderlichen Faktoren für eine gesunde Entwicklung auf individueller und familiärer Ebene sich nicht ausschließen, sondern im Gegenteil miteinander in einer Wechselbeziehung stehen, wobei die Art dieser Wechselbeziehung häufig noch ungeklärt ist.

Auf dem Hintergrund dieser relativierenden Überlegungen wollen wir uns nun sieben Einflußgrößen zuwenden, die mutmaßlich bei der Entwicklung von benachteiligenden Ungleichheiten von Familien und ihren Kindern eine wichtige Rolle spielen. Es handelt sich dabei um folgende Aspekte: (1) Armut, (2) Ernährung und Gesundheitsvorsorge, (3) physikalische und häusliche Umwelt, (4) sozio-kulturelles System, (5) strukturelle Veränderungen der Familien, (6) elterliches Erziehungsverhalten, (7) individuelle Unterschiede von Kindern und Familienmitgliedern.

4.3.1 Armut

Ohne jeden Zweifel ist Armut eine der wichtigsten nachteiligen Einflüsse, die Personen daran hindern, ihre Möglichkeiten des Wohlergehens voll zu entwickeln. Obwohl es schwierig zu sein scheint, exakt zu definieren, was Armut eigentlich ist und wie sie gültig gemessen werden kann, hat Armut definitiv etwas mit dem ökonomischen Status einer Person oder einer Familie zu tun, d. h. mit der Verfügbarkeit materieller und anderer Ressourcen. Gewöhnlich wird die Armutsgrenze in Relation zur Gesamtverteilung des Einkommens innerhalb einer bestimmten Sozietät bestimmt. Die Kriterien sind jedoch sehr unterschiedlich.

So werden Arme bisweilen klassifiziert als Personen, die zu dem niedrigsten Dezil der Einkommensverteilung zählen, oder als Personen, deren Einkommen kleiner ist als die Hälfte des nationalen Durchschnittseinkommens. Solche Indikatoren der Armut haben erkennbar ihre Probleme. Internationale Vergleiche sind schwierig, obwohl z. B. Korrekturen entsprechend dem nationalen Bruttosozialprodukt vorgenommen werden können. Darüber hinaus hat sich gezeigt, daß zumindest in den USA eine größere Zahl von Personen einmal unterhalb und das andere Mal oberhalb der Armutsgrenze liegen, wenn bestimmte Indikatoren des sozio-ökonomischen Status wiederholt über einen längeren Zeitraum bei derselben Stichprobe erfaßt werden (vgl. Schiller 1973).

Ein anderer Weg zur Definition von Armut ist von Lewis (1968) vorgeschlagen worden. Er betrachtet Armut als ein Konzept, das nicht ausschließlich unter Bezug auf das Einkommen definiert werden kann, sondern das auch spezifische Verhaltensformen zu berücksichtigen hat. Folglich hat Lewis (1968) das Konzept der "Kultur der Armut" eingeführt, nachdem er eingehend die Lebensbedingungen und das Verhalten von Personen studiert hatte, die in Ländern wie Mexiko oder Puerto Rico in besonders armen Gegenden lebten. Auf der Familienebene hat Lewis (1968, S. 57) die Kultur oder vielleicht besser die Subkultur der Armut wie folgt beschrieben:

> "Abwesenheit der Kindheit als einer speziell verlängerten und beschützten Phase im Lebenszyklus; frühe Einführung in Sexpraktiken; freie Partnerschaften oder auf dem Konsens beruhende Ehen; eine relativ hohe Rate des Verlassens von Frauen und Kindern; ein Trend in Richtung frauen- und mütterzentrierter Familien und folglich ein wesentlich größeres Wissen bezüglich der mütterlichen Verwandten; eine starke Neigung zum Autoritarismus; Mangel an Privatheit; verbales Bekenntnis zur Familiensolidarität, die jedoch wegen Geschwisterrivalitäten nur selten erreicht wird; und Kampf um begrenzte Güter und mütterliche Zuneigung."

Auf der individuellen Ebene beschreibt Lewis ein Muster von Persönlichkeitscharakteristika wie Oralität, schwache Ich-Struktur, geringe Impulskontrolle, starke Gegenwartsorientierung, Fatalismus, aber auch Eigenschaften wie Spontaneität, Vitalität, Sinnlichkeit und ein Gefühl von gegenseitiger Bezogenheit und Wärme. Im allgemeinen geht man davon aus, daß eine Subkultur der Armut sich als das Ergebnis einer wachsenden Entfremdung von der Hauptströmung einer Gesellschaft einstellt. In einem gewissen Sinne ist die Bildung einer Subkultur der Armut eine Anpassungsbewegung in Richtung auf eine bessere Bewältigung von Problemen, an denen die übrige Gesellschaft nicht interessiert ist bzw. um die sie sich nicht kümmern kann oder will. Wenn einmal dieses Syndrom einer kulturellen Absonderung sich entwickelt und womöglich über Generationen hinweg tradiert hat, erscheint es außerordentlich schwierig, soziale Veränderungen einzuführen, da diesen mit einem tief verwurzelten Mißtrauen und Argwohn gegenüber allen Arten von sozialen Institutionen wie politischen Parteien, Wohlfahrtsverbänden etc. begegnet wird. Dieses Argument ist deshalb von besonderer Bedeutung, weil es deutlich macht, daß eine bloße Änderung der Einkommenssituation bei der armen Bevölkerung nicht notwendig zu den beabsichtigten Effekten führt, d. h. zu einer Reintegration in das umfassende soziale System; zum anderen scheint es, daß besondere Anstrengungen notwendig sind, um das Vertrauen der armen Bevölkerung wiederherzustellen, um somit die Voraussetzungen für eine Auflösung der Zyklen der Armut zu schaffen.

Lewis hat auf einige Bedingungen aufmerksam gemacht, die besonders dazu geeignet sind, die Entwicklung einer Subkultur der Armut zu begünstigen. Zu diesen gehören (a) Bargeld-Ökonomie, Lohnarbeit und Profitproduktion; (b) hohe Beschäftigungslosenquoten bei ungelernten Arbeitern; (c) geringer Lohn; (d) Versagen in der Bereitstellung von sozialen, politischen und ökonomischen Hilfen für die Gruppen mit niedrigem Einkommen; (e) Vorhandensein einer verächtlichen Einstellung gegenüber Personen mit einem geringen ökonomischen Status. Lewis (1968, S. 61) argumentiert, daß besonders "diejenigen mit größter Wahrscheinlichkeit Kandidaten für eine Kultur der Armut sind, die aus den niedrigeren Schichten einer sich rasch wandelnden Gesellschaft stammen und die teilweise schon von ihr entfremdet sind." Unter der Voraussetzung, daß die Gedanken von Lewis nicht völlig falsch sind, scheint das Konzept einer "Kultur der Armut" besondere Bedeutung für die sich rasch entwickelnden Länder der Dritten Welt zu haben, besonders wenn sich deren Politik an dem westlichen kapitalistischen System orientiert.

Es sollte jedoch erwähnt werden, daß es auch einige höchst kritische Stimmen gegen die Konzeption einer Kultur der Armut gibt, so wie sie von Lewis vorgeschlagen worden ist. Dies betrifft insbesondere Schwächen in der empirischen Untermauerung dieses Konzepts (vgl. Valentine 1971). In jüngerer Zeit haben die Auffassungen von Lewis einige Unterstützung durch eine Studie von Newcombe (1976) erhalten. In einer Untersuchung an australischen Ureinwohnern kommt dieser Autor zu dem Schluß, daß es so etwas wie eine australische Version des Konzepts der Kultur der Armut gibt, indem er zeigt, daß diese ethnische Gruppe in nahezu jeglicher Hinsicht eine Außenseiterposition einnimmt.

4.3.2 Ernährung und Gesundheitsvorsorge

Die bloßen Statistiken zur Unterernährung und unzureichenden Gesundheitsvorsorge sprechen für sich selbst: Eine Studie kommt zu der Schätzung, daß 1 Milliarde Menschen, unter ihnen 400 Millionen Kinder unter 10 Jahren, an Kaloriendefiziten leiden (vgl. Selowsky 1978, Leno 1979). Es erübrigt sich, darauf hinzuweisen, daß die meisten von ihnen aus Entwicklungsländern kommen. 1974 hat die Weltgesundheitsorganisation eine Schätzung publiziert, wonach in Lateinamerika, Afrika und Asien 100 Millionen Kinder bis zu 4 Jahren unter schweren bis mittelschweren Protein-Defiziten leiden. Marasmus (d.h. allgemeiner geistig-körperlicher Kräfteverfall) ist nach wie vor die Haupttodesursache bei jungen Kindern in den Entwicklungsländern. In ihrem Weltatlas des Kindes hat die Weltbank die Sterblichkeitsziffern für Säuglinge unter einem Jahr zusammengestellt. Es stellt sich heraus, daß die Säuglingssterblichkeit in den Entwicklungsländern mit dem geringsten Einkommen etwa zehnmal höher liegt als in den industrialisierten Ländern, d. h. 129 Todesfälle pro 1000 im Gegensatz zu 15 Todesfällen pro 1000 Lebendgeburten. Dies sind in der Tat alarmierende Zahlen. Wir wollen daher unser Augenmerk etwas genauer auf dieses Problem richten, wobei wir die Ernährungssituation besonders herausgreifen.

Obwohl es selbstverständlich erscheint, daß mangelnde Ernährung und Gesundheitsvorsorge abträgliche Effekte auf die Gesamtentwicklung des Kindes haben müssen, sind die genauen Mechanismen, die zu Entwicklungsverzögerungen führen, noch nicht voll erforscht. Auf der Basis von Tier- und Humanstudien wurde argumentiert, daß gravierende Unterernährung zu einem beschränkten Wachstum der Gehirnzellen führt und somit die Entwicklung retardiert (vgl. Mönckeberg 1972, Winick & Rosso 1969). Andererseits wurde aber auch nachgewiesen, daß sensorische Deprivation zu den gleichen anatomischen, biochemischen und elektrophysiologischen Veränderungen des zentralen Nervensystems führt, wie das für Unterernährung gilt (vgl.

Coursin 1975). Obwohl diese Befunde es in keiner Weise erleichtern, die Ursachen und Konsequenzen einer defizitären Ernährung aufzudecken, bekunden sie dennoch eine Ähnlichkeit der Effekte, die gleichermaßen durch Ernährungs- und Erfahrungsdeprivation erzeugt werden. Ein komplexes Modell, das politische, familiäre und biologische Einflüsse auf den gesundheitlichen und Ernährungszustand berücksichtigt, wurde von Daly et al. (1979) vorgelegt und trägt damit nur noch zur Schwierigkeit bei, die kausalen Effekte in diesem Phänomenbereich zu entwirren.

Bezüglich der Konsequenzen der Unterernährung und Unterstimulation hat sich gezeigt, daß diese Faktoren mit einer ganzen Reihe defizitärer kognitiver Fähigkeiten verbunden sind. Darüber hinaus zeigen sich aber auch veränderte Verhaltensmuster im Sozialverhalten (vgl. Birch 1972, Mushkin 1979). Gewöhnlich werden Lerndefizite, die mit Unterernährung einhergehen, auf eine unvollständige oder retardierte Gehirnentwicklung zurückgeführt (vgl. Winick & Rosso 1975). Einige Autoren (vgl. Cravioto et al. 1966, Kaplan 1972, Rosemann 1979) argumentieren jedoch, daß Lerndefizite von unterernährten Kindern ebenso über drei eher indirekt wirkende Mechanismen erklärt werden können. Dies sind: (a) *Verlust an Lernzeit*, d. h. unterernährte Kinder sind besonders empfänglich für Krankheiten und haben daher z. B. größere Schwierigkeiten, mit dem Fortschritt in der Schule mitzuhalten; (b) *Beeinträchtigung der Aufmerksamkeit und Motivation*, d. h. Kinder werden von kontinuierlichen Lernprozessen abgehalten, da sie unter hohen, hungerbedingten Spannungszuständen stehen; (c) *Verschlechterung der sozialen Interaktionen*, d. h. als eine Konsequenz der Unterernährung zeigt das Kind eine geringere Vitalität und Responsivität in seiner sozialen Umgebung. Dieses allgemeine Muster an Apathie auf der Seite des Kindes kann dazu führen, daß die erwachsenen Bezugspersonen ihm weniger Aufmerksamkeit und Interesse schenken. Auf lange Sicht kann dies dann in einem Teufelskreis von sozialer Deprivation einmünden.

Das zuletzt genannte Argument wurde in einer Studie von Chávez et al. (1974), die ernährungsmäßig geförderte und ungeförderte Kinder in ihrer häuslichen Umgebung untersuchten, recht deutlich demonstriert. Es zeigte sich, daß die ernährungsgeförderten Kinder nicht nur mehr Explorationsverhalten, Aktivität und Ausdruckskraft zeigten, sondern darüber hinaus auch bei allen Familienmitgliedern größere Aufmerksamkeit und Zuwendung auf sich zogen.

Zusammenfassend können wir festhalten, daß ein Durchbruch zur Gewährleistung angemessener Entwicklungsbedingungen eines Kindes innerhalb seines Familienkontexts nur dann möglich erscheint, wenn die grundlegenden Probleme der Unterernährung und unzureichenden Gesundheitsvorsorge gelöst sind. Dabei sollte freilich der Ernährungszustand der Mutter und der anderen Familienmitglieder nicht unbeachtet bleiben. Darüber hinaus hat sich gezeigt, daß neben anderen Einflüssen, die den Ernährungs- und Gesundheitszustand der Mutter und des Kindes beeinflussen, auch die Verringerung der Anzahl der Kinder und ein weiterer Abstand der Kinder in der Geschwisterreihe die Gesundheitsrisiken für Mutter und Kind verringern. Schließlich gibt es auch Belege dafür, daß eine Verbesserung des Ernährungszustandes der Mütter mit einem Anwachsen des Geburtsgewichts der Säuglinge und mit einer Verringerung der Sterblichkeitsraten sowie der Geburtsdefekte der Säuglinge verbunden ist (vgl. Omran et al. 1976).

4.3.3 Physikalische und häusliche Umgebung

Mit einer stärkeren Beachtung des Einflusses, den das Ökosystem auf die menschliche Entwicklung hat, hat sich auch das Interesse für jene Umgebungsbedingungen verstärkt, die mutmaßlich einen abträglichen Einfluß auf die kindliche Entwicklung und auf das Familienleben haben. Die kulturvergleichenden Implikationen der Beziehungen zwischen Umwelt und Verhalten harren jedoch noch weitgehend einer genauen Klärung (vgl. Altmann & Chemers 1980).

Leno (1979) hat in ihrem Versuch, relevante Indikatoren zu den physikalischen Bedingungen der kindlichen Entwicklung aufzufinden, auf den Umstand hingewiesen, daß neben einer angemessenen Behausung einige andere lebenswichtige Aspekte der physikalischen Umgebung erfaßt werden müssen, um Kinder vor den möglichen Gefahren ihrer Umwelt zu schützen. Dazu gehören Variablen wie genügend individueller Raum, sauberes Trinkwasser, Vorhandensein von Kanalisation und Elektrizität.

Als Beispiel mag das Trinkwasserproblem gelten. Nach Leno (1979, S. 22 f.) "haben 85 % der Kinder, die in ländlichen Regionen leben, keine angemessene Versorgung mit Trinkwasser". Darüber hinaus wird geschätzt, daß "jedes Jahr ungefähr 5 Millionen Menschen an Krankheiten sterben, die über das Trinkwasser übertragen werden. Dazu gehören Cholera, Typhus, Ruhr und intestinale Krankheiten. 80 % dieser Todesfälle ereignen sich in den Entwicklungsländern". Aufgrund dieser Daten wurde vorgeschlagen, daß die Verfügbarkeit von gesundheitsunschädlichem Trinkwasser neben der Beseitigung von Unterernährung höchste Priorität haben sollte. Aber nicht nur die Verfügbarkeit, sondern auch die Zugänglichkeit zu Trinkwasser-Reservoiren verdient vor allem in den ländlichen Gegenden besondere Beachtung. So hat man z. B. in Burma gefunden, daß es für Dorfbewohnerinnen nicht ungewöhnlich ist, bis zu 25 km am Tag zu laufen, um an Trinkwasser zu gelangen. Leno (1979, S. 24) kommt daher zu dem Schluß, "daß diese Frauen ungefähr 6 Stunden am Tag verlieren - 6 Stunden, in denen sie sich, neben anderen wichtigen Aktivitäten, der Pflege und Erziehung ihrer Kinder widmen könnten."

Ein anderes ökologisches Merkmal, das einige Beachtung als eine mögliche Bedingung für die Entstehung von Verhaltensproblemen gewonnen hat, ist das Phänomen der *Überbevölkerung*. Es gibt einige Hinweise darauf, daß eine Beziehung zwischen unangemessenen häuslichen Umgebungsbedingungen und Verhaltensstörungen besteht, obwohl es schwierig ist, die kausalen Einflüsse abzuschätzen, und es bisweilen auch kulturspezifische Bewältigungsmuster gibt, die die Unzuträglichkeiten von überfüllten Wohnungen eher verkraften lassen. So haben z. B. Marsella et al. (1970) in einer Studie an philippinischen Familien mehr Ängstlichkeit, Nervosität und Gewalt bei den Familieneinheiten gefunden, die unter bedrängten Wohnverhältnissen leben mußten. In einer anderen Untersuchung, an der 65 Nationen beteiligt waren, überprüften Booth und Welch (1973) die Beziehung zwischen Wohndichte (gemessen als die Zahl der Personen pro Raum) und die Auftretenshäufigkeit von aggressiven kriminellen Akten wie Mord und Aufruhr. Nach dieser Studie war Überbevölkerung mit Gewalt und sozialer Unruhe eng verknüpft. In die gleiche Richtung geht eine Studie von Galle et al. (1972), in der die Zahl der Personen pro Appartementhaus als Maß für die Wohndichte in einer substantiellen Beziehung zu pathologischen sozialen Auffälligkeiten stand.

In seinem Überblick über die Literatur zur Wirkung der häuslichen Umgebung auf die Entwicklung von Kindern berichtet Parke (1978) von einigen Studien, in denen eine Beziehung zwischen der Belegungsdichte eines Haushalts und aggressiven Verhaltensweisen der Kinder ermittelt wurde (vgl. Murray 1974, Loo 1977). Es läßt sich jedoch vermuten, daß diese Befunde auch unter Berücksichtigung anderer Daten erklärt werden können, wonach Eltern, die in überfüllten Häusern wohnen, ihre Kinder tendenziell mehr bestrafen (vgl. Roy 1950). Nachdem sehr wohl bekannt ist, daß punitive Erziehungspraktiken mit einer höheren Aggressivität der Kinder einhergehen, schlägt Parke (1978, S. 71) vor, daß "die größere Aggressivität von Kindern, die aus überfüllten Wohnarealen stammen, teilweise als Ergebnis des Typs der Disziplinierung anzusehen ist, den Eltern in überfüllten Umwelten anwenden". Darüber hinaus wurde darauf hingewiesen, daß das übliche Maß zur Erfassung von Überbevölkerung (Anzahl der Personen pro Raum) ein zu grober Indikator für die Personendichte ist. Feinere Maße zur Erfassung der Wohnraumdichte müßten z. B. die Anzahl der wechselseitigen Kontakte innerhalb eines überfüllten Settings berücksichtigen, insbesondere wenn diese Kontakte schwer zu umgehen sind und somit kaum Privatheit und soziale Distanz erlauben. In einer Studie, die von Mitchell (1971) in Hongkong - einer per se sehr dicht besiedelten Stadt - durchgeführt wurde, zeigte sich, daß Familien, die in den oberen Stockwerken von mehrstöckigen Appartementhäusern lebten, feindseliger waren als die Familien, die in den unteren Stockwerken wohnten. Der Autor zieht daraus den Schluß, daß die Familien in den unteren Stockwerken einen leichteren Zugang zur außerhäuslichen Umgebung haben und somit aggressiven Auseinandersetzungen eher aus dem Weg gehen können.

Was die Kinder anbelangt, so hat sich gezeigt, daß diejenigen, die in den oberen Stockwerken von mehrstöckigen Gebäuden wohnen, unter restriktiveren Bedingungen aufwachsen, insbesondere im Hinblick auf außerhäusliche Spielaktivitäten (vgl. Marcus 1974). Diese und andere Studien haben Parke (1978, S. 72) zu der Spekulation veranlaßt, daß

"der erzwungene und nachhaltige Kontakt zwischen Eltern und Kindern in den höheren Etagen von Appartements zu elterlicher Irritierbarkeit und familiärer Spannung beiträgt, was sich wiederum negativ auf das Kind auswirkt. In demselben Maße, wie überfüllte Wohnungen zu einem Anwachsen an Feindseligkeiten führen, mag die Unmöglichkeit einer räumlichen Separation zwischen den Familienmitgliedern, die auf den Gebäudetyp zurückzuführen ist, zu dem gleichen Ergebnis führen. Die Interaktion zwischen Gleichaltrigen ist eingeschränkt, und dieser Mangel an Interaktion kann sich wiederum abträglich auf die nachfolgende soziale Entwicklung des Kindes auswirken."

Andererseits hat sich auch gezeigt, daß die physikalischen Gegebenheiten der außerhäuslichen - insbesondere städtischen - Umwelt schädliche Effekte für die kindliche Entwicklung haben können, sofern keine Vorkehrungen zur angemessenen Auseinandersetzung mit den Gefahren solcher Umwelten getroffen werden (vgl. Hart 1978).

Bezüglich der *Umgebungsbedingungen innerhalb der Wohnung* gibt es zunehmend Hinweise darauf, daß eine physikalische Anregung, insbesondere auf dem Wege angemessenen Spielmaterials, nachweislich die kognitive und sozio-emotionale Entwicklung des Kindes beeinflußt. So haben z. B. Bradley und Caldwell (1976) gefunden, daß die Bereitstellung von Spielmaterialien, die dem kindlichen Kompetenzniveau angepaßt sind, eine hohe Beziehung zum Intelligenzquotienten des Kindes aufweisen. In detaillierteren Untersuchungen, wie sie u. a. von McCall (1974), Yarrow et al. (1975) und White et al. (1976) durchgeführt wurden, ergab sich, daß bestimmte Attribute der Objekte, mit denen sich die Kinder auseinandersetzen, von Bedeutung sind. Dazu gehören Responsivität, Komplexität und Unterschiedlichkeit als grundlegende Objektdimensionen, die in einem hohen Maße die Aufmerksamkeit des Kindes fesseln und es dazu bringen, sich in eine explorierende Manipulation mit dem jeweiligen Gegenstand einzulassen. Hier scheinen die Wurzeln für kognitive Kompetenz, intrinsische Motiviertheit, Neugier und ein Gefühl für die Kontrolle der Umwelt zu liegen.

Umgekehrt können wir aus solchen Untersuchungen auch den Schluß ziehen, daß ein Mangel an angemessener physikalischer Stimulation die Wahrscheinlichkeit für eine unzureichende Entwicklung der Grundkompetenz eines Kindes erhöht. Es sollte dabei jedoch nicht unberücksichtigt bleiben, daß die Auseinandersetzung eines Kindes mit seiner physikalischen Umwelt auch von anderen Faktoren beeinflußt wird, wie z. B. seiner intellektuellen Kapazität, seiner temperamentsmäßigen Ausstattung oder dem elterlichen Verhalten, das gewöhnlich als Vermittler für die Umgebungsstimulation dient, der das Kind ausgesetzt ist (vgl. Parke 1978, Willerman 1979).

Zusammenfassend können wir festhalten, daß die außerhäuslichen und häuslichen Umgebungsbedingungen von wesentlicher Bedeutung für die gesunde Entwicklung und das Wohlergehen von Kindern und ihren Familien sind. Die Probleme unterscheiden sich je nach dem Entwicklungsstand der untersuchten Länder bzw. der Beachtung ländlicher oder städtischer Regionen. Aus diesem Grund sollten vor der Einführung von Maßnahmen zur Verbesserung der Entwicklungseffektivität von Umwelten die besonderen Voraussetzungen und Prioritäten genau studiert werden, die für die jeweilige Region zutreffen.

4.3.4 Soziokulturelles System

Ein weiterer Aspekt, der zur Entstehung benachteiligender Ungleichheiten von Kindern und Familien beitragen kann, ist das soziokulturelle System selbst (vgl. Sanua 1980). In diesem Forschungsbereich haben die Bemühungen der kulturvergleichenden Psychiatrie (vgl. Kiev 1972, Draguns 1977) zu neuen Einsichten geführt. Wittkower und Prince (1974) haben versucht, die Hauptkategorien zusammenzustellen, die zu psychokulturellem Streß und somit zu möglicher Fehlanpassung führen. Sie kommen dabei zu folgender Klassifikation: Kultureller Inhalt, soziale Organisation und soziokultureller Wandel. Wir werden im folgenden die Bedeutung dieser drei Kategorien für die Entwicklung fehlángepaßten Verhaltens, insbesondere bei Kindern und Familien, kurz beleuchten.

(a) *Kultureller Inhalt.* Die Grundannahme hierbei ist, daß besondere Elemente einer Kultur wie Tabus, Wertgegensätze und Rollendeprivation zu Verhaltensstörungen führen können. So wurden beispielsweise in einer Studie von Tseng und Hsu (1970) chinesische und amerikanische psychiatrische Patienten verglichen. Die Autoren fanden, daß im Vergleich zu der amerikanischen Stichprobe bei den Chinesen weniger häufig Manifestationen von Depressionen gefunden wurden, dafür aber eine höhere Rate von somatischen Symptomen. Unter Rückgriff auf den traditionellen chinesischen Sozialisationsprozeß wurde argumentiert, daß Variablen wie enge Mutter-Kind-Beziehung, eine großfamiliäre Struktur, rituelle Trauerpraktiken und eine Hemmung der verbalen Ausdrucksformen von Verstimmungen Chinesen davor bewahren, depressive Symptome zu entwickeln. Darüber hinaus wird die Tendenz der Chinesen zu einer stärkeren Somatisierung als Ausdruck einer kulturgebundenen Ablehnung von spontanen emotionalen Äußerungen interpretiert. Wenn sich ein Chinese nicht wohlfühlt, muß er - um Aufmerksamkeit auf sich zu ziehen - Zuflucht zu physischen Symptomen wie Kopfweh oder Bauchschmerzen nehmen. Die Äußerung von Gefühlen wie Verstimmtheit oder Einsamkeit würde ihm wenig Sympathie einbringen (vgl. Tseng 1975).

Eine andere Studie, die in Katar durchgeführt wurde, unterstreicht die Bedeutung von kulturell determinierten Rollenerwartungen. El-Islam (1974) verwendet in dieser Untersuchung den Terminus "kulturgebundene Neurose", um sich damit auf ein spezifisches Muster von Symptomen wie Übelkeit oder allgemeine Müdigkeit zu beziehen, das von einer bestimmten Gruppe weiblicher Patienten geäußert wird. In dieser Gruppe befand sich ein hoher Prozentsatz von Frauen, die keinen Ehemann bzw. keine Kinder hatten oder die den drohenden Verlust ihres Ehemannes erfahren hatten. Der Autor argumentiert, daß diese Bedingungen für eine traditionelle arabische Frau in hohem Maße streßreich sind, da sie im Gegensatz zu den Frauen in den westlichen Ländern weniger Gelegenheit haben, ihre soziale und persönliche Identität außerhalb von Ehe und Mutterschaft zu finden.

(b) *Soziale Organisation.* Als eine mögliche Einflußgröße auf die Entwicklung von Verhaltensproblemen bezieht sich diese Kategorie auf das Ausmaß von Instabilität, Unverbundenheit und Unflexibilität eines sozialen Systems. Insbesondere die Merkmale der Desorganisation, Desintegration und Rigidität werden als beeinträchtigende Bedingungen für die gesunde Entwicklung eines Individuums angesehen. So hat z. B. Leighton (1974) in einer Studie an 96 Gemeinden in Kanada eine deutliche Beziehung zwischen dem Ausmaß psychiatrischer Auffälligkeiten und dem Grad der sozialen Desintegration in diesen Gemeinden gefunden.

Die abträglichen Effekte der sozialen Desintegration lassen sich auch in einer illustrativen Studie von Kojak (1974) nachweisen. Dieser Autor verglich den Grad der Angepaßtheit amerikanischer Militärsiedlungen in zwei verschiedenen Fremdländern, nämlich in Thailand und Japan. Die amerikanische Gemeinde in Bangkok litt unter starker soziokultureller Desintegration: Die einzelnen Personen und Familien lebten verstreut über die ganze Stadt in unzureichend beleuchteten Straßen, hatten keine Autos und mußten sich mit einem unzuverlässigen Telefonsystem abfinden. Darüber hinaus zeigte sich, daß sie mehr und mehr ihre eigenen kulturellen Werte in Frage stellten, da die Ideale von Arbeit, Verantwortlichkeit und Disziplin in der thailändischen Kultur nicht so stark betont sind. Im Gegensatz dazu hatte die amerikanische Gemeinde in Japan derartige Probleme nicht aufzuweisen. Die Leute lebten zusammen in einer wohl identifizierbaren Nachbarschaft und es gab keine Kommunikations- oder Transportprobleme. Bei einem Vergleich dieser beiden Gemeinden stellte sich heraus, daß die Auftretenshäufigkeit von Indikatoren für Fehlanpassung wie Eheprobleme, Jugenddelinquenz, Alkohol- und Drogenmißbrauch in der thailändischen Gemeinde wesentlich höher war als in der japanischen.

Rigidität, d. h. die mangelnde Bereitschaft, sozialen Wandel zu akzeptieren, kann ein anderer Faktor sein, der zur Entwicklung fehlangepaßten Verhaltens führt, besonders wenn zwischen den Generationen Uneinigkeit bezüglich traditioneller bzw. moderner Werte besteht. Unter Bezug auf eine unpublizierte Studie von Schwarzman (1973), in der eine positive Korrelation zwischen psychiatrischen Auffälligkeiten und elterlicher Rigidität gefunden wurde, kommt Sanua (1980, S. 205 f.) zu dem Schluß, daß "man darüber spekulieren kann, daß in einer sich entfaltenden Gesellschaft Spannungen zwischen den Generationen dann zu Persönlichkeitsproblemen führen, wenn die Familien an alten Traditionen festhalten, gleichgültig ob diese aus der alten oder der neuen Welt stammen. Auf der anderen Seite können Konflikte in Gesellschaften, die dazu neigen, statisch zu bleiben, und die keinen Wandlungsprozessen ausgesetzt sind, minimiert werden, was in einem geringen Auftreten von psychiatrischen Schwierigkeiten resultiert." In jedem Fall scheint es wichtig zu sein, wie sich die einzelne Person mit dem Problem des Wandels und der Tradition auseinandersetzt. Dies hat sich z. B. in einer Studie von Fabrega (1970) nachweisen lassen. Dieser Autor fand, daß Mexikaner, die in Texas lebten und als "sozial produktiv" eingestuft wurden, an den extremen Polen einer Traditionalismus-Skala überrepräsentiert waren. Diese Befunde legen die Interpretation nahe, daß entweder die konsistente Orientierung an traditionellen mexikanischen Werten oder an modernen amerikanischen Werten mit einer geringeren Rate von Persönlichkeitsproblemen einhergeht. Eine umfassende Bewertung der psychologischen Konsequenzen, die verschiedene soziokulturelle Wertsysteme haben können, ist von Berry (1980) vorgelegt worden.

(c) *Soziokultureller Wandel*. Rapider soziokultureller Wandel, wie er sich in raschen Modernisierungs-, Industrialisierungs- und Urbanisierungsprozessen niederschlägt, kann zu dem führen, was Berry (1971) "akkulturativen Streß" nennt. Dies bedeutet nicht notwendigerweise, daß eine Gesellschaft, die durch soziale Wandlungsprozesse hindurchgeht, in erhöhtem Maße individuelle Verhaltensprobleme nach sich zieht. Tseng und Hsu (1980, S. 86) haben im Gegenteil darauf hingewiesen, daß "Wandel eine Wachstumsanregung beinhaltet und für das physische und psychische Wohlbefinden wesentlich ist. Wenn jedoch soziokulturelle Wandlungsprozesse mit hoher Geschwindigkeit ablaufen und dies ohne erkennbare Ziele, Motivationen oder Organisationen, wird dies zu Ambiguitäten innerhalb des grundlegenden Wertsystems führen. Unter der Voraussetzung mangelnder Leitlinien oder Modelle für den Wandel wird dies gewöhnlich zu einer Belastung für die Mitglieder der Gruppe." So hat z. B. Zaidi (1969) in einer Studie, die in Pakistan durchgeführt wurde, eine Reihe von Wertkonflikten herausgefunden, die auf den raschen Wechsel von traditionell agrarischen und ländlichen Werten zu denen einer modernen Industriegesellschaft zurückgeführt wurden. Wesentliche Konfliktbereiche sind dabei vor allem Veränderungen der Familienbeziehungen und des Status der Frauen.

Das Konzept des soziokulturellen Wandels wurde auch auf die Untersuchung von Emigranten angewandt, die häufig einen "Kulturschock" (vgl. Oberg 1960) erleiden. Es hat den Anschein, daß Gleiches auch für sog. "Gastarbeiter" zutrifft, die gewöhnlich aus weniger entwickelten Ländern mit hohen Arbeitslosenquoten kommen, um für einige Zeit in einem hochindustrialisierten Land zu arbeiten. Taft (1977) hat nachgewiesen, daß das Konzept des Kulturschocks verschiedene Bedeutungen hat. Dazu gehören u. a. (a) eine Zurückweisung des Neuankömmlings durch die Gastbevölkerung und vice versa; (b) eine Konfusion der eigenen Rollenwerte und Gefühle; (c) Gefühle der Hilflosigkeit und Unfähigkeit in der Auseinandersetzung mit der neuen Kultur. Fehlende soziale Akzeptanz durch das Gastland sowie soziale Isolation scheinen nach dem von Draguns (1980) gegebenen Überblick das Auftreten von pathologischen Verhaltensweisen zu erhöhen.

Auf der anderen Seite gibt es einige Hinweise darauf, daß die abträglichen Konsequenzen einer raschen Akkulturation minimiert werden können, besonders wenn ein gut funktionierendes soziales Netzwerk besteht, was sich etwa in starken Familienbanden und engen Kontakten mit Verwandten und Freunden äußert. Dies wurde z. B. bei italienischen und chinesischen Familien nachgewiesen, die als Emigranten sich in einer fremden Kultur einzurichten hatten (vgl. Mintz & Schwartz 1964, Murphy 1968).

Zusammenfassend können wir festhalten, daß die vorliegenden Forschungsbefunde dafür sprechen, daß bestimmte Aspekte des soziokulturellen Systems sich nachteilig auf das Wohlergehen von Kindern und das Familienleben auswirken können. Es sollte dabei jedoch stets bedacht werden, daß den potentiell abträglichen Einflüssen des soziokulturellen Systems bisweilen durch entsprechende Bewältigungsmechanismen, die die einzelne Person oder die Familie in ihrem engeren sozialen Kontext einsetzt, in einer effektiven Weise entgegengewirkt werden kann.

4.3.5 Strukturelle Veränderungen der Familie

Die aus den westlichen Industrieländern stammenden Forschungsbefunde machen deutlich, daß sich in letzter Zeit einige dramatische säkulare Veränderungen des Familiensystems ergeben haben. So stellen z. B. Rutter und Madge (1976, S. 226) für Großbritannien folgendes fest: "Die letzten Jahrzehnte haben einige deutliche Veränderungen in Richtung auf eine frühere Heirat, einen früheren Gebärzeitpunkt, eine größere Zahl unehelicher Kinder, eine höhere Scheidungsquote und kleinere Familien erbracht." Ähnliche Ergebnisse wurden in den USA sowie in der Bundesrepublik

Deutschland gefunden (vgl. Bronfenbrenner 1975, 1977; Lüscher 1975; Wissenschaftlicher Beirat für Familienfragen 1980). Bronfenbrenner (1977, S. 282) hat in den Vereinigten Staaten Zensusdaten seit dem Zweiten Weltkrieg analysiert und dabei einen allgemeinen Trend gefunden, der eine "progressive Fragmentierung und Isolation der Familie in ihrer Kindererziehungsfunktion" aufdeckt. So ist z. B. die Zahl der arbeitenden Mütter mit Kindern in einer drastischen Weise angestiegen. Zur gleichen Zeit hat sich die Zahl der Personen, die in einem Haushalt zusammenleben und sich somit um die Kinder kümmern könnten, deutlich verringert. Dieser Wandel der Familienstruktur äußert sich über die letzten 20 Jahre außerdem in einer außergewöhnlichen Erhöhung der Scheidungsquoten, von denen naturgemäß auch die Kinder betroffen sind. Damit zusammenhängend findet sich eine steigende Zahl von sogenannten Ein-Eltern-Familien, die z. T. auch auf einen steilen Anstieg der Zahl unverheirateter Mütter zurückzuführen ist. Darüber hinaus zeigt sich, daß diese Veränderungen besonders in den jüngeren Familien mit jüngeren Kindern sowie in städtischen Regionen und dort wieder in Familien mit niedrigem Einkommen auftreten.

Obwohl die Konsequenzen solcher strukturellen Veränderungen der Familie in ihrer Bedeutung für die Entwicklung von Kindern und des Familienlebens noch eines intensiveren Studiums bedürfen, hat Bronfenbrenner (1977, S. 282) einige parallele epochaltypische Trends gefunden, die als Indikatoren für das Wohlergehen von Kindern und Jugendlichen anzusehen sind:

> "Die Nachkommenschaft aus Familien mit niedrigem Einkommen ist in einem besonders hohem Maße der Gefahr ausgesetzt, in physischer, intellektueller, emotionaler und sozialer Hinsicht Schaden zu nehmen. Darüber hinaus gibt es einige alarmierende Hinweise darauf, daß das allgemeine schulische Ausbildungsniveau sinkt und auf der anderen Seite sich steigende Zahlen von Kindestötung, Kinderselbstmord, Schulabbrüchen, Drogenmißbrauch und Jugenddelinquenz einstellen."

Trotz dieser beängstigenden Daten, die die strukturellen Veränderungen der Familie begleiten, wäre es unzulässig, daraus ursächliche Schlußfolgerungen zu ziehen. Darüber hinaus hat sich in detaillierteren Studien gezeigt, daß die Auswirkungen familiärer Auflösungs- oder Veränderungserscheinungen, wie sie sich z. B. in den erhöhten Scheidungsquoten oder in einem veränderten Rollenverständnis der Frauen äußern, keineswegs destruktiv für die kindliche Entwicklung sein müssen (vgl. Hetherington 1979, Hetherington et al. 1978; Hoffmann 1974, 1979). So hat z. B. Hetherington (1979) nachgewiesen, daß die Art und Weise, wie die Eltern eine Scheidung verarbeiten, und die Qualität der Beziehung, die beide Eltern nach der Scheidung mit dem Kind aufrechterhalten, wesentlich dafür verantwortlich ist, ob ein Kind Verhaltensprobleme entwickelt oder nicht.

Obwohl wir gerade darauf verwiesen haben, daß eine abnehmende Zahl der Familienmitglieder zur Verschlechterung der Erziehungsbedingungen von Kindern beitragen kann, wurde ähnliches auch für besonders große Familien gefunden. Zumindest in den westlichen Ländern ist die Familiengröße korreliert mit kindlichen Verhaltensstörungen und einer erhöhten Wahrscheinlichkeit von Delinquenz (vgl. West 1969). Diese Befunde müssen jedoch nicht nur auf die Zahl der Kinder pro Familie zurückzuführen sein, da andere Faktoren wie z. B. räumliche Überbelegung, geringer sozioökonomischer Status, Entwicklungsverzögerungen, Eheschwierigkeiten etc. mit der Familiengröße konfundiert sein können. Es erscheint jedoch plausibel, daß die Anwesenheit von vielen Kindern es den Eltern erschwert, sich intensiver um das einzelne Kind zu kümmern. In einer Studie von Brown et al. (1975) wurde z. B. nachgewiesen, daß das Vorhandensein vieler Kinder ihre Mütter empfänglicher macht für depressive Verstimmungen und nervöse Störungen. In einer eigenen Untersuchung (vgl. Schneewind 1978) zeigte sich, daß mit einer größeren Zahl von Kindern, die in einer Familie leben, eine Verschlechterung des Familienklimas einhergeht, was sich u. a. in geringerer wechselseitiger Zuneigung und einer Erhöhung konflikthafter Spannungen äußert. Diese Beziehungen ließen sich im übrigen unabhängig vom sozioökonomischen Status der Familien nachweisen.

Obwohl diese Untersuchungen uns einige Hinweise auf mögliche familiäre Streßbedingungen geben, können sie in einer kulturvergleichenden Perspektive keineswegs verallgemeinert werden. Es sollte auch deutlich gemacht werden, daß die bloße Zahl der Familienmitglieder sicherlich kein ausreichender Indikator für mögliche Veränderungen des Familienlebens darstellt. In einer psychologischen Sichtweise ist es vielmehr von Bedeutung, die Qualität der Interaktionen, die zwischen den einzelnen Familienmitgliedern ablaufen, genauer in den Blick zu nehmen. So kann z. B. in einer großen Familie ein hohes Maß an emotionaler Spannung bestehen, es kann sich aber auch ein Selbstverständnis von wechselseitiger Unterstützung ergeben, was insbesondere in Notzeiten hilfreich ist.

4.3.6 Elterliches Erziehungsverhalten

Wenn wir uns im folgenden mit dem Einfluß inadäquaten Elternverhaltens als einer möglichen Quelle für die Entwicklung von benachteiligender Ungleichheit von Kindern beschäftigen, werden viele der vorangegangenen Gesichtspunkte hier erneut eine Rolle spielen. Dies ist darauf zurückzuführen, daß das Verhalten von Eltern gegenüber ihren Kindern nicht als eine isolierte Variable betrachtet werden kann; vielmehr ist das Elternverhalten eingebettet in einen größeren soziokulturellen Kontext und kann daher auch nur innerhalb dieses Rahmens beurteilt werden.

Darüber hinaus muß - wie bereits früher dargelegt - nochmals auf den transaktionalen Charakter der Eltern-Kind-Beziehung hingewiesen werden. Demzufolge können wir nicht ein einfaches Elternverursachungsmodell zugrundelegen, das einen unidirektionalen Einfluß von der Elternperson auf das Kind unterstellt. Dennoch scheint es individuelle Differenzen bei den Eltern hinsichtlich ihrer Bereitschaft und ihrer Kompetenz zu geben, auf die Bedürfnisse ihrer Kinder zu reagieren. So hat sich z. B. während der Säuglingsphase gezeigt, daß Mütter, die für die Signale ihrer Babies unempfänglich sind, dadurch die Beziehung zu ihrem Kind beeinträchtigen (vgl. Korner 1974). In einer anderen Untersuchung hat Thoman (1975) festgestellt, daß eine unzutreffende Wahrnehmung und eine unzureichende Reaktion auf das kindliche Verhalten zu einer Verzögerung der Säuglingsentwicklung führen kann. Neuerdings hat das Konzept der Synchronisation der Mutter-Kind-Beziehung ein besonderes Forschungsinteresse gefunden. In einer Reihe von Studien, die von Osofsky und Connors (1979) zusammengefaßt wurden, hat sich gezeigt, daß die mütterliche Unfähigkeit, ihre Verhaltensweisen mit denen des Kindes zu koordinieren (z. B. im Hinblick auf den Zeitablauf, die Intensität und die Modalität ihrer Reaktionen), zu erheblichen Störungen der Mutter-Kind-Beziehung führen kann und sich somit vermutlich auf die Gesamtentwicklung des Kindes hinderlich auswirkt.

Der traditionelle Forschungsansatz im Bereich der Eltern-Kind-Beziehungen hat versucht, das Elternverhalten anhand einer Reihe beschreibender Dimensionen zu klassifizieren, von denen angenommen wurde, daß sie bestimmte Verhaltensmanifestationen beim Kind hervorbringen. Die hierzu bedeutsamen Untersuchungen sind von verschiedenen Autoren zusammengefaßt worden (vgl. Becker 1964, Martin 1975, Lukesch 1975, Schneewind 1976). Die meisten Untersuchungen beziehen sich auf ein zweidimensionales System des Elternverhaltens, das aus den Dimensionen "Liebe vs. Feindseligkeit" und "Autonomie vs. Kontrolle" besteht (vgl. Schaefer 1959).

Becker (1964) hat die Konsequenzen verschiedener Konfigurationen des elterlichen Erziehungsverhaltens zusammengefaßt. So zeigte sich beispielsweise, daß elterliche Feindseligkeit und strikte Kontrolle konsistent mit hohen Ausprägungen kindlicher Aggression verbunden sind. Campbell (1964, S. 305) kommt bei seinem Übersichtsreferat über Gleichaltrigenbeziehungen während der Kindheit zu dem Schluß, daß "elterliche Punitivität, Feindseligkeit und Restriktivität mit verheerender Wirksamkeit auf der Seite des Kindes Aggression und Feindseligkeit gegenüber seinen Gleichaltrigen hervorrufen."

Obwohl diese Schlußfolgerungen innerhalb eines spezifischen kulturellen Kontexts plausibel erscheinen, muß ein als feindselig klassifiziertes Elternverhalten nicht in jedem Fall zu denselben Konsequenzen führen, wenn es in einer anderen Kultur oder Subkultur geäußert wird. Ein anschaulicher Beleg dafür ergibt sich aus einer Untersuchung, die von Baumrind (1972) durchgeführt wurde. Diese Autorin fand bei einer Stichprobe von Negerfamilien in den USA, daß farbige Mädchen, deren Mütter in hohem Maße aggressive und feindselige Disziplinierungspraktiken verwendeten, durchsetzungsfähiger und unabhängiger in ihrem Verhalten waren als eine Kontrollgruppe von weißen Mädchen und ihren Müttern. Daraus läßt sich der Schluß ziehen, daß mit den eher autoritären Erziehungspraktiken die Absicht verbunden war, bei diesen Mädchen eine gewisse überlebenssichernde Härte zu entwickeln. Dies hat zur Folge, daß diese Mädchen das Verhalten ihrer Mütter nicht als einen Ausdruck der Zurückweisung, sondern eher als einen Beweis ihrer liebevollen Fürsorge wahrnahmen. Dieser Befund erinnert an den Hinweis von Kagan (1979, S. 887), wonach "die Art der subjektiven Kodierung des Kindes die entscheidenden Konsequenzen familiärer Erfahrungen sind, wenngleich bislang noch nicht geklärt ist, wie die Übertragung eines externen Ereignisses in eine subjektive Interpretation stattfindet." Es mag sein, daß einer der kritischen Faktoren hierbei kulturelle Unterschiede bezüglich der kindseits wahrgenommenen elterlichen Erziehungsziele sind.

Obwohl man kulturelle Unterschiede bezüglich der Wirkung diverser Aspekte des Elternverhaltens im Auge behalten muß, scheint es aber auch so etwas wie generationenübergreifende Gleichförmigkeiten zu geben. Dies wurde insbesondere für hochpunitives Elternverhalten nachgewiesen. So zeigte sich z. B. in mehreren Studien an

Eltern, die ihre Kinder mißhandelten, daß - neben anderen Einflüssen - diese Eltern selbst aus einem kalten, abweisenden und feindseligen Erziehungsmilieu stammen (vgl. Oliver & Cox 1973, Spinetta & Rigler 1972). Aus diesem Grunde erscheint es besonders wichtig, entsprechende präventive Programme zu entwickeln, die den Teufelskreis einer Übertragung unangemessenen Elternverhaltens über mehrere Generationen hinweg durchbrechen (vgl. Starr 1979).

4.3.7 Individuelle Unterschiede

Wir haben weiter oben bereits darauf hingewiesen, daß individuelle Unterschiede von Kindern einen Beitrag zu ihrer Vernachlässigung leisten können. So hat sich z. B. erwiesen, daß "schwierige" Kinder, d. h. solche mit einem unausgeglichenen, fordernden und schwer zu beeinflussenden Temperament, Gefahr laufen, bei ihren primären Bezugspersonen aversive Gefühle und eine unangemessene Behandlung hervorzurufen, was sich wiederum für die weitere Entwicklung dieser Kinder schädlich auswirkt (vgl. Thomas & Chess 1977, Rutter 1979).

Es wird angenommen, daß der genetische Anteil an den Temperamentsdimensionen der menschlichen Persönlichkeit etwa 40 bis 50 % der individuellen Variation ausmacht (vgl. Loehlin & Nichols 1976), und es ist wohl bekannt, daß für den Bereich der Intelligenzfunktionen die entsprechenden Schätzungen sogar noch höher liegen (vgl. Jensen 1980), obwohl theoretische und methodische Überlegungen zur Vorsicht gemahnen, diese Zahlen nicht zu verabsolutieren.

Im Bereich der Kinderpsychopathologie geht eine Reihe von Autoren ebenfalls davon aus, daß einige abnorme Verhaltensweisen wie z. B. frühkindlicher Autismus, Hyperaktivität, antisoziales Verhalten, Depression und Schizophrenie eine substantielle genetische Basis haben (vgl. Folstein & Rutter 1977, Mednick & Christiansen 1977). Obwohl auch in diesen Studien Umwelteinflüsse und ihre Interaktionen mit genetischen Faktoren nicht verneint werden, gewinnt auf diesem Hintergrund der Ansatz einer genetischen Beratung mehr und mehr an Bedeutung.

Im Bereich der Kinderpsychopathologie haben einschlägig arbeitende Psychiater sich die Frage gestellt, ob die bei ihren kindlichen Patienten beobachtbaren psychiatrischen Auffälligkeiten durch ihre Eltern übertragen werden, und zwar unabhängig von genetischen oder sozialen Einflüssen. Die Antwort ist, daß es eine deutliche Beziehung zwischen elterlichen Auffälligkeiten und Verhaltensstörungen ihrer Kinder gibt. In ihrem Überblick über die relevante Literatur in diesem Bereich kommen Rutter und Madge (1976, S. 200) zu dem Schluß, daß

> "30 % bis 50 % der Kinder mit psychiatrischen Auffälligkeiten eine Elternperson haben, die selbst in der einen oder anderen Weise klinisch auffällig ist. Dies entspricht einer Quote, die im Vergleich zur Allgemeinbevölkerung wenigstens doppelt so hoch ist. Die Beziehung zu kindlichen Verhaltensproblemen ist besonders stark im Falle von Persönlichkeitsstörungen und chronischen Neurosen oder Depressionen von Müttern und kriminellen oder soziopathischen Auffälligkeiten bei Vätern."

In einer neueren Arbeit hat Rutter (1979) sechs Familienvariablen isoliert, die mit fehlangepaßtem kindlichen Verhalten verknüpft sind. Nach Rutter (1979, S. 52) sind dies: "(1) schwere Störungen der Partnerbeziehung; (2) geringer sozialer Status; (3) räumliche Überbelegung oder eine kinderreiche Familie; (4) väterliche Kriminalität; (5) psychiatrische Auffälligkeiten der Mutter; (6) Einweisung in eine lokale Pflegeinstitution". Ein Hauptbefund der von Rutter und seinen Mitarbeitern durchgeführten Studien besteht darin, daß die Anzahl der gleichzeitig wirkenden Risikofaktoren die Auftretenswahrscheinlichkeiten von kindlichen Verhaltensstörungen determiniert. So hat etwa ein einziger Risikofaktor, selbst wenn er chronisch ist, nahezu keinen Einfluß auf die Entwicklung fehlangepaßten Verhaltens beim Kind. Zwei oder drei gleichzeitig wirkende familiäre Risikofaktoren führen jedoch zu einer zweifachen Erhöhung der psychiatrischen Probleme von Kindern. Sind die Kinder vier oder mehr Risikofaktoren ausgesetzt, so ist die Auftretensrate von Verhaltensstörungen im Vergleich zu einer Kontrollgruppe von Kindern, die keinen dieser Risikofaktoren ausgesetzt waren, viermal höher.

Diese Ergebnisse machen die kumulativen Effekte von abträglichen Bedingungen der Kindererziehung in der Familie deutlich. Dennoch sollte darüber nicht vergessen werden, daß selbst unter den ungünstigsten Bedingungen Kinder nicht in jedem Fall Verhaltensstörungen oder psychiatrische Auffälligkeiten entwickeln. Dies hat einige Autoren dazu veranlaßt, von unverletzlichen oder streßresistenten Kindern zu sprechen (vgl. Anthony 1974, Garmezy 1976, 1981). Eine Berücksichtigung dieses Konzepts läßt es nützlich erscheinen, nicht nur auf die Bedingungen zu achten, die zu einer Unterminierung des Entwicklungsprozesses führen, sondern auch solche Einflüsse zu berücksichtigen, die trotz intensiver Streßbedingungen die Kompetenz und Bewältigungsfähigkeit des Kindes bewahren.

4.4 Streßreduktion im Bereich des Eltern-Kind-Systems

Auf dem Hintergrund der vorangegangenen Abschnitte ist deutlich geworden, daß es eine Reihe von Einflußgrößen gibt, die zur Bildung von benachteiligenden Ungleichheiten bei Kindern und Familien führen. Dementsprechend wurde eine Reihe von Programmen entwickelt, die sich zum Ziel gesetzt haben, die Bedingungen der Kindererziehung und des Familienlebens zu verbessern. Sehr häufig wurden diese Programme mit der Absicht eingeführt, die erwünschten Veränderungen so schnell und kostengünstig wie nur möglich zu erzielen, wobei einer angemessenen wissenschaftlichen Evaluation der Effekte solcher Interventionsmaßnahmen kaum Beachtung geschenkt wurde. Vom Standpunkt wissenschaftlicher Bemühungen ist dies besonders beklagenswert, da Einigkeit darüber besteht, daß Interventionsstudien nicht nur bereits vorhandenes Wissen anwenden, sondern selbst auch zur Erzeugung neuen Wissens beitragen (vgl. Cowen 1973, Montada & Filipp 1976).

In diesem Abschnitt soll etwas ausführlicher auf den Bereich der Interventionsforschung eingegangen werden, der eine unmittelbare Bedeutung für die Verbesserung des Wohlergehens von Kindern und ihren Familien haben. Soweit wie möglich sollen dabei lediglich solche Studien berücksichtigt werden, die entsprechend den Standards der feld-experimentellen Forschung, so wie sie in den Sozial- und Verhaltenswissenschaften üblich sind, geplant wurden und für die in der einen oder anderen Weise Evaluationsdaten vorliegen. Nachdem es nur relativ wenige Studien gibt, die sich nach diesen Kriterien für unseren Themenbereich qualifizieren, sollen zur Veranschaulichung zwei Teilbereiche herausgegriffen werden. Es handelt sich dabei einerseits um Studien zur Behebung der Unterernährung und ihrer Folgen und andererseits um Interventionsansätze im Bereich der Eltern-Kind-Beziehungen.

4.4.1 Interventionsstudien zur Unterernährung

Aus der vorangegangenen Diskussion zu den Folgen kindlicher Unterernährung läßt sich die Schlußfolgerung ableiten, daß Unterernährung *und* eine unzureichende Stimulation des Kindes in etwa die gleichen Auswirkungen auf die allgemeine Entwicklung des Kindes haben. Diese beiden Einflußgrößen sind zusätzlich zu den eher indirekten Effekten zu sehen, die aus einem bereits etablierten Zustand der Entwicklungsdeprivation folgen. Als Konsequenz dieser Überlegungen wurden Interventionsstudien geplant, die den kompensatorischen Effekt von umweltbedingter und sozialer Stimulation auf die verhaltensmäßigen Konsequenzen der Unterernährung demonstrieren sollten. In einer Reihe von Tierstudien, die gewöhnlich an Ratten oder Affen durchgeführt wurden, zeigte sich in der Tat, daß die abträglichen Effekte der Unterernährung reduziert werden konnten, wenn eine angemessene Stimulation bereitgestellt wurde (vgl. Elias & Samonds 1977, Frankova 1974). Ähnliche Befunde ergaben sich auch für den Humanbereich. McKay et al. (1978) zeigten für kolumbianische Kinder, die in einer besonders armen Region an einem kombinierten Gesundheits-, Ernährungs- und Vorschulerziehungsprogramm teilnahmen, daß im Vergleich zu einer unbehandelten Kontrollgruppe substantielle Verbesserungen in ihren kognitiven Leistungen eintraten.

Winick et al. (1975) berichten, daß sich für extrem unterernährte koreanische Mädchen, die in ihren frühen Jahren von amerikanischen Familien adoptiert worden waren, dramatische Verbesserungen in ihrer physischen und intellektuellen Entwicklung ergaben. Diese Ergebnisse stehen im scharfen Kontrast zu einer vergleichbaren Gruppe von Kindern, die wegen Unterernährung in einem Hospital behandelt worden waren und danach wieder an ihre unterprivilegierten Familien entlassen wurden. Obwohl diese Kinder nach dem Zeitpunkt ihrer Entlassung ausreichend ernährt wurden, lagen ihre Intelligenztestwerte um durchschnittlich 50 Punkte niedriger als die der adoptierten Gruppe.

Auf derselben Linie liegen Untersuchungsbefunde von Yatkin und McLaren (1970), die für zwei Gruppen von Kindern, die unter Marasmus litten, zunächst einmal nachweisen konnten, daß sie sich nach einer entsprechenden ernährungsmäßigen Behandlung erholten. Außerdem wurde eine der beiden Kindergruppen einer besonders angereicherten Umgebung ausgesetzt und erfuhr im Kontakt mit ihren Bezugspersonen ein hohes Maß an Wärme und Unterstützung. Es zeigte sich, daß diese speziell behandelte Gruppe in ihren durchschnittlichen intellektuellen Leistungen der Gruppe von ausschließlich ernährungsmäßig behandelten Kindern deutlich überlegen war.

Ähnlich wie im ersten Teil der soeben erwähnten Studie fanden Freeman et al. (1977) in ihrer Untersuchung an unterernährten Kindern in Guatemala, daß ein Ernährungsprogramm mit hoch protein- und kalorienhaltigen Nahrungsmitteln im Vergleich zu einer Kontrollgruppe mit Kindern, die eine Erhöhung des Vitamin- und Mineraliengehalts in ihrer Nahrung erhielten, eine Verbesserung des kognitiven Leistungsniveaus zur Folge hatte. Dieser Befund macht deutlich, daß auch eine bloße Veränderung der Ernährungssituation einen positiven Einfluß auf die kognitive Entwicklung hat.

Eine der vermutlich am sorgfältigsten geplanten Studien in diesem Bereich ist das sogenannte Bogota-Projekt von Herrera und Mitarbeitern (1980). Diese Studie war geplant worden, um die Einflüsse eines kombinierten Ernährungs- und kognitiven Frühförderungsprogramms zu überprüfen, wobei der Beginn und die Beendigung einzelner Programmelemente über einen Zeitraum von 3 Jahren systematisch variiert wurde. 456 Familien waren dem Zufall nach auf 6 verschiedene Behandlungsformen aufgeteilt worden. Obwohl die Untersuchung noch im Gang ist, scheinen schon jetzt die bislang vorliegenden Ergebnisse für eine weitgehende Bestätigung der hauptsächlichen Hypothesen - wenn auch in einem geringeren Umfang als erwartet - zu sprechen. Die Autoren kommen zu dem Schluß (vgl. Herrera 1980, S. 178),

> "daß das Bogota-Projekt bisher gezeigt hat, daß die Deprivationseffekte sowohl durch eine ernährungsmäßige Anreicherung als auch durch eine psychologische Anregung reduziert werden können ... Jede Form der Intervention scheint spezifische Verhaltensbereiche beeinflußt zu haben. Darüber hinaus legen die Daten nahe, daß eine simultane Anwendung beider Interventionsformen ihre Effektivität erhöht."

Obwohl die genannten Forschungsbefunde deutlich machen, daß die Behandlung von Unterernährung und Unterstimulation sich positiv auf das Wohlergehen von Kindern auswirkt, sollte nicht vergessen werden, daß solche Einsichten das Ernährungsproblem in großem Umfang nicht lösen können.

Selowsky (1978, S. 4) argumentiert, "daß Unterernährung das Resultat einer ungleichen Verteilung des Welteinkommens ist und nicht etwa das Resultat einer unzureichenden Verfügbarkeit von Nahrungsmitteln. Es ist deutlich ein Problem der Armut und nicht ein Problem des Reservoirs an Nahrungsmitteln." Nach den Berechnungen dieses Autors entspricht das in Weizeneinheiten gemessene Äquivalent des Kaloriendefizits von 1 Milliarde hungerleidender Menschen gerade 2 % der gesamten Weltproduktion an Weizeneinheiten. Diese Zahl macht deutlich, wie sehr die Nahrungsmittelressourcen ungleich verteilt sind.

Es ist jedoch zweifelhaft, ob Ernährungsprogramme, die in großem Umfang durchgeführt werden, langfristig eine angemessene Lösung des Problems darstellen. Leno (1979) hat eine Reihe von Schwierigkeiten aufgelistet, die mit solchen Programmen bestehen. Dazu gehören: (a) Fehlen einer flächendeckenden Belieferung; (b) Verwendung von Nahrungsmitteln, die in den jeweiligen Ländern unbekannt oder schwierig zu produzieren sind; (c) Fehlen einer Ernährungslehre; (d) Auftreten unerwünschter "kompensatorischer" Effekte, die z. B. darin bestehen, daß Kinder, die eine Schulspeisung erhalten, zu Hause weniger zu essen bekommen; (e) unangemessene Vorbereitung auf eine Selbsthilfe mit der Konsequenz, daß nach der Beendigung eines Ernährungsprogramms die positiven Effekte verschwinden. Im Hinblick auf das letztgenannte Argument wird deutlich, daß eine langfristig befriedigende Lösung des Problems der Unterernährung nur in einer Stärkung der Selbstunterstützungssysteme in den betroffenen Gegenden liegen kann.

4.4.2 Frühintervention im Eltern-Kind-System

Ein besseres Verständnis der Effekte der Vorschulerziehung bzw. entsprechender Interventionsprogramme verdanken wir vornehmlich der einschlägigen Forschung in den USA. Weinberg (1979) hat das verstärkte Interesse an frühkindlichen Interventionsprogrammen in den USA zurückverfolgt bis zum Sputnik-Schock, der Bürgerrechtsbewegung und dem Antiarmutsprogramm von Präsident Johnson. Da - abgesehen von einigen Ausnahmen (vgl. Smith & James 1975, Stukat 1976) - die meisten Programme zur Frühintervention in den USA durchgeführt wurden, mag man sich die Frage nach der transkulturellen Gültigkeit der Befunde stellen. Es ist jedoch zu vermuten, daß die Hauptbefunde dieser Studien von so allgemeiner Bedeutung sind, daß ihre Implikationen auch für eine transkulturelle Perspektive gültig sind.

Im folgenden soll nicht versucht werden, die Fülle der unterschiedlichen Ansätze in diesem Forschungsbereich im Überblick darzustellen. Hierzu gibt es eine Reihe vorzüglicher Zusammenfassungen (vgl. Beller 1979, Bronfenbrenner 1974, 1976, Clarke & Clarke 1976). Stattdessen sollen die hauptsächlichen Schlußfolgerungen, die aus diesen Studien gezogen werden können, kurz zusammengefaßt werden.

(a) *Errungenschaften und Beschränkungen von Vorschulerziehungsprogrammen.* Zunächst läßt sich konstatieren, daß eine kindzentrierte Intervention im Vorschulalter, die nahezu ausschließlich einer Förderung der kognitiven Kompetenzen des Kindes zum Ziel hatte, in der Tat zu einer Erhöhung der intellektuellen Leistungen der so behandelten Kinder im Vergleich zu unbehandelten Kontrollgruppen führt. Es zeigte sich jedoch, daß die Unterschiede zwischen den Experimental- und Kontrollgruppen sich mit dem zeitlichen Abstand nach der Beendigung des Programms immer mehr verringerten. Nach Bronfenbrenner (1974, 1976) konnten zwischen behandelten und unbehandelten Gruppen in langfristigen Nachfolgeuntersuchungen nach drei oder vier Jahren keine statistisch bedeutsamen Unterschiede mehr gefunden werden. Diese Schlußfolgerungen basieren hauptsächlich auf den Evaluationsbefunden zum Head-Start-Projekt, obwohl es neuerdings einige Hinweise darauf gibt, daß es so etwas wie einen "Schläfereffekt" gibt (vgl. Lazar 1977, Horowitz 1980), wonach die Wirksamkeit eines Interventionsprogramms erst sehr viel später nachgewiesen werden kann. Dessen ungeachtet ist folgendes Ergebnis besonders aufschlußreich: Die Effekte einer vorschulischen Intervention verschwinden besonders rasch, wenn die Kinder aus armen und benachteiligten Familien kommen. Dieser Befund läßt die Vermutung besonders plausibel erscheinen, daß es vornehmlich von der Angemessenheit und Kontinuität von entwicklungsfördernden Umwelten abhängt, ob ein Kind auch in Zukunft Entwicklungsfortschritte macht oder nicht.

(b) *Der Trugschluß von den sensiblen Phasen und den besonders prägsamen Jahren.* Obwohl die Existenz von sensiblen Phasen bei der Entwicklung von Kindern und der Etablierung von Eltern-Kind-Beziehungen nicht völlig ausgeschlossen werden kann, wie z. B. Klaus und Kennell (1976) es für eine verlängerte Phase des nachgeburtlichen Mutter-Kind-Kontakts oder White (1975) generell für die ersten drei Lebensjahre vermuten, hat sich mehr und mehr die Ansicht durchgesetzt, daß eine angemessene Pflege und Erziehung des Kindes während dieser Zeitspanne der frühen Entwicklung im Hinblick auf abträgliche Bedingungen in späteren Lebensabschnitten keineswegs immunisierend wirkt. Clarke und Clarke (1976) sprechen sogar von einem "Mythos der frühen Erfahrung", der nicht mit den gegenwärtig verfügbaren Forschungsbefunden in Einklang zu bringen ist. Es hat sich im Gegenteil eher gezeigt, daß Entwicklungsdefizite, die in früheren Entwicklungsabschnitten erworben wurden, in späteren Lebensphasen innerhalb konstitutionell bedingter Grenzen kompensiert werden können - vorausgesetzt, daß sich wirksame und nachhaltige Umweltveränderungen ergeben haben. Solche Befunde stehen in Übereinstimmung mit dem, was Kagan (1976) in seinen eigenen Untersuchungen an entwicklungsverzögerten Kindern aus Guatemala als Entwicklungselastizität bezeichnet, d. h. die Veränderbarkeit und Diskontinuität individuellen Verhaltens angesichts veränderter Umweltanforderungen.

(c) *Ermutigungen von einem familienzentrierten Interventionsansatz.* Bronfenbrenner (1974, 1976) hat in seinem Überblick über wissenschaftlich kontrollierte Programme, in denen sowohl Kinder als auch ihre Eltern involviert waren, den klaren Nachweis dafür gefunden, daß dies der wohl vielversprechendste Ansatz ist. In der Tat hat sich in langfristigen Nachfolgeuntersuchungen herausgestellt, daß der in den sonstigen Vorschulprogrammen beobachtbare Verfall des Zugewinns an intellektueller Leistungsfähigkeit der Kinder sich nach Beendigung dieses Programmtyps nicht einstellte. Dieser Befund kann darauf zurückgeführt werden, daß die Intervention in das Eltern-Kind-System nicht nur zu veränderten Verhaltensweisen und Einstellungen der Mütter gegenüber ihrem Kind geführt hat, sondern auf der Seite der Mutter auch zu einer grundlegenden Neubewertung ihrer Situation beigetragen hat. Ein anderer bedeutsamer Befund besteht darin, daß die Mütter mit ihren neuerworbenen Kompetenzen und gestärktem Selbstwertgefühl auch einen Transfer bei jüngeren Geschwistern zeigten, die gar nicht an dem Programm teilnahmen. Neuere Nachfolgeuntersuchungen haben die langfristig stabil bleibenden Effekte dieses Ansatzes der Eltern-Kind-Intervention deutlich gemacht. Es ist jedoch bemerkenswert, daß diese Programme sich nahezu ausschließlich auf die Entwicklung intellektueller Kompetenzen konzentriert haben und dabei die Implikationen für die sozio-emotionale Entwicklung des Kindes übersehen haben. Daß dies ein Mangel ist, ist mittlerweile allgemein anerkannt, und eine Reihe von Autoren hat sich dafür eingesetzt, daß in Nachfolgeprogrammen entsprechende Veränderungen durchgeführt werden (vgl. Beller 1979, Horowitz 1980).

Aber selbst bei dieser einseitigen Betonung der kognitiven Entwicklung hat sich gezeigt, daß es erhebliche Unterschiede hinsichtlich der Effektivität solcher Programme gibt. Bronfenbrenner (1976, S. 250) bemerkt hierzu:

"Die Forschungsbefunde machen deutlich, daß bei Kindern, die aus den am meisten benachteiligten Gruppen stammen, Interventionsstrategien, die sich ausschließlich auf das Land oder die Eltern-Kind-Beziehung konzentrieren, kaum wirksam sind. Die kritischen destruktiven Kräfte liegen weder beim Kind noch bei der Familie, sondern in den desparaten Umständen, in denen die Familie zu leben gezwungen ist. Dies läßt den Ruf nach einer Intervention auf einem *ökologischen Niveau* laut werden, d. h. Maßnahmen, die in radikaler Weise Veränderungen in der unmittelbaren Umgebung der Familie und des Kindes hervorrufen."

Zumindest in den USA sind einige Schritte in dieser Richtung unternommen worden. Wie Beller (1979, S. 889) darlegt, wird die Idee von Interventionsprogrammen "die die breitere Ökologie von Kindern und Eltern umfassen ... in den Eltern-Kind-Entwicklungszentren beispielhaft verdeutlicht."

Die Einführung von Eltern-Kind-Entwicklungszentren stellt nur eines von mehreren Programmen dar, die in der Nachfolge des früheren Head Start-Projekts konzipiert wurden. Die vermutlich umfassendste Verbesserung und Innovation zum Head Start-Projekt zeigt sich in dem sogenannten Kind- und Familien-Ressourcen-Programm. Turner et al. (1980) berichten über das Modell und die Ziele dieses Interventionsmodells. Das Programm zielt auf Familien mit Kindern unter 8 Jahren in niedrigen Einkommensgruppen ab. Nach Turner et al. (1980, S. 265) umfaßt dieses Programm eine Reihe von Diensten und Unterstützungsmaßnahmen, die im folgenden genauer aufgeführt sind:

"1. Eine umfassende Einschätzung der Bedürfnisse der Familie und des Kindes auf der Basis einer Konsultation der Familie.

2. Präventive Behandlungs- und Rehabilitationsdienste, wie sie sich aufgrund individuell diagnostizierter medizinischer, zahnmedizinischer, ernährungsmäßiger oder psychischer Bedürfnisse von Kindern im Alter bis zu 8 Jahren ergeben.

3. Familienunterstützende Maßnahmen wie Notfallhilfen, individuelle und Gruppenberatung, Überweisungen und Beistand bei Familienplanungsproblemen.

4. Pränatale medizinische Vorsorge und Erziehungshilfen für schwangere Mütter.

5. Entwicklungshilfsdienste für Familien und Kinder, die folgende Komponenten umfassen:

    a. Programme, in denen Eltern eine Unterstützung in der Gesamtentwicklung ihrer Säuglinge und Kleinkinder bis zu 3 Jahren erhalten *(Säugling-Kleinkind-Komponente)*.

    b. Umfassende Vorschul-Head Start-Unterstützung für Kinder im Alter von 3 bis 5 Jahren im *Head Start Center*.

    c. Programme, die einen glatten Übergang von der Vorschule in die Grundschule sichern sollen *(Vorschul-Grundschul-Verbindungskomponente)*.

    d. Gruppenaktivitäten und Familienentwicklungsprogramme für Eltern.

e. Spezielle Programme für behinderte Kinder."

Obwohl die Struktur des Programms deutlich die amerikanische Szene widerspiegelt, erscheint es durchaus möglich, die verschiedenen Programmelemente so zu adaptieren, daß sie für unterschiedliche kulturelle Kontexte anwendbar sind. Insgesamt ist dieser Ansatz ein gutes Beispiel für eine familienzentrierte Intervention unter Berücksichtigung einer breiteren ökologischen Perspektive, obwohl Turner et al. (1980) bisher noch keine Evaluationsdaten zu diesem Programm mitgeteilt haben.

4.5 Ansatzpunkte zur Bekämpfung familiärer Benachteiligung

Es hat den Anschein, daß die in den vorangegangenen Abschnitten mitgeteilten Befunde auf einen wesentlichen Punkt zulaufen: Will man etwas gegen die Entstehung und Beibehaltung sozialer Benachteiligung tun, so muß ein besonderes Augenmerk auf die Unterstützung und Stärkung der familiären Entwicklungspotentiale gelegt werden. Aber wie soll dies erreicht werden, wenn - wie wir gesehen haben - Veränderungen am schwierigsten dort in die Wege zu leiten sind, wo sie am meisten notwendig sind: Bei den Armen, den Unterernährten, den Ungebildeten, den Inkompetenten. Diese Gruppe scheint so etwas wie eine transnationale "Gemeinde" darzustellen, obwohl es sicher kulturelle Unterschiede in der Art gibt, wie sich benachteiligende Ungleichheit ausdrückt. Für die Menschen dieser Gruppe gehören Entwicklungsziele wie "kognitive Kompetenz" oder "sozio-emotionales Wachstum" nicht zu den vordringlichsten Prioritäten; sehr häufig ist ihr Leben nicht viel mehr als ein bloßer Kampf ums Überleben.

Welche grundlegenden Maßnahmen bieten sich an, wenn wir uns darüber einig sind, daß die Familieneinheit ein wesentlicher Angriffspunkt für Veränderungsbemühungen ist? Hierzu sollen im folgenden zwei sehr allgemeine Vorschläge gemacht werden, von denen der eine sich auf die staatliche und der andere auf die Gemeindeebene bezieht, obwohl beide integrale Bestandteile einer allgemeinen Strategie sein sollten.

(a) *Ökonomische Unterstützungssysteme sollten auf staatlicher Ebene insbesondere für unterprivilegierte Familien bereitgehalten werden.* Dieser Vorschlag bezieht sich auf den Umstand, daß Armut und seine unerwünschten Nachwirkungen deutlich ökonomische Implikationen haben. Die Bereitstellung eines hinreichenden Maßes an ökonomischer Sicherheit ist eine absolut notwendige Vorbedingung dafür, daß eine Person sich physisch, kognitiv und sozio-emotional angemessen entwickeln kann. Daraus resultiert der Vorschlag, daß insbesondere die Familie der Empfänger staatlicher Unterstützungsmaßnahmen sein sollte, um auf diese Weise die materiellen Voraussetzungen der Familie als einem sozialen Minisystem zu stärken. Dies wird im Gegenzug zu einer Stabilisierung ihrer Identität als einer wesentlichen Institution beitragen, in der die einzelne Person Schutz und angemessene Bedingungen für ihr Wachstum finden wird.

Es erübrigt sich, darauf hinzuweisen, daß die Probleme und Strategien einer staatlichen finanziellen Unterstützung von Familien vielfältig und schwierig sind. Als oberstes Ziel sollte jedoch gelten, daß die Familie letztlich in die Lage versetzt wird, selbst Initiativen zur Verbesserung ihrer Lage zu ergreifen. Dies impliziert, daß die Politik auf nationaler Ebene Sorge dafür zu tragen hat, daß entsprechende infrastrukturelle Einrichtungen geschaffen werden, die zu einer Stärkung der Selbsthilfefähigkeit und Eigenständigkeit der Familie beitragen. Zu diesen infrastrukturellen Gegebenheiten gehören z. B. Vorkehrungen für eine angemessene Beschäftigung und Erziehung, Einrichtungen für berufliche Fortbildungsmaßnahmen oder Möglichkeiten zur Entwicklung informeller Nachbarschafts- und Gleichgesinntenkontakte. Ein anderes Beispiel für infrastrukturelle Hilfen, die zur Stärkung der Selbstunterstützungsfähigkeit und selbstgeleiteten Entwicklung von Familien beitragen, wäre die organisatorische Verklammerung von relevanten nichtfamiliären Einrichtungen einer Sozietät mit dem Familiensystem. Dies bringt uns zu unserem zweiten allgemeinen Vorschlag.

(b) *Auf lokaler Ebene sollten unter besonderer Berücksichtigung der Bedürfnisse unterprivilegierter Familien Familienentwicklungszentren geschaffen werden.* Die Idee des Familienentwicklungszentrums ergibt sich aus dem Erfordernis einer familienzentrierten ökologischen Intervention, die ihrerseits aus den Ergebnissen der frühen Eltern-Kind-Interventionsforschung hervorgegangen ist. In den USA wurde die Schaffung von Familienentwicklungszentren von Clarke-Stewart (1977) in ihren Politikempfehlungen auf der Basis eines Forschungsüberblicks über "Kinderbetreuung in der Familie" vorgeschlagen. Ein ähnlicher Vorschlag findet sich bei Huntington (1979) in ihrem Überblick über "Unterstützungsprogramme für Säuglinge und Eltern". Ein anderes Programm, das Kind- und Familien-Ressourcen-Programm, das sich aus der Head Start-Bewegung entwickelt hat, haben wir im vorangegangenen Abschnitt kurz kennengelernt.

Obwohl all diese innovativen Programme eine umfassendere Sicht ihrer Interventionsziele erkennen lassen, legen sie nach wie vor ein starkes Gewicht auf die Komponente der Kindesentwicklung, allerdings unter Einschluß von Aktivitäten wie Elternbildungsmaßnahmen oder Beratungsangeboten zu außerfamiliären Betreuungseinrichtungen. Es wäre wünschenswert, daß darüber hinaus auch die Probleme von erwachsenen Familienmitgliedern in stärkerem Maße berücksichtigt werden, auch wenn sie nicht unmittelbar einen Bezug zum Eltern-Kind-Verhältnis erkennen lassen. Für einige der in den USA eingerichteten Programme wie z. B. die Eltern-Kind-Entwicklungs-Zentren und auch das Kind-Familien-Ressourcen-Programm sind ansatzweise solche Einheiten in das Dienstleistungsangebot mit aufgenommen worden. Zu den Aktivitäten, die in diesem Zusammenhang notwendig wären, gehören z. B. Beratung in hauswirtschaftlichen und Geldangelegenheiten, Hilfen im Bereich von Do-it-yourself-Technologien, Unterstützung bei der Arbeitssuche und bei beruflichen Fortbildungswünschen, Anregungen für die Organisation familienübergreifender Kontakte, Unterstützung bei Rechtsproblemen bzw. bei allgemeinen Verwaltungsangelegenheiten.

Auch hier sollte die Philosophie einer schrittweisen Stärkung des Selbsthilfepotentials der Familie und ihrer Mitglieder das letztlich handlungsleitende Prinzip sein, so daß institutionelle Abhängigkeiten vermieden werden. Darüber hinaus sollten die Hilfsangebote und Dienstleistungen eines Familienentwicklungszentrums deutlich auf die Notwendigkeiten der Familien und Kinder in ihrem jeweiligen kulturellen Kontext zugeschnitten sein.

Ist es nicht zu utopisch, einen Vorschlag wie den der Gründung von Familienentwicklungszentren überhaupt zu unterbreiten, insbesondere im Hinblick auf die überbordenden Probleme, die sich in der Dritten Welt ergeben? Wo soll das Geld herkommen, das zur Einrichtung und zum Betrieb solcher Zentren notwendig ist? Woher sollte sich das Personal rekrutieren und wie sollte es ausgebildet sein? Dies sind nur einige Fragen, für die es keine bündigen Antworten gibt. Es bleibt zu hoffen, daß auf nationaler und internationaler Ebene das Bewußtsein dafür geschärft wird, daß ein entwicklungsförderndes Familienleben eine Grundvoraussetzung für eine gedeihliche Entwicklung des einzelnen und somit der gesamten Sozietät darstellt. In diesem Sinne muß der Abbau bzw. die Verhinderung von benachteiligenden Ungleichheiten bei Familien und ihren Kindern ein Ziel von höchster politischer Priorität sein.

II THEORETISCHE UND EMPIRISCHE ASPEKTE DER FAMILIENPSYCHOLOGIE

Übersicht:

Das *fünfte Kapitel* widmet sich nach einer Darlegung verschiedener Familienbegriffe schwerpunktmäßig familientheoretischen Fragen. Im einzelnen werden die grundlegenden Konzepte der Familiensystemtheorie, der Familienentwicklungstheorie und der Familienstreßtheorie dargestellt und anhand einschlägiger empirischer Befunde erläutert. Abschließend wird auf einige Ansätze hingewiesen, die eine stärker erfahrungsorientierte Auseinandersetzung mit Prozessen der Familienentwicklung ermöglichen.

Im *sechsten Kaptitel* stehen die familiären Sozialisationsbedingungen für kompetentes Verhalten - vor allem bei Kindern - im Mittelpunkt. Dabei wird für eine systemorientierte Betrachtung des Kompetenzproblems plädiert. Ausgehend von einem allgemeinen Rahmenmodell der familiären Sozialisationsforschung wird beispielhaft am Konzept der personalen Kontrolle das Zusammenwirken von familiären und individuellen Handlungsspielräumen verdeutlicht.

Das *siebte Kapitel* begreift den familiären Beziehungskontext als eine wesentliche Grundlage für die individuelle Entwicklung in unterschiedlichen Lebensphasen. Anhand einer Reihe empirischer Untersuchungen werden Belege zur Erhärtung dieser These vorgestellt. Im einzelnen wird dargelegt, (a) welchen Einfluß das Beziehungsklima der Herkunftsfamilie auf die Realisierung des Kinderwunsches bei jungen Paaren hat, (b) wie sich familiäre Beziehungen - vermittelt über kindliche Autonomieerfahrungen - auf die Persönlichkeitsstruktur von Kindern auswirken und (c) welche Zusammenhänge zwischen bestimmten Mustern des familiären Beziehungserlebens und jugendlichen Ablösungsaktivitäten bestehen.

5. Theorien der Familienentwicklung

5.1 Vom rechtlichen zum psychologischen Familienbegriff

Was ist eine Familie? So selbstverständlich wir in der Umgangssprache mit diesem Wort umgehen, so problematisch ist es, das Phänomen Familie wissenschaftlich "auf den Begriff" zu bringen. Was Familie ist oder bedeutet, hängt u. a. davon ab, welchen historisch-epochalen, soziokulturellen und individuell-lebenszyklischen Fokus man wählt. Darüber hinaus spielt auch eine Rolle, welche Wissenschaftsdisziplin sich um eine Definition des Familienbegriffs bemüht. Dabei ist freilich zu bedenken, daß die Definition von "Familie" - wie Skolnick (1981, S. 43) ausführt - "nicht nur von akademischem Interesse ist; die Art und Weise, wie man Familie definiert, bestimmt auch, welche Arten von Familien man als normal oder abweichend betrachtet und welche Rechte und Pflichten von rechtlichen oder anderen sozialen Institutionen anerkannt werden". Gesellschaftliche Anerkennung ist also ein wichtiger Aspekt für die Konstitution von Familie (vgl. Lüscher & Böckle 1981).

5.1.1 Der rechtliche Familienbegriff

Wie sehr der Staat ein Interesse hat, die Familie als eine legalisierte soziale Institution zu bewahren, wird u. a. daran deutlich, daß nach Artikel 6 des Grundgesetzes der Bundesrepublik Deutschland Ehe und Familie "unter dem besonderen Schutz der staatlichen Ordnung" stehen. Dieser "besondere Schutz" wird dann auch - etwa in Form von familienpolitisch ermöglichten finanziellen Zuwendungen und Erleichterungen nur denen zuteil, deren Elternschaft und/oder Ehe öffentlich ausgewiesen ist. Dabei kann der Status der Elternschaft sowohl biologisch als auch rechtlich, d. h. durch Adoption eines Kindes, erworben werden. Der Status der Ehe wird hingegen offiziell ausschließlich auf rechtlichem Wege hergestellt, was freilich nicht ausschließt, daß auch Paare, die vor dem Gesetz nicht verheiratet sind, sich als "miteinander verheiratet" erleben können.

Nach dem gegenwärtigen rechtlichen Verständnis in der Bundesrepublik Deutschland steht für die Definition von Familie das *Filiationsprinzip* zusammen mit dem *Sorgerechtsprinzip* im Vordergrund, d. h. eine Familie entsteht dann, wenn zwei Generationen durch biologische oder rechtliche Elternschaft miteinander verbunden werden und eine Klärung des Sorgerechts für die nachwachsende Generation erfolgt ist. Berücksichtigt man darüber hinaus den Personenstand der Eltern (verheiratet, unverheiratet), so lassen sich zwei Gruppen von Familien bilden, nämlich (a) *vollständige Familien* bestehend aus Mutter *und* Vater und Kind(ern) sowie (b) *unvollständige Familien* bestehend aus Mutter *oder* Vater und Kind(ern). Auch die amtliche Statistik als Organ des Staates orientiert sich am rechtlichen Familienbegriff. So gab es 1988 in der Bundesrepublik Deutschland 8,6 Millionen vollständige und 1,9 Millionen unvollständige Familien mit mindestens einem im Haushalt lebenden Kind (vgl. Bretz & Mitarbeiter 1990, S. 17).

5.1.2 Der genealogische Familienbegriff

Neben diesem engen, auf gesellschaftlicher bzw. rechtlicher Anerkennung basierenden Familienbegriff gibt es einen erweiterten Familienbegriff, der sich am *Verwandtschaftsprinzip* orientiert und daher als genealogischer Familienbegriff bezeichnet werden kann. Mit Blick auf die einzelne Person stellt sich "ihre" Familie zu jedem beliebigen Zeitpunkt ihres Lebens dar als "die Gruppe von Menschen ..., die miteinander verwandt, verheiratet oder verschwägert sind, gleichgültig, ob sie zusammen oder getrennt leben, ob die einzelnen Mitglieder noch leben oder - bereits verstorben - ein Glied in der Entstehung von Familie sind" (Wissenschaftlicher Beirat für Familienfragen 1984, S. 27). Ein derartiger Familienbegriff macht deutlich, daß die einzelne Person selbst "ein Glied in der Entstehung von Familie" ist, somit also - auch wenn sie sich selbst als familienlos bezeichnet - unentrinnbar ein "Familienmensch" ist. Selbst wenn jemand zeit seines Lebens nie seine biologischen Eltern oder deren Verwandtschaft kennengelernt hat und darüber hinaus nie in einer Familie aufgewachsen ist oder selbst eine Familie gegründet hat, bleibt er mit seinen leiblichen Eltern durch biologische Verwandtschaft, d. h. durch die genetische Ausstattung, die sie ihm mitgegeben haben, verbunden. Die Adoptionsstudien der modernen Verhaltensentwicklungsgenetik liefern empirische Belege hierfür (vgl. Plomin, Loehlin & DeFries 1984, Scarr & McCartney 1983).

Im Vergleich zum rechtlichen Familienbegriff umfaßt der am Verwandtschaftsprinzip orientierte Familienbegriff einerseits eine größere Vielfalt von Familienformen. Andererseits führt er aber auch zu einer Abgrenzung gegenüber einer Reihe familienähnlicher Lebensformen. So sind z. B. nach dem genealogischen Familienbegriff kinderlose Ehepaare oder zusammenlebende Geschwister als Familie zu bezeichnen, wohingegen etwa nicht-eheliche Lebensgemeinschaften oder auch Pflegefamilien sich nicht als Familien qualifizieren.

5.1.3 Grundlegung eines psychologischen Familienbegriffs

Eine ausschließliche Orientierung am rechtlichen oder genealogischen Familienbegriff bringt die Ausgrenzung einer Reihe quasi-familiärer Lebensformen mit sich. Dieser aus psychologischer Sicht wenig befriedigende Zustand fordert zur Konzeption eines erweiterten, für psychologische Fragestellungen geeigneten Familienbegriffs heraus. Als Ausgangspunkt hier soll zunächst das *Prinzip des gemeinschaftlichen Lebensvollzugs* kurz erläutert werden. Zur Klärung dessen, was hierunter zu verstehen ist, lassen sich folgende vier Kriterien anführen:

- *Abgrenzung*, d. h. der Zusammenschluß von zwei oder mehr Personen, die in Abhebung von anderen Personen oder Personengruppen ihr Leben nach bestimmten expliziten oder impliziten Regeln in wechselseitiger Bezogenheit gestalten;

- *Privatheit*, d. h. das Vorhandensein eines umgrenzten Lebensraumes, der die Verwirklichung von intimen interpersonalen Beziehungen ermöglicht;

- *Nähe*, d. h. die Realisierung von physischer, geistiger und emotionaler Intimität im Prozeß interpersonaler Beziehungen;

- *Dauerhaftigkeit*, d. h. ein durch wechselseitige Verpflichtung, Bindung und Zielorientierung auf längerfristige Gemeinsamkeit angelegter Zeitrahmen.

Soziale Beziehungssysteme, die diesen Kriterien gemeinschaftlichen Lebensvollzugs genügen, sollen im folgenden als *intime Beziehungssysteme* bezeichnet werden (vgl. hierzu Kapitel 3 in diesem Band). Intime Beziehungssysteme weisen einen relativ hohen Grad an *interpersonaler Involviertheit* auf, womit die Tiefe und Intensität wechselseitiger Bezogenheit nach den Kriterien der Abgrenzung, Privatheit, Nähe und Dauerhaftigkeit gemeint ist. Interpersonale Involviertheit kann nur durch gemeinschaftlichen Lebensvollzug geschaffen werden. Sie bedarf zu ihrer je aktuellen Verwirklichung wenigstens zweier Personen und äußert sich im konkreten gemeinsamen Tun. Mit jedem neuen gemeinsamen Tun wird unweigerlich ein Mehr an interpersonaler Involviertheit erzeugt, und zwar unabhängig davon, was getan wird und ob dieses gemeinsame Tun von den beteiligten Personen als angenehm oder unangenehm erfahren wird. Nicht nur tief empfundene Liebe, sondern auch massiver Streit sind Indikatoren für ein hohes Maß an interpersonaler Involviertheit. Die Äußerungsformen interpersonaler Involviertheit können im Verlauf der Entwicklung intimer Beziehungssysteme einem Wandlungsprozeß unterliegen, der neben quantitativen auch qualitative Veränderungen beinhalten kann. So z. B., wenn sich bei einem Paar die Zärtlichkeit der ersten Wochen und Monate des Kennenlernens in die ewige Nörgelei eines etablierten Ehepaares umwandelt.

Im Gegensatz zu intimen Beziehungssystemen weisen andere Beziehungssysteme (z.B. mehr oder minder langfristige ad hoc-Gruppen im Ausbildungs-, Berufs- und Freizeitbereich) in der Regel einen geringeren Grad an interpersonaler Involviertheit auf (vgl. Walters 1982). Darüber hinaus unterscheiden sich intime Beziehungssysteme definitionsgemäß auch vom Modus des (unfreiwilligen oder selbst gewählten) Alleinlebens ein Aspekt, der zunächst trivial erscheint, aber in einer lebenszyklischen Perspektive durchaus bedeutsam ist. Intime Beziehungssysteme stellen somit eine besondere Art menschlicher Lebensformen dar, die - auch wenn sie nicht Familien im Sinne eines rechtlichen oder genealogischen Familienbegriffs sind - für den einzelnen dennoch quasi-familiäre Funktionen erfüllen.

Ein wesentlicher Vorteil eines psychologischen Familienbegriffs, der sich am Prinzip gemeinschaftlichen Lebensvollzugs in intimen Beziehungssystemen orientiert, besteht darin, daß im Raster der Kriterien, die für intime Beziehungssysteme kennzeichnend sind, eine größere Erscheinungsvielfalt von Formen gemeinschaftlichen Lebens Platz findet. Konkret heißt dies, daß z.B. auch nicht-eheliche Lebensgemeinschaften, Pflegefamilien, "Familien" nach dem Tagesmüttermodell oder nach dem Konzept des SOS Kinderdorfs als quasi-familiäre intime Beziehungssysteme zu bezeichnen sind. In psychologischer Sicht sind intime Beziehungssysteme von besonderem Interesse, da man davon ausgehen kann, daß sie wegen der ihr unterstellten hohen interpersonalen Involviertheit die Persönlichkeitsentwicklung der beteiligten

Personen entscheidend mitgestalten. Diesen Prozeß hat Willi (1985) im Rahmen seines ökologischen Modells der Person als "Koevolution" bezeichnet.

Eine in intimer wechselseitiger Bezogenheit verlaufende Persönlichkeitsentwicklung des einzelnen bedeutet, daß im gemeinschaftlichen Lebensvollzug mit anderen gemeinsame Geschichte geschaffen wird. Zugleich wirkt die vergangene Geschichte des jeweils anderen - insbesondere seine in früheren intimen Beziehungssystemen erworbene Geschichte - in die Gestaltung des gegenwärtig gelebten intimen Beziehungssystems mit hinein. Darüber hinaus ist zu berücksichtigen, daß die Personen, die Mitglieder früherer intimer Beziehungssysteme waren (z. B. Eltern oder frühere Partner), ihrerseits ihre persönliche Geschichte in den damaligen gemeinschaftlichen Lebensvollzug eingebracht haben.

Dies ist einer der Gründe, weswegen es z. B. zum besseren Verständnis aktueller Beziehungsprobleme innerhalb eines intimen Beziehungssystems - etwa in einer Ehe - ratsam ist, nicht nur die gemeinsame Geschichte der beiden Ehepartner, sondern auch ihre in der Vergangenheit unabhängig voneinander erworbene Geschichte (z.B. im Kontext ihrer jeweiligen Herkunftsfamilie) sowie die Geschichte ihrer damaligen Bezugspersonen (z. B. die Geschichte, durch die sich die Persönlichkeitsentwicklung der Eltern in deren Elternhaus vollzog) zu berücksichtigen. Mit anderen Worten: Im aktuell zum Ausdruck kommenden Beziehungsgeschehen manifestieren sich immer auch die Spuren einer mehrere Generationen umspannenden Geschichte intimer Beziehungssysteme. Die empirische Familienforschung und die familientherapeutische Praxis liefern gleichermaßen Belege hierfür (vgl. Elder, Liker & Cross 1984, Kramer 1985, Sperling et al. 1982).

Neben dem ohnehin schon komplexen Sachverhalt einer Mehrgenerationenperspektive tritt in neuerer Zeit eine Entwicklung, die eine weitere Erschwernis für die Rekonstruktion personaler Entwicklung im Kontext intimer Beziehungssysteme darstellt. Dies liegt vornehmlich an den Begleitumständen eines epochalen gesellschaftlichen Wandlungs- und Differenzierungsprozesses (vgl. hierzu Kapitel 2 in diesem Band). So läßt sich zumindest für die westlichen Industrienationen in den letzten Jahrzehnten eine zunehmende Pluralisierung und Individualisierung von Lebensstilen feststellen (vgl. Bericht der Kommission "Zukunftsperspektiven gesellschaftlicher Entwicklungen", 1983). Dies äußert sich u. a. auch in einer "Deinstitutionalisierung von Ehe und Familie" (Tyrell 1985, S. 116), womit eine Auflockerung und ein Verlust an Verbindlichkeit des traditionellen bürgerlichen Liebes-, Ehe- und Familiencodes im Sinne einer normativen Abfolge von romantischer Liebe, Ehe und ehelicher Elternschaft gemeint ist (vgl. Luhmann 1982). Bezogen auf den Lebenszyklus des einzelnen können sich dabei Phasen der Teilhabe an intimen Beziehungssystemen von unterschiedlicher Art und personeller Zusammensetzung ablösen mit Phasen des Alleinlebens bzw. der Teilhabe an Beziehungssystemen geringerer interpersonaler Involviertheit. Eine derartige Phasenabfolge könnte etwa wie folgt aussehen: Aufwachsen im Elternhaus, Alleinleben, Erstehe, erste nicht-eheliche Lebensgemeinschaft, Zweitehe mit Stiefelternschaft, etc.

Innerhalb dieser Phasen und insbesondere bei den Übergängen zwischen den einzelnen Phasen ergeben sich für die betroffene Person, aber auch für die übrigen Personen, die an dem jeweiligen intimen Beziehungssystem teilhaben, Herausforderungen für den gemeinsamen Lebensvollzug. Diese Herausforderungen münden in der Regel in ein mehr oder minder gelungenes Aushandeln neuer Formen interpersonaler Bezogenheit ein. Die dabei ablaufenden Prozesse sind entsprechend dem skizzierten psychologischen Familienbegriff einerseits Gegenstand einer theoriegeleiteten psychologischen Familienforschung, andererseits aber auch Ansatzpunkt für praktisch-psychologisches Handeln in Form von Prävention und Therapie.

Die Untersuchung von Personen im Kontext intimer Beziehungssysteme kann nicht ohne eine theoretische Fundierung in Angriff genommen werden. Hierzu haben einige unterschiedliche theoretische Perspektiven beigetragen, von denen drei im folgenden skizziert werden wollen. Es sind dies (a) die Familiensystemtheorie, (b) die Familienentwicklungstheorie sowie (c) die Familienstreßtheorie. Diese theoretischen Ansätze beziehen sich zwar vornehmlich auf Familienformen, die dem rechtlichen bzw. genealogischen Familienbegriff zuzuordnen sind. Sie lassen sich aber unschwer auf quasi-familiäre Lebensformen übertragen, die unter dem hier vorgeschlagenen psychologischen Familienbegriff subsumierbar sind.

5.2 Die Familiensystemtheorie

Die Familiensystemtheorie kann als eine inhaltliche Konkretisierung der allgemeinen Systemtheorie angesehen werden, als deren Begründer gemeinhin v. Bertalanffy (1956, 1968) gilt. Bertalanffy (1968, S. 55) definiert ein System global als "einen Komplex interagierender Elemente". Ähnlich umfassend ist die häufig zitierte Definition von Hall und Fagan (1956, S. 18), die wie folgt lautet: "Ein System ist ein Aggregat von Objekten zusammen mit den Beziehungen zwischen den Objekten und zwischen ihren Merkmalen". Dieser wissenschaftsübergreifende Systembegriff bedarf je nach Disziplin einer Präzisierung. So fällt es der Psychologie, die sich allmählich ein Verständnis davon erarbeitet hat, daß sie es nicht mit Objekten, sondern mit menschlichen Subjekten zu tun hat (vgl. Groeben & Scheele 1977), schwer, den allgemeinen Systembegriff unbesehen zu übernehmen. Für die Familien haben daher z. B. Bavelas und Segal (1982, S. 10 f.) folgende Definition vorgeschlagen: "Ein Familiensystem ist eine besondere Gruppe von Personen, zwischen denen Beziehungen bestehen; diese Beziehungen werden durch die Familienmitglieder etabliert, aufrechterhalten und erkennbar gemacht, indem sie miteinander kommunizieren."

Einige Aspekte, die von der Familiensystemtheorie und auch von der Familientherapie als besonders bedeutsam angesehen werden, seien im folgenden kurz genannt (vgl. hierzu auch Ackerman 1984, Baker 1981, P. Minuchin 1985, v. Schlippe 1984).

(1) Ganzheitlichkeit: Die Familie wird als eine Einheit betrachtet, in der die einzelnen Mitglieder durch Interaktion und Kommunikation miteinander "vernetzt" sind. Insofern ist - in Abwandlung des Ehrenfelsschen Übersummativitätsprinzips (vgl. v. Ehrenfels 1890) - die Familie als Ganzes mehr als die Summe ihrer aus Personen be-

stehenden Teile. Dies hat die Aufmerksamkeit von einer vornehmlich intrapersonalen zu einer interpersonalen Sichtweise verlagert. Bestimmte personspezifische Probleme (z. B. das Bettnässen eines Kindes) werden somit nicht mehr ausschließlich als ein individuelles, sondern auch als ein systemisches, d. h. in den Familienbeziehungen begründetes, Problem gesehen.

(2) *Zielorientierung*: Familien richten ihr gemeinschaftliches Leben nach mehr oder minder expliziten Zielen aus, die dem Zusammenleben in der Familie Sinn und Kontinuität geben sollen. Solche Ziele können je nach Lebens- und Familienphase inhaltlich eine unterschiedliche Ausgestaltung haben. Familienziele äußern sich u. a. in der Orientierung an phasentypischen individuellen und familiären Entwicklungsaufgaben (z. B. Karriereorientierung, Kindererziehung) und deren mehr oder minder gelungener Ausbalancierung im Familienkontext.

(3) *Regelhaftigkeit*: Die Beziehungen zwischen den Mitgliedern einer Familie lassen insbesondere bei längerer Beobachtung bestimmte Regelhaftigkeiten erkennen. Diese werden teils bewußt als *Familienrituale* gepflegt (z. B. Einhaltung gemeinsamer Essenszeiten, Gutenachtgeschichten), teils bestimmen sie unausgesprochen das Verhalten der einzelnen Familienmitglieder (z. B. wer, wann - eventuell auch mit wem - das Badezimmer benutzen darf). Die handlungsleitende Regelstruktur einer Familie kann aus deren spezifischem Interaktionsmuster, d. h. den Gleichförmigkeiten der konkreten Interaktionen zwischen den einzelnen Familienmitgliedern, erschlossen werden.

(4) *Zirkuläre Kausalität*: Das in einer Familie beobachtbare Interaktionsgeschehen und die daraus abstrahierbaren Interaktionsmuster weisen statt *linearer Kausalität* die Kennzeichen *zirkulärer Kausalität* auf. Damit ist der wechselseitige Beeinflussungsprozeß zweier oder mehrerer Personen gemeint, der sich über eine bestimmte Zeitspanne hinweg analysieren läßt. P. Minuchin (1985, S. 290) macht dies an einem Beispiel deutlich: "Es ist ein epistomologischer Irrtum zu behaupten, daß eine überbehütende Mutter bei ihrem Kind Ängste auslöse. Vielmehr haben Mutter und Kind gemeinsam ein Muster geschaffen, in dem (beginnend an einem beliebigen Punkt) die Ängste des Kindes besorgtes Verhalten bei der Mutter auslösen. Das Verhalten der Mutter verschlimmert die Ängste des Kindes, was bei der Mutter wiederum zu erhöhter Besorgnis führt, usw." Im Mittelpunkt des Interesses steht somit nicht eine einseitig gerichtete, von einer einzelnen Person ausgehende Verhaltensweise, sondern der Interaktionszyklus selbst, der als eine nicht weiter reduzierbare Einheit anzusehen ist.

(5) *Rückkoppelung*: Mit Blick auf das Familiensystem bezieht sich der Begriff Rückkoppelung auf den Prozeß, der durch das regelabweichende Verhalten eines bestimmten Familienmitglieds A ausgelöst wird und Effekte bei den übrigen Familienmitgliedern hervorruft, die ihrerseits wieder auf das Verhalten von A zurückwirken. Es wird grundsätzlich zwischen einer positiven (oder abweichungsverstärkenden) und einer negativen (oder abweichungsdämpfenden) Rückkoppelung unterschieden. *Positive Rückkoppelung* tritt z. B. dann auf, wenn es zwischen zwei Partnern zu einer Ärgereskalation kommt, d. h. wenn beispielsweise aus einem "Frozzeln" ein Anklagen, aus einem Anklagen ein Schimpfen, aus einem Schimpfen ein Anbrüllen etc. wird. Positive Rückkoppelung ist prinzipiell *veränderungsorientiert*, da die

durch sie zum Ausdruck kommenden eskalierenden Interaktionsprozesse nicht beliebig fortgeführt werden können und somit nach neuen Lösungen verlangen. *Negative Rückkoppelung* zielt auf die Rückkehr zu einer Ausgangslage ab, die vor dem Eintreten der "Störung" bestand, so etwa wenn eine Mutter ihr schreiendes Kind beruhigt, indem sie es in den Arm nimmt, hin- und herwiegt und mit ruhiger Stimme auf es einredet. Negative Rückkoppelungsprozesse sind grundsätzlich *stabilitätsorientiert*, d. h. mit ihrer Hilfe soll ein Systemzustand wiederhergestellt werden, der vor dem destabilisierenden Ereignis bestand.

(6) *Homöostase*: Mit Homöostase ist die Aufrechterhaltung und Ausbalancierung des in einer Familie wirkenden Kräftegleichgewichts gemeint. Homöostase wird gewöhnlich durch negative Rückkoppelungsprozesse hergestellt, indem sich die Familie an etablierten Zielen, Regeln und Handlungsabläufen orientiert. Familien mit starren Regeln versuchen - auch unter veränderten internen oder externen Bedingungen - ihre bisherige Lebensform zu bewahren. Dies ist etwa der Fall, wenn die Eltern von einem Jugendlichen - als ob er ein Zehnjähriger sei - verlangen, abends spätestens um 8 Uhr zuhause zu sein. Familien mit flexiblen Regeln gelingt es, ihr Zusammenleben in Abhängigkeit von den Herausforderungen, vor die sie gestellt sind, nach neuen Regeln einzurichten. Für das Beispiel des Jugendlichen könnte dies etwa heißen, daß eine neue Zeit ausgehandelt wird, zu der der Jugendliche zuhause sein soll. Für flexibel organisierte Familien ist es im Gegensatz zu rigiden Familien leichter, von einem Zustand relativer Stabilität zu einem neuen Zustand zu gelangen, der ebenfalls relativ stabil ist und zugleich eine Anpassung des Familiensystems auf anderem Niveau zur Folge hat. Speer (1970) hat hierfür in Anlehnung an allgemein-kybernetische Überlegungen bei Maruyama (1960) den Begriff der *Morphogenese* eingeführt, der im Gegensatz zur *Morphostase* die Entwicklung von neuen Strukturen innerhalb eines Familiensystems bezeichnet. Auf den gleichen Sachverhalt zielen Olson, Sprenkle und Russell (1979) mit der Dimension "Anpassungsfähigkeit" im Rahmen ihres Circumplexmodells zur Beschreibung von Familientypen ab (vgl. Abschnitt 5.4.4).

(7) *Wandel erster und zweiter Ordnung:* Eng verknüpft mit dem Problem der Anpassungsfähigkeit einer Familie ist die Frage, von welcher Art die Veränderung ist, die sich bei einer Familie gegebenenfalls einstellt. Watzlawick, Weakland und Fisch (1974, S. 29 f.) sprechen in diesem Zusammenhang vom Wandel erster und zweiter Ordnung. Mit *Wandel erster Ordnung* meinen sie "den Wandel von einem internen Zustand zu einem anderen innerhalb eines selbst invariant bleibenden Systems". Dies gilt für Interaktionssequenzen, in denen zur Lösung eines Problems - wie Watzlawick, Weakland und Fisch (1974, S. 51) sich ausdrücken - "mehr desselben" herangezogen wird und damit "die Lösung selbst das Problem ist". Beispiel hierfür wäre etwa das Vorgehen von Eltern, die ihr Kind bestrafen, weil es sein Zimmer nicht aufgeräumt hat, und beim nächsten Mal, wenn das Zimmer wieder nicht aufgeräumt ist, das Kind noch härter bestrafen.

Demgegenüber besteht *Wandel zweiter Ordnung* in einem Wandel, der - so Watzlawick, Weakland und Fisch (1974, S. 30) - "das System selbst ändert". Beispiele hierfür sind etwa Änderungen in den Kommunikationsregeln (z. B. Zuhören statt Dazwischenreden), im Rollenverständnis der Partner (z. B. ebenbürtig statt unterwürfig

104

oder dominant) oder in der personellen Zusammensetzung einer Familie (z. B. Ablösung des Jugendlichen aus dem Elternhaus).

(8) *Grenzen*: Ein wesentliches Merkmal lebender Systeme ist, daß sie sich gegenüber anderen Systemen mehr oder minder abgrenzen. In der Perspektive der Familientheorie hat es sich eingebürgert, die Familie als ein *System* zu sehen, das selbst in ein oder mehrere *Suprasysteme* (z. B. erweiterte Familie, Nachbarschaft, Kirchengemeinde) eingebettet ist. Bronfenbrenner (1981) hat für Suprasysteme eine feinere Differenzierung vorgeschlagen, indem er neben Mikrosystemen (als die auch Familien zu gelten haben) Meso-, Exo- und Makrosysteme unterscheidet. Innerhalb der Familie existieren *Subsysteme*, die entweder aus einzelnen Personen (personelles Subsystem) oder aus Zusammenschlüssen von zwei oder mehr Personen einer Familie (interpersonales System) bestehen. So lassen sich etwa interpersonale Subsysteme nach Generationen (Eltern- oder Geschwistersubsystem) oder nach dem Geschlecht (z. B. Mutter-Tochter- bzw. Vater-Sohn-Subsystem) bilden.

Eine Veranschaulichung der verschiedenen Systemtypen und ihrer über die Zeit hinweg analysierbaren Wechselbeziehungen findet sich in Abbildung 5.1. Diese Abbildung geht auf v. Schlippe (1984, S. 28) zurück, der sich seinerseits auf entsprechende Vorstellungen bei Miller (1978) und Bronfenbrenner (1981) bezieht.

Die Grenzen zwischen einem Familiensystem und seinen Suprasystemen können ebenso wie die Grenzen zwischen den Subsystemen innerhalb einer Familie unterschiedlich ausgeprägt sein. S. Minuchin (1977) unterscheidet zwischen starren, diffusen und klaren Grenzen. *Starre Grenzen* sind charakteristisch für geschlossene Systeme, die im Extremfall in keinem materiellen, energetischen oder informationellen Austausch mit anderen Systemen stehen. Bei Familien dürfte dieser Fall in der Praxis kaum anzutreffen sein. Dennoch lassen sich Familien finden, die "nichts über sich rauslassen" oder "niemanden reinlassen", was angenähert dem Definitionskriterium eines geschlossenen Systems entspricht. *Diffuse Grenzen* sind daran erkennbar, daß zwischen den einzelnen Systemen und Subsystemen kaum unterschieden werden kann. Dies ist etwa dann der Fall, wenn innerhalb einer Familie jeder mit jedem an einem beliebigen Ort und zu jeder beliebigen Zeit in Kontakt treten kann. Die Privatheit einzelner Personen ist dann ebensowenig gewährleistet wie z. B. die sexuelle Intimität von Ehepartnern. *Klare Grenzen* sind durch ein gewisses Maß an Durchlässigkeit nach außen bei gleichzeitiger Abwehr der Einmischung von außen gekennzeichnet. Dies gilt etwa für das elterliche Schlafzimmer, in dem den Kindern zu bestimmten Zeiten erlaubt ist, mit den Eltern zu schmusen, zu anderen Zeiten aber für die Kinder das Betreten des Schlafzimmers tabu ist.

Die Familiengrenzen verändern sich je nach der Entwicklungsphase, in der die Familie steht. Äußerlich ist dies z. B. an den personellen Zu- und Abgängen einer Familie (z. B. durch Geburt, Tod, Ablösung, Trennung) erkennbar (vgl. Boss 1980). Aber auch in einer Neuaufteilung von Familien- und Individualzeit oder in der veränderten Nutzung einer gemeinsamen Wohnung kann sich der Wandel von Grenzen innerhalb einer Familie niederschlagen.

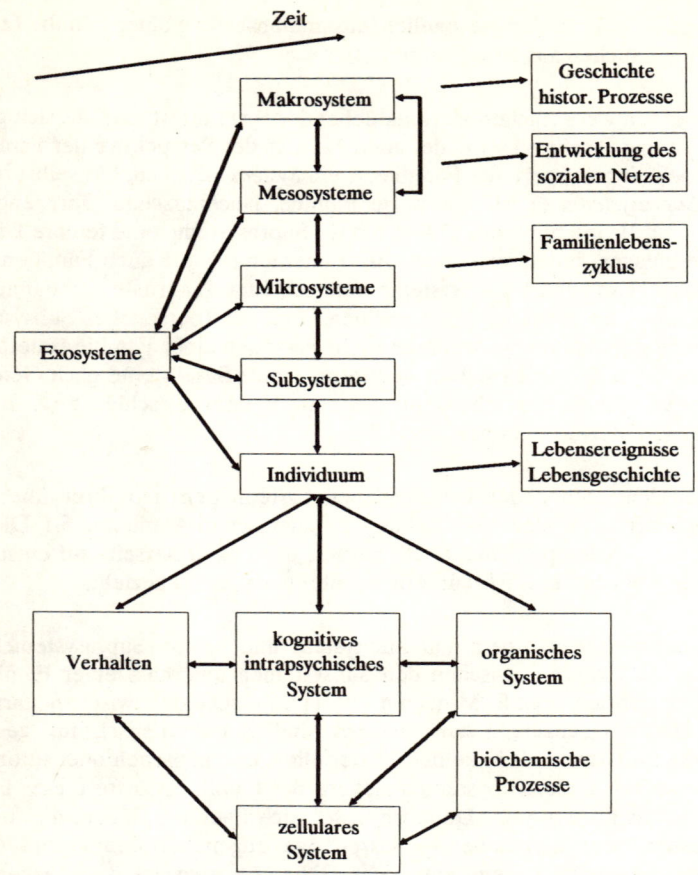

Abb. 5.1 Einbettung des Mikrosystems "Familie" in eine Hierarchie anderer Systemtypen (nach
v. Schlippe 1984, S. 28)

(9) *Internes Erfahrungsmodell*: Ein theoretischer Ansatz, der die Familie als System
begreift, läuft Gefahr, das System zu verdinglichen und damit die Person aus dem
Blick zu verlieren (vgl. Massey 1985). Dell (1982, S. 37) bemerkt hierzu: "Das interak-
tionale System ist eine Folge der Natur der Individuen, aus denen es sich zusammensetzt." Und im im Titel eines Kongreßbeitrags machen Duhl und Duhl (1980) deutlich,
worum es ihnen geht, um der Gefahr einer Verdinglichung von Familiensystemen entgegenzutreten: "Das Innerste nach außen kehren: Es ist schwer, ein System zu küssen."
Das Innerste einer Person läßt sich begrifflich als *internes Erfahrungsmodell* fassen
(vgl. Schneewind 1982a). Gemeint ist damit die subjektive Repräsentation, die eine
Person von sich, ihrer Umwelt und den Beziehungen zu ihrer Umwelt zu einem bestimmten Zeitpunkt hat. Das interne Erfahrungsmodell läßt sich somit in ein *internes
Selbstmodell*, ein *internes Umweltmodell* und ein *internes Beziehungsmodell* gliedern,
wobei diese drei Partialmodelle in einem Wechselwirkungsverhältnis zueinander
stehen.

106

Überträgt man das Konzept des internen Erfahrungsmodells auf die Familiensystemtheorie, so besagt dies, daß ein Familiensystem nicht nur von außen, d. h. durch die Registrierung familiärer Interaktionsmuster erfaßbar wird. Darüber hinaus ist es auch wichtig zu wissen, welche interne Repräsentation eine Person von sich, von ihren Familienmitgliedern und deren Beziehungen untereinander sowie von ihren eigenen Beziehungen zu ihren Familienmitgliedern entwickelt hat. Im *familienspezifischen internen Erfahrungsmodell* einer Person findet sich somit ihr subjektives Wissen von der Familienrealität. Ein Kind "weiß" etwa, daß es seine Wünsche in der Regel durchsetzen kann, es "weiß", daß sein Vater auf Bitten im allgemeinen zunächst ablehnend reagiert, dann aber doch "rumzukriegen" ist, und es "weiß", wie man es anstellt, um vom Vater das zu bekommen, was es will. Freilich ist dieses Wissen nicht unbedingt ein dem reflexiven Bewußtsein zugängliches und somit sprachlich kommunizierbares Wissen. Dennoch ist diese implizite, häufig unbewußt bleibende Wissen in hohem Maße verhaltenswirksam und trägt somit auch zu dem besonderen Interaktionsmuster bei, das für eine Familie kennzeichnend ist.

Die einzelnen Personen innerhalb einer Familie verfügen in der Regel über jeweils unterschiedliche bzw. sich nur partiell überlappende subjektive Sichtweisen der Familienrealität. Diese personspezifischen subjektiven Familienwirklichkeiten sind einerseits aufgrund gemeinschaftlichen Lebensvollzugs entstanden. Andererseits verändern sie sich aber auch im Kontext der sich entwickelnden Familie als einer Gruppe sich gemeinsam entwickelnder Personen. Dieser Prozeß wird gemeinhin als *Ko-Individuation* bzw. *Ko-Evolution* bezeichnet (vgl. Simon & Stierlin 1984). Durch familienberaterische oder -therapeutische Intervention kann dieser Prozeß - sofern er ins Stocken geraten ist oder pathologische Symptome hervorgebracht hat - beeinflußt werden. Dies ist letztlich erst dann gelungen, wenn mit der von außen erkennbaren Veränderung der Beziehungsstruktur einer Familie auch eine Veränderung des jeweiligen familienspezifischen internen Erfahrungsmodells der einzelnen Familienmitglieder einhergeht.

5.3 Die Familienentwicklungstheorie

Die Familienentwicklungstheorie ist eine vor allem im anglo-amerikanischen Sprachraum entstandene und gepflegte theoretische Perspektive zur Analyse von Familienentwicklungsprozessen. Die Hauptvertreter dieses Ansatzes sind Familiensoziologen, deren zentrales Anliegen das Studium des *Familienzyklus* ist (vgl. Aldous 1978, Duvall 1977, Hill & Mattessich 1979, Hill & Rodgers 1964, Rodgers 1973). Duvall (1977, S. 485 f.) definiert den Familienzyklus als "eine Abfolge von charakteristischen Stufen, die mit der Familienbildung beginnen und sich über die Lebensspanne der Familie bis zu ihrer Auflösung fortsetzen." Einige wesentliche Aspekte der Familienentwicklungstheorie sollen im folgenden kurz skizziert werden.

5.3.1 Familienstufen

In Analogie zu dem individuumsorientierten Stufenkonzept der Entwicklungspsychologie wird in der Familienentwicklungstheorie der Familienlebenszyklus in eine Reihe chronologisch aufeinander folgender Stufen unterteilt. Nach Bergius (1959, S. 107) können Stufen als "Entwicklungsabschnitte bezeichnet werden, die voneinander durch mehr oder weniger tiefe Einschnitte und plötzliche Niveauänderungen unterschieden werden". Diese Stufen stellen Perioden von unterschiedlich langer zeitlicher Erstreckung dar, deren Abfolge gewöhnlich als ein Prozeß linearer Progression beschrieben wird. Insofern diese Stufenabfolge - wenn auch eingeschränkt auf bestimmte historische bzw. kulturelle Kontexte - für eine Majorität von Familien zutrifft, kann mit Barcai (1981, S. 353) von einer "normativen Familienentwicklung" gesprochen werden.

Dabei ist es zunächst wichtig, Kriterien für die Einteilung von Familienstufen zu finden. Allgemeine Verbreitung hat ein Vorschlag von Duvall und Hill (1948) gefunden, in dem drei Kriterien zur Bildung von Familienstufen herangezogen werden. Es sind dies (a) Veränderungen in der Zahl der Mitglieder einer Familie, (b) der Entwicklungsstand des ältesten Kindes und (c) das Ausscheiden der Haupterwerbsperson - in der Regel ist dies der Familienvater - aus dem Erwerbsleben. Diese Einteilungs-

Tab. 5.1   Das 8-Stufenmodell des Familienlebenszyklus nach Duvall (1977, S. 144)

Stufe	Beschreibung und zeitliche Erstreckung
I	Verheiratete Paare (ohne Kinder)
II	Familien mit Kindern, frühes Stadium (ältestes Kind: Geburt - 30 Monate)
III	Familien mit Vorschulkindern (ältestes Kind: 2,5 - 6 Jahre)
IV	Familien mit Schulkindern (ältestes Kind: 6 - 13 Jahre)
V	Familien mit Jugendlichen (ältestes Kind: 13 - 20 Jahre)
VI	Familien im Stadium der Ablösung junger Erwachsener (vom Weggang des ältesten bis zum jüngsten Kind)
VII	Eltern im mittleren Lebensalter (vom "leeren Nest" bis zum Rückzug aus dem Arbeitsleben)
VIII	Alternde Familienmitglieder (vom Rückzug aus dem Berufsleben bis zum Tod beider Ehepartner)

kriterien haben zu dem in Tabelle 5.1 wiedergegebenen 8-Stufen-Modell des Familienzyklus geführt (vgl. Duvall 1977, S. 144).

Das Duvallsche 8-Stufen-Modell ist wegen der bereits weiter oben festgestellten zunehmenden Pluralisierung und Individualisierung von Lebensstilen ins Kreuzfeuer der Kritik geraten (vgl. Höhn 1982, Nock 1979, Spanier, Sauer & Larzelere 1979, Trost 1977). Zur Rettung des Familienzykluskonzepts hat Stapelton (1980) ein erweitertes Modell vorgeschlagen, in dem - orientiert am Lebenslauf des einzelnen - der Gedanke einer normativen Abfolge von Familienstufen aufgegeben wird und stattdessen mehrere Verzweigungsmöglichkeiten dargestellt werden. Im Hinblick auf die hohen Scheidungs- und Wiederverheiratungsquoten, die für unseren Kulturbereich gegenwärtig kennzeichnend sind, stellt sich die Frage, ob nicht zumindest die Nachscheidungsphase sowie die Phase der erneuten Familienbildung als wesentliche Varianten des traditionellen Familienzyklus in das Konzept einer "normativen Familienentwicklung" zu integrieren sind (vgl. McGoldrick & Carter 1982).

5.3.2 Familienrollen

Da die Familienentwicklungstheorie einen stark soziologischen Einschlag aufweist, wird die Abfolge von Familienstufen weitgehend unter rollentheoretischen Gesichtspunkten analysiert. So stellt beispielsweise für Hill und Rodgers (1964) die Familie ein Aggregat von aufeinander bezogenen Positionen zu einem bestimmten Zeitpunkt des Familienlebenszyklus dar. *Positionen* markieren die Stellung, die eine Person im Familiensystem innehat (z. B. die Position des Familienvaters). Der jeweiligen Position sind bestimmte *Rollen* zugeordnet (z. B. Rolle des Ehemannes, Ernährerrolle, Vaterrolle). An diese wiederum sind bestimmte *Verhaltenserwartungen* geknüpft (z. B. eheliche Treue, außerhäusliche Erwerbstätigkeit, Disziplinierung der Kinder). Mit dem Durchlaufen des Familienlebenszyklus ändert sich einerseits die Zusammensetzung verschiedener positionsgebundener Rollen und damit die an sie geknüpften Verhaltenserwartungen - ein Prozeß, der von Hill und Rodgers (1964) als *Positionskarriere* bezeichnet wird. Andererseits ändert sich auch das Positionsgefüge innerhalb einer Familie, etwa indem mit der Geburt eines Kindes ein neues Familienmitglied hinzukommt. Das zu einem bestimmten Zeitpunkt im Familienlebenszyklus feststellbare Positionsgefüge (z. B. Ehemann-Vater, Ehefrau-Mutter, Kind-Geschwister) und die damit assoziierten Rollen wird von Hill und Rodgers (1964) als *Rollenkomplex* bezeichnet. Zur Beschreibung der Veränderung dieses Rollenkomplexes von einer Familienstufe zur anderen verwenden Hill und Rodgers (1964) den Ausdruck *Familienkarriere*. Dabei wird vor allem auf die wechselseitige Bezogenheit der Positionen innerhalb eines Familiensystems hingewiesen, wie aus folgendem Definitionsvorschlag von Aldous (1978) ersichtlich wird. Nach Aldous (1978, S. 340) besteht eine Familienkarriere "aus den Positionskarrieren der einzelnen Familienmitglieder im Zeitverlauf. Das Konzept unterstreicht zum einen die Interdependenzen der Familie, durch die die Rollenmuster der einzelnen Familienmitglieder in einen Komplex von Familienrollen eingebunden werden, und zum anderen die erwartbaren Veränderungen dieser Interdependenzen, die sich von der Bildung einer Familie bis zu ihrer Auflösung ergeben".

Familienrollen müssen sich allerdings nicht notwendig an den üblichen soziologischen Rollenkategorien (z. B. Ernährerrolle, Hausfrauenrolle, Schülerrolle) orientieren. Im Zusammenhang mit klinisch-psychologischen Familienmodellen ist eine Reihe von Familienrollen beschrieben worden (vgl. Levant 1980). So hat z. B. Satir (1975) vier typische Familienrollen herausgearbeitet. Es sind dies (a) der Beschwichtiger, (b) der Ankläger, (c) der Rationalisierer und (d) der Ablenker. Abbildung 5.2 zeigt diese vier Familienrollen in karikierter Form.

Abb. 5.2   Familienrollen (nach Satir 1975, S. 87 f.)

Für diese Familienrollen nimmt Satir an, daß sie in einer Familie in unterschiedlichen Kombinationen auftreten und durchaus auch beim einzelnen in einem unterschiedlichen Mischungsverhältnis anzutreffen sind. Im Gegensatz zum Rollenkonzept der soziologischen Familienentwicklungstheorie sind diese Familienrollen nicht an eine bestimmte Familienstufe gebunden. Sie können aber mit Hilfe bestimmter familientherapeutischer Techniken bearbeitet werden. Eine dieser Techniken besteht z. B. darin, nach dem Satirschen Rollenschema - etwa bezogen an die in Abbildung 5.2 wiedergegebenen Karikaturen - eine *Familienskulptur* zu stellen, in der die Beziehungen der Familienmitglieder zueinander deutlich gemacht werden können (vgl. Constantine 1978). In einem zweiten Schritt kann dann ein Rollentausch vorgenommen werden, wodurch die Rolle des jeweils anderen unmittelbar erfahrbar wird. Auf diese Weise kann eine Veränderung des gesamten familiären Rollensystems in die Wege geleitet werden.

5.3.3 Familienentwicklungsaufgaben

In Anlehnung an das Konzept der *individuellen Entwicklungsaufgabe*, das von Havighurst (1953) stammt, wurde in der Familienentwicklungstheorie der Begriff der *Familienentwicklungsaufgabe* eingeführt. Gemeint ist damit nach Duvall (1977, S. 177) "eine Wachstumsverantwortlichkeit, die auf einer bestimmten Stufe des Familienzyklus entsteht und deren Gelingen mit Zufriedenheit, Anerkennung und Erfolg bei der Bewältigung späterer Aufgaben einhergeht, wohingegen Mißlingen zu Unzufriedenheit, Mißbilligung durch die Gesellschaft und Schwierigkeiten bei späteren Familienentwicklungsaufgaben führt". Familienentwicklungsaufgaben beziehen sich einerseits auf die physischen und psychischen Erfordernisse der einzelnen Familienmitglieder (z. B. die Reifungsetappen und Wachstumsbedürfnisse von Kindern und Jugendlichen). Andererseits reflektieren Familienentwicklungsaufgaben aber auch außerfamiliäre Erwartungen (etwa in Form kultureller Normen) und nicht zuletzt die innerhalb einer Familie verbindlichen Ziele und Wertvorstellungen (z. B. an religiösen, ökonomischen oder kulturellen Werten).

Die Formulierung von Familienentwicklungsaufgaben erfolgt in der Regel mit Blick auf die verschiedenen Stufen des Familienlebenszyklus. Ähnlich wie die Familienstufen als eine normative Abfolge von Entwicklungsschritten konzipiert sind, beinhalten auch die stufengebunden Familienentwicklungsaufgaben eine stark normative Komponente. Welche Inhalte und welche Spielbreite von Familienentwicklungsaufgaben beobachtbar sind, hängt vom historischen und gesellschaftlichen Entwicklungsstand einer Sozietät ab. Dies hat zur Folge, daß Familienentwicklungsaufgaben deutliche Schwankungen aufweisen können.

Zur Veranschaulichung inhaltlicher Aspekte von Familienentwicklungsaufgaben sind in Tabelle 5.2 die "stufenkritischen Familienentwicklungsaufgaben" für das von Duvall vorgeschlagene 8-Stufen-Modell der Familienentwicklung dargestellt (vgl. Duvall 1977, S. 179).

Wie bereits erwähnt, wird in dem Duvallschen 8-Stufen-Modell der gesellschaftlichen Realität erhöhter Scheidungs- und Wiederverheiratungszahlen nicht Rechnung getragen. McGoldrick und Carter (1982, S. 190 f.) haben daher für alleinerziehende und alleinbleibende Eltern sowie für den Fall der Wiederverheiratung typische Entwicklungsaufgaben zusammengestellt, die in Tabelle 5.3 wiedergegeben sind. Dabei ist allerdings zu berücksichtigen, daß bis zum Erreichen dieser Stufen mehrere Entwicklungsschritte vorgeschaltet sind (z. B. Scheidungsphase, Aufbau einer neuen Partnerbeziehung), für die ebenfalls charakteristische Entwicklungsaufgaben anfallen, auf deren Darstellung jedoch hier verzichtet werden muß.

Tab. 5.2   Stufenkritische Familienentwicklungsaufgaben nach Duvall (1977, S. 179)

Stufe im Familienlebenszyklus	Stufen-kritische Familienentwicklungsaufgaben
1. Verheiratetes Paar	Gestalten einer wechselseitig befriedigenden Ehebeziehung; Anpassung an Schwangerschaft und bevorstehende Elternschaft; Einpassung in das Netz der Verwandtschaftsbeziehungen;
2. Familie mit Kindern, frühes Stadium	Kinder haben und sich auf sie einstellen; Ermutigung der Entwicklung von Kleinkindern; Einrichtung eines Heims, das für Eltern und Kleinkinder gleichermaßen zufriedenstellend ist;
3. Familien mit Vorschulkindern	Anpassung an die kritischen Bedürfnisse und Interessen von Vorschulkindern in einer stimulierenden und wachstumsfördernden Weise; Auseinandersetzung mit Energieverlust und eingeschränkter Privatheit als Eltern;
4. Familien mit Schulkindern	Konstruktives Einfügen in die Gemeinschaft von Familien mit schulpflichtigen Kindern; Ermutigung des kindlichen Leistungsverhaltens;
5. Familien mit Jugendlichen	Balancierung von Freiheit und Verantwortlichkeit entsprechend dem Emanzipationsprozeß Jugendlicher; Entwicklung nachelterlicher Interessen und Karrieren;
6. Familien im Ablösungsstadium	Entlassung der jungen Erwachsenen ins Berufsleben, Militärdienst, Studium, Ehe usw. mit entsprechenden Ritualen und Unterstützung; Aufrechterhalten eines unterstützenden Elternhauses;
7. Eltern im mittleren Lebensalter	Neugestaltung der Ehebeziehung; Aufrechterhalten von Verwandtschaftsbeziehungen mit jüngeren und älteren Generationen;
8. Alternde Familienmitglieder	Auseinandersetzung mit Partnerverlust und Alleinleben; Auflösung des Familienhaushalts oder Anpassung an die Bedürfnisse von Senioren; Anpassung an den Rückzug aus dem Berufsleben.

Der Übergang von einer Familienstufe zur nächsten und das damit verbundene Hinzukommen neuer bzw. Ablegen alter Familienentwicklungsaufgaben geht in der Regel mit einer mehr oder minder tiefgreifenden Umstrukturierung des Familienlebens vom Typ des Wandels zweiter Ordnung im Sinne von Watzlawick, Weakland und Fisch (1974) einher. Diese Umbruchphase hat den Charakter eines kritischen Übergangs, in dem erprobte Muster des familiären Zusammenlebens in Frage gestellt werden. Um verständlich zu machen, wann es im Zuge der Familienentwicklung zu solchen krisenhaften Übergängen kommt, haben Weeks und Wright (1979) das von Riegel (1975, 1980) vorgeschlagene dialektische Entwicklungsmodell auf den Familienzyklus angewandt.

Tab. 5.3 Familienentwicklungsaufgaben für die Nachscheidungs- und Wiederverheiratungsphase (nach McGoldrick & Carter 1982, S. 190 f.)

Stufe	Familienentwicklungsaufgaben
Nachscheidungsphase A. Alleinerziehende Eltern	a) Einrichten flexibler Besuchsregelungen mit dem Expartner und seiner oder ihrer Familie; b) Umgestalten des eigenen Netzwerkes an Sozialbeziehungen;
B. Alleinlebende (nicht sorgerechtsberechtigte) Eltern	a) Ausfindigmachen von Wegen, um eine effektive elterliche Beziehung zu den Kindern aufrecht zu erhalten; b) Umgestalten des eigenen Netzwerkes an Sozialbeziehungen;
Wiederverheiratung und Rekonstituierung der Familie	a) Umstrukturieren der Familiengrenzen, um die Einbeziehung des neuen Partners - Stiefelternteils - zu ermöglichen; b) Neuordnen der Beziehungen zwischen den Subsystemen, damit eine Vernetzung der verschiedenen Systeme möglich wird; c) Bereitstellen von Beziehungsmöglichkeiten für alle Kinder mit ihren biologischen (nicht-sorgerechtsberechtigten) Eltern, Großeltern und anderen Mitgliedern der erweiterten Familie; d) Austausch von Vergangenheit und Geschichte, um die Integration der Stieffamilie zu verbessern.

Riegel geht davon aus, daß sich Entwicklung auf vier Dimensionen vollzieht. Es sind dies (a) die innerbiologische, (b) die individuell-psychologische, (c) die kulturell-soziologische und (d) die äußere-physikalische Entwicklungsdimension. Eine qualitative Entwicklungsveränderung oder Wandel zweiter Ordnung tritt dann auf, wenn es innerhalb oder zwischen diesen Entwicklungsdimensionen zu Asynchronien kommt. Dies ist z. B. dann der Fall, wenn in einer Familie dem biologischen Reifungsprozeß (innerbiologische Entwicklungsdimension) und den damit einhergehenden Autonomiebestrebungen (individuell-psychologische Entwicklungsdimension) von Kindern und Jugendlichen nicht Rechnung getragen wird, d. h. die Heranwachsenden gewissermaßen psychisch "klein gehalten" werden. Die Asynchronie äußert sich in einem dialektisch sich verschärfenden Spannungsverhältnis, das - wenn es ein bestimmtes Ausmaß erreicht hat - nach einer Lösung drängt, die eine strukturelle Neuordnung des Beziehungsgefüges innerhalb der Familie erfordert.

Sofern im Familienlebenszyklus Asynchronien auftreten, bedarf es in der Sprache von Riegel (1975) einer "synchronisierenden Reinterpretation". Wo dies einer Familie aus eigenen Stücken nicht gelingt, kann dieser Synchronisierungsprozeß durch professionelle Hilfe von außen in Gang gesetzt werden. So sieht z. B. Haley (1978) eine wesentliche Aufgabe therapeutischer Intervention darin, Familien, die in einer bestimmten Stufe des Familienlebenszyklus "steckengeblieben" sind, dabei behilflich zu sein, die nächste Familienstufe zu erreichen. Beispiel hierfür sind etwa Ablösungsprozesse von Jugendlichen aus dem Elternhaus, bei denen es um eine Neudefinition von Nähe und Distanz zwischen Eltern und Jugendlichen und in der Regel auch zwischen den Ehepartnern geht. Einschlägige Beispiele für eine ausdrücklich familienzyklisch orientierte therapeutische Vorgehensweise finden sich u. a. bei Carter und McGoldrick (1980), Hughes, Berger und Wright (1978) oder Weeks und Wright (1979).

Ein anschauliches Beispiel, das von einem Ablösungsproblem handelt und zugleich demonstriert, wie man auf unkonventionelle Weise einen Wandel zweiter Ordnung herbeiführen kann, ist bei Watzlawick, Weakland und Fisch (1974) nachzulesen. Es geht dabei um ein junges Ehepaar, das um eine Paartherapie nachgesucht hatte, weil beide unter einer starken Abhängigkeit von den Eltern des Mannes litten. Die Eltern kamen im Jahr mehrfach für längere Zeit zu Besuch und übernahmen jedesmal sofort die gesamte Haushaltsführung. Watzlawick, Weakland und Fisch (1974, S. 143) geben hiervon eine drastische Beschreibung: "Die junge Frau wird aus der Küche verbannt, während die Schwiegermutter alle Mahlzeiten zubereitet und Berge von Lebensmitteln einkauft; sie wäscht alles Waschbare und stellt die Möbel um, während der Vater die beiden Wagen wäscht und überholt, Laub zusammenrecht, das Gras mäht, Bäume beschneidet, pflanzt und jätet. Wenn alle vier ausgehen, zahlt der Vater unweigerlich für alle Ausgaben." Sämtliche Versuche des jungen Ehepaares, sich ein wenig Freiraum zu bewahren, waren nicht nur kläglich zum Scheitern verurteilt, sondern verstärkten nur noch die Wut- und Schuldgefühle der beiden jungen Leute.

Vor dem nächsten Besuch der Eltern erhielt das Paar von ihren Therapeuten die Anweisung, ihr Haus nicht - wie bisher - ihren Eltern in einem möglichst aufgeräumten Zustand zu präsentieren. Vielmehr sollten sie möglichst viel Müll und unabgewaschenes Geschirr ansammeln, den Garten in einem unansehnlichen Zustand belassen, die Autos vernachlässigen und sich kommentarlos sämtliche Ausgaben von den Eltern bezahlen lassen.

Die beiden jungen Leute hielten sich einigermaßen an diese Instruktion und der Erfolg war, daß die Eltern ihren Besuch vorzeitig abbrachen. Watzlawick, Weakland und Fisch (1974, S. 145) berichten hierzu folgendes Detail: "Vor der Abreise hatte der Vater seinen Sohn zur Seite genommen und es ihm freundlich, aber unmißverständlich klargemacht, daß er und seine Frau viel zu verwöhnt wären, sich anscheinend vollkommen daran gewöhnt hätten, von den Eltern bedient und versorgt zu werden, und daß es nun höchste Zeit sei, sich als Erwachsene zu benehmen und weniger von ihnen abzuhängen." Was offenkundig stattgefunden hatte, war eine strukturelle Veränderung in den Beziehungen zwischen den Eltern und dem jungen Paar - eine Veränderung, die ohne großen therapeutischen Aufwand die Ablösung von der Elterngeneration herbeiführte.

5.4 Die Familienstreßtheorie

Ähnlich wie die Familienentwicklungstheorie hat sich auch die Familienstreßtheorie im Lager der angloamerikanischen soziologischen Familienforschung entwickelt. Ausgehend von der Beobachtung, daß zum einen die Übergänge zwischen zwei aufeinanderfolgenden Familienstufen (z. B. von der Paarbeziehung zur Eltern-Kind-Beziehung) und zum anderen vom "normalen" Familienlebenszyklus abweichende Einflüsse von unterschiedlicher zeitlicher Erstreckung (z. B. vorzeitiger Tod eines Partners, Leben mit einem chronisch kranken Kind) besondere Belastungen für das Familiensystem darstellen, ergab sich die Frage, wie Familien mit solchen Belastungssituationen umgehen. Zunächst sollen hierzu die bisher entwickelten Modellvorstellungen kurz dargestellt werden, bevor die Grundzüge eines integrativen Familienstreßmodells sowie einige Aspekte von streßauslösenden Faktoren und deren Bewältigungsmöglichkeiten erörtert werden.

5.4.1 Bisherige Ansätze der Familienstreßtheorie

Aufbauend auf früheren Arbeiten zur Auswirkung der Weltwirtschaftskrise der 30er Jahre auf das Familienleben (vgl. Angell 1936, Cavan & Ranck 1938) hatte Hill (1949) die Folgen kriegsbedingter familiärer Trennung und Wiedervereinigung in der Zeit während und nach dem 2. Weltkrieg untersucht. In diesem Zusammenhang entwickelte er ein *Familienkrisenmodell* und ein *Phasenmodell zur Bewältigung von Familienstreß*. Das Familienkrisenmodell wird von Hill (1958, S. 141) auch als ABCX-Modell bezeichnet und von ihm selbst wie folgt zusammengefaßt: "A (das Stressorereignis) - in Interaktion mit B (den Krisenbewältigungsressourcen der Familie) - in Interaktion mit C (die Definition einer Familie von dem Ereignis) - erzeugt X (die Krise)." Mit dem Phasenmodell zur Bewältigung von Familienstreß gibt Hill eine globale Beschreibung des familiären Anpassungsprozesses auf krisenauslösende Ereignisse (vgl. Mederer & Hill 1983): Ausgehend von einem bestimmten Organisationsniveau der Familie führt der krisenauslösende Stressor (a) zu einer Phase der Desorganisation, innerhalb derer (b) eine Erholungsphase eingeleitet wird, die (c) je nach Qualität der Krisenbewältigung in ein neues Organisationsniveau der Familie einmündet.

Modifikationen bzw. Weiterentwicklungen des Hillschen ABCX-Modells stammen vor allem von Burr (1973) und von McCubbin und Patterson (1983 a). Die Modifikation, die Burr (1973) an Hills ABCX-Modell vorgenommen hat, besteht im wesentlichen darin, daß er das *Ausmaß der Krise* in einer Familie von zwei Einflüssen abhängig macht. Dies ist zum einen *das Ausmaß der Veränderung*, die durch das streßinduzierende Ereignis erforderlich wird, und zum anderen die *Verletzlichkeit durch Streß* in einer Familie. Letztere hängt ihrerseits davon ab, (a) für wie schwerwiegend die Veränderungen von der Familie gehalten werden und (b) wie anpassungsfähig bzw. regenerationsfähig die Familie in bezug auf das streßauslösende Ereignis ist.

McCubbin und Patterson (1983 a) haben Hills ABCX-Modell zu einem doppelten ABCX-Modell ausgebaut, das für eine Vielfalt empirischer Untersuchungen als forschungsleitendes Rahmenkonzept dient (vgl. Figley & McCubbin 1983, McCubbin &

Figley 1983, McCubbin, Needle & Wilson 1985, Olson & McCubbin 1983, Patterson 1985). Die Autoren begründen ihre Erweiterung damit, daß es durch eine Krise zu einer *Anhäufung von Stressoren* kommen kann. Dies verlangt von der Familie zum einen eine erneute Einschätzung der Krisensituation und ihrer Bewältigungsmöglichkeiten. Zum anderen ergibt sich die Frage, welche Ressourcen einer Familie neben denen, die bereits vor der Krise bestanden, zusätzlich zur Verfügung stehen. Diese beiden Aspekte bestimmen das konkrete Krisenbewältigungsverhalten der Familie, was je nach der Qualität der Krisenbewältigung eine mehr oder minder gelungene Neuanpassung der Familie zur Folge hat. Eine graphische Veranschaulichung des doppelten ABCX-Modells findet sich in Abbildung 5.3.

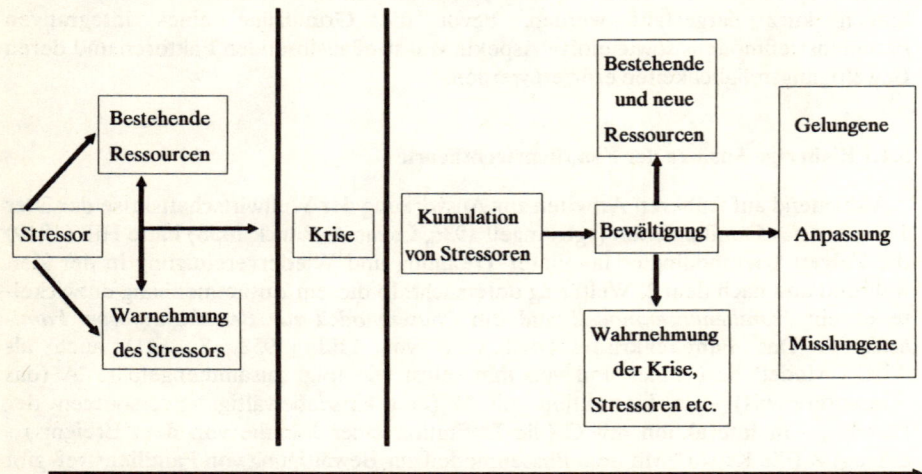

Abb. 5.3   Das doppelte ABCX-Streßmodell (nach McCubbin & Patterson 1983a, S. 12)

Im folgenden wird in teilweiser Abwandlung der bisherigen Ansätze der Familienstreßtheorie ein integratives Modell der familiären Verarbeitung von belastenden Lebensumständen skizziert.

5.4.2 Grundzüge eines integrativen Familienstreßmodells

Bevor dieses Modell in Abbildung 5.4 in seiner Grundkonzeption dargestellt wird, werden zunächst noch einige Überlegungen vorgeschaltet, die verständlich machen sollen, warum das Hillsche ABCX-Modell und seine Erweiterungen einer erneuten Revision unterzogen wurden. Eine *erste Überlegung* besteht darin, daß in den bisherigen familienstreßtheoretischen Modellvorstellungen suggeriert wird, belastende familiäre Lebensumstände müßten unweigerlich in die Krise führen. Nach McCubbin und Patterson (1983a, S. 10) ist eine *Familienkrise* charakterisiert "durch die Unfähigkeit einer Familie zur Wiederherstellung von Stabilität und durch den andauernden Druck, den Veränderungen in der Familienstruktur und den Interaktionsmustern herbeiführen". Im Gegensatz dazu entsteht *Familienstreß* - wiederum nach McCubbin und Patterson (1983a, S. 9) - durch eine "tatsächliche oder wahrgenommene Disbalance zwischen Anforderungen und Fähigkeiten im Funktionieren der Familie, für die eine mehrdimensionale Forderung nach Ausgleich und entsprechenden Anpassungsreaktionen charakteristisch ist".

Aus den Unterschieden dieser beiden Definitionen geht hervor, daß im Falle einer effektiven Bewältigung von Anpassungsforderungen, die einer Familie abverlangt werden, Familienstreß keineswegs in eine Familienkrise einmünden muß. Andererseits fällt es schwer, sich vorzustellen, daß eine in die Krise geratene Familie streßfrei ist, nachdem ja eine Krise gerade durch die Unfähigkeit zur Bewältigung von streßinduzierenden Ereignissen gekennzeichnet ist. Schließlich ist zu berücksichtigen, daß es auch streßauslösende Ereignisse gibt, die von der einzelnen Familie entweder faktisch nicht oder nur unzureichend bewältigbar sind bzw. als unbewältigbar erlebt werden oder für die keine Bewältigungsmotivation besteht. Beispiele für unbewältigbare Ereignisse sind etwa Naturkatastrophen, Kriege, Revolutionen, globale ökonomische Krisen etc.. Beispiel für eine fehlende Bewältigungsmotivation wäre eine Familie, die sich dem streßauslösenden Ereignis (z. B. einer Krankheit oder einer Besetzung ihrer Wohnung) völlig ausliefert, ohne etwas dagegen zu unternehmen. Je nachdem, ob dieser Zustand von der Familie als erträglich oder unerträglich erlebt wird, kommt es entweder zur Krise oder zur Duldung der streßauslösenden Ereignisse.

Zusammenfassend läßt sich somit sagen, daß wenigstens folgende drei Formen von Familienstreß unterschieden werden können: (a) *Bewältigungsstreß*, d. h. Streß, der durch die antizipierte oder faktische Bewältigung von Stressoren entsteht; (b) *Krisenstreß*, d. h. Streß, der sich durch die Unfähigkeit zur Bewältigung von Stressoren einstellt; (c) *Duldungsstreß*, d. h. Streß, der bei fehlenden Bewältigungsmöglichkeiten und/oder fehlender Bewältigungsmotivation ertragen wird.

Ein *zweiter Aspekt*, der eine Erweiterung der bisherigen familienstreßtheoretischen Modelle nahelegt, bezieht sich auf eine differenzierte Berücksichtigung der Zielsetzung und der Effektivität der Bewältigung von Familienstreß. An dieser Stelle bietet sich ein Rückgriff auf die bereits weiter oben dargestellten Konzepte der Familiensystemtheorie an. Familienstreß kann demnach als Folge eines destabilisierenden Veränderungsimpulses gesehen werden, dem zeitlich ein relativ stabiles Gleichgewicht des Familiensystems vorangeht. Bei dem Versuch, den Veränderungsimpuls unter Kontrolle zu bekommen, können nun grundsätzlich zwei verschiedene Bewältigungsziele unterschieden werden: Zum einen eine *strukturerhaltende* und zum anderen eine *strukturverändernde* Bewältigung. Insofern eine aktive Wiederherstellung von relativer Stabilität des Familiensystems in die Wege geleitet wird, beziehen sich die Aktivitäten der Familie auf Bewältigungs- bzw. Krisenstreß.

Bei einer strukturerhaltenden Bewältigung besteht das Ziel in einer Rückkehr zur Ausgangslage des Familiensystems, d. h. es wird angestrebt, das relativ stabile Gleichgewicht, das vor dem streßinduzierenden Ereignis bestand, wiederherzustellen. Wir haben die hierzu ablaufenden Prozesse als negative Rückkoppelung bzw. in der Terminologie von Watzlawick, Weakland und Fisch (1974) als Wandel erster Ordnung kennengelernt. In Anlehnung an Piagets (1947) Begriffsrepertoire kann man auch von einer *aktiven Streßassimilation* der Familie sprechen. Ist dieses Bemühen erfolgreich, so soll dies als *gelungene aktive Streßassimilation* der Familie bezeichnet werden. Im Falle des Scheiterns strukturerhaltender Bewältigungsversuche ist das Resultat eine *mißlungene Streßassimilation* der Familie.

Auch wenn die Streßassimilation mißlingt, muß dies noch keineswegs zu einer Familienkrise führen. Zwar wird vermutlich die Streßintensität steigen, aber solange der Familie noch Möglichkeiten zum strukturerhaltenden Streßausgleich offenstehen, ist anzunehmen, daß sie von diesen Möglichkeiten Gebrauch macht - es sei denn, die Familie richtet sich mit den bestehenden Stressoren ein. Dann kommt es zu Duldungsstreß. Solange jedoch noch eine Bewältigungsmotivation besteht, wird es zu einer Familienkrise erst dann kommen, wenn das Repertoire an streßassimilierenden Bewältigungsmöglichkeiten erschöpft ist. Selbst dann besteht noch die Möglichkeit, daß die Familie z. B. durch Inanspruchnahme externer Hilfe ihr Potential an strukturerhaltenden Bewältigungsmöglichkeiten erweitern und damit die streßinduzierenden Ereignisse erfolgreich assimilieren kann.

Für beide Varianten einer gelungenen aktiven Streßassimilation der Familie, d. h. einer Streßassimilation mit und ohne vorangegangener Krise, lassen sich unschwer Beispiele finden. Eine junge, noch unerfahrene Mutter, die ihr schreiendes Kind beruhigt - unter Umständen nach Konsultation einer erfahreneren Mutter - wäre ein solches Beispiel. Allerdings muß auch gefragt werden, ob das Gelingen der Streßassimilation bisweilen bloß ein vordergründiges bzw. zeitweiliges Ausschalten der "Störquelle" ist, die der Familie die Rückkehr zu ihrer Ausgangslage ermöglicht. Dies wäre etwa der Fall, wenn ein rebellischer Jugendlicher von seinen Eltern mit Strafen (z. B. Taschengeldentzug) mundtot gemacht werden soll und dann - wenn dies nichts nutzt - die Eltern ihre Strafmaßnahmen erhöhen, bis sich der gewünschte Erfolg einstellt. Wenn dieses "mehr desselben" letztlich doch in eine Familienkrise führen sollte und die Eltern in ihrer Ohnmacht um Rat von außen nachsuchen, so könnte dieser etwa darin bestehen, es gerade mit "weniger desselben" zu versuchen, d. h. statt mit Bestrafungen mit Vergünstigungen (z. B. Erhöhung des Taschengeldes) zu operieren. Sollte es auf diese Weise glücken, den "Störenfried" zur Raison zu bringen, dann ist dies vordergründig zwar auch eine gelungene Streßassimilation, die langfristig aber womöglich von geringem Bestand ist.

Mißlingen strukturerhaltende Bewältigungsversuche, so kann an dieser Stelle die zweite, strukturverändernde Variante von Streßbewältigung ins Spiel kommen. Im Sinne von Watzlawick, Weakland und Fisch (1974) impliziert strukturverändernde Streßbewältigung einen Wandel zweiter Ordnung. Mit einer erneuten Begriffsanleihe bei Piaget (1947) können wir auch von *Streßakkommodation* sprechen. Auch hier läßt sich zwischen gelungener und mißlungener Streßakkommodation der Familie unterscheiden. *Gelungene Streßakkommodation* führt zur Neuanpassung der Familie auf einem Niveau, das im Vergleich zur Ausgangslage strukturell verändert ist. Gleichzeitig beseitigt diese strukturelle Neuanpassung den vorhandenen Familienstreß.

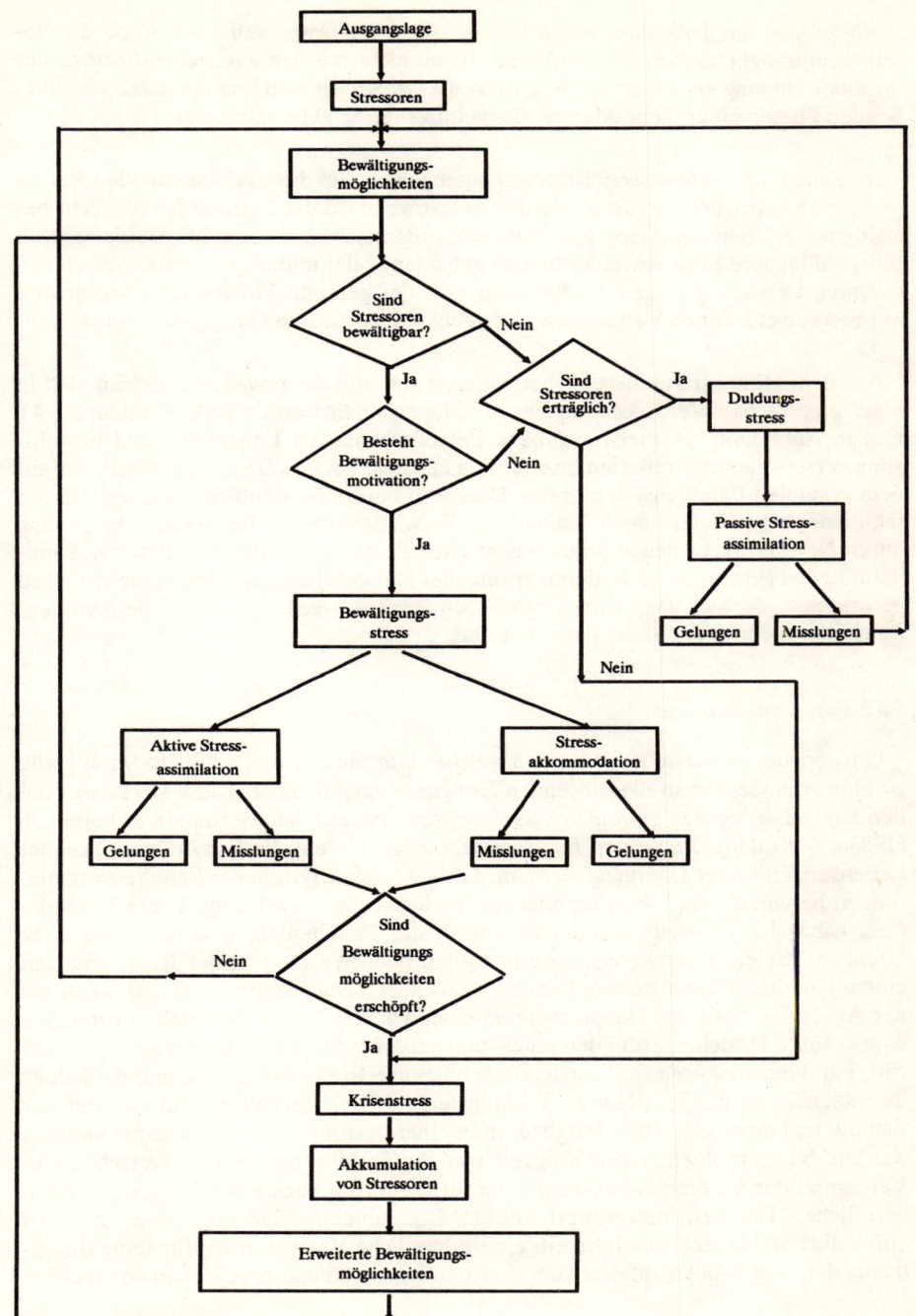

Abb. 5.4 Prozeßschema eines integrativen Familienstreßmodells

119

Mißlungene Streßakkommodation läßt zunächst die Frage aufkommen, ob die Bewältigungsmöglichkeiten erschöpft sind. Wenn nicht, werden alternative Formen der Streßbewältigung erkundet; wenn ja, führt dies zu Krisenstreß und die daran anschließenden Phasen einer mehr oder minder gelungenen Streßbewältigung.

Im Falle von *Duldungsstreß* ist davon auszugehen, daß die streßauslösenden Bedingungen als erträglich eingestuft werden, selbst wenn sie die Betroffenen als nicht bewältigbar erleben und/oder keine Bewältigungsmotivation besteht. Duldungsstreß führt auf längere Sicht entweder in eine gelungene oder mißlungene *passive Streßassimilation*. Letztere gibt den Anstoß dazu, daß der gesamte Streßbewältigungsprozeß mit den verschiedenen Verzweigungsmöglichkeiten erneut in Gang gesetzt wird.

Auf dem Hintergrund dieser Überlegungen soll nun das erweiterte Streßmodell in einer graphischen Veranschaulichung zusammengefaßt werden (vgl. Abbildung 5.4). Das in Abbildung 5.4 wiedergegebene Prozeßschema zur Entstehung und Bewältigung verschiedener Streßarten bezieht sich auf *systemischen Streß*, d. h. Streß, der auf dem gesamten Familiensystem lastet. Dies wird besonders deutlich, wenn es sich um familienexterne Belastungen handelt (z. B. wirtschaftliche Rezession, Ablehnung durch Nachbarn). Daneben können aber auch Probleme, in die ein einzelnes Familienmitglied geraten ist (z. B. durch kriminelles Handeln) zunächst individuellen Streß verursachen, der sich dann zum systemischen Streß auswächst, von dem alle Familienmitglieder mehr oder minder betroffen sind.

5.4.3 Familienstressoren

Um genauer zu verstehen, aufgrund welcher Umstände eine Familie in Streß gerät, ist eine Analyse der streßauslösenden Ereignisse unabdingbar. Diese streßauslösenden Ereignisse werden gewöhnlich als Stressoren bezeichnet. McCubbin & Patterson (1983a, S. 8) definieren einen *Familienstressor* "als ein auf die Familie einwirkendes Lebensereignis oder Übergangsstadium, das im sozialen System der Familie Veränderungen hervorruft bzw. das Potential zur Veränderung in sich trägt. Diese Veränderung kann sich in verschiedenen Bereichen des Familienlebens äußern, wie z. B. Grenzen, Zielen, Interaktionsmustern, Rollen oder Werten". In der Regel sind mit einem Familienstressor weitere Familienbelastungen eng gekoppelt, so z. B. wenn mit der Arbeitslosigkeit des Haupternährers einer Familie neben finanziellen Einbußen eine erhöhte Unsicherheit in den inner- und außerfamiliären Rollenbeziehungen auftritt. Familienstressoren sind zunächst als objektive Ereignisse anzusehen, die jedoch ihre spezifische streßauslösende Wirkung erst dadurch erhalten, daß sie von der Familie und ihren einzelnen Mitgliedern in einer bestimmten Weise wahrgenommen werden. So kann etwa Arbeitslosigkeit von der Familie als ein selbstverschuldetes Versagen oder als eine Herausforderung für die Suche nach einer befriedigenderen beruflichen Tätigkeit interpretiert werden. Die subjektive Deutung eines Stressors durch die Familie stellt somit bereits eine wesentliche Voraussetzung für seine Bewältigung dar - ein Aspekt, auf den wir weiter unten noch einmal zu sprechen kommen.

Da Familienstressoren inhaltlich sehr unterschiedlich sein können, stellt sich die Frage, ob es allgemeine Kriterien gibt, nach denen sich Stressoren klassifizieren lassen. McCubbin und Patterson (1983b, S. 7 f.) haben in Anlehnung an Lipman-Blumen (1975) folgende acht Kriterien zur Beurteilung von Familienstressoren zusammengestellt:

(1) *Ursprung*: Hat der Stressor seinen Ursprung innerhalb des Familiensystems (z. B. eine Familienmutter nimmt ihre Berufstätigkeit wieder auf) oder ist er auf familienexterne Einflüsse zurückzuführen (z. B. Verlust des Arbeitsplatzes)?

(2) *Verbreitung*: Wirkt sich der Stressor auf das gesamte Familiensystem aus (z. B. Scheidung) oder nur auf einzelne Familienmitglieder (z. B. Streitigkeiten zwischen Geschwistern)?

(3) *Abruptheit*: Setzt der Stressor plötzlich ein (z. B. Naturkatastrophe) oder entwickelt sich der Stressor langsam (z. B. Schwangerschaft)?

(4) *Intensität*: Handelt es sich um einen schwerwiegenden Stressor (z. B. Tod eines Familienmitglieds) oder um einen milden Stressor (z. B. Kauf eines neuen Autos)?

(5) *Dauer der Anpassung*: Ist die Anpassung an den Stressor kurzfristig (z. B. Schulbeginn eines Kindes) oder längerfristig (z. B. Krebserkrankung eines Elternteils)?

(6) *Vorhersehbarkeit*: Kann das Einsetzen eines Stressors erwartet werden (z. B. Übergang in die Pubertätsphase) oder tritt der Stressor unvorhergesehen auf (z. B. Autounfall)?

(7) *Ursache*: Liegt der Grund für das Auftreten eines Stressors in naturgegebenen Umständen (z. B. Hagelschaden am Haus einer Familie) oder in mensch-gemachten bzw. gesellschaftlichen Bedingungen (z. B. Arbeitsplatzverlust aufgrund technologischen Strukturwandels)?

(8) *Kontrollierbarkeit*: Ist eine Familie davon überzeugt, daß sie den Stressor unter Kontrolle bringen kann (z. B. Eingewöhnen in eine neue Wohnumgebung) oder glaubt sie, daß sie auf die Beseitigung des Stressors keinen Einfluß hat (z. B. Inflationsauswirkungen auf das Familienbudget)?

Innerhalb dieses Kriterienkatalogs spielt die Vorhersehbarkeit von Familienstressoren für den Verlauf der Familienentwicklung eine besondere Rolle. Nachdem Übergänge von einer Familienstufe zur anderen (z. B. vom Alleinsein zur Partnerschaft, von der Partnerschaft zur Elternschaft etc.) sich in der Regel als erwartbare Ereignisse darstellen, können derartige Übergänge als *normative Familienstressoren* bezeichnet werden. Davon abzuheben sind *nicht-normative Familienstressoren*, d. h. Ereignisse, die außerhalb des aktuellen Erwartungshorizonts einer Familie liegen. Hierzu gehören etwa der Ausbruch einer unheilbaren Krankheit, unzeitgemäßer Tod eines Familienmitglieds, Vergewaltigung etc.. Carter und McGoldrick (1980) fassen normative und nicht-normative Ereignisse als *horizontale Stressoren* zusammen und unterscheiden sie von *vertikalen Stressoren*. Gemeint sind damit Einflüsse auf das Familiensystem wie z. B. Familientabus oder -mythen, die im Sinne einer Mehrgenerationenperspektive von einer Generation auf die andere überkommen sind.

Für eine Reihe nicht-normativer Familienstressoren gilt, daß sie die Qualität von *Familienkatastrophen* erhalten. McCubbin und Figley (1983, S. 220) definieren eine Katastrophe als "eine plötzliche und extreme Lebensbedrohung, die mit einem Gefühl von Hilflosigkeit, Zersetzung, Zerstörung und Verlust einhergeht". Eine Gegenüberstellung von normativen und Katastrophen-Stressoren anhand einer Reihe charakteristischer Unterscheidungsmerkmale findet sich in Tabelle 5.4 (vgl. McCubbin & Figley 1983, S. 223).

Tab. 5.4 Allgemeine Unterschiede zwischen normativen und Katastrophen-Stressoren (nach McCubbin & Figley 1983, S. 223)

Merkmale	Normative Stressoren	Katastrophen-stressoren
Vorbereitungszeit	etwas	wenig bis keine
Vorhersehbarkeit	groß	gering
Frühere Erfahrung	etwas	keine
Unterstützungssystem	viele	wenige
Erfahrbarkeit für andere	universell	selten
Zeit in der "Krise"	keine bis wenig	wenig bis viel
Gefühl der Kontrolle	mittel bis hoch	wenig bis überhaupt nicht
Gefühl der Hilflosigkeit	wenig bis überhaupt nicht	mittel bis hoch
Verlustgefühl	etwas	stark
Gefühl der Auflösung	etwas	stark
Gefühl der Zerstörung	etwas	stark
Grad der Gefährlichkeit	gering	hoch
Stressorbezogene emotionale Probleme	einige	viele
Stressorbezogene medizinische Probleme	einige	viele

Zur Frage der Auswirkungen normativer Familienstressoren liegt eine Reihe empirischer Untersuchungen vor, die - je nach Fragestellung - Veränderungen auf der Individual-, Familiensubsystem- oder Familiensystemebene zum Gegenstand haben. So fand beispielsweise Nock (1981) in einer Längsschnittstudie an 1.500 Erwachsenen, daß normative Übergänge im Familienzyklus tendenziell mit einer negativen Bewertung der Lebenszufriedenheit einhergehen. Allerdings hat es den Anschein, daß normative Familienstressoren im allgemeinen nicht so krisenhaft erlebt werden, wie es eine Reihe von Autoren etwa im Zusammenhang mit der Geburt des ersten Kindes behauptet hat (vgl. hierzu Köstlin-Gloger 1985, Schneewind 1983a). Daß normative Familienstressoren im allgemeinen als wenig bedrohlich erlebt werden, ergibt sich aus einer Untersuchung von Menaghan (1982), in der die Autorin bei mehr als 1.000 Erwachsenen deren subjektive Beurteilung von normativen Stressoren im Familienlebenszyklus erhob. So wurde etwa für 10 kindbezogene normative Übergänge erfragt, (a) inwieweit sich das Leben der betroffenen Eltern veränderte, (b) inwieweit sich ihre Gefühle zu sich selbst veränderten und (c) inwieweit sie sich durch das jeweilige Ereignis beeinträchtigt fühlten. Die Ergebnisse dieser Studie sind in Tabelle 5.5 ausschnitthaft wiedergegeben (vgl. Menaghan 1982, S. 100).

Tab. 5.5   Subjektive Beurteilungen von elterlichen Übergängen (nach Menaghan 1982, S. 100)

Elterliche Übergänge	Subjektive Beurteilungen		
	Mein Leben änderte sich sehr stark	Meine Gefühle über mich selbst änderten sich	Ich fühlte mich ziemlich bis sehr beeinträchtigt
Geburt des ersten Kindes	78[a]	53	30
Geburt eines späteren Kindes	57	36	28
Schulbeginn des ältesten Kindes und Geburt eines weiteren Kindes	18	22	9
Schulbeginn des ältesten Kindes	22	19	6
Schulbeginn des jüngsten Kindes	22	20	15
Ältestes Kind wird 13 Jahre und jüngstes Kind beginnt die Schule	15	18	12
Ältestes Kind wird 13 Jahre	4	5	17
Jüngstes Kind wird 13 Jahre	5	5	12
Ältestes Kind verläßt das Haus	17	11	22
Jüngstes Kind verläßt das Haus	21	0	21

[a]Prozentsatz der Befragten, die das Ereignis erlebten

Im Vergleich zu anderen, eher nicht-normativen Familienstressoren, die ebenfalls Bestandteil dieser Studie waren (z. B. berufliche, ökonomische, eheliche und gesundheitliche Veränderungen), sind die Effekte der in Tabelle 5.5 genannten normativen Stressoren eher als bescheiden einzustufen. Dies wird auch in einer weiteren Untersuchung von Menaghan (1983) bestätigt, in der Familien, die sich in einem normativen Übergangsstadium befanden, verglichen wurden mit Familien in einer relativ stabilen Familienphase. Untersucht wurde dabei die Qualität der *Partnerbeziehung*. Von zwei Ausnahmen abgesehen, zeigten sich keine Unterschiede zwischen Familien im Übergang und Familien in stabilen Phasen. Die eine Ausnahme ist der Übergang in die Phase der nachelterlichen Gefährtenschaft, die tendenziell mit mehr Gleichheit in den Partnerbeziehungen einhergeht. Die andere Ausnahme sind Familien, bei denen gleichzeitig der Übergang des ältesten Kindes ins Jugendalter und der Schuleintritt des jüngsten Kindes auftritt. Diese Konstellation führt tendenziell zu mehr Ungleichheit im Partnerverhältnis.

Insbesondere Familien mit Kindern, die sich im Übergang zum Jugendlichenstatus befinden, scheinen einem erhöhten Familienstreß ausgesetzt zu sein - ein Ergebnis, zu dem auch Olson und McCubbin (1983) in ihrer umfangreichen Studie zur Analyse normativer Stressoren im Familienlebenszyklus gelangen. Ein weiterer empirischer Befund spricht dafür, daß normative Übergänge, die eine Aneignung neuer Rollensegmente erforderlich machen (z. B. wechselseitige Verantwortlichkeit in einer Partnerschaft, Übernahme von Elternpflichten), intensivere Stressoren sind als normative Übergänge, die mit einer Reduzierung von Rollenanforderungen verbunden sind (z. B. beim Übergang in die nachelterliche Gefährtenschaft).

Solche Ergebnisse sind jedoch allenfalls als tendenzielle Hinweise zu verstehen. Genauere Analysen zeigen, daß die Wirkung normativer Stressoren unter anderem auch im Kontext zeitlich vorausgehender Bedingungen zu sehen ist. Am Beispiel des Übergangs von einer losen zu einer verpflichtenden Partnerschaft (im Sinne einer gesellschaftlich legalisierten Ehe oder einer auf längere Frist angelegten nicht-ehelichen Lebensgemeinschaft) läßt sich verdeutlichen, unter welchen Voraussetzungen dieser normative Übergang erleichtert bzw. erschwert wird. Einige dieser Voraussetzungen, die - sofern sie nachweisbar sind - als zusätzliche Stressoren wirken, seien im folgenden genannt:

(1) *Persönlichkeit*: Für unreife, starre, wenig angepaßte und in interpersonalen Beziehungen ungeschickte Personen stellt sich der Übergang zu einer intimen Partnerschaft schwerer dar (vgl. Duvall 1977, Coleman 1984);

(2) *Qualität der Partnerbeziehungen in der Herkunftsfamilie*: Personen, deren Eltern über eine belastende und wenig zufriedenstellende Partnerbeziehung berichten, haben selbst mehr Probleme in intimen Beziehungssystemen (vgl. Greenberg & Nay 1982);

(3) *Akzeptanz durch die Eltern*: Eltern, die den jeweiligen Partner ihres Kindes nicht akzeptieren oder nur widerwillig Hilfe anbieten, erschweren ihren Kindern den Übergang in eine intime Partnerbeziehung (vgl. Duvall 1977);

(4) *Frühere intime Partnerschaften*: Je weniger eine Person ihre Beziehungen in früheren Partnerschaften geklärt hat, desto stärker wird dies eine Belastung für die Bildung einer stabilen Partnerschaft in der Gegenwart sein (vgl. Goetting 1980);

(5) *Dauer des Kennenlernens*: Für Personen, die eine feste Partnerschaft nach einer kurzen Zeit des Kennenlernens eingehen, besteht ein erhöhtes Risiko des Scheiterns. Das Risiko erhöht sich noch, wenn die Verbindung in sehr jungen Jahren erfolgt. Spanier und Glick (1981) fanden z. B., daß für Teenager-Ehen die Scheidungsrate doppelt so hoch ist wie für Paare, die zu einem späteren Zeitpunkt heirateten;

(6) *Kommunikation*: Unangemessenes Kommunikationsverhalten (z. B. nicht zuhören können, seine Wünsche nicht klar zum Ausdruck bringen können) erschwert den Übergang in eine intime Partnerschaft (vgl. Coleman 1984);

(7) *Wechselseitige Selbstenthüllung*: Partner, die nicht gelernt haben, sich über ihre Gefühle, Gedanken und Phantasien auszutauschen, haben es schwerer, den Übergang in eine intime Partnerschaft zu schaffen (vgl. Milholland 1982);

(8) *Grundregeln*: Paare, die keine expliziten Vereinbarungen über Ziele, Werte, Aufgabenverteilung und Verantwortlichkeiten ausgehandelt haben, müssen mit mehr Problemen beim Übergang in eine intime Partnerschaft rechnen (vgl. Coleman 1984);

(9) *Konfliktlösung*: Personen mit einer gering ausgebildeten Fähigkeit zur Lösung von Konflikten fällt der Übergang in eine bindende Partnerbeziehung schwerer (vgl. Braiker & Kelley 1979);

(10) *Ökonomische Basis*: Personen, die ihre Beziehungen auf einem unsicheren Einkommen oder drohendem Arbeitsplatzverlust aufbauen, sind beim Übergang zu einer stabilen Partnerschaft gefährdeter (vgl. Duvall 1977).

Einer Reihe der hier aufgeführten streßinduzierenden Bedingungen, die sich beim Übergang zu einer intimen Partnerschaft ergeben, kann durch präventive Maßnahmen begegnet werden. So haben sich z. B. Begegnungsgruppen, die unter professioneller Leitung mit Paaren im vorehelichen Stadium durchgeführt wurden, als hilfreich zur Verbesserung von Kommunikations- und Konfliktlösungsfähigkeiten oder zur Klärung von persönlichen bzw. gemeinsamen Zielen und Wertvorstellungen erwiesen (vgl. Avery et al. 1980, Ginsberg & Vogelsong 1977, Ridley et al. 1982).

5.4.4 Familiäre Streßbewältigung

Das Ausmaß von systemischem Streß in der Familie hängt neben der Art eines Stressors und seiner Begleitumstände davon ab, welche Bewältigungsmöglichkeiten einer Familie zur Verfügung stehen, um die Streßquelle unter Kontrolle zu bekommen. Im folgenden soll auf drei Aspekte der familiären Streßbewältigung eingegangen werden. Es sind dies: (a) die familieninterne Definition von Stressoren, (b) die Bewältigungsressourcen und (c) funktionale und dysfunktionale Bewältigungsformen.

5.4.4.1 Familieninterne Definition von Stressoren

Weiter oben war bereits darauf hingewiesen worden, daß die Art und Weise, wie die Familie einen Stressor definiert, mit darüber entscheidet, ob er als Herausforderung oder Belastung empfunden wird. Die familiäre Definition des Stressors ist dabei auch abhängig von den erwartbaren Konsequenzen und antizipierten Bewältigungsmöglichkeiten. So haben etwa Needle, Glynn und Needle (1983) für einen bestimmten nicht-normativen Familienstressor - die Drogenabhängigkeit eines jugendlichen Familienmitglieds - folgende sechs Aspekte herausgestellt, die für die Definition dieses Ereignisses durch die Familie typisch sind:

- *Besorgtheit*: Die Familie sorgt sich um die Gesundheit und Sicherheit des Jugendlichen;

- *Angstgefühle*: Bedingt durch ein erhöhtes Selbstmord- und Todesrisiko drogenabhängiger Jugendlicher kommt es zu intensiven Angstgefühlen in der Familie;

- *Verantwortlichkeits- und Schuldgefühle*: Eltern machen sich Selbstvorwürfe, bezweifeln ihre erzieherische Kompetenz oder halten sich für das Verhalten des Jugendlichen verantwortlich;

- *Innerfamiliäre Verbreitung der Drogenabhängigkeit*: Die Eltern entwickeln die Sorge, daß Geschwister von dem drogenabhängigen Jugendlichen "angesteckt" werden und ebenfalls Drogen nehmen;

- *Irritation über Nebeneffekte*: Die Familie sorgt sich über eine mehr oder minder grundlegende Änderung im Lebensstil des drogenabhängigen Jugendlichen, die sich z. B. in Interesselosigkeit, Passivität oder emotionaler Entfremdung äußern kann;

- *Ruf der Familie*: Sofern bekannt wird, daß ein jugendliches Familienmitglied drogenabhängig ist, fürchtet die Familie um ihren Ruf in der Nachbarschaft und der Gemeinde. Die Konsequenz kann familiäre Isolation und eine Erniedrigung des familiären Selbstwertgefühls sein.

Durch die Art der Definition eines Familienstressors wird häufig die effektive Bewältigung eines streßauslösenden Ereignisses behindert. Im Falle professioneller Hilfe ist es daher von besonderer Bedeutung, die subjektive Definition eines Familienstressors in Erfahrung zu bringen. Gegebenenfalls können dann durch Umdeutung des Stressors neue Kräfte für dessen Bewältigung freigesetzt werden (vgl. Grinder & Bandler 1985).

5.4.4.2 Bewältigungsressourcen

Insbesondere bei der Entstehung von Bewältigungs- und Krisenstreß erhebt sich die Frage, über welche Ressourcen eine Familie zur Streßregulation verfügt. Obwohl es für inhaltlich unterscheidbare normative und nicht-normative Ereignisse stressorspezifische Bewältigungsvoraussetzungen gibt, läßt sich auch eine Reihe von Bewältigungsmöglichkeiten anführen, die unabhängig von der Phase der Familienentwicklung oder der besonderen Art des Stressors von allgemeiner Bedeutung sind. Im folgenden wird vor allem auf diese allgemeineren Formen familiärer Bewältigungsressourcen näher eingegangen.

In einem Dekadenrückblick zur familiären Streß- und Bewältigungsforschung in den 70er Jahren haben McCubbin et al. (1980) neben dem faktischen Bewältigungsverhalten drei Aspekte von Bewältigungsressourcen herausgestellt, die einer Familie die Streßregulation erleichtern. Es sind dies (a) persönliche Ressourcen einzelner Familienmitglieder, (b) interne Ressourcen des Familiensystems und (c) außerfamiliäre Unterstützungssysteme.

Zu den *persönlichen Bewältigungsressourcen* zählen vor allem finanzieller Wohlstand, Bildungsniveau, gesundheitliches Wohlergehen und psychische Voraussetzungen in Form bestimmter Persönlichkeitsdispositionen. Pearlin und Schooler (1978) haben in ihren Untersuchungen zur Struktur des Bewältigungsprozesses insbesondere drei Persönlichkeitsdispositionen als einflußreiche Faktoren der Streßregulation gefunden, nämlich *Selbstwertgefühl*, d. h. eine positive Einstellung der Person zu sich selbst, *Selbstverunglimpfung*, d. h. eine Tendenz, seine eigenen Fähigkeiten geringzuschätzen und *personale Kontrolle*, d. h. die Gewißheit, auf veränderte Lebensumstände durch eigenes Handeln Einfluß nehmen zu können. Eine Reihe weiterer empirischer Studien bestätigt die Relevanz dieser oder ähnlicher Persönlichkeitsdispositionen für die Streßbewältigung (vgl. Costa & McCrae 1983, Kobasa 1979, Lefcourt 1980).

Interne Ressourcen des Familiensystems liegen vor allem in der Art und Weise, wo eine Familie ihr Zusammenleben organisiert und sich mit ihrer Außenwelt in Beziehung setzt. Durch das Selbstverständnis familiären Zusammenlebens werden auch mehr oder minder angemessene Formen der Streßregulation festgelegt. Neben einer Reihe konkurrierender Modelle zur Beschreibung von Familiensystemvariablen (vgl. Beavers & Voeller 1983, Moos & Moos 1986) hat das von Olson, Sprenkle und Russell (1979) entwickelte *Circumplexmodell* zur Beschreibung von Familiensystemen besondere Beachtung gefunden. Das Modell besteht aus zwei Dimensionen - Kohäsion und Anpassungsfähigkeit -, die je nach Ausprägungsgrad und Konfiguration zu unterschiedlichen *Familientypen* führen. Insgesamt leiten die Autoren aus ihrem Circumplexmodell 16 Typen von Paar- und Familiensystemen ab, die in einem weiteren Abstraktionsschritt als offene, geschlossene oder zufällige Systeme zusammengefaßt werden (vgl. hierzu auch Kapitel 8 in diesem Band).

Familienkohäsion wird von Olson und McCubbin (1982, S. 49) definiert als "die emotionale Bindung, die Familienmitglieder untereinander haben, und das erlebte Ausmaß an individueller Autonomie", während der Begriff *Familienanpassungsfähig-*

keit von den gleichen Autoren (Olson & McCubbin 1982, S. 51) eingeführt wird als "die Fähigkeit eines Ehe- oder Familiensystems, ihre Machtstruktur, Rollenbeziehungen und Beziehungsregeln als Reaktion auf situations- und entwicklungsbedingten Streß zu ändern". Auf diesem Hintergrund wird deutlich, daß eine Typisierung von Familien anhand des Circumplexmodells nicht notwendig mit sich bringt, eine Familie ein für allemal einem bestimmten Familientyp zuzuweisen. Die Autoren gehen vielmehr davon aus, daß sich die Position einer Familie in den Koordinaten der Kohäsions- und Anpassungsdimension in Abhängigkeit von normativen und nicht-normativen Familienstressoren ändert. Olson und McCubbin (1982, S. 59) haben für eine Reihe normativer Familienstufen und Entwicklungsübergänge charakteristische Systemtypen für Familien mit und ohne Problemen zusammengestellt, die in Tabelle 5.6 wiedergegeben sind.

Aus Tabelle 5.6 wird ersichtlich, daß offene Familiensysteme, d. h. Familien mit einer mittleren und balancierten Ausprägung auf den Dimensionen Kohäsion und Anpassungsfähigkeit, zu den weniger problematischen gehören. Diesen Familien gelingt es auch besser, mit familiärem Streß umzugehen, was Olson und McCubbin (1983) ansatzweise auch empirisch bestätigen konnten. Erwähnenswert ist in diesem Zusammenhang auch, daß Systemmerkmale der Familie wie Zusammenhalt, flexible Regelhandhabung und hoher Gehalt an Erfahrungsanregung wesentliche Voraussetzungen für die Sozialisation persönlicher Streßbewältigungsressourcen wie z. B. personale Kontrolle darstellen (vgl. Schneewind 1982b, 1985).

Über *Unterstützungssysteme* ist die Familie eingebunden in umfassendere Lebenskontexte, die bei der Bewältigung von Familienstreß behilflich sein können (vgl. Pilisuk & Parks 1983). Abgesehen davon, daß eine Partnerschaft oder eine Familie selbst als ein auf Wechselseitigkeit angelegtes Unterstützungssystem angesehen werden kann (vgl. Caplan 1982, Burke & Weir 1982) lassen sich außerfamiliäre Unterstützungssysteme nach Andrews, Bubholz und Paolucci (1980) in formelle, nichtformelle und informelle Unterstützungssysteme gliedern. Abbildung 5.5 vermittelt einen Eindruck davon, welche Organisationsformen diesen drei Typen von Unterstützungssystemen zuzuordnen sind und wie sie mit dem Familiensystem verbunden sind (vgl. Andrews, Bubholz & Paolucci 1980, S. 41).

Cobb (1982) macht eine Unterscheidung zwischen verschiedenen Formen von Unterstützung. Dabei ist *soziale Unterstützung* eine von vier Formen, die lediglich informationellen Charakter hat und folgende drei Komponenten erfaßt: (a) *emotionale Unterstützung*, die dazu führt, daß der Empfänger sich geliebt und umsorgt fühlt, (b) *Wertschätzungsunterstützung*, die dem Empfänger das Gefühl vermittelt, daß er geschätzt und anerkannt ist, (c) *Netzwerkunterstützung*, die beim Empfänger zur Überzeugung beiträgt, daß er eine bestimmte Position in einem Netzwerk wechselseitiger Kommunikation und Verpflichtungen innehat. Für die Bewältigung von Familienstressoren kann sich soziale Unterstützung vor allem auf eine Erhöhung der Bewältigungsmotivation auswirken.

Die *zweite Unterstützungsart* wird von Cobb als *instrumentelle Unterstützung* bezeichnet und bezieht sich unter anderem auch auf Hilfe durch Beratung und Therapie in

Tab. 5.6 Familiensystemtypen in verschiedenen Phasen und Übergängen des Familienlebenszyklus (nach Olson & McCubbin 1982, S. 59)

Phasen und Übergänge im Familienlebenszyklus	Dimensionen des Circumplexmodells	
	Kohäsion	Anpassungsfähigkeit
Vor der Ehe	verbunden & verstrickt	strukturell & rigide
Neuvermählte	verbunden	flexibel & chaotisch
Frühe Ehe	getrennt & verbunden	flexibel & strukturell
Spätere Ehe		
a) nicht-belastet	getrennt & verbunden	flexibel & strukturell
b) belastet	ein oder beide Partner losgelöst oder verstrickt	ein oder beide Partner chaotisch oder rigide
Geburt des ersten Kindes	verbunden & verstrickt	anfänglich chaotisch, später strukturell & rigide
Familien mit Kindern		
a) unproblematische Familien	getrennt & verbunden	flexibel & strukturell
b) Problemfamilien	losgelöst & verstrickt	chaotisch & rigide
Familien mit Jugendlichen		
a) unproblematische Familien	primär losgelöst; einige verbunden	flexibel & strukturell
b) Problemfamilien	verstrickt & losgelöst	rigide & chaotisch
Ältere Paare mit/ohne Kinder		
a) nicht belastet	getrennt & verbunden	flexibel & strukturell
b) belastet	losgelöst & verbunden	rigide

professionellen bzw. paraprofessionellen Kontexten. Bezogen auf die Bewältigung von Familienstressoren besteht hier die Aufgabe vornehmlich darin, Familien bei der Aktivierung neuer oder alternativer Bewältigungsmöglichkeiten behilflich zu sein. Dies ist insbesondere dann erforderlich, wenn eine Familie im Falle von Krisenstreß davon überzeugt ist, daß ihre Bewältigungsmöglichkeiten erschöpft sind. Einschlägige Therapieevaluationsstudien sind ein Beleg dafür, daß systemorientierte Beratungs- und Therapieansätze bei der Lösung von Familienproblemen erfolgreich helfen können (vgl. Gurman & Kniskern 1978b).

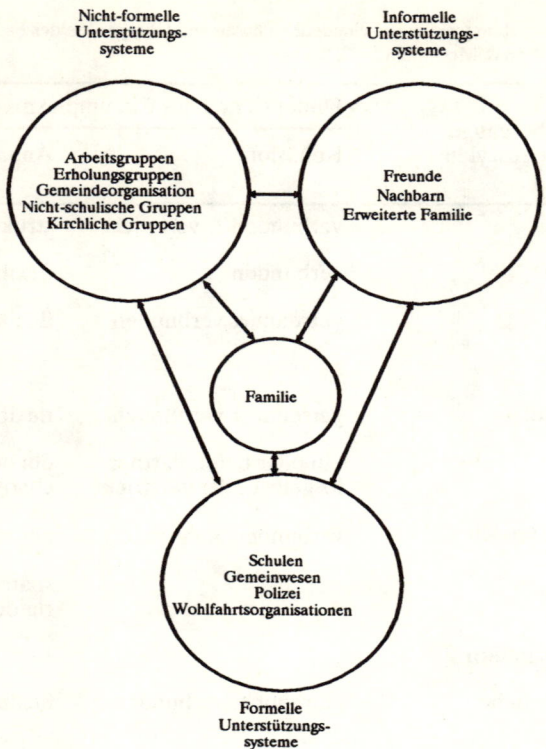

Nicht-formelle
Unterstützungs-
systeme

Informelle
Unterstützungs-
systeme

Arbeitsgruppen
Erholungsgruppen
Gemeindeorganisation
Nicht-schulische Gruppen
Kirchliche Gruppen

Freunde
Nachbarn
Erweiterte Familie

Familie

Schulen
Gemeinwesen
Polizei
Wohlfahrtsorganisationen

Formelle
Unterstützungs-
systeme

Abb. 5.5   Unterstützungssysteme und ihre Beziehung zur Familie (nach Andrews et al. 1980, S. 41)

Die *dritte Unterstützungsart* bezieht sich auf *aktive Unterstützung*, für die Cobb (1982, S. 190) als Beispiel nennt, "was Mütter für ihre Kinder und Krankenschwestern für ihre Patienten tun", nicht ohne darauf hinzuweisen, daß unnötige aktive Unterstützung zu Abhängigkeit führen kann. Aktive Unterstützung wird sich vor allem in nicht-formellen und informellen Unterstützungssystemen finden (z. B. in Form nachbarschaftlich organisierter Fahrgemeinschaften oder Kinderbetreuungshilfen) und kann dadurch dazu beitragen, familiären Alltagsstreß abzubauen. Aber auch in Bezug auf unterschiedliche Phasen der Familienentwicklung hat sich aktive Unterstützung als ein wesentlich streßlindernder Faktor erwiesen. Exemplarisch sei hier eine Studie von Crockenberg (1981) genannt, in der sich herausstellte, daß junge Mütter von Kindern mit "schwierigem Temperament" diesen Stressor besser verarbeiteten, wenn sie auf Hilfe durch aktive Unterstützungssysteme zurückgreifen konnten.

Die *vierte* von Cobb genannte *Unterstützungsart* ist *materielle Hilfe*, d. h. die Bereitstellung von Geld, Gütern und Dienstleistungen. Ein Beispiel hierfür sind die Aktivitäten formeller Unterstützungssysteme auf kommunaler oder staatlicher Ebene (z. B. familienpolitisch bewirkte Transferzahlungen, Sozialstationen, Familien- und Erziehungsberatungsstellen). Auch diese Hilfen können wesentlich dazu beitragen, familiäre Dauerbelastungen erträglicher zu machen. In einer Familienentwicklungsperspektive bestehen jedoch gerade für den Bereich der Familienpolitik erhebliche Defizite. So fordert der Beirat für Familienfragen beim Bundesministerium für Jugend, Familie und Gesundheit (1984, S. 19) "eine *phasenspezifische Betrachtung* des Lebens- und Familienzyklus, der für die Ausgestaltung einer systematischen Familienpolitik künftig ganz generell ein deutlich größeres Gewicht erhalten sollte, als dies bisher in der tatsächlichen Familienpolitik wie auch in ihrer gedanklichen Grundlegung der Fall ist".

Die von Cobb unterschiedenen Unterstützungsarten sind nicht unabhängig voneinander, sondern können sich mehr oder minder überlappen. Dabei ist auch zu berücksichtigen, daß Funktionen der verschiedenen Unterstützungssysteme auf eher engen oder eher schwachen Bindungen zur Familie beruhen können (vgl. Pilisuk & Parks 1983). Allerdings sind enge Bindungen an ein bestimmtes Unterstützungssystem nicht immer in allen Belangen hilfreich. So können z. B. Freunde und Bekannte einer von Arbeitslosigkeit betroffenen Familie zwar im Sinne sozialer Unterstützung Trost und Zuspruch gewähren, ohne jedoch hinreichend instrumentelle, aktive oder materielle Hilfe leisten zu können.

5.4.4.3 Funktionale und dysfunktionale Bewältigungsformen

Nicht alle Bewältigungsversuche sind erfolgreich und führen zur Linderung von Familienstreß. Mißlungene oder inadäquate Bewältigungsversuche können die Lage einer Familie eher verschlimmern als verbessern und tragen somit zur Akkumulation von Familienstressoren bei. So nennt etwa Voydanoff (1983) im Zusammenhang mit familiären Strategien zur Bewältigung von Arbeitslosigkeit ineffektive Bewältigungsformen wie sozialen Rückzug und Kontakteinschränkung, erhöhtes Gesundheitsrisiko aufgrund falscher Sparmaßnahmen (z. B. bei der Krankenversicherung) oder offensichtlich dysfunktionale Verhaltensweisen wie erhöhten Alkohol- und Drogenkonsum oder Gewalttätigkeit gegenüber Familienmitgliedern.

Auf einem allgemeineren Niveau haben McCubbin und Figley (1983, S. 227) eine Gegenüberstellung funktionaler und dysfunktionaler Formen familiärer Streßbewältigung anhand von 11 Kriterien vorgenommen. Diese Gegenüberstellung findet sich in Tabelle 5.7. Die in dieser Tabelle aufgeführten funktionalen Bewältigungsformen von Familienstreß können als allgemeine Bewältigungsvoraussetzungen angesehen werden, die im Laufe der Familienentwicklung dazu beitragen, sich mit einer Fülle unterschiedlicher normativer und nicht-normativer Familienstressoren angemessener auseinanderzusetzen. Zusammen mit stressorspezifischen Kompetenzen (wie sie z. B. der Umgang mit kleinen Kindern oder die Bewältigung von Verlust und Tod eines engen Familienmitglieds erfordern) tragen diese allgemeineren Bewältigungsressourcen zu einem Kenntnis- und Erfahrungsfundus bei, der im Rahmen der Familienentwicklung auch vorbeugend nutzbar gemacht werden kann. Hier bietet sich neben den eher korrektiv orientierten familientherapeutischen Ansätzen, die in der Regel auf Familien abzielen, die sich in der Krise befinden, ein weites Anwendungsfeld für eine präventiv ausgerichtete Familienentwicklungspsychologie.

Tab. 5.7   Unterscheidung von funktionalen und dysfunktionalen Formen familärer Streßbewältigung
(nach McCubbin & Figley 1983, S. 227)

Merkmale	Familiäre Bewältigungsformen	
	funktional	dysfunktional
Identifikation des Stressors	klar, Annahme	unklar, Verleugnung
Lokalisierung des Problems	familienzentriert	individuumszentriert
Annäherung an das Problem	lösungsorientiert	beschuldigungsorientiert
Duldung von anderen	hoch	gering
Verpflichtung und Zuneigung zu Familienmitgliedern	klar, direkt	unklar, indirekt
Kommunikation	offen	geschlossen
Familienkohäsion	hoch	gering
Familienrollen	flexibel, sich ändernd	rigide
Nutzung von Ressourcen	balanciert bis hoch	niedrig bis überhaupt nicht
Gebrauch von Gewalt	nicht gegeben	gegeben
Gebrauch von Drogen	selten	häufig

5.5 Sensibilisierung für Familienentwicklungsprozesse

Die Annäherung an eine Psychologie, die sich mit Familienentwicklungsprozessen beschäftigt, kann grundsätzlich auf zweierlei Weisen geschehen. Zum einen können theoretische und empirische Wissensbestandteile gesammelt und auf einer vornehmlich kognitiven Ebene, d. h. vor allem durch Lehre und Lektüre, vermittelt werden. Die dabei ablaufenden Lernprozesse lassen sich als *instruktionsgeleitetes Lernen* bezeichnen. Zum anderen besteht aber auch die Möglichkeit, Familienentwicklungsprozesse auf der Basis unmittelbarer Erfahrung und Anschaulichkeit zu vermitteln. Diese Form des Lernens soll als *erfahrungsgeleitetes Lernen* bezeichnet werden.

Eine *erste Variante* erfahrungsgeleiteten Lernens besteht in der Durchführung von bzw. Teilhabe an grundwissenschaftlich orientierten Projekten der psychologischen Familienentwicklungsforschung. Psychologiestudenten, die an familienbezogenen empirischen Diplomarbeiten oder Dissertationen arbeiten, ist die Erfahrung ebenso wenig fremd wie einschlägig spezialisierten Fachwissenschaftlern, daß sie bei ihren Untersuchungen immer wieder auch mit Familienproblemen konfrontiert werden.

Auch wenn es bei derartigen Untersuchungsvorhaben nicht eigentlich um Fragen der Familienentwicklung geht, werden solche Probleme nicht selten von den Familien selbst ins Feld geführt.

Eine *zweite Variante* erfahrungsgeleiteten Lernens hat ausdrücklich mit Familienentwicklungsprozessen zu tun, indem der Lernende dazu angehalten wird, durch eigene Aktivität oder durch stellvertretende Beobachtung konkrete Familienverläufe kennenzulernen. Gewöhnlich sind die dabei ablaufenden Lernprozesse durch starke Ichbeteiligung und nicht selten auch durch ein hohes Maß an Betroffenheit gekennzeichnet. Im folgenden sollen zwei Ansätze kurz skizziert werden, die dazu geeignet erscheinen, für erfahrungsgeleitetes Lernen von Familienentwicklungsprozessen zu sensibilisieren. Es sind dies die Methode der Familienrekonstruktion und die Simulation von Familienentwicklungsverläufen.

5.5.1 Familienrekonstruktion

Im Zusammenhang mit dem im Abschnitt 5.1.3 diskutierten psychologischen Familienbegriff wurde darauf hingewiesen, daß Familienentwicklungsprozesse immer auch im Lichte der generationenübergreifenden Geschichte intimer Beziehungssysteme zu sehen sind. Im deutschen (aber auch im angloamerikanischen) Sprachraum hat vor allem Toman (1974) mit seinem Konzept der Familienkonstellation die Grundlagen für eine Mehrgenerationenperspektive in der Familienforschung, -beratung und -therapie geschaffen (vgl. Toman 1979, Toman & Preiser 1973). In diesem Zusammenhang hat Toman auch eine spezielle Notationsweise für Familienkonstellationsdaten geschaffen, die im wesentlichen auf eine symbolische Darstellung von Geschwisterpositionen in den einzelnen Generationen der Familie hinausläuft.

Für die familientherapeutische Ausbildung und Praxis wurde der Gedanke einer anschaulichen Darstellung der Familiengenealogie besonders von Guerin und Pendagast (1976) sowie Pendagast und Sherman (1977) forciert. Diese Autoren haben ihrer Methode die Bezeichnung *Genogramm* gegeben. Gemeint ist damit die generationsübergreifende graphische Darstellung der Personenzusammensetzung einer Familie, die selbst in ihrer sparsamsten Darstellung wichtige Informationen über das familiäre Beziehungsgefüge und dessen Entwicklung liefert. Abbildung 5.6 vermittelt einen Eindruck von der Konstruktion eines Dreigenerationen-Genogramms für eine Person, die dem Autor relativ gut bekannt ist. Die Notationsweise orientiert sich dabei an einem Vorschlag von Kramer (1985, S. 38 f.). Zu berücksichtigen ist dabei, daß prinzipiell von der gegenwärtigen Lebens- und Familiensituation der betroffenen Person ausgegangen wird.

Das in Abbildung 5.6 wiedergegebene Gerüst eines Genogramms kann nun mit einer Fülle weiterer Informationen angereichert werden. Im vorliegenden Fall wäre es z. B. wichtig, in das Genogramm die Großelterngeneration mit einzubeziehen, genauere Informationen über Zeit- und Altersangaben (z. B. Alter der dargestellten Personen, Zeit der Scheidung und Wiederverheiratung) einzuholen oder die Qualität der Beziehungen zwischen den Personen zu eruieren. Kramer (1985) empfiehlt daher, in ein Genogramm zwei Arten von Daten aufzunehmen, die sie als *faktische Daten* und *Beziehungsdaten* bezeichnet (vgl. hierzu auch Kapitel 8 in diesem Band).

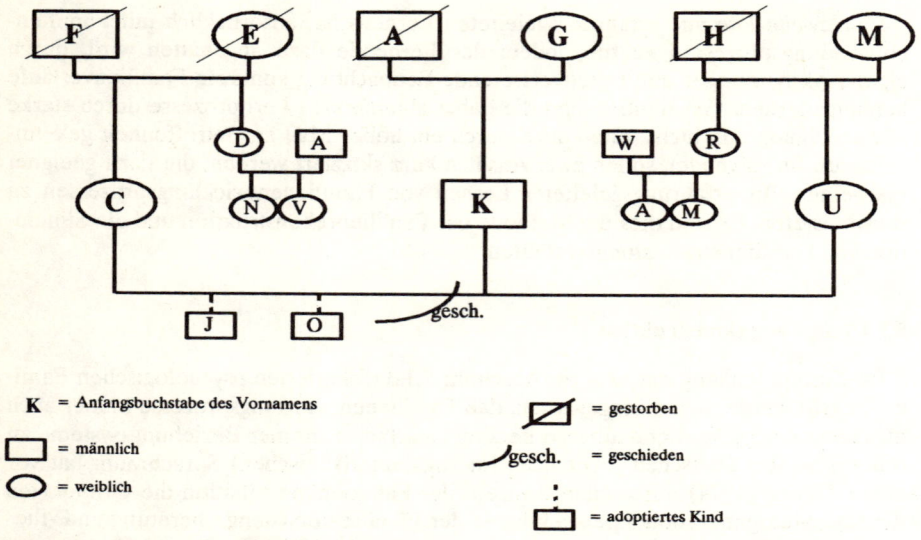

Abb. 5.6   Beispiel eines Drei-Generationen-Diagramms (in Anlehnung an Kramer 1985, S. 38 f.)

Ein wesentlicher Vorteil der Sammlung von Familienrekonstruktionsdaten besteht darin, daß die betroffene Person dazu angeregt wird, in Kontakt mit noch lebenden Personen zu treten, um fehlende Informationen einzuholen. Dabei ist für sich bereits aufschlußreich, an welchen Stellen Informationslücken auftreten und welche Widerstände bestehen, mit bestimmten Familienmitgliedern Kontakt aufzunehmen.

Die Einsatzmöglichkeiten der Familienrekonstruktionsmethode sind sehr vielfältig. Sie kann primär zur Familiendiagnostik herangezogen werden und stellt dann eine wichtige Informationsquelle für das Vorgehen eines Familientherapeuten dar. Sie kann aber auch gezielt als eine Therapietechnik eingesetzt werden, etwa wenn es darum geht, der betroffenen Person zu mehr Einsicht in ihre gegenwärtigen Beziehungsprobleme zu verhelfen. Auf diese Weise kann Familientherapie auch mit einer Person durchgeführt werden (vgl. Carter & Orfanidis 1976).

Eine weitere Möglichkeit zum Einsatz der Familienrekonstruktion besteht darin, sie im Rahmen von Seminaren mit Skulpturtechniken, Rollenspielen und Methoden des Psychodramas zu kombinieren. So können z. B. einzelne Phasen der generationenübergreifenden Familienentwicklung auf der Basis der Informationen, die von der jeweiligen Person selbst recherchiert und zusammengestellt wurden, in der Seminargruppe nachgespielt werden. Hawkins und Killorin (1979) haben ein derartiges Eintagesseminar zur Rekonstruktion der Ursprungsfamilie mit Erfolg erprobt.

5.5.2 Simulation von Familienentwicklungsprozessen

Ein weiteres Modell zur Aktivierung erfahrungsgeleiteten Lernens im Zusammenhang mit Familienentwicklungsprozessen besteht darin, im Rollenspiel die einzelnen Phasen der Familienentwicklung durchzuspielen. Dies kann einmal für eine *konkrete Familie*, etwa die Herkunftsfamilie eines der Rollenspieler, geschehen. Voraussetzung hierfür ist, daß die betreffende Person aus einer Gruppe Personen aussuchen kann, die in die Rolle ihrer Familienmitglieder (z. B. Eltern, Geschwister) schlüpfen. Des weiteren müssen die Rollenspieler mit einem Grundbestand an Informationen über die Personen, die sie spielen sollen, ausgestattet werden. An dieser Stelle bietet sich eine Brücke zur Methode der Familienrekonstruktion an.

Als nächstes können nun normative und nicht-normative Ereignisse, die im Laufe der Familienentwicklung dieser konkreten Familie aufgetreten sind, nachgespielt werden. Hierzu gehört etwa die Phase des Kennenlernens der Eltern; ihr Entschluß, eine feste Partnerschaft einzugehen oder zu heiraten; die Geburt des ersten Kindes, insbesondere die Geburt der betreffenden Person selbst und die Reaktionen, die dieses Ereignis bei den Eltern oder Geschwistern ausgelöst hat; der erste Tag im Kindergarten oder der erste Tag in der Schule und wie damit in der Familie umgegangen wurde; die erste längere Abwesenheit von zuhause; die erste Verliebtheit und die Reaktionen der Eltern und Geschwister darauf; das erste selbstverdiente Geld; der Entschluß, aus dem Elternhaus auszuziehen und die Reaktionen der einzelnen Familienmitglieder hierzu; die Vorstellung des ersten Intimpartners im Elternhaus und wie damit umgegangen wurde etc..

Ein Vorteil dieses Vorgehens besteht darin, daß die einzelnen Phasen der Familienentwicklung an ganz konkreten Erfahrungen einer bestimmten Familie festgemacht werden können und somit für die Rollenspieler wie für die Beobachter dieser Sequenz von Familienszenarien auf eine höchst anschauliche Weise systemisches Denken vermittelt wird. In der Tat haben Autoren, die mit der Technik der Simulation von Familienentwicklung im Rollenspiel - insbesondere im Zusammenhang mit der Ausbildung von angehenden Familientherapeuten - gearbeitet haben, darauf hingewiesen, daß durch dieses Verfahren der Grad der Involviertheit der Trainees gehoben und ihre Ausbildungszeit verkürzt werden kann (vgl. Raasoch & Laquer 1979, Weingarten 1979). Darüber hinaus lassen sich durch diese Methode auch bestimmte Konzepte der familientherapeutischen Theorie anschaulich erfahrbar machen (vgl. Green & Saeger 1982, Liddle & Saba 1982). Als Beispiel hierfür sei das Konzept der *Triangulation* genannt, bei dem es nach Simon und Stierlin (1984, S. 366) um die "Erweiterung einer konflikthaften Zweierbeziehung um eine dritte Person (z. B. Kind, Therapeut), die den Konflikt verdeckt und/oder verschärft", geht. Dies kann etwa dadurch sichtbar werden, daß sich nach der Ankunft des ersten Kindes das Kommunikationsmuster der Eltern deutlich ändert oder ein Kind zum "identifizierten Patienten" gemacht wird, der die gesamte Aufmerksamkeit auf sich zieht und somit die Eltern auf der Partnerebene von ihren Beziehungsproblemen ablenkt.

Neben einer Sensibilisierung für Entwicklungsprozesse, die bei konkreten Familien ablaufen, besteht eine weitere Möglichkeit erfahrungsgeleiteten Lernens in der Rollenspielarbeit mit *simulierten Familien*. Fulmer (1983) hat hierzu Vorschläge für die

Gestaltung eines entsprechenden Seminars gemacht. Der wesentliche Punkt dieses Programms besteht darin, daß sich die Seminarteilnehmer, nachdem sie zunächst zu potentiellen Partnern und potentiellen Kindern bestimmt wurden, selbst zu Familien finden und dann den gesamten Familienentwicklungsprozeß im Rollenspiel durchlaufen. Fulmer (1983) hat diesen Entwicklungsprozeß in fünf Übungsabschnitte aufgeteilt, nämlich (1) Partnerwerbung und Heirat, (2) Vorbereitung für die Geburt des ersten Kindes, (3) Geburt des Kindes und Kindererziehung, (4) die Ablösungsphase des Jugendlichen und (5) die Familie im Alter.

Diese Familienphasen werden vom Seminarleiter im Rahmen von Kurzvorträgen zunächst beschrieben. Dann folgt jeweils ein Übungsteil, in dem die Seminarteilnehmer "ihre" simulierte Familie entstehen lassen. Gleichzeitig werden die jeweiligen Beobachter angehalten, auf bestimmte Aspekte des verbalen und nonverbalen Kommunikationsverhaltens besonders zu achten. Da die Beobachter gleichermaßen Mitglieder einer simulierten Familie sind und umgekehrt, lernen die Seminarteilnehmer nicht nur, Familien "von innen" und "von außen" zu betrachten. Zugleich werden sie auch mit einer Vielfalt unterschiedlicher Formen familiären Zusammenlebens in vergleichbaren Phasen der Familienentwicklung konfrontiert.

Ein Vorzug dieses Programms, das sich unschwer auch auf weniger traditionelle Formen intimer Beziehungssysteme im Sinne des im ersten Abschnitt dargestellten psychologischen Familienbegriffs erweitern läßt, besteht in der Verknüpfung von instruktionsgeleiteten und erfahrungsgeleiteten Lernelementen. Es scheint dies ein vielversprechender Weg zu sein, familienwissenschaftliche Grundlagenforschung und Anwendungspraxis zu integrieren und somit den Weg für eine professionell betriebene Familienentwicklungspsychologie zu bahnen.

6. Familiäre Sozialisation und personale Kontrolle

6.1 Familiäre Sozialisation als Kompetenzentwicklung

Bei Eltern, Lehrern, Politikern, Wissenschaftlern, kurz: Bei all denen, die sich in Anwendung und Forschung, in Praxis und Theorie damit auseinanderzusetzen haben, welche Zielsetzungen für die kindliche Persönlichkeitsentwicklung wünschenswert sind, scheint sich ein Grundkonsens abzuzeichnen: Gewünscht ist das kompetente Kind. Dabei hat es den Anschein, daß dieser Grundkonsens sich nicht nur deswegen einstellt, weil mit dem Wort "Kompetenz" eine vielgebrauchte Begriffshülse gefunden wurde, die jeder nach eigenem Gutdünken mit Bedeutung auffüllen kann. Es scheint vielmehr, daß sich mit dem *Kompetenzbegriff* konkrete Zielsetzungen für die Verhaltensbereitschaften und Fähigkeiten von Kindern verbinden lassen, die es dem einzelnen Kind ermöglichen, den ständig neuen Herausforderungen und Veränderungen, die sich im Umgang mit sich selbst und seiner Welt ergeben, in einer aktiven und konstruktiven Weise zu begegnen.

Einige Hinweise mögen dies verdeutlichen: So sind etwa im Zweiten Familienbericht (Deutscher Bundestag 1975, S. 14) solche allgemeinen Sozialisationsziele formuliert worden. Hierzu gehören Aspekte wie Selbstsicherheit, Gewissensbildung, intellektuelle Fähigkeiten, Leistungsmotivation sowie Fähigkeiten zur Empathie, Solidarität und Konfliktbewältigung. In einer etwas anderen Perspektive hat Sommer (1977, S. 89) zwischen instrumentellen, individuellen und sozialen sowie politisch-gesellschaftlichen Kompetenzen unterschieden und diese wiederum in konkrete Teilkompetenzen untergliedert. In einer neueren Arbeit hat Belsky (1984, S. 85) eine Reihe von wünschenswerten Zielen der kindlichen Persönlichkeitsentwicklung genannt, zu denen Aspekte wie emotionale Sicherheit, Eigenständigkeit, soziale Kompetenz und intellektuelles Leistungsvermögen gehören. Es liegt auf der Hand, daß derartige Grundqualifikationen in der Tat wichtige *personale Voraussetzungen* dafür sind, was Lüscher und Fisch (1977, S. 19) als wesentliches Merkmal eines gelungenen individuellen Sozialisationsprozesses betrachten, nämlich die Bereitschaft und Fähigkeit "am gesellschaftlichen Leben teilzuhaben und u. U. an seiner Veränderung mitzuwirken". Dabei ist nicht zu übersehen, daß mit diesen Persönlichkeitsdispositionen wichtige personale Voraussetzungen für eine innovationsorientierte Gesellschafts-, Wirtschafts- und Arbeitskultur formuliert sind (vgl. Bericht der Kommission "Zukunftsperspektiven gesellschaftlicher Entwicklungen" 1983).

Zweifelsohne haben Eltern an dem Prozeß der Entwicklung derartiger personaler Grundqualifikationen bei ihren Kindern einen entscheidenden, wenn auch nicht ausschließlichen Anteil. Ausschließlich deshalb nicht, weil der Tendenz nach gilt: Je älter und kompetenter Kinder werden, desto mehr sind sie den Einflüssen anderer Sozialisationsinstanzen (z.B. Schule, Gleichaltrigengruppe) ausgesetzt und desto mehr nehmen sie im Rahmen gesellschaftlich mehr oder minder verbindlich vorgegebener Entwicklungsaufgaben ihre Entwicklung selbst in die Hand. Es kommt zur *Selbstsozialisation* - einem Prozeß, der dadurch gekennzeichnet ist, daß im Spannungsfeld von

Anforderungserwartungen und Gestaltungsmöglichkeiten eigene Ziele gesetzt und durch eigenständiges Handeln zu erreichen versucht werden (vgl. Schneewind 1979a).

Selbstsozialisation im Sinne einer eigenverantwortlichen, erfahrungsfördernden und die eigene Entwicklung voranbringenden Lebensgestaltung setzt voraus, daß im Entwicklungsgang des Kindes zwei aufeinander abgestimmte Bedingungsmuster von Entwicklung wirksam werden, die von Bronfenbrenner (1979, S. 845) als primärer bzw. sekundärer Entwicklungskontext bezeichnet werden. In den Worten Bronfenbrenners ist ein *primärer Entwicklungskontext* dadurch gekennzeichnet, daß "das Kind zusammen mit oder unter der direkten Führung von Personen, die über Wissen und Fähigkeiten verfügen, die das Kind noch nicht hat und mit denen das Kind eine positive emotionale Beziehung aufgebaut hat, zunehmend komplexer werdende Aktivitätsmuster beobachten und sich in diese einlassen kann". Daran anknüpfend betrachtet Bronfenbrenner einen *sekundären Entwicklungskontext* als die Bereitstellung "von Möglichkeiten, Ressourcen und Ermunterungen, sich in Aktivitäten einzulassen, die das Kind in primären Entwicklungskontexten gelernt hat, diesmal aber ohne die aktive Beteiligung oder direkte Führung anderer Personen, die über mehr Wissen und Fähigkeiten verfügen als das Kind selbst". Es liegt auf der Hand, daß es in der frühkindlichen Entwicklungsphase vornehmlich die Eltern sind, die für das Arrangement primärer und sekundärer Entwicklungskontexte sorgen.

In einer differenzierten, insbesondere durch Beobachtungsstudien gestützten Perspektive, läßt sich für die frühkindliche Entwicklungsphase eine Reihe von Merkmalen elterlichen Erziehungsverhaltens benennen, die für die Entwicklung kompetenter Kinder förderlich sind (vgl. Clarke-Stewart 1977). Mit zunehmendem Alter des Kindes erweisen sich hohe Grade von elterlicher Unterstützung und Wärme, konsistenter Kontrolle und Disziplinierung, Nutzung eines erklärenden statt unbegründet fordernden Erziehungsverhaltens bei gleichzeitiger Gewährung eines sich erweiternden Handlungsspielraums als zentrale Voraussetzung für eine Reihe erwünschter Verhaltenszüge. Hierzu gehören Merkmale wie ein positives Selbstwertgefühl, Selbstkontrolle, prosoziale Orientierung, freundliches und kooperatives Verhalten im Umgang mit Gleichaltrigen und Erwachsenen, Selbstverantwortlichkeit und intellektuelle Leistungsbereitschaft (vgl. Belsky, Lerner & Spanier 1984, Sigel, Dreyer & McGillycuddy-DeLisi 1984).

Faßt man diese in der Forschung vielfältig dokumentierten Beziehungen zwischen elterlichem Erziehungsverhalten und kindlicher Persönlichkeitsentwicklung zusammen, so läßt sich sagen, daß dem Muster kompetenten Kindverhaltens ein entsprechendes Muster kompetenten Elternverhaltens zugeordnet werden kann. Im Hinblick darauf, daß die überwiegende Zahl der Kinder nach wie vor in Familien aufwächst, ergibt sich folgendes Fazit: Ist man an der Entwicklung kompetenter Kinder interessiert, so ist die Verwirklichung kompetenten Elternverhaltens zu fordern.

6.2 Von der Zweierbeziehung zum System

Der empirisch nachgewiesene Zusammenhang zwischen kompetentem elterlichen Erziehungsverhalten und kompetentem Kindverhalten hat die Frage nach den Bedingungen dieses Zusammenhanges aufkommen lassen. Dabei zeigte sich im Zuge einer zunehmenden wissenschaftlichen Beschäftigung mit diesem Problem, daß die gewählten Erklärungsansätze einer ständigen Erweiterung bedurften. Die Erklärungsansätze veränderten sich vom Einfachen zum Komplexen, von der Zweierbeziehung zum System. Im folgenden sollen die einzelnen Etappen, die diesen Veränderungsprozeß kennzeichnen, kurz skizziert werden.

(a) *Mütterliches Erziehungsverhalten als "Einbahnstraße"*: Eine erste Phase läßt sich durch zwei wesentliche Aspekte kennzeichnen: Einmal durch die nahezu ausschließliche Betonung der Mutter als zentraler Instanz der (früh-) kindlichen Persönlichkeitsentwicklung, vor allem aufgrund psychoanalytischer und bindungstheoretischer Erklärungsansätze (vgl. Bowlby 1969, Ainsworth 1977, Sroufe 1979); zum anderen durch die Perspektive einer einseitig gerichteten, von der Elternperson zum Kind verlaufenden Einflußnahme, wonach das Kind als der mehr oder minder passive Empfänger mütterlicher Sozialisationsbemühungen betrachtet wird.

(b) *Der Beitrag des Kindes*: Eine nächste wichtige Etappe bestand in der allmählichen Durchsetzung einer Sichtweise, wonach Kinder von ihrer Geburt an aktiv lernende, soziale und einzigartige menschliche Wesen sind. Insbesondere der empirische Nachweis frühester Verhaltens- und Temperamentsunterschiede bei Säuglingen (vgl. Thomas & Chess 1970) und die Konzeption von Mutter-Kind-Beziehungen als einem Prozeß wechselseitiger Anpassungen hat dazu geführt, das "Einbahnstraßen"-Modell der kindlichen Persönlichkeitsentwicklung als zu simplifizierend aufzugeben und Kinder in gewissem Umfang als "Produzenten ihrer eigenen Entwicklung" zu sehen (vgl. Lerner & Busch-Rossnagel 1981).

(c) *Der Vater gerät ins Blickfeld*: Ein dritter weiterführender Schritt bestand in einer Konzentration des Forschungsinteresses auf die Vaterrolle, dies mit der ausdrücklichen Frage, ob Väter sich gleichermaßen für die Pflege und Erziehung ihrer Kinder eignen wie Mütter (vgl. zusammenfassend Lamb 1979, Fthenakis 1984). Mittlerweile liegt zu dieser Fragestellung eine reichhaltige Forschungsliteratur vor, die Fthenakis (1984, S. 7 f.) in zwei Feststellungen zusammenfaßt: (a) Die vorliegenden Untersuchungsbefunde "liefern empirische Evidenz dafür, daß sich Väter und Mütter in gleichem Maße für die Pflege ihres neugeborenen Kindes eignen und daß Väter sich in solchen Fähigkeiten engagieren, wenn ihnen hinreichend Gelegenheit geboten wird"; (b) bezüglich der Unterschiede und Ähnlichkeiten von Müttern und Vätern im Umgang mit ihren Kindern "zeigen die vorliegenden Arbeiten ein konsistentes Bild: in den erfaßten Dimensionen elterlichen Verhaltens gibt es mehr Ähnlichkeiten zwischen Müttern und Vätern als Unterschiede".

(d) *Die Familie als System*: Während das Studium von Vater-Kind-Beziehungen noch analog zur Untersuchung von Mutter-Kind-Interaktionen auf der Analyse von Zweierbeziehungen beruhte, bestand der nächste Schritt in einer Ausweitung der Untersuchungseinheit auf drei oder mehr Interaktionspartner in der Familie (vgl. Belsky 1984). Dabei zeigte sich, daß Mütter wie Väter in Anwesenheit ihrer Partner sich in bestimmten Situationen ihren Kindern gegenüber systematisch anders verhielten bzw. andere Erziehungseffekte erzielten als wenn sie mit ihren Kindern allein waren. So konnte beispielsweise nachgewiesen werden, daß Mütter bei ihren Bemühungen, ihre kleinen Kinder zu disziplinieren, erfolgreicher waren, wenn der Vater anwesend war (vgl. Lytton 1980). Derartige Befunde haben dazu Anlaß gegeben, nicht nur direkte, sondern auch indirekte Erziehungseffekte (sog. Effekte zweiter Ordnung) zu berücksichtigen (vgl. Bronfenbrenner 1981).

Darüber hinaus hat sich auch im Zusammenhang mit neueren Ansätzen der Familienberatung und Familientherapie (vgl. v. Schlippe 1984, Kapitel 11 in diesem Band) in zunehmendem Maße die begriffliche Unterscheidung zwischen Individual-, Subsystem- und Systemebene durchgesetzt. Während auf der *Individualebene* die Verhaltensdispositionen des einzelnen im Vordergrund stehen, sind es auf der *Subsystemebene* die Beziehungen zwischen zwei oder mehr Personen, die als Untereinheiten innerhalb der Familie abgrenzbar sind. In diesem Zusammenhang hat sich insbesondere die Qualität der Ehepaarbeziehung als eine wichtige Einflußgröße auf das elterliche Erziehungsverhalten nachweisen lassen (vgl. Belsky 1981). Generell gilt, daß emotional positive, machtbalancierte und durch ihre Fähigkeit zur Konfliktbereinigung gekennzeichnete Beziehungen zwischen den Eltern sich positiv auf die Entwicklung kindlicher Kompetenzen auswirken.

Auf der *Systemebene* läßt sich die Interaktionsqualität der gesamten Familieneinheit beurteilen. Dabei haben sich insbesondere Merkmale des Zusammenhalts und der Anpassungsfähigkeit der Familie an die im Lebenszyklus der Familie auftretenden Belastungen und Herausforderungen als hilfreiche Beschreibungsaspekte zur Kennzeichnung funktionaler und dysfunktionaler Familiensysteme erwiesen (vgl. Olson et al. 1979). Ein Zusammenwirken mittlerer Ausprägungsgrade von Zusammenhalt und Anpassungsfähigkeit hat sich dabei als eine Konstellation herausgestellt, die für eine effektive Problemlösung und Krisenbewältigung in der Familie die besten Voraussetzungen bietet (vgl. McCubbin et al. 1980, Olson & McCubbin 1983). In die gleiche Richtung weisen Befunde, wonach ein durch Zusammenhalt, flexible Regelorientierung und gemeinschaftliche Aktivität gekennzeichnetes Familienklima (vgl. Moos & Moos 1983, Schneewind 1988b) die personale Eigenständigkeit und Selbstverantwortlichkeit einzelner Familienmitglieder (insbesondere auch der Kinder) fördert bzw. festigt (vgl. Schneewind 1982b, 1985). Auf diesen Aspekt wird weiter unten noch ausführlicher einzugehen sein.

(e) *Die Familie im epochalen und sozio-kulturellen Kontext*: Die letzte und zugleich die höchste Komplexitätsstufe erreichende Phase der Familienforschung ist durch die Einbeziehung säkularer Veränderungen der Familienstruktur und des Erziehungsverhaltens (vgl. Ariès 1975, Mitterauer & Sieder 1980, Hareven 1982) sowie durch die verstärkte Berücksichtigung der konkreten Lebenslagen, innerhalb derer sich familiäres Leben abspielt (vgl. Bronfenbrenner 1981), gekennzeichnet. In einer längerfristigen geschichtlichen Perspektive haben Familienhistoriker einen Wandel vom "Patriarchat zur Partnerschaft" (so der Titel des Buches von Mitterauer & Sieder

140

1980) bzw. von "kollektivistischen" zu "individualistischen" Familienwerten (vgl. Hareven 1982, S. 456) festgestellt.

In einer kürzerfristigen, durch sozialstatistische und demographische Daten untermauerten Perspektive lassen sich epochale Wandlungen in den Mustern des individuellen Lebenslaufs und des Familienzyklus nachweisen (vgl. Imhoff 1981), von denen neben einer allgemein erhöhten Lebenserwartung vor allem eine relative Verringerung der Lebenserwerbszeit, eine Verlängerung der Nachelternschaftsphase, aber auch eine erhöhte Frauenerwerbstätigkeit, erhöhte Scheidungs- und Wiederverheiratungsquoten sowie ein Anwachsen sogenannter "nicht-tradi- tioneller" Formen des Lebens und Zusammenlebens zu nennen sind. All diese Erscheinungsformen lassen sich unter dem Gesichtspunkt einer "Pluralisierung der Lebensstile" (vgl. Bericht der Kommission "Zukunftsperspektiven gesellschaftlicher Entwicklungen", S. 56 f.) zusammenfassen - eine Perspektive, die für Forschung, Erziehung und Politik gleichermaßen eine Herausforderung darstellt (vgl. hierzu Kapitel 2 in diesem Band).

Bezüglich der über das Familiensystem hinausgehenden Kontextgebundenheit familiären Zusammenlebens, insbesondere seiner Wirkung auf die Persönlichkeitsentwicklung von Kindern, hat Bronfenbrenner (1981, S. 38 f.) in seiner "Ökologie der menschlichen Entwicklung" die wichtige Unterscheidung von Mikro-, Meso-, Exo- und Makrosystem eingeführt. Übertragen auf die familiäre Sozialisationsforschung bedeutet Bronfenbrenner's begrifflicher Rahmen, daß die Familie und ihre einzelnen Mitglieder als ein *Mikrosystem* zu begreifen ist, das eingebettet ist in übergreifende Systeme wie das *Mesosystem* (z. B. Bekanntschafts-, Freundschafts- und Verwandtschaftsbeziehungen), das *Exosystem* (z. B. Gemeindeorganisation, Unternehmensstrukturen, Schulsysteme) sowie *Makrosystem* (z. B. kulturelle, politische, rechtliche oder wirtschaftliche Orientierung einer Gesellschaft).

Die Entwicklung des einzelnen und der Familie vollzieht sich innerhalb dieser Kontexte im Prinzip als ein Prozeß wechselseitiger Beeinflussung mit direkten und indirekten Wirkungen. Daß eine derartige Erweiterung des Systemgedankens über das Familiensystem hinaus nicht nur eine konzeptuelle Neuerung darstellt, sondern sich auch empirisch als fruchtbar erweist, ist in neuerer Zeit in einer Reihe einschlägiger Sammeldarstellungen und Forschungsberichte dokumentiert worden (vgl. Belsky 1984, Bronfenbrenner 1981, Schneewind, Beckmann & Engfer 1983).

6.3 Das Kompetenzproblem in systemorientierter Sicht

In stark verallgemeinernder Weise läßt sich aufgrund der im vorangegangenen Abschnitt dargestellten Befunde die Aussage machen, daß (a) die Lebensgeschichte einzelner Väter und Mütter, in der sich die während ihres Lebensganges wirksamen Kontextbedingungen ihrer jeweiligen Persönlichkeitsentwicklung widerspiegeln, (b) die für eine Familie und ihre Mitglieder aktuell wirksame Lebenslage sowie die daraus resultierenden Zukunftsperspektiven und (c) die somatische und psychische Individualität des jeweiligen Kindes die Qualität des elterlichen Erziehungsverhaltens bestimmt, wenn auch nicht ein für allemal festlegt. Elterliche Erziehungskompetenz und die daraus resultierende Kompetenzentwicklung ihrer Kinder ist somit aufzufassen als ein vielseitig determiniertes, zugleich aber im Prinzip "nach vorn" veränderungsoffenes System. Der systemorientierte Ansatz beinhaltet somit ein Denken und Handeln in komplexen Zusammenhängen, was insbesondere bei der Einleitung von Systemveränderungen in Richtung auf wünschenswerte Zielzustände erkennbar wird.

Für den Fall der familiären Sozialisation bedeutet dies, daß die Verwirklichung der weiter oben unter dem Kompetenzaspekt zusammengefaßten personalen Grundqualifikationen der nachwachsenden Generation die Koordination und Abstimmung aller bedeutsamen direkten und indirekten Wirkkräfte des Systems voraussetzt. Konkret heißt dies, daß den jeweils historisch gewachsenen personalen, sozialen, ökonomischen und politischen Bedingungskonstellationen, innerhalb derer sich Einschränkungen und Erweiterungen individueller Kompetenzentfaltung ergeben, gleichermaßen Rechnung zu tragen ist. Dies trifft auch und insbesondere dann zu, wenn es um die Herstellung jener Systembedingungen geht, die nach unserem derzeitigen Wissen für das Leitziel kompetenten Handelns förderlich sind.

Dabei sollte nicht unberücksichtigt bleiben, daß kompetentes Handeln nicht ein Zustand, sondern ein Prozeß ist, der mit zunehmender "Reife" einer Person in immer mehr Lebensbereichen zum Tragen kommt, sofern die in den entsprechenden Lebensbereichen vorherrschenden Bedingungen dies zulassen. Wie in anderen Lebensbereichen vollzieht sich auch im "Mikrokosmos" Familie individuelle Kompetenzentfaltung nur im Wechselspiel von entwicklungsfördernden Anforderungen und Gestaltungsmöglichkeiten (z. B. elterliche Leistungserwartung und Gewährung von Handlungsspielräumen) einerseits und von entsprechend zugeordneten individuellen Aktivitäten (z. B. aktives, zielorientiertes Handeln) andererseits.

Kompetentes Handeln, das sich in elementaren Grunddispositionen wie emotionale Sicherheit, Kommunikations- und Kooperationsfähigkeit, intellektuelle Leistungsbereitschaft und Selbstverantwortlichkeit gründet, ist somit auf der personalen Ebene eine zentrale Voraussetzung für die individuelle und kollektive Aufrechterhaltung eines lebenswerten Lebens. Zugleich führt die weitere Ausgestaltung solcher Lebensbedingungen zu einer ständigen Reproduktion kompetenten Handelns (vgl. Schneewind 1984).

6.4 Ein integratives Modell zur familiären Sozialisationsforschung

Die in den vorangegangenen Abschnitten ausgebreiteten Überlegungen stellen die gedankliche Basis für eine hinreichend umfassende und zugleich empirisch fundierbare familiäre Sozialisationsforschung dar. Um jedoch empirische Untersuchungen gezielt durchführen zu können, bedarf es zunächst eines integrationsstiftenden allgemeinen Forschungsleitfadens oder Rahmenmodells, innerhalb dessen konkrete Forschungsfragestellungen ihre Einbettung finden können.

Ein derartiges integratives Forschungsmodell haben wir im Rahmen einer größeren, von der DFG geförderten Studie zur Untersuchung von Eltern-Kind-Beziehungen im sozio-ökologischen Kontext entwickelt. Die einzelnen Entwicklungsschritte dieses Rahmenmodells sind an anderer Stelle genauer expliziert worden (vgl. Schneewind, Beckmann & Engfer 1983). Im gegebenen Zusammenhang muß es genügen, die Grundstruktur dieses Forschungsmodells (vgl. Abb. 6.1) in kurzen Zügen zu skizzieren.

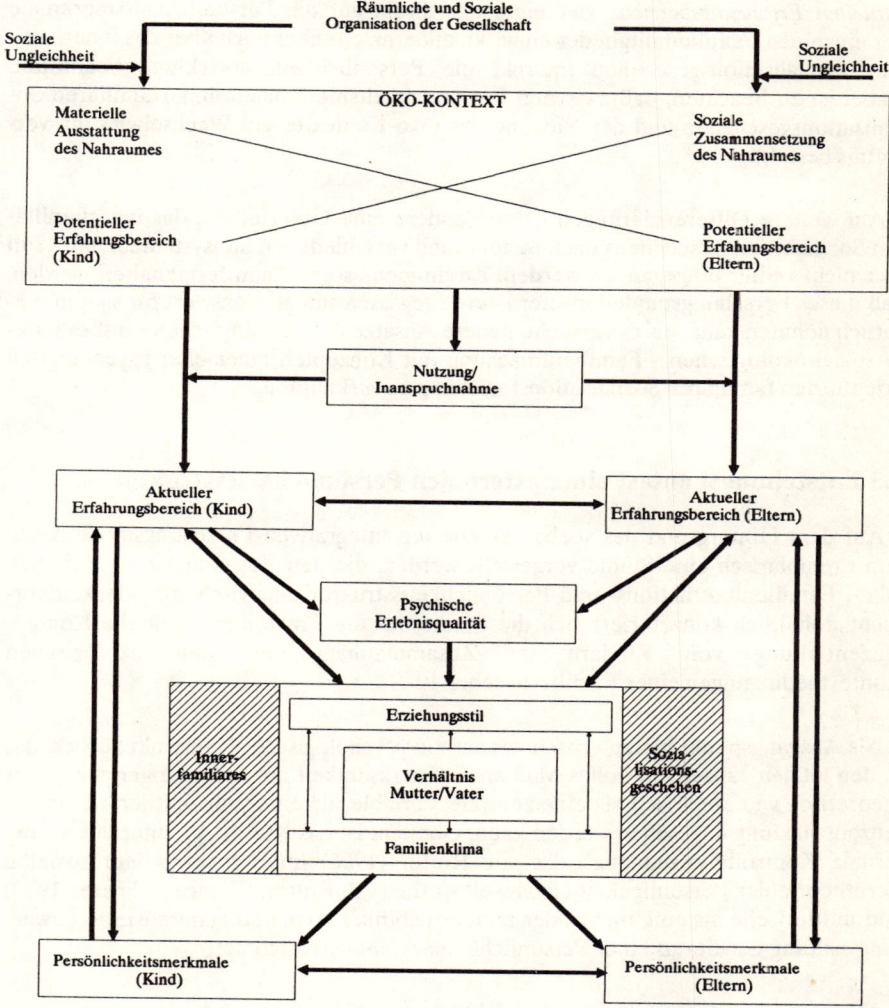

Abb. 6.1   Ein integratives Forschungsmodell zur familiären Sozialisationsforschung

143

Wie aus Abbildung 6.1 hervorgeht, manifestiert sich die durch die *räumliche und soziale Organisation der Gesellschaft* produzierte soziale Ungleichheit in einer familienbezogenen Perspektive in der Art der materiellen und sozialen Ausstattung des familiären Lebensraums. Wir fassen dies unter dem Begriff *Öko-Kontext* zusammen und unterstellen zugleich, daß die Gesamtheit der materiellen und sozialen Lebensbedingungen einer Familie den *potentiellen Erfahrungsbereich* der Familie und ihrer Mitglieder ausmacht. Durch *Nutzung* bzw. *Inanspruchnahme* der *potentiellen Erfahrungsmöglichkeiten* im familiären Öko-Kontext kommt es zur Ausgrenzung des *aktuellen Erfahrungsbereichs*, der einerseits direkt auf die Persönlichkeitsmerkmale der einzelnen Familienmitglieder einwirkt, andererseits aber auch über das innerfamiliäre Sozialisationsgeschehen indirekt die Persönlichkeitsentwicklung beeinflußt. Dabei ist zu beachten, daß zwischen Persönlichkeitsmerkmalen, innerfamiliären Sozialisationsgeschehen und der Nutzung des Öko-Kontextes ein Wechselwirkungsverhältnis besteht.

Auf weitere Differenzierungen - insbesondere eine Unterteilung des innerfamiliären Sozialisationsgeschehens nach System- und verschiedenen Subsystemebenen - soll hier nicht weiter eingegangen werden. Zusammenfassend kann festgehalten werden, daß dieses Forschungsmodell insofern einen gewissen Integrationswert für sich in Anspruch nehmen kann, als es versucht, neuere Ansätze der soziologischen - insbesondere sozial-ökologischen - Familienforschung mit Konzepten einer eher psychologisch orientierten familiären Sozialisationsforschung zu verknüpfen.

6.5 Entstehungskontext einer externalen Persönlichkeitsstruktur

Auf dem Hintergrund des soeben skizzierten integrativen Forschungsmodells soll nun exemplarisch eine Studie vorgestellt werden, die den Zusammenhang zwischen Öko-, Familieninteraktions- und Persönlichkeitsstruktur empirisch aufzudecken versucht. Inhaltlich konzentriert sich die Studie auf die Frage, inwieweit die Kompetenzentfaltung von Kindern im Zusammenhang mit den ökologischen Kontextbedingungen einer Familie zu sehen ist.

Als Ausgangspunkt hierzu griffen wir auf ein psychologisches Konstrukt zurück, das in den letzten Jahren ein hohes Maß an Aufmerksamkeit auf sich gezogen hat, da es theoretisch wie empirisch als eine zentrale Variable für eine selbstinitiierte Kompetenzentwicklung angesehen werden kann. Gemeint ist das Konstrukt "internale vs. externale Kontrollüberzeugung", das von Rotter (1966) im Rahmen seiner sozialen Lerntheorie der Persönlichkeit entwickelt wurde (vgl. Rotter, Chance & Phares 1972) und mittlerweile als eine mehr oder minder habitualisierte und generalisierte Erwartungshaltung den Status einer Persönlichkeitsvariable erhalten hat.

Allgemein gesprochen handelt es sich bei diesem Konstrukt um die Erwartung einer Person, entweder durch eigenes Tun die Konsequenzen ihres Handelns beeinflussen zu können - dies ist der Fall einer internalen Kontrollüberzeugung - oder aber die Konsequenzen eigener Aktivität als fremdverursacht und somit nicht unter der eigenen Kontrolle stehend zu erleben - was einer externalen Kontrollüberzeugung entspricht. Thematisch steht dieses Konstrukt mit einer Reihe anderer Konzepte, z. B. Selbstverantwortlichkeit, Innen- vs. Außenorientierung, Selbst- vs. Fremdbestimmung, Entfremdung, gelernte Hilflosigkeit, Selbstwirksamkeit - um nur einige zu nennen - in mehr oder minder enger Beziehung (vgl. Krampen 1982). Dies gilt auch für das Konstrukt "personale Kontrolle", auf das weiter unten noch ausführlicher eingegangen wird.

In einer Reihe von Sammeldarstellungen (vgl. Krampen 1982, Lefcourt 1972, Mielke 1982) wurden empirische Korrelate zu diesem Konstrukt aufgeführt. So zeigte sich etwa, daß eine eher internale Kontrollorientierung tendenziell mit folgenden Personmerkmalen zusammenhängt (vgl. Schneewind 1982b, S. 205):

- einem positiven Selbstkonzept,

- einem höheren Maß an Leistungsbereitschaft, Erfolgsmotiviertheit und Persistenz,

- einer komplexeren und präziseren Informationsaufnahme,

- einem höheren Maß an emotionaler Stabilität, Angepaßtheit und Angstfreiheit,

- einer größeren Bereitschaft zum Belohnungsaufschub,

- einer optimistischeren Lebensgrundeinstellung und einer positiver bewerteten Zukunftsperspektive,

- einer geringeren Konformität und einer höheren Resistenz gegenüber Beeinflussungs- und Überredungsversuchen,

- einem geringeren Maß an Hilfs- und Hoffnungslosigkeit,

- einer geringeren Tendenz zu Zurückgezogenheit und sozialer Scheu,

- einem höheren Maß an sozialer Kompetenz und Selbständigkeit,

- einer stärkeren Beteiligung an sozialen Aktivitäten und gesellschaftlichen Veränderungsbemühungen.

Es hat somit den Anschein, daß mit diesem Konstrukt in der Tat eine zentrale Personvariable angesprochen ist, die als integraler Bestandteil einer umfassenderen Persönlichkeitsstruktur anzusehen ist und zugleich die Qualität des Person-Umwelt-Bezugs entscheidend mitbestimmt. Von daher stellt sich die Frage, unter welchen Bedingungen sich eine eher internale bzw. externale Kontrollerwartungshaltung entwickelt oder stabilisiert. Von besonderem Interesse ist dabei, auf welche Weise sich eine eher internale oder externale Kontrollorientierung auf dem Wege familiärer Sozialisation von den Eltern auf die Kinder überträgt und welche Konsequenzen dies für die Kinder hat.

In Übereinstimmung mit dem allgemeinen Forschungsmodell läßt sich die Hypothese aufstellen, daß restriktive Bedingungen des Öko-Kontextes zusammen mit einschränkenden Arbeitsplatzerfahrungen direkte und indirekte Einflüsse auf die Manifestation einer externalen Persönlichkeitsstruktur im Sinne des Rotterschen Konzepts einer externalen Kontrollüberzeugung ausüben (Rotter 1966, 1982). Bezüglich der indirekten Einflüsse gehen wir weiter davon aus, daß das wahrgenommene Familienklima (im gegebenen Fall ein hohes Ausmaß an wechselseitiger Kontrolle innerhalb der Familie in Verbindung mit einem niedrigen familiären Anregungsniveau) eine wichtige vermittelnde Variable bei der Bildung von externalen Kontrollüberzeugungen ist. Die genannten Aspekte des Familienklimas wurden mit Hilfe einer deutschsprachigen Adaption der von Moos und Moos (1986) entwickelten Family Environment Scale (FES) erfaßt (vgl. hierzu Kapitel 9 in diesem Band). Des weiteren nehmen wir an, daß die elterliche externale Persönlichkeitsstruktur zusammen mit dem bereits erwähnten Muster eines stark kontrollierenden und anregungsarmen Familienklimas zu einem autoritären Erziehungsstil auf Seiten der Eltern führt. Dieser wiederum hat einen Einfluß auf die Qualität der Eltern-Kind-Beziehung, so wie sie sich aus der Sicht des Kindes darstellt. Wahrgenommener elterlicher Autoritarismus trägt schließlich zur Bildung externaler Kontrollüberzeugungen auf der Seite des Kindes bei - ein Befund, der aus einer Reihe von Studien bekannt ist (Krampen 1982, Schneewind 1985).

Um diese Sequenz von Hypothesen einem empirischen Test zu unterziehen, wurde ein Strukturmodell entwickelt, das die Kausalbeziehungen zwischen den verschiedenen Komponenten des Modells spezifiziert. Methodisch wurde dabei auf den Ansatz der kausalen Modellierung mit Hilfe latenter Variablen zurückgegriffen. Im gegebenen Fall erfolgte die Datenanalyse mit Hilfe der von Wold entwickelten partiellen Kleinstquadratversion seines Strukturgleichungsmodells (Lohmöller 1979; Wold 1979).

Abbildung 6.2 und Tabelle 6.1 enthalten die relevanten Informationen bezüglich des Struktur- und Meßmodells unseres kausalen Modellierungsansatzes für eine Stichprobe von 285 Vater-Sohn-Dyaden. Dasselbe Modell wurde auch auf andere Eltern-Kind-Paare angewandt, wobei sich im wesentlichen ähnliche Befunde ergaben. Der Einfachheit halber wird daher im folgenden auf die Vater-Sohn-Stichprobe Bezug genommen.

Die Ellipsen und römischen Zahlen in Abbildung 6.2 beziehen sich auf die latenten Variablen, wohingegen die Rechtecke und die arabischen Zahlen die Indikatorvariablen repräsentieren. In Tabelle 6.1 sind die latenten Variablen und die zugehörigen Indikatoren zusammen mit ihren Faktorstrukturkoeffizienten wiedergegeben. Eine detaillierte Information über die operationale Erfassung der latenten Variablen findet sich in Schneewind (1982b).

Ohne zu sehr ins Detail zu gehen, läßt sich anhand der standardisierten Pfadkoeffizienten in Abbildung 6.2 ablesen, daß die Daten eine angenäherte Bestätigung des Kausalmodells darstellen, mit dessen Hilfe eine Verknüpfung von extra- und intrafamiliären Variablen auf eine theoretisch sinnvolle Weise versucht wurde. Besonders bemerkenswert ist dabei, daß die spezielle Konfiguration von Familienklimasubskalen, so wie sie in dieser Untersuchung verwendet wurden, eine wichtige Mediatorvariable hinsichtlich der Manifestation einer externalen Persönlichkeitsstruktur darstellt.

Es sollte jedoch auch hervorgehoben werden, daß das Modell auf Querschnittsdaten basiert und daher eine dynamisch-transaktionale Analyse von reziproken Einflüssen, wie sie das allgemeine Forschungsmodell nahelegt, nicht erlaubt. Schließlich sollte

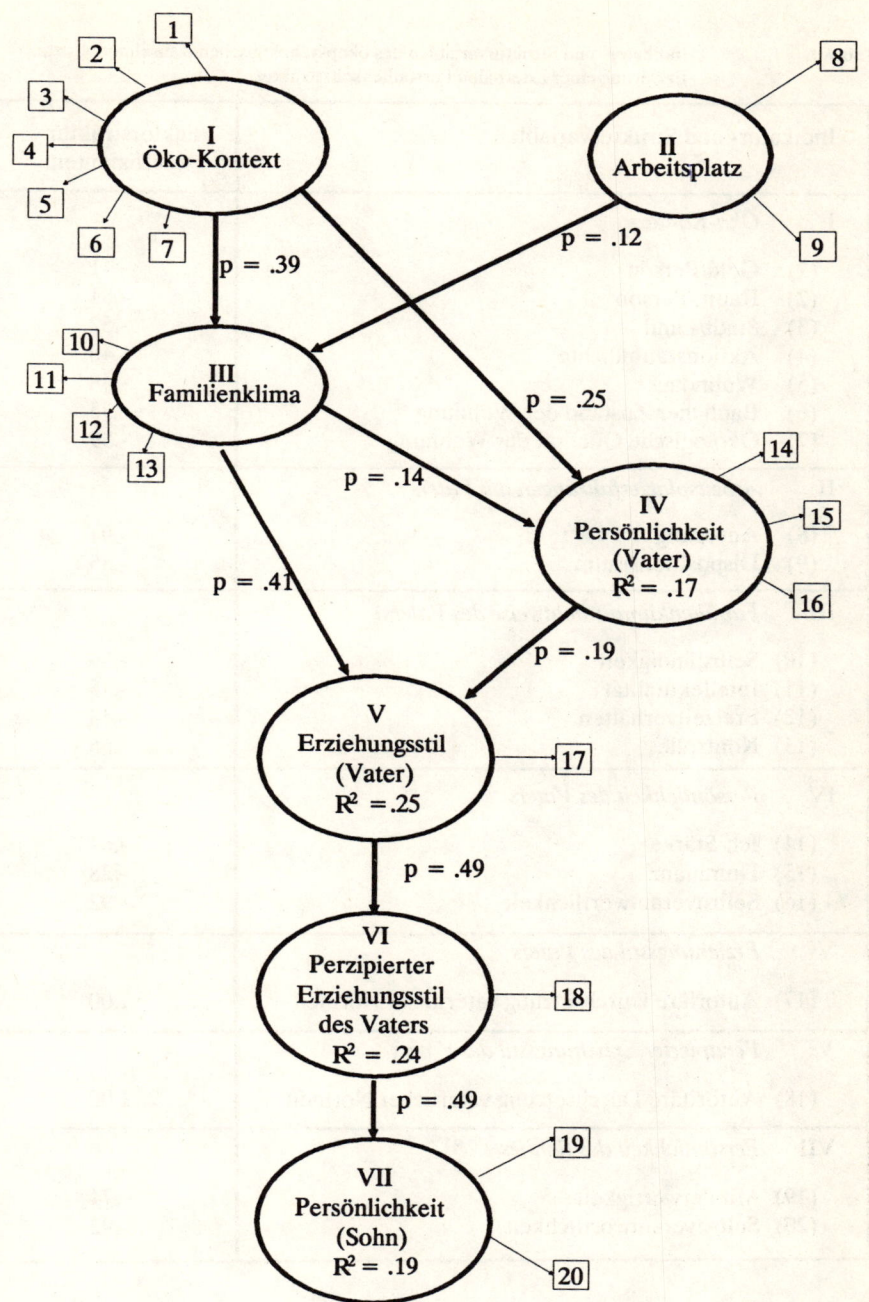

Abb. 6.2   Ökopsychologisches Kausalmodell zur Erklärung einer externalen
Persönlichkeitsstruktur

147

Tab. 6.1 Indikator- und Strukturvariablen des ökopsychologischen Kausalmodells zur
Erklärung einer externalen Persönlichkeitsstruktur

Indikator- und Strukturvariablen	Faktorstruktur-koeffizienten
I *Öko-Kontext*	
(1) Geld/Person	-.41
(2) Raum/Person	-.81
(3) Stadt/Land	-.52
(4) Aktionsraumdichte	-.40
(5) Wohndauer	-.48
(6) Baulicher Zustand der Wohnung	-.35
(7) Ökologische Qualität der Wohnung	-.39
II *Arbeitsplatzerfahrungen der Vaters*	
(8) Anregung	-.91
(9) Dispositionsraum	-.55
III *Familienklima (Sichtweise des Vaters)*	
(10) Selbständigkeit	-.39
(11) Intellektualität	-.75
(12) Freizeitverhalten	-.48
(13) Kontrolle	.66
IV *Persönlichkeit des Vaters*	
(14) Ich-Stärke	-.64
(15) Dominanz	-.28
(16) Selbstverantwortlichkeit	-.92
V *Erziehungsstil des Vaters*	
(17) Autoriäre Durchsetzung väterlicher Normen	1.00
VI *Perzipierter Erziehungsstil des Vaters*	
(18) Autoritäre Durchsetzung väterlicher Normen	1.00
VII *Persönlichkeit des Sohnes*	
(19) Minderwertigkeit	.74
(20) Selbstverantwortlichkeit	-.92

auch nicht unerwähnt bleiben, daß zum einen Strukturgleichungsmodelle auf einer Reihe von einschränkenden Annahmen basieren (vgl. Bentler 1980) und zum anderen für die hier verwendete partielle Kleinstquadratversion noch keine ausgearbeitete Methode zur Schätzung der Modellanpassungsgüte vorliegt. Von daher ist es schwer zu entscheiden, ob alternative Kausalmodelle, die gleichermaßen plausibel sind, eine bessere Anpassung an die empirischen Daten erbringen.

6.6 Personale Kontrolle in handlungstheoretischer Sicht

Bei der im vorangegangenen Abschnitt dargestellten Studie wurde eine internale vs. externale Kontrollorientierung als Bestandteil eines umfassenderen Persönlichkeitsmusters gesehen. Dabei ist anzumerken, daß dieses Konstrukt mit Hilfe eines vergleichsweise einfachen Fragebogens erfaßt wurde, der sich zudem auf stark generalisierte Kontrollerwartungen bezieht (vgl. Rinke & Schneewind 1978).

Mittlerweile ist im Bereich der psychologischen Kontrollforschung eine Reihe von Weiterentwicklungen zu verzeichnen, die zu erheblichen Differenzierungen in theoretischer, inhaltlicher und methodischer Hinsicht geführt haben (vgl. Krampen 1982, Lefcourt 1982). Im folgenden soll ein eigenes handlungsorientiertes Konzept von personaler Kontrolle und dessen empirische Umsetzung skizziert werden (vgl. Schneewind 1987c). Daran anschließend sollen erste Befunde zu den familiären Sozialisationsbedingungen personaler Kontrolle kurz vorgestellt werden.

Wir gehen davon aus, daß eine Person für ein gegebenes Ziel bestimmte Bedingungen für mehr oder weniger zielführend hält, wobei es sich um interne wie externe Bedingungen handeln kann. Die Anzahl der als zielführend erachteten Bedingungen stellt das aktuell verfügbare *Bedingungswissen* einer Person für ein bestimmtes Ziel dar. Die *Postuliertheit* einer Bedingung, als erster theoretisch bedeutsamer Parameter, bedeutet das Ausmaß an subjektiver Wichtigkeit, die eine Person auf der Basis ihres Bedingungswissens einer Bedingung für die Zielerreichung beimißt. Ein weiterer wichtiger Kontrollparameter bezieht sich darauf, ob wichtige Bedingungen ersetzbar sind oder nicht. Wir bezeichnen dies als *Substituierbarkeit* einer Bedingung. Die Substituierbarkeit ist ein Indikator dafür, wie flexibel eine Person mit ihrem Bedingungswissen umzugehen vermag. Als weiterer Bestandteil personaler Kontrolle wurde die Verfügbarkeit einzelner zielführender Bedingungen angesehen. Die Verfügbarkeit einer Bedingung für eine Person läßt sich aus zwei Parametern erschließen: Der Parameter *Realisierbarkeit* bezieht sich auf die Meinung der Person darüber, inwieweit eine Bedingung für sie tatsächlich vorhanden ist. Die *Beeinflußbarkeit* schließlich bedeutet die subjektive Ansicht einer Person darüber, wieviel Einfluß sie selbst auf die Realisierung einer Bedingung für sich haben kann.

Des weiteren unterscheiden wir konzeptionell zwischen Zielkontrolle und Bedingungskontrolle. *Zielkontrolle* bezieht sich auf die Beziehung zwischen Bedingungen und Ziel bzw. die Ansicht einer Person über diese Beziehungen. Demzufolge sind die Parameter Postuliertheit und Substituierbarkeit der Zielkontrolle zuzuordnen. *Bedingungskontrolle* dagegen drückt die Beziehung einer Person zu den Kontroll-

aspekten aus, die durch die Parameter Realisierbarkeit und Beeinflußbarkeit dargestellt wird. Das Grundmodell personaler Kontrolle, das sich aus der Verknüpfung
dieser Parameter ergibt, ist in Abb. 6.3 dargestellt.

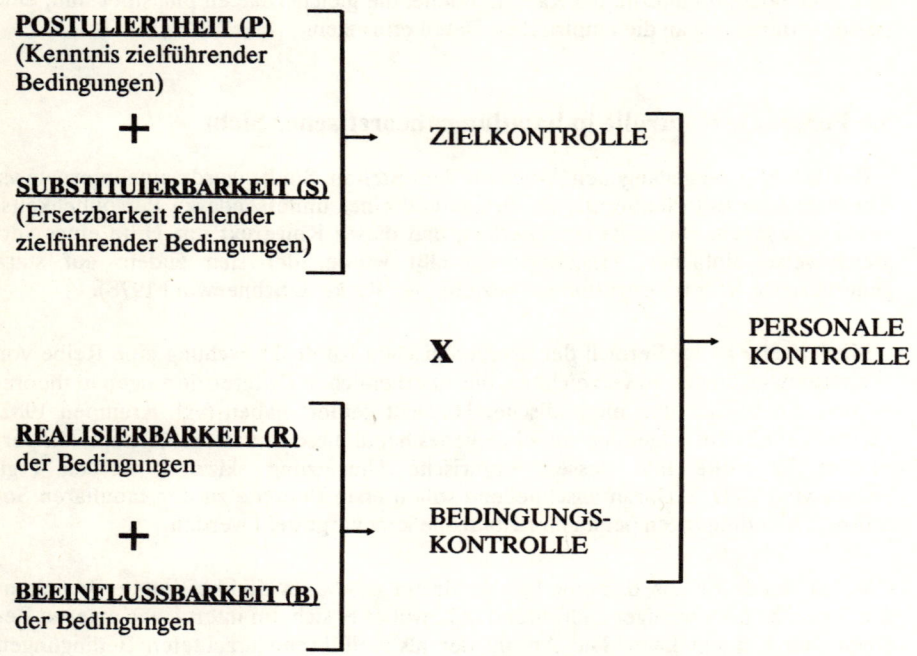

Abb. 6.3   Parameter eines handlungstheoretischen Modells personaler Kontrolle und ihre
                     Verknüpfungen

Das Grundmodell personaler Kontrolle basiert auf der Annahme, daß eine Person
dann über personale Kontrolle verfügt, wenn die Bedingungen, die sie als zielführend
erachtet, auch für sie verfügbar sind. Das bedeutet, daß *sowohl* Zielkontrolle *als auch*
Bedingungskontrolle notwendige Bedingungen für die theoretische Rekonstruktion
personaler Kontrolle sind. Da es sich also nicht um eine "oder"-Verbindung handelt,
stellt eine *multiplikative Verknüpfung* dieser beiden Teilkonstrukte die angemessene
Formalisierung für das Modell dar (vgl. hierzu Abb. 6.3).

Des weiteren wird angenommen, daß Zielkontrolle dann gegeben ist, wenn möglichst viele Bedingungen eine hohe Postuliertheit aufweisen und sie sich um eine *additive* Komponente erhöht, wenn die zielführenden Bedingungen als substituierbar
angesehen werden. Auch Bedingungskontrolle läßt sich durch die *additive* Verknüpfung der Parameter Realisierbarkeit und Beeinflußbarkeit abbilden.

Dieses erste Modell personaler Kontrolle (Modell I) läßt sich nun folgendermaßen
darstellen:

150

Modell I: $\mathrm{PK_z} = \sum\limits_{i}^{n} (\mathrm{P_{iz}} + \mathrm{S_{iz}}) \times (\mathrm{R_p} + \mathrm{B_{ip}})$

wobei: $\mathrm{PK_z}$ = Personale Kontrolle einer Person in Bezug auf das Ziel z

$\mathrm{P_{iz}}$ = Postuliertheit der zielführenden Bedingung i für das Ziel z

$\mathrm{S_{iz}}$ = Substituierbarkeit der zielführenden Bedingung i für das Ziel z

$\mathrm{R_{ip}}$ = Realisierbarkeit der Bedingung i für die Person p

$\mathrm{B_{ip}}$ = Beeinflußbarkeit der Bedingung i für die Person p

n = Anzahl der zielführenden Bedingungen

i = Laufindex für die zielführenden Bedingungen

Eine Variante dieses Modells beruht auf der Annahme, daß unter bestimmten Bedingungen gerade die *Nicht*-Substituierbarkeit zielführender Bedingungen zu hoher personaler Kontrolle führt. Dies dürfte insbesondere dann der Fall sein, wenn eine Person über Bedingungen verfügt, die de facto schwer ersetzbar sind, um ein bestimmtes Ziel zu erreichen (z. B. Denkfähigkeit, um ein Problem eigenständig zu lösen). Um diese Annahme zu überprüfen, müßte in das Modell I der Kehrwert der Substituierbarkeit eingesetzt werden. Wir bezeichnen dies als das Kontrollmodell II. Die Umsetzung des beschriebenen theoretischen Modells in ein Instrument zur Diagnostik Personaler Kontrolle (DPK) erfolgte nun für die Zielgruppe von 9 - 14jährigen Kindern.

Aufbauend auf die vorangegangenen Überlegungen wurde der DPK für drei verschiedene Zielbereiche konstruiert, über deren Relevanz für Kinder im genannten Alter auch empirisch Konsens besteht. Es handelt sich um die Bereiche Schule, soziale Beziehungen (Freunde) und körperliche Fitneß (Körper). Diese drei Zielbereiche wurden konkret in folgenden Formulierungen vorgegeben: (1) "In der Schule gut mitkommen", (2) "Freunde gewinnen" und (3) "Körperlich fit sein". Für jedes dieser drei Ziele wurden aufgrund von Voruntersuchungen 20 Bedingungen formuliert. Die Auswahl der Bedingungen wurde so vorgenommen, daß sich jeweils vier Bedingungen den Kategorien "Disposition", "Anstrengung", "Soziale Bedingungen" und "Glück/Zufall" zuordnen lassen. Abbildung 6.4 verdeutlicht am Beispiel des Ziels "Freunde gewinnen" den Aufbau des DPK.

Jede der zielführenden Bedingungen soll von den Kindern nach den vier oben genannten Parametern personaler Kontrolle beurteilt werden: Es wird danach gefragt, (1) wie wichtig eine Bedingung ist, um das jeweilige Ziel zu erreichen (*Postuliertheit*), (2) ob es trotzdem möglich ist, das Ziel zu erreichen, wenn man die Bedingung nicht hat (*Substituierbarkeit*), (3) welche Bedingungen für das Kind zutreffen (*Realisiertheit*) und (4) wieviel das Kind glaubt, selbst tun zu können, um eine solche Bedingung herzustellen (*Beeinflußbarkeit*).

Infolge der theoretischen Erweiterung des Kontrollkonzepts wie der Berücksichtigung inhaltlich verschiedener Aspekte auf Ziel- und Bedingungsebene lassen sich differenzierte Aussagen über die kontrolltheoretisch relevanten Mittel-Ziel-Relationen - so wie sie sich im Erleben einer Person manifestieren - machen. Mit anderen Worten:

151

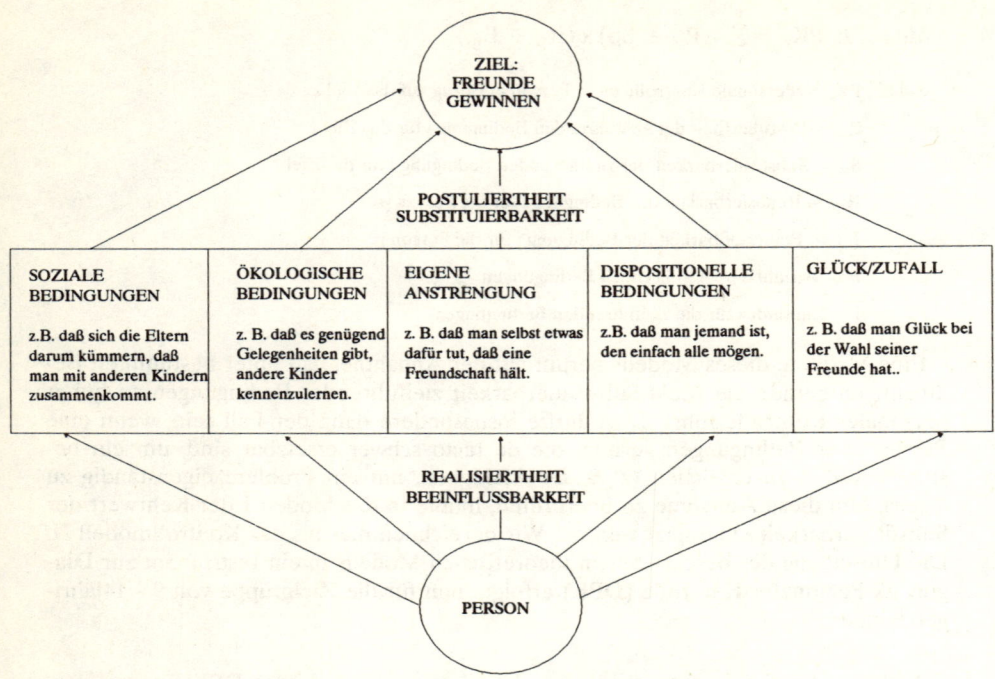

Abb. 6.4   Aufbau des DPK am Beispiel des Zielbereichs "Freunde gewinnen"

Es kann sowohl das ziel- und bedingungs*spezifische* als auch das ziel- und bedingungs-*übergreifende* Kontrollerleben einer Person analysiert werden.

Im gegebenen Zusammenhang gingen wir von einem über verschiedene Zielbereiche und Bedingungskategorien zusammengefaßten Kennwert für personale Kontrolle aus und stellten uns die Frage, inwieweit dieses generelle Kontrollmaß mit Indikatoren des familiären Sozialisationsgeschehens in Zusammenhang steht.

In früheren Untersuchungen mit dem an Rotter (1966) angelehnten Kontrollkonzept hatten wir konsistente und theoretisch plausibel interpretierbare Beziehungen zwischen dem perzipierten Familienklima und einer internalen vs. externalen Kontrollorientierung bei Kindern gefunden (vgl. Nowicki & Schneewind 1982, Schneewind 1985). Dabei ergab sich zusammenfassend (vgl. Schneewind 1985, S. 211 f.), daß bei Kindern und Jugendlichen die Entwicklung einer internalen Kontrollorientierung begünstigt wird durch ein Familienklima, das sich durch folgende Merkmale auszeichnet:

- ein hohes Maß an emotionaler Unterstützung und gegenseitiger Zuwendung;

152

- einen hohen Grad an Anregung und individuellen Gestaltungsmöglichkeiten innerhalb der Familie;

- eine starke Ausprägung an wohlorganisierten und vorhersagbaren Interaktionsabläu-
fen im alltäglichen Familienleben.

Bei einer methodischen Prüfung der von Moos (1974) entwickelten und von uns für
den deutschen Sprachraum adaptierten Familienklimaskalen (vgl. Schneewind 1988b,
Schneewind, Beckmann & Hecht-Jackl 1985) ergaben sich drei Sekundärfaktoren, die
wir als "emotional positives Familienklima", "anregendes Familienklima" und
"normativ-autoritäres Familienklima" bezeichneten. Entsprechend den oben mitgeteilten früheren Forschungsbefunden gingen wir nun davon aus, daß sich auch für das
handlungstheoretische Konzept von personaler Kontrolle eine ähnliche Konfiguration
von Familienklima-Variablen ergeben müßte. Mit anderen Worten: Wir vermuteten,
daß Indikatoren wie ein emotional positives, anregungsreiches und wenig kontrollie-
rend-einschränkendes Familienklima mit einem hohen Kennwert an generalisierter
personaler Kontrolle einhergehen.

Zur empirischen Überprüfung dieser Vermutung erhoben wir im Rahmen eines
DFG-geförderten Forschungsprojekts bei einer Gruppe von 79 Jungen und Mädchen
im Alter von 10 - 12 Jahren sowohl ihre personalen Kontrollkennwerte nach dem
oben beschriebenen Vorgehen als auch die entsprechenden Familienklimadaten. Bezüglich der Familienklimaskalen beschränkten wir uns dabei auf jeweils zwei Markiervariablen für die oben genannten Sekundärfaktoren. Die Ergebnisse dieser Studie
sind in Tabelle 6.2 wiedergegeben.

Erläuternd ist zu Tabelle 6.2 zu sagen, daß die Daten für die beiden oben dargestellten Kontrollmodelle ausgewertet wurden. Die beiden Kontrollmodelle unterscheiden
sich - wie erinnerlich - nach dem Stellenwert des Substituierbarkeitsparameters bei
der Berechnung der Kontrollkennwerte. Bei Kontrollmodell I wird davon ausgegangen, daß hohe Substituierbarkeit von zielführenden Bedingungen indikativ für personale Kontrolle ist, während in Kontrollmodell II unterstellt wird, daß gerade eine
geringe Ersetzbarkeit zielrelevanter Bedingungen für ein hohes Ausmaß an personaler Kontrolle spricht.

Die in Tabelle 6.2 zusammengestellten Korrelationen machen nun deutlich, daß der
Substituierbarkeitsparameter im Hinblick auf die Familienklimaskalen tatsächlich
einen Unterschied macht. Während - mit leichten Abstrichen bei Kontrollmodell I -
die für ein emotional positives anregendes Familienklima indikativen Familienklimaskalen für beide Kontrollmodelle erwartungsgemäß mit einem höheren Ausmaß an
generalisierter personaler Kontrolle einhergehen, ergaben sich für die Indikatoren
eines normativ-autoritären Familienklimas deutliche Unterschiede zwischen den
beiden Kontrollmodellen.

Bei genauerem Hinsehen erweisen sich diese Unterschiede als durchaus sinnvoll interpretierbar. Dies trifft insbesondere für die Familienklimaskala "Kontrolle" zu, mit

Tab. 6.2   Korrelationen zwischen Familienklimaskalen und personaler Kontrolle für zwei
verschiedene Kontrollmodelle

FAMILIEN-KLIMASKALEN	PERSONALE KONTROLLE MODELL I	PERSONALE KONTROLLE MODELL II
Emotional positives Familienklima		
1. Zusammenhalt	.08	.19*
2. Offenheit	.19*	.24*
Anregendes Familienklima		
3. Kulturelle Orientierung	.07	.32**
4. Aktives Freizeitverhalten	.32**	.30**
Normativ-autoritäres Familienklima		
5. Kontrolle	-.20*	.20*
6. Leistungsstreben	-.01	.20*
R	.41*	.48**
R^2	.17	.23
** p < .01 *p < .05		

der erfaßt wird, inwieweit in einer Familie Regeln und Vereinbarungen überprüft bzw. sanktioniert werden. Hier zeigt sich zwischen Kontrollmodell I und II ein statistisch hoch signifikanter absoluter Korrelationsunterschied von $r = .40$. Wir können vermuten, daß Kinder, die aus einer Familie mit flexibler Regelhandhabung und geringer Normorientierung stammen, gelernt haben, daß sie bei der Verfolgung ihrer Ziele auf unterschiedliche und sich gegenseitig ersetzende Mittel und Wege zurückgreifen können. Hingegen dürfte sich bei Kindern aus Familien, deren Zusammenleben durch explizite Regeln stark strukturiert ist, die Erfahrung eingestellt haben, daß bestimmte Bedingungen für die Erreichung von Zielen unabdingbar und daher auch unersetzlich sind.

Die Befunde dieser Studie lassen somit die Vermutung zu, daß es in Teilaspekten unterschiedliche familiäre Interaktionsstile gibt, die gleichermaßen effektiv für die Sozialisation personaler Kontrolle bei Kindern sind. Im Hinblick auf außerfamiliäre Lebensbezüge stellt sich dann die Frage, ob Kinder ihren aktuellen Erfahrungsraum aktiv so aufsuchen bzw. in den gegebenen Grenzen so zu gestalten versuchen, wie es ihnen die Struktur ihrer familiär vermittelten subjektiven Kontrollmuster nahelegt. Dies würde bedeuten, daß sich interindividuell bei gleicher Intensität des Kontrollerlebens qualitativ unterschiedliche Kontrollstile ergeben können, die sich letztlich auch in unterschiedlich strukturierten, wenngleich individuell zur Passung gebrachten Handlungsräumen manifestieren.

6.7 Schlußfolgerungen

Bei den vorangegangenen Überlegungen gingen wir von der These aus, daß kompetentes Kindverhalten auf einen kompetenzfördernden Lebenskontext angewiesen ist, wobei die Familie eine wesentliche Anregungs- und Vermittlungsfunktion hat. Als eine wichtige intrapsychische Grundqualifikation für eine *selbstgesteuerte Kompetenzentfaltung* wurde eine generalisierte Überzeugung zur personalen Kontrolle über die Voraussetzungen und Effekte eigenen Handelns angesehen. Bezüglich des familiären Sozialisationskontextes konnte anhand empirischer Studien gezeigt werden, daß die Entwicklung personaler Kontrolle bei Kindern von der Nutzung des potentiellen familiären Erfahrungs- und Handlungsspielraums abhängt. Darüber hinaus ließ sich bei einer differenzierten Analyse des Kontrollkonzepts nachweisen, daß unterschiedliche personale Kontrollstile in theoretisch plausibler Weise mit unterschiedlichen Familieninteraktionsmustern zusammenhängen.

Für die Analyse der Entwicklungsbedingungen personaler Kontrolle in der Familie ist die Unterscheidung zwischen dem potentiellen und aktuellen Erfahrungs- und Handlungsspielraum im inner- und außerfamiliären Lebensbereich besonders wichtig. Der *potentielle Erfahrungs- und Handlungsspielraum* steckt den Rahmen für die objektiven Lebensbedingungen von Familien ab und steht somit vor allem im Zentrum familienpolitischer Maßnahmen zur Verbesserung der sozialen und materiellen Lebenslage als Voraussetzung für die mögliche Erweiterung familiärer (und damit auch individueller) Erfahrungs- und Handlungsspielräume. Somit qualifizieren sich Maßnahmen zur Verbesserung der objektiven Lebenslage von Familien als notwendige, wenngleich nicht hinreichende Bedingung für die Kompetenzentfaltung auf familiärer und individueller Ebene. Darüber hinaus bedarf es auch der gleichzeitigen Beachtung des *aktuellen Erfahrungs- und Handlungsspielraums*, der im Kontext der Familie vor allem durch die familiären Interaktionsgepflogenheiten bestimmt wird und in einer mehr oder minder großen Diskrepanz zu den Nutzungsmöglichkeiten des gesellschaftlich vorfindbaren potentiellen Erfahrungs- und Handlungsspielraums stehen kann. Sofern diese Nutzungsmöglichkeiten nicht ausgeschöpft werden, bietet sich hier die Chance, durch entsprechende psychosoziale Interventionsmaßnahmen das familiäre und individuelle Handlungspotential für eine selbstverantwortliche Lebensgestaltung zu stärken (vgl. Nelson-Jones 1984). Über die Förderung personaler Kontrolle als einer zentralen personinternen Voraussetzung kompetenten Verhaltens kann somit auch zur Sicherung und Erweiterung zukünftiger Erfahrungs- und Handlungsspielräume ein wichtiger Beitrag geleistet werden.

7. Die Familie als Kontext individueller Entwicklung

7.1 Familienleben als Beziehungskontext

Kaum jemand wird bestreiten, daß die Familie ein wichtiger Ort für individuelle Lern- und Lebenserfahrungen - insbesondere von Kindern - ist. So nimmt es auch nicht Wunder, daß sich mit den allseits registrierten Veränderungen und Krisensymptomen der Familie als einer sozialen Institution die Sorge um eine gesunde Entwicklung der nachwachsenden Generation mehr und mehr verbreitet. Die aus der Soziologie stammende These von der "Deinstitutionalisierung" oder gar "Desintegration" der Familie - festgemacht an Veränderungsmerkmalen wie verringerte Heiratsneigung, sinkende Geburtenziffern, zunehmende Scheidungszahlen, Anwachsen nicht-ehelicher Lebensgemeinschaften - läßt sich umstandslos mit Symptomen individueller Auffälligkeiten in Zusammenhang bringen (z.B. zunehmende Jugendkriminalität, anwachsender Alkohol- und Drogenmißbrauch bei Kindern und Jugendlichen, steigende Suizidneigung in jungen Jahren). Von der bloßen Koinzidenzfeststellung zur Ursachenunterstellung ist der Weg nicht mehr weit. Ist dieser gedankliche Schritt erst einmal getan, dann liegt auch die Rezeptur auf der Hand: Mit der Reinstitutionalisierung der Familie werden auch individuelle Fehlentwicklungen zurückgehen.

Das Leitbild für eine derartige Wiederherstellung der Familie ist rasch gefunden: Es ist die traditionelle Kleinfamilie, worunter nach einer Brockhaus-Definition (1968, Band 6, S. 48) "das Elternpaar mit den unselbständigen Kindern als Einheit des Haushalts" zu verstehen ist. Eine legalisierte, auf Dauer und sexuelle Ausschließlichkeit angelegte Ehe sowie die primäre Verdienerrolle des Mannes sind weitere Kennzeichen dieses traditionell bürgerlichen Familienbegriffs. Zugleich wird suggeriert, daß mit diesem Verständnis von Familie etwas zurückgewonnen werden kann, was durch die "Bedrohung der Familie in der modernen Welt" (Lasch 1987) bzw. die "Vernachlässigung der Familie" (Packard 1984) verloren zu gehen droht, nämlich Geborgenheit.

Was auch immer unter Geborgenheit zu verstehen ist - auf dem Hintergrund einer historischen und kulturvergleichenden Analyse unterschiedlicher Familienformen ist schwer nachvollziehbar, daß ausschließlich das im westlichen Kulturkreis entstandene traditionell-bürgerliche Familienverständnis einen Exklusivanspruch auf die Vermittlung von Geborgenheit hat. Die amerikanische Soziologin Gittins (1986, S.70) kommt aufgrund ihrer historisch-vergleichenden Untersuchungen zu dem Schluß, daß "die Behauptung, wonach es so etwas wie 'die Familie' gibt, außerordentlich umstritten und voller Mehrdeutigkeiten und Widersprüchlichkeiten ist." Vielmehr besitzen wir "Überzeugungen über Sexualität, Reproduktion, Elternschaft sowie die Machtbeziehungen zwischen Alters- und Geschlechtsgruppen. Die Summe dieser Überzeugungen bilden ein starkes Symbolsystem, das als Familie bezeichnet wird."

Eine derartige Sichtweise macht einerseits verständlich, daß es - etwa in der politischen Auseinandersetzung - um die Durchsetzung bestimmter Überzeugungen über das, was Familie ist und sein soll, geht. Andererseits wird mit dem Hinweis auf die Verankerung des jeweils vertretenen Familienbegriffs in einem starken Überzeugungssystem 'die Familie' ihrer quasi-naturwüchsigen Selbstverständlichkeit entkleidet. Dies öffnet auch den Blick für alternative Lebensformen, die nicht dem traditionellen Familienleitbild entsprechen, in denen aber dennoch Menschen im gemeinschaftlichen Lebensvollzug und in wechselseitiger Bezogenheit ihr Leben gestalten. Oder ist es so unvorstellbar, daß z.B. ein unverheiratetes Paar sich selbst und seinen Kindern eine Atmosphäre von Geborgenheit vermitteln kann? Andererseits aber auch: Ist es so unvorstellbar, daß auch in einer "intakten Normalfamilie" ein Klima von Kälte und Gleichgültigkeit herrschen kann? Nehmen wir diesen Gedanken ernst, dann kommt es offenkundig weniger darauf an, in welchen gesellschaftlich anerkannten Formen Familienleben stattfindet, sondern vielmehr auf die Art und Weise, wie Menschen ihr Zusammenleben praktizieren.

Für die Praxis des Zusammenlebens ist die Qualität der Beziehungen zwischen den Menschen, die in einer Familie oder einem familienähnlichen Verband leben, von entscheidender Bedeutung - auch für die individuelle Entwicklung des einzelnen. Es sind die manchmal unausgesprochenen, in "Fleisch und Blut" übergegangenen Gepflogenheiten des Miteinander-Umgehens, die sich in immer wiederholenden Episoden von Gemeinschaftlichkeit zum "familiären Beziehungsstil" verdichten: Wie stellt sich das Ausmaß an Zusammengehörigkeit in einer Familie dar? Wie werden Konflikte und Streitigkeiten gelöst? Wieviel Anteilnahme erfährt der einzelne und welcher Freiraum wird ihm zugestanden? Wie häufig unternimmt eine Familie etwas gemeinsam? Welche Absprachen und Regeln werden für das Zusammenleben als verbindlich erachtet? Fragen dieser Art sind es, die etwas mit der Qualität familiärer Beziehungen zu tun haben. Dabei wird unterstellt, daß einerseits jedes Familienmitglied die Qualität des familiären Zusammenlebens mitgestaltet, andererseits aber auch durch den familiären Beziehungsstil in seiner Persönlichkeit geformt wird.

Wenn wir also im folgenden die "Familie als Kontext für individuelle Entwicklung" betrachten, dann soll damit der für eine konkrete Familie charakteristische Beziehungskontext gemeint sein und nicht etwa der durch die personelle Zusammensetzung oder die gesellschaftliche Anerkennung bestimmter Familienformen gegebene Einfluß auf den einzelnen. Familie wird somit als eine Variante von intimen Beziehungssystemen verstanden (vgl. Kapitel 3 in diesem Band). Dabei gilt für "intime" oder "enge" Beziehungen nach einem Definitionsvorschlag von Kelley et al. (1983, S. 38), daß sie auf einer "starken, häufigen und sich in unterschiedlichen Aktivitäten äußernden Interdependenz von beträchtlicher Dauer" beruhen.

Im folgenden werden wir uns nun zunächst mit einem Vorschlag zur Erfassung inhaltlicher Aspekte der familiären Beziehungsqualität befassen. Im Anschluß daran werde ich einige Befunde aus unserer eigenen Forschungswerkstatt darstellen, aus denen die Verknüpfung zwischen familiärem Beziehungsstil und der Herausbildung individueller Personmerkmale deutlich wird. Dabei werde ich einige markante Phasen und Übergänge im individuellen Lebensgang herausgreifen. Zuerst werde ich der Frage nachgehen, inwieweit die Beziehungserfahrungen, die junge Paare in ihren jeweiligen Herkunftsfamilien gemacht haben, sowohl ihre aktuelle Partnerschaftsbeziehung als auch ihre Kinderwunschmotivation beeinflussen. In einem zweiten Abschnitt werde ich einige Untersuchungsbefunde vorstellen, aus denen hervorgeht, welcher familiäre Beziehungskontext für die Entwicklung von Selbstverantwortlichkeit und Autonomie bei Kindern besonders förderlich ist. Drittens werde ich auf eine Studie kurz eingehen, die sich mit der Frage beschäftigt, welche familiären Beziehungserfahrungen es Jugendlichen und jungen Erwachsenen erleichtern bzw. erschweren, sich von ihrem Elternhaus zu lösen und ein eigenständiges Leben zu führen.

7.2 Die Familienklimaskalen: ein Instrument zur Erfassung des familiären Beziehungskontexts

Um erfahrungswissenschaftlich begründbare Aussagen über inhaltliche Aspekte der familiären Beziehungsqualität machen zu können, bedarf es zunächst einmal einer Klärung der Frage, welchen methodischen Zugang man zur Erfassung dieses vielschichtigen Konzepts wählen möchte. Wer vor dieser Entscheidung steht, hat die Qual der Wahl: Nach einer neueren Zusammenstellung von Grotevant und Carlson (1989) gibt es allein 38 verschiedene Verfahren, die für sich in Anspruch nehmen, das Interaktionsverhalten und Beziehungserleben von ganzen Familiensystemen erfassen zu können.

Wir wollen uns hier jedoch nicht allzu sehr in methodische Details verlieren. Statt dessen möchte ich ein Verfahren kurz vorstellen, das sich in unserer eigenen Forschungsarbeit als recht fruchtbar erwiesen hat. Es handelt sich dabei um ein Fragebogeninventar, das ursprünglich von Rudolf H. Moos (1974) unter der Bezeichnung "Family Environment Scale" im Rahmen seiner Sozialklimaforschung entwickelt wurde. Wir haben die amerikanische Version für deutschsprachige Verhältnisse angepaßt und als "Familienklimaskalen" eingeführt (Schneewind, Beckmann & Hecht-Jackl 1985, Schneewind 1988b, Kapitel 9 in diesem Band).

Die Familienklimaskalen umfassen inhaltlich zehn Konzepte, die jeweils durch eine Reihe von Feststellungen erfaßt werden, auf die die befragte Person mit Zustimmung oder Ablehnung reagieren kann (z.B. "In unserer Familie hat jeder das Gefühl, daß man ihm zuhört und auf ihn eingeht"). Im folgenden werden diese zehn Konzepte kurz vorgestellt.

1. *Zusammenhalt.* Diese Skala erfaßt das Ausmaß an Familiensolidarität, das sich im Bewußtsein eines allgemeinen Zusammengehörigkeitsgefühls, in der Einsatzbereitschaft für alltägliche Verrichtungen und einem emotionalen Aufeinander-Eingehen, Zuhören und Interesse am anderen äußert.

2. *Offenheit.* Gemeint ist hiermit das in einer Familie zugelassene Maß an spontanem Gefühlsausdruck - sowohl an positiven als auch an negativen Emotionen - und die Möglichkeit, über persönliche Probleme und Familienangelegenheiten offen miteinander reden zu können.

3. *Konfliktneigung.* Dieses Konzept bezieht sich auf das Ausmaß an Streit, Reibereien und Nörgeleien in der Familie, insgesamt also auf eine mehr oder minder gereizte

und aggressive Familienatmosphäre, in der das Bemühen um eine sachliche Schlichtung von Meinungsverschiedenheiten zu kurz kommt.

4. *Selbständigkeit.* Diese Skala hat zum Thema, inwieweit sich die einzelnen Familienmitglieder frei fühlen können, ihre eigenen Bedürfnisse und Interessen zu verwirklichen, und zwar ohne sich durch eine übermäßige Rücksichtnahme oder mögliche Verstimmungen bei anderen Familienmitgliedern eingeengt zu fühlen.

5. *Leistungsorientierung.* Diese Skala erfaßt das Leistungs- und Wettbewerbsdenken in einer Familie. Dabei geht es sowohl um das Ausmaß an wechselseitiger Leistungsanspornung zwischen den Familienmitgliedern selbst als auch um den Stellenwert, den Leistung und Erfolg in Gesprächen bzw. bei der Beurteilung anderer haben.

6. *Kulturelle Orientierung.* Mit diesem Konzept wird die Aufgeschlossenheit einer Familie für intellektuelle und kulturelle Inhalte erfaßt. Es geht dabei um die Häufigkeit von kulturellen Aktivitäten wie den Besuch von Vorträgen, Theateraufführungen, Konzerten etc. und die Bedeutung, die diese Aktivitäten in Familiengesprächen haben.

7. *Aktive Freizeitgestaltung.* Diese Skala widmet sich der Frage, in welchem Umfang eine Familie ihre Freizeit durch Unternehmungen, Hobbies und Sozialkontakte aktiv und vielseitig nutzt. Erkennbar wird dabei eine mehr oder minder stark ausgeprägte allgemeine Aktivitätsbereitschaft und spontane Unternehmungslust als charakteristisches Merkmal des Familienlebens.

8. *Religiöse Orientierung.* Mit dieser Skala wird der Stellenwert von religiösen und ethischen Grundsätzen in ihrer Verbindlichkeit für die Familie erfaßt. Dies äußert sich zum einen in dem Ausmaß, in dem kirchliche Verhaltensnormen (z.B. Kirchgang) befolgt werden, und zum anderen in der Bedeutung einer eher verinnerlichten Form von Gläubigkeit für das Familienleben.

9. *Organisation.* Diese Skala bezieht sich auf der einen Seite auf das Ausmaß an Ordnung, Planung und Absprachen von Verantwortlichkeiten innerhalb der Familie, während auf der anderen Seite mangelnde Planung, fehlende Zeiteinteilung und eine insgesamt eher spontan-zufällige bis chaotische Lebensführung im Vordergrund stehen.

10. *Kontrolle.* Bei diesem Konzept geht es um die Verbindlichkeit von Familienregeln und die Art und Weise, wie Regelübertretungen sanktioniert werden. Erfaßt wird das Ausmaß an einer entweder starren und dogmatischen Regelhandhabung oder einem eher großzügigen und toleranten Umgang mit Regeln.

Bei einer weiterführenden Analyse dieser zehn Konzepte hat sich gezeigt, daß die meisten Skalen sich drei übergeordneten Dimensionen des familiären Beziehungserlebens zuordnen lassen. Wir haben diese Dimensionen wie folgt bezeichnet:

(a) *Positiv-emotionales Klima.* Kennzeichnend für diesen Aspekt sind vor allem die Skalen "Zusammenhalt" und (geringe) "Konfliktneigung". Bei einer Gegenüberstellung der beiden Pole dieser Dimension ergibt sich auf der einen Seite das Bild eines harmonischen, auf wechselseitigem Verständnis und vornehmlich positivem emotionalen Austausch beruhenden Familienlebens, in dem auch Konflikte in einer weitgehend befriedigenden Weise geregelt werden können. Auf der anderen Seite finden sich entsprechend Familien mit geringer Familiensolidarität und einem hohen Konfliktpotential, wobei die Art und Weise, wie mit Konflikten umgegangen wird, als wenig befriedigend erlebt wird.

(b) *Anregendes Klima.* Diese Dimension faßt vor allem die Skalen "Offenheit", "kulturelle Orientierung" und "aktive Freizeitgestaltung" zusammen. Familien, die auf dieser Dimension hohe Werte erzielen, zeigen ein hohes Maß an Offenheit nach innen und außen, d.h. sie können sich einerseits komplikationslos über ihre Erfahrungen austauschen, andererseits tun sie aber auch viel dafür, sich aktiv um neue Erfahrungen im kulturellen und Freizeitbereich zu bemühen. In diesen Familien ergeben sich somit günstige Voraussetzungen für ein sich selbst verstärkendes Potential an Anregungen und vielfältigen Erfahrungen. Im Gegensatz dazu gilt für Familien mit einer niedrigen Ausprägung auf dieser Dimension, daß ihr Familienleben durch ein hohes Maß an Eintönigkeit, Passivität und emotionaler Ausdrucksarmut gekennzeichnet ist. Interessiertheit und lebendiger Erfahrungsaustausch sind in diesen Familien klein geschrieben. Die Voraussetzungen für eine eigenständige Erfahrungserweiterung sind somit eher gering.

(c) *Normativ-autoritäres Klima.* Wesentliche Kennzeichen dieser Dimension sind insbesondere die Skalen "Kontrolle", "Organisation" und "Leistungsorientierung". Der gemeinsame Nenner scheint in dem Ausmaß an Normorientierung einer Familie zu bestehen. Familien mit einer stark ausgeprägten Normorientierung bestehen auf einer starren Einhaltung und Überwachung familieninterner Regeln, einem geordneten und voraussehbaren Ablauf des Familienlebens und einer starken Orientierung an Leistung und Erfolg. Umgekehrt gilt für Familien mit geringer Normorientierung, daß sie mit Familienregeln eher flexibel und weniger konsequent umgehen. Darüber hinaus legen sie auch weniger Wert auf ein Zusammenleben, in dem Ordnung, Planung und Leistungsethos eine wichtige Rolle spielen.

Mit dieser kurzen Skizze der verschiedenen inhaltlichen Aspekte des familiären Beziehungserlebens wird deutlich, daß sich über die Familienklimaskalen ein Zugang eröffnet, um den für eine Familie charakteristischen Beziehungsstil abschätzen zu können. Die für eine Familie typische Konfiguration der Familienklimaskalen stellt zugleich für jedes einzelne Familienmitglied ein Abbild des Beziehungskontextes dar, innerhalb dessen sich zumindest partiell seine eigene Entwicklung vollzieht. Im folgenden werden wir nun an einigen Beispielen etwas genauer kennenlernen, wie sich die Verknüpfung zwischen familiären Beziehungskontexten und individuellen Personmerkmalen darstellt.

7.3 Herkunftsfamilie, Partnerschaft und Kinderwunsch

Geht man davon aus, daß familiäre Beziehungserfahrungen nicht erst bei der Bildung einer Partnerschaft oder Familie angeeignet werden, so ergibt sich die Frage, inwieweit bei beiden Partnern die Beziehungsgeschichte aus ihren jeweiligen Herkunftsfamilien einen Einfluß auf ihre aktuelle Partnerschaftsbeziehung hat. Dies ist eine der Fragen, die uns in einem derzeit laufenden Forschungsprojekt zur Lebenskonzeption junger Ehen beschäftigt (Schneewind, Vaskovics & Mitarbeiter, 1989). Darüber hinaus interessiert uns die Frage, ob Paare mit unterschiedlicher Kinderwunschmotivation sich auch hinsichtlich ihrer Beziehungserfahrungen in der Herkunftsfamilie bzw. ihrer gegenwärtigen Partnerschaft unterscheiden.

Die Überprüfung dieser Fragestellungen erfolgte an einer Stichprobe von 180 jungen Ehen, die sich nach dem Grad der Nähe bzw. Distanz zur Realisierung des Kinderwunsches in fünf Gruppen gliedert (Gruppe I: werdende Eltern; Gruppe II: Paare, die in den nächsten fünf Jahren ein Kind haben wollen; Gruppe III: Paare, die frühestens in fünf Jahren ein Kind haben wollen; Gruppe IV: Paare mit unsicherem Kinderwunsch; Gruppe V: Paare, die bewußt kinderlos bleiben wollen). Die Partner aller fünf Paargruppen beantworteten die Familienklimaskalen einerseits für ihre jeweiligen Herkunftsfamilien (bezogen auf eine Zeit, als sie selbst etwa 10 bis 15 Jahre alt waren) und andererseits für ihre aktuelle Partnerschaft (Gegenwartsfamilie).

Die Ergebnisse zeigen, daß bei Männern wie bei Frauen die in der Herkunftsfamilie gemachten Beziehungserfahrungen vor allem hinsichtlich der Beziehungsdimensionen "anregendes Klima" und "normativ-autoritäres Klima" auf das gegenwärtige Partnerschaftsklima ausstrahlen. Weniger ist dies für den Bereich des "positiv-emotionalen Klimas" der Fall, obwohl gerade hier sich interessante Befunde ergeben, wenn man eine differenziertere Analyse nach den fünf Paargruppen vornimmt. Wir greifen hierzu die Familienklimaskala "Zusammenhalt" heraus, die ein wichtiger Indikator für die Beziehungsdimension "positiv-emotionales Klima" ist.

Zunächst gingen wir der Frage nach, inwieweit die Partner ihr aktuelles Partnerschaftsklima - bezogen auf den Aspekt "Zusammenhalt" - gleich bzw. ähnlich erleben. Ein Maß hierfür ist die Höhe der Korrelation zwischen den Männern und Frauen der verschiedenen Paargruppen. Einen Überblick über die Ergebnisse hierzu vermittelt Abbildung 7.1. Dabei wird unmittelbar augenfällig, daß die Partner der Gruppen I bis IV eine gewisse Übereinstimmung im Erleben ihres partnerschaftlichen Zusammengehörigkeitsgefühls aufweisen, was sich an den mittelhohen positiven Korrelationen ablesen läßt. Nicht jedoch so bei der Gruppe V, d.h. der Gruppe, die sich bewußt gegen ein Leben mit Kindern entschieden hat. Hier ergibt sich eine schwach negative Korrelation, die dafür spricht, daß die Partner kein gemeinsames, ja sogar ein leicht gegensinniges Verständnis von ihrem partnerschaftlichen Zusammenhalt haben.

Auf der Suche nach einer möglichen Erklärung für diesen überraschenden Befund haben wir überprüft, ob der Beziehungskontext der Herkunftsfamilie hierzu Aufschlüsse bietet. Konkret haben wir untersucht, welche Zusammenhänge sich zwischen dem erlebten Familienklima in der Herkunftsfamilie und dem gegenwärtigen Ver-

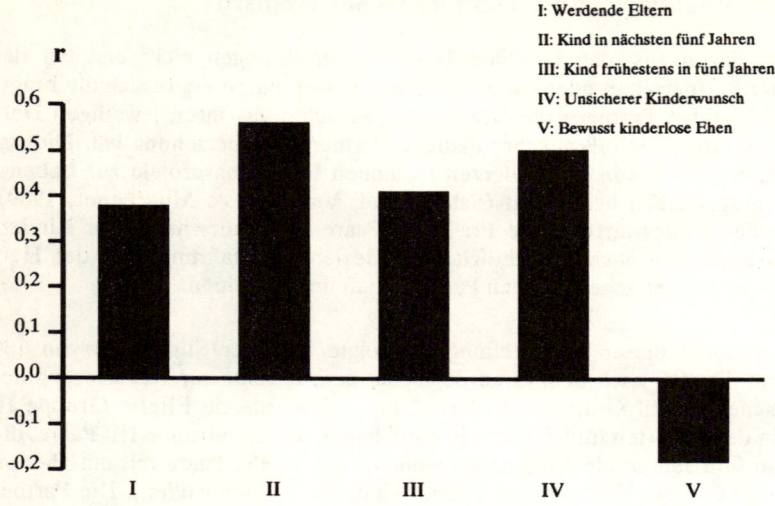

r

0,6
0,5
0,4
0,3
0,2
0,1
0,0
-0,1
-0,2

I   II   III   IV   V

I: Werdende Eltern
II: Kind in nächsten fünf Jahren
III: Kind frühestens in fünf Jahren
IV: Unsicherer Kinderwunsch
V: Bewusst kinderlose Ehen

Abb. 7.1:   Korrelation Männer/Frauen für die Skala "Zusammenhalt" (Gegenwartsfamilie)

ständnis von partnerschaftlichem Zusammenhalt ergeben. Dabei zeigte sich, daß für die Gruppen I bis IV sowohl bei den Frauen als auch bei den Männern keine statistisch bedeutsamen Zusammenhänge nachweisbar sind. Wir interpretieren dies als einen Beleg dafür, daß sich die Paare in diesen Gruppen insofern von ihren Herkunftsfamilien abgelöst haben, als sie eine eigenständige, zwischen den Partnern weitgehend übereinstimmende und auf ihren aktuellen Partnerschaftserfahrungen gründende "Definition" von familiärem Zusammenhalt gefunden haben.

Anders stellen sich die Verhältnisse für die Gruppe der bewußt kinderlosen Ehen dar. Tabelle 7.1 gibt einen Überblick über die Zusammenhänge zwischen Herkunftsfamilienklima und partnerschaftlichem Zusammenhalt für die leider nur 18 Paare umfassende Gruppe V (bewußt kinderlose Paare) und die Gruppe II (Paare, die ihren Kinderwunsch in den nächsten 5 Jahren realisieren wollen), wobei aus Gründen der Übersichtlichkeit lediglich die Gruppe II als Vergleichsgruppe herangezogen wird.

Während für die Vergleichsgruppe (Gruppe II) - wie oben bereits erwähnt - bei den Frauen wie bei den Männern keine statistisch gesicherten Bezüge zum Herkunftsfamilienklima bestehen, trifft dies für die Paare der Gruppe V nicht zu. Vor allem die Männer definieren ihr Verständnis von partnerschaftlichem Zusammenhalt in starkem Maße auf dem Hintergrund der Beziehungserfahrungen, die sie in ihrer Herkunftsfamilie gemacht haben. Sie erleben das Ausmaß an Zusammengehörigkeitsgefühl in ihrer Partnerschaft umso höher, je negativer ihre Erfahrungen in der Herkunftsfamilie gewesen sind, d.h. je weniger sie in ihrer Herkunftsfamilie an Harmonie, Offenheit, Freiraum für Selbständigkeit, Unternehmungslust und Geplantheit erlebt haben.

162

Tab. 7.1: Beziehungen zwischen Familienklima der Herkunftsfamilie und partnerschaftlichem Zusammenhalt

Familienklimaskalen Herkunftsfamilien	Kind in nächsten 5 Jahren (N = 46)		bewußt kinderlose Ehen (N = 18)	
	Mann	Frau	Mann	Frau
Zusammenhalt	.25	.25	-.29	.23
Offenheit	.06	-.17	-.53*	.33
Konfliktneigung	-.13	-.09	.50*	-.01
Selbstständigkeit	-.03	.04	-.51*	.46*
Leistungsorientierung	-.10	.07	.26	-.30
Kulturelle Orientierung	.15	.08	-.36	-.25
Aktive Freizeitgestaltung	.09	-.08	-.43*	-.14
Organisation	.08	.00	-.48*	.07
Kontrolle	-.03	.16	.19	-.34
R	.46	.56	.89*	.77
R^2	.21	.31	.79	.60

* $p < .05$

Wenn auch in abgeschwächter Form, läßt sich auch für die Frauen aus der Gruppe der bewußt kinderlosen Ehen tendenziell nachweisen, daß sie sich in ihrem Verständnis von partnerschaftlichem Zusammenhalt von ihren Beziehungserfahrungen in der Herkunftsfamilie leiten lassen. Dabei fällt auf, daß sie im Vergleich zu ihren Männern mit einem höheren Zusammengehörigkeitsgefühl in der Partnerschaft eher positive Erfahrungen in der Herkunftsfamilie verbinden. Bei einem Blick auf die Korrelationsdifferenzen zwischen Männern und Frauen wird deutlich, daß die Frauen vor allem dann ein umso höheres Zusammengehörigkeitsgefühl in der Beziehung zu ihrem

Mann erleben, je mehr in ihrer Herkunftsfamilie eine Atmosphäre von Offenheit und Selbständigkeit herrschte.

Auf dem Hintergrund dieser Ergebnisse wird nachvollziehbar, daß beide Partner aus der Gruppe der bewußt kinderlosen Ehen noch kein gemeinsames Verständnis dafür gefunden haben, was für sie partnerschaftlicher Zusammenhalt bedeutet. Einerseits orientieren sie ihr Erleben von Zusammengehörigkeit stark an dem, was sie in ihrer jeweiligen Herkunftsfamilie erfahren haben, andererseits sind gerade diese Erfahrungen im Vergleich zwischen den Partnern recht konträr. Wenn wir in der Interpretation noch ein Stück weitergehen, dann ist zu vermuten, daß vor allem die Männer sich in einer Art Gegenidentifikation zu ihrem Elternhaus befinden und gerade deswegen in einer - wenn auch negativen - Abhängigkeit zu ihrer Herkunftsfamilie stehen. So gesehen liegt es nahe, daß sie sich mit Frauen verbunden haben, die in ihrer Herkunftsfamilie den Teil an positiver Beziehungsqualität erlebt haben, den sie selbst vermißt haben.

Der "Zeit für Kinder" geht der "Wunsch nach Kindern" voraus. Wenn dieser Wunsch nicht vorhanden ist bzw. wenn sich Paare bewußt für ein Leben ohne Kinder entscheiden, dann muß dies keineswegs - wie das bisweilen vorschnell unterstellt wird - mit einer egoistischen Lebenseinstellung oder gar mit Kinderfeindlichkeit zu tun haben. Wenn - wie unsere Daten nahelegen - bei bewußt kinderlosen Paaren die Partnerschaftsbeziehung einerseits durch starke und zum Teil konträre Erfahrungen in der Herkunftsfamilie bestimmt wird und andererseits sich (noch) kein gemeinschaftliches Verständnis von partnerschaftlicher Zusammengehörigkeit gebildet hat, dann ist es - ob bewußt oder unbewußt - eine durchaus "intelligente" Lösung, sich für ein Leben ohne Kinder zu entscheiden. Insofern verdienen diese Paare eher unseren Respekt als unsere Geringschätzung. Auf einem anderen Blatt steht freilich, ob Paare mit einer derartigen Beziehungskonstellation nicht gut beraten wären, die Verflechtungen zwischen ihrer familiären Beziehungsgeschichte und ihrem aktuellen Partnerschaftsverständnis aufzuarbeiten, um einen eigenständigen Weg zur Gestaltung ihrer Partnerschaft zu finden.

7.4 Familiärer Beziehungskontext und Autonomie

Die zentrale These dieses Kapitels ist es, daß die Qualität familiärer Beziehungserfahrungen bei der Herausbildung individueller Verhaltensmerkmale eine wesentliche Rolle spielt. Ich will dies an einem für die Persönlichkeitsentwicklung wichtigen Konzept beispielhaft verdeutlichen. Es ist dies das Konzept der "Autonomie". Nun ist gerade "Autonomie" ein sehr vielschillernder und vager Begriff, dessen Bedeutung ich für unsere Zwecke auf einen besonderen Aspekt einschränken möchte. Es geht dabei - kurz gesagt - um das subjektive Bewußtsein oder die Überzeugung einer Person, durch eigenes Handeln angestrebte Ziele erreichen und dabei auftretende Probleme bewältigen zu können.

Die Entwicklung dieser Überzeugung beruht auf tausenden und abertausenden von Episoden, in denen wir die Erfahrung machen, daß wir auf Sachen oder Menschen

Einfluß nehmen können - oder aber auch nicht. Dies beginnt bereits beim Säugling, wenn er z.B. herausfindet, daß er durch Strampeln ein Mobile über seinem Bettchen in Bewegung bringen oder später als Kleinkind mit einer Rassel Geräusche erzeugen kann. Mit zunehmendem Alter werden die Ziele vielfältiger und komplizierter. Gleichgültig, ob ein Schulkind eine gute Note anstrebt, ein Erwachsener sich in seinem Beruf vor eine schwierige Aufgabe gestellt sieht oder ein älterer, schon gebrechlicher Mensch sich nach wie vor selbst versorgen möchte: in all diesen Fällen geht es im Prinzip um die gleiche Sache, nämlich inwieweit eine Person davon überzeugt ist, durch eigenen Kräfteeinsatz ihre Lebenslage zu meistern.

Je nachdem, wie häufig und in wievielen unterschiedlichen Lebenskontexten eine Person die Erfahrung gemacht hat, mehr oder weniger schwierige Situationen bewältigt zu haben, wird sich so etwas wie eine allgemeine Überzeugung nach dem Motto "Ich werde das schon schaffen" oder aber "Da laß' ich lieber die Finger davon" einstellen. Diese Grundüberzeugung entscheidet letztlich auch darüber, ob neue Herausforderungen aktiv "in Angriff" genommen werden oder ob ihnen eher mit innerer Zurückhaltung oder gar Abwehr begegnet wird. Jemand, der sich mit dem Bewußtsein, auch unvertrauten Situationen gewachsen zu sein, in seiner Welt bewegt, verfügt unter vergleichbaren Lebensbedingungen über eine wesentlich größere innere Handlungsfreiheit als jemand, dem diese Grundüberzeugung abgeht. Insofern erscheint es nicht ganz ungerechtfertigt, dieses psychologische Konzept des Vertrauens in die eigene Bewältigungskompetenz mit dem Autonomiebegriff in Verbindung zu bringen.

Nachdem gerade in der Familie entscheidende Lebens- und Lernerfahrungen gemacht werden, wollen wir nun der Frage nachgehen, welcher familiäre Beziehungskontext für die Entwicklung von Autonomie besonders förderlich ist. Dabei unterstelle ich, daß es sich bei Autonomie in dem genannten Sinne um eine wünschenswerte Persönlichkeitsdisposition handelt, sofern sie im Zusammenhang mit sozialverträglichen Zielen zum Tragen kommt.

Die im folgenden dargestellten Untersuchungsergebnisse beziehen sich auf die Daten einer größeren Studie (Schneewind, Beckmann & Engfer 1983) und wurden speziell für die Zwecke dieses Berichts ausgewertet. Im einzelnen handelt es sich dabei um zwei Stichproben von je 285 Jungen und Mädchen im Alter zwischen 9 und 14 Jahren, denen einerseits ein Fragebogen zur Erfassung ihrer subjektiv erlebten Autonomie (erfaßt in Anlehnung an das Rottersche Konzept "internale vs. externale Kontrollüberzeugung", 1966) und andererseits die Kinderversion der Familienklimaskalen zur Beantwortung vorgelegt wurde. Darüber hinaus hatten die Kinder noch einen mehrdimensionalen Persönlichkeitsfragebogen für Kinder (Seitz & Rausche 1976) auszufüllen. Die Hauptergebnisse dieser Untersuchung sind in Abbildung 7.2 wiedergegeben.

Im linken Teil von Abbildung 7.2 sind - ausgedrückt in einfachen und multiplen Korrelationen - die Zusammenhänge zwischen den relevanten Familienklimaskalen und der kindlichen Autonomie dargestellt. Im rechten Teil der Abbildung 7.2 finden sich hingegen die korrelativen Beziehungen zwischen kindlicher Autonomie und einer Reihe weiterer kindlicher Persönlichkeitsmerkmale. Für beide Fälle gilt, daß zunächst

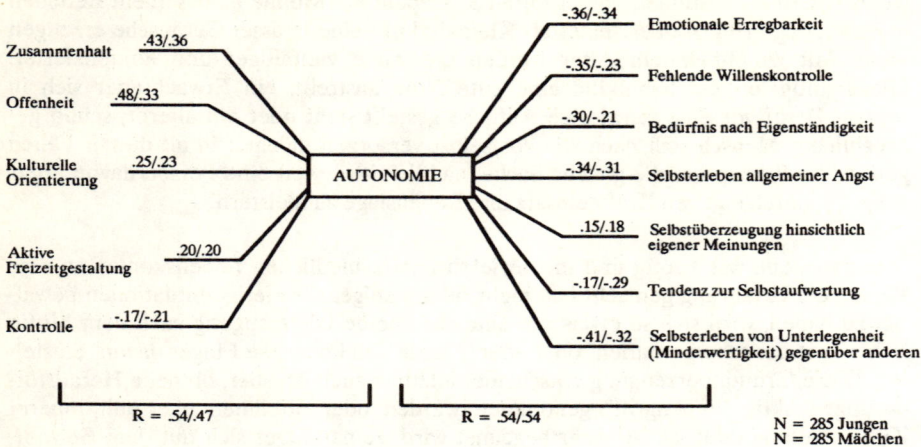

Abb. 7.2:   Beziehungen zwischen Familienklimaskalen, kindlicher Autonomie und Kindpersönlichkeit

der Korrelationswert für die Stichprobe der Jungen und dann die entsprechende Korrelation für die Mädchenstichprobe aufgeführt ist.

Wenden wir uns zunächst der Frage zu, welche Aspekte des familiären Beziehungskontextes im Erleben der befragten Kinder in besonderer Weise autonomieförderlich sind. Es zeigt sich, daß ein ausgeprägtes familiäres Zusammengehörigkeitsgefühl, d.h. die Gewißheit, in der Familie angenommen zu sein und positive Beachtung zu finden, gepaart mit einer emotional offenen, kulturell anregenden und aktiv-unternehmungsfreudigen Familienatmosphäre bei gleichzeitig eher flexibler Regelhandhabung den günstigsten Beziehungskontext für die Entwicklung kindlicher Autonomie darstellt. Dieses Beziehungsmuster gilt - mit nur leichten Gewichtungsunterschieden - gleichermaßen für Jungen und Mädchen und kann damit als ein generell günstiges familiäres Beziehungsklima angesehen werden, innerhalb dessen sich kindliche Autonomieerfahrungen entfalten und zu einer allgemeinen Grundüberzeugung von positiver Bewältigungsfähigkeit verdichten können.

Wenn wir nun einen Blick auf den rechten Teil von Abbildung 7.2 werfen, dann wird erkennbar, daß - vermittelt, aber nicht notwendig bedingt durch das Autonomiekonzept - eine Reihe weiterer kindlicher Persönlichkeitsmerkmale indirekt mit dem autonomieförderlichen familiären Beziehungskontext korrespondieren. Kinder mit hohem Autonomieerleben sind emotional stabiler, weniger ängstlich, kontrollierter in ihren Handlungen und verfügen über ein positiveres Selbstkonzept als Kinder, die sich selbst als wenig autonom einschätzen. Interessanterweise legen die autonomeren Kinder auch weniger Wert darauf, ihr Bedürfnis nach Eigenständigkeit zu artikulieren - wohl deswegen, weil ihnen im Rahmen ihrer Familie ohnehin ein hinreichend großer Handlungs- und Erfahrungsspielraum gewährt wird. Im übrigen können wir auch für den rechten Teil von Abbildung 7.2 festhalten, daß das Korrelationsmuster für Jungen

166

und Mädchen weitgehend gleich ist, so daß sich das Bild von einem geschlechtsinvari-anten Zusammenhang zwischen einem autonomieförderlichen familiären Beziehungs-kontext und einer entprechenden kindlichen Persönlichkeitsstruktur abrundet.

Sicher gibt es neben familiären auch andere Einflüsse auf die Entwicklung kindli-cher Autonomie. Unsere Zusammenhangsbefunde zeigen ja auch, daß das Ausmaß an kindlicher Autonomie nicht vollständig aus dem familiären Beziehungskontext erklär-bar ist. Dies ist im Hinblick darauf, daß Kinder auch in andere soziale Beziehungen eingebettet sind (z.B. Gleichaltrigengruppe oder Schule), auch nicht weiter verwun-derlich. Wir können jedoch annehmen, daß der Familie wegen ihres im Leben des Kindes früh einsetzenden, umfassenden und langandauernden Einflusses eine beson-dere Bedeutung zukommt, die auch auf andere soziale Beziehungskontexte ausstrahlt.

Betrachtet man das Motto "Mehr Zeit für Kinder" unter dem Gesichtspunkt der Au-tonomieentwicklung von Kindern, dann wird erkennbar, daß es nicht nur um die bloße Bereitstellung von Zeit geht. Vielmehr ist es wichtig, daß diese Zeit im Rahmen eines für die Kinder anregungsreichen und tätigkeitsstimulierenden Familienlebens ausge-füllt wird. Eine weitere Voraussetzung ist, daß dies zugleich in einer Atmosphäre ge-schieht, die dem Kind das Gefühl vermittelt, in seiner Familie einen Ort emotionaler Aufgehobenheit und des Gewährenlassens von Eigenständigkeit zu haben. Gelingt es, in der konkreten Lebenspraxis der Familie diese delikate Balance von Verbundenheit und zugestandener Individualität zu verwirklichen, dann ist die "Zeit für Kinder" - und nicht nur für diese - sicher gut genutzt.

7.5 Familiärer Beziehungskontext und Ablösung aus dem Elternhaus

Bei der Weiterentwicklung von Kindern zu Jugendlichen und jungen Erwachsenen kommt es in der Regel früher oder später zu einem Punkt, der zur äußeren und inneren Ablösung vom Elternhaus führt. Dabei ist die äußere Ablösung - markiert durch den Auszug aus der elterlichen Wohnung - für alle Beteiligten häufig einfacher zu verkraften als die innere Ablösung: Bisweilen fällt es den Eltern ebenso schwer, die Tochter oder den Sohn innerlich loszulassen, wie es dem jungen Erwachsenen schwer fällt, die Verantwortung für Eigenständigkeit wirklich zu übernehmen. Wie sehr das Fixiertsein auf die Herkunftsfamilie den eigenen Partnerschafts- und Familienbil-dungsprozeß beeinflussen kann, haben wir weiter oben ja bereits gesehen.

Nun ist allerdings zu vermuten, daß der Ablösungsprozeß von Jugendlichen und jungen Erwachsenen nicht in allen Familien in gleicher Weise vonstatten geht. Aus-schlaggebend dürfte auch hier die Qualität der Familienbeziehungen sein. Hinzu kommt, daß es sich bei der Ablösung aus dem Elternhaus in aller Regel nicht um ein abruptes "Abnabeln", sondern um einen Prozeß handelt, der sich - zumindest in unserem Kulturkreis - über einen mehr oder minder großen Zeitraum erstreckt. Dabei spielen auch "Vorläufer"-Erfahrungen von Trennung und Eigenständigkeit eine Rolle, die weit vor der auch von außen erkennbaren Ablösung liegen und diese schrittweise vorbereiten.

In einer kleinen Untersuchung stellten wir uns daher die Frage, wie diese "Vorläufer"-Erfahrungen - von uns als jugendliche Ablösungsaktivitäten bezeichnet - aussehen, zu welcher Zeit sie im Elternhaus zugestanden bzw. verwirklicht werden und vor allem in welchem familiären Beziehungskontext dies geschieht (Schneewind & Braun 1988). Zu diesem Zweck entwickelten wir zunächst einen Fragebogen, der insgesamt 24 Ablösungsaktivitäten zu den Bereichen "Freundschaft/Partnerschaft", "Bewegungsfreiheit", "Lebensführung" und "Vergnügungen" enthält. Eine Stichprobe von jungen Erwachsenen beiderlei Geschlechts (Durchschnittsalter: 23,8 Jahre) hatte für jede einzelne dieser Ablösungsaktivitäten anzugeben, wann ihre Eltern ihnen diese erlaubt hatten (z.B. "Ab welchem Alter warst Du nicht mehr verpflichtet, genau zu sagen, wo Du hingehst?"). Darüber hinaus wurden die befragten Personen gebeten, für dieselben Fragen anzugeben, wann sie diese Aktivitäten tatsächlich ausgeübt haben und wann sie - vorausgesetzt sie selbst hätten Kinder - dies ihren Kindern zugestehen würden. Schließlich beschrieben die jungen Erwachsenen noch anhand der Familienklimaskalen ihre Herkunftsfamilie für die Zeit, als sie selbst etwa 10 bis 15 Jahre alt waren.

Die Ergebnisse dieser Untersuchung beruhen auf der korrelativen Verknüpfung der Familienklimaskalen mit den durchschnittlichen Altersangaben zu den Ablösungsaktivitäten. Tabelle 7.2 zeigt die Ergebnisse für die Instruktionsbedingungen (a) von den Eltern erlaubte Ablösung, (b) faktische Ablösung, (c) prospektiv eigenen Kindern zugestandene Ablösung. Dabei sprechen positive Korrelationen dafür, daß höhere Werte der entsprechenden Familienklimaskala mit einem späteren Ablösungszeitpunkt einhergehen. Umgekehrt bedeuten negative Korrelationen, daß höhere Ausprägungen des Familienklimas mit einem früheren Ablösungzeitpunkt korrespondieren.

Die Ergebnisse machen zunächst einmal deutlich, daß für die erlaubte und faktische Ablösung relativ enge korrelative Beziehungen zwischen dem Herkunftsfamilienklima und dem Zeitpunkt der jugendlichen Ablösungsaktivitäten bestehen. Inhaltlich ergibt sich ein Beziehungsmuster, bei dem vor allem ein hohes familiäres Anregungsniveau, gepaart mit einer geringen normativen Festgelegtheit des Familienlebens, für die zeitlich frühere Realisierung jugendlicher Eigenständigkeit spricht. Dieses Muster ist für die erlaubte und faktische Ablösung im wesentlichen identisch, wenn auch eine spätere tatsächliche Ablösung offenkundig auf dem Hintergrund eines höheren familiären Konfliktpotentials erfolgt.

Im Hinblick auf die zugestandenen Ablösungszeitpunkte bei zukünftigen eigenen Kindern verliert sich die Vorhersagekraft der Beziehungserfahrungen aus der Herkunftsfamilie. Einzig und allein das Ausmaß an kirchlicher und religiöser Bindung, das auch bei der erlaubten und faktischen Ablösung als normatives Element eine Rolle spielt, spricht dafür, daß dieser Aspekt der Herkunftsfamilie auch noch für die Regelung des Ablösungsprozesses der nachfolgenden Generation bedeutsam ist. Daß ansonsten die Bedeutung der Herkunftsfamilie nicht mehr ins Gewicht fällt, ist insofern nicht weiter verwunderlich, als für die zukünftigen eigenen Kinder vor allem die Ablösungserfahrungen, die die befragten Personen für sich selbst tatsächlich gemacht haben, stärker zu Buche schlagen dürften. In der Tat zeigt sich bei einer weitergehen-

Tab. 7.2: Beziehungen zwischen Familienklimaskalen und jugendlichen Ablösungsaktivitäten

Familienklimaskalen	Erlaubte Ablösung r	Faktische Ablösung r	Zugestandene Ablösung r
Zusammenhalt	.00	.11	.12
Offenheit	-.34**	-.20	-.02
Konfliktneigung	.17	.29**	-.18
Leistungsorientierung	.05	.05	.01
Kulturelle Orientierung	.03	-.04	-.17
Aktive Freizeitgestaltung	-.41**	-.31**	.06
Religiöse Orientierung	.43**	.46**	.29**
Organisation	.36**	.24*	.12
Kontrolle	.54**	.33**	.06
R	.77**	.66**	.36
R^2	.59	.44	.13

* $p < .05$ ** $p < .01$ (N = 68)

den Analyse, in der "Frühablöser" mit "Spätablösern" verglichen wurden, daß sie das Timing ihrer faktischen Ablösungserfahrungen auch an ihre Kinder weiterzugeben gedenken.

Nun müssen frühe Ablösungserfahrungen nicht per se für die weitere Entwicklung von Jugendlichen und jungen Erwachsenen besser sein, ebensowenig wie ein zeitlich später erfolgender Ablösungsprozeß für die Betroffenen nachteilig sein muß. Vielmehr kommt es auf eine angemessene Dosierung sowie auf eine in einer Atmosphäre wechselseitigen Respekts ausgehandelten Erweiterung jugendlicher Erfahrungs- und Handlungsspielräume an. Dies führt uns zurück zu dem im vorangegangnen Abschnitt dargestellten Autonomiekonzept und dem familiären Beziehungskontext, innerhalb dessen individuelle Autonomieerfahrungen ermöglicht werden. Vergleicht man das familiäre Beziehungsmuster für kindliche Autonomie und für jugendliche Ablösungserfahrungen, so ergibt sich eine teilweise Überlappung - insbesondere für den Bereich eines erfahrungsoffenen, anregenden und wenig kontrollierenden Familienklimas. Das Entlassen der nachwachsenden Generation in ein eigenständiges und selbstverantwortliches Leben scheint vor allem auf dem Hintergrund solcher familiärer Beziehungsaspekte besonders gut zu gedeihen.

Zur "gegebenen Zeit" - so legen die Befunde dieses und des vorangegangenen Abschnitts nahe - mag es aus der Perspektive der Eltern angemessen sein, "weniger Zeit" mit den heranwachsenden Kindern zu verbringen, um ihnen "mehr Zeit" zu geben, für sich selbst eine eigene Identität und das, was Williamson (1981) "persönliche Autorität" genannt hat, zu entwickeln. Gelingt dies, so werden sich die Beziehungen zwischen den Generationen auch nach der äußeren Ablösung mit größerer Wahrscheinlichkeit so gestalten, daß alle Beteiligten gern noch "Zeit miteinander" verbringen.

III FAMILIENDIAGNOSTIK

Übersicht:

Das *achte Kapitel* enthält einen Kriterienkatalog zur Beurteilung familiendiagnostischer Verfahren, der aus neun dichotom geordneten Grunddimensionen besteht. Anhand dieser Grunddimensionen werden die wichtigsten Methoden der Familiendiagnostik behandelt. Dies geschieht sowohl unter forschungs- wie unter anwendungspraktischen Gesichtspunkten. Darüber hinaus werden Wege zur konstruktiven Weiterentwicklung familiendiagnostischer Methoden aufgewiesen.

Das *neunte Kapitel* informiert ausführlich über die Konzeption und inhaltliche Struktur eines von uns entwickelten Familiendiagnostischen Testsystems (FDTS). Das FDTS erlaubt die Erfassung mehrdimensionaler Beziehungsaspekte auf der Partner-, Eltern-Kind- und Familienebene. Das Testinventar erfüllt damit wesentliche Voraussetzungen einer systemorientierten Familiendiagnostik.

Im *zehnten Kapitel* wird das in Kapitel 9 dargestellte Familiendiagnostische Testsystem (FDTS) aufgegriffen und anhand einer kontrastierenden Familienfallstudie verdeutlicht. In der Zusammenschau mit anderen beziehungs- und individualdiagnostischen Verfahren läßt sich zeigen, daß eine systemorientierte Familiendiagnostik zu einer Erweiterung diagnostischer Hypothesen und darauf aufbauender Behandlungspläne beitragen kann.

8. Grunddimensionen der Familiendiagnostik

8.1 Familiendiagnostik als Diagnostik intimer Beziehungssysteme

Die meisten Wissenschaftler und Praktiker, die sich professionell mit dem Thema "Familie" beschäftigen, können vermutlich einer allgemeinen Definition zustimmen, wonach *die Familie eine Einheit von Personen ist, die sich gemeinsam im Kontext von Raum und Zeit entwickeln*. Das Problem beginnt jedoch damit, wenn wir uns genauer damit auseinandersetzen, was diese Definition eigentlich bedeutet. Eine Klärung dieses Problems ist jedoch notwendig, wenn wir einigermaßen abgesicherte Aussagen darüber machen wollen, was sich in der Alltagswirklichkeit von Familien tatsächlich ereignet. Deswegen wollen wir zunächst einen genaueren Blick auf die gerade gegebene allgemeine Familiendefinition werfen und ihre einzelnen Definitionsbestandteile etwas schärfer herausarbeiten.

(1) *Familie*. Obwohl der Begriff "Familie" im alltäglichen Sprachgebrauch recht unzweideutig zu sein scheint, verliert er seine Klarheit, wenn wir ihn in einer etwas präziseren Weise benutzen wollen. Ist die Familie genau das, was wir als "unsere Familie" bezeichnen, d.h. umfaßt Familie all die Personen, von denen wir glauben, daß sie "in" der Familie sind (Karpel & Strauss 1983)? Oder ist die Familie das, was Soziologen als die traditionelle bürgerliche Familie bezeichnen, die aus einem legal verheirateten Paar mit ihren eigenen und/oder adoptierten Kindern besteht (Berger & Berger 1984)? Aber wo sind dann die nicht-traditionellen Varianten der Familie einzuordnen, die Lebensformen wie nicht-eheliche Lebensgemeinschaften (mit und ohne Kinder), Zwei-Karrieren-Familien, wiederverheiratete oder sogenannte "binukleare" Familien umfassen - ganz zu schweigen von homosexuellen Paaren oder Personen, die in größeren Gemeinschaften unter familienähnlichen Bedingungen leben (Macklin 1987)?

In Hinblick auf eine sich ständig weiterentwickelnde Pluralisierung und Individualisierung von Lebensstilen - zumindest in den westlichen Industrienationen - erscheint es fragwürdig, ob es angemessen ist, sich auf den Begriff "Familie" in seiner traditionellen Bedeutung zu beschränken (vgl. Kapitel 2 in diesem Band). Um diesen gesellschaftlichen Wandlungsprozessen gerecht zu werden, haben einige Autoren vorgeschlagen, von Familien und ihren nicht-traditionellen Varianten als einer Teilmenge von "intimen", "primären" oder "engen" Beziehungen zu sprechen. Entsprechend einer Definition von Kelley et al. (1983, S. 38) ist das Hauptmerkmal solcher Beziehungen eine "starke, häufige und sich in unterschiedlichen Aktivitäten äußernde Interdependenz von beträchtlicher Dauer". Wenn wir auf diesem Hintergrund *Familien als intime Beziehungssysteme* begreifen (vgl. Kapitel 3 in diesem Band), befreien wir uns einerseits von dem Zwang, den Begriff "Familie" nur auf bestimmte legalisierte Familienformen anzuwenden. Andererseits fokussieren wir damit eine vornehmlich psychologische Perspektive, d.h. die Frage, wie und in welchem Ausmaß Personen durch den Beziehungskontext, in dem sie leben, sich wechselseitig beeinflussen.

(2) *Einheit von sich gemeinsam entwickelnden Personen.* Mit der Kennzeichnung von Familien als intimen Beziehungssystemen unterstellen wir, daß Personen - obwohl sie durchaus ihrem eigenen individuellen Entwicklungsgang folgen - einen mehr oder weniger großen Einfluß auf die Entwicklung der jeweils anderen Personen haben bzw. von diesen beeinflußt werden. Setzt dies notwendigerweise voraus, daß diese Personen in einem gemeinsamen Haushalt leben müssen? Bedeutet Einfluß eine massive wechselseitige Abhängigkeit oder gar Determiniertheit des einzelnen in seinem Lebenslauf? Führt gemeinsame Entwicklung in jedem Fall zu wachstumsförderlichen Erfahrungen bei all denen, die Teil des Beziehungssystems sind? Sicher nicht - zumindest nicht in allen Fällen. So gesehen ist es wichtig, daß die Begriffe "gemeinsame Entwicklung" und "Einfluß" nicht zu eng gefaßt werden, wenn wir sie als Bestimmungstücke von intimen Beziehungssystemen verwenden. So argumentieren z.B. Berscheid und Peplau (1983, S. 13), daß die Qualifizierung von Beziehungen als intim oder eng "im wesentlichen synonym mit einflußreich ist; Personen in engen Beziehungen beeinflussen einander in erheblichem Maße - sei es zum Guten oder zum Schlechten." Es ist damit eine wichtige Aufgabe für die Diagnose und Beurteilung von Familien, die Inhalte und die Dynamik der interpersonalen Einflüsse greifbar zu machen, die für die (Dys-) Funktionen von einzelnen Personen und den Beziehungssystemen, denen sie angehören, verantwortlich sind.

(3) *Kontext von Raum und Zeit.* Individuelle Entwicklung und gemeinsame Entwicklung findet entlang eines mehr oder weniger ausgedehnten Zeitkontinuums und auf der Grundlage materieller und sozialer Lebensbedingungen statt. Mit anderen Worten: Sich gemeinsam entwickelnde Personen innerhalb intimer Beziehungssysteme leben nicht in einem geschichts- und kontextlosen "Hier und Jetzt". Vielmehr haben sie eine *Beziehungsgeschichte*, die - vermittelt durch Gegenwartserfahrungen - sich in die Zukunft erstreckt (z.B. in Form von Hoffnungen und Befürchtungen). Darüber hinaus sind intime Beziehungssysteme in größere Systemeinheiten (z.B. Schulen, Betriebe, gesellschaftliche Einrichtungen etc.) eingebettet, die ebenfalls als sich entwickelnde Einheiten zu sehen sind (Bronfenbrenner 1981). Wenn wir dies berücksichtigen, stellt sich die Frage, ob es überhaupt sinnvoll ist, das Ende oder den Zusammenbruch einer Familie aufgrund von Scheidung, Trennung oder Tod als den Abschluß ihrer Entwicklung zu sehen.

Was passiert mit den Bindungen, die sich in früheren - vielleicht glücklicheren - Phasen einer Beziehung entwickelt haben (z.B. die Beziehung zwischen einem nicht sorgerechtsberechtigten Vater mit seiner Tochter oder seinem Sohn)? Und wie werden diese Bindungen die zukünftige Entwicklung der Beziehung beeinflussen? Es wird somit deutlich, daß die Familiendiagnostik ihr Augenmerk vor allem auch auf die Zeitdimension richten muß, d.h. auf die Vergangenheit, Gegenwart und Zukunft der Personen, die sich im Kontext ihrer Beziehungssysteme entwickeln.

Gleichermaßen können wir uns fragen, ob wir uns nur auf jene Lebensumstände beschränken sollen, die gegenwärtig einen Einfluß auf unser Familienleben ausüben (z.B. die momentane Arbeitslosigkeit oder ernste Erkrankung eines Familienmitglieds). Auch hier ist es wichtig, sich über die vergangenen Lebensumstände der Familie zu informieren, z.B. wie sich die Familie mit verschiedenen Lebensereignissen auseinandergesetzt hat, die einzelne Familienmitglieder oder die gesamte Familie betroffen haben. Schließlich kann es sehr aufschlußreich sein, welche Phantasien, Erwartungen und Zielsetzungen eine Familie bezüglich ihrer zukünftigen Lebensumstände hat (z.B. Schaffung materieller Güter, Lebensgestaltung in der Seniorenphase etc.). Das Wissen um all dies ist von großer Bedeutung, wenn es darum geht, familiäres Leben "hier und jetzt" zu verstehen. Zusammenfassend können wir also sagen, daß die materielle und soziale Zusammensetzung des familiären Lebensraumes in einer entwicklungsbezogenen Perspektive einer gründlichen Beachtung bedarf, wenn es um den Versuch geht, eine hinreichend umfassende Diagnose des Familiensystems und seiner Mitglieder zu leisten.

Nachdem wir Familien als sich gemeinsam entwickelnde Personen innerhalb des Kontexts von intimen Beziehungssystemen spezifiziert haben, können wir uns nun dem eigentlichen Schwerpunkt dieses Kapitels, d.h. der Diagnose und Beurteilung von Familien, zuwenden. Allgemein gesprochen ist nach Grotevant (1989, S. 108) *Diagnostik* "der Prozeß der Informationssammlung im Rahmen der Forschung oder der klinischen Arbeit. In der Forschung beinhaltet Diagnostik typischerweise die Operationalisierung theoretischer Konstrukte zum Zweck der Hypothesentestung oder Erkundung. In der klinischen Praxis beinhaltet Diagnostik die Sammlung von Informationen, die zur Diagnose sowie zur Behandlung und Beurteilung des Erfolgs der Intervention erforderlich sind". Im Fall der *Familiendiagnostik* zielen die einzuholenden Informationen vornehmlich auf die Struktur und die Prozesse von intimen Beziehungssystemen ab, sofern sie ihre einzelnen Mitglieder beeinflussen bzw. von ihnen beeinflußt werden. Darüber hinaus hat die Familiendiagnostik auch Informationen zu berücksichtigen, die sich auf andere nicht-familiäre Beziehungssysteme beziehen. In Abhängigkeit vom grundlegenden Erkenntnisinteresse, d.h. Forschung oder klinische Praxis, können die Ziele der Familiendiagnostik sehr unterschiedlich sein, obwohl sie - wie wir später noch sehen werden - keineswegs unverträglich miteinander sein müssen.

Informationssammlung in der Familiendiagnostik beinhaltet naturgemäß die Anwendung bestimmter Verfahren und Techniken. Statt eines Überblicks über die Fülle der Methoden, die in der Familiendiagnostik Verwendung finden - eine Aufgabe, um die sich eine Reihe von Autoren in den letzten Jahren Verdienste erworben hat (z.B. Filsinger 1983, Jacob & Tennenbaum 1988, Grotevant & Carlson 1989, Markman & Notarius 1987, Touliatos, Perlmutter & Straus 1989, Hank, Hahlweg & Klann 1990) - werden wir im folgenden ausführlicher auf eine Reihe von Kriterien eingehen, die eine Beurteilung der verschiedenen Ansätze der Familiendiagnostik erlauben. Die in Tabelle 8.1 wiedergegebenen neun Dimensionen werden für diesen Zweck als besonders wichtig erachtet.

In den folgenden Abschnitten werden wir nun die Gegensätzlichkeiten diskutieren, die in jeder dieser neun Dimensionen enthalten sind. Zugleich werden wir beispielhaft auf entsprechende diagnostische Methoden eingehen, wie sie in verschiedenen Anwendungsfeldern der Familiendiagnostik zum Einsatz kommen.

174

Tab. 8.1   Grunddimensionen der Familiendiagnostik

I	ERKENNTNISTHEORETISCHE ANNAHMEN:	
	linear vs. zirkulär	
II	BEGRIFFLICHE ORIENTIERUNG:	
	theoretisch vs. nicht-theoretisch	
III	ANWENDUNGSSCHWERPUNKT:	
	Forschung vs. klinische Praxis	
IV	SCHWERPUNKT DER ANALYSE:	
	strukturell vs. prozeßorientiert	
V	EBENE DER DIAGNOSTIK:	
	individuell vs. systembezogen	
VI	REPRÄSENTATIONSMODUS:	
	verbal vs. bildhaft-metaphorisch	
VII	ZEITPERSPEKTIVE:	
	Vergangenheit vs. Gegenwart vs. Zukunft	
VIII	DATENQUELLE:	
	Insider vs. Outsider	
IX	DATENART:	
	subjektiv vs. objektiv	

8.2 Erkenntnistheoretische Annahmen: linear vs. zirkulär

Bei diesem familiendiagnostischen Beurteilungskriterium handelt es sich um einen der grundlegendsten Aspekte, der Auskunft darüber gibt, wie ein Forscher oder Praktiker sich prinzipiell dem Studium von Familien nähert. Dabei lassen sich zwei paradigmatische Ansätze unterscheiden. Zum einen ist dies der *linear-reduktionistische Ansatz*, der auf kausalen oder konditionalen Beziehungen beruht, die dem Typus von "wenn-dann", "Ursache-Folgen" oder "A führt zu B" Aussagen zuzurechnen sind. Ein Beispiel für eine linear-reduktionistische Denkweise wäre etwa, wenn das zunehmende Umsorgen eines Ehemanns gegenüber seiner Frau als Folge einer depressiven Stimmungslage auf seiten der Frau gesehen wird.

Die Verfechter eines gänzlich unterschiedlichen Ansatzes, die viel der Arbeit von Gregory Bateson (1982) verdanken, würden annehmen, daß es *rekursive* oder *zirkuläre Beziehungen* zwischen den früher als Ursache und Folge bezeichneten Phänomenen gibt. Entsprechend dieser Auffassung macht die Unterscheidung zwischen Ursache und Folge keinen Sinn mehr, da es von der Art der Gliederung oder - wie Watzlawick, Beavin und Jackson (1967) es genannt haben - von der "Interpunktion" einer Sequenz von Interaktionsereignissen abhängt, ob ein bestimmtes Ereignis als Ursache oder Effekt konstruiert wird. Mit anderen Worten: Vor der Henne gibt es immer schon ein Ei - oder umgekehrt.

So kann etwa das gerade angeführte Beispiel einer depressiven Frau, die bei ihrem Mann ein größeres Ausmaß an Aufmerksamkeit "verursacht", ganz unterschiedlich interpretiert werden, wenn man nach wiederkehrenden Ereignissen im Interaktionsfluß dieses Paares Ausschau hält und diese in einer zirkulären Weise ordnet. Es könnte z.B. sein, daß die erhöhte Aufmerksamkeit des Ehemannes seine Frau dazu "veranlaßt", sich von ihrer depressiven Stimmung zu erholen, was wiederum ihren Mann dazu bringt, sich weniger um sie zu kümmern. Dies mag jedoch bei der Frau eine weitere depressive Episode auslösen, was ihren Mann wiederum dazu bewegt, ihr mehr Zeit und Aufmerksamkeit zu widmen. Und so geht das "Spiel" weiter und weiter. Abb. 8.1 zeigt die zirkuläre Struktur dieser Interaktionsabfolge. Zugleich macht Abb. 8.1 auch sichtbar, daß Ursachen und Folgen miteinander verschränkt sind oder genauer, daß ein und dasselbe Ereignis das eine Mal "Ursache" und das andere Mal "Folge" sein kann, je nach dem, wo man in dem Interaktionskreis mit seinen Erklärungsbemühungen beginnt.

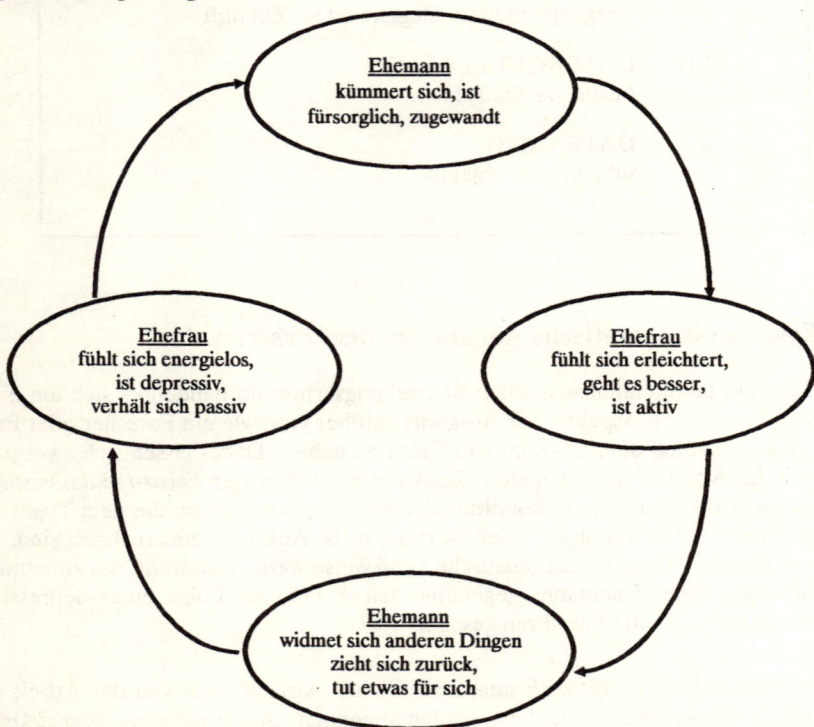

Abb. 8.1   Zirkuläre Struktur einer Partnerbeziehung

Obwohl das Konzept der "zirkulären Kausalität" recht überzeugend klingt und auch zu einer wirklich systemischen Sichtweise von interpersonalen Beziehungen zu führen scheint, sollte nicht unerwähnt bleiben, daß wir damit immer noch nicht die "ganze Geschichte" kennen, die hinter den beobachtbaren Wechselbeziehungen von zwei oder mehr Personen stehen. Um dies zu veranschaulichen, wollen wir uns nochmals der schon erwähnten Interaktion zwischen dem Ehemann und seiner depressiven Frau zuwenden. Können wir wirklich die Zirkularität des Verhaltensaustausches zwischen diesen beiden Partnern als eine hinreichende Erklärung für ihr Verhalten akzeptieren? Sind wir nicht versucht zu fragen, woher es denn eigentlich kommt, daß die Frau die Nähe und Unterstützung ihres Mannes wünscht, und warum er ein Bedürfnis nach größerer Distanz und Bewegungsfreiheit hat?

Um solche Fragen zu beantworten, müßten wir uns um weitere Informationen zu den persönlichen Bedürfnissen beider Partner bemühen. So könnte es z.B. sein, daß es bei den beiden eine fehlende Balance zwischen zwei grundlegenden Strebungen gibt, die von Bakan (1966) als "Eigenständigkeit" und "Gemeinschaftlichkeit" bezeichnet wurden. Möglicherweise hat sich die Intensität dieser grundlegenden Bedürfnisse bei beiden Partnern unterschiedlich entwickelt, wobei das Bedürfnis nach Absonderung und Distanz bei dem Ehemann stärker ausgeprägt ist, während das Bedürfnis nach Nähe und Zusammengehörigkeit im Leben der Ehefrau das dominante Thema ist. Vorausgesetzt, diese Annahmen ließen sich mit Hilfe entsprechender diagnostischer Instrumente bestätigen (McAdams 1988), so würde dies das zirkuläre Paarverhalten in einem anderen Licht erscheinen lassen. Im übrigen wäre dies eine "lineare" Erklärung, da die beiden einander gegenüberstehenden persönlichen Bedürfnissysteme zumindest teilweise als Kausalfaktoren begriffen werden können, die das zirkuläre Interaktionsmuster dieses Paares hervorbringen.

Wenn wir noch einen Schritt weitergehen, können wir uns fragen, welche Bedingungen dazu geführt haben mögen, daß der Ehemann ein ausgeprägteres Streben nach Eigenständigkeit entwickelt hat, während bei seiner Frau das Bedürfnis nach Nähe sich stärker durchgesetzt hat. Früher oder später würden wir wahrscheinlich um eine gründlichere Analyse der Entwicklungsgeschichte beider Partner nicht herumkommen. Dabei hätten wir ein besonderes Augenmerk auf die Erfahrungen zu legen, die sie in ihren entsprechenden Herkunftsfamilien oder in anderen relevanten sozialen Bezügen gemacht haben. Wir können annehmen, daß diese Beziehungserfahrungen ihren persönlichen Beziehungsstil im Kontakt mit anderen Personen entscheidend mitgeformt haben. Dies trifft auch für die beiden Basisbedürfnisse nach Eigenständigkeit und Gemeinschaftlichkeit zu. Durch eine Rekonstruktion der Entstehungsbedingungen dieser persönlichen Bedürfnisdispositionen, die noch immer im gegenwärtigen Persönlichkeitssystem aktiv sind und somit einen Einfluß auf das momentane Beziehungsgeschehen haben, könnte es gelingen, einen umfassenderen und tiefergehenden Einblick in das Beziehungsgefüge dieses Paares zu gewinnen.

So betrachtet, muß "lineares" und "zirkuläres" Denken sich nicht notwendig ausschließen. Vielmehr können sich - wie wir an dem obigen Beispiel gesehen haben - Konzepte wie persönliche Bedürfnisse als nützliche lineare Erklärungen anbieten. Diese Konzepte beziehen sich gewissermaßen auf kondensierte Erfahrungen innerhalb des Kontexts von zirkulär geordneten Beziehungserfahrungen in der Vergangenheit und nehmen als solche auf gegenwärtige Beziehungen Einfluß, wobei diese wiederum einem Muster von zirkulären Interaktionen folgen.

Daß lineare und zirkuläre Ansätze sich gegenseitig ergänzen, kann auch mit Blick auf eines der wichtigsten Werkzeuge der Familiendiagnostik - das Familieninterview - demonstriert werden. Tomm (1989) hat vorgeschlagen, Interviewfragen in vier Kategorien zu gruppieren, je nach dem, ob der Interviewer *lineare* oder *zirkuläre Annahmen* verfolgt oder ob er *orientierende Fragen* (d.h. Fragen, die sich auf eine Definition oder Spezifikation des Problems beziehen) oder *beeinflussende Fragen* (d.h. Fragen, die eine therapeutische oder veränderungsauslösende Absicht verfolgen) stellt. Im Rahmen der Familiendiagnostik - insbesondere während des ersten Familieninterviews - wird der Interviewer sich vornehmlich auf orientierende Fragen mit linearer oder zirkulärer Ausrichtung beziehen. Wir werden uns daher auf diese beiden Typen von Fragen beschränken.

Linear orientierende - oder einfach lineare - Fragen werden nach Tomm (1989) mit einer "investigatorischen Absicht" gefragt. In diesem Fall versucht der Interviewer die Besonderheiten eines präsentierten Problems herauszufinden. Wenn wir uns erneut dem Beispiel des Paares mit der depressiven Ehefrau zuwenden, kann der Interviewer an die Frau eine Reihe von linearen Fragen stellen, um ein genaueres Bild von den Symptomen, dem Beginn, den Begleitumständen, den subjektiven Erklärungen etc. ihrer Depression zu bekommen. Die Fragen können z.B. inspiriert sein von den Definitionskriterien für Depression nach dem DSM III-R (Wittchen et al. 1989) und sich wie folgt anhören: "Haben Sie Schlafprobleme?", "Bleiben Sie länger im Bett liegen als gewöhnlich?", "Gibt es etwas, worüber Sie sich wirklich Sorgen machen?", "Wie erklären Sie sich selbst, daß Sie sich bedrückt und energielos fühlen?" etc. Natürlich können dieselben Fragen in entsprechender Umformulierung auch an den Ehemann gerichtet werden, um seine Sichtweise von den Besonderheiten der depressiven Verstimmung seiner Frau zu erfahren. Auch in diesem Fall wäre jedoch der Typus der Fragen linear und die Frageabsicht investigatorisch.

Im Gegensatz dazu würden zirkuläre Fragen auf die Einbettung des präsentierten Problems in einen Beziehungskontext abzielen. Die Annahme dabei ist, daß das symptomatische Verhalten nicht bloß als eine isolierte Einheit besteht, sondern vielmehr als ein Ereignis, auf das andere Personen, die mit dem "Symptomträger" mehr oder weniger verbunden sind, unterschiedlich reagieren. Nach Tomm (1989) stellt der Interviewer diese Fragen mit einer "exploratorischen Absicht", um die Muster von wiederkehrenden Ereignissen aufzudecken, die mit dem präsentierten Problem einhergehen. Eine Sequenz von zirkulären Fragen und ihre entsprechenden Antworten kann sich dabei in einer Weise entwickeln, wie sie in dem folgenden Interviewausschnitt wiedergegeben wird:

Interviewer: "Was, glauben Sie geht in Ihrem Mann vor, wenn Sie sich abgeschlagen fühlen und am Morgen nicht aufstehen wollen?"

Ehefrau: "Ich glaube, er macht sich Sorgen um mich."

Interviewer: "Und wie zeigt er, daß er sich Sorgen macht?"

Ehefrau: "Er ist dann wirklich nett zu mir. Er bringt mir Tee und etwas zu essen. Dann nimmt er meine Hand und spricht mit mir. Er tut wirklich alles, damit ich mich wohlfühle und daß es mir besser geht."

Interviewer: "Er kümmert sich wirklich um Sie, nicht wahr? Und was fühlen Sie dabei?"

Ehefrau: "Naja, ich habe so etwas wie gemischte Gefühle. Auf der einen Seite genieße ich es natürlich, wenn er bei mir bleibt und eine Menge Dinge mit mir macht. Auf der anderen Seite fühle ich mich ein bißchen schuldig, daß ich nicht richtig selbst für mich sorgen kann. Es stört mich auch, daß ich ihm soviel von seiner Zeit stehle."

Interviewer: "Und welches der beiden gemischten Gefühle wird schließlich die Oberhand behalten?"

Ehefrau: "Naja, es kommt dann schon vor, daß ich mir sage, reiß dich zusammen und benimm dich nicht so wie ein hilfloses, dummes kleines Mädchen, und dann stehe ich gewöhnlich auf und versuche etwas im Haus zu machen."

Interviewer: "Sie fühlen sich also dann besser?"

Ehefrau: "Nicht wirklich besser, aber wenigstens ein bißchen erleichtert. Ich versuche halt, irgendwie weiterzumachen."

Interviewer: "Und was, glauben Sie, geht in Ihrem Mann vor, wenn Sie anfangen, im Haus zu arbeiten?"

Ehefrau: "Ich weiß nicht, aber ich glaube, er ist auch ein bißchen erleichtert. Wissen Sie, er ist furchtbar beschäftigt und braucht wirklich eine Menge Zeit, um mit seiner Arbeit fertig zu werden.

Interviewer: "Was also passiert, ist, daß er sich mehr seiner Arbeit widmet, wenn es Ihnen wieder besser geht?"

Ehefrau: "Ja, so ist es."

Interviewer: "Und Sie, was machen Sie dann?"

Ehefrau: "Naja, ich fang dann wieder an, vor mich hinzubrüten und habe das Gefühl, wieder in dieses schwarze Loch zu fallen."

Dieser Interviewausschnitt demonstriert, wie der Interviewer stets herauszufinden versucht, welche Beziehungen in der Sicht der Ehefrau zwischen ihren eigenen Verhaltensweisen, Gefühlen und Gedanken und den entsprechenden Verhaltensweisen, Gefühlen und Gedanken ihres Ehemannes bestehen. Der Interviewer könnte natürlich dem Ehemann ähnliche Fragen stellen, oder er könnte ein Paar-Interview durchführen, indem er mit seinen zirkulären Fragen zwischen den beiden Partnern hin und her springt. Vorausgesetzt, daß der Interviewer in beiden Fällen zu ähnlichen Ergebnissen kommt, würde dies das zirkuläre Interaktionsmuster bestätigen, das in Abb. 8.1 dargestellt ist.

Der potentielle Nutzen von zirkulären Fragen als einem Hilfsmittel zur "Kontextualisierung" von Ereignissen, die auf den ersten Blick isolierte und funktionell schwer zu deutende Phänomene zu sein scheinen, ist von einer Reihe von Autoren überzeugend unter Beweis gestellt worden (vgl. Selvini-Palazzoli, Cecchin, Boscolo & Prata 1981, Penn 1982, Tomm 1985). Diese Autoren unterscheiden zwischen verschiedenen Arten von zirkulären Fragen. Darüber hinaus erläutern sie an entsprechenden Beispielen, wie zirkuläre Fragen gefragt werden können. Im übrigen stellt ein gründliches Training in der Durchführung von Interviews auf der Basis von zirkulären Fragen eine gute Möglichkeit dar, die systemische Sichtweise im Bereich der Familiendiagnostik verstehbar zu machen (vgl. Fleuridas, Nelson & Rosenthal 1986, Terry 1989). Dennoch sollten wir uns daran erinnern, daß sowohl lineare als auch zirkuläre Fragen ihre Vorteile haben, wenn man ein Familien- bzw. familienorientiertes Interview durchführt. Wir können daher schlußfolgern, daß jemand, der ein Familiengespräch führt, für diese Aufgabe am besten vorbereitet ist, wenn er beide Fragetypen in einer flexiblen und intelligenten Weise einsetzen kann.

8.3 Begriffliche Orientierung: theoretisch vs. nicht-theoretisch

So sehr wir es auch beklagen mögen: Eine einheitliche Theorie der Familie ist nicht in Sicht. Stattdessen gibt es eine Fülle von "Schulen", "Modellen", "Paradigmen", "theoretischen Ansätzen", "Konzeptualisierungen" etc.. Zur gleichen Zeit ist ein stetiges Anwachsen der Zahl an Variablen und Techniken zu verzeichnen, die im Bereich der Familiendiagnostik Anwendung finden. So haben z.B. Grotevant und Carlson (1989) in ihrem Überblick über 70 Meßinstrumente und Kodierungsschemata zur Familiendiagnostik gefunden, daß mit diesen Instrumenten mehr als 450 verschiedene Familienvariablen erfaßt werden. Noch eindrucksvoller ist die Liste von nahezu 1000 Verfahren zur Erfassung von Familienvariablen, die in dem von Touliatos, Perlmutter und Straus (1989) herausgegebenen "Handbook of family measurement techniques" aufgeführt sind.

Wie kann man sich auch nur annäherungsweise in diesem Dschungel an Informationen zurechtfinden? Gibt es irgendwelche Richtlinien, die einem helfen können, die Spreu vom Weizen zu sondern? Zuallererst hängt es natürlich von der bevorzugten theoretischen Grundhaltung eines Familienpsychologen ab, welche Verfahren er - wenn er sich schon nicht mit seiner "Intuition" oder seinem "gesunden Menschenverstand" begnügen will - für Zwecke der Diagnose und Beurteilung von Familien anwendet.

Vermutlich wird kaum jemand der Feststellung widersprechen, daß z.B. ein psychoanalytisch orientierter Familientherapeut mit seinem Schwerpunkt auf unbewußten Prozessen der Übertragung und Gegenübertragung ganz andere Verfahren der Familiendiagnostik verwendet als ein verhaltenstheoretisch orientierter Familientherapeut, der sich vornehmlich mit dem offen beobachtbaren Verhalten der miteinander interagierenden Familienmitglieder beschäftigt. In beiden Fällen würden jedoch die entsprechenden Ansätze zur Familiendiagnostik von theoretischen Überlegungen geleitet sein. Auf der anderen Seite des Theoriekontinuums finden wir Ansätze der Familiendiagnostik, die - manchmal sogar in voller Absicht - ohne jeglichen Theoriebezug sind. Wir nennen diese Ansätze daher "nicht-theoretisch", obwohl wir uns darüber im klaren sind, daß es so etwas wie eine "theoriefreie" Diagnostik nicht gibt. Vielmehr soll behauptet werden, daß vortheoretische Annahmen schon immer einen Einfluß auf die Selektion und die Anwendung von konkreten diagnostischen Verfahren haben.

Ein Beispiel für einen relativ "nicht-theoretischen" Ansatz ist die Methode der "klinischen Listen", die Fisher (1976) in seinem kritischen Überblick über die Dimensionen der Familiendiagnostik als eine Hauptquelle von diagnostischen Methoden bezeichnet. Nach Fisher (1976, S. 374) beziehen sich diese Listen auf "eine Anzahl von Dimensionen, die aus der klinischen Erfahrung abgeleitet wurden und sich als hilfreich für die klinische Diagnose von Familien erwiesen haben. Sie alle haben zum Ziel, den Praktiker mit einem brauchbaren Format zur Familiendiagnostik zu versorgen und zwar ohne die zusätzliche Komplikation von 'theoretischen Formulierungen'." So besteht z.B. der Ansatz zur Familiendiagnostik, der von der Group of Advancement of Psychiatry (1970) vorgeschlagen wurde, aus einem zwölf Punkte umfassenden Leitfaden. Dieser Leitfaden umfaßt Kategorien wie präsentiertes Problem, Zusammensetzung der Familie, intergenerationaler Kontext, Entwicklungshintergrund der Eltern, Verlauf der Familienentwicklung etc. und orientiert sich stark an der traditionellen fallbezogenen Anamnese-Methode in ihrer Anwendung auf den Funktionsbereich Familie.

Wenn wir uns auf dem Theoriekontinuum noch einmal eher dem theorieorientierten Pol zuwenden, können wir uns die Frage stellen, ob die Bindung an eine bestimmte Theorie auch gewährleistet, daß wir uns mit unserer Familiendiagnostik sicher fühlen können. Leider stimmt das so nicht. In vielen Fällen sind die Bindeglieder zwischen Theorie und Diagnostik ziemlich schwach, und es hat den Anschein, daß eine Stärkung dieser Bindeglieder eine wichtige Aufgabe ist, um den Fortschritt auf dem Gebiet der Familiendiagnostik in Gang zu bringen. Grotevant (1989, S. 109) hat die folgenden fünf Prinzipien vorgeschlagen, die bei der Verfolgung dieses Ziels hilfreich sein können.

(1) "Theorie sollte die Domäne des untersuchten familiären Funktionsbereichs spezifizieren, so daß die gesamte relevante Domäne ausgelotet werden kann." Die relevanten Domänen können sich z.B. auf ein einziges Konzept (etwa Familienmacht oder Familienkonflikt) beziehen, oder sie können größere Funktionsbereiche der Familie umfassen (z.B. strukturelle Merkmale, Kontrolle und Sanktionen, Emotionen und Bedürfnisse, kulturelle Aspekte), wie sie Fisher (1976) in seinem Aufsatz dargestellt hat.

(2) "Theorie sollte zu klaren Definitionen von Konstrukten und Variablen beitragen." Obwohl dies gewöhnlich als eine grundlegende Erfordernis anerkannt wird, hat sich dennoch gezeigt, daß synonym gebrauchte Konzepte wie "Familienkohäsion" buchstäblich unkorreliert waren, wenn sie mit unterschiedlichen Instrumenten gemessen wurden. Dieser Befund ließ Oliveri und Reiss (1984, S. 33) zu der Schlußfolgerung kommen, daß im Bereich der Messung von Familienkonzepten "die Dinge selten das sind, was sie zu sein scheinen". Eine mögliche Lösung für dieses

Problem ist die Anwendung von Skinners (1987) "Konstrukt-Validierungs-Paradigma", das eine sorgfältige Beachtung von theoretischen, strukturellen und externen Validierungsaspekten fordert, wenn theoretisch fruchtbare Familienkonzepte entwickelt werden sollen.

(3) "Theorien sollten zu Entscheidungen über diagnostische Strategien anregen." Eine wichtige Implikation dieses Prinzips besteht darin, daß die gesammelten Informationen mit den grundlegenden Annahmen einer Theorie in Einklang stehen sollten. So würde es z.B. wenig sinnvoll sein, den Familien-Rorschach-Test (Loveland, Wynne & Singer 1963, Willi 1973) in der Absicht anzuwenden, mit den entsprechenden Daten Minuchins (1977) Modell der strukturellen Familientherapie zu untermauern.

(4) "Theorie sollte für das Dilemma der 'Analyseebene' eine hilfreiche Funktion haben." Wie wir später noch sehen werden, wenn wir uns mit dem Thema "Mehrebenendiagnostik" auseinandersetzen, macht es einen Unterschied, ob Familiendiagnostik sich auf ein individuelles Familienmitglied, auf ein Subsystem innerhalb der Familie (z.B. das Ehepaar- oder Geschwister-Subsystem) oder auf das Familiensystem als Ganzes bezieht. In Abhängigkeit von der Systemebene, auf der die Daten erhoben wurden, können die Ergebnisse bei einem Vergleich über die verschiedenen Ebenen sehr unterschiedlich ausfallen. Dies ist besonders wahrscheinlich, wenn unterschiedliche Erhebungsmethoden auf verschiedenen Systemebenen angewandt wurden. Daher sollte eine Theorie idealerweise nicht nur die erfaßten Konstrukte auf den verschiedenen Systemebenen spezifizieren, sondern auch deren Beziehungen über die verschiedenen Systemebenen hinweg.

(5) "Zwischen Theorie und Diagnostik sollte eine interaktive Beziehung bestehen." Bei diesem Prinzip geht es um die dynamische Beziehung von Theoriebildung und die Entwicklung bzw. Verfeinerung von entsprechenden diagnostischen Techniken. Ein Teil dieses Vorgangs findet seinen Ausdruck in den Revisionen von einigen der besser bekannten familiendiagnostischen Instrumente. Dies ist z.B. der Fall mit Olsons *Family Adaptability and Cohesion Evaluation Scales* (FACES), die zwischenzeitlich durch zwei Revisionen gegangen sind und nunmehr als FACES III verfügbar sind (Olson, Portner & Lavee 1985).

Wenn man diese fünf Prinzipien noch einmal Revue passieren läßt, gibt es dann überhaupt positive Beispiele für eine theoriegeleitete Entwicklung von familiendiagnostischen Instrumenten? Je nach dem, welche Maßstäbe man anlegt, sind solche Beispiele tatsächlich schwer zu finden. Trotzdem werden wir zwei Verfahren kurz vorstellen, obwohl sie beide noch auf dem Stand von Forschungsinstrumenten sind und einer weiteren Verbesserung bedürfen.

Das erste Beispiel ist das *Family Assessment Measure* (FAM III), das von Skinner, Steinhauer und Santa-Barbara (1983) entwickelt und von Cierpka (o.J.) als *Familien-Einschätzungsbogen* (FEB) für den deutschen Sprachraum adaptiert wurde. Auf der Basis einer Erweiterung des *McMaster Model of Family Functioning* (Epstein, Bishop & Levin 1978) konzipierten die Autoren ein *Process Model of Family Functioning*, für das Steinhauer (1987) eine detaillierte Beschreibung vorgelegt hat. Eine kurze Zusammenfassung, die jeweils in Klammern die relevanten theoretischen Konstrukte enthält, findet sich in einem Beitrag von Skinner (1987, S. 440). Dort heißt es, "das umfassende Ziel der Familie ist die erfolgreiche Erfüllung einer Reihe von grundlegenden, entwicklungsorientierten und krisenbezogenen Aufgaben (*Aufgabenerfüllung*). Eine erfolgreiche Aufgabenerfüllung beinhaltet die Differenzierung und Ausübung von unterschiedlichen Rollen (*Rollenausübung*); Kommunikation von wesentlichen Informationen (*Kommunikation*) einschließlich der Äußerung von Affekten (*Affektausdruck*); das Ausmaß und die Qualität des Interesses, das die Familienmitglieder aneinander haben (*Involviertheit*); und den Prozeß, durch den die Familienmitglieder sich wechselseitig beeinflussen (*Kontrolle*). In einer allgemeineren Perspektive kann die Art und Weise, wie die Familie Aufgaben definiert und wie sie mit der Erfüllung ihrer Aufgaben umgeht, zu einem großen Teil von spezifischen kulturellen Bedingungen und Einflüssen des Familienhintergrunds bestimmt sein (*Werte und Normen*)."

Um die sieben theoretisch abgeleiteten Konstrukte zu erfassen (d.h. Aufgabenerfüllung, Rollenausübung etc.) haben die Autoren einen entsprechenden Fragebogen entwickelt. In seiner gegenwärtigen Form besteht das FAM III aus drei Skalen zur Erfassung von Stärken und Schwächen von Familien auf drei Systemebenen, d.h. der Ebene der gesamten Familie, der Ebene der dyadischen Beziehungen innerhalb der Familie (z.B. Ehemann-Ehefrau, Mutter-Kind) und der Ebene der individuellen Familienmitglieder. Auf allen drei Systemebenen werden dieselben theoretischen Konstrukte erfaßt und erlauben somit Vergleiche über die verschiedenen Ebenen hinweg. Die Autoren geben an, daß sie das FAM als ein Meßinstrument zur Erfassung des Therapieprozesses und -erfolges sowie als ein Verfahren zur Analyse von Familienprozessen in Forschungsstudien entwickelt haben. Obwohl das FAM noch einer weiteren psychometrischen Verfeinerung bedarf, muß den Autoren attestiert werden, daß sie dieses Instrument konsequent auf der Basis theoretischer Überlegungen entwickelt haben. Auch verspricht das FAM eine beträchtliche Nützlichkeit im Anwendungsbereich von klinischen und Forschungsfragestellungen.

Das zweite Beispiel einer theorieorientierten Methodenentwicklung bezieht sich auf ein weiteres Selbstberichtverfahren, das in diesem Fall auf Minuchins (1977) Modell der strukturellen Familientherapie beruht. Das Verfahren trägt den Namen *Structural Family Interaction Scale-Revised* (SFIS-R) und wurde von Perosa, Hansen und Perosa (1981) entwickelt. Die SFIS-R umfaßt folgende acht faktorenanalytisch gewonnenen Subskalen: (1) Partnerkonflikt - mit Lösung/ohne Lösung, (2) Elternkoalition/generationsübergreifende Triaden, (3) Vater-Kind Kohäsion/Entfremdung, (4) Mutter-Kind Kohäsion/Entfremdung, (5) Flexibilität/Rigidität, (6) Vermeidung/Ausdrucksfreude, (7) Familienkonflikt Vermeidung/Zulassung, (8) Überbehütung/Autonomie.

Hinsichtlich der Informationen zur Validität steckt die SFIS-R noch in den Kinderschuhen. Trotzdem ist es bislang das einzige Selbstberichtverfahren, das auf der Basis von Minuchins Theorie entwickelt wurde und somit für all diejenigen von besonderem Interesse sein könnte, die mit dem Ansatz der strukturellen Familientherapie arbeiten.

Wie jede andere Theorie auch haben die beiden soeben genannten theoretischen Ansätze ihre spezielle "Bandbreite des Nutzens" (Kelly 1955). Dies birgt die Gefahr in sich, daß die Sicht eines Forschers oder Klinikers vom Funktionsniveau einer Familie ungerechtfertigterweise eingeschränkt wird. Aus diesem Grund ist es besonders wichtig, verschiedene familiendiagnostische Instrumente aus unterschiedlichen Theorien miteinander zu vergleichen und empirisch zu beurteilen (vgl. Bloom 1985, Hampson, Beavers & Hulgus 1989). Dies ist ein Weg zur Annäherung an das Ziel einer genaueren und umfassenderen Diagnostik der Funktionsbereiche, die für das Familienleben wichtig sind. An dieser Stelle sind noch erhebliche Forschungsanstrengungen erforderlich.

8.4 Anwendungsschwerpunkt: Forschung vs. klinische Praxis

Obwohl allgemein anerkannt wird, daß der Fortschritt einer wissenschaftlichen Disziplin von der Wechselwirkung und der gegenseitigen Befruchtung der Grundlagenforschung einerseits und ihrer praxisorientierten Anwendung andererseits abhängt, sind die Ziele von Forschung und Praxis in vielerlei Hinsicht unterschiedlich. Dies trifft auch für den Bereich der Familienpsychologie und speziell für die Familiendiagnostik zu.

In der *Familienforschung* besteht die Hauptaufgabe der Familiendiagnostik darin, empirische Indikatoren für theoretische Konstrukte bereitzustellen und deren Nützlichkeit als Definitionselemente dieser Konstrukte zu demonstrieren. Wenn diese Konstrukte hinreichend empirisch verankert sind, können die Beziehungen, die unter ihnen bestehen, anhand theoriegeleiteter Hypothesen überprüft werden. Familiendiagnostik dient somit primär dem Ziel, eine empirische Basis zur Überprüfung, Verfeinerung und Erweiterung von Theorien zu ermöglichen, die etwas über die Funktionsweise von Familien aussagen.

Wir wollen dies am Beispiel des Konzepts "Familienmacht" verdeutlichen. Nach McDonald (1980) hat man zunächst zwischen verschiedenen *Machteinheiten* wie Ehemacht, Elternmacht, Kindermacht, Geschwistermacht oder Verwandtschaftsmacht zu unterscheiden. Darüber hinaus ergeben sich für jede dieser Machteinheiten unterschiedliche *Machtdomänen*. In Anlehnung an Cromwell und Olson (1975) gibt es wenigstens drei verschiedene Machtdomänen, nämlich *Machtgrundlagen* (d.h. Ressourcen wie Autorität, ökonomische, affektive, persönliche, kognitive Grundlagen der Macht), *Machtprozesse* (d.h. Kontrollversuche wie Beeinflussung, Überredung, Durchsetzung) und *Machtergebnisse* (d.h. Kontrolle durch Entscheidungsfindung, Definition von Familienwirklichkeiten etc.).

Wenn ein gewisses Maß an begrifflicher Klarheit erreicht ist, müssen die verschiedenen Komponenten von "Familienmacht" anhand geeigneter empirischer Indikatoren operationalisiert werden. So kann z.B. die ökonomische Machtgrundlage in der ehelichen Machteinheit durch die relativen Differenzen von Besitztümern, Einkommen etc. zwischen den Partnern erfaßt werden. Nach einer zufriedenstellenden Erfassung der verschiedenen Komponenten des Konstrukts "Familienmacht" kann dann die

Angemessenheit einer Theorie der Familienmacht, wie sie z.B. von Szinovacs (1987) mit ihrem "dynamischen Modell der Familienmachtausübung" entwickelt wurde, überprüft werden.

Wie wir diesem Beispiel entnehmen können, ist eine forschungsorientierte Familiendiagnostik im wesentlichen gleichbedeutend mit einer adäquaten Messung familientheoretischer Konstrukte. Nach Carlson (1989, S. 172) beinhaltet dies die beiden folgenden Aspekte: "Das Ausmaß, mit dem vorgegebene abstrakte Konzepte in einer rationalen und empirischen Korrespondenz mit der Realität stehen (Validität); und die Schaffung guter Regeln, d.h. Regeln, die wiederholt empirisch getestet werden können (Reliabilität). Das Interesse des Familienforschers besteht somit in der Entwicklung von diagnostischen Verfahren für sein Erkenntnisobjekt, die Familie, die als reliable und valide Indikatoren von theoretisch definierten Konstrukten dienen und als solche die wiederholte Erfassung von Phänomenen ermöglichen."

Im Gegensatz zur Theorieprüfung in der Familienforschung dient die *Familiendiagnostik im Bereich der klinischen Praxis* recht unterschiedlichen Zielen. Der Hauptzweck der Familiendiagnostik besteht hier darin, den Kliniker dabei zu unterstützen, bei der Behandlung einer bestimmten Familie eine Reihe von begründeten Entscheidungen zu treffen. Das übergeordnete Ziel der klinischen Familienpsychologie ist letztlich eine möglichst wirkungsvolle Intervention. In Anlehnung an eine von Hawkins (1979) vorgeschlagene Abfolge von Verfahrensschritten bei der individuellen Verhaltensdiagnostik und Intervention unterscheidet Carlson (1989, S. 163) die folgenden fünf Stufen der Familienbehandlung. Dabei ist auf jeder dieser Stufen eine etwas unterschiedliche Zugangsweise der Familiendiagnostik erforderlich.

8.4.1 Abklärung familiärer Dysfunktionen

Auf dieser ersten Stufe besteht die Aufgabe darin, angemessene Methoden für eine *Breitband-Familiendiagnostik* einzusetzen. Dabei hängt es freilich von den Standards eines Klinikers ab, wieviel er im Hinblick auf Kriterien wie Umfang, nachgewiesene Vorhersagevalidität, Kosten-Nutzen-Relation etc. in die diagnostische "Screening-Phase" der Familienbehandlung zu investieren bereit ist. Darüber hinaus kann auch das professionelle Arbeitsumfeld (z.B. Universitätsklinik, private Praxis) einen Einfluß darauf haben, welche diagnostischen Sondierungsverfahren ausgewählt werden.

So kann es etwa in der Praxis eines Familienmediziners wichtig sein, daß er auf ein leicht anzuwendendes und schnell auszuwertendes Instrument zurückgreifen kann, um sich einen Eindruck vom allgemeinen Funktionsniveau der Familie eines Patienten zu machen. Zu diesem Zweck hat Smilkstein (1978) den Familien-APGAR entwickelt. Der Familien-APGAR ist ein aus fünf Items bestehendes Sondierungsinstrument, das die folgenden Funktionsaspekte der Familie erfassen soll: (1) Anpassung oder Problemlösefähigkeit in der Familie, (2) Partnerschaftlichkeit oder Teilen von Verantwortlichkeit und Entscheidungsfindung, (3) Wachstum, (4) Zuneigung, (5) Entscheidungsfähigkeit oder die Bereitschaft, mit anderen Familienmitgliedern Zeit, Raum und materielle Güter zu teilen. Die befragte Person hat fünf Aussagen, die sich auf die genannten fünf Kategorien beziehen, anhand von drei Antwortkategorien ("trifft fast immer zu", "trifft manchmal zu", "trifft fast nie zu") zu beantworten. Obwohl es sich bei dem Familien- APGAR erkennbar um ein recht einfaches Meßinstrument handelt, ist seine Nützlichkeit für klinische und Forschungszwecke in einer Reihe von Studien nachgewiesen worden (vgl. Smilkstein, Ashworth & Montano 1982).

Ein anderes, für klinische Zwecke vermutlich geeigneteres Verfahren zur Erfassung von Familieninformationen in der Sondierungsphase ist die "telefonische Beziehungs-karte", die von Blasio, Fischer und Prata (1986) entwickelt wurde. Diese Autoren schlagen vor, bereits *vor* der ersten Familiensitzung ein kurzes Telefoninterview durchzuführen. Interviewpartner ist in der Regel das Familienmitglied, das den Kontakt zur Beratungsstelle gesucht hat. Die Daten werden nach einem vorgegebenen Raster erfragt. Hierzu gehören etwa Informationen über die überweisende Person, den Anrufer, die Gründe für die Nachfrage nach Familientherapie, die Zusammensetzung der Kernfamilie (einschließlich anderer Personen, die im Haushalt leben), eine kurze Beschreibung der Familienmitglieder, die Zusammensetzung der erweiterten Familie und deren Beziehungen zur Herkunftsfamilie. Diese Informationen können dann dem Therapeuten oder Berater bei seiner Entscheidung helfen, wen er zur ersten Familiensitzung einladen möchte und welche diagnostischen Verfahren angewandt werden sollten, um ein differenziertes Bild der Familie zu bekommen.

8.4.2 Klinische Familiendiagnose

Das zentrale Ziel dieser Phase ist es, eine Spezifizierung und Bestätigung der Hypothesen über die Funktionsweise einer Familie zu erhalten. Idealerweise sollten auf dieser Stufe, die für die Familiendiagnostik ausgewählten Verfahren über ein hohes Maß von Entscheidungsgenauigkeit verfügen, d.h. sie sollten valide Unterscheidungen zwischen einzelnen Familien ermöglichen und sie hinsichtlich des Typs und des Schweregrads einer Dysfunktion richtig klassifizieren. Wenn z.B. in einer bestimmten Familie das dominante Problem eheliche Uneinigkeit ist, dann sollte das diagnostische Instrument Informationen über Art und Ausmaß von Konflikten in unterschiedlichen Bereichen der ehelichen Kommunikation liefern (O'Leary 1987).

Im folgenden werden wir einige Beispiele zur Erfassung von Beziehungen in Partnerschaften darstellen. Die einzelnen Instrumente werden dabei in aufsteigender Reihenfolge hinsichtlich des notwendigen Aufwandes an Training, Auswertung und Datenanalyse vorgestellt.

(a) *Selbstbeurteilungsverfahren*. Eines der besser bekannten Verfahren zur Erfassung der Qualität von Partnerbeziehungen ist die von Spanier (1976) entwickelte *Dyadic Adjustment Scale* (DAS), die unter der Bezeichnung *Fragebogen zur Beurteilung einer Zweier-Beziehung* (FBZ) auch für den deutschen Sprachraum adaptiert wurde (vgl. Böning & Henss 1983, Hank, Hahlweg & Klann 1990). Anhand von 32 Aussagen mit unterschiedlichen Antwortmöglichkeiten werden mit Hilfe dieses Fragebogens vier partnerschaftliche Beziehungsaspekte, nämlich "Übereinstimmung", "Erfüllung", "Zusammenhalt" und "Ausdruck von Gefühlen" erfaßt.

Ein konzeptionell umfassenderes Instrument wurde von Snyder (1981) unter der Bezeichnung *Marital Satisfaction Inventory* (MSI) entwickelt. Dieses Verfahren ermöglicht es, neun spezifische Bereiche der Partnerinteraktion zu erfassen. Hierzu gehören die Skalen "affektive Kommunikation", "Kommunikation in Problemlösungssituationen", "gemeinsam verbrachte Zeit", "Uneinigkeit über Finanzen", "sexuelle Unzufriedenheit", "Rollenorientierung", "familiengeschichtlicher Hintergrund von Belastungen", "Unzufriedenheit mit Kindern"," Konflikte über Kinder". Darüber hinaus lassen sich Kennwerte für die globale Partnerschaftsbelastung sowie für eine Konventionalitätsskala bestimmen, wobei letztere erfaßt, inwieweit eine Person ihre Beziehungen in einer sozial erwünschten Weise darstellt.

(b) *Quasi-Beobachtungsverfahren.* Für diese Kategorie kann die *Spouse Observation Checklist* (SOC), die von Weiss und Perry (1979) entwickelt wurde, als ein Beispiel für die sogenannte "teilnehmende Beobachtung in der Familiendiagnostik" (Margolin 1987) gesehen werden. Die SOC verlangt von den Partnern, daß sie täglich die Auftretenshäufigkeit von angenehmen und unangenehmen Verhaltensweisen des Partners anhand von 12 Kategorien (z.B. Zuneigung, Kommunikation, persönliche Gewohnheiten etc.) erfassen. Wenn auf der Seite der Partner Motivations- und Kooperationsbereitschaft vorausgesetzt werden kann, ist die SOC ein nützliches Instrument, um auf dem Wege der teilnehmenden Beobachtung wichtige Indikatoren für partnerschaftliche Unstimmigkeiten unter natürlichen Umgebungsbedingungen zu registrieren.

(c) *Beobachtungsorientierte Schätzskalen.* In dieser Kategorie von Instrumenten zur Erfassung von Partnerbeziehungen gibt es nur wenige methodisch einigermaßen abgesicherte Verfahren. Neben der *Clinical Rating Scale* von Olson und Killorin (1985), auf deren Beschreibung wir später zurückkommen, ist hier die *Marital Communication Rating Scale* (MCRaS) zu nennen, die von Borkin, Thomas und Walters (1980) entwickelt wurde. Es handelt sich hierbei um eines der wenigen Verfahren zur Einschätzung des Kommunikationsverhaltens von Paaren. Die Methode erfordert von trainierten Ratern, die Interaktion eines Paares zu beobachten und anschließend jeden Partner anhand von 37 Beobachtungskategorien zu beurteilen. Diese lassen sich in vier allgemeinere Kategorien gruppieren, nämlich "Inhalt der Konversation" (d.h. positive oder negative Äußerungen, Meinungskundgaben und Informationen), "stimmliche Merkmale" (z.B. Sprechdauer, Lautheit), "Konversationskontrolle" (z.B. Bitte um Meinungsäußerung und Information), "Repräsentation der Bezugsperson" (z.B. Äußerungen, die eine konfuse oder verzerrte Kommunikation erkennen lassen). Obwohl nach Aussagen von Borkin et al. (1980) das Training zum Erlernen dieser Methode ungefähr 20 Stunden benötigt, kann die Abgabe der Schätzurteile selbst in etwa 5-10 Minuten erfolgen. Die MCRaS kann daher besonders nützlich sein, um spezifische Defizite in den verbalen und stimmlichen Kommunikationsmustern eines Paares zu diagnostizieren.

(d) *Beobachtungsorientierte Kodierungssysteme.* Diese Kategorie bezieht sich auf die aufwendigsten Erhebungsverfahren im Hinblick auf das erforderliche Ausmaß an Zeit, Training, Kodierung und Datenanalyse. Als ein Beispiel nennen wir das *Marital Interaction Coding System* (MICS), das bereits zweimal revidiert wurde und nunmehr als MICS III verfügbar ist (Weiss & Summers 1983). Nach Markman und Notarius (1987, S. 372) ist das MICS im Bereich der Familiendiagnostik "wahrscheinlich das am weitesten verbreitete und am häufigsten evaluierte Beobachtungssystem." Wie alle Beobachtungsprozeduren erfordert auch das MICS irgendeine Form von beobachtbarer Paar-Interaktion, die dann von trainierten Beobachtern kodiert werden kann. Idealerweise wird die Paar-Interaktion videographiert und anschließend anhand von 32 Verhaltenskategorien kodiert. Diese Verhaltenskategorien lassen sich unter acht weiteren Verhaltensklassen, wie z.B. "Problembeschreibung", "Beschuldigung" oder "Veränderungsvorschläge" zusammenfassen. Die verbleibenden Kodes beziehen sich auf spezifische Aspekte der Empfängeraufmerksamkeit oder des Sprachstils.

Das MICS ist erkennbar ein recht zeitaufwendiger und kostspieliger Ansatz zur Erfassung von Partnerbeziehungen. Aus diesem Grund wird es dieses Verfahren schwer haben, sich in der Praxis eines Familienberaters oder -therapeuten durchzusetzen. Dies mag sich jedoch in der Zukunft anders darstellen, wenn Computer in die Praxisräume einziehen und entsprechende Software-Programme verfügbar sind. Schon heute plädieren einige Autoren für die Einbeziehung beobachtungsorientierter Kodierungssysteme in eine Standardbatterie der klinischen Familiendiagnostik (Floyd, Weinand & Cimmarusti 1989).

8.4.3 Diagnostisch gestützte Behandlungsplanung

Die diagnostische Phase bei der Beurteilung von Familien sollte dem klinischen Familienpsychologen nicht nur valide Informationen über die Funktionsweise einer Familie liefern. Darüber hinaus sollten die diagnostischen Informationen den Kliniker auch dabei unterstützen, angemessene Behandlungsziele auszuwählen, die Abfolge der Behandlungseinheiten zu spezifizieren und schließlich Kriterien für den Behandlungserfolg zu bestimmen. Um solche Entscheidungen zu treffen, muß der Kliniker die gegebenen diagnostischen Informationen auf extreme Profilausprägungen oder relative Häufigkeiten durchforsten, die als Indikatoren für den Schweregrad eines Familienproblems angesehen werden können.

Wenn sich z.B. bei der Diagnostik einer belasteten Paarkommunikation herausstellen sollte, daß das hauptsächliche Problem in einer negativen Kommunikation, d.h. einer Abwertung der Äußerungen des anderen durch Nichtübereinstimmung, Leugnung, Unterbrechung, Abwendung etc. besteht, kann dies den Kliniker zu der Entscheidung bringen, seine Behandlung mit irgendeiner Art von Kommunikationstraining im Therapieraum zu beginnen. Sollte das Kommunikationstraining erfolgreich sein, kann der Kliniker die Behandlung entweder beenden oder den nächsten Schritt in einer Abfolge von multiplen Behandlungszielen angehen.

8.4.4 Diagnostische Begleitung des Behandlungsablaufs

Während des Behandlungsprozesses mag es für den Kliniker an der einen oder anderen Stelle wünschenswert sein, Informationen über die Wirksamkeit seiner Interventionen einzuholen. Idealerweise möchte sich der Kliniker davon ein Bild machen, wie das Interaktionsmuster einer bestimmten Familie sich geändert hat und welchen Einfluß diese Veränderungen auf die subjektiven Sichtweisen der Familienmitglieder bezüglich ihrer Beziehungen haben. Dies erfordert die Anwendung von familiendiagnostischen Verfahren, die einerseits hinreichend veränderungssensitiv sind, sich andererseits aber resistent gegenüber Methodenartefakten (z.B. Testwiederholungseffekte, Anfälligkeit für Antwortstile) erweisen. Hinzu kommt, daß aus der Sicht des Klinikers diese Instrumente möglichst ökonomisch und leicht anwendbar sein sollten, ohne daß sie allzusehr den Behandlungsprozeß beeinträchtigen.

Wenn wir nochmal auf unser Beispiel eines belasteten Paares zurückkommen, so können im Prinzip alle die bereits erwähnten Erhebungsmethoden für die Zwecke einer behandlungsbegleitenden Diagnostik verwendet werden. So könnte z.B. die *Spouse Observation Checklist* (SOC) dem Paar als Hausaufgabe mitgegeben werden, wobei die Zielsetzung wäre, Veränderungen auf dem Wege der teilnehmenden Beobachtung zu erfassen. Zusätzlich würde es gleichermaßen wichtig sein, eine unabhängige Beobachtung innerhalb des Therapieraumes durchzuführen, wobei entsprechende Rating- oder Kodierungssysteme Verwendung finden könnten.

8.4.5 Evaluation nach Abschluß der Behandlung

Wenn eine angemessene Zeit nach Abschluß der Behandlung verstrichen ist, mag es wünschenswert sein, einige Informationen über die Dauerhaftigkeit der Veränderungen einzuholen, die durch die Intervention beabsichtigt wurden. Idealerweise sollte diese Evaluation so durchgeführt werden, daß zumindest einige der Erhebungsverfahren, die auch während der diagnostischen und therapiebegleitenden Phase eingesetzt wurden, nochmals Anwendung finden.

So wäre es z.B. wichtig, etwas darüber zu erfahren, ob das veränderte Kommunikationsverhalten eines Paares über die Zeit stabil geblieben ist. Darüber hinaus kann es sein, daß der Kliniker an Informationen über mögliche unbeabsichtigte Nebeneffekte der Behandlung - seien sie positiver oder negativer Art - interessiert ist. In einer systemischen Sichtweise wäre zu klären, ob das veränderte Paarkommunikationsverhalten Auswirkungen auf andere dyadische Familienbeziehungen, z.B. auf die Eltern-Kind-Beziehungen, hat. Dies würde allerdings eine breitere diagnostische Perspektive erforderlich machen, die auch andere Subsysteme der Familie oder das gesamte Familiensystem mit einbezieht. Dementsprechend müßten auch die familiendiagnostischen Verfahren einer solchen Zielsetzung angepaßt werden.

Wenn wir einen Blick auf die verschiedenen familiendiagnostischen Phasen innerhalb eines behandlungsorientierten Kontexts werfen, wird deutlich, daß ein klinischer Familienpsychologe, der eine explizite Erfassung von Familienvariablen anstrebt, sich genaue Gedanken darüber machen muß, auf welche Methoden er zurückgreift. Hinzu kommt, daß die methodischen Standards für eine solide Messung von Familienvariablen besonders hoch anzusetzen sind, wenn die entsprechenden Meßinstrumente für klinische Zwecke eingesetzt werden. So behauptet etwa Carlson (1989) in ihrem methodologischen Vergleich von familiendiagnostischen Methoden im Forschungs- und klinischen Kontext, daß Reliabilitäts-Koeffizienten und Kennwerte der differentiellen Vorhersagevalidität für Zwecke der klinischen Praxis wesentlich höher sein müßten als für Forschungszwecke, da die diagnostischen und Behandlungsentscheidungen im klinischen Kontext besonders weitreichend seien.

In Wirklichkeit ist jedoch die Anwendung psychometrisch abgesicherter Verfahren der Familiendiagnostik keineswegs weit verbreitet. Im Gegenteil: Häufig bevorzugen Kliniker Methoden ohne nachweisliche Reliabilität oder Validität. Wie kann man sich dies erklären? Nehmen Kliniker die Möglichkeiten der Familiendiagnostik nicht zur Kenntnis? Ist es ihnen zu lästig, mehr oder minder strukturierte Verfahren der Familiendiagnostik zusätzlich zur "klinischen Erfahrung" und "Intuition" anzuwenden? Schließlich mag der Kliniker sich fragen: "Sind alle diese zugegebenermaßen interessanten und wissenschaftlich überzeugenden diagnostischen Methoden wirklich geeignet, mir bei meinen klinischen Entscheidungen zu helfen?"

Die Auseinandersetzung mit diesen Fragen ist unerläßlich, wenn wir nicht Forschung und klinische Praxis als unvereinbare Gegensätze betrachten wollen, sondern - in einer wirklich systemischen Sicht - beide Zugangsweisen als sich gemeinsam entwickelnde Erkenntnisquellen begreifen, die sich gegenseitig ergänzen und befruchten. Wir wollen uns daher speziell auf einen Punkt konzentrieren, der die Gegensätzlichkeit von Forschung und klinischer Praxis zum Gegenstand hat und zugleich uns einige Hinweise für ein nützliches Miteinander von Forschung und klinischer Praxis gibt. Es ist dies der Aspekt der Behandlungsnützlichkeit.

8.4.6 Behandlungsnützlichkeit in der klinischen Praxis

In einem programmatischen Aufsatz haben Hayes, Nelson und Jarrett (1987) eine Unterscheidung zwischen der strukturellen und funktionalen Angemessenheit von diagnostischen Methoden vorgeschlagen. *Strukturelle Angemessenheit* bezieht sich dabei auf die Erfordernisse der klassischen psychometrischen Theorie, d.h. die Reliabilität und Validität der gemessenen Variablen. Im Gegensatz dazu bezieht sich die *funktionelle Angemessenheit* auf die *Behandlungsnützlichkeit* einer bestimmten diagnostischen Methode, d.h. den positiven Einfluß, den sie auf das Behandlungsergebnis hat. Mit ihrem Fokus auf einer individuumsorientierten Diagnostik argumentieren Hayes, Nelson und Jarrett (1987, S. 972), daß "es hilfreich sein kann, sich zu vergegenwärtigen, daß bisweilen der diagnostische Prozeß Behandlungsnützlichkeit aufweisen kann, ohne daß die Daten des diagnostischen Berichts in irgendeiner Weise reliabel sind.... Angenommen, Kliniker unterscheiden sich erheblich in der Weise, in der sie einen bestimmten projektiven Test interpretieren. Solch ein Test wäre dann weder reliabel noch valide. Wenn ausschließlich die tatsächlichen Testbefunde Berücksichtigung fänden, würde der Test auch keine Behandlungsnützlichkeit aufweisen, da dieselben Testleistungen zu unterschiedlichen Kennwerten, Diagnosen oder Profilen und somit zu unterschiedlichen Behandlungsempfehlungen führen würden. Selbst unter

190

diesen Umständen könnte jedoch der Prozeß der Durchführung dieses 'unreliablen' Tests für Behandlungsnützlichkeit sprechen. Z.B. könnte der Kliniker während der Testdurchführung den Klienten beobachten und somit ungewollt mehr über dessen Persönlichkeit erfahren. Der Kliniker könnte sich daraufhin im Laufe der Behandlung effektiver verhalten, obwohl er womöglich nicht in der Lage ist, die Beziehungen zwischen dem Test, der Persönlichkeit des Klienten und der klinischen Entscheidung zu formulieren."

Diese Bemerkungen sind natürlich gleichermaßen für den Bereich der Familiendiagnostik von Bedeutung. So kann z.B. die Durchführung einer *Familienskulptur* - einer metaphorischen Methode der Familiendiagnostik, auf die wir weiter unten noch zu sprechen kommen - den Kliniker nicht nur in einer ganzheitlichen und außerdem auch recht unaufwendigen Weise über wichtige Aspekte der Familie als einem intimen Beziehungssystem informieren. Darüber hinaus kann die Durchführung einer Familienskulptur auch Hinweise für eine Behandlungsstrategie geben, die letztlich den Behandlungserfolg positiv beeinflußt - und dies, obwohl die Reliabilität und Validität dieser Methode nicht bekannt ist.

Bedeutet dies, daß das Konzept der Behandlungsnützlichkeit uns dazu einlädt, überhaupt auf Forschung zu verzichten? Ganz im Gegenteil: Hayes, Nelson und Jarrett (1987) argumentieren, daß wir ohne Zweifel immer noch auf Forschung angewiesen sind. Aber es sollte ihrer Meinung nach eine neue Art von Forschung sein, die dazu beiträgt, die Effekte der Behandlungsnützlichkeit anhand entsprechender Forschungspläne nachzuweisen. Einer dieser Forschungspläne ist z.B. das "manipulated assessment design", bei dem verschiedene diagnostische Methoden nach dem Zufall bei zwei oder mehr Gruppen von Familien angewandt werden, um ihren Einfluß auf den Behandlungserfolg zu überprüfen. Darüber hinaus ist es besonders wichtig, die internen Regeln aufzudecken, die ein Kliniker bei der Selektion, Kombination und Gewichtung der verschiedenen Arten von Informationen während des diagnostischen Prozesses verwendet.

Die Beantwortung solcher Fragen können einen neuen Typus von familiendiagnostischer Forschung anregen, der weit über die traditionellen Ansätze hinausgeht, die sich mit einer Verbesserung gemessener Familienvariablen hinsichtlich ihrer Reliabilität und Validität beschäftigen. Wir können daher mit Carlsons (1989, S. 172 f) Schlußfolgerung übereinstimmen, wenn sie sagt: "Die Bestimmung der Behandlungsnützlichkeit von familiendiagnostischen Verfahren für den klinischen Gebrauch kann als eine Forschungsrichtung angesehen werden, die ebenso wichtig ist wie klassische psychometrische Validierung und Theoriebildung, zugleich aber diese eher traditionellen Sichtweisen ergänzt."

8.5 Schwerpunkt der Analyse: strukturell vs. prozeßorientiert

Obwohl es auf den ersten Blick den Anschein hat, als ob diese Grunddimension der Familiendiagnostik dem im vorangegangenen Abschnitt dargestellten Aspekt sehr ähnlich ist, erfordert die Unterscheidung einer strukturellen gegenüber einer prozeßorientierten diagnostischen Vorgehensweise doch eine gesonderte Behandlung. In der Tat sieht sowohl in der Forschung als auch in der klinischen Praxis die Auswahl von Erhebungsmethoden recht unterschiedlich aus, wenn man eher an dauerhaften strukturellen Aspekten des Familienlebens interessiert ist oder sich eher auf die mutmaßlich weniger stabilen prozeßhaften Merkmale familiären Zusammenlebens konzentriert.

Um dies zu illustrieren, wollen wir einen Blick auf Minuchins (1977) *Modell der strukturellen Familientherapie* werfen. Wie bereits die Bezeichnung sagt, liegt die Betonung dieses Modells auf den strukturellen Merkmalen des Familienlebens, insbesondere auf solchen Aspekten wie System- und Subsystemgrenzen, generationenübergreifende Koalitionen oder Qualität der dyadischen Beziehungen innerhalb der Familie. Um diese Merkmale der Familienstruktur zu erfassen, läßt sich ein strukturelles Diagramm erstellen, das in kondensierter Weise ein Bild von der Interaktionsstruktur, den Koalitionen und Grenzen einer bestimmten Familie gibt. Für diese

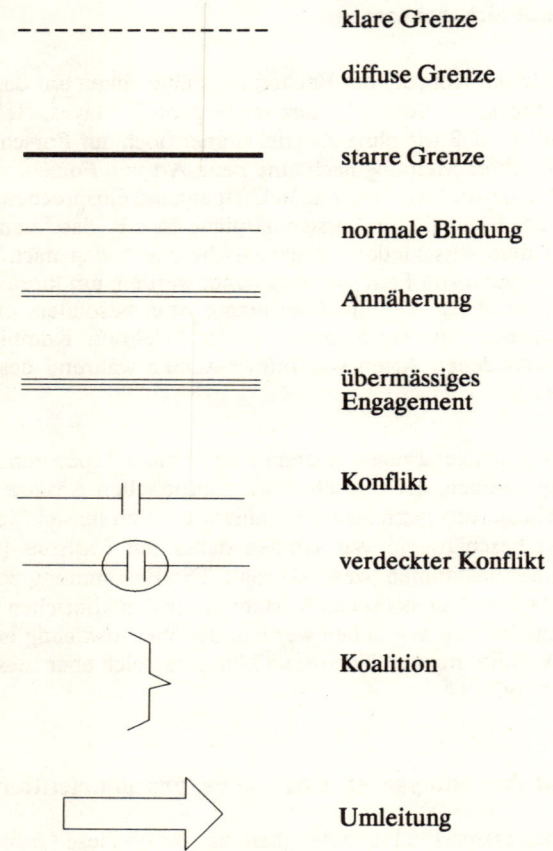

klare Grenze

diffuse Grenze

starre Grenze

normale Bindung

Annäherung

übermässiges Engagement

Konflikt

verdeckter Konflikt

Koalition

Umleitung

Abb. 8.2   Symbole zur Erstellung von Familienstrukturdiagrammen (nach Martin & Cierpka 1988, S. 66)

192

Zwecke hat Minuchin (1977, S. 73) eine Reihe von Symbolen entwickelt, die in Abb. 8.2 wiedergegeben sind.

Die Konstruktion eines Struktur-Diagramms hat zur Voraussetzung, daß die Familie über eine entsprechend lange Zeit befragt und hinsichtlich ihres verbalen und nonverbalen Verhaltens beobachtet wurde. Diese Beobachtungen können sich z.B. auf die Sitzordnung beziehen, die sich ergibt, wenn die Familienmitglieder "ihre" Stühle im Therapieraum einnehmen. Als ein Beispiel für ein strukturelles Familiendiagramm geben wir den Fall einer Familie wieder, der von Martin und Cierpka (1988, S. 66 f) in abgekürzter Form wie folgt beschrieben wurde:

"Vater und Mutter, beide 50 Jahre alt; 2 Söhne, 20 und 13 Jahre alt; IP (= identifizierter Patient) ist der Vater. Der Vater nahm wegen seiner extremen Zwanghaftigkeit, seiner Zornesausbrüche und dem Gefühl, immer mehr aus der Familie ausgeschlossen zu werden, ein Einzelgespräch wahr und wurde auf Vorschlag des Familientherapeuten mit seiner Familie zu einem familiendiagnostischen Interview eingeladen. Die Mutter bildet mit ihren beiden Söhnen eine Einheit, einen 'Krisenstab'; der Vater bleibt ausgeschlossen bzw. er schließt sich durch seine Zwanghaftigkeit und seine Zornesausbrüche selbst aus.

Der 'Krisenstab' berät darüber, wie auf die Stimmung des Vaters zu achten ist und wie man sich am besten verhält. Nur verdeckt darunter wird der Wunsch des Vaters nach einem Bündnis mit seinen Kindern deutlich, insbesondere zum jüngsten Sohn, der sich seinerseits auch sehr den Kontakt zum Vater wünscht; die Mutter verhindert dies jedoch weitgehend. Der Konflikt zwischen dem Paar ist offen. Die Frau redet viel und klagend, die Geschwister untereinander haben einerseits wegen des Altersabstands, aber auch weil sie 'Einzelkämpfer' sind, relativ wenig Kontakt miteinander. Der älteste Sohn hat zwar eine Freundin, in der Familie hat er jedoch den Vater aus dessen Position verdrängt. Die Generationsgrenze erscheint hier zu durchlässig. Die Familie hat wenig Außenkontakte. Der Mann wünscht dies nicht, die Frau hat sich ihm angepaßt."

Auf der Basis dieser kurzen Beschreibung der Familie läßt sich ein Strukturdiagramm zeichnen (vgl. Abb. 8.3), das dem Therapeuten bei der Planung und Umsetzung seiner nächsten Behandlungsschritte helfen kann.

Ein anderes Ziel einer *strukturell orientierten Familiendiagnostik* besteht in der Zuordnung von Familien zu bestimmten Familientypen. *Familientypen* beziehen sich auf Gruppen von Familien, die sich hinsichtlich bestimmter Aspekte des Familienlebens unterscheiden. Die Konstruktion von Familientypen hängt in erster Linie von den Daten ab, die zur Klassifikation von Familien verwendet werden. Unabhängig von den verschiedenen Ansätzen zur Klassifikation von Familien kann eine Familientypologie für Forscher und Kliniker gleichermaßen hilfreich sein, sei es z.B. zur Vorhersage der zukünftigen Familienentwicklung, sei es zur Auswahl eines optimalen Behandlungsprogramms für eine bestimmte Familie.

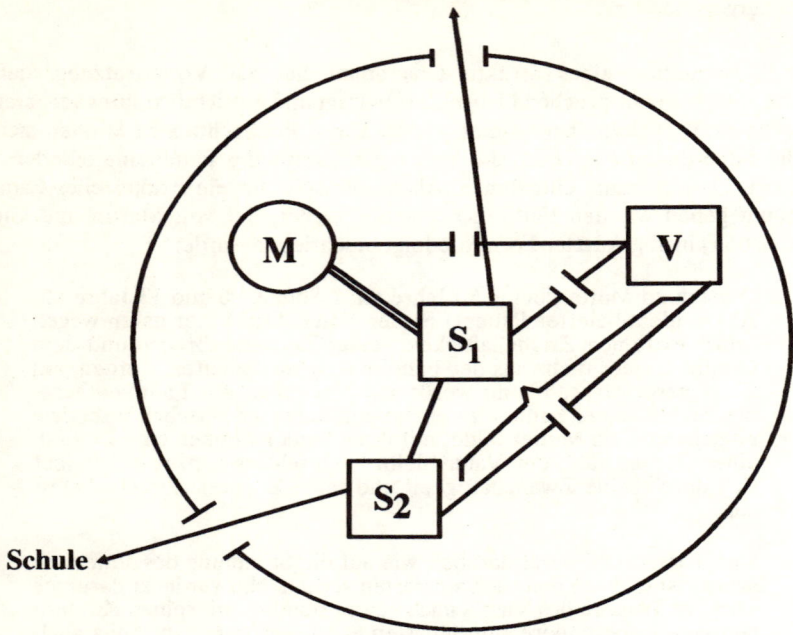

Freundin und deren Familie

Schule

Abb. 8.3   Beispiel eines Familienstrukturdiagramms (nach Martin & Cierpka 1988, S. 67)

Um den typologischen Ansatz zu verdeutlichen, werden wir kurz das von Olson und seinen Mitarbeitern entwickelte *Circumplex-Modell* beschreiben, in dessen Rahmen eine Reihe von familiendiagnostischen Verfahren entwickelt wurde, die nunmehr als *Circumplex Assessment Package* (CAP) verfügbar sind (Olson & Lavee 1989, Olson, Russell & Sprenkle 1983). Das Circumplex-Modell besteht aus drei Dimensionen, nämlich Kohäsion, Anpassungsfähigkeit und Kommunikation, wobei die letztere als "erleichternde Dimension" bezeichnet wird. Mit Hilfe dieser Dimensionen können gleichermaßen Paar- und Familiensysteme erfaßt werden. Olson und Lavee (1989, S. 168 f) erläutern die drei Dimensionen wie folgt: "Familienkohäsion ist definiert als das Ausmaß der emotionalen Bindung, das die Familienmitglieder untereinander haben.... Familienanpassungsfähigkeit ist definiert als die Fähigkeit eines Ehe- oder Familiensystems, seine Machtstruktur, Rollenbeziehungen und Beziehungsregeln im Hinblick auf situations- oder entwicklungsbezogenen Streß zu ändern. ... Kommunikation erweist sich für Paare und Familien als wesentliches unterstützendes Moment für die beiden anderen Dimensionen. ... Positive Kommunikationsfertigkeiten (d.h. Einfühlungsvermögen, reflektierendes Zuhören, unterstützende Kommentare) ermöglichen es Paaren und Familien, sich ändernde Bedürfnisse und Vorlieben, die sich auf Kohäsion und Anpassungsfähigkeit beziehen, miteinander auszuhandeln. Negative Kommunikationsfertigkeiten (d.h. Doppelbotschaften, Doppelbindungen, kritische Haltung) verringern die Fähigkeit eines Paares oder einer Familie, ihre Gefühle auszutauschen und schränken damit ihren Bewegungsspielraum auf diesen Dimensionen ein."

Bei einer graphischen Darstellung verwendet Olson gewöhnlich nur die beiden Dimensionen Kohäsion und Anpassungsfähigkeit. Jede dieser beiden Dimensionen wird in vier Abschnitte unterteilt. Die vier Abschnitte der Kohäsionsdimension rangieren von "losgelöst" (sehr niedrig) über "getrennt" (niedrig), "verbunden" (durchschnittlich bis hoch) bis zu "verstrickt" (sehr hoch). Hingegen variieren die entsprechenden Abschnitte der Anpassungsfähigkeitsdimension von "rigide" (sehr niedrig) über "strukturiert" (niedrig bis durchschnittlich), "flexibel" (durchschnittlich bis hoch) bis "chaotisch" (sehr hoch). Eine Kombination der vier Abschnitte auf den Dimensionen Kohäsion und Anpassungsfähigkeit ergibt die in Abbildung 8.4 wiedergegebenen 16 Typen von Paar- und Familiensystemen.

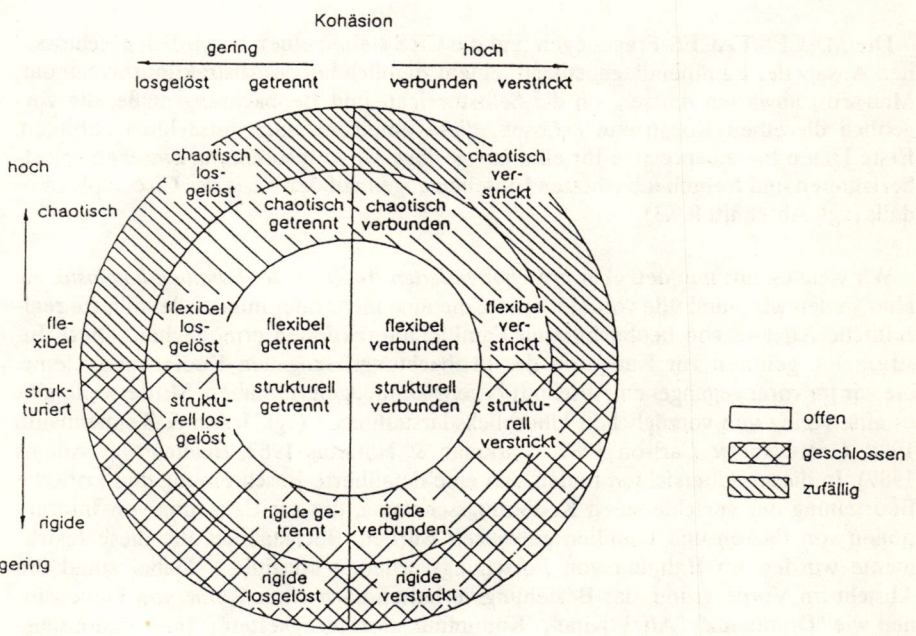

Abb. 8.4 Circumplex-Modell zur Beschreibung von Paar- und Familiensystemen (aus Simon & Stierlin 1984, S. 53)

Zur Erfassung dieser Paar- und Familientypen haben Olson und seine Kollegen einen aus 20 Items bestehenden Fragebogen entwickelt, der von ihnen - je nach Untersuchungseinheit - als MACES (für Marital Adaptability and Cohesion Evaluation Scales) oder FACES (für Family Adaptability and Cohesion Evaluation Scales) bezeichnet wird. Beide Fragebögen wurden in der Zwischenzeit zweimal überarbeitet und firmieren nunmehr unter der Bezeichnung MACES III und FACES III. Darüber hinaus enthält das *Circumplex Assessment Package* entsprechende Selbstberichtverfahren, um das Ausmaß an Kommunikation und Zufriedenheit auf Paar- bzw. Familienebene zu erfassen. Im deutschen Sprachraum liegen die FACES III als *Familien-Fragebogen* (FFBO-III) vor (Hank, Hahlweg & Klann 1990). Über Erfahrungen mit einer deutschsprachigen Version der FACES II berichten v. Schlippe und Schweitzer (1988) sowie Thomas (1988).

Neuerdings haben Olson und Killorin (1985) eine *Clinical Rating Scale* (CRS) für das Circumplex-Modell entwickelt. Diese Skala wurde speziell für die Anwendung im klinischen Bereich eingeführt und fällt somit unter die Kategorie der beobachtungsorientierten Schätzskalen. Auf der Basis von zwanzig spezifischeren Ratings erlaubt die CRS dem Kliniker, eine globale Einschätzung des Paar- und Familiensystems auf allen drei Dimensionen des Circumplex-Modells. Zusätzlich können spezielle Kennwerte für dyadische Koalitionen und "losgelöste" Individuen ermittelt werden.

Die MACES/FACES-Fragebögen und die CRS stellen einen begrifflich geschlossenen Ansatz der Familiendiagnostik auf einem ziemlich hohen Abstraktionsniveau dar. Man wird abwarten müssen, ob die Selbstbericht- und Beobachtungsmaße, die vorgeblich dieselben Konstrukte erfassen, diese empirisch auch tatsächlich abbilden. Erste Daten hierzu sprechen für eine nur geringe Übereinstimmung zwischen selbstberichteten und fremdbeobachteten Einschätzungen auf der Basis des Circumplexmodells (vgl. Abschnitt 8.9.3).

Wir wenden uns nun den eher *prozeßorientierten Ansätzen der Familiendiagnostik* zu. Hier finden wir eine Fülle von Methoden, die eine mehr oder minder detaillierte realzeitliche Analyse von beobachtbaren Familieninteraktionen ermöglichen. Diese Instrumente gehören zur Kategorie der beobachtungsbezogenen Kodierungssysteme, die wir im vorangegangenen Abschnitt bereits kennengelernt haben. Mittlerweile gibt es eine Reihe von vorzüglichen Überblicksdarstellungen (vgl. Jacob & Tennenbaum 1988, Grotevant & Carlson 1987, Markman & Notarius 1987, Beaucom & Adams 1987). In diesen Übersichten finden sich eine detaillierte Beschreibung und kritische Beurteilung der verschiedenen Kodierungsschemata, die zur Erfassung von Interaktionen von Paaren und Familien entwickelt wurden. Buchstäblich alle diese Instrumente wurden im Rahmen von Forschungsvorhaben konzipiert. Dabei stand die Absicht im Vordergrund, das Beziehungsverhalten nach einer Reihe von Dimensionen wie "Dominanz", "Affektivität", "Kommunikationsfertigkeiten", "Informationsaustausch", "Konflikt", "Unterstützung" und "Bestätigung" faßbar zu machen (Markman & Notarius 1987).

Wir werden uns nicht weiter mit den Feinheiten und Problempunkten der Beobachtungsmethode (z.B. Abgrenzung der Verhaltenskategorien, Auswahl von Beobachtungssituationen, Zeitrahmen) beschäftigen. Statt dessen wollen wir kurz auf zwei allgemeinere Strategien zur Analyse von Beobachtungsdaten im Rahmen der Familiendiagnostik eingehen.

Eine *erste Strategie* beruht darauf, die Fülle der Daten, die bei einem Beobachtungsvorgang anfallen, auf handhabbare Einheiten zu reduzieren. Dies geschieht, indem eine Häufigkeitsauszählung für die kodierten Ereignisse durchgeführt wird. Angenommen, ein bestimmter Kode bezieht sich auf die Unterbrechungen, die in einer laufenden Familienunterhaltung auftreten. Die Auszählung aller Unterbrechungen pro Person würde einen Häufigkeitswert für die Kategorie "Unterbrechung" durch jedes einzelne Familienmitglied ergeben. Die absoluten individuellen Häufigkeiten können dann unter Berücksichtigung der anderen Verhaltenskategorien des Kodierungssystems in relative Häufigkeiten transformiert werden.

Obwohl die als Unterbrechungen kodierten Ereignisse zweifellos innerhalb des Kontexts einer Familienunterhaltung auftraten und somit als Markiervariablen eines interaktiven Prozesses angesehen werden können, wollen wir vermutlich auch etwas darüber erfahren, warum sie sich ereignet haben und was passierte, nachdem sie aufgetreten sind. Dies bringt uns zur *zweiten Strategie* der Analyse von realzeitlichen Beobachtungsdaten, nämlich der sequenziellen oder Zeitreihen-Analyse. Allgemein gesprochen ermöglicht die *sequenzielle Analyse* von Familieninteraktionen eine Klärung der Frage, was vor und nach dem Verhalten eines bestimmten Familienmitglieds erfolgte. Auf diese Weise können Gleichförmigkeiten und Verknüpfungen innerhalb solcher Ereignisketten sichtbar gemacht werden. So können wir z.B. bei der Beobachtung einer bestimmten Familie herausfinden, daß immer dann, wenn der Sohn eine in Gang befindliche Familienunterhaltung unterbricht, dies sehr häufig einen kritischen Kommentar seines Vaters zur Folge hat.

Eine sorgfältige ereignisbezogene Sequenzanalyse setzt neben entsprechender methodischer Erfahrung die erforderliche Apparateausstattung und Computersoftware zur Datenanalyse (Gottman 1987, Bakeman & Gottman 1986) voraus - ganz zu schweigen von dem immensen Zeitbedarf solcher Analysen. Gottman (1979) schätzt, daß eine Stunde videographierter Familieninteraktion etwa 30 Stunden zur Kodierung und Datenanalyse erforderlich macht. Es verwundert daher nicht, wenn beobachtungsbezogene Kodierungssysteme zur Familiendiagnostik in der klinischen Praxis so gut wie nicht verwendet werden. Wie wir weiter oben bereits festgestellt haben, kann sich dies allerdings ändern, wenn es zu ökonomischeren Lösungen bezüglich der Kodierung und Analyse von Interaktionsdaten kommt. In jedem Fall kann jedoch die Kenntnis der begrifflichen und methodischen Grundlagen von beobachtungsbezogenen Kodierungssystemen den Praktiker für bestimmte Arten und Sequenzen von Interaktionen sensibilisieren, die er auch ohne genaue Aufzeichnung und Auswertung "sehen" kann, wenn er mit einer bestimmten Familie arbeitet.

Um die Bedeutung und Qualität einer verhaltensorientierten Analyse von Beziehungen zu veranschaulichen, soll kurz das von Rogers und Farace (1975) entwickelte *Relational Communication Coding System* (RELCOM) beschrieben werden. Das RELCOM konzentriert sich hauptsächlich auf einen Aspekt der verbalen Interaktion, nämlich die Konversationskontrolle. Das Kodierungssystem ist daher auf den Dominanzaspekt innerhalb dyadischer Beziehungen beschränkt. Aufbauend auf entsprechende Konzepte von Bateson (1982) unterscheiden Rogers und Farace zwischen zwei allgemeinen Typen von Beziehungen, nämlich symmetrische und komplementäre Beziehungen. Sowohl Symmetrie als auch Komplementarität äußern sich in der grammatikalischen Form und dem Antworttypus der Botschaften, die zwischen zwei oder mehr Personen ausgetauscht werden. Als erstes verlangt das RELCOM vom Kodierer, sogenannte "Typen von Botschaften" zu konstruieren. Jedem dieser Typen von

Botschaften wird ein dreistelliger Kode zugeordnet. Die erste Ziffer bezieht sich auf den Sprecher, die zweite auf die grammatikalische Form (z.B. Behauptung, Frage, Gesprächsüberleitung) und die dritte auf die Antwortfunktion, die auf die unmittelbar vorausgegangene Botschaft eines anderen Sprechers bezogen ist (z.B. Unterstützung, Antwort, Anordnung, Ablehnung). Die so kodierten Typen von Botschaften werden dann nach drei Kategorien klassifiziert, die von Rogers und Millar (1988, S. 297) als grundlegende Definitionsmerkmale einer Beziehung betrachtet werden. Es sind dies sogenannte "one-up", "one-down" und "one-across" Bewegungen, die wie folgt definiert sind: Ein Versuch, eine bestimmte Beziehungsdefinition durchzusetzen, wird als one-up Bewegung bezeichnet (↑), ein Akzeptieren der Beziehungsdefinition des anderen ist eine one-down Bewegung (↓) und eine nicht-fordernde, nicht-akzeptierende, nicht-einschränkende Bewegung wird als ein one-across Manöver (→) bezeichnet.

Wenn die beziehungsdefinierenden Bewegungen innerhalb des Systems bestimmt sind, ermöglicht dies eine Analyse der Abfolge von Kontrollbotschaften. Die kleinste Einheit einer solchen Sequenz wird als "Transakt" bezeichnet. So wäre z.B. ein *komplementärer Transakt* dadurch gekennzeichnet, daß die Kontrollrichtungen gegensätzlich sind, d.h. auf eine one-up folgt eine one-down Bewegung oder umgekehrt (↑↓, ↓↑). In *symmetrischen Transakten* würde die Kontrollrichtung dieselbe sein, d.h. es kommt jeweils zu einer Verbindung von zwei one-up, zwei one-down oder zwei one-across Bewegungen (↑↑, ↓↓, →→). In sogenannten *Übergangstransakten* ist eine one-up oder one-down Bewegung mit einem one-across Manöver verknüpft (↑→, →↑, ↓→, →↓).

Schließlich können noch größere Sequenzen von Kontrollmustern unterschieden werden. So besteht z.B. eine von den Autoren als "doppelter Transakt" bezeichnete Sequenz aus drei one-up Bewegungen, die für kompetitive Symmetrie oder Konflikt kennzeichnend sind. Rogers und Millar (1988, S. 298) geben ein Beispiel für solch ein konflikthaftes Kontrollmuster anhand eines Ausschnitts aus einem Dialog zwischen zwei Ehepartnern (vgl. Abb. 8.5).

Die Art und Weise, wie diese symmetrischen kompetitiven Bewegungen sich im Situationsverlauf aufbauen, scheint für die Eskalation von negativer Wechselseitigkeit bei beziehungsgestörten Paaren typisch zu sein. Dagegen sind unbelastete Paare eher in der Lage, diesen sich verstärkenden Teufelskreis an negativen Interaktionen zu durchbrechen, indem sie zu nicht-behauptenden oder komplemetären Transaktionen finden (Gottman 1979).

Darüber hinaus hat es den Anschein, daß diese beziehungsdefinierenden Interaktionseinheiten die Bausteine für die strukturellen Aspekte einer Beziehung darstellen, die ihrerseits als wiederkehrende Muster von Interaktionsabfolgen gesehen werden können (Hinde 1979). So kann z.B. eine in Minuchins Strukturdiagramm (vgl. Abb. 8.2 und 8.3) als konflikthaft symbolisierte Beziehung auf den unsystematischen Beobachtungen der Familieninteraktionen durch einen Kliniker beruhen. In einer systematischeren Analyse könnten diese Interaktionen sich als ein Kontrollmuster von der Art herausstellen, wie es in Abb. 8.5 dargestellt ist. Die Aufdeckung der Gleichförmigkeiten solcher Kontrollmuster stellt dann die Basis für die Durchführung geeigneter präventiver und korrektiver Behandlungsmaßnahmen dar.

| | Kontrolle der Beziehung | | | |
Dialogausschnitt	Typ der Botschaft	Kontroll- richtung	Trans- akt	Doppelter Transakt
V: Was hast Du von mir erwartet, als wir geheiratet haben?	V: 123	↓		
M: Naja, hm...Ich habe eigentlich keine Erwartungen an Dich gehabt.	M: 214	↑	↓↑	
V: Ich habe von Dir erwartet, daß Du Dich um mich kümmerst	V: 113	→	↑→	↓↑→
M: (in herausforderndem Ton) Hab ich das nicht getan?	M: 222	↑	→↑	↑→↑
V: Ja. Hab ich mich beklagt?	V: 111/ 112*	↓ ↑	↑↓ ↓↑	→↑↓ ↑↓↑
M: Hast Du.	M: 214	↑	↑↑	↓↑↑
V: Nein! Nein	V: 112	↑	↑↑	↑↑↑
M: Ruhe!	M: 212	↑	↑↑	↑↑↑
V: Nein,nein,...nein	V: 112	↑	↑↑	↑↑↑

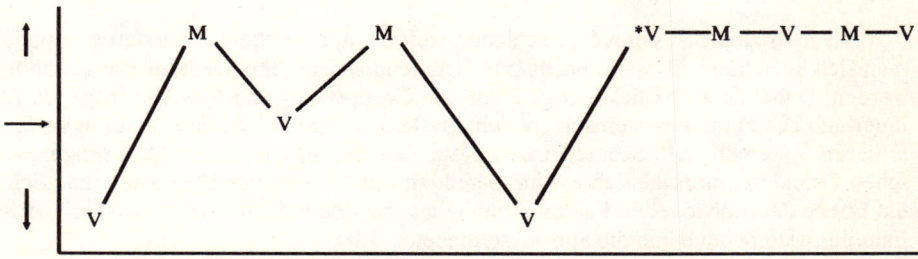

* nach dem Rogers-Farace-System können Botschaften doppelt kodiert werden

Abb. 8.5 Veranschaulichung des Relational Communication Coding System (nach Rogers & Millar 1988, S. 298)

Abgesehen von den verschiedenen Aufgaben, die strukturelle und prozeßorientierte Ansätze im Bereich der Familiendiagnostik erfüllen, wäre es wünschenswert, ihre Verknüpfung auf begrifflicher Ebene zu überprüfen. Dies macht eine "Strukturalisierung" von Kodierungssystemen anhand einer Reihe von "Kerndimensionen" erforderlich, wie sie z.B. von Markman und Notarius (1987) in ihrer vergleichenden Übersicht über verschiedene Beobachtungsmethoden vorgeschlagen wurde. Bisher mangelt es jedoch an einem empirischen Nachweis dafür, daß abstraktere Konzepte, wie "Dominanz" oder "Affektivität", die sich auf Beobachtungsverfahren berufen, mit entsprechenden Konstrukten übereinstimmen, die ihre Datenbasis in Selbstberichtmethoden oder Ratingverfahren haben.

8.6 Ebene der Diagnostik: individuell vs. systembezogen

Eine der grundlegenden Zielsetzungen der Familiendiagnostik besteht in einer Abklärung der Beziehungen zwischen den verschiedenen Familienmitgliedern. Um dieses Ziel zu erreichen, erscheint ein systemorientierter Ansatz, der zwischen verschiedenen Ebenen des Familiensystems unterscheidet, am geeignetsten (Cromwell & Peterson 1983). Obwohl dies grundsätzlich eine einleuchtende Idee ist, stellt sich bei genauer Betrachtung heraus, daß die Dinge ein bißchen komplizierter sind als erwartet.

Ein wichtiger erster Problempunkt hat mit der Frage zu tun, auf welche *strukturelle Einheit der Familie* man sich beziehen möchte. So gibt es z.B. in einer Kernfamilie, die aus vier Personen (Mutter, Vater, Tochter und Sohn) besteht, 15 strukturelle Einheiten oder Gruppierungen: Neben den *vier Einzelpersonen* (Mutter, Vater, Tochter, Sohn) gibt es *sechs Dyaden* (Mutter-Vater, Mutter-Tochter, Mutter-Sohn, Vater-Tochter, Vater-Sohn, Tochter-Sohn), *vier Triaden* (Mutter-Vater-Tochter, Mutter-Vater-Sohn, Mutter-Tochter-Sohn, Vater-Tochter-Sohn) und *eine Tetrade* (d.h. die gesamte Familie, bestehend aus Mutter-Vater-Tochter-Sohn). In Abhängigkeit von der Zahl der Familienmitglieder steigt die Zahl ihrer Gruppierungen exponentiell (von Eye & Kreppner 1989).

Somit muß zunächst einmal entschieden werden, auf welche Familiengruppierung man sich beziehen will, wenn bestimmte familiendiagnostische Methoden angewandt werden. Dabei ist zu berücksichtigen, daß die Gruppierung von Familienmitgliedern innerhalb des Familiensystems noch nicht die Beziehungen einer Familie zu außerfamiliären Systemen (z.B. Schule, Arbeitsplatz, Gemeinde) einschließt. Aus pragmatischen Gründen unterscheiden wir im folgenden vier Ebenen der Diagnostik, nämlich die Ebene der individuellen Familienmitglieder, die Ebene familiärer Subsysteme, die Familiensystemebene und die Suprasystemebene.

8.6.1 Individuelle Familienmitglieder

Das primäre Ziel dieser diagnostischen Zugangsweise besteht darin, über ein bestimmtes Familienmitglied Informationen zu gewinnen, und zwar unabhängig von seiner Beziehung zu anderen im Familienverband lebenden Personen. Die entsprechenden diagnostischen Methoden beziehen sich dabei im wesentlichen auf den Ansatz der traditionellen differenziellen und Persönlichkeitspsychologie. Diese Art von Diagnostik gibt Aufschluß über intrapsychische Strukturen und Prozesse einer bestimmten Person. Hierzu gehören Informationen zu Persönlichkeitsbereichen wie Motivation, Affektivität, Intelligenz, Temperament, Selbstkonzept, Sozialverhalten etc.. Alle diese individuellen Daten werden als Hinweis auf Verhaltensdispositionen betrachtet, die in irgendeiner Weise innerhalb des Individuums repräsentiert sind.

Unter bestimmten Situationsanforderungen werden diese Verhaltensdispositionen aktiviert und äußern sich dann im offen beobachtbaren Verhalten.

Eine derartige Sichtweise der individuellen Diagnostik ist durchaus vertretbar, solange nicht vergessen wird, daß im Laufe der Persönlichkeitsentwicklung buchstäblich alle der soeben genannten Persönlichkeitszüge in der einen oder anderen Weise von sozialen Kontextbedingungen beeinflußt wurden, wobei die Familie vermutlich zu den bedeutsameren Einflußgrößen gehört. Darüber hinaus sollten wir uns vergegenwärtigen, daß alle Persönlichkeitsmerkmale - auch solche, die auf den ersten Blick kontextlos zu sein scheinen - "kontextualisiert" werden können, wie wir weiter oben im Zusammenhang mit der Technik des zirkulären Fragens bereits gesehen haben.

Schließlich sollte nicht unerwähnt bleiben, daß im Rahmen einer individuumsbezogenen Diagnostik zwar jeweils eine bestimmte Person das Ziel der Diagnostik ist, was jedoch nicht notwendig bedeutet, daß diese Person auch als Datenquelle fungiert. Obwohl Selbstberichtmethoden, wie z.B. Fragebögen oder Selbsteinschätzungen, in der individuellen Diagnostik sehr verbreitet sind, können Daten, die von wichtigen anderen Personen stammen (z.B. von Familienmitgliedern, Lehrern, Arbeitskollegen und natürlich auch professionellen Familienpsychologen) gleichermaßen wichtig sein. So gibt es z.B. für die von Achenbach und Edelbrock (1983) entwickelte *Child Behavior Checklist* - ein Verfahren, das ein relativ umfassendes Bild von den schulischen, sozialen und Problemverhaltensweisen eines Kindes gibt - neben einer Selbstberichtversion auch eine Eltern- und eine Lehrerfassung. Im übrigen könnten die diagnostischen Daten im Prinzip auch auf einem Konsensusprozeß beruhen, so z.B. wenn eine Mutter und ein Vater sich auf eine gemeinsame Beurteilung ihrer Tochter oder ihres Sohnes zu einigen haben.

8.6.2 Familiäre Subsysteme

Diese Ebene der Diagnostik beinhaltet dyadische Beziehungen sowie Beziehungen höherer Ordnungszahl. Voraussetzung ist dabei, daß die Zahl der Personen in einer Gruppierung um mindestens eine Person niedriger sein muß, als die Gesamtzahl der Familienmitglieder. Die meisten Instrumente, die bisher entwickelt wurden, beziehen sich jedoch auf die Erfassung dyadischer Beziehungen.

Einige der Instrumente, die zur *Erfassung von Paar- bzw. Ehebeziehungen* entwickelt wurden, haben wir bereits in früheren Abschnitten dieses Kapitels kennengelernt. Hierzu gehören etwa die *Dyadic Adjustment Scale* (DAS), die *Marital Adaptability and Cohesion Evaluation Scales* (MACES) oder das *Marital Interaction Coding System* (MICS). Wir werden daher im folgenden einige Beispiele zur Erfassung von Eltern-Kind- und Geschwisterbeziehungen kurz Revue passieren lassen.

Je nach den methodischen Standards, die man zu tolerieren bereit ist, sind die verfügbaren Verfahren zur *Erfassung von Eltern-Kind-Beziehungen* nicht sehr zahlreich. So fanden z.B. Jacob und Tennenbaum (1988, S. 169) in ihrem Überblick über entsprechende Erhebungsmethoden, daß "nur vier Instrumente einer detaillierteren Betrachtung würdig seien, was klar auf ein Fehlen programmatischer, empirischer und theoretischer Bemühungen hinweist, obwohl Eltern-Kind-Beziehungen in den Theorien zur Entstehung, zum Verlauf, zu den Effekten und zur Behandlung von Störungen im Kindesalter eine Schlüsselrolle eingeräumt wird."

Grotevant und Carlson (1989) nehmen in dieser Hinsicht eine etwas liberalere Haltung ein, was dazu führt, daß sie in ihrem Überblicksbericht 23 Selbstberichtfragebögen zur Erfassung von "Eltern-Kind-Beziehungen" aufnahmen, von denen allerdings die meisten Forschungsinstrumente sind. Eines dieser Verfahren ist das *Child Report of Parental Behavior Inventory* (CRPBI), das ursprünglich von Schaefer (1959) entwickelt wurde und später von Margolies und Weintraub (1977) auf einen 56 Items umfassenden Fragebogen gekürzt wurde. Mit Hilfe des CRPBI können drei faktorenanalytisch abgeleitete Dimensionen erfaßt werden, nämlich "Akzeptanz versus Zurückweisung", "psychologische Autonomie versus psychologische Kontrolle" und "energische Kontrolle versus lasche Kontrolle". Diese Dimensionen haben sich bei einer Reihe von untersuchten Gruppen, die sich hinsichtlich Alter, Geschlecht und kulturellem Hintergrund unterscheiden, als stabil erwiesen und können somit als wichtige Aspekte von wahrgenommenen Eltern-Kind-Beziehungen betrachtet werden.

Ein anderes potentiell nützliches Selbstberichtverfahren ist das *Parent Perception Inventory* (PPI), das von Hazzard, Christensen und Margolin (1983) entwickelt wurde. Es verlangt vom Kind, daß es neun positive (z.B. zusammen verbrachte Zeit, positive Bewertung, Gewährung von Unabhängigkeit) und neun negative (z.B. Entzug von Privilegien, kritisieren, nörgeln) elterliche Verhaltensweisen beurteilt, wobei die Einschätzungen für Mutter und Vater getrennt erhoben werden. Auf der Grundlage der kindperzipierten elterlichen Verhaltensweisen lassen sich vier Subskalen bilden, nämlich Mutter positiv, Mutter negativ, Vater positiv und Vater negativ. Neuerdings haben die Autoren auch eine Elternversion des PPI entwickelt. Dadurch wird es möglich, übereinstimmende und divergierende Sichtweisen desselben Verhaltens aus der Perspektive der Eltern und der Kinder zu erfassen. Obwohl das PPI noch weiterer Entwicklungsarbeit bedarf, ist es ein ökonomisches und klinisch nützliches Verfahren, das insbesondere bei der Erfassung von Veränderungen der Eltern-Kind-Beziehung über die Zeit gute Dienste leisten kann.

Für den deutschen Sprachraum existiert eine Reihe von Fragebogeninventaren zur Erfassung von Eltern-Kind-Beziehungen (z.B. Stapf, Herrmann, Stapf & Stäcker 1972, Krohne 1985, Littmann & Kasielke 1970), die sich z.T. auf kindseits oder elternseits perzipierte Aspekte des elterlichen Erziehungsverhaltens beziehen. Ein umfassendes Inventar zur Diagnostik von Eltern-Kind-Beziehungen ist in dem vom Verfasser und Mitarbeitern entwickelten familiendiagnostischen Testsystem (FDTS) enthalten. Da eine genauere Beschreibung des FDTS in Kapitel 9 dieses Bandes erfolgt, soll an dieser Stelle auf weitere Informationen verzichtet werden.

Zum Zwecke der *Erfassung von Geschwisterbeziehungen* finden sich in der einschlägigen Literatur nur sehr wenige strukturierte Erhebungsinstrumente. In diesem Fall kamen Jacob und Tennenbaum (1988, S. 66) zu dem Schluß, daß "lediglich ein Instrument zur Erfassung von Geschwisterbeziehungen hinreichend entwickelt ist, um eine detaillierte Beurteilung zu rechtfertigen." Es handelt sich dabei um den von Furman und Buhrmester (1985) entwickelten *Sibling Relationship Questionnaire* (SRQ). Der SRQ besteht aus 51 Items, die die befragten Personen im Hinblick auf ein bestimmtes Geschwister zu beantworten haben. Eine Faktorenanalyse der Items erbrachte vier Dimensionen, nach denen sich Geschwisterbeziehungen strukturieren lassen, nämlich "Wärme/Nähe", "relativer Status/Macht", "Konflikt" und "Rivalität". Jacob und Tennenbaum (1988, S. 69) kommen zu dem Resümee, daß das SRQ "in der Hauptsache dazu verwendet wird, um bei klinisch unauffälligen Personen herauszufinden, nach welchen unterschiedlichen Gesichtspunkten sie ihre Geschwisterbeziehungen wahrnehmen. Bisher gibt es keine Untersuchungen aus dem Bereich der Kinderpsychopathologie, der Behandlungsforschung oder sonstiger klinisch-theoretischer Anwendungen." Auch im deutschen Sprachraum ist für diesen Bereich Fehlanzeige zu vermelden. Die Erfassung von Geschwisterbeziehungen in unterschiedlichen Lebenskontexten stellt somit einen Forschungsbereich dar, der in Zukunft verstärkter Aufmerksamkeit bedarf.

8.6.3 Familiensystem

Bei weitem die größte Zahl an familiendiagnostischen Verfahren wurde bisher zur Erfassung ganzer Familiensysteme entwickelt. In ihrem umfassenden Überblick über Meßinstrumente der Familiendiagnostik haben Grotevant und Carlson (1989) insgesamt 47 Instrumente dokumentiert. Diese umfassen 13 Kodierungssysteme zur Erfassung von Familieninteraktionen, 8 familienbezogene Ratingskalen, 17 Selbstberichtfragebögen zur Familie als einer Einheit und 9 Selbstberichtverfahren zur Erfassung von Familienstreß und zur Diagnostik familiären Bewältigungsverhaltens. Es kann nicht die Aufgabe dieses Kapitels sein, alle diese Instrumente hier im einzelnen darzustellen, zumal wir an anderer Stelle einige dieser Verfahren, wie etwa das *Family Assessment Measure* (FAM III) oder die *Family Adaptability and Cohesion Evaluation Scale* (FACES III) bereits kennengelernt haben. Einen deutschsprachigen Überblick über fünf familiendiagnostische Fragebogeninventare gibt Cierpka (1988). Speziell hingewiesen sein soll auf die von Moos (1974) entwickelte *Family Environment Scale* (FES), die vom Autor unter der Bezeichnung Familienklimaskalen (FKS) für den deutschen Sprachraum adaptiert wurde. Die *Familienklimaskalen* sind Bestandteil des *Familiendiagnostischen Testsystems* (FDTS) und werden in Kapitel 9 dieses Bandes ausführlicher beschrieben. Darüber hinaus finden sich in den Kapiteln 7 und 10 einschlägige Anwendungsbeispiele für die Familienklimaskalen.

8.6.4 Suprasysteme

Es ist eine Binsenweisheit, daß Familien nicht in einer kontextlosen Sphäre leben, sondern in größere außerfamiliäre Systeme eingebettet sind (Bronfenbrenner 1981). Somit ist die Erfassung solcher Systeme und ihrer Beziehungen zur Familie unerläßlich, wenn man an einem globalen Verständnis der familiären Lebensumstände interessiert ist. Trotz der Bedeutung dieses Aspekts gibt es nur wenige diagnostische Verfahren, die umfassend darüber informieren, wie sich die Familie mit ihrer äußeren Welt in Beziehung setzt. Um sich hierzu einen Überblick zu verschaffen, müßten unterschiedliche Forschungsstränge durchforstet werden, um Aspekte wie schulische und berufliche Beziehungen, Beziehungen zur erweiterten Familie, Freundschaftsbeziehungen oder Beziehungen zu formellen Institutionen (z.B. Gemeinden, Sozialfürsorge, Kirchen) zu analysieren. Dabei müßte die Verknüpfung mit dem Familiensystem stets im Vordergrund stehen.

Es kann nicht die Absicht dieses Kapitels sein, einen Überblick über die verschiedenen Instrumente zu geben, die innerhalb all dieser Forschungsstränge entwickelt wurden. Exemplarisch wollen wir hier jedoch kurz einen vielversprechenden Ansatz beschreiben, der - auch wenn er noch keiner genaueren methodischen Analyse unterzogen wurde - einen Einblick in die Beziehungen der Familie mit ihrer Außenwelt gestattet. Das Instrument wurde unter der Bezeichnung "eco-map" (zu deutsch etwa "Umwelt-Landkarte") zuerst von Hartman (1978) eingeführt. Weitere Hinweise zu dieser Methode finden sich bei Holman (1983) sowie bei Sherman und Fredman (1986). Nach Hartman (1978, S. 467) ist die Umwelt-Landkarte im wesentlichen "eine einfache Papier- und Bleistiftsimulation, die ... in einer dynamischen Weise das ökologische System kartographiert, innerhalb dessen Grenzen sich der Lebensraum einer Person oder einer Familie abbildet. ... Es erfaßt die wichtigen unterstützenden und konfliktgeladenen Verknüpfungen zwischen der Familie und ihrer Welt. Es demonstriert den Fluß der Ressourcen bzw. die Defizite und Deprivationen."

Um dieses Ziel zu erreichen, wird in der Mitte eines Blattes Papier ein großer Kreis plaziert, der den Familienhaushalt graphisch darstellen soll. Der Kreis wird dann mit den Symbolen der Familienmitglieder gefüllt, wobei auf eine Notation zur Darstellung des Familienstammbaums zurückgegriffen wird, auf die im nächsten Abschnitt noch detaillierter einzugehen ist. Als nächstes werden um den Kernfamilienkreis eine Reihe kleinerer Kreise angeordnet, die für diverse extrafamiliäre Systeme, wie Schule, Arbeitsplatz, erweiterte Familie, Freizeiteinrichtungen, Gesundheitssystem, Kirche etc. stehen. Je nach den besonderen Lebensumständen einer bestimmten Familie können zusätzliche Einheiten hinzugefügt werden. In einem dritten Schritt wird die Qualität der Beziehungen, die zwischen der Familie und ihren außerfamiliären Systemen bestehen, erfaßt. Hierzu werden durchgezogene Linien für starke und gestrichelte Linien für schwache Verbindungen gezeichnet. Streß- oder konfliktreiche Beziehungen werden durch schrägliegende Querstriche durch die Verbindungslinien zwischen der Familie und ihren entsprechenden Außenweltsystemen markiert. Schließlich wird durch Pfeile entlang der Verbindungslinien noch angegeben, in welche Richtung Ressourcen oder Energieströme fließen. Ein Beispiel für eine noch leere Umweltkarte, die der Leser für seine eigene Familie ausfüllen kann, ist in Abb. 8.6 wiedergegeben. Daten zu entsprechenden Fallstudien finden sich bei Hartman (1978) oder Holman (1983).

Ursprünglich war die Methode der Umwelt-Landkarte vornehmlich dazu entwickelt worden, um professionell in der Familienarbeit tätigen Personen dabei zu helfen, die Fülle der diagnostischen Informationen zu ordnen, die sich vor allem in den frühen Phasen der Familienarbeit ergeben. In der Zwischenzeit empfiehlt Hartman die Verwendung der Umwelt-Landkarte als ein Hilfsmittel zum Interviewen von Familien. Dabei entwickelt der Interviewer gemeinsam mit der Familie deren Umwelt-Landkar-

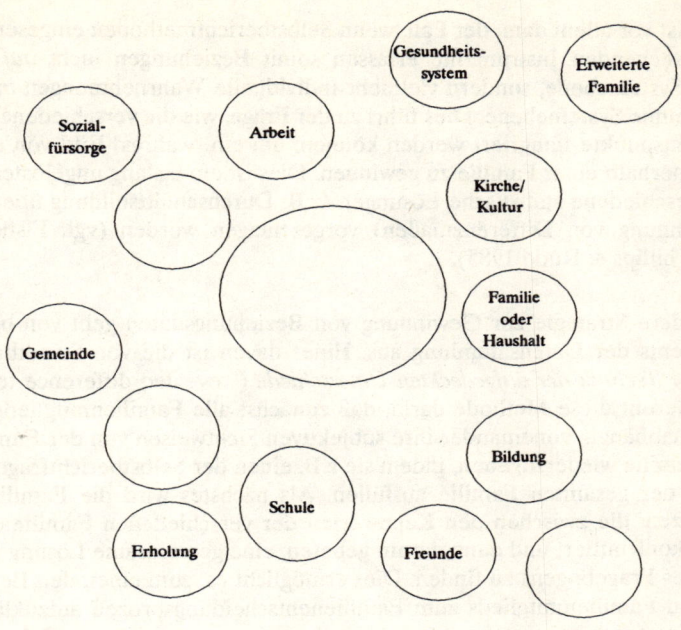

Hinweis:

Die Art der Verbindungen wird entweder mit einem

beschreibenden Wort oder mit unterschiedlichen

Linien   gekennzeichnet: ━━━━━━━ für stark,

────────── für schwach, ─/─/─/─/─ für konfliktgeladen.

Pfeile entlang der Verbindungslinien bedeuten

Energiefluss oder Ressourcen. ──────▶ ───────▶

Abb. 8.6   Beispiel einer unausgefüllten Umwelt-Landkarte (nach Holman 1983, S. 64)

te als eine Art kooperatives Projekt. Einer der Vorteile dieses Ansatzes ist es, daß er eine ganzheitliche und integrative Veranschaulichung des Lebensraums einer Familie ermöglicht. Darüber hinaus steht dieser Zugang in Übereinstimmung mit einem stressor-ressourcen-theoretischen Modell der Familie, das nicht nur die Schwächen, sondern auch die Stärken einer bestimmten Familie in den Blick nimmt. Dies wiederum führt häufig zu wertvollen Hinweisen auf mögliche Interventionsansätze, da neben innerfamiliären Beziehungen auch der ökologische Kontext einer Familie als eine mögliche Ressource in den Behandlungsplan einbezogen werden kann.

Bevor wir diesen Abschnitt abschließen, sollte noch auf zwei schwerwiegendere Probleme einer Mehrebenen-Familiendiagnostik hingewiesen werden. Ein *erstes Problem* besteht darin, daß die diagnostischen Erhebungen auf unterschiedlichen Systemebenen den subjektiven Gesichtspunkt eines individuellen Familienmitglieds wiederge-

205

ben. Dies ist vor allem dann der Fall, wenn Selbstberichtmethoden eingesetzt werden. Die entsprechenden Instrumente erfassen somit Beziehungen nicht *auf* einer bestimmten Systemebene, sondern vielmehr individuelle Wahrnehmungen *in bezug* auf eine bestimmte Systemebene. Dies führt zu der Frage, wie die verschiedenen subjektiven Gesichtspunkte integriert werden können, um ein "wahres" Bild von den Beziehungen innerhalb einer Familie zu gewinnen. Dies ist ein bislang ungelöstes Problem, für das verschiedene statistische Lösungen (z.B. Durchschnittsbildung über Individuen, Berechnung von Differenzmaßen) vorgeschlagen wurden (vgl. Fisher, Kokes, Ransom, Phillips & Rudd 1985).

Eine andere Strategie zur Gewinnung von Beziehungsdaten geht von bestimmten Arrangements der Datensammlung aus. Eines davon ist die von Strodtbeck (1951) entwickelte *Technik der aufgedeckten Unterschiede* ("revealed difference technique"). Im Kern beruht diese Methode darin, daß zunächst alle Familienmitglieder gebeten werden, unabhängig voneinander ihre subjektiven Sichtweisen von der Funktionsweise ihrer Familie wiederzugeben, indem sie z.B. einen der Selbstberichtfragebögen zur Erfassung der gesamten Familie ausfüllen. Als nächstes wird die Familie mit den Diskrepanzen, die zwischen den Kennwerten der verschiedenen Familienmitglieder bestehen, konfrontiert und dann darum gebeten, eine gemeinsame Lösung zur Beantwortung des Fragebogens zu finden. Dies ermöglicht es, zum einen den Beitrag eines bestimmten Familienmitglieds zum Familienentscheidungsprozeß aufzuklären. Zum anderen bietet sich bei einem solchen Vorgehen eine ausgezeichnete Gelegenheit zur Beobachtung von Familieninteraktionen. Eine Variation der Technik der aufgedeckten Unterschiede ist die von Ferreira (1963) erstmals eingesetzte *Technik der nicht-aufgedeckten Unterschiede*. In diesem Fall werden die Familienmitglieder gebeten, eine übereinstimmende Lösung für eine bestimmte Aufgabe (z.B. Ausfüllen eines Familienfragebogens) zu finden, ohne daß ihnen die Standpunkte der jeweils anderen Familienmitglieder bekannt sind. Für dieses Format spricht, daß es den Entscheidungsprozeß im tatsächlichen Leben besser nachbildet. In jedem Fall können mit der Technik der aufgedeckten bzw. nicht-aufgedeckten Unterschiede sowohl individuelle als auch Beziehungsdaten gleichzeitig analysiert werden.

Ein *zweites Problem* einer Mehrebenen-Familiendiagnostik hat mit der Frage zu tun, wie die Informationen, die auf den verschiedenen Systemebenen gewonnen wurden, zu einem kohärenten und umfassenden Bild von der Familie zusammengefaßt werden können. In der Tat sind die Befürworter eines Mehrebenen-Ansatzes der Familiendiagnostik (z.B. Cromwell & Peterson 1983) dafür kritisiert worden, daß sie die komplexen theoretischen und methodologischen Überlegungen nicht berücksichtigt hätten, die sich bei einer Verknüpfung der Daten über die verschiedenen Systemebenen hinweg ergeben. Obwohl in einigen Fällen die interpretative Synopse von Daten, die von unterschiedlichen Systemebenen stammen, in einer psychologisch plausiblen Weise möglich ist (vgl. Bagarozzi 1989, Floyd, Weinand & Cimmarusti 1989, Kapitel 10 in diesem Band), fehlt es bislang an einem überzeugenden Konzept zur Integration von Familiendaten, die auf unterschiedlichen Ebenen des Familiensystems gewonnen wurden.

8.7 Repräsentationsmodus: verbal vs. bildhaft-metaphorisch

Die im Rahmen der Familiendiagnostik gesammelten Daten können - je nach dem, wie sie von einem professionellen Familienwissenschaftler bzw. von den untersuchten Familienmitgliedern intern repräsentiert werden - grob in zwei Kategorien unterteilt werden. Die beiden *Repräsentationssysteme* sind zum einen der verbale und zum anderen der bildhaft-metaphorische Modus.

Zunächst einige Bemerkungen zum *verbalen Modus.* Hier werden alle Familiendaten einschließlich der Familienbeziehungen innerhalb des semiotischen Systems der Sprache repräsentiert. Die semantischen, syntaktischen und pragmatischen Aspekte der Sprache kommen ins Spiel, wenn wir in einer beschreibenden, erklärenden oder vorschreibenden Weise über Beziehungen sprechen. Alltagssprachliche Beispiele für diese Aussagentypen sind etwa: "Unsere Beziehung wird immer schlechter" (beschreibend); "Wir haben Schwierigkeiten in unserer Beziehung, weil Du zuviel arbeitest" (erklärend); "Du solltest mehr Zeit mit mir verbringen" (vorschreibend). Dieselben Aussagentypen lassen sich auch bei Verwendung einer wissenschaftlichen Terminologie finden, wie folgende Beispiele zeigen: "Die Beziehung zwischen A und B ist gekennzeichnet durch negative Reziprozität" (beschreibend); "Die Ärgereskalation zwischen A und B ist auf einen Mangel an Kommunikationsfertigkeiten zurückzuführen" (erklärend); "A und B sollten sich an einem Trainingsprogramm zur Verbesserung von Kommunikationsfertigkeiten beteiligen" (vorschreibend). Alle diese behauptenden Aussagen können natürlich in Fragen umformuliert werden und somit Bestandteile bestimmter Erhebungsmethoden bzw. entsprechender diagnostischer oder Behandlungshypothesen werden.

Die meisten familiendiagnostischen Verfahren, die in der Forschung oder für klinische Zwecke Verwendung finden, beruhen auf dem verbalen Modus. Dies trifft natürlich für alle Varianten von Selbstbericht- und Interviewmethoden zu. Aber auch die verschiedenen Arten von beobachtungsbezogenen Schätzverfahren und Kodierungssystemen basieren auf dem verbalen Modus, da das beobachtete Interaktionsverhalten bestimmten verbalen Kategorien mit spezifizierter semantischer Bedeutung zugeordnet werden muß. Wir werden uns nicht weiter mit den verschiedenen Erhebungsverfahren beschäftigen, die auf dem verbalen Modus beruhen, da eine Reihe von ihnen bereits in vorangehenden Abschnitten dieses Kapitels dargestellt wurden. Statt dessen wenden wir uns dem zweiten Repräsentationsmodus zu, d.h. der bildhaft-metaphorischen Repräsentation.

Dem *bildhaft-metaphorischen Modus* liegt die Annahme zugrunde, daß die Beziehungen einer Person mit ihrer Familie intern in einer metaphorischen Weise kodiert sind und auf nicht-verbalem Wege ausgedrückt werden können. Der Vorteil dieses Zugangs zur Familiendiagnostik besteht darin, daß die entsprechenden Techniken auch bei Kindern und Erwachsenen mit geringen sprachlichen Ausdrucksmöglichkeiten problemlos eingesetzt werden können.

Als ein Beispiel für den bildhaft-metaphorischen Modus gehen wir etwas ausführlicher auf ein Verfahren ein, das unter der Bezeichnung "Familienskulptur" vor allem im klinischen Bereich breite Anwendung gefunden hat. Als eine nützliche Methode der Familientherapie ist die *Skulpturtechnik* zuerst von Duhl, Kantor und Duhl (1973) beschrieben worden. Neuere Hinweise zu Erweiterungen und Veränderungen der Familienskulpturtechnik finden sich z.B. in den Arbeiten von Constantine (1978), L'Abate, Ganahl und Hansen (1986) oder Schweitzer und Weber (1982).

Bei einer Familienskulptur werden die Familienmitglieder gebeten, sich selbst als ein Ensemble von lebenden Statuen - ähnlich der Anordnung der heiligen Familie in einer Weihnachtskrippe - im Raum zu plazieren. Die Personen werden ermuntert, alle Formen nicht-verbaler Ausdrucksmöglichkeiten zu nutzen, so z.B. den Abstand zwischen den Personen, Körperhaltung, Gestik, Blickrichtung, kurz alle körperlichen Symbole, die einen unmittelbaren Eindruck von der Qualität der Familienbeziehungen verschaffen. Mit Blick auf die Praxis der Familientherapie kommentieren L'Abate, Ganahl und Hansen (1986, S. 166) die verschiedenen Funktionen der Skulpturtechnik wie folgt: "Sie kann auf aktive Weise inaktive oder sprachunfähige Mitglieder einbeziehen; die Klarheit der Kommunikation innerhalb der Familie erhöhen; den Ausdruck von Emotionen erleichtern; die Bewußtheit von den internen und Interaktionserfahrungen der Teilnehmer fördern; für den Therapeuten wie für die Familie neue Einsichten in die Funktionsweise der Familie ermöglichen; die Erfahrungen der Familie in der Therapie intensivieren; einige Aspekte ihrer Erfahrungen betonen oder entschärfen; Familienmitglieder bei der Differenzierung ihrer Wahrnehmung helfen; und die Familie zu einem volleren Bewußtsein ihrer Verbundenheit bringen und zwar in einer Weise, wie es mit linear verbalen Repräsentationen niemals möglich wäre."

Die Anwendungsmöglichkeiten der Skulpturtechnik sind buchstäblich unbegrenzt. Constantine (1978) hat einen Überblick über verschiedene Typen von Skulpturtechniken gegeben, die von einer einfachen Verräumlichung (d.h. Nähe versus Distanz zu einer bestimmten Person, zu einem Rollenbestandteil oder zu einem Ereignis) bis zu einer vollentwickelten Systemskulptur reicht, in der eine metaphorische Vergegenständlichung des Beziehungsgefüges der gesamten Familie erfolgt. Darüber hinaus können Skulpturen entlang einer Zeit- oder Lebenslinie geordnet werden, sie können als Manifestationen von tatsächlichen, idealen oder erwarteten Beziehungen gestaltet werden, sie können zur Erfassung von stabilen, eigenschaftsähnlichen Aspekten von Beziehungen oder zur Registrierung dynamischer Interaktionsmuster der Familie verwendet werden. Nicht zuletzt kann die Familienskulpturtechnik auch als eine Interventionsmethode zur Familienbehandlung sowie als Hilfsmittel beim Training und bei der Supervision von Familientherapeuten eingesetzt werden. Die Methode der Familienskulptur ist somit ein flexibel und vielfältig nutzbares Instrument bei der Arbeit mit Familien. Vor allem Praktiker greifen auf diese Technik gern zurück, obwohl es kaum Informationen zu den üblichen psychometrischen Gütekriterien für diese Methode gibt. Dies ist vermutlich darauf zurückzuführen, daß es - abgesehen von einigen technischen Hinweisen - keine standardisierte Anleitung zur Durchführung einer Familienskulptur gibt.

Eine bemerkenswerte Ausnahme stellt die Adaptierung der Familienskulpturtechnik im Bereich der Methodenkategorie der *symbolischen Figurenplazierung* dar

(Gehring & Schultheiss 1987). Aufbauend auf der *Kvabaek Family Sculpture Technique* (KFST), die von Kvebaek, Cromwell und Fournier (1980) eingeführt wurde, entwickelten Gehring und Wyler (1986) unter der Bezeichnung "Family System Test" (FAST) ein ähnliches standardisiertes Verfahren. Der FAST soll zwei zentrale familiäre Beziehungsdimensionen, nämlich "Kohäsion" und "Macht", erfassen. Dabei wird wie folgt vorgegangen: Die untersuchten Personen werden gebeten, kleine Holzfiguren, die für die einzelnen Mitglieder ihrer Familie stehen, auf einem quadratischen Brett von definierter Größe zu plazieren. Als erstes sollen sie angeben, wie nah oder entfernt die Familienmitglieder sich zueinander fühlen, indem sie die entsprechenden Distanzen zwischen ihnen herausfinden. Als nächstes sollen sie die Figuren auf zylindrische Blöcke von unterschiedlicher Höhe stellen, wobei die Höhe dieser Blöcke das Ausmaß an Macht oder Einfluß eines bestimmten Familienmitglieds in Bezug auf den Rest der Familie darstellen soll. Das Ergebnis ist schließlich eine symbolische Plazie-

Abb. 8.7   Beispiel für den Familienskulpturtest (nach Feldman & Gehring 1988, S. 1037)

rung aller Familienmitglieder auf dem Skulpturbrett. Ein Beispiel für das Endergebnis einer Skulpturdiagnostik ist in Abb. 8.7 wiedergegeben.

Unter Bezug auf die Distanz- und Höhendimension können mit dem FAST eine Reihe dyadischer Kennwerte zur Messung von Kohäsion und Macht abgeleitet werden. In einer Serie von Publikationen haben Gehring und seine Mitarbeiter nachgewiesen, daß der FAST sich als ein zuverlässiges und gültiges Instrument qualifiziert (vgl. Gehring & Wyler 1986, Feldman & Gehring 1988, Feldman, Wentzel & Gehring 1989). Besonders hervorhebenswert sind Untersuchungsbefunde, die einen Beitrag zur konvergenten und diskriminanten Validität des FAST unter Berücksichtigung verbaler Maße zur Erfassung von Kohäsion und Macht leisten. Es hat somit den Anschein, daß es zumindest eine teilweise Überlappung des verbalen und bildhaft-metaphorischen Modus zur Repräsentation von Familienbeziehungen gibt.

8.8 Zeitperspektive: Vergangenheit vs. Gegenwart vs. Zukunft

Im Hinblick auf unsere allgemeine Definition von Familie als einer Einheit von Personen, die sich innerhalb von Zeit und Raum gemeinsam entwickeln, wenden wir uns nun dem *Zeitaspekt der Familienentwicklung* zu. Die Bedeutung und der Nachdruck, mit dem dieser Aspekt verfolgt wird, hängt von der jeweiligen theoretischen Position ab. So interessieren sich z.B. historisch orientierte Modelle der Familientherapie vor allem für frühe oder generationenübergreifende Familienbeziehungen, wohingegen eher erfahrungsorientierte oder verhaltenstheoretisch beeinflußte Schulen der Familientherapie es wichtiger finden, die Funktionsweise von Familien im "Hier und Jetzt" zu erfassen. Wieder andere Ansätze der Familientherapie (z.B. solche, die sich dem individualpsychologischen Ansatz im Sinne Adlers verpflichtet fühlen) legen großen Wert auf Erhebungsmethoden, die sich auf zukünftige Entwicklungen des Familiensystems beziehen.

Auf der begrifflichen Ebene hat der familienentwicklungstheoretische Ansatz, wie er z.B. von Duvall (1977), Hill und Mattessich (1979) oder Carter und McGoldrick (1988) propagiert wird, viel zu einer dynamischeren Sichtweise des Familienlebens beigetragen, indem zwischen verschiedenen Stufen und Übergangsphasen des Familienlebenszyklus unterschieden wird (vgl. hierzu Kapitel 5 in diesem Band). Von daher ist es für jede Art von Familiendiagnostik unerläßlich, etwas über die Entwicklungsphase zu erfahren, in der sich eine bestimmte Familie gerade befindet. Es leuchtet unmittelbar ein, daß sich z.B. die Familienentwicklungsaufgaben bei einem Paar, das sich im Übergang zur Elternschaft befindet, deutlich von denen unterscheiden, die eine Familie mit Jugendlichen in der Ablösungsphase zu bewältigen hat.

Im folgenden werden wir einige Beispiele kennenlernen, die die Bedeutung von vergangenheits-, gegenwarts- und zukunftsbezogenen Vorgehensweisen der Familiendiagnostik deutlich machen. Zuvor sollten wir uns jedoch vergegenwärtigen, daß die Kennzeichnung bestimmter Ereignisse als "vergangen", "gegenwärtig" oder "zukünftig" sich fortwährend ändert. Gegenwärtige Ereignisse werden unwiderruflich zu historischen, wenn sie auf dem Zeitkontinuum aktualisiert werden. Gleichermaßen nehmen zukünftige oder vorweggenommene Ereignisse den Status der Gegenwärtigkeit an, sobald sie sich "verwirklichen". Auch vergangene Ereignisse können sich im Lichte gegenwärtiger und zukünftiger Erfahrungen verändern, obwohl wir vermutlich eher an den Gedanken gewöhnt sind, daß die Vergangenheit einen Einfluß auf Gegenwärtiges und Zukünftiges ausübt. So können z.B. Ereignisse, die vordem als verheerend erlebt wurden (z.B. der Tod eines nahen Familienmitglieds oder eine Scheidung) eine unterschiedliche Erfahrungsqualität annehmen - manchmal einfach, weil "die Zeit alles heilt", manchmal aber auch, weil ein professioneller Berater seinem Klienten dazu verhelfen konnte, die Dinge in einem anderen Licht zu sehen.

8.8.1 Vergangenheit

Wenn man auf seine Entwicklungsgeschichte zurückblickt, kann dies - je nachdem, welche Lebensereignisse für einen charakteristisch sind - eine angenehme oder aufwühlende Erfahrung sein. Dies trifft auch für die eigene Beziehungsgeschichte zu, wenn man sie in einer mehr oder weniger ausgedehnten Zeitperspektive Revue passieren läßt.

Ein Ansatz zur Erfassung historischer Familiendaten, der im Rahmen der Mehrgenerationen-Familientherapie besonders gepflegt wird, besteht in der Konstruktion von sogenannten *Familiengenogrammen*. Ein früher Bericht zu dieser Methode findet sich in einer Veröffentlichung von Guerin und Pendagast (1976). Ausgefeiltere Darstellungen der Familiengenogramm-Methode bieten die Arbeiten von Kramer (1985) sowie McGoldrick und Gerson (1990). Das Familiengenogramm ist eine Methode, bei der die Familie gebeten wird, ihren Familienstammbaum zu konstruieren, wobei wenigstens drei Generationen miteinander verknüpft sein sollen. Zur Kennzeichnung des Familiengenogramms werden zwei Arten von Daten herangezogen, nämlich *faktische Daten* und *Beziehungsdaten*. Kramer (1985, S. 36, 40) hat zur Sammlung dieser beiden Datenarten einige Richtlinien empfohlen, die in Tabelle 8.2 wiedergegeben sind.

Die Sammlung von Familiendaten in einer Mehrgenerationenperspektive erfolgt gewöhnlich im Rahmen eines Genogramm-Interviews, das nach McGoldrick und Gerson (1990, S. 2) "als Teil einer umfassenden systemisch angelegten klinischen Diagnostik gesehen werden sollte." Die Autoren fahren jedoch warnend fort, daß es "keine quantitative Meßskala gibt, mit deren Hilfe der Kliniker ein Genogramm in kochbuchartiger Manier für klinische Vorhersagen verwenden kann. Vielmehr ist das Genogramm ein subjektiv interpretierendes Werkzeug, mit dem der Kliniker vorläufige Hypothesen für eine weitere systemische Beurteilung erzeugen kann."

Dennoch kann es sich als hilfreich erweisen, die in einem Genogramm-Interview gesammelten Informationen graphisch so aufzubereiten, daß die besondere Beziehungskonstellation einer Familie rasch erfaßt werden kann. Zu diesem Zweck wurde eine Reihe von Symbolen zur Darstellung der Mitgliedschaft und der Beziehungen innerhalb eines Mehrgenerationen-Familiensystems entwickelt, die sich eng an die von Minuchin (1977) verwendeten Symbole zur Erstellung eines Familienstrukturdia-

A. Faktische Daten

Berücksichtige wesentliche Familienereignisse, mit Zeitangabe:

Geburt und gegenwärtiges Alter

Tod und Todesursache

Adoption

Heirat und Wohnort

Scheidung und Zuhause der Kinder

Schwere Krankheiten (physische und psychische), Beschreibung der Dysfunktion

Wohnortwechsel, wohin und Verursachungsfaktor, wenn relevant

Zeitangaben zum Weggang der Familienmitglieder aus dem Haus

Unfälle und Verluste zusätzlich zu den oben genannten

Fehlgeburten, Abgänge, Todgeburten und Kinder, die im Kleinkindalter starben

Berücksichtige ebenso:

Berufe

Besondere Interessen

Ethnische Herkunft

Religionszugehörigkeit

Bildungsstand

Achte auf generationsübergreifende Parallelen wie:

Namen

Berufe, einschließlich Familienbetriebe

Heiraten außerhalb der religiösen, rassischen, nationalen oder kulturellen Gruppe

Scheidungen

Uneheliche Kinder

Auszeichnungen während der Ausbildung oder des Berufslebens

Geschwisterfolge

B. Beziehungsdaten

Achte auf Muster wie:

Balance in der Kernfamilie und mit der erweiterten Familie, einschließlich Allianzen und Ausgrenzungen. Bestehen von seiten der Kernfamilie balancierte Beziehungen zu beiden Zweigen der erweiterten Familie?

Triangulationen

Probleme von Männern/Frauen

Krankheitsmuster

Kommunikationsmuster

Ansammlungen von Krisen/Dysfunktionen, besonders bei Verlusten

Identifiziere etwa gleichzeitig auftretende Geburten und Todesfälle (innerhalb eines Jahres) und verfolge ihre Effekte.

Höre auf unausgesprochene Familienregeln und -bindungen, wenn die Familienmitglieder ihre Interaktion beschreiben. Schreibe sie auf und ermutige die Familienmitglieder, sie zu diskutieren.

gramms anlehnt (vgl. Abb. 8.2). Ein Beispiel für ein drei Generationen umfassendes Familiengenogramm (vgl. Simon & Stierlin 1984, S. 126) findet sich in Abb. 8.8.

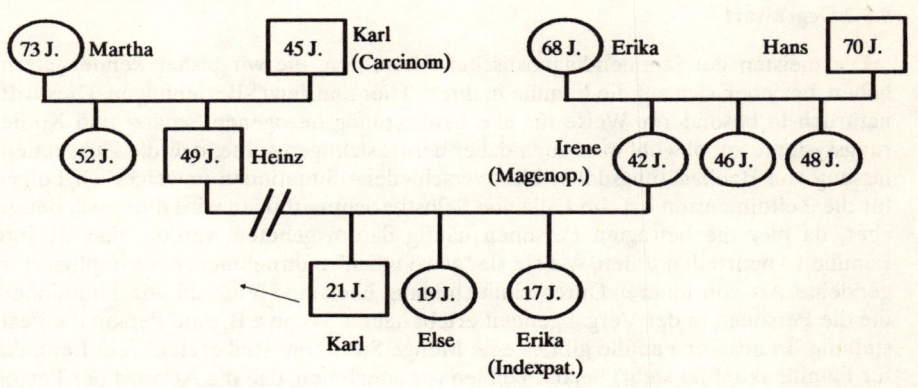

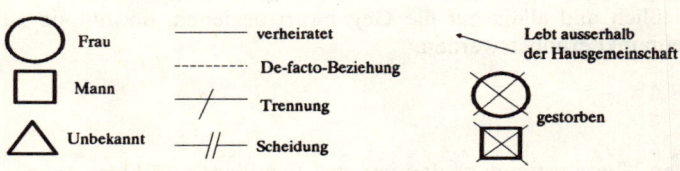

Abb. 8.8   Beispiel für ein Familiengenogramm mit entsprechenden Symbolen und ihren Bedeutungen
(aus Simon & Stierlin 1984, S. 126)

Während den in einem Genogramm enthaltenen faktischen Daten in der Regel ein hohes Maß an Augenscheinvalidität attestiert werden kann, ist dies für die Beziehungsinformationen als Teil des Familiengenogramms nicht der Fall. Eine Möglichkeit zur Absicherung von Beziehungsdaten besteht darin, sie mit entsprechenden Informationen zu vergleichen, die von anderen Meßinstrumenten stammen. Eines der Instrumente, das für diesen Zweck genutzt werden kann, ist der *Personal Authority in the Family System Questionnaire* (PAFS-Q), der von Bray, Williamson und Malone (1984) entwickelt wurde. Der PAFS-Q ist eines der wenigen standardisierten Selbstberichtverfahren zur Erfassung von Beziehungen zur Herkunftsfamilie. Dabei werden u.a. Konzepte wie "intergenerationale Intimität", "Fusion/Individuation", "Triangulation" oder "Einschüchterung" gemessen. Dabei ist zu berücksichtigen, daß beide Ansätze zur Erfassung historischer Familiendaten - die Genogramm-Methode und der PAFS-Q - retrospektive Verfahren sind. Im Prinzip können jedoch auch gewöhnlich gegenwartsorientiert angewandte verbale und bildhaft-metaphorische Methoden entsprechend angepaßt werden, um Familienbeziehungen retrospektiv zu erfassen. Die Zusammenführung von Daten über vergangene Familienbeziehungen, die aus un-

213

terschiedlichen Datenquellen stammen, stellt in der Familienforschung ein unterentwickeltes Gebiet dar und sollte daher in Zukunft mehr Beachtung finden.

8.8.2 Gegenwart

Die meisten der familiendiagnostischen Verfahren, die wir bisher kennengelernt haben, beziehen sich auf die Familie in ihren "Hier und Jetzt"-Beziehungen. Dies trifft natürlich in besonderer Weise für alle beobachtungsbezogenen Schätz- und Kodierungssysteme zu, obwohl man auch dabei berücksichtigen sollte, daß die Zusammenfassung von Beobachtungsdaten über verschiedene Situationen unweigerlich Folgen für die Zeitdimension hat. Im Falle von Selbstberichtmethoden wird dies noch deutlicher, da hier die befragten Personen häufig darum gebeten werden, daß sie ihre Familie so beurteilen sollen, wie sie sie "gewöhnlich" wahrnehmen. Dies impliziert irgendeine Art von innerer Durchschnittsbildung über eine Vielzahl von Situationen, die die Personen in der Vergangenheit erlebt haben. Wenn z.B. eine Person die Feststellung "In unserer Familie gibt es eine Menge Streit und Reibereien" (ein Item, das für Familienkonflikt steht) bejaht, können wir annehmen, daß die Antwort der Person sich auf eine Reihe von konflikthaften Situationen bezieht, die sich im Laufe einer nicht genau festgelegten Zeitspanne ereignet haben. Abgesehen von einer realzeitlichen Erfassung von Mikro-Ereignissen ist es daher schwierig, Familiendaten zu erfassen, die sich ausschließlich und allein auf die Gegenwart beziehen, obwohl sie zu einem bestimmten Zeitpunkt erhoben werden.

8.8.3 Zukunft

Trotz der allgemeinen Übereinstimmung darüber, daß Familienentwicklung ein zukunftsorientierter Prozeß ist, gibt es erstaunlich wenig Instrumente in der Familiendiagnostik, die diesen Gesichtspunkt auch wirklich berücksichtigen. Eine Ausnahme stellt die bereits erwähnte *Family Environment Scale* (FES) in ihrer englischen Version dar (Moos & Moos 1986). Neben der wohl am häufigsten benutzten *Real-Version*, die von der befragten Person eine Einschätzung ihrer gegenwärtigen Familie fordert, gibt es noch zwei weitere Versionen, nämlich eine *Ideal-Version* und eine *Erwartungs-Version*. Moos und Moos (1986, S. 3) schreiben hierzu, daß die Ideal-Version "entwickelt wurde, um die Ziele und Wertorientierungen der Familienmitglieder zu erfassen", während die Items und Instruktionen der Erwartungs-Version "umformuliert wurden, um es den Personen zu ermöglichen, sie im Hinblick auf das erwartete Familienklima zu beantworten". Obwohl Moos und Moos einige Hinweise geben, wann die Erwartungs-Version eingesetzt werden kann (z.B. in Ehevorbereitungsseminaren, bei der Adoptionsvermittlung, bei der Beratung von geschiedenen, verwitweten und sich wiederverheiratenden Personen), berichten sie über keine Forschungsbefunde zur Erwartungs-Version der FES.

Ein direkter Zugang zur Erfassung des Einflusses von zukünftigen Ereignissen besteht darin, die erwarteten Veränderungen, die sich durch den Eintritt eines solchen Ereignisses ergeben, unmittelbar zu erfassen. Ein Beispiel hierfür ist die Entwicklung eines Veränderungsfragebogens, der im Rahmen des Projekts "Optionen junger Ehen" (Schneewind, Vaskovics & Mitarbeiter 1989) eingesetzt wurde. Bei diesem Instrument geht es darum, daß zukünftige Eltern, die kurz vor der Geburt ihres ersten Kindes stehen, für unterschiedliche Lebensbereiche angeben sollen, was sich nach der Ankunft ihres Kindes verändern wird. Die so erhobenen *Veränderungserwartungen* lassen sich dann - nachdem das freudige Ereignis tatsächlich eingetreten ist - mit dem entsprechenden *Veränderungsleben* vergleichen (Vierzigmann, Knopp, Schneewind & Sierwald 1990). Bei diesem Vergleich können sich dann *Erwartungsverletzungen* - sei es in die positive, sei es in die negative Richtung - herausstellen. So konnte z.B. Belsky (1985) nachweisen, daß negative Erwartungsverletzungen, d.h. vorgeburtliche Erwartungen bezüglich der partnerschaftlichen Aufgabenteilung im Haushalt und bei der Kinderpflege, die in der Realität nicht eingelöst wurden, auf längere Sicht zu einer Verringerung der ehelichen Beziehungsqualität führen.

Solche bislang im Forschungskontext verwendeten Verfahren können mühelos auch auf den Bereich der klinischen Praxis übertragen werden. So könnte z.B. die Familienskulpturtechnik benützt werden, um die gegenwärtigen Beziehungen innerhalb einer Familie zu erfassen. Als nächstes könnten die Familienmitglieder aufgefordert werden, eine Skulptur von ihren Beziehungen zu stellen, wie sie sich in ihrer Erwartung nach Beendigung der Familienbehandlung ergibt. Schließlich könnte nach Abschluß der Behandlung die Familie wiederum gebeten werden, eine Skulptur ihrer gegenwärtigen Beziehungen zu stellen. Dies würde dem Kliniker Informationen darüber liefern, ob der Behandlungserfolg mit den Familienerwartungen übereinstimmt.

Zusammenfassend können wir festhalten, daß sich die Familiendiagnostik stärker auf die Prozesse der Familienentwicklung einstellen sollte. Um dies zu erreichen, sollten Daten berücksichtigt werden, die sich gleichermaßen auf die Vergangenheit, Gegenwart und Zukunft des Familienlebens beziehen und somit einen umfassenderen Einblick in die Dynamik des Familienlebens erlauben.

8.9 Datenquelle: Insider vs. Outsider

Eine der wichtigsten Entscheidungen, im Zusammenhang mit der Erfassung von Familienbeziehungen betrifft die Frage, auf welche Datenquelle man sich stützen will. Olson (1977, vgl. auch Cromwell, Olson & Fournier 1976) hat diesen Gesichtspunkt in die Diskussion eingeführt, indem er zwischen einer Insider- und einer Outsiderperspektive unterscheidet. Nach Olson (1981, S. 78) ist es von besonderer Bedeutung, "welche Definition der Wirklichkeit am wichtigsten ist, nämlich die Definition derer, die direkt an der Beziehung beteiligt sind (die Insider) oder die Sichtweise derer, die von außen diese Person beobachten (die Outsider)." Je nach dem, wie diese Frage beantwortet wird, unterscheiden sich die erhobenen Daten zum Teil erheblich.

8.9.1 Die Insiderperspektive

Die Hauptdatenart dieser Kategorie bezieht sich auf alle Informationen, die von einem teilnehmenden Familienmitglied bezüglich ihrer sprachlichen und/oder bildhaft-metaphorischen Repräsentation der Familienbeziehungen erhoben werden können. So können etwa alle Selbstberichtmethoden wie Fragebögen, Ratingverfahren oder Interviewdaten, die Familienbeziehungen zum Gegenstand haben, der Insiderkategorie zugeordnet werden. Gleichermaßen gilt dies für alle nichtsprachlichen Verfahren wie Familienzeichnungen, Familienskulptur oder andere symbolische Repräsentationen des Familienlebens. Beispiele für diese Methoden haben wir in früheren Abschnitten bereits kennengelernt, so daß wir sie an dieser Stelle nicht wiederholen müssen. Statt dessen wenden wir uns zwei allgemeinen Punkten zu, die bei der Verwendung von Insiderdaten Beachtung verdienen.

Eine *erste Überlegung* besteht darin, daß es in einer Familie soviele Insider gibt, wie es Familienmitglieder gibt - vorausgesetzt, wir wissen, wer "in" der Familie ist. Dies führt uns zu der Frage, wessen Insiderperspektive uns das repräsentativste bzw. "genaueste" Bild der Familie liefert. Die Frage so zu stellen, heißt jedoch, sie falsch zu stellen, da man von vornherein nicht davon ausgehen kann, daß die subjektiven Sichtweisen verschiedener Familienmitglieder übereinstimmen. In der Familienberatung oder Familientherapie ist man daher auch mehr daran interessiert, etwas über die *Unterschiedlichkeiten verschiedener Familienmitglieder* herauszufinden, wenn sie ihre Familie im Hinblick auf ein bestimmtes Ereignis beschreiben. Darüber hinaus kann das Ausmaß an Übereinstimmung bzw. Nicht-Übereinstimmung zwischen den Familienmitgliedern, die sich auf "dieselben" Phänomene des Familienlebens beziehen, ein wichtiger diagnostischer Indikator an sich sein. Es hat sich z.B. gezeigt, daß das Ausmaß an Inkongruenz zwischen verschiedenen Familienmitgliedern bei der Beantwortung der *Familienklimaskalen* (FKS) positiv mit familiärer Konfliktneigung korreliert. Hingegen geht ein höheres Maß an Offenheit und aktiver Freizeitgestaltung mit einer größeren Übereinstimmung zwischen den Familienmitgliedern einher (Schmidt-Rinke 1982).

Wenn man daran interessiert ist, einen zusammengefaßten Familienkennwert zu bestimmen, werden gewöhnlich Mittelwerte über die individuellen Maße aller Familienmitglieder berechnet. Dies führt jedoch zu einer Reihe von Interpretationsproblemen, insbesondere dann, wenn zwischen den Familienmitgliedern nur geringe Übereinstimmung besteht. Dabei ist allerdings zu bedenken, daß sich mangelnde Übereinstimmung nicht nur auf einen bestimmten Aspekt des Familienlebens beziehen kann, sondern auch auf ein mehrdimensionales Muster von Familienvariablen. Dies würde eine intrafamiliäre Analyse der Ähnlichkeit bzw. Unähnlichkeit von individuell wahrgenommenen Familienmerkmalen erforderlich machen, die dann einer weiteren Analyse zugeführt werden könnten (Cattell, Coulter & Tsujioka 1966). Soweit wir wissen, ist eine derartige intrafamiliäre Musteranalyse bisher noch nicht versucht worden. Gerade durch ein solches Vorgehen könnten jedoch wertvolle Daten darüber gewonnen werden, wer ein "Outsider" innerhalb einer Gruppe von Insidern ist, d.h. welche Familienmitglieder in hohem Maße von der Sichtweise abweichen, die die anderen Familienmitglieder von ihrem Familienleben gemeinsam haben.

Ein *zweiter Punkt*, den wir berücksichtigen müssen, wenn wir Familiendaten aus der Sicht eines Insiders sammeln, hat ebenfalls methodologische Implikationen. Da es eine ganze Reihe insiderorientierter Erhebungsinstrumente gibt, die vorgeblich dieselben Kernvariablen der Familiendiagnostik (z.B. Familienkohäsion oder Familienmacht) messen, stellt sich die Frage, wie hoch die Übereinstimmung ist, wenn man dieselben Insider zu denselben Konzepten, jedoch mit unterschiedlichen Methoden untersucht. Obwohl wir hierzu schon einige Ergebnisse dargestellt haben, die für eine Erhärtung der konvergenten und diskriminanten Validität des standardisierten Familienskulpturtests (FAST) im Hinblick auf entsprechende Selbstberichtdaten erbringen (Feldman, Wentzel & Gehring 1989), gibt es andere Forschungsberichte, die sich zu diesem Punkt sehr viel skeptischer äußern. So sind z.B. Studien zur Konstruktvalidität zweier im angloamerikanischen Sprachraum häufig verwendeter Familienfragebögen (FES und FACES) wenig ermutigend verlaufen (vgl. Oliveri & Reiss 1984, Sigafoos, Reiss, Rich & Douglas 1985, Dickerson & Coyne 1987). Die Ergebnisse dieser Studien lassen erhebliche Zweifel bezüglich der begrifflichen Klarheit solcher Konzepte wie "Familienkohäsion" oder "Familienmacht" aufkommen, wenn sie aus der Sicht des Insiders erfaßt werden. Wir müssen daraus den Schluß ziehen, daß wir noch weit davon entfernt sind, die theoretischen, methodologischen und praktischen Implikationen zu verstehen, die sich bei der Verwertung von Daten aus der Insiderperspektive ergeben.

8.9.2 Die Outsiderperspektive

Wenn wir uns nun der *Outsiderperspektive* zuwenden, hat es zunächst den Anschein, daß einige der soeben für Insiderdaten genannten Probleme hier weniger zu Buche schlagen. Im Prinzip bezieht sich die Outsiderperspektive auf alle Personen, die nicht zu der untersuchten Familieneinheit gehören, obwohl sie wichtige Informanten über die Funktionsweise dieser Familie werden können. Zu diesen Outsidern gehören z.B. Freunde, Bekannte, Lehrer, Arbeitskollegen, aber auch professionelles Personal wie Schwestern, Mediziner, Sozialarbeiter und natürlich auch Familienpsychologen. Solange die Daten, die von diesen Personen stammen, auf unsystematischen Beobachtungen beruhen, kann man kaum erwarten, daß sich große Unterschiede im Vergleich zu Daten der Insiderperspektive ergeben.

Dies kann sich jedoch ändern, wenn man systematischere Ansätze zur Erhebung von Familiendaten verfolgt. So erfordern z.B. beobachtungsbezogene Kodierungssysteme wie das *Marital Interaction Coding System* (MICS) gewöhnlich ein hohes Maß an Zuverlässigkeit von zwei oder mehr Kodierern, um auf diese Weise die Objektivität des Instruments zu gewährleisten. Mit anderen Worten: Im Gegensatz zu den Daten, die von verschiedenen Insidern stammen, wird von verschiedenen Outsidern, die ein Kodierungssystem zur Erfassung von Familieninteraktionen verwenden, ein hohes Maß an Übereinstimmung verlangt. Der Preis, den man dafür zu bezahlen hat, ist jedoch hoch: Kodierer müssen lange und intensiv trainiert werden, bis sie ein hinreichendes Maß an Übereinstimmung (gewöhnlich nicht weniger als 80 %) erreichen. Das Kodierertraining sollte eine angemessene Darlegung des theoretischen Konzepts für das Kodiersystem, klare Kodieranweisungen, die Verfügbarkeit von Kodierbeispielen und Mustertranskripten beinhalten (Grotevant & Carlson 1987). Darüber hinaus müssen entsprechende Maßnahmen (z.B. zufällige Überprüfung der Kodiergenauigkeit) ergriffen werden, um eine Erosion der Kodierzuverlässigkeit zu verhindern. Schließlich stellt die Art der Datenreduktion ein gewichtiges Problem dar, besonders wenn man an umfassenderen Familienkonstrukten interessiert ist, wie sie Grotevant und Carlson (1987) bei ihrem Versuch zur Klassifikation bestehender Kodierungssysteme für Familieninteraktionen verwenden (z.B. kognitive, affektive, Kontroll- und Sanktionskonstrukte). Auch wenn all diese methodischen Forderungen berücksichtigt werden, wissen wir noch nichts über die Validität und Nützlichkeit dieser Konstrukte.

Die Dinge sind um kein Jota weniger kompliziert, wenn beobachtungsbezogene Schätzskalen von Outsidern - gewöhnlich von Familienforschern oder Klinikern - verwendet werden. So muß z.B. eine Reihe von Kriterien berücksichtigt werden, wenn eine vertretbare Übereinstimmung zwischen verschiedenen Ratern erzielt werden soll. Carlson und Grotevant (1987, S. 29) nennen in ihrem vergleichenden Überblick zu acht Familienschätzskalen folgende Schlüsselpunkte: "(1) Die Dimensionen sind klar definiert... (2) beziehen sich auf dauerhafte, stabile Merkmale... (3) reflektieren offene, beobachtbare Verhaltenskonstrukte... (4) beinhalten singuläre oder einheitliche Konstrukte im Gegensatz zu multiplen und gemischten Konstrukten... (5) thematisieren Verhaltensweisen, die im Beobachtungssetting mit einiger Wahrscheinlichkeit auftreten... (6) sind im Hinblick auf einen einheitlichen und expliziten Bezugsrahmen konstruiert... (7) haben eine angemessene Zahl von Unterscheidungsgraden." Darüber hinaus bedarf es der Erfahrung von gut trainiertem Personal, um hohe Standards der Raterzuverlässigkeit zu gewährleisten (z.B. Green, Kolevzon & Vosler 1985). Auch hier müssen wir erwähnen, daß diese Kriterien unverzichtbare Voraussetzungen sind, bevor es zu einer Überprüfung der Validität sowie der klinischen und Forschungsnützlichkeit von Familienschätzskalen kommt.

Trotz alledem kommen Carlson und Grotevant (1987, S. 44), gerade im Hinblick auf den Aspekt der klinischen Nützlichkeit, zu dem Schluß, daß "Familienschätzskalen - trotz einer Fülle methodologischer Probleme - die Methode der Wahl im Bereich der Familiendiagnostik sein können... Ratings geben einen Hinweis auf die Intensität eines Problems, helfen bei der Festlegung von Interventionszielen, sind kostengünstig und beeinträchtigen wenig das normale Familienleben." Wenn man sich dieser Beurteilung anschließt, ist es wünschenswert, in diesen Bereich der Familiendiagnostik mehr Forschungsanstrengungen zu investieren.

8.9.3 Übereinstimmung von Insider- und Outsiderperspektive

Noch einen letzten Punkt wollen wir bei der Gegenüberstellung der Insider-Outsiderperspektive ansprechen, nämlich die Frage der Vereinbarkeit von Informationen, die aus diesen beiden Datenquellen stammen. Im Hinblick auf die bereits genannten Befunde zur Übereinstimmung von Daten *innerhalb* der Insider- bzw. Outsiderperspektive ist es kaum überraschend, daß die Ergebnisse entsprechender Studien zur Vereinbarkeit von Daten *zwischen* diesen beiden Datenquellen recht enttäuschend sind. Dies ist besonders dann der Fall, wenn der Insider- oder Outsiderperspektive unterschiedliche theoretische Modelle zugrunde liegen, und zwar auch dann, wenn diese Modelle vorgeben, dieselben Konstrukte zu messen (Hampson, Beavers & Hulgus 1989).

Zu unklaren Ergebnissen kommt es auch bei Studien, die Insider- und Outsiderdaten innerhalb desselben theoretischen Modells vergleichen. So wurde z.B. in Studien wie der von Hampson et al. (1989), die sich auf das Beers System Modelavers System

Model (Beavers 1988) beziehen, mittelhohe Korrelationen für die Insider- und Outsidereinschätzungen von Konstrukten wie "Familienkompetenz" und "Familiengesundheit" gefunden. Andererseits gibt es nach Hampson et al. (1989) aber auch Forschungsbelege dafür, daß Insider- und Outsiderberichte, die auf demselben theoretischen Modell beruhen, nahezu völlig unkorreliert sind. In einer Untersuchung wurden z.B. die zentralen Konstrukte aus Olsons Circumplex Modell, d.h. Familienkohäsion und Familienanpassungsfähigkeit, mit Hilfe des FACES III-Fragebogens (Insiderperspektive) und der Clinical Rating Scale (Outsiderperspektive) erfaßt. Das Ausmaß an Insider-Outsiderübereinstimmung erwies sich als recht gering und legt somit nahe, daß die Sichtweise, die Kliniker bzw. Familien selbst von der Funktionsweise der Familie haben, weit auseinandergehen.

Eine mögliche Erklärung für die geringen Übereinstimmungen zwischen Insidern und Outsidern kann darin bestehen, daß die Situationen, auf die Kliniker ihre Beobachtungen aufbauen, sich mehr oder minder von den Situationen unterscheiden, die Familien im Kopf haben, wenn sie gebeten werden, ihr Familienleben zu beschreiben. Hampson et al. (1989, S. 119) meinen hierzu: "Wenn Forscher Gemeinsamkeiten zwischen ihren Beobachtungen und selbstberichteten Familieneinschätzungen finden wollen, muß das den Familien präsentierte Material annäherungsweise mit der Familienrealität übereinstimmen. So gesehen sind höhere Korrelationen zwischen Insider- und Outsiderratings eine operationale Definition zur konvergenten Validität und klinischen Nützlichkeit von Familienmaßen." Erneut bedarf es einer größeren Absicherung durch Forschung, um solche Hypothesen zu erhärten. Unabhängig davon kann es jedoch an sich schwierig sein, Übereinstimmungen für Ratings zu bekommen, wenn sie von den verschiedenen Beurteilern - Insidern oder Outsidern - ein hohes Maß an Abstraktion von den zugrundeliegenden Beobachtungsdaten verlangen.

8.10 Datenart: subjektiv vs. objektiv

Diese Dimension bezieht sich auf einen weiteren wichtigen Aspekt der Datenqualität im Bereich der Familiendiagnostik. Olson (1977) ist der Auffassung, daß dieser Aspekt neben der im vorangegangenen Abschnitt dargestellten Insider-Outsiderunterscheidung theoretisch besonders bedeutsam ist. Olson weist darauf hin, daß subjektiv-erfahrungsorientierte Daten nicht nur auf die Insiderperspektive beschränkt sind, sondern auch aus der Sicht von Outsidern erhoben werden können. Gleichermaßen sind objektiv-verhaltensorientierte Daten nicht nur eine Domäne der Outsiderperspektive, sondern können auch von Insidern erfaßt werden. Olson und seine Kollegen haben daher wiederholt darauf aufmerksam gemacht, daß vier Typen von Methoden der Familiendiagnostik unterschieden werden können (Olson 1977, 1981; Cromwell, Olson & Fournier 1976). Einen Überblick über diese vier Typen bietet das Vier-Felder-Klassifikationsschema in Tabelle 8.3.

Beispiele für die vier Typen von Methoden zur Erfassung von Familienvariablen haben wir in den vorangegangenen Abschnitten dieses Kapitels bereits kennengelernt. Zur Erinnerung wollen wir jeweils ein oder zwei Beispiele für jede Kategorie noch einmal kurz nennen. Beispiele für Selbstberichtmethoden auf der Familiensystemebe-

Tab. 8.3   Klassifikation subjektiver und objektiver Daten der Familiendiagnostik (nach Olson 1981, S. 78)

Datenquelle	Datenart	
	subjektiv	objektiv
Insider	Selbstbericht-methoden	Verhaltens-bezogene Selbstbericht-methoden
Outsider	Subjektive Beobachter-berichte	Verhaltens-bezogene Methoden

ne sind die *Family Environment Scale* (FES) von Moos und Moos (1986) oder die *Family Adaptability and Cohesion Scale* (FACES III) von Olson, Portner und Lavee (1985). Für den Bereich der verhaltensorientierten Selbstberichtverfahren kann die *Spouse Observation Checklist* (SOC) von Weiss und Perry (1979) als Beispiel dienen. Familienschätzskalen wie die *Clinical Rating Scale* (CRS) von Olson und Killorin (1985) können als beobachterbezogene subjektive Berichte klassifiziert werden, während Beobachtungskodierungssysteme wie das *Marital Interaction Coding System* (MICS III) von Weiss und Summers (1983) oder das *Relational Communication Coding System* (RELCOM) von Rogers und Farace (1975) unter die verhaltens-bezogenen Methoden zu subsumieren sind.

Obwohl Olsons Klassifikation von familiendiagnostischen Methoden sicherlich sehr hilfreich ist, meinen wir, daß die von ihm benutzten Bezeichnungen nicht breit genug sind, um die Fülle von Familienbeziehungsdaten zu erfassen. Dies wird besonders deutlich, wenn wir einen Blick auf einige der Instrumente werfen, die wir in vorangegangenen Abschnitten kennengelernt haben. So ist es z.B. wünschenswert, unter die Kategorie der subjektiven Insiderdaten nicht nur verbale Selbstberichtmethoden aufzunehmen, sondern auch andere Ansätze wie z.B. die Familienskulpturtechnik, bei der ebenfalls der subjektive Gesichtspunkt - allerdings unter Nutzung des bildhaft-metaphorischen Repräsentationsmodus - im Vordergrund steht. Im übrigen besteht kein Grund dafür, den bildhaft-metaphorischen Modus nur auf die Insiderperspektive zu beschränken. Ein Outsider, z.B. ein Familientherapeut, kann z.B. seinen Eindruck vom Beziehungsmuster einer Familie in einer vorläufigen Familienskulptur wiedergeben. Dabei kann die ausdrückliche Instruktion an die Familienmitglieder sein, sie mögen ihren Therapeuten korrigieren, wann immer sie das Gefühl haben, im Familiensystem nicht richtig repräsentiert zu sein. Dies kann zu wertvollen diagnostischen Informationen für die weitere klinische Arbeit führen.

Auch in der Kategorie objektiver Daten müssen die entsprechenden Informationen nicht nur auf Verhaltensmaße beschränkt bleiben, seien es nun verhaltensorientierte Selbstberichte oder Verhaltensdaten, die über Outsider-Beobachter gewonnen wurden. So wird man beispielsweise aus Outsider- oder Insidersicht ungern auf wichtige Informationen verzichten, die sich auf faktische Daten zur Konstruktion eines Familiengenogramms oder auf medizinische Gesundheitsdaten beziehen.

Wir wollen nun noch einen kurzen Blick auf die Stärken und Schwächen von subjektiven und objektiven Daten werfen, insofern sie als wichtige Bausteine für ein möglichst umfassendes Repertoire an familiendiagnostischen Methoden Verwendung finden.

(1) *Subjektive Daten*. Mit dem wiederaufgelebten Interesse an kognitiven und affektiven Aspekten des menschlichen Verhaltens hat die subjektiv-introspektive Methode wieder mehr Beachtung gefunden. Dies trifft auch für den Bereich der Familiendiagnostik zu. In diesem Zusammenhang setzt sich mehr und mehr die Auffassung durch, daß eine introspektive Herangehensweise an die Einstellungen, Überzeugungen und Wahrnehmungen zum Familienleben, d.h. die subjektive Realität einer Person, eine unverzichtbare Informationsquelle für ein umfassendes Verständnis von Familienbeziehungen auf allen Analyseebenen darstellt. Darüber hinaus sind subjektive Daten in der Regel einfacher zu erheben als verhaltensbezogene Daten. Dies ist insbesondere dann der Fall, wenn sie sich auf Phänomene beziehen, die sich in einem privaten Kontext (z.B. sexuelles Verhalten) abspielen. Schließlich erfordert die Durchführung und Auswertung von subjektiv-erfahrungsorientierten Verfahren in der Regel keine langen Trainingszeiten und ist somit unter Ökonomiegesichtspunkten günstig zu beurteilen.

Andererseits sind subjektive Daten mit einer Reihe von Beschränkungen belastet, über die man sich bei der Verwendung solcher Daten im klaren sein muß. Einer der Haupteinwände besteht darin, daß subjektive Daten in hohem Maße für Antwortstile wie z.B. soziale Erwünschtheit oder Simulationstendenzen anfällig sind. So glauben etwa Jacob und Tennenbaum (1988, S. 162), daß "der Einfluß allgemeiner Antwortstile und Verzerrungen einfach zu mächtig ist, um von den einzelnen Personen zuverlässige und differenzierte Wahrnehmungen zu erhalten, insbesondere, wenn diese Berichte mit intimen, emotionsgeladenen Beziehungen zu tun haben, an denen die antwortende Person selbst beteiligt ist." Darüber hinaus kann das Ausmaß an begrifflicher Differenziertheit zwischen den Mitgliedern einer bestimmten Familie in hohem Maße variieren. Gleiches gilt natürlich auch für einen Vergleich zwischen verschiedenen Familien, obwohl gerade dies eine bedeutsame diagnostische Information sein kann.

(2) *Objektive Daten*. Die Befürworter einer verhaltenstheoretisch orientierten Forschung und klinischen Arbeit im Bereich der Familienpsychologie haben sich dafür stark gemacht, die Beobachtung und Kodierung realer Familieninteraktionen als den "Königsweg" der Familiendiagnostik zu betrachten. Obwohl dieser Zugang zugegebenerweise arbeitsintensiv und kostspielig ist, erlauben beobachtungsbezogene Kodierungssysteme eine feinrastrige Erfassung des Interaktionsge-

schehens in der Familie, wobei ein hoher Grad an Genauigkeit und Beobachter-
übereinstimmung erzielt werden kann. Darüber hinaus können diese Daten raffi-
nierten statistischen Analysen unterworfen werden, die zur Aufdeckung von Häu-
figkeitsmustern und wiederkehrenden Abfolgen von Familieninteraktionen
führen.

Obwohl auf den ersten Blick diese Argumente zwingend erscheinen, gibt es über
die bereits genannten Punkte eines erhöhten Arbeits- und Kostenaufwands einige
weitere Bedenken, die Praktiker zögern lassen, diese Methoden in ihrer klinischen
Praxis anzuwenden. So besteht z.B. unter den Forschern in diesem Bereich bisher
keine Übereinstimmung darüber, welche Kodierungseinheiten am besten geeignet
sind, um den "Strom der Interaktion" zu gliedern. Grotevant und Carlson (1987, S.
69) kommen bei ihrem Überblick über 13 Kodierungssysteme zur Erfassung von
Familieninteraktionen zu dem Schluß, daß "sich in ihnen ein breites Spektrum an
theoretischen Perspektiven widerspiegelt. ...Es ist daher unerläßlich, daß die Forscher zunächst theoretische Gesichtspunkte berücksichtigen, wenn sie ein Kodierungssystem wählen. Innerhalb bestimmter theoretischer Perspektiven haben bisherige Studien noch nicht verglichen, in welchem Ausmaß unterschiedliche Kodierungssysteme dieselben Dimensionen berühren. Wir betrachten vergleichende
Studien zur Kodierung von Familieninteraktionen - und zwar innerhalb und zwischen Theorien - als wichtige Aufgaben für die zukünftige Forschung."

Dieselben Autoren fanden, daß beobachtungsbezogene Kodierungssysteme hinsichtlich ihrer psychometrischen Eigenschaften einen relativ geringen Reifegrad
aufweisen. Dies führte Grotevant und Carlson (1987, S. 69) zu der Forderung, daß
Beobachtungssysteme in "wesentlich größerem Umfang eingesetzt werden müssen,
bevor wir eine hinreichende Evidenz für ihre Nützlichkeit haben...(obwohl)...der
Mangel an psychometrischen Studien...nicht bedeutet, daß diese Maße weniger
gültig sind, sondern nur, daß ihre Gültigkeit bisher noch nicht hinreichend nachgewiesen wurde."

Ein Kliniker, der dies liest, wird sich sicherlich nicht sehr ermutigt fühlen, systematische Beobachtungskodierungssysteme in seine familiendiagnostische Batterie
aufzunehmen. Statt dessen wird er es vermutlich vorziehen, auf seine weniger systematischen Beobachtungen zu vertrauen, wenn er es mit einer bestimmten
Familie zu tun hat. Dennoch sind wir der Meinung, daß Kliniker von den bereits
bestehenden Familienkodierungssystemen profitieren können, selbst wenn sie
glauben, daß diese Instrumente noch nicht hinreichend für den Gebrauch in der
klinischen Praxis entwickelt sind. Wie bereits erwähnt, können Kliniker durch die
Kenntnis solcher Beobachtungssysteme für kritische Ereignisse in Familieninteraktionen sensibilisiert werden. Dies wiederum kann sie in ihren Behandlungsentscheidungen in einer theoretisch und praktisch bedeutsamen Weise unterstützen.

Ein letztes Bedenken, das häufig gegen Beobachtungsmethoden im allgemeinen
und somit auch gegen Familienkodierungssysteme vorgebracht wird, besteht darin,
daß die Bedeutung, die dem objektiv beobachteten Interaktionsverhalten durch
die verschiedenen Familienmitglieder zugemessen wird, keine Berücksichtigung

findet. Es kann sicherlich nicht geleugnet werden, daß die Familienmitglieder ihre Interaktionen auf dem Hintergrund der Beziehungserfahrungen interpretieren, wie sie sich in ihrer gemeinsamen oder unabhängig erfahrenen Beziehungsgeschichte entwickelt haben. Dieser Gedanke verweist unweigerlich auf die Bedeutung subjektiver Daten im Bereich der Familiendiagnostik.

Es wird somit erkennbar, daß für die Dichotomie von "subjektiv" versus "objektiv" ein "Entweder Oder" uns in die falsche Richtung führt. Was vielmehr zur Diskussion steht, ist, wie subjektive und objektive Ansätze in der Familiendiagnostik am besten verknüpft werden können, um sich gegenseitig zu ergänzen. Wir stimmen mit Jacob und Tennenbaum (1988, S. 161) überein, die zu diesem Punkt meinen, daß "es ein Fehler wäre, wenn man zu dem Schluß käme, daß eine Methode generell wertvoller, nützlicher oder vertretbarer sei, als eine andere....Statt dessen schlagen wir vor, daß beide Strategien notwendig sind, um einen so komplexen Prozeß wie die Familieninteraktion und Psychopathologie voll verstehen zu können."

Aber wie können wir zu dem von Jacob und Tennenbaum eingeforderten "vollen Verständnis" der Familieninteraktion kommen? Sie selbst geben hierzu folgende Antwort, die wir als eine Art Zusammenfassung zum gegenwärtigen Stand der Familiendiagnostik sehen können (Jacob & Tennenbaum 1988, S. 161): "Wir benötigen noch viel mehr Wissen über die Besonderheiten und Begrenzungen der beiden methodologischen Zugangsweisen. Vor allem brauchen wir mehr Wissen darüber, wie zuverlässig und interpretierbar die Informationen sind, die wir von einem Selbstberichtverfahren oder von einem beobachtungsorientierten Kodierungsschema erhalten. Darüber hinaus ist es wesentlich, die Übereinstimmung verschiedener Methoden zu erfassen und dadurch die Varianzquellen zu identifizieren und zu dokumentieren, die mit niedrigen oder hohen Graden an Gemeinsamkeiten verknüpft sind. Über die Notwendigkeit einer Untersuchung der Beziehungen innerhalb und zwischen verschiedenen Methoden hinaus, müssen vermutlich zusätzliche Methodologien und Strategien in Erwägung gezogen werden, um die Phänomene voll zu verstehen, um die es geht, nämlich die Verflochtenheit der Familie. Schließlich müssen wir bei all den genannten Bestrebungen berücksichtigen, daß sich unsere Leitkonzepte weiterentwickeln, daß sich der Gegenstandsbereich noch in einem Zustand der Unreife befindet und daß ein Bedürfnis besteht, Methoden- und Theorieentwicklung stärker miteinander zu verbinden."

Bei dieser etwas düsteren Beschreibung des gegenwärtigen Zustands einer umfassenden Familiendiagnostik unter Verwendung subjektiver und objektiver Daten bleibt uns nur eine Schlußfolgerung: Als Forscher sind wir aufgerufen, uns mit Nachdruck um die Weiterentwicklung der theoretischen Präzisierung und empirischen Forschung im Bereich der Familiendiagnostik zu bemühen, und als Kliniker müssen wir uns damit zufrieden geben, die besten der verfügbaren diagnostischen Instrumente auszuwählen, die für unsere klinischen Zwecke geeignet erscheinen.

9. Das Familiendiagnostische Testsystem (FDTS): ein Fragebogeninventar zur Erfassung von Familienbeziehungen auf unterschiedlichen Systemebenen

9.1 Zur Einordnung des FDTS

Mit dem Aufkommen einer systemorientierten Perspektive beim Studium human-psychologischer Entwicklungsprozesse (vgl. Bronfenbrenner 1981, Melson 1980) wurde der Ruf nach einer psychologischen Diagnostik laut, in der neben der traditionell betriebenen personzentrierten Diagnostik auch Aspekte der Umwelt- und Interaktionsdiagnostik stärkeres Gewicht erhalten (vgl. Schneewind 1983b). Dies gilt unter anderem auch für den Bereich der familienpsychologischen Diagnostik, die insbesondere in ihren anwendungsbezogenen Aspekten, d.h. einer am systemisch-holistischen Modell ausgerichteten Familienberatung und -therapie, einen Bedarf an "systemischer Diagnose" anmeldet (vgl. Cromwell & Peterson 1983, Keeney & Cromwell 1977). Gemeint ist damit eine Verbindung der Grundgedanken der allgemeinen Systemtheorie mit (a) einer Mehrebenen- (d.h. die Individual-, Subsystem- und Systemebene einbeziehenden) Perspektive, (b) einer Multivariablen- (d.h. mehrere qualitativ unterscheidbare und quantitativ variierende Merkmale berücksichtigenden Perspektive und (c) einer Multimethoden- (d.h. unterschiedliche methodische Zugangsweisen zulassenden) Perspektive (vgl. Kapitel 8 in diesem Band).

Freilich stützen sich derartige Konzeptionen eher auf programmatische Aussagen als auf systematisch erarbeitete und empirisch untermauerte Diagnoseinstrumente. So beruhen etwa die von Cromwell und Peterson (1983) vorgeschlagenen diagnostischen Verfahren auf einer Zusammenstellung von bereits bekannten, für unterschiedliche Fragestellungen entwickelten Erfassungsmethoden, weswegen dieser Ansatz auch kritisiert wurde (vgl. Reiss 1983). Auch wenn man die neueren Publikationen zur Familiendiagnostik durchsieht, fällt auf, daß je nach theoretischer Position und konkreter Fragestellung Methoden entwickelt wurden, die allenfalls in Ausschnitten dem systemorientierten Ansatz gerecht werden (vgl. Brunner 1983, Filsinger 1983, Holman 1983, Jankowski 1978, Kruse 1984, Shipman 1982). Allerdings wird man auch eingestehen müssen, daß das Konzept einer *systemischen Familiendiagnostik* im Sinne Cromwells und seiner Mitarbeiter insofern als ein recht ehrgeiziges Unternehmen anzusehen ist, als neben den bereits genannten Klassifikationsgesichtspunkten (Multisystem-, Multivariablen- und Multimethodenperspektive) auch andere Aspekte, wie z.B.die theoretische Orientierung des diagnostischen Vorgehens, die sprachliche vs. metaphorische Repräsentation der diagnostischen Information oder der Status der Datenquelle, eine Rolle spielen. Gerade auf das Problem unterschiedlicher Datenquellen hatten in einer früheren Arbeit Cromwell, Olson und Fournier (1976) mit ihrer Unterscheidung einer Insider- und Outsiderperspektive aufmerksam gemacht. Selbst unter Bezug auf eine bestimmte Datenart (z.B. Beobachtungsdaten) macht es einen Unterschied, ob ein *Outsider* (z.B. ein Familientherapeut) Aussagen über eine Person innerhalb einer Familie (Individualebene), über eine bestimmte innerfamiliäre Beziehungsdyade (z.B. das Ehepartner-Subsystem) und über die Familie als Ganzes (Systemebene) macht oder ob diese Aussagen von einem Betroffenen innerhalb der Familie - einem *Insider* - gemacht werden.

Beide Perspektiven können je nach Fragestellung nützlich sein. So mag es zum einen für einen Familientherapeuten hilfreich sein, sich darüber Rechenschaft abzugeben, wie er einzelne Personen, Beziehungskonstellationen und die Familie als Gesamtsystem sieht, um gegebenenfalls seine therapeutischen Interventionen darauf abstimmen zu können oder um "sein Bild" von der Familie in einer kollegialen Supervision einer kritischen Überprüfung auszusetzen. Zum anderen wird gerade ein systemisch orientierter Familientherapeut daran interessiert sein, die "innere Landkarte" (vgl. Simon & Stierlin 1984) der einzelnen Mitglieder einer Familie kennenzulernen, um allfällige Kommunikationsabweichungen besser verstehen bzw. therapeutisch nutzen zu können (vgl. Keeney 1979). Letzteres hatte bereits Strodtbeck (1951) mit seiner "revealed difference technique" nahegelegt.

Das Problem einer familienpsychologischen Systemdiagnostik stellt sich nicht nur für die Anwendungs-, sondern auch für die Forschungspraxis. In neueren Arbeiten zur familiären Sozialisationsforschung wird einerseits auf inner- und außerfamiliäre Kontextbedingungen aufmerksam gemacht (vgl. Belsky, Lerner & Spanier 1984, Schneewind 1984). Zum anderen werden entsprechende Modellvorstellungen unterbreitet, die für die Anlage, Durchführung und Auswertung integrativer empirischer Studien eine Orientierungshilfe darstellen (vgl. Belsky 1984, Belsky & Vondra 1985, Schneewind, Beckmann & Engfer 1983).

Die für derartige Studien notwendigen konzeptuellen Vorarbeiten fordern zu neuen Methodenentwicklungen heraus, deren Anwendungstauglichkeit dann auch in anderen Verwendungszusammenhängen überprüft werden kann. Dies gilt auch für das im folgenden ausführlicher dargestellte *Familiendiagnostische Testsystem* (abgekürzt: FDTS), dessen Grundstruktur im Rahmen einer von der Deutschen Forschungsgemeinschaft geförderten Feldstudie zum Thema "Psychologische und ökologische Determinanten von Eltern-Kind-Beziehungen (abgekürzt: EKB-Projekt) entwickelt wurde (vgl. Schneewind et al. 1981, Schneewind, Beckmann & Engfer 1983).

Entsprechend der primär nicht diagnostisch orientierten Fragestellung des EKB-Projekts wurden die verschiedenen Methodenentwicklungen zunächst nicht systematisch zusammengefaßt. Dies geschah nach Abschluß des EKB-Projekts im Rahmen eines einjährigen, ebenfalls von der Deutschen Forschungsgemeinschaft geförderten Projekts (Kennwort: FDTS-Projekt). Aufgabe dieses Projekts war es, ein modular angelegtes Testsystem zu erarbeiten, das es gestattet, verschiedene dyadische Beziehungskonstellationen (z.B. Mutter-Vater, Mutter-Kind) sowie das Familiensystem als Ganzes aus der *Insider-Perspektive*, d.h. aus der Sicht der Mutter, des Vaters und des Kindes nach qualitativ und quantitativ unterscheidbaren Erlebensdimensionen diagnostisch zu erfassen.

9.2 Die Grundstruktur des FDTS

Das FDTS besteht aus einem Fragebogen-Satz, der es ermöglicht, das innerfamiliäre Beziehungsgefüge aus der Sichtweise der Beteiligten zu erheben. Gegenstandsbereich des FDTS ist die *Kernfamilie*, bestehend aus Mutter, Vater, Kind (vgl. Abb. 9.1).

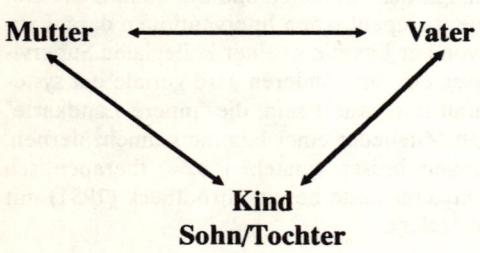

Löst man die in Abbildung 1 dargestellte Beziehungstriade Mutter, Vater, Kind nach den einzelnen dyadischen Beziehungstypen auf, so ergeben sich fünf verschiedene Typen oder *Beziehungskonstellationen*: (1) Mutter-Sohn, (2) Mutter-Tochter, (3) Vater-Sohn, (4) Vater-Tochter, (5) Mutter-Vater.

Abb. 9.1 Die Kernfamilie als triadische Interaktionsbeziehung

Das Testsystem ist so aufgebaut, daß es jede Beziehungskonstellation gesondert zu untersuchen gestattet, und zwar jeweils aus der Sichtweise der an der Beziehung beteiligten Familienmitglieder. Die fünf Beziehungskonstellationen machen deutlich, um welche Art von Instrumenten es sich bei dem FDTS handelt: Sie sind sowohl geschlechtsspezifisch als auch personenspezifisch konzipiert, d.h. daß die *Mutter* z.B. Aussagen machen kann über Beziehungsaspekte, die ihre *Tochter* betreffen oder aber ihren *Sohn* oder den *Vater* etc. Desgleichen erlaubt das Instrumentarium den Kindern (Sohn oder Tochter), Aussagen darüber zu machen, wie sie bestimmte Beziehungsaspekte bei der Mutter oder beim Vater wahrnehmen. Das Testsystem besitzt somit im Hinblick auf ihre *dyadischen Beziehungskonstellationen* die in Abb. 9.2 wiedergegebene formale Struktur.

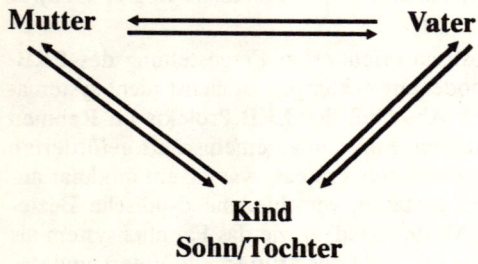

Welche *Beziehungsaspekte* lassen sich nun mit dem FDTS erfassen? Der Beziehungsaspekt, der in der Beziehung Mutter-Kind, Vater-Kind mit dem vorliegenden Instrumentarium erfaßt und gemessen werden kann, ist der *elterliche Erziehungsstil*. Dieser kann sowohl aus der Sichtweise der Eltern als auch aus der Sichtweise des Kindes erhoben werden.

Abb. 9.2 Die Struktur der dyadischen Beziehungskonstellationen des FDTS

Beim Erziehungsstil lassen sich u. a. *drei Komponenten* un-

226

terscheiden (vgl. Lukesch 1975, Schneewind 1976), nämlich (1) Erziehungseinstellungen, (2) Erziehungsziele und (3) Erziehungspraktiken. *Erziehungseinstellungen* umfassen Erlebnisdispositionen, die Eltern hinsichtlich der Realisierung bestimmter erzieherischer Verhaltensformen besitzen und die sie für eine Klasse von Handlungen besonders prädisponieren. Bei den *Erziehungszielen* handelt es sich um Sollensvorstellungen oder -forderungen, die von seiten der Eltern an das Verhalten der Kinder herangetragen werden. Unter *Erziehungspraktiken* fallen alle konkreten verbalen und nonverbalen Verhaltensweisen, die Elternpersonen in Beziehung zu ihrem Kind äußern.

Diese drei Aspekte des elterlichen Erziehungsstils können jeweils aus der Sichtweise der Eltern (Selbstperzeption) oder aus der Sichtweise des Kindes (Fremdperzeption) erhoben werden. Je nachdem, ob eine Elternperson oder das Kind als Datenquelle fungiert, kann von einem selbst- bzw. fremdperzipierten Erziehungsstil sowie seinen Untergliederungen in selbst- bzw. fremdperzipierte Erziehungseinstellungen, -ziele und -praktiken gesprochen werden (vgl. Abb. 9.3).

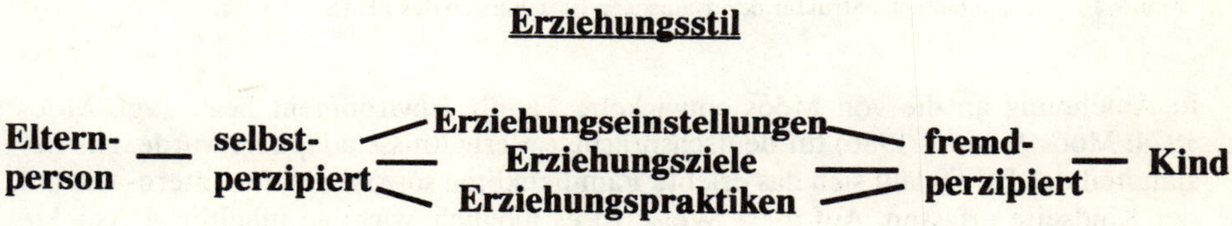

Erziehungsstil

Eltern-person — **selbst-perzipiert** — **Erziehungseinstellungen** / **Erziehungsziele** / **Erziehungspraktiken** — **fremd-perzipiert** — **Kind**

Abb. 9.3   Der elterliche Erziehungsstil aus Eltern- und Kindsicht

Ein anderer Beziehungsaspekt, der sich mit dem FDTS erfassen läßt, betrifft das Verhältnis, das die Eltern zueinander haben. Dieser Aspekt ist Gegenstand des im FDTS enthaltenen *Fragebogens zur Erfassung der Ehepartnerbeziehung*, mit dem die Qualität und Intensität wichtiger Aspekte des Ehepartner-Subsystems diagnostiziert werden kann. Die Erfassung der Ehepartnerbeziehung erfolgt dabei jeweils aus der Sichtweise des männlichen und weiblichen Ehepartners.

Baut man die über den elterlichen Erziehungsstil und seine Komponenten sowie die Ehepartnerbeziehung erweiterten Beziehungsaspekte in die Konzeption des Test-Systems ein, so wird die inhaltliche Struktur der dyadischen Beziehungskonstellation des FDTS deutlich (vgl. Abb. 9.4). Die Pfeile deuten an, aus welcher Sichtweise die jeweiligen Beziehungsaspekte erhoben werden können.

Aus der Abbildung 9.4 geht hervor, daß die einzelnen Beziehungsaspekte immer mit Bezug auf eine ganz bestimmte Person zu erheben sind. Darüber hinaus ist es jedoch wichtig zu wissen, welche Qualität das gesamte innerfamiliäre Beziehungsgefüge für die beteiligten Personen aufweist. Zur Charakterisierung dieses Aspekts des innerfamiliären Interaktionsgeschehens lassen sich die *Familienklimaskalen* verwenden, die

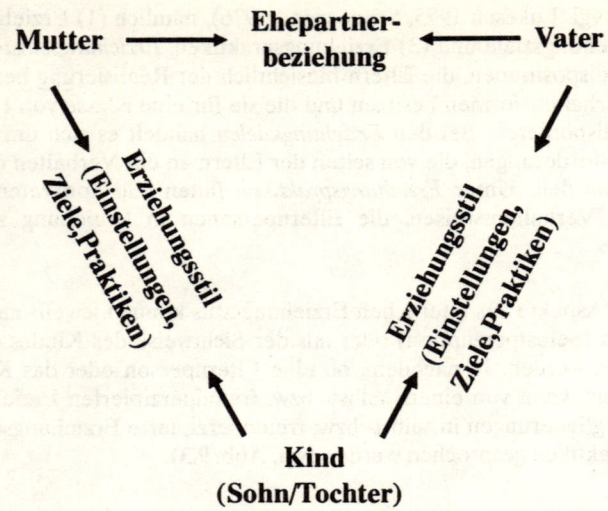

Abb. 9.4   Die inhaltliche Struktur der dyadischen Beziehungen des FDTS

in Anlehnung an die von Moos entwickelte Family Environment Scale (vgl. Moos 1974, Moos & Moos 1986) für deutschsprachige Verhältnisse adaptiert wurde. Als Bestandteil des FDTS läßt sich das erlebte Familienklima sowohl auf der Eltern- wie auf der Kindseite erfassen. Auf diese Weise ist es möglich, wichtige inhaltliche Aspekte einzelner dyadischer Subsysteme der Familie sowie das Familiensystem als Ganzes diagnostisch zugänglich zu machen (vgl. Abb. 9.5).

Wie aus der Abbildung 9.5 zu ersehen ist, erlaubt das Familiendiagnostische Testsystem dem Benutzer

- eine differenzierte Analyse des elterlichen Erziehungsstils mit den drei Komponenten Einstellungen, Ziele und Praktiken sowohl aus Eltern- als auch aus Kindsicht (Eltern-Kind-Subsystem);

- eine Untersuchung der Ehepartnerbeziehung (Ehepartner-Subsystem);

- eine Analyse der gesamten Familie aus der Sichtweise aller am Familien-Interaktionsprozeß beteiligten Personen (Familiensystem).

9.3 Der Aufbau des FDTS im Überblick

Das FDTS ist ein auf Fragebogenbasis aufgebautes modulares Testsystem, das für die Adressatengruppe von Eltern mit Kindern im Alter von 9 bis 14 Jahren entwickelt wurde. Der *modulare* Aufbau des Testsystems ermöglicht es, je nach diagnostischer Fragestellung einen bestimmten oder auch mehrere Einzeltests aus dem gesamten

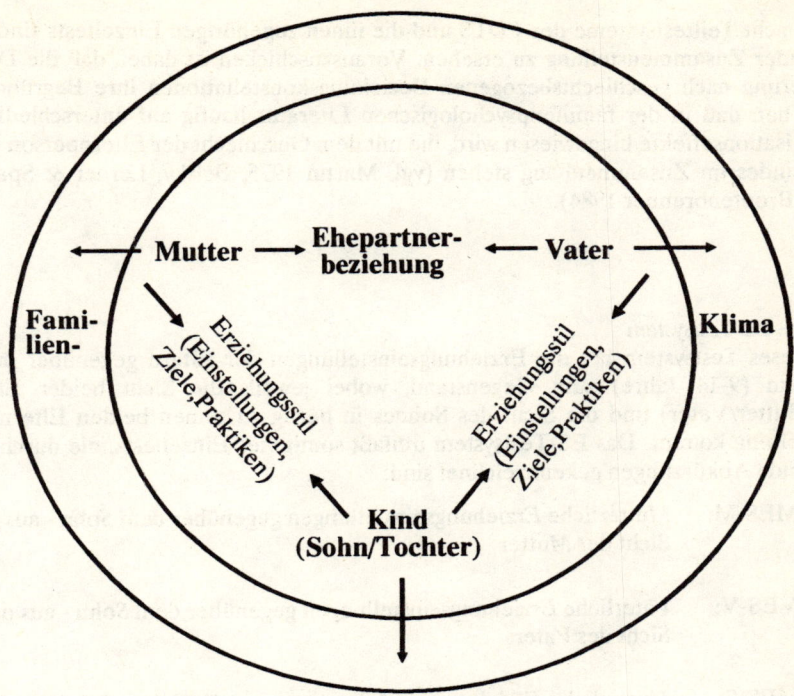

Abb. 9.5 Die Struktur des FDTS auf Subsystem- und Systemebene

Testsystem herauszugreifen bzw. miteinander zu kombinieren. Dies gewährleistet eine ökonomische und zugleich problemadäquate Familiendiagnostik.

Im einzelnen besteht das FDTS aus insgesamt *acht Teiltestsystemen*, die ihrerseits jeweils zwei bis vier Einzeltests umfassen. Die acht Teiltestsysteme ergeben sich aus einer Kombination (a) der Subsystem- und Systemkonstellationen einer Familie und (b) der inhaltlichen Beziehungsaspekte auf Subsystem- und Systemebene.

Sechs Teiltestsysteme orientieren sich am *Geschlecht des Kindes* (Sohn/Tochter) und den *drei Komponenten des elterlichen Erziehungsstils* (Erziehungseinstellungen, -ziele, -praktiken). Unter Berücksichtigung des *Perzeptionsmodus* (Selbstperzeption vs. Fremdperzeption) ergibt dies jeweils vier Einzeltests. Für das *Familienklima-Testsystem* wurden entsprechende Einzeltests für die Mütter, die Väter und die Kinder (jedoch ohne Berücksichtigung des Geschlechts der Kinder) entwickelt, so daß sich für dieses Teilsystem insgesamt drei Einzeltests ergeben. Für das *Ehepartnerbeziehungs-Teiltestsystem* wurde lediglich die Perspektive des Vaters und der Mutter berücksichtigt. Somit liegen für dieses Teiltestsystem zwei Einzeltests vor. Insgesamt besteht das FDTS aus 29 Einzeltests, die sich auf acht Teiltestsysteme verteilen.

Die acht Teiltestsysteme des FDTS und die ihnen zugehörigen Einzeltests sind aus folgender Zusammenstellung zu ersehen. Vorauszuschicken ist dabei, daß die Differenzierung nach geschlechtsbezogenen Beziehungskonstellationen ihre Begründung darin hat, daß in der familienpsychologischen Literatur häufig auf unterschiedliche Sozialisationseffekte hingewiesen wird, die mit dem Geschlecht der Elternperson bzw. des Kindes im Zusammenhang stehen (vgl. Martin 1975, Belsky, Lerner & Spanier 1984, Bronfenbrenner 1984).

(1) Das *ES-Testsystem*

Dieses Testsystem hat die Erziehungseinstellungen der Eltern gegenüber ihrem Sohn (9-14 Jahre) zum Gegenstand, wobei jeweils die Sicht beider Eltern (Mutter/Vater) und die Sicht des Sohnes in bezug zu seinen beiden Eltern zur Geltung kommt. Das ES-Testsystem umfaßt somit vier Einzeltests, die durch folgende Abkürzungen gekennzeichnet sind:

(a) MES-M: *M*ütterliche *E*rziehungs*e*instellungen gegenüber dem *S*ohn - aus der Sicht der *M*utter

(b) VES-V: *V*äterliche *E*rziehungs*e*instellungen gegenüber dem *S*ohn - aus der Sicht des *V*aters

(c) MES-S: *M*ütterliche *E*rziehungs*e*instellungen gegenüber dem *S*ohn - aus der Sicht des *S*ohnes

(d) VES-S: *V*äterliche *E*rziehungs*e*instellungen gegenüber dem *S*ohn - aus der Sicht des *S*ohnes

(2) Das *ET-Testsystem*

Dieses Testsystem erlaubt, die Erziehungseinstellungen der Eltern gegenüber ihrer Tochter (9-14) zu erfassen. Auch hier ist sowohl die Selbstperzeption beider Eltern als auch die Fremdperzeption der Tochter in bezug auf beide Eltern die Grundlage der vier Einzeltests.

(a) MET-M: *M*ütterliche *E*rziehungs*e*instellungen gegenüber der *T*ochter - aus der Sicht der *M*utter

(b) VET-V: *V*äterliche *E*rziehungs*e*instellungen gegenüber der *T*ochter - aus der Sicht des *V*aters

(c) MET-T: *M*ütterliche *E*rziehungs*e*instellungen gegenüber der *T*ochter - aus der Sicht der *T*ochter

(d) VET-T: *V*äterliche *E*rziehungseinstellungen gegenüber der *T*ochter - aus der Sicht der *T*ochter

(3) Das *EZS-Testsystem*

Das EZS-Testsystem erfaßt die Erziehungsziele der Eltern gegenüber ihrem Sohn (9-14 Jahre) aus ihrer eigenen Perspektive sowie aus der Perspektive des Sohnes. Vier Einzeltests werden den verschiedenen Bezugspersonen und Perspektiven gerecht. Es sind dies:

(a) MEZS-M: *M*ütterliche *E*rziehungsziele gegenüber dem *S*ohn - aus der Sicht der *M*utter

(b) VEZS-V: *V*äterliche *E*rziehungsziele gegenüber dem *S*ohn - aus der Sicht des *V*aters

(c) MEZS-S: *M*ütterliche *E*rziehungsziele gegenüber dem *S*ohn - aus der Sicht des *S*ohnes

(d) VEZS-S: *V*äterliche *E*rziehungsziele gegenüber dem *S*ohn - aus der Sicht des *S*ohnes

(4) Das *EZT-Testsystem*

Analog zum EZS-Testsystem thematisiert das EZT-Testsystem die Erziehungsziele der Eltern gegenüber der Tochter (9-14 Jahre). Auch hier wurde die Eltern- und die Tochterperspektive berücksichtigt, so daß insgesamt vier Einzeltests zur Verfügung stehen:

(a) MEZT-M: *M*ütterliche *E*rziehungsziele gegenüber der *T*ochter - aus der Sicht der *M*utter

(b) VEZT-V: *V*äterliche *E*rziehungsziele gegenüber der *T*ochter - aus der Sicht des *V*aters

(c) MEZT-T: *M*ütterliche *E*rziehungsziele gegenüber der *T*ochter - aus der Sicht der *T*ochter

(d) MEZT-T: *V*äterliche *E*rziehungsziele gegenüber der *T*ochter - aus der Sicht der *T*ochter

(5) Das *EPS-Testsystem*

Das EPS-Testsystem hat die *Erziehungspraktiken* der Eltern gegenüber ihrem *Sohn* (9-14 Jahre) zum Gegenstand. Auch für das EPS-Testsystem wurden vier Einzeltests entwickelt, in denen jeweils die Sichtweise der Eltern bzw. des Sohnes Berücksichtigung finden:

(a) MEPS-M: *M*ütterliche *E*rziehungs*p*raktiken gegenüber dem *S*ohn - aus der Sicht der *M*utter

(b) VEPS-V: *V*äterliche *E*rziehungs*p*raktiken gegenüber dem *S*ohn - aus der Sicht des *V*aters

(c) MEPS-S: *M*ütterliche *E*rziehungs*p*raktiken gegenüber dem *S*ohn - aus der Sicht des *S*ohnes

(d) VEPS-S: *V*äterliche *E*rziehungs*p*raktiken gegenüber dem *S*ohn - aus der Sicht des *S*ohnes

(6) Das *EPT-Testsystem*

Das EPT-Testsystem ist speziell zugeschnitten auf die Erfassung elterlicher Erziehungspraktiken gegenüber ihrer Tochter. Bei voller Ausschöpfung aller formal gegebenen Beziehungsperspektiven ergeben sich auch hier vier Einzeltests:

(a) MEPT-M: *M*ütterliche *E*rziehungs*p*raktiken gegenüber der *T*ochter - aus der Sicht der *M*utter

(b) VEPT-V: *V*äterliche *E*rziehungs*p*raktiken gegenüber der *T*ochter - aus der Sicht des *V*aters

(c) MEPT-T: *M*ütterliche *E*rziehungs*p*raktiken gegenüber der *T*ochter - aus der Sicht der *T*ochter

(d) VEPT-T: *V*äterliche *E*rziehungs*p*raktiken gegenüber der *T*ochter - aus der Sicht der *T*ochter

(7) Das *FK-Testsystem*

Das FK-Testsystem ermöglicht die Erfassung des Familienklimas aus der Sicht aller beteiligten Familienmitglieder. Da sich zwischen Söhnen und Töchtern keine bedeutsamen inhaltlichen Unterschiede haben finden lassen, wurde für das FK-

System auf eine Geschlechtsdifferenzierung auf Kindseite verzichtet. Es ergeben sich somit für das FK-Testsystem drei Einzeltests:

(a) FK-M: *Familienklima - aus der Sicht der Mutter*

(b) FK-V: *Familienklima - aus der Sicht des Vaters*

(c) FK-K: *Familienklima - aus der Sicht des Kindes*

(8) Das *EB-Testsystem*
Das EB-Testsystem bezieht sich auf das Subsystem der Ehepartner innerhalb der Familie, wobei die Qualität der Ehepartnerbeziehung jeweils aus der Sicht der Ehefrau (Mutter) und des Ehemannes (Vater) erfaßt wird. Es ergeben sich somit zwei Einzeltests, nämlich:

(a) EB-M: *Ehepartnerbeziehung - aus der Sicht der Mutter*

(b) EB-V: *Ehepartnerbeziehung - aus der Sicht des Vaters*

Um das gesamte Material des FDTS zu dokumentieren, wurde als Publikationsmedium auf die "Forschungsberichte aus dem Institutsbereich Persönlichkeitspsychologie und Psychodiagnostik" an der Universität München zurückgegriffen. Dabei wurden pro Teilsystem des FDTS jeweils zwei Berichte vorgesehen. Der *erste Bericht* stellt das *Testmanual* des jeweiligen Teiltestsystems dar, in dem wesentliche Informationen wie die Konzeption der Einzeltests, die Beschreibung der Testskalen, ihre psychometrischen und teststatistischen Kennwerte, Durchführungs-, Auswertungs- und Interpretationsrichtlinien, Normen etc. enthalten sind. Der *zweite Bericht* zu einem Teiltestsystem beinhaltet ausschließlich die *Testunterlagen*, d.h. den Test samt Instruktion sowie jeweils eine Auswertungshilfe, aus der die Zuordnung der Testitems zu den Testskalen des entsprechenden Einzeltests ersichtlich ist.

9.4 Die Skalenstruktur des FDTS

Die Konzeption des FDTS erfolgte einheitlich auf Fragebogenbasis, wobei eine möglichst differenzierte Erfassung unterschiedlicher Dimensionen des Beziehungsverhaltens und -erlebens im Vordergrund stand. Die inhaltliche Festlegung und Operationalisierung der Skalen der Einzeltests stellt - abgesehen vom FK-Testsystem, das als eine deutschsprachige Adaptation der "Family Environment Scale" (vgl. Moos 1974, Moos & Moos 1986) anzusehen ist - eine methodische Neuentwicklung dar. Dabei dienten Veröffentlichungen zu bereits publizierten einschlägigen Verfahren als Orientierungshilfe. Darüber hinaus wurden wichtige familiäre Beziehungsaspekte in offenen Interviews eruiert und anschließend inhaltsanalytisch aufbereitet. Dieses Vorgehen führte zu einer Reihe von inhaltlichen *Beziehungskonstrukten*, für die nach dem

Prinzip der rationalen Skalenkonstruktion Items formuliert wurden. In einem ersten empirischen Überprüfungsverfahren wurden dann die so gebildeten Testskalen hinsichtlich ihrer teststatistischen und dimensionsanalytischen Kennwerte überprüft. Beibehalten wurden nur solche Skalen, die sich auf faktorenanalytischer Basis als hinreichend unabhängige Dimensionen des familiären Beziehungsverhaltens und -erlebens qualifizierten.

Dabei stellte sich heraus, daß sich je nach Beziehungsaspekt (z.B. Erziehungseinstellungen), Beziehungskonstellationen (z.B. Mutter-Sohn) und Perzeptionsmodus (z.B. Selbstperzeption) zum Teil unterschiedliche Itemzusammenstellungen ergaben, die jedoch auf ein und dasselbe Beziehungskonstrukt bezogen sind. Ein weiterer allgemeiner Befund war, daß sich für bestimmte Beziehungskonstellationen *konstellationsspezifische Beziehungskonstrukte* ergaben, die bei anderen Beziehungskonstellationen nicht nachweisbar waren. Auf diese Weise kann der Vielfalt und Unterschiedlichkeit der einzelnen Beziehungskonstellationen und Perzeptionsweisen innerhalb des Familiensystems Rechnung getragen werden.

Um die Inhaltsstruktur der Beziehungsaspekte auf einer allgemeineren Ebene zu erfassen, wurden - abgesehen vom EB-Testsystem - Faktoren zweiter Ordnung bestimmt. Die dabei eruierten Sekundärfaktoren führten in der Regel zu *generellen Beziehungsstrukturdimensionen*, wie sie in der interaktionsdiagnostischen Literatur unter Verwendung einer unterschiedlichen Nomenklatur immer wieder anzutreffen sind (vgl. Aldous 1978, Engel & Ahrens 1979, Olson, Russell & Sprenkle 1983).

Um einen Eindruck von der inhaltlichen Skalenstruktur des FDTS zu vermitteln, sollen im folgenden die *Bezeichungen der Primärskalen* der Einzeltests - geordnet nach den acht Teiltestsystemen - vorgestellt werden. Genauere Informationen zur Beschreibung der Skalen, ihre Operationalisierung auf Itembasis, ihre teststatistischen Kennwerte, Gütekriterien und Sekundärfaktorenstruktur finden sich in den jeweiligen Testmanualen der acht Teiltestsysteme.

(1) Primärskalen des ES-Testsystems

MES-M	
A	Permissivität
B	Selbstkritik
C	Autoritäre Rigidität
D	Behütung
E	Gelassenheit/ Souveränität
F	Experimentieren
G	Erziehungskonflikte
H	Ähnlichkeit
I	Orientierung am selbsterfahrenen Erziehungsstil
J	Inkonsistenz
K	Geplantsein des Kindes
L	Offenheit

VES-V	
A	Permissivität
B	Selbstkritik
C	Autoritäre Rigidität
D	Behütung
E	Gelassenheit/ Souveränität
F	Experimentieren
G	Erziehungskonflikte
H	Ähnlichkeit
I	Orientierung am selbsterfahrenen Erziehungsstil
J	Inkonsistenz
K	Geplantsein des Kindes
L	Zärtlichkeit
M	Geringes Engagement in der Erzieherrolle

MES-S	
A	Permissivität
B	Nachsicht vs. Verständnislosigkeit
C	Konsequenz vs. Nachgiebigkeit
D	Manipulation und Appell an das kindliche Mitgefühl
E	Einfühlungsvermögen
F	Unterstützung und Vorhersagbarkeit elterlicher Zuwendung
G	Kontakt vs. Distanz

VES-S	
A	Permissivität
B	Nachsicht vs. Verständnislosigkeit
C	Konsequenz vs. Nachgiebigkeit
D	Manipulation und Appell an das kindliche Mitgefühl
E	Einfühlungsvermögen
F	Unterstützung und Vorhersagbarkeit elterlicher Zuwendung
G	Kontakt vs. Distanz

235

(2) Primärskalen des ET-Testsystems

MET-M	
A	Permissivität
B	Selbstkritik
C	Autoritäre Rigidität
D	Behütung
E	Gelassenheit/ Souveränität
F	Experimentieren
G	Erziehungskonflikte
H	Ähnlichkeit
I	Orientierung am selbsterfahrenen Erziehungsstil
J	Inkonsistenz
K	Geplantsein des Kindes
L	Offenheit

VET-V	
A	Permissivität
B	Selbstkritik
C	Autoritäre Rigidität
D	Behütung
E	Gelassenheit/ Souveränität
F	Experimentieren
G	Erziehungskonflikte
H	Ähnlichkeit
I	Orientierung am selbsterfahrenen Erziehungsstil
J	Inkonsistenz
K	Geplantsein des Kindes
L	Zärtlichkeit
M	Geringes Engagement in der Erzieherrolle

MET-T	
A	Permissivität
B	Nachsicht vs. Verständnislosigkeit
C	Konsequenz vs. Nachgiebigkeit
D	Manipulation und Appell an das kindliche Mitgefühl
E	Einfühlungsvermögen
F	Unterstützung und Vorhersagbarkeit elterlicher Zuwendung
G	Kontakt vs. Distanz

VET-T	
A	Permissivität
B	Nachsicht vs. Verständnislosigkeit
C	Konsequenz vs. Nachgiebigkeit
D	Manipulation und Appell an das kindliche Mitgefühl
E	Einfühlungsvermögen
F	Unterstützung und Vorhersagbarkeit elterlicher Zuwendung
G	Kontakt vs. Distanz

(3) Primärskalen des EZS-Testsystems

MEZS-M	
A	Orientierung an religiösen Normen
B	Leistungsehrgeiz (Geltungsstreben)
C	Häusliche (elterliche) Entlastungsforderungen
D	Selbständigkeit (und Aufgeschlossenheit)
E	(Schul-) Bildungsanspruch
F	Konformität (Anpassung und Konfliktvermeidung)
-----	-----
G	Anspruchsvolle Lebensführung
H	Konservatives Männlichkeitsideal

VEZS-V	
A	Orientierung an religiösen Normen
B	Leistungsehrgeiz (Geltungsstreben)
C	Häusliche (elterliche) Entlastungsforderungen
D	Selbständigkeit (und Aufgeschlossenheit)
E	(Schul-) Bildungsanspruch
F	Konformität (Anpassung und Konfliktvermeidung)
-----	-----
G	Befolgen von Prinzipien
H	Beruflicher Opportunismus
I	Sozialpolitisches Engagement
J	Geselligkeit

MEZS-S	
A	Orientierung an religiösen Normen
B	Leistungsehrgeiz (Geltungsstreben)
C	Häusliche (elterliche) Entlastungsforderungen
D	Selbständigkeit (und Aufgeschlossenheit)
E	(Schul-) Bildungsanspruch
F	Konformität (Anpassung und Konfliktvermeidung)
-----	-----
G	Demonstrative Statusorientierung
H	Förderung kindlicher Interessen

VEZS-S	
A	Orientierung an religiösen Normen
B	Leistungsehrgeiz (Geltungsstreben)
C	Häusliche (elterliche) Entlastungsforderungen
D	Selbständigkeit (und Aufgeschlossenheit)
E	(Schul-) Bildungsanspruch
F	Konformität (Anpassung und Konfliktvermeidung)
-----	-----
G	Demonstrative Statusorientierung
H	Förderung kindlicher Interessen

237

(4) Primärskalen des EZT-Testsystems

MEZT-M	
A	Orientierung an religiösen Normen
B	Leistungsehrgeiz (Geltungsstreben)
C	Häusliche (elterliche) Entlastungsforderungen
D	Selbständigkeit (und Aufgeschlossenheit)
E	(Schul-) Bildungsanspruch
F	Konformität (Bravheits- forderungen)

G	Kameradschaftlichkeit (Solidarität)
H	Sozialpolitisches Engagement
I	Orientierung an sexuellen (moralischen) Normen

VEZT-V	
A	Orientierung an religiösen Normen
B	Leistungsehrgeiz (Geltungsstreben)
C	Häusliche (elterliche) Entlastungsforderungen
D	Selbständigkeit (und Aufgeschlossenheit)
E	(Schul-) Bildungsanspruch
F	Konformität (Anpassung/ Konfliktvermeidung/ Bravheitsforderungen)

G	Kameradschaftlichkeit (Solidarität)
H	Konservatives Frauenideal

MEZT-T	
A	Orientierung an religiösen Normen
B	Leistungsehrgeiz (Geltungsstreben)
C	Häusliche (elterliche) Entlastungsforderungen
D	Selbständigkeit (und Aufgeschlossenheit)
E	(Schul-) Bildungsanspruch
F	Konformität (Anpassung und Konfliktvermeidung)

G	Demonstrative Status- orientierung
H	Förderung kindlicher Interessen

VEZT-T	
A	Orientierung an religiösen Normen
B	Leistungsehrgeiz (Geltungsstreben)
C	Häusliche (elterliche) Entlastungsforderungen
D	Selbständigkeit (und Aufgeschlossenheit)
E	(Schul-) Bildungsanspruch
F	Konformität (Anpassung und Konfliktvermeidung)

G	Demonstrative Status- orientierung
H	Förderung kindlicher Interessen

(5) Primärskalen des EPS-Testsystems

MEPS-M	
A	Belohnung durch liebe-volle Zuwendung
B	Materielle Belohnung und Verstärkung
C	Eingeschränktes Lob
D	Bestrafung durch Liebesentzug
E	Bestrafung durch Entzug materieller Verstärker und Privilegien
F	Ärger und Gering-schätzung
G	Körperliche Bestrafung

VEPS-V	
A	Belohnung durch liebe-volle Zuwendung
B	Materielle Belohnung und Verstärkung
C	Eingeschränktes Lob
D	Bestrafung durch Liebesentzug
E	Bestrafung durch Entzug materieller Verstärker und Privilegien
F	Ärger und Gering-schätzung
G	Körperliche Bestrafung

MEPS-S	
A	Belohnung durch liebe-volle Zuwendung
B	Materielle Belohnung und Verstärkung
C	Eingeschränktes Lob
D	Bestrafung durch Liebesentzug
E	Bestrafung durch Entzug materieller Verstärker und Privilegien
F	Ärger und Gering-schätzung
G	Körperliche Bestrafung

VEPS-S	
A	Belohnung durch liebe-volle Zuwendung
B	Materielle Belohnung und Verstärkung
C	Eingeschränktes Lob
D	Bestrafung durch Liebesentzug
F	Ärger und Gering-schätzung
G	Körperliche Bestrafung

(6) Primärskalen des EPT-Testsystems

MEPT-M	
A	Belohnung durch liebe-volle Zuwendung
B	Materielle Belohnung und Verstärkung
C	Eingeschränktes Lob
D	Bestrafung durch Liebesentzug
E	Bestrafung durch Entzug materieller Verstärker und Privilegien
F	Ärger und Gering-schätzung
G	Körperliche Bestrafung

VEPT-V	
A	Belohnung durch liebe-volle Zuwendung
B	Materielle Belohnung und Verstärkung
C	Eingeschränktes Lob
D	Bestrafung durch Liebesentzug
E	Bestrafung durch Entzug materieller Verstärker und Privilegien
F	Ärger und Gering-schätzung
G	Körperliche Bestrafung

MEPT-T	
A	Belohnung durch liebe-volle Zuwendung
B	Materielle Belohnung und Verstärkung
C	Eingeschränktes Lob
D	Bestrafung durch Liebesentzug
E	Bestrafung durch Entzug materieller Verstärker und Privilegien
F	Ärger und Gering-schätzung
G	Körperliche Bestrafung

VEPT-T	
A	Belohnung durch liebe-volle Zuwendung
B	Materielle Belohnung und Verstärkung
C	Eingeschränktes Lob
D	Bestrafung durch Liebesentzug
F	Ärger und Gering-schätung
G	Körperliche Bestrafung

(7) Primärskalen des FK-Testsystems

FK-M	
A	Zusammenhalt
B	Offenheit
C	Konfliktneigung
D	Selbständigkeit
E	Leistungsorientierung
F	Kulturelle Orientierung
G	Aktive Freizeitgestaltung
H	Religiöse Orientierung
I	Organisation
J	Kontrolle

FK-V	
A	Zusammenhalt
B	Offenheit
C	Konfliktneigung
D	Selbständigkeit
E	Leistungsorientierung
F	Kulturelle Orientierung
G	Aktive Freizeitgestaltung
H	Religiöse Orientierung
I	Organisation
J	Kontrolle

FK-K	
A	Zusammenhalt
B	Offenheit
C	Konfliktneigung
D	Selbständigkeit
E	Leistungsorientierung
F	Kulturelle Orientierung
G	Aktive Freizeitgestaltung
H	Religiöse Orientierung
I	Organisation
J	Kontrolle

(8) Primärskalen des EB-Testsystems

EB-M	
A	Zärtlichkeit
B	Konflikt
C	Resignative Unzufriedenheit
D	Unterdrückung

EB-V	
A	Zärtlichkeit
B	Konflikt
C	Resignative Unzufriedenheit
D	Unterdrückung

9.5 Anwendungsmöglichkeiten des FDTS

Das FDTS wurde entwickelt und erprobt für Familien mit Kindern im Alter von 9 bis 14 Jahren. Die Anwendung des FDTS erstreckt sich somit strenggenommen auf Familien mit Kindern in diesem Altersbereich. Die Normierung wurde auf der Basis der Daten von 570 vollständigen Familien aus sechs Bundesländern der Bundesrepublik Deutschland durchgeführt. Dabei wurden jeweils die Daten beider Elternpersonen und eines Kindes berücksichtigt. Für die auf das Eltern-Kind-Subsystem bezogenen Tests beruhen die Normdaten auf jeweils 285 Einzelpersonen. Für die Tests des Ehepartner-Subsystems und Familiensystems wurden die zugehörigen Einzeltests auf der Basis von 570 Einzelpersonen normiert. Die Normierung erfolgte anhand der Überführung der Rohwerte in eine Sten-Skala (englische Abkürzung für *s*tandard *t*en), für die ein Mittelwert von 5,5 und eine Streuung von 2 festgelegt ist. Die Normtabellen für die einzelnen Tests sind Bestandteil der Testmanuale zu den entsprechenden Berichten aus der FDTS-Berichtsserie (vgl. Schneewind, Beckmann & Hecht-Jackl 1985).

Der Zusammensetzung der in der Normstichprobe zusammengefaßten Familien liegen folgende Kriterien zugrunde: (a) *Alter der Kinder* (3 Stufen: 9-10jährige, 11-12jährige, 13-14jährige), (b) *Geschlecht der Kinder* (2 Stufen: Jungen, Mädchen), (c) *Schichtzugehörigkeit der Familien* entsprechend einem in Anlehnung an Scheuch (1970) entwickelten Schichtindex (3 Stufen: Unterschicht, Mittelschicht, Oberschicht). Weitere Klassifikationsgesichtspunkte wie Stadt-/Landzugehörigkeit oder Kinderzahl der Familie fanden bei der Normierung keine systematische Berücksichtigung. In anderen Auswertungszusammenhängen dienten jedoch einige dieser Aspekte als klassifikationsleitende Merkmale (vgl. Schneewind 1978, Schneewind, Beckmann & Engfer 1983). Einen Überblick über die Normstichprobe vermittelt Tab. 9.1.

Tab. 9.1   Zusammensetzung der Normierungsstichprobe

Schicht-zugehörigkeit der Familie	Alter des Kindes						Pers.
	9 -10 Jahre		11- 12 Jahre		13 - 14 Jahre		
	Geschlecht		Geschlecht		Geschlecht		
	Jungen	Mädchen	Jungen	Mädchen	Jungen	Mädchen	
Unterschicht	30	30	30	30	30	30	180
Mittelschicht	33	32	32	34	34	33	198
Oberschicht	34	31	32	32	30	33	192
Summe	97	93	94	96	94	96	570

Mögliche *Anwendungsfelder* für das FDTS liegen vornehmlich im Bereich (a) der Familienberatung, (b) der Familientherapie und (c) der Familienforschung. Der modulare Aufbau des FDTS ermöglicht eine auf spezifische Fragestellungen bzw. Probleme zugeschnittene Diagnostik, wobei gegebenenfalls im Sinne einer sequentiellen diagnostischen Strategie sich bei einer Veränderung bzw. Erweiterung der Fragestellung die Hinzunahme weiterer Einzeltests aus einzelnen Teiltestsystemen empfiehlt.

Für das *Anwendungsfeld Familienberatung* ist insbesondere an Institutionen der Erziehungs-, Eltern- und Familienberatung gedacht. Hierbei kann das FDTS über anamnestische und sonstige diagnostische Verfahren hinaus ergänzende und präzisierende Informationen über einzelne Beziehungskonstellationen sowie die Sichtweisen der jeweils beteiligten Familienmitglieder beitragen.

Für das *Anwendungsfeld Familientherapie* bietet sich der Einsatz des FDTS vor allem für die familientherapeutische Praxis sowie für kindertherapeutische Einrichtungen an. Dabei ist besonders an eine differenzierte Eingangsdiagnostik des gesamten Familiensystems und seiner Subsysteme zu denken. Die Gliederung des FDTS nach Beziehungskonstellationen, Beziehungsaspekten und Perzeptionsmodi gestattet es, die inhaltliche Struktur einzelner Beziehungsaspekte personbezogen zu erfassen sowie Perzeptionsdiskrepanzen aufzudecken und gegebenenfalls therapeutisch zu nutzen. Auch ein Einsatz des FDTS als therapiebegleitendes und/oder therapieevaluierendes Instrumentarium ist denkbar.

Für das *Anwendungsfeld Familienforschung* bietet sich für das FDTS eine Fülle von Anwendungsmöglichkeiten an. Hierzu gehören etwa Studien zur Analyse innerfamiliärer Interaktionsgepflogenheiten bei traditionellen und nicht-traditionellen Fami-

243

lienformen, Untersuchungen zur Analyse der familiären Beziehungsmuster zu unterschiedlichen Phasen des Familienlebenszyklus, Studien zur Konstanz und zum Wandel familiärer Interaktions-, Kommunikations- und Sozialisationsprozesse unter Berücksichtigung epochaler und lebenslagenspezifischer Gegebenheiten. Neben längerfristigen Entwicklungen, die kulturellen Wandel zum Thema haben, lassen sich auch Auswirkungen von mehr oder minder akuten bzw. chronischen Belastungen des Familienlebens (z.B.Trennung, Scheidung, Tod, Arbeitslosigkeit etc.) im Sinne der Familienstreßforschung (vgl. McCubbin & Figley 1983, Figley & McCubbin 1983) mit Hilfe des FDTS erfassen. Hierbei werden freilich zu einem umfassenderen Verständnis der Entwicklung von Personen und Personsystemen im Sinne einer kontextualistisch-transaktionalen Forschungsperspektive auch andere, über das innerfamiliäre Interaktionsgeschehen hinausgehende Einflußgrößen zu berücksichtigen sein (vgl. Belsky, Lerner & Spanier 1984, Schneewind, Beckmann & Engfer 1983).

Für die *anwendungsorientierte Forschung* bietet sich das FDTS vor allem für die wissenschaftliche Begleitforschung bei der Analyse von Modellprojekten (z.B.Scheidungsberatung), bei der Entwicklung und Evaluation von Elterntrainingsprogrammen oder bei der Kontrolle von Behandlungseffekten in der vergleichenden Beratungs- und Therapieforschung an (vgl. Becker & Minsel 1986).

Abschließend soll nicht unerwähnt bleiben, daß mit der Konzeption des FDTS nicht alle Probleme einer systemischen Familiendiagnostik ausgeräumt sind. Allein die Tatsache, daß das FDTS auf Fragebogenbasis entwickelt wurde, eröffnet Kritikpunkte, die für die Fragebogendiagnostik allgemein zu bedenken sind (vgl. Seitz 1977). Von daher empfiehlt es sich, je nach Fragestellung auch andere familiendiagnostische Verfahren, so z.B. beobachtungsorientierte, projektive oder bildhaft-metaphorische Verfahren, zusätzlich in die diagnostische Untersuchung mit einzubeziehen.

Zu nennen sind auch einige verbesserungsbedürftige Punkte, die sich auf bestimmte Einzeltests bzw. Testskalen des FDTS beziehen. Hierzu gehört etwa eine Erhöhung bzw. genauere empirische Abklärung der Konzeptvalidität einzelner Skalen, eine Erweiterung der vorliegenden Validitätsuntersuchungen einschließlich einer Kreuzvalidierung, eine Überprüfung der Skalenstabilitäten über eine längere zeitliche Erstreckung, eine Absicherung der Einzeltests gegen Anfälligkeit für Antworttendenzen etc..

Für manche Anwender mag es auch ein kritischer Punkt sein, daß das FDTS keine strikte Verankerung in einer bestimmten psychologischen Theorie (etwa einem psychodynamischen, lerntheoretischen oder handlungstheoretischen Ansatz) hat, sondern eher auf einer Beschreibung unterschiedlicher inhaltlicher Beziehungsaspekte innerhalb der Familie beruht, so wie sie sich im Rahmen eines Ansatzes zur multivariaten Strukturierung eines bestimmten Inhaltsbereichs des familiären Beziehungsgefüges ergeben haben. Damit ist nicht gesagt, daß die im FDTS zusammengefaßten Inhaltsdimensionen einzelner Beziehungsaspekte umfassend abgebildet sind. Im Gegenteil: Es ist eher zu vermuten, daß vortheoretische Voreingenommenheit der Verfasser die inhaltliche Ausgestaltung der Einzeltests des FDTS mitbestimmt haben.

Freilich muß dies nach unserer Auffassung kein Nachteil sein. Auch wenn das FDTS kein "lebendes System" im Sinne der Systemtheorie ist, hat es doch die Aufgabe, das Interaktionsverhalten und -erleben von lebenden Systemen abzubilden. Insofern sich lebende Systeme entwickeln und verändern, wäre es nur plausibel, auch das FDTS als ein Testsystem zu begreifen, das sich auf die Entwicklungs- und Veränderungsprozesse von Familien und ihrer Mitglieder einstellt. Mit anderen Worten: Wir fassen das FDTS als ein konzeptuell wie inhaltlich veränderungsoffenes Testsystem zur systemischen Familiendiagnostik auf. In diesem Sinne erhoffen wir uns Hinweise und Anregungen von den Anwendern des FDTS, die zu seiner Verbesserung und Erweiterung führen.

10. Die Analyse von Familien- und Eltern-Kind-Beziehungen in einer systemorientierten Perspektive

10.1 Einführende Bemerkungen

In den letzten Jahren ist eine bemerkenswerte Veränderung in der Analyse von Eltern-Kind-Beziehungen zu verzeichnen, die von einem theoretischen, methodologischen und anwendungsorientierten Perspektivenwechsel im Bereich der psychologischen Familienforschung herrührt. In *theoretischer Hinsicht* entwickelte sich der familiensystemorientierte Ansatz zu einem zentralen begrifflichen Bezugsrahmen, dessen Aspekte wie Ganzheitlichkeit, Organisation, Beziehungsstruktur als wesentliche Merkmale von Familien, d.h. Einheiten von sich gemeinsam entwickelnden Personen im Kontext gesehen werden (vgl. Kapitel 5 in diesem Band, Steinglass 1987, Thomas & Wilcox 1987). Auch in *methodologischer Hinsicht* hat sich systemisches Denken mehr und mehr durchgesetzt. Dies kann beispielsweise an Cromwell und Petersons (1983) Multisystem-Multimethoden-Konzept der Familiendiagnostik verdeutlicht werden, wobei es wesentlich um eine Unterscheidung zwischen verschiedenen Systemebenen (d.h. individuellem, dyadischem und Familiensystem) und unterschiedlichen diagnostischen Methoden (Selbstberichtverfahren, Verhaltensbeobachtungen und Therapeuten-Schätzurteile) geht. Bezüglich der *professionellen Anwendung* von familienbezogenem Wissen hat sich in neuerer Zeit eine Fülle von Methoden und Techniken zur Intervention in klinischen und pädagogischen Kontexten entwickelt, die ihre Wurzeln ebenfalls in einem systemorientierten Ansatz haben (z.B. Piercy, Sprenkle et al. 1986, Sherman & Fredman 1986).

Wenn man die Familie als eine Einheit von sich gemeinsam entwickelnden Personen im Kontext begreift, kann der Begriff "Kontext" unterschiedliche Bedeutungen annehmen. Zum einen kann sich dieser Begriff auf den *intrafamiliären Kontext* beziehen und damit die materiellen und sozialen Bedingungen umfassen, die einen direkten Einfluß auf die fortlaufenden Transaktionen innerhalb der Familie haben. Der Begriff intrafamiliärer Kontext ist damit weitgehend identisch mit dem, was Bronfenbrenner (1981) als Mikrosystem bezeichnet hat. Zum anderen kann man aber auch vom *extrafamiliären Kontext* sprechen, wodurch die Familie in einen größeren sozioökologischen Bezugsrahmen gestellt wird. Die Familienökologie kann dann weiter in unterschiedliche Systemeinheiten ausdifferenziert werden. Dies hat Bronfenbrenner (1981, 1986) mit seinem öko-systemischen Ansatz zur Analyse individueller und familiärer Entwicklungsverläufe vorgeschlagen, wobei er auf Konzepte wie Meso-, Exo- und Makrosystem zurückgreift. Der extrafamiliäre Kontext kann somit als eine außerhalb der Familie gegebene Opportunitätsstruktur gesehen werden, die direkt oder indirekt einen Einfluß auf die Qualität des Familienlebens hat. Obwohl es einige begriffliche und empirische Fortschritte bezüglich der Verknüpfung extra- und intrafamiliärer Aspekte innerhalb des familiären Lebensraumes gegeben hat, sind die Ergebnisse dieser Untersuchungen - auch wenn sie im allgemeinen eine Bestätigung für die Verknüpfung von extra- und intrafamiliären Faktoren erbringen - nicht so überzeugend, wie man das am Anfang erwartet hatte (z.B. Bronfenbrenner 1986, Schneewind 1989).

In diesem Beitrag liegt der Schwerpunkt nicht so sehr auf dem Zusammenspiel von extra- und intrafamiliären Einflüssen auf die Familie. Vielmehr stehen bestimmte Aspekte des intrafamiliären Kontexts, nämlich die interpersonalen Beziehungen innerhalb des Familiensystems, im Mittelpunkt des Interesses. Dabei wird zunächst ein Diagnoseinstrument zur Erfassung von Familienbeziehungen auf unterschiedlichen Systemebenen kurz beschrieben. Als zweites wird anhand einer kontrastierenden Familienfallstudie die Nützlichkeit dieses familiendiagnostischen Instruments unter Beweis gestellt. Anschließend werden dann Möglichkeiten und Grenzen dieses Ansatzes diskutiert und einige Hinweise für die zukünftige Forschung gegeben.

10.2 Das Familiendiagnostische Testsystem (FDTS)

Die Erfassung von verschiedenen Beziehungskonstellationen innerhalb der Familie kann durch den Einsatz unterschiedlicher Datenquellen erreicht werden. In einem häufig zitierten Beitrag haben Cromwell, Olson und Fournier (1976) eine Unterscheidung zwischen einer Insider- und einer Outsider-Perspektive vorgeschlagen. *Insider* sind alle Familienmitglieder, die erfahren, wie sie selbst und andere zu den verschiedenen Personen in Beziehung stehen, die zum Familiensystem gehören. Im Gegensatz dazu sind *Outsider* alle Personen (z.B. Freunde, Kollegen, Geistliche, professionelle Helfer), die eine Familie mehr oder weniger gut kennen und auf dieser Basis einen Eindruck von der Familie und ihren Mitgliedern gewinnen. Eine andere wichtige Unterscheidung, die ebenfalls von Cromwell et al. (1976) vorgeschlagen wurde, betrifft die Qualität der Daten, die bei der Untersuchung von Familien gewonnen werden. Die Daten sind entweder von subjektiver Natur (z.B. Selbstberichte, Schätzurteile), oder sie beziehen sich auf objektive Aspekte des Familienlebens (z.B. Verhaltensbeobachtungen).

Über dieses zweifache Klassifikationsschema hinaus gibt es eine Reihe anderer Dimensionen, die dazu dienen können, die diversen Instrumente der Familiendiagnostik zu beurteilen. Wir nennen hier zwei dieser Dimensionen, die im gegebenen Zusammenhang von besonderer Bedeutung sind. Zum einen kann die Familiendiagnostik - wie schon mit Bezug auf den Beitrag von Cromwell und Peterson (1983) erwähnt - sich auf unterschiedliche Familiensystemebenen beziehen (z.B. das gesamte Familiensystem, verschiedene Familiensubsysteme wie das Ehe-, Eltern-Kind- und Geschwistersubsystem sowie das intrapsychische System). Zum zweiten kann sich die Familiendiagnostik entweder auf einen ein- oder mehrdimensionalen Ansatz zur Messung von Familienbeziehungen gründen.

Im Hinblick auf dieses vierfache Klassifikationsschema basiert das familiendiagnostische Instrument, das diesem Beitrag zugrundeliegt, (a) auf der Insiderperspektive unter Berücksichtigung (b) subjektiver Selbstberichtdaten, die sich (c) auf verschiedene Familiensystemebenen beziehen und (d) eine multidimensionale Erfassung von Familienbeziehungskonstrukten erlauben. Wir haben diesem Instrument den Namen "Familiendiagnostisches Testsystem" (FDTS) gegeben. Eine ausführliche Beschreibung des FDTS findet sich an anderer Stelle (vgl. Kapitel 9 dieses Bandes, Schneewind, Beckmann & Hecht-Jackl 1985).

Das FDTS besteht aus einem Satz von insgesamt 29 Fragebögen, die - je nach der spezifischen familiären Beziehungskonstellation - zwischen 4 und 13 Beziehungskonstrukte zum Gegenstand haben. Besondere Aufmerksamkeit wurde bei der Entwicklung des FDTS auf das *Eltern-Kind-Subsystem* gerichtet, wobei vier Eltern-Kind-Konfigurationen (nämlich Mutter-Sohn-, Mutter-Tochter-, Vater-Sohn- und Vater-Tochter-Dyaden) unterschieden werden. In jeder Dyade wurde die Eltern-Kind-Beziehung sowohl aus der Perspektive der Elternperson als auch aus der Perspektive des entsprechenden Kindes erfaßt. Es ergeben sich somit acht verschiedene subjektive Gesichtspunkte der Personen, die an einer dyadischen Eltern-Kind-Beziehung beteiligt sind. Darüber hinaus haben wir drei verschiedene Erziehungsaspekte innerhalb des Eltern-Kind-Subsystems unterschieden. Diese sind: (a) Eltern-Kind-Einstellungen, d.h. Beurteilung einer bestimmten Elternperson oder eines bestimmten Kindes bezüglich der Qualität ihrer spezifischen Beziehung (z.B. Permissivität, Behütung, Inkonsistenz); (b) Eltern-Kind-Ziele, d.h. Beurteilungen, die eine bestimmte Elternperson oder ein bestimmtes Kind hinsichtlich der Ziele hat, die Eltern für ihre Kinder setzen (z.B. Leistungsehrgeiz, Konformität, Selbständigkeit); (c) Eltern-Kind-Verhalten, d.h. Beurteilungen einer bestimmten Elternperson oder eines bestimmten Kindes bezüglich konkreter verbaler und nicht-verbaler Verhaltensweisen der Elternperson gegenüber dem Kind (z.B. Belohnung, Bestrafung, Ausdruck von Ärger). Nimmt man die drei Beziehungsaspekte, die vier Eltern-Kind-Konfigurationen und die zwei Perspektiven innerhalb jeder dieser Konfigurationen zusammen, so addieren sich die verschiedenen Tests innerhalb des Eltern-Kind-Subsystems zu insgesamt 24 Einzeltests.

Neben den vier dyadischen Konstellationen des Eltern-Kind-Subsystems wurde das *Ehe-Subsystem* als eine weitere wichtige Beziehungsdyade erfaßt. Die entsprechenden Fragebögen umfassen vier Aspekte der wahrgenommenen ehelichen Interaktionen, nämlich "Zärtlichkeit", "Konflikt", "Resignative Unzufriedenheit" und "Unterdrückung", und zwar jeweils aus der Sicht der Ehefrau und des Ehemannes.

Zur Erfassung des *gesamten Familiensystems* wurde schließlich die Family Environment Scale (FES) in ihrer konzeptionellen Entwicklung von Moos und Koautoren (vgl. Moos 1974, Moos & Moos 1986) unter der Bezeichnung "Familienklimaskalen" für den deutschsprachigen Raum adaptiert (vgl. Schneewind 1988b, Schneewind, Beckmann & Hecht-Jackl 1985). Die *Familienklimaskalen* (FKS) bestehen aus 10 Subskalen, die verschiedene Aspekte der emotionalen Beziehungsqualität, des persönlichen Wachstums und der Systemerhaltung (z.B. "Kohäsion", "Selbständigkeit", "Kontrolle") erfassen. Auch die Familienklimaskalen waren so konzipiert, daß das wahrgenommene Familienklima aus der Perspektive der beiden Eltern und des jeweiligen Kindes erfaßt werden kann, was letztlich zu drei konzeptionell gleichartigen Erhebungsinstrumenten führte.

Die verschiedenen Untereinheiten von Tests, die das gesamte FDTS ausmachen, wurden entsprechend den üblichen psychometrischen Standards sorgfältig analysiert und erbrachten zufriedenstellende Reliabilitäten sowie faktoriell gültige Skalen. Normdaten sowie weitere Informationen zur Validität des FDTS wurden anhand einer repräsentativen Stichprobe von 570 deutschen Familien mit Kindern im Alter zwischen 9 und 14 Jahren ermittelt (vgl. Schneewind, Beckmann & Hecht-Jackl 1985).

Das FDTS ist als ein modulares Testsystem konzipiert. Dies bedeutet, daß die Subtests entsprechend den speziellen Interessen des Benutzers unabhängig verwendet werden können. Zugleich ergibt sich die Möglichkeit, die diagnostische Informationsbasis sukzessive zu erweitern, wenn die Fragestellung dies wünschenswert erscheinen läßt. In der Familienforschung kann das FDTS als ein diagnostisches Instrument in unterschiedlichen Einrichtungen der Familienberatung und Familientherapie (z.B. Familien- und Erziehungsberatungsstellen, kinderpsychiatrische Kliniken) sowie zur Evaluation von Präventions- und Interventionsprogrammen (z.B. Eltern-Kind-Trainingsprogramme, Scheidungsberatungsprogramme) Verwendung finden.

10.3 Intrafamiliäre Beziehungssysteme: eine kontrastierende Familienfallstudie

Im folgenden wird eine Untereinheit der verschiedenen FDTS-Module beschrieben, um die Anwendbarkeit des FDTS für eine systemorientierte Analyse von Eltern-Kind-Beziehungen zu illustrieren. Zu diesem Zweck wird methodisch auf das Konzept der kontrastierenden Familien-Fallstudie zurückgegriffen. In diesem Ansatz werden zwei vergleichbare Familien, die sich jedoch in ihren intrafamiliären Beziehungen auf der Familiensystemebene markant unterscheiden, hinsichtlich einer Reihe detaillierter Aspekte auf der dyadischen und intrapsychischen Subsystemebene einander gegenübergestellt. Die zentrale Hypothese dieses Ansatzes ist es, daß sich Unterschiede in der Struktur der Beziehungen auf unterschiedlichen Ebenen des Familiensystems und seiner Subsysteme manifestieren. Darüber hinaus wird die Hypothese vertreten, daß das besondere Muster der Beziehungskonstrukte innerhalb einer bestimmten Familie über die verschiedenen Systemebenen hinweg sinnvoll miteinander verknüpft werden und somit einen Beitrag zur differentiellen Familiendiagnose mit einem höheren Gültigkeitsanspruch leisten.

Im gegebenen Zusammenhang bezieht sich die Analyse auf zwei Familien - Familie B und Familie R -, die auf den ersten Blick in einer Reihe von Merkmalen sehr ähnlich zu sein scheinen. Beide Familien haben jeweils einen neunjährigen Sohn - Theo B und Karl R -, beide Söhne gehen in die vierte Klasse der Grundschule und sind in körperlicher sowie geistiger Hinsicht unauffällig. Die beiden Familien leben in unterschiedlichen, aber vergleichbaren Städten im Südwesten der Bundesrepublik Deutschland mit ca. 30.000 Einwohnern und vergleichbaren infrastrukturellen Gegebenheiten. Beide Familien wohnen in Eigenheimen und lassen sich hinsichtlich ihres sozioökonomischen Niveaus der oberen Mittelschicht zuordnen. Die Väter arbeiten beide in Positionen des mittleren Managements, während die Mütter keiner außerhäuslichen Berufstätigkeit nachgehen. Alles in allem sind die Familien B und R hinsichtlich objektiver Kriterien der Familienstruktur, ihrer materiellen Lebenslage und der außerfamiliären Umgebungsbedingungen einander sehr ähnlich.

10.3.1 Wahrgenommene Beziehungen auf der Familiensystemebene

Trotz der sozioökologischen Ähnlichkeiten der beiden Familien gibt es gleichermaßen eindrucksvolle Unterschiede in dem Muster der intrafamiliären Beziehungen auf

der Familiensystemebene. Dies wird deutlich, wenn wir einen Blick auf das wahrgenommene Familienklima der beiden Familien - erfaßt über die Familienklimaskalen
des FDTS - werfen. Abbildung 10.1 zeigt das *Familienklimaprofil* für die Familie B
und Familie R in Sten-Skalen-Einheiten (Mittelwert und Standardabweichung der
Sten-Skala: $\overline{X}$ = 5,5 und s = 2,0). Die Profile basieren auf zusammengefaßten Daten,
d.h. die individuellen Meßwerte wurden jeweils über alle drei Familienmitglieder
(Mutter, Vater und Sohn) gemittelt.

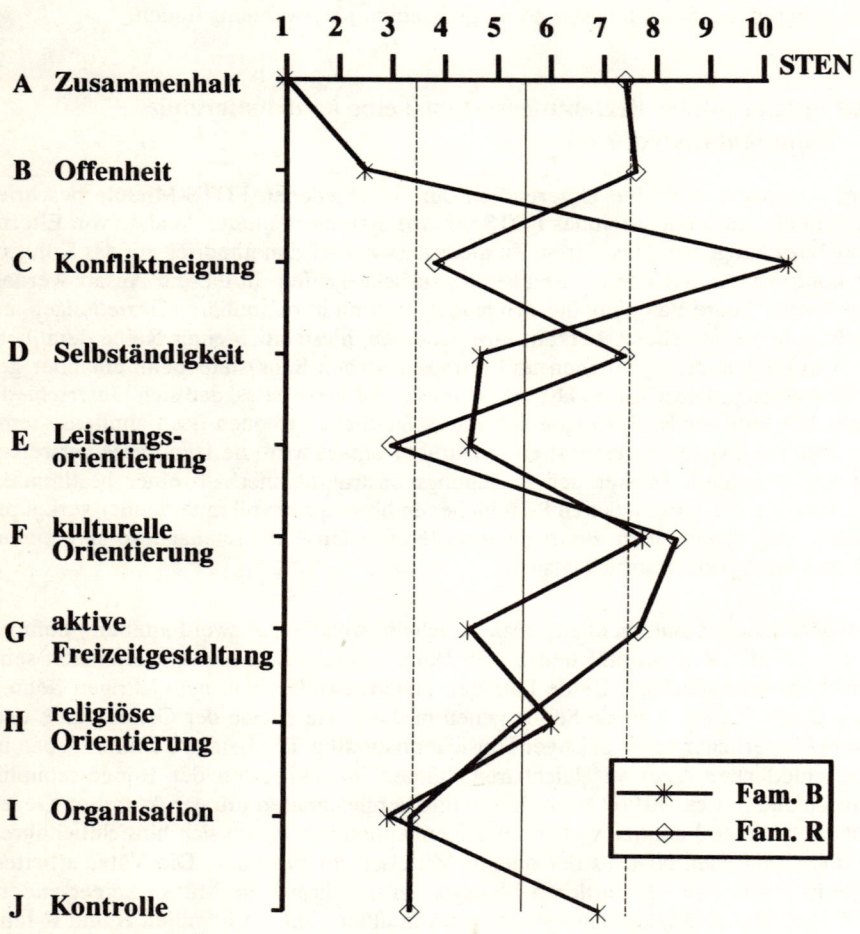

Abb. 10.1   Familienklimaprofile zweier kontrastierender Familien (zusammengefaßte Daten)

Bereits ein flüchtiger Blick auf Abbildung 10.1 läßt erkennen, daß die beiden Fami-
lienprofile eine recht unterschiedliche Gestalt haben. Bei Benutzung eines objektiven
Maßes zur Erfassung der Profilmusterähnlichkeit (vgl. Cattell 1949, Cattell et al.
1966) wird dieser Eindruck mit einem hochsignifikanten r_p = -.74 bestätigt. Es gibt

somit einen starken Hinweis darauf, daß die Familien B und R ihr jeweiliges Familienklima sehr unterschiedlich wahrnehmen.

Das Profil von Familie B fällt durch besonders markante Werte auf den Beziehungsdimensionen auf. Es zeigt sich ein extrem niedriger Grad von Kohäsion (Skala A) zusammen mit einem hohen Konfliktpotential (Skala C) und zugleich einem niedrigen Wert für Offenheit (Skala B) und Organisation (Skala I). Darüber hinaus ist das Ausmaß an wechselseitiger Kontrolle (Skala J) ziemlich stark ausgeprägt, während die beiden Skalen, die als hauptsächliche Indikatoren für ein anregendes Familienklima stehen (Skala F und G) sich auf einem mittleren Niveau bewegen. Insgesamt vermittelt das Familienklimaprofil der Familie B den Eindruck einer stark konfliktgeladenen und emotional negativen Familienatmosphäre, in der zugleich ein hohes Maß an intrafamiliären Kontrollen und Sanktionen zum Ausdruck kommt.

Im Gegensatz hierzu vermittelt das Familienklimaprofil der Familie R ein Beziehungsmuster, das ein recht zufriedenstellendes Familienleben nahelegt. Das Ausmaß an familiärer Solidarität (Skala A) ist stark ausgeprägt, gleichermaßen Spontaneität und Ausdrucksbereitschaft von Gefühlen (Skala B), während die Konfliktneigung eher gering ist (Skala C). Auch ist der Skalenwert für familiäre Organisation (Skala I) eher niedrig. Jedoch scheint dies - im Gegensatz zu Familie B - weniger ein Zeichen einer gestörten intrafamiliären Kommunikation zu sein, sondern eher ein Ausdruck einer insgesamt flexiblen und undogmatischen Regelhandhabung innerhalb der Familie R (vgl. Skala J). Darüber hinaus scheint Familie R die Gewährung von persönlicher Selbständigkeit (Skala D) als einen besonderen Wert zu schätzen, wohingegen Leistungsorientierung (Skala E) eine geringere Rolle spielt. Dies kann wiederum als ein eher personorientierter und anpassungsoffener familiärer Lebensstil interpretiert werden. Schließlich bewegen sich die Kennwerte für intellektuell-kulturelle Orientierung und aktive Freizeitgestaltung (Skala F und G) auf einem deutlich überdurchschnittlichen Niveau und signalisieren damit ein aktives, offenes und stimulierendes Familienleben. Insgesamt läßt sich aus dem Familienprofil der Familie R ein hohes Maß an positiver Emotionalität, Aktivität und Lebendigkeit erschließen, das mit einer flexiblen Gestaltung von Familienregeln einhergeht und den einzelnen Familienmitgliedern einen relativ großen Bewegungsspielraum läßt.

10.3.2 Wahrgenommene Beziehungen auf der Ebene des Ehe-Subsystems

Bisher haben wir die zusammengefaßten Familienklimadaten benutzt, um ein Bild von der Beziehungsstruktur zu erhalten, so wie es sich für die Familien B und R auf der Ebene des gesamten Familiensystems darstellt. Als nächstes werden wir auf der Ebene des Ehe-Subsystems etwas genauer untersuchen, wie die Ehemänner und Ehefrauen in beiden Familien ihre Partnerbeziehung wahrnehmen. Zu diesem Zweck wird das Ehepartner-Beziehungs-Testsystem (EB-Testsystem) des FDTS herangezogen. Dieser Fragebogen besteht aus 48 Items, mit deren Hilfe vier faktoriell gewonnene Aspekte der ehelichen Beziehung jeweils aus der Sicht des Ehemanns und der Ehefrau erfaßt werden. Die vier Skalen - jeweils verdeutlicht mit einem Beispiel-Item, sind (a) *Zärtlichkeit* ("In meiner Ehe genieße ich es, mit meinem Partner alleine zu sein"); (b) *Konflikt* ("In unserer Ehe gibt es eine Menge Streitigkeiten und Auseinandersetzungen"); (c) *Resignative Unzufriedenheit* ("In unserer Ehe vermisse ich jegliche Anregung und Abwechslung"); (d) *Unterdrückung* ("In unserer Ehe gebe ich nach, nur um des lieben Friedens willen"). Die Skalenreliabilitäten liegen zwischen $r_{tt} = .88$ und $r_{tt} = .98$.

In Abbildung 10.2 sind die *Ehepartnerbeziehungsdaten* für Herrn und Frau B bzw. für Herrn und Frau R dargestellt. Ähnlich wie bei den Familienklimaskalen wurden die Rohwerte in Sten-Skalenwerte transformiert. Darüber hinaus wurden die individuellen Profile mit Hilfe des Cattellschen r_p-Koeffizienten verglichen (vgl. Cattell 1949).

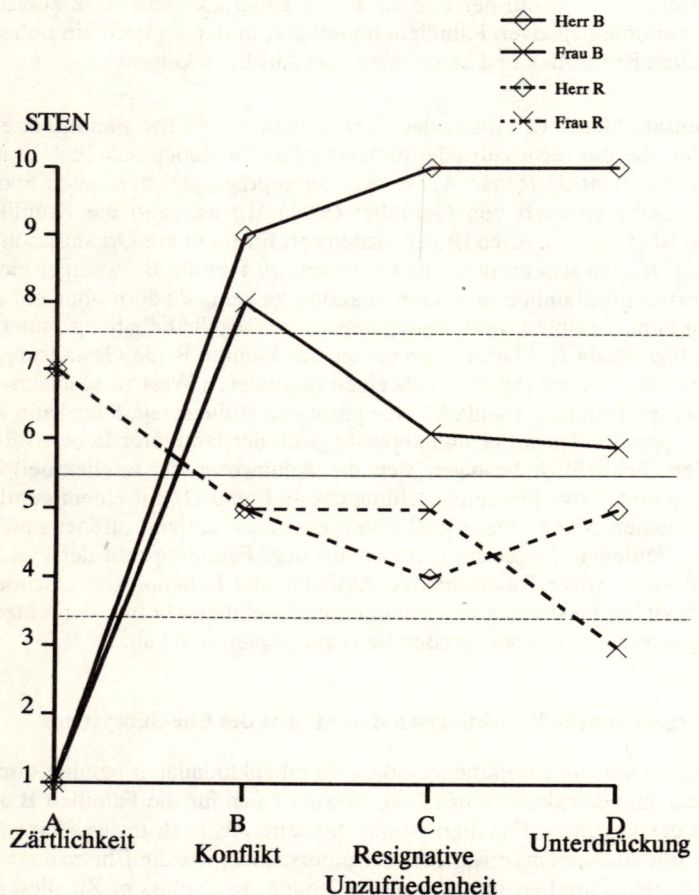

Abb. 10.2   Profile der Ehepartnerbeziehungen für zwei kontrastierende Familien

Das Profilmuster von Herrn und Frau R läßt eine Ähnlichkeit von $r_p = .67$ ($p < .05$) auf, während sich für Herrn und Frau B ein nichtsignifikanter Wert von $r_p = -.10$ ergibt, der im wesentlichen auf Unterschiede in der Skala "Resignative Unzufriedenheit" (Skala C) und "Unterdrückung" (Skala D) zurückzuführen ist. Bei einem Vergleich der Profile zwischen den beiden Familien ergibt sich, daß Herrn B's Profil den entsprechenden Profilen von Herrn und Frau R unähnlicher ist (r_p = -.62 und -.65, p < .01) als Frau B's Profil im Vergleich zu beiden Partnern der Familie R (r_p = -.30 und -.34, p < .05).

Vergleicht man die Profile in Abbildung 10.2 auf Subskalen-Niveau, so zeigt sich, daß Herr und Frau R beide leicht erhöhte Kennwerte auf der Zärtlichkeitsskala (Skala A) haben, wohingegen die Werte der übrigen Subskalen eine mittlere Ausprägung aufweisen. Eine Ausnahme ergibt sich für Frau R, die einen deutlich niedrigeren Wert auf der Unterdrückungsskala (Skala D) erhält. Beide Ehepartner der Familie R scheinen somit eine emotional stabile und befriedigende Partnerbeziehung zu erleben, wobei für die vier Beziehungskonstrukte keine markanten Abweichungen in der einen oder anderen Richtung festzustellen sind.

Im Gegensatz dazu erleben Herr und Frau B ihre Beziehung in erheblichem Maße als extrem belastet. Ihr Zärtlichkeitswert (Skala A) ist bei beiden extrem niedrig ausgeprägt, während sie auf der anderen Seite in ihrer Partnerbeziehung ein recht hohes Konfliktniveau (Skala B) erleben. Bezüglich der Aspekte "Unzufriedenheit" und "Unterdrückung" (Skala C und D) erzielt Herr B auf beiden Skalen extrem hohe Werte, wohingegen die entsprechenden Kennwerte seiner Frau sich auf einem mittleren Niveau bewegen. Dies deutet darauf hin, daß sich Herr B erlebnismäßig in einer noch belasteteren Situation befindet als Frau B.

Eine weitere Bestätigung dieser recht drastischen Unterschiede zwischen den beiden Familien auf der Ebene des Ehe-Subsystems ergibt sich aus Informationen, die zusätzlich zu den Daten des EB-Testsystems erhoben wurden. Auf der Basis eines an anderer Stelle ausführlicher beschriebenen Persönlichkeitsratingsystems (vgl. Schneewind 1982a) wurde ein Persönlichkeitsunzufriedenheitsmaß entwickelt.

Beide Partner einer Ehedyade hatten die Persönlichkeitsmerkmale ihrer Partner nach folgenden zwei Instruktionen zu beurteilen: Zunächst wurden sie gebeten, die Persönlichkeit ihres Partners so zu beurteilen, wie sie diese in Wirklichkeit sehen (reale Partner-Persönlichkeit). In einem zweiten Durchgang wurden die Partner dann aufgefordert, ihre Partner so einzuschätzen, wie sie deren Persönlichkeit gerne haben möchten (ideale Partner-Persönlichkeit). Diesem Vorgehen lag die Vermutung zugrunde, daß die Höhe der Diskrepanzen zwischen der realen und idealen Partner-Persönlichkeit das Ausmaß der Unzufriedenheit mit dem jeweiligen Partner widerspiegelt.

In Abbildung 10.3 finden sich die Persönlichkeitsunzufriedenheitswerte für beide Ehepartner der Familie B und der Familie R. Die Daten beziehen sich auf vier faktoriell abgeleitete Persönlichkeitsdimensionen, die jeweils mit drei bipolaren, siebenstufigen Ratingskalen gemessen wurden. Die drei Einschätzungen pro Persönlichkeitsdimension wurden gemittelt und ergaben somit einen Kennwert, der zwischen 0 (niedrige Persönlichkeitsunzufriedenheit) und 6 (hohe Persönlichkeitsunzufriedenheit) variieren kann. In Abbildung 10.3 beziehen sich die F→M-Werte auf die Ehefrau-

Ehemann-Beziehung aus der Sicht der Ehefrau, während die M→F-Werte sich auf die entsprechenden Persönlichkeitsunzufriedenheitsmaße aus der Sichtweise des Ehemanns beziehen.

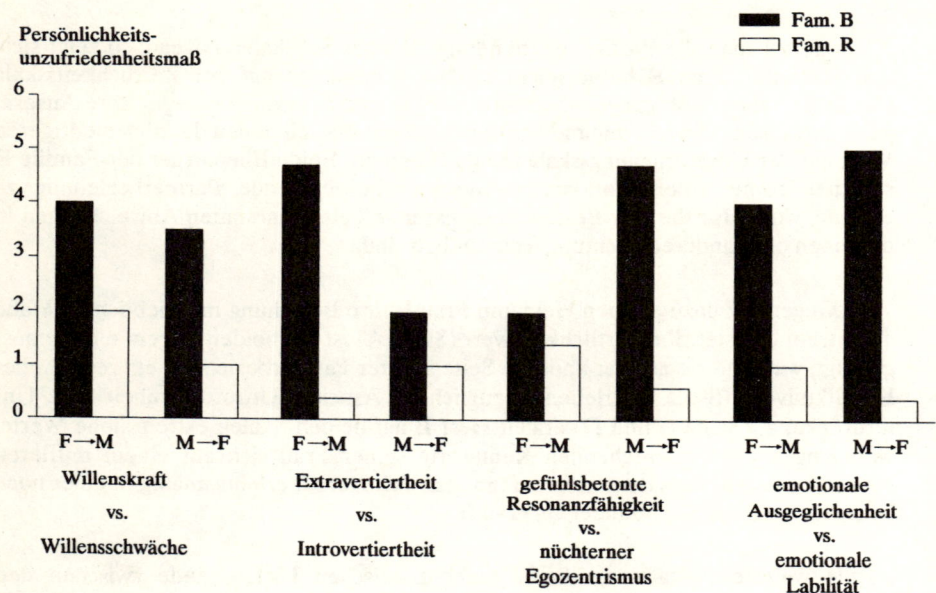

Abb. 10.3   Persönlichkeitsunzufriedenheitsmaße in den Ehebeziehungen von zwei kontrastierenden Familien

Obwohl für die Persönlichkeitsunzufriedenheitsmaße keine Normdaten vorliegen, läßt sich aus Abbildung 10.3 leicht erkennen, daß zwischen der Familie B (schwarze Balken) und Familie R (weiße Balken) deutliche Unterschiede ergeben. Über alle vier Persönlichkeits-Dimensionen hinweg errechnet sich für Herrn B ein durchschnittlicher Persönlichkeitsunzufriedenheitswert von 3,75 und für seine Frau ein nur geringfügig niedrigerer Wert in Höhe von 3,67. Im Gegensatz dazu ist das Ausmaß an wechselseitiger Persönlichkeitsunzufriedenheit in der Familie R sehr niedrig ausgeprägt. Für Herrn R ergibt sich ein durchschnittlicher Wert von 0,75 und für Frau R ein entsprechender Wert von 1,17.

Diese Daten können somit als weiterer Beleg für die stark belastete Partnerbeziehung von Herrn und Frau B bewertet werden. Darüber hinaus ergeben sich auf dem Hintergrund eines weitgehend ausbalancierten Bildes für die Familie R einige interessante Unterschiede zwischen den Partnern der Familie B hinsichtlich der vier Persönlichkeitsdimensionen. Abgesehen davon, daß beide Partner sich offenkundig besonders stark durch die emotionale Labilität und Willensstärke des jeweiligen Partners ir-

ritiert fühlen, beklagt sich Frau B vor allem über die zurückgezogene und verschlosse-
ne Haltung ihres Ehemanns. Dies manifestiert sich in einem Persönlichkeitsunzufriedenheitsmaß von 4,67 auf der Dimension "Extravertiertheit vs. Introvertiertheit", für
die sich bei ihrem Ehemann lediglich ein entsprechender Wert von 2,0 ergibt. Auf der
anderen Seite ist Herr B offenkundig besonders beeindruckt von dem Mangel an Sensibilität und Verständnis, das ihm seine Frau entgegenbringt. Dies läßt sich dem
hohen Unzufriedenheitswert von 4,67 auf der Dimension "Gefühlsbetonte Resonanz-
fähigkeit vs. Nüchterner Egozentrismus" erschließen, während seine Frau mit einem
Wert von 2,0 auf dieser Dimension ein wesentlich niedrigeres Unzufriedenheitsmaß
erzielt. Diese Unterschiede können - z.B. im Falle einer Eheberatung - als wertvolle
Informationen benutzt werden, wenn es darum geht, auf die Qualität des ehelichen
Beziehungssystems Einfluß zu nehmen.

Zusammenfassend ist festzuhalten, daß die Daten des EB-Testsystems und die
Befunde der Persönlichkeitsunzufriedenheitsanalyse deutlich machen, wie sehr Herr
und Frau B ihre Partnerschaft als unbefriedigend, emotional belastet, konfliktgeladen
und persönlichkeitsabwertend sehen. Ganz das Gegenteil scheint für die Partnerbeziehung von Herrn und Frau R zuzutreffen. Obwohl man sicher nicht sagen kann, daß
sie ihre Ehe in allen Bereichen als perfekt wahrnehmen, erleben sie doch ihre Beziehung im wesentlichen als befriedigend und gekennzeichnet durch ein hohes Maß an
wechselseitiger persönlicher Akzeptanz.

10.3.3 Wahrgenommene Beziehungen auf der Ebene des Eltern-Kind-Subsystems

Da aus Raumgründen nicht alle Daten, die sich auf das Eltern-Kind-Subsystem beziehen, dargestellt werden können, sollen im folgenden zwei Befunde mitgeteilt
werden, die die Eltern-Kind-Beziehung aus der Elternsicht beleuchten.

Wie erinnerlich sind Theo B und Karl R die jeweils 9-jährigen Söhne der beiden
vergleichenden Familien. Sie sind in der folgenden Beziehungsanalyse die Zielperso-
nen des elterlichen Erziehungsverhaltens. Zunächst werden die Daten des Testsystems zur Erfassung elterlicher Erziehungseinstellungen (ES-Testsystem), das Teil des
FDTS ist, präsentiert. Das ES-Testsystem besteht aus elf faktorenanalytisch gewonnenen Skalen, die unterschiedliche Einstellungsaspekte der Eltern gegenüber einem bestimmten Kind messen. Je nachdem, welche Eltern-Kind-Konstellation (z.B. Mutter-
Sohn, Vater-Sohn, etc.) untersucht wird, erhält das Erziehungseinstellungs-Testsystem
bis zu 117 Items.

Die Kurzbeschreibung der Erziehungseinstellungsskalen für die Mutter-Sohn- und
Vater-Sohn-Version zusammen mit jeweils einem Beispielitem lauten wie folgt: (A)
Permissivität ("Ich finde es in Ordnung, wenn mein Sohn meinen Anordnungen nicht
folgt"); (B) *Selbstkritik* ("Manchmal habe ich Zweifel, ob ich meinen Sohn so behand-
le, wie ich eigentlich sollte"); (C) *Autoritäre Rigidität* ("Was mein Sohn tut oder nicht
tut, hängt einzig und allein von mir ab"); (D) *Behütung* ("Ich beschütze meinen Sohn
vor allen Widrigkeiten des Lebens"); (E) *Gelassenheit/Souveränität* ("Ich vermeide es,
die Schwächen meines Sohnes auszunutzen"); (F) *Experimentieren* ("In der Erziehung
meines Sohnes probiere ich öfter etwas Neues aus"); (G) *Erziehungskonflikt* ("Mein

Mann/meine Frau und ich haben oft unterschiedliche Ansichten über die Erziehung unseres Sohnes"); (H) *Ähnlichkeit* ("Mein Sohn und ich haben viel gemeinsam"); (I) *Orientierung am selbsterfahrenen Erziehungsstil* ("ich erziehe meinen Sohn in genau derselben Weise, wie ich erzogen wurde"); (J) *Inkonsistenz* ("Wenn ich meinen Sohn für etwas besonders belohnt habe, kann es vorkommen, daß ich das nächste Mal überhaupt nicht darauf eingehe"); (K) *Geplantsein des Kindes* ("Wir haben bewußt geplant, wann wir unseren Sohn haben wollen"). Die Skalenreliabilitäten für das Testsystem zur Erfassung elterlicher Erziehungseinstellungen liegen zwischen $r_{tt} = .81$ und $r_{tt} = .98$. Bezüglich weiterer Informationen zur Validität des ES-Testsystems wird auf Schneewind, Beckmann und Hecht-Jackl (1985) verwiesen.

Abbildung 10.4 zeigt die Eltern-Kind-Beziehungsdaten für beide Eltern der Familie B und R. Auch hier wurden die Rohwerte in Sten-Skalen-Werte überführt, was einen Profilvergleich innerhalb und zwischen den Familien mit Hilfe Cattells (1949) Profilmusterähnlichkeitskoeffizienten r_p erlaubt.

Bei einem Blick auf die Profilähnlichkeiten innerhalb und zwischen den Familien stellt sich heraus, daß sich Herr und Frau B in ihren Profilen leicht unterscheiden ($r_p = -.19$), während Herr und Frau R zu mehr Ähnlichkeit ihrer Profile tendieren ($r_p = .12$). Beide Koeffizienten erreichen jedoch nach den von Horn (1961) erarbeiteten Tabellen für r_p nicht die üblichen Signifikanzniveaus.

Bei der Auswertung von Eltern-Kind-Beziehungsdaten kann man jedoch argumentieren, daß im Falle einer kontrastierenden Familienanalyse Profilvergleiche *zwischen* den Familien - insbesondere im Hinblick auf Vergleiche der Elternteile mit gleichem Geschlecht - von größerer Bedeutung sind als Profilvergleiche *innerhalb* der Familien. Bei einer entsprechenden Analyse stellt sich heraus, daß beide Väter, Herr B und Herr R, recht unterschiedliche Einstellungen gegenüber ihren Söhnen haben ($r_p = -.43$, $p < .01$). Zugleich ist bei einem Vergleich der beiden Mütter die Profilunähnlichkeit nur unwesentlich geringer als bei den Vätern ($r_p = -.38$, $p < .05$). Dabei sollte man jedoch berücksichtigen, daß Profilmusterähnlichkeitskoeffizienten nur eine sehr summarische Aussage darüber erlauben, wie nah oder entfernt zwei Profile sind. Es ist daher unerläßlich, einen genaueren Blick auf die Ausprägungsgrade der verschiedenen Skalen des ES-Testsystems zu werfen.

Abgesehen von der Tatsache, daß Theo B offenkundig im Gegensatz zu Karl R ein "geplantes" Kind war (Skala K), stellt sich heraus, daß Theo B's Eltern in starkem Maße Uneinigkeiten und Konflikte bezüglich der Erziehung ihres Sohnes erleben (Skala E). Dies ist ein weiterer Indikator für die belastete Beziehung zwischen Herrn und Frau B, die offenkundig nicht nur auf ihre eheliche Beziehung beschränkt ist, sondern sich auch auf eine verschlechterte Koordination ihrer elterlichen Rollen verallgemeinern läßt. Darüber hinaus wird deutlich, daß Theo B's Mutter eine wesentlich weniger problematische Beziehung zu ihrem Sohn hat als ihr Ehemann. Dies kann aus den deutlich überdurchschnittlichen Werten erschlossen werden, die Herr B auf den Skalen "Selbstkritik" (Skala B), "Autoritäre Rigidität" (Skala C) und "Inkonsistenz" (Skala J) erhält. Darüber hinaus hat Herr B das Gefühl, daß sein Sohn wenig mit ihm gemein hat (Skala H), was als Indikator für emotionale Distanz gewertet werden kann.

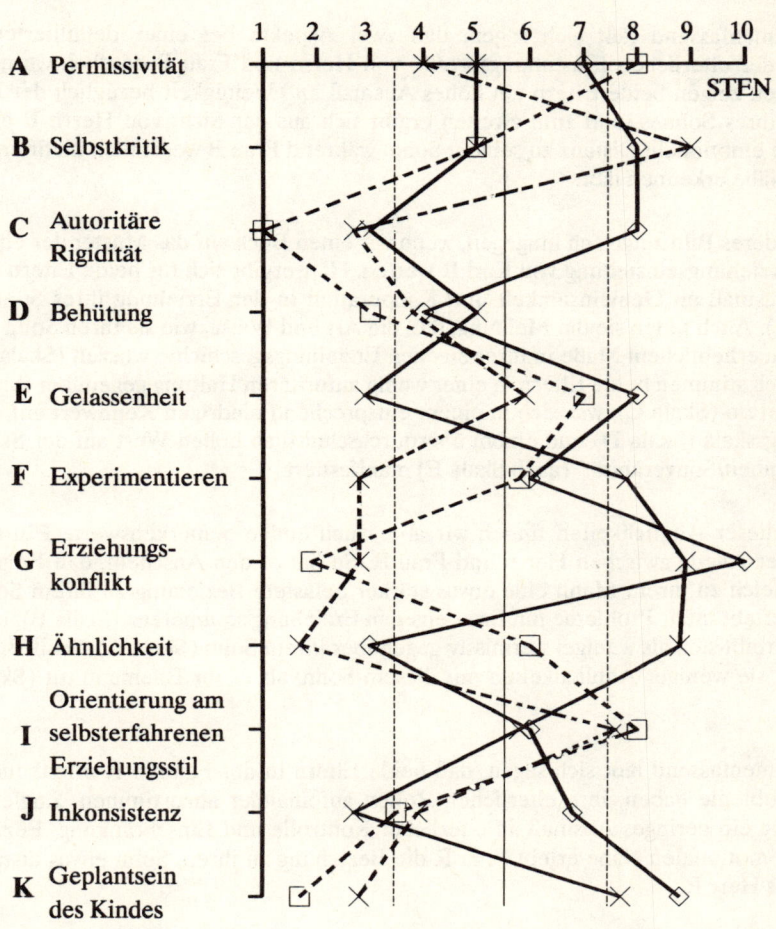

1 2 3 4 5 6 7 8 9 10

A   Permissivität

STEN

B   Selbstkritik

C   Autoritäre Rigidität

D   Behütung

E   Gelassenheit

F   Experimentieren

G   Erziehungs-konflikt

H   Ähnlichkeit

I   Orientierung am selbsterfahrenen Erziehungsstil

J   Inkonsistenz

K   Geplantsein des Kindes

Abb. 10.4   Elterliche Erziehungseinstellungen in den Mutter-Sohn- und Vater-Sohn-Beziehungen von zwei kontrastierenden Familien

Auf dem Hintergrund dieser Skalenkonfiguration hat es den Anschein, daß die deutlich hohen Werte, die Herr B auf den Skalen "Gelassenheit/Souveränität" (Skala E) und "Permissivität" (Skala A) erhält, als weitere Hinweise auf eine eher distanzierte und uninteressierte Haltung gegenüber seinem Sohn interpretiert werden können.

Ganz im Gegensatz zu ihrem Ehemann scheint Frau B gegenüber ihrem Sohn eher nachsichtig (Skala C) und in ihrem Erziehungsverhalten konsistent (Skala J) zu sein. Außerdem erlebt sie mehr Ähnlichkeiten mit ihrem Sohn (Skala H) und schließlich

257

scheint sie stärker in die Erziehungsangelegenheiten involviert zu sein, was aus den deutlich vom Durchschnitt abweichenden Werten auf der Skala "Gelassenheit/Souveränität" (Skala E) und "Experimentieren" (Skala F) zu erschließen ist.

Zusammenfassend läßt sich sagen, daß zwei Aspekte bei einer detaillierteren Analyse der elterlichen Einstellungsprofile von Herrn und Frau B deutlich werden. Zum einen zeigen beide Eltern ein hohes Ausmaß an Uneinigkeit bezüglich der Erziehung ihres Sohnes, und zum zweiten ergibt sich aus der Sicht von Herrn B eine deutliche emotionale Distanz zu seinem Sohn, während Frau B wesentlich mehr emotionale Nähe erkennen läßt.

Ein anderes Bild zeigt sich hingegen, wenn wir einen Blick auf das Muster der elterlichen Erziehungseinstellung von Karl R werfen. Hier ergibt sich für beide Eltern ein hohes Ausmaß an Gemeinsamkeit und Kooperation in der Erziehung ihres Sohnes (Skala G). Auch teilen sie die Meinung, daß die Art und Weise, wie sie ihren Sohn erziehen, in erheblichem Maße in ihrer eigenen Erziehungsgeschichte wurzelt (Skala I). Schließlich stimmen beide Eltern in einer wenig autoritären Haltung gegenüber ihrem Sohn überein (Skala C), was sich in einem entsprechend niedrigen Kennwert auf der Behütungsskala (Skala D) und einem überdurchschnittlich hohen Wert auf der Skala "Gelassenheit/Souveränität" (auch Skala E) manifestiert.

Trotz dieser Ähnlichkeiten finden wir aber auch einige bemerkenswerte Einstellungsunterschiede zwischen Herrn und Frau R. So hat es den Anschein, daß Frau R im Vergleich zu ihrem Mann eine etwas stärker belastete Beziehung zu ihrem Sohn hat. Sie erlebt mehr Probleme mit ihrer eigenen Erziehungskompetenz (Skala B), und sie beschreibt sich als weniger permissiv gegenüber ihrem Sohn (Skala A). Schließlich berichtet sie weniger Ähnlichkeiten mit diesem Sohn, als es ihr Ehemann tut (Skala H).

Zusammenfassend läßt sich sagen, daß beide Eltern in der Familie R offenkundig keine Probleme haben, ihre elterlichen Rollen aufeinander abzustimmen. Zugleich äußern sie ein geringes Ausmaß an elterlicher Kontrolle und Einschränkung. Bezüglich der emotionalen Nähe erlebt Frau R die Beziehung zu ihrem Sohn etwas distanzierter als Herr R.

Um einige zusätzliche Hinweise auf die Qualität der Eltern-Kind-Beziehungen aus der Sichtweise der Eltern zu erhalten, wurde analog zu dem bereits beschriebenen Verfahren auf der Ebene des Ehesubsystems eine Analyse der wahrgenommenen Persönlichkeitsunzufriedenheitsmaße vorgenommen. Der Berechnungsmodus war identisch mit dem im vorhergehenden Abschnitt beschriebenen Verfahren, außer daß diesmal die Persönlichkeitsunzufriedenheitsmaße von beiden Eltern bezüglich ihrer jeweiligen Söhne erhoben wurden. Abbildung 10.5 vermittelt einen Eindruck von den Ergebnissen dieser Analyse. Die M→S- und V→S-Kennzeichnungen in Abbildung 10.5 beziehen sich auf die mütterlichen bzw. väterlichen Persönlichkeitsunzufriedenheitsmaße bezüglich ihrer Söhne. Die schwarzen Balken stellen die Daten für Familie B und die weißen Balken die Ergebnisse für Familie R dar.

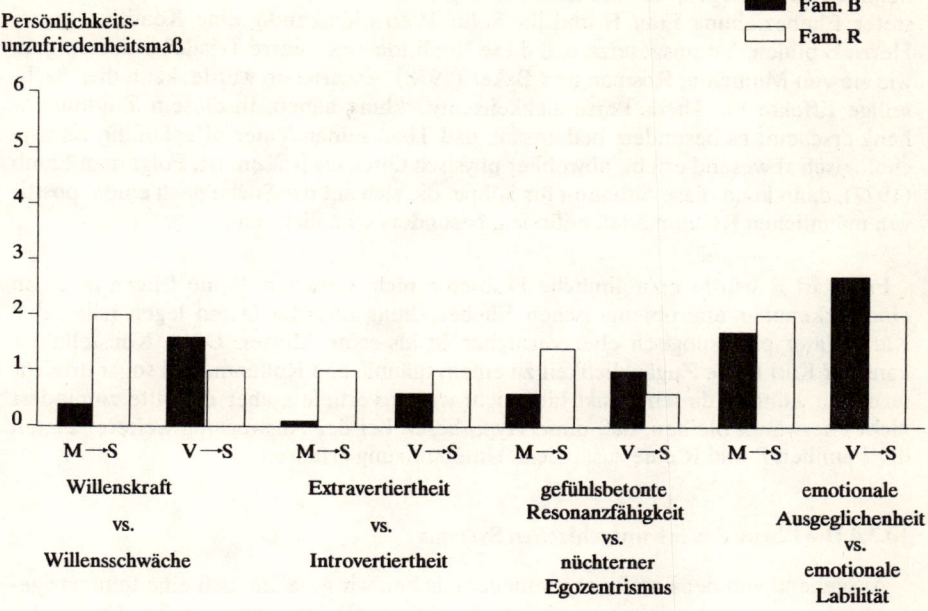

Abb. 10.5 Persönlichkeitsunzufriedenheitsmaße in den Mutter-Sohn- und Vater-Sohn-Beziehungen von zwei kontrastierenden Familien

Obwohl auch in diesem Fall keine Normdaten zum Vergleich der wahrgenommenen Persönlichkeitsunzufriedenheitsmaße zur Verfügungn stehen, wird bei einem Blick auf Abbildung 10.5 unmittelbar deutlich, daß im Schnitt die Ausprägung der Kennwerte recht klein ist. Die spricht dafür, daß die Eltern beider Familien im großen und ganzen mit der Persnölichkeit ihres jeweiligen Sohens wenig Probleme haben. Am stärksten scheinen sich beide Elternpaare durch das unruhige Temperament ihrer Söhne herausgefordert zu fühlen. Es verdient aber auch Erwähnung, daß es innerhalb und zwischen den Familien deutliche Unterschiede gibt. Während in Familie B Theos Mutter deutlich weniger kritisch gegenüber ihrem Sohn ist als ihr Ehemann (Frau B's durchschnittlicher Unzufriedenheitsscore ist 0.75, im Gegensatz zu Herrn B's entsprechendem Kennwert von 1.50), trifft zeimlich genau das Umgekehrte auf Familie R zu (Frau R's Persönlichkeitsunzufriedenheitsmaß ist 1.50 und Herrn R's Kennwert 1.00). Dies steht im Einklang mit den Daten aus der Analyse der elterlichen Erziehungseinstellungen. Es sei daran erinnert, daß Frau B eine größere Nähe zu ihrem Sohn erlebt als Herr B, während in Familie R es Herr R ist, der sich seinem Sohn emotional näher fühlt, als dies seine Frau tut.

Obwohl diese Unterschiede nicht überbewertet werden sollten, scheinen die Daten dennoch nahezulegen, daß auf dem Hintergrund von Herrn und Frau B's stark belasteter Ehebeziehung Frau B und ihr Sohn Theo offenkundig eine Koalition gegen Herrn B bilden. Vorausgesetzt, daß diese Koalition eine "starre Triade" widerspiegelt, wie sie von Minuchin, Rosman und Baker (1978) beschrieben wurde, kann dies nachteilige Effekte für Theos Persönlichkeitsentwicklung haben. In diesem Zusammenhang erscheint es besonders bedeutsam, daß Theo seinen Vater offenkundig als psychologisch abwesend erlebt, obwohl er physisch durchaus präsent ist. Folgt man Lamb (1977), dann kann diese Situation für Söhne, die sich auf der Suche nach einem positiven männlichen Rollenmodell befinden, besonders schädlich sein.

Für Karl R würde man ähnliche Probleme nicht erwarten. Seine Eltern leben in einer erkennbar unproblematischen Ehebeziehung und die Daten legen nahe, daß Karls Vater psychologisch eher verfügbar ist als seine Mutter. Diese Konstellation kann für Karl R die Zugänglichkeit zu einem männlichen Rollenmodell sogar erleichtern. Wir können diesen Punkt hier nicht weiter vertiefen, aber es sollte zumindest nicht unerwähnt bleiben, daß diese Hypothesen bei der Auswertung weiterer Daten der Familien B und R eine zusätzliche Unterstützung erfahren.

10.3.4 Die Ebene des intrapsychischen Systems

Ausgehend von der Familiensystemebene haben wir gesehen, daß eine feinrastrigere Analyse der wahrgenommenen intrafamiliären Beziehungen auf der Ebene des ehelichen und Eltern-Kind-Subsystems uns zu einem besseren Verständnis der beiden zu vergleichenden Familien geführt hat. Wenn die Daten, die bisher präsentiert wurden, hinreichend konsistent und stabil sind, läßt sich vermuten, daß die Qualität der Beziehungen in den verschiedenen Familien sich auch auf der Persönlichkeitsebene manifestiert. Dies sollte insbesondere für die Persönlichkeitsstruktur der beiden Jungen mit jeweils unterschiedlichem familiären Beziehungshintergrund zutreffen, da sich beide noch in der Phase ihrer Persönlichkeitsformung befinden. Es wird daher im folgenden untersucht, wie sich Theo B und Karl R auf der intrapsychischen oder Persönlichkeitsebene unterscheiden.

Zum Zweck der Persönlichkeitserfassung wurde auf einen deutschsprachigen mehrdimensionalen Persönlichkeitsfragebogen (PFK 9-14) zurückgegriffen, der speziell für Kinder und Jugendliche im Alter von 9 bis 14 Jahren entwickelt wurde (vgl. Seitz & Rausche 1976). Der Fragebogen besteht aus 15 faktorenanalytisch gewonnenen Skalen, die sich drei breiten Persönlichkeitskategorien zuordnen lassen. Es sind dies: *Verhaltensstile* (z.B. emotionale Erregbarkeit), *Motive* (z.B. aggressives Bedürfnis nach Ich-Durchsetzung) und *Selbstbild-Aspekte* (z.B. Selbstüberzeugung hinsichtlich eigener Meinungen). Bezüglich der Informationen zu den psychometrischen Eigenschaften dieses Persönlichkeitsinventars sei auf das Testmanual von Seitz und Rausche (1976) verwiesen.

Abbildung 10.6 gibt einen Überblick über die Persönlichkeitsanalyse von Theo B und Karl R. Wiederum wurden die Rohwerte der 15 Skalen in Sten-Skaleneinheiten überführt und dann zu einem Persönlichkeitsprofil verbunden.

260

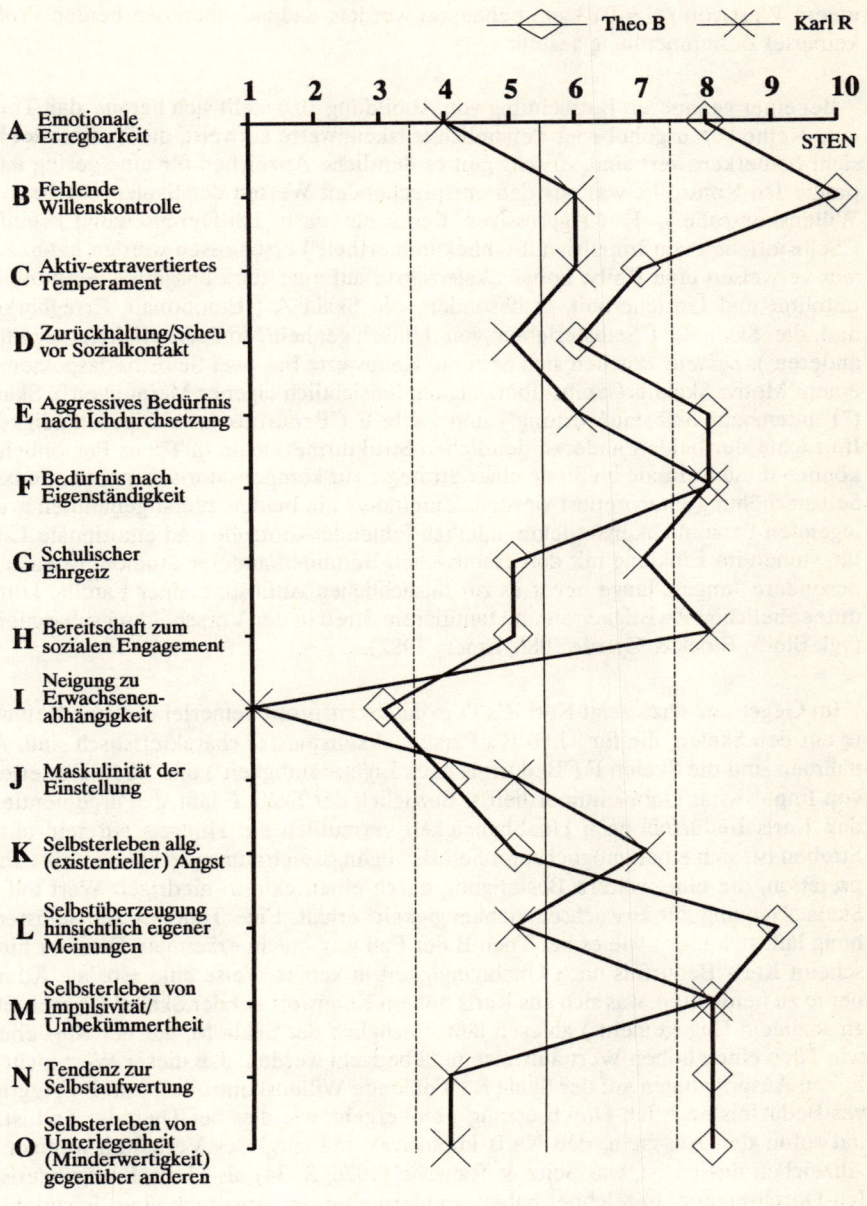

Theo B ◇ Karl R ✕

		1	2	3	4	5	6	7	8	9	10

STEN

A Emotionale Erregbarkeit

B Fehlende Willenskontrolle

C Aktiv-extravertiertes Temperament

D Zurückhaltung/Scheu vor Sozialkontakt

E Aggressives Bedürfnis nach Ichdurchsetzung

F Bedürfnis nach Eigenständigkeit

G Schulischer Ehrgeiz

H Bereitschaft zum sozialen Engagement

I Neigung zu Erwachsenen-abhängigkeit

J Maskulinität der Einstellung

K Selbsterleben allg. (existentieller) Angst

L Selbstüberzeugung hinsichtlich eigener Meinungen

M Selbsterleben von Impulsivität/Unbekümmertheit

N Tendenz zur Selbstaufwertung

O Selbsterleben von Unterlegenheit (Minderwertigkeit) gegenüber anderen

Abb. 10.6   Persönlichkeitsprofile der Söhne aus zwei kontrastierenden Familien

Zur Quantifizierung der Ähnlichkeit von Theos und Karls Persönlichkeitsprofilen wurde auch hier auf den r_p-Koeffizienten von Cattell (1949) zurückgegriffen. Mit einem Wert von $r_p = .01$ kann behauptet werden, daß zwischen den beiden Profilen keinerlei Zusammenhang besteht.

Bei einer genaueren Betrachtung von Abbildung 10.6 stellt sich heraus, daß Theo B eine Reihe herausgehobener Persönlichkeitskennwerte aufweist, die in dreierlei Hinsicht bemerkenswert sind. *Erstens* gibt es deutliche Anzeichen für eine gering ausgeprägte Ich-Kontrolle, was aus den entsprechenden Werten der Skalen B ("Fehlende Willenskontrolle"), E ("Aggressives Bedürfnis nach Ich-Durchsetzung") und M ("Selbsterleben von Impulsivität/Unbekümmertheit") erschlossen werden kann. *Zweitens* verweisen eine Reihe hoher Skalenwerte auf eine stark ausgeprägte emotionale Labilität und Unsicherheit, insbesondere die Skala A ("Emotionale Erregbarkeit") und die Skala O ("Selbsterleben von Unterlegenheit/Minderwertigkeit gegenüber anderen"). *Drittens* ergeben sich extreme Kennwerte bei zwei Selbstbildaspekten und einem Motiv: Skala L ("Selbstüberzeugung hinsichtlich eigener Meinungen"), Skala N ("Tendenz zur Selbstaufwertung") und Skala F ("Bedürfnis nach Eigenständigkeit"). Im Lichte der beiden anderen deutlichen Strukturmerkmale in Theos Persönlichkeit können diese Befunde im Sinne einer Strategie zur kompensatorischen und offensiven Selbsterhöhung interpretiert werden. Zumindest die beiden zuerst genannten grundlegenden Persönlichkeitsaspekte, nämlich fehlende Kontrolle und emotionale Labilität, stehen im Einklang mit den empirischen Befunden anderer Studien, wonach insbesondere Jungen, lange bevor es zur tatsächlichen Auflösung einer Familie kommt, unter ehelichen Zwistigkeiten und familiärem Streß in der Vorscheidungsphase leiden (vgl. Block, Block & Gjerde 1986, Emery 1982).

Im Gegensatz dazu zeigt Karl R's Persönlichkeitsprofil keinerlei extreme Kennwerte auf den Skalen, die für Theo B's Persönlichkeitsmuster charakteristisch sind. Ausnahmen sind die Skalen F ("Bedürfnis nach Eigenständigkeit") und M ("Selbsterleben von Impulsivität/Unbekümmertheit"). Bezüglich der Skala F läßt sich argumentieren, daß Karls Bedürfnis nach Unabhängigkeit vermutlich ein Hinweis auf sein aktives Streben ist, sich einen möglichst großen Bewegungsspielraum zu erhalten - eine Interpretation, die eine weitere Bestätigung durch einen extrem niedrigen Wert auf der Skala "Neigung zur Erwachsenenabhängigkeit" erhält. Eine Tendenz zur Selbsterhöhung läßt sich hier - wie es bei Theo B der Fall war - nicht erkennen. Darüber hinaus scheint Karls Bedürfnis nach Unabhängigkeit in keiner Weise eine asoziale Komponente zu beinhalten, was sich aus Karls hohem Kennwert auf der Skala I ("Bereitschaft zu sozialem Engagement") ablesen läßt. Bezüglich der Skala M, auf der Karl ebenso wie Theo einen hohen Wert aufweist, muß bedacht werden, daß dieser Wert nicht mit hohen Ausprägungen auf der Skala B ("Fehlende Willenskontrolle") und F ("Aggressives Bedürfnis nach Ich-Durchsetzung") einhergeht, wie dies bei Theo der Fall ist. Es hat somit den Anschein, daß Karls impulsives und sorgloses Verhalten weniger ein Anzeichen dessen ist, was Seitz & Rausche (1976, S. 34) als "derb-draufgängerische Ich-Durchsetzung" bezeichnet haben, sondern eher der Ausdruck einer leichtlebigen und ungezwungenen Lebenseinstellung.

Zusammenfassend können wir festhalten, daß sich in den Daten von Theo B weit mehr Zeichen für eine problematische Persönlichkeitsstruktur finden, als dies für Karl R der Fall ist. Darüber hinaus ist bemerkenswert, daß die Persönlichkeitsunterschiede zwischen den beiden Jungen im Hinblick auf die Unterschiede, die in den beiden Familien bezüglich der familiären, ehelichen und Eltern-Kind-Beziehungen bestehen, recht plausibel erscheinen. Eine Synopse aller Daten über die verschiedenen Systemebenen hinweg läßt erkennen, daß Theo aus einem familiären Hintergrund stammt, der durch ein hohes Maß an negativer Emotionalität, Konflikt und wechselseitiger Kontrolle gekennzeichnet wird. Dies ist in der Hauptsache auf eine stark belastete Ehebeziehung zurückzuführen, die auch auf einen dysfunktionalen und widersprüchlichen Beziehungsstil seiner Eltern ausstrahlt. Kennzeichen hierfür sind häufige Streitigkeiten, Inkonsistenzen und eine vermutliche Triangulation Theos gegenüber seinem Vater. Obwohl auf theoretischer Ebene noch eine Menge getan werden muß, um das Zusammenspiel von Beziehungen auf den verschiedenen Familien-System-Ebenen genauer zu erklären, läßt sich etwa aus der Perspektive der sozialen Lerntheorie dennoch spekulieren, daß Theo sein unkontrolliertes, emotional unsicheres und selbstaufwertendes Verhalten über ähnliche Verhaltensmuster seiner sich befehdenden Eltern angeeignet hat.

Im Gegensatz hierzu erfährt Karl R in seiner Familie eine Atmosphäre positiver Emotionalität, Offenheit, Stimulation und Flexibilität, was sich gut mit den psychologisch ungetrübten Beziehungen auf der ehelichen und Eltern-Kind-Ebene vereinbaren läßt. Auch hier liegt das Argument nahe, daß Karls intrafamiliäre soziale Lernerfahrungen nicht unerheblich zu seinem emotional ausdrucksfreudigen, autonomen und sozial verantwortlichen Verhalten beigetragen haben.

10.4 Abschließende Bemerkungen

Die Quintessenz dieses Kapitels ist, daß es lohnenswert erscheint, innerfamiliäre Beziehungskontexte einer genauen Analyse zu unterziehen, wenn man an einem besseren Verständnis des individuellen Funktionierens innerhalb der Familie interessiert ist. Um dieses Argument zu belegen, haben wir von der Methode der kontrastierenden Familienfallstudie Gebrauch gemacht. Dabei hat sich gezeigt, daß innerhalb eines Familiensystemansatzes recht "traditionelle" Methoden der Persönlichkeits- und Beziehungserfassung angewandt werden können, obwohl einige die Meinung vertreten, daß die "neue Epistemologie" des systemischen Denkens auch eine neue und radikal andersartige Methodologie zu Studien von Familienbeziehungen notwendig macht (vgl. hierzu Gurman, 1983, der sich mit diesem Argument kritisch auseinandersetzt). Im gegebenen Zusammenhang haben wir gesehen, daß die Verwendung von Selbstberichtdaten, die auf unterschiedlichen Datenquellen und mehrdimensionalen Persönlichkeits- bzw. Beziehungskonstrukten beruhen, nützliche Dienste bei der Analyse der wechselseitigen Beziehungen von Personen innerhalb eines Familiensystems leistet. Darüber hinaus konnte nachgewiesen werden, daß die Bedeutung spezifischer Konstrukte erst wirklich klar wird, wenn man sie in den größeren Kontext wahrgenommener Beziehungen eingebettet sieht. Dies bedeutet, daß methodisch eine konfigurale Analyse von Beziehungs- und Persönlichkeitsdaten, so wie sie in der dargestellten kontrastierenden Familienfallstudie zum Einsatz kam, in Zukunft stärkere Beachtung erfahren sollte.

Obwohl der methodische Zugang einer kontrastierenden Familienfallstudie geeignet erscheint, um die Nützlichkeit einer kontextuellen Analyse von innerfamiliären Beziehungen zu beleuchten, muß auch betont werden, daß die Ergebnisse - wie bei allen Fallstudien - kaum auf andere Familien übertragen werden können. Dennoch können wir annehmen, daß eine Analyse nach dem Konzept der kontrastierenden Fallstudie gute Dienste leisten kann, wenn es um eine Typologie von Familienbeziehungskonstellationen geht, die auch die verschiedenen Subsysteme der Familie einschließt. Eine solche Typologie kann dann an einer hinlänglich großen Stichprobe von Familien empirisch überprüft werden. Selbst dann kann es jedoch schwierig sein, die Ergebnisse solcher typologischer Studien zu verallgemeinern, wenn man eine Reihe weiterer Einflußgrößen (z.B. Phase im Familien-Lebenszyklus, transgenerationale und subkulturelle Normen etc.) betrachtet, die sich moderierend auf die Struktur und Bedeutung von Beziehungen einer gegebenen Familie auswirken.

Im Hinblick auf die dargestellte Studie darf auch nicht vergessen werden, daß die Analyse auf einer querschnittlichen Untersuchung unter Zuhilfenahme von selbstberichteten Beziehungs- und Persönlichkeitsdaten basiert. Dies läßt eine Reihe von Fragen unbeantwortet, von denen die folgenden besonders hervorhebenswert sind: *Erstens*, in welchem Ausmaß sind die Beziehungen wandelbar oder stabil? Dies ist eine empirische Frage, die nur beantwortet werden kann, wenn man die Familien über einen längeren Zeitraum hinweg begleitet. *Zweitens*, sollten die ausschließlich auf Selbstberichtmethoden beruhenden Daten unter Hinzuziehung zusätzlicher Datenquellen, z.B. Verhaltensdaten von unabhängigen Beobachtern, validiert werden? Die zusätzliche Verwendung von Daten dieses Typs ist in der Tat sehr wünschenswert, zumal es eine Reihe von Instrumenten gibt, die für diesen Zweck geeignet erscheinen (vgl. Filsinger 1983, Markman & Notarius 1987). Dennoch sollte man im Auge behalten, daß die Verwendung von Selbstberichtmethoden einen besonderen und unerläßlichen Zugang zur Analyse von Familiensystemen darstellt, wenn es um die Erfahrungsebene derer geht, die an Familieninteraktionen beteiligt sind.

Dies führt uns zu einem letzten Punkt, der sich auf das Zusammenspiel von erfahrungs- und verhaltensorientierten Methoden zur Analyse von familiären Transaktionen bezieht. Die Klärung dieses Zusammenspiels kann unzweifelhaft nur im Rahmen von realzeitlichen Prozeßanalysen erfolgen, die nach sorgfältigen theoretischen und methodischen Überlegungen konzipiert sind (vgl. Kaye 1985). Wenn man diese Forderung im Auge hat, wird man sich schnell davon überzeugen können, daß es im Bereich der Familiensystemforschung noch viel zu tun gibt.

264

IV FAMILIÄRE INTERVENTION

Übersicht:

Das *elfte Kapitel* gibt - ausgehend von einer Klärung der Aufgaben von Familienberatung und -therapie - zunächst einen Überblick über die historische Entwicklung familienorientierter Interventionsformen. Im Anschluß daran werden drei Ansatzpunkte der familiären Intervention, nämlich Remediation, Prävention und Entwicklungsoptimierung, ausführlicher diskutiert. Dabei kommt es zu einer kritischen Analyse der bisherigen Befunde zur Überprüfung familiärer Interventionsformen. Das Kapitel endet mit einem Forderungskatalog, der in berufspolitischer, wissenschaftlicher und gesellschaftlicher Hinsicht zu einem solideren Verständnis von Familienberatung und -therapie beitragen soll.

Das *zwölfte Kapitel* stellt das Konzept einer integrativen Familienberatung vor. Ansatzpunkt hierfür ist die Überlegung, daß sich zum einen familienorientierte Beratung nicht nur auf psychosoziale Beratungsanlässe beschränkt, sondern eine Fülle anderer Lebensbereiche tangiert, was z.B. am Bedarf an Rechts-, Wohn- oder Schuldnerberatung erkennbar wird. Zum anderen läßt sich eine immense Zersplitterung des Beratungsangebots - auch innerhalb einzelner Beratungsfelder - nachweisen. Auf diesem Hintergrund werden Vorschläge zur Koordination von Beratungsangeboten und zur Umsetzung des Konzepts einer integrativen Familienberatung unterbreitet.

Im *dreizehnten Kapitel* erfolgt eine ausführliche Beschreibung der Inhalte und Erprobung eines Präventionsprogramms, das zur Klärung der Frage "Kinder Ja oder Nein?" entwickelt wurde. Das Programm wurde in zwei Versionen, nämlich im Rahmen einer Gesprächsgruppe für Paare und in Form einer schriftlichen Paarberatung, durchgeführt. Die Qualitäts- und Wirkungsanalyse des Programms zeigt, daß beide Programmversionen etwa gleich effektiv sind und ihr Ziel einer Klärungshilfe in der Kinderfrage weitgehend erreicht haben.

11. Familienberatung und Familientherapie

11.1 Aufgaben der Familienberatung und -therapie

In einer Zeit hochkomplexer Lebensverhältnisse, die zudem einem raschen Wandel unterliegen, ist es für den einzelnen wie für die Familie in ihren unterschiedlichen Erscheinungsformen und Lebensstilen zunehmend schwerer, mit dem nötigen Wissen und den nötigen Fertigkeiten den vielfältigen Krisen und Herausforderungen des Lebens zu begegnen (vgl. Kommission Zukunftsperspektiven gesellschaftlicher Entwicklung 1983). Parallel dazu wächst der Bedarf an angemessener Unterstützung bei der Bewältigung solcher Krisen und Herausforderungen. In vielen Fällen kann eine Familie auf informelle Unterstützung innerhalb und außerhalb der Familie zurückgreifen, ohne daß offizielle Beratungs- oder Therapieangebote in Anspruch genommen werden müssen. Wo allerdings informelle Quellen der Unterstützung nicht vorhanden sind oder versagen, stellt sich für formelle Unterstützungssysteme die Aufgabe, Familien und ihren Mitgliedern bei ihrer Lebensbewältigung behilflich zu sein (vgl. Wingen 1983).

Familienberatung und -therapie kann als *ein* Instrument der formellen Familienunterstützung angesehen werden. In Abgrenzung zu monetären Formen der formellen Familienunterstützung (Familienlastenausgleich) bestehen die zentralen Aufgaben der Familienberatung und -therapie (a) in der Behebung bzw. Reduzierung manifester psychischer und psychosomatischer Störungen und (b) in der Bereitstellung von Wissen sowie der Erweiterung von Handlungsmöglichkeiten mit dem Ziel einer Stärkung des individuellen und familiären Bewältigungspotentials in unterschiedlichen Lebensbereichen und Lebensphasen.

Eine derartige allgemeine Aufgabenumschreibung von Familienberatung und -therapie berücksichtigt gleichermaßen Aspekte der individuellen bzw. familiären Entwicklung und Lebenslage im Rahmen eines familienstreß- und bewältigungstheoretischen Ansatzes, auf den wir weiter unten noch ausführlicher zu sprechen kommen werden (vgl. Abschnitt 11.3). Darüber hinaus läßt sich ein solchermaßen abgegrenztes Aufgabenfeld von Familienberatung und -therapie gut innerhalb eines dreidimensionalen Modells zur Klassifikation von beraterischen und therapeutischen Interventionen lokalisieren (vgl. Morrill, Oeting & Hurst 1974). Diese Autoren unterscheiden in ihrem Modell zwischen den Dimensionen (a) Adressaten der Intervention, (b) Ziele der Intervention und (c) Methoden der Intervention, wobei sie innerhalb jeder Dimension nochmals nach mehreren Kategorien differenzieren. So enthält die Adressatendimension die Kategorien "Individuum", "Primärgruppe" (z.B. Familien, Gleichaltrigengruppen), "informelle Gruppe" (z.B. Selbsthilfegruppen, Bürgerinitiativen), "Institution und Gemeinschaft" (z.B. Schulen, Betriebe, Gemeinden, Parteien). Die Zieldimension läßt sich unterteilen nach den Aspekten "Entwicklungsoptimierung" (d.h. Maßnahmen zur Realisierung von Entwicklungspotentialen), "Prävention" (d.h. vorbeugende Maßnahmen zur Abwendung von Fehlentwicklungen) und "Remediation" (d.h. Maßnahmen zur Behebung oder Reduzierung unerwünschter Zustände bzw. Entwicklungsdefizite). Die Methodendimension schließlich umfaßt die Kategorien "direkte Dienstleistung" (d.h. unmittelbarer Kontakt von Beratern/Therapeuten mit einem oder mehreren Klienten z.B. im Kontext einer Familientherapie), "Konsultation und Training" (d.h. Heranziehung von Experten zur Klärung von Problemen und Vermittlung von Kompetenzen z.B. im Rahmen von Elterntrainings) sowie "Medien" (d.h. Einsatz von interventionsunterstützenden Hilfen wie Büchern, Zeitschriften, Rundfunk- und Fernsehsendungen zur Erreichung der Interventionsziele etwa im Bereich von Elternerziehungs- oder Familienbildungsprogrammen).

Eine systematische Verknüpfung dieser drei Dimensionen und ihrer Kategorien ergibt insgesamt 36 Einheiten und erlaubt somit, ein weites Spektrum von unterschiedlichen Ansätzen und Vorgehensweisen der Familienberatung und -therapie zuzuordnen. Dabei stellt sich die Frage, ob alle 36 Zellen dieses dreidimensionalen Klassifikationskubus im Hinblick auf die Aufgaben der Familienberatung und -therapie gleichermaßen sinnvoll oder relevant sind. Diese Frage stellt sich insbesondere für die Adressatendimension. Hier liegt es nahe, die Familie der Kategorie "Primärgruppe" zuzuordnen und damit andere Adressatenebenen der Intervention - vor allem die der individuumsbezogenen Intervention - auszuschließen. Machen wir uns daher zunächst klar, wann und in welchen Fällen es sinnvoll erscheint, die Familie zum Adressaten von Beratungs- und Therapieangeboten zu machen. Die Hauptargumente für eine familienorientierte Beratung und Therapie lassen sich in folgenden Thesen zusammenfassen:

- Es gibt primär familienspezifische Problemlagen, die es ratsam erscheinen lassen, zumindest zeitweilig mehrere oder alle betroffenen Familienmitglieder in den Beratungs- und Therapieprozeß mit einzubeziehen (Beispiele: Beratung und Therapie bei Partnerschafts-, Erziehungs-, Scheidungsproblemen).

- Es gibt Problemlagen, die zwar vordergründig individueller Natur zu sein scheinen, aber insofern dennoch familienrelevant sind, als sie vermutlich im Rahmen der Familie entstanden sind oder zumindest durch sie ausgelöst und aufrechterhalten werden (z.B. psychosomatische oder psychopathologische Symptome wie Anorexie oder Schizophrenie).

- Es gibt externe Einflüsse auf die Familie bzw. einzelne Familienmitglieder, die direkt oder indirekt das gesamte Familiensystem tangieren (z.B. Arbeitslosigkeit, Unfälle, Katastrophen) und von daher eine Einbeziehung der betroffenen Familienmitglieder angezeigt erscheinen lassen.

- Durch eine familienorientierte Beratung oder Therapie kann auch bei Individualproblemen das Selbsthilfepotential der Familie als einem "natürlichen" Unterstützungssystem genutzt werden (Beispiele: chronische Behinderung oder Straffälligkeit eines Familienmitglieds).

Wenn von Familienberatung oder Familientherapie die Rede ist, suggeriert dies, daß die gesamte Familie oder zumindest mehrere Familienmitglieder in den Beratungs- und Therapieprozeß einbezogen werden. Dies mag in vielen Fällen wünschenswert sein. Dennoch besagt dies nicht, daß nach dem Konzept der Familienberatung und -therapie keine individuumsbezogene Intervention zulässig ist. Im Gegenteil: Auch eine Individualberatung oder -therapie kann durchaus familienorientiert sein, sofern familiäre Aspekte des Problems im Vordergrund stehen (vgl. Carter & Orfanidis 1976). Darüber hinaus erweist es sich in vielen Fällen als erfolgreich, individuums- und familienbezogene Ansätze der Beratung und Therapie miteinander zu verbinden (vgl. Schwartz 1987, Sugarman 1987).

Da Familien nicht kontextfrei leben (vgl. Bronfenbrenner 1986) gilt gleichermaßen, daß auch informelle Gruppen bzw. Institutionen oder Gemeinschaften Adressaten einer familienorientierten Beratung und Therapie sein können. Die Zielsetzungen und Programme von Selbsthilfegruppen (z.B. Anonyme Alkoholiker), Gemeinden (z.B. Kindergärten, Sozialstationen) bis hin zu Ministerien (in der Bundesrepublik Deutschland das für Familienpolitik zuständige Bundesministerium für Jugend, Familie, Frauen und Gesundheit) enthalten häufig eine familienbezogene Komponente. In all diesen Fällen läßt sich - wenn auch auf unterschiedlichen Interventionsebenen - von Familienberatung im weitesten Sinne sprechen, obwohl es zur Vermeidung von Mißverständnissen genauer wäre, den Begriff *familienorientierte* oder *familienrelevante* Beratung und Therapie zu verwenden (vgl. Ewert 1988, Keil 1979).

Ein weiteres klärendes Wort ist zur Verwendung der Begriffe "Beratung" und "Therapie" notwendig. Häufig werden diese Begriffe in ihrer Beziehung zu verwandten bzw. konkurrierenden Begriffen (z.B. "Erziehung", "Konsultation", "Training", "psychiatrische Behandlung") abgehandelt (vgl. Dietrich 1983, Keil 1979, Peterson & Nisenholz 1987, Textor 1987), wobei eine Zuordnung der einzelnen interventionsorientierten Begriffe zu bestimmten Disziplinen (z.B. Pädagogik, Sozialarbeit, Psychologie, Psychiatrie) nahegelegt wird. So lokalisiert etwa Textor (1987) interventionsorientiertes Handeln auf einem "Kontinuum interpersonaler Einwirkung", wobei er - wenn auch mit Überschneidungen - erzieherische Aufgaben der Pädagogik, Beratung der Sozialarbeit, Psychotherapie der klinischen Psychologie und psychiatrische Behandlung der Psychiatrie zuordnet.

Entsprechend der oben angeführten Zieldimension familienorientierter Intervention sollen im folgenden die auf eine akute Symptombehandlung bzw. -reduzierung abzielenden *remedialen* Interventionsmaßnahmen dem Ansatz der *Familientherapie* zugerechnet werden, während die *entwicklungsoptimierenden* und *präventiven* Vorgehensweisen schwerpunktmäßig den Bereich der *Familienberatung* ausmachen. Wie jedoch im vierten Abschnitt dieses Kapitels noch näher zu zeigen sein wird, bestehen die Stärken einer familienorientierten Intervention häufig gerade in einer Verknüpfung remedialer, präventiver und entwicklungsoptimierender Ansätze.

So gesehen erscheint es wenig sinnvoll, zur Besitzstandswahrung historisch gewachsener Wissenschaftsbereiche verbale Grabenkämpfe um bestimmte Begriffe zu führen. Entscheidend ist vielmehr, daß interventionsorientiertes Handeln kompetent, effektiv und nach wissenschaftlichen Standards erfolgt. Dies setzt selbstverständlich eine fachliche Spezialisierung, aber auch ein gesellschaftlich anerkanntes Niveau von Professionalisierung (d.h. Ausbildung, Zertifizierung, Lizenzierung und Überwachung des Qualitätsstandards von Dienstleistungen) voraus, das im deutschsprachigen Raum - etwa im Gegensatz zu den USA (vgl. Kaslow 1987) - erst in Ausnahmefällen erreicht ist. Diese Einschätzung gilt gleichermaßen für allgemeine wie für speziell familienorientierte Interventionsansätze. Deutlicher Beleg hierfür ist die Tatsache, daß Berufsbezeichnungen wie "Familienberater" oder "Familientherapeut" bisher weder gesetzlich geschützt noch von den Krankenkassen anerkannt sind.

11.2 Zur Geschichte und Institutionalisierung von Familienberatung und -therapie

Die Wurzeln einer institutionalisierten Familienberatung und -therapie reichen zurück in die Zeit der Einrichtung der ersten Erziehungsberatungsstellen zu Beginn des 20. Jahrhunderts (vgl. Rudert & Stein 1959). Im Zentrum der Aufmerksamkeit stand dabei die vor allem in den Städten beobachtete Häufung von Verhaltensauffälligkeiten von Kindern und Jugendlichen, die man vorwiegend auf der Basis der neu entwickelten tiefenpsychologischen Ansätze zu behandeln versuchte. Als wohl erste Institution, in deren Bezeichnung auch das Wort "Erziehungsberatung" Verwendung fand, gründete 1906 Fürstenheim in Berlin eine "Medico-Pädagogische Poliklinik für Kinderforschung, Erziehungsberatung und ärztliche erzieherische Behandlung". Darüber hinaus gab es ab 1917 in Heidelberg und 1921 in Krefeld eine "Heilpädagogische Beratungsstelle". 1922 hatten die Städte Kiel und Karlsruhe eine "Psychopathensprechstunde" bzw. "Sprechstunden für psychisch auffällige Kinder und Jugendliche" eingerichtet. Explizit unter der Bezeichnung "Erziehungsberatungsstelle" waren in den Jahren 1921/1922 bei den Bezirksjugendämtern in Wien 23 Einrichtungen geschaffen worden, die für die weitere Ausgestaltung ähnlicher Beratungsstellen wegweisend werden sollten. Zur gleichen Zeit wurden in den USA die sog. "child guidance clinics" in größerem Umfang gegründet. Das interdisziplinär orientierte Modell der child guidance clinics, wonach wenigstens ein Arzt, ein Psychologe und ein Sozialarbeiter zusammenarbeiten, diente nach dem zweiten Weltkrieg auch in der Bundesrepublik Deutschland als Vorbild für die sich allmählich weiter ausbreitenden Erziehungsberatungsstellen.

Die gesetzliche Basis für die Aktivitäten dieser Beratungseinrichtungen war 1953 mit der Novellierung des Reichsjugendwohlfahrtsgesetzes aus dem Jahre 1923 geschaffen worden, wobei die zuvor freiwilligen Aufgaben der Jugendhilfe zu Pflichtaufgaben der Jugendämter wurden. Es dauerte jedoch weitere 20 Jahre, bis die für Jugendhilfe zuständigen Minister und Senatoren der Bundesländer "Grundsätze für die einheitliche Gestaltung der Richtlinien der Länder für die Förderung von Erziehungsberatungsstellen" verabschiedeten, in denen folgende Aufgaben festgeschrieben wurden:

(a) Feststellung von Verhaltensauffälligkeiten, Erziehungsschwierigkeiten und Entwicklungsstörungen, einschließlich der ihnen zugrunde liegenden Bedingungen unter Berücksichtigung ihrer psychischen, physischen und sozialen Faktoren,

(b) Veranlassung oder Durchführung von zur Behebung der festgestellten Auffälligkeiten erforderlichen Maßnahmen; sie schließen damit die Durchführung der
notwendigen Beratung gegenüber Kindern, Jugendlichen und Eltern oder
anderen an der Erziehung beteiligten Personen oder Stellen ein.

(c) Mitwirkung bei vorbeugenden Maßnahmen gegen Erziehungsfehler." (Zitiert nach
Buy, Specht & Zuschlag 1981, S. 150.)

Etwa zur gleichen Zeit entwickelte sich eine Argumentationslinie, die sich nun nicht
mehr ausschließlich an den Verhaltensauffälligkeiten von Kindern und Jugendlichen
orientierte, sondern die Erziehungskraft und Sozialisationsfähigkeit der Familie pro-
blematisierte und daher entsprechende familienunterstützende Maßnahmen forderte
(vgl. Deutscher Bundestag 1975, 1979; Seifert-Schröder 1981). Dies hatte zur Folge,
daß statt des "identifizierten Patienten" innerhalb der Familie in gewissem Sinne das
Familiensystem selbst zum Patienten wurde (vgl. Richters 1970 erschienenen Bestsel-
ler "Patient Familie"). Den Hintergrund hierfür bildete nicht nur die vielerorts diagno-
stizierte Krise der Kleinfamilie (vgl. Cooper 1981, Perrez 1979), sondern auch der
rasante Aufschwung einer seit Mitte der fünfziger Jahre vor allem in den USA propa-
gierten systemtheoretisch fundierten Familienbehandlung (vgl. Broderick & Schrader
1981).

Auf dem Hintergrund der allgemeinen Systemtheorie (vgl. von Bertalanffy 1968)
wurde als Metatheorie zur Beschreibung und Erklärung von Familienbeziehungen die
Familiensystemtheorie entwickelt (zu den Grundannahmen der Familiensystemtheorie vgl. Kapitel 5 in diesem Band, Steinglass 1987). In ihrer Anwendung auf die Behandlung von Störungen auf der Individual- und Beziehungsebene entstand daraus ein
familientherapeutisches Paradigma, das von manchen als "kopernikanische Revolution" (vgl. Guntern 1980) bezeichnet wird. Entsprechend diesem Ansatz werden die
Bedingungen für die Entstehung und Aufrechterhaltung von Störungen im wesentlichen in den Besonderheiten familiärer Interaktionsmuster gesehen. Konsequenterweise wird dann auch für eine Behebung dieser Störungen durch eine Veränderung
der Familienbeziehungen plädiert. Beispielhaft hierfür sind die in den fünfziger
Jahren am Mental Research Institute in Palo Alto entwickelten kommunikationstheo-
retischen und -therapeutischen Ansätze zur Behandlung von schizophrenen Patienten
(vgl. Bateson, Jackson, Haley & Weakland 1956). Das erkennbar an einem psychosozialen Krankheitsmodell orientierte familientherapeutische Paradigma hat sich in der
Folgezeit in eine Reihe von familientherapeutischen Modellen ausdifferenziert,
denen wiederum eine Vielzahl von familientherapeutischen Schulen zugeordnet
werden können (vgl. Gurman & Kniskern 1981, Levant 1984, Nichols 1984). Darüber
hinaus haben die einzelnen familientherapeutischen Schulen eine Fülle von Methoden und Techniken entwickelt (vgl. Freeman 1981, L'Abate, Ganahl & Hansen 1986,
Sherman & Fredman 1986), die mehr oder weniger in das Repertoire des praktisch
tätigen Familientherapeuten eingegangen sind, wenngleich ihre Effektivität in den sel-
tensten Fällen wissenschaftlich belegt ist.

270

Die mit der Einführung des familientherapeutischen Paradigmas gewonnene neue Sichtweise der Entstehung und Aufrechterhaltung von behandlungsbedürftigen Symptomen blieb auch für das Arbeitsmodell der Erziehungsberatungsstellen nicht ohne Wirkung. Dies äußerte sich u.a. auch in der Benennung bzw. Umbenennung von Erziehungsberatungsstellen. So führen Buy, Specht und Zuschlag (1981) u.a. folgende Bezeichnungen an: "Beratungsstelle für Kinder, Jugendliche und Familien", "Jugend- und Familienberatung", "Erziehungs-, Ehe- und Lebensberatungsstelle", "Zentrum für Einzel- und Familienberatung". In einer 1962 durchgeführten Erhebung firmierten knapp 60 % der befragten Einrichtungen als Erziehungsberatungsstellen (vgl. Koblank 1967), während sich 15 Jahre später bei einer Bestandsaufnahme hessischer Beratungsstellen ergab, daß die meisten der befragten Stellen sich als Familienberatungsstellen verstanden (vgl. Smid & Armbruster 1980).

Auch Ewert (1988) konnte bei seiner Erhebung an 67 Erziehungsberatungsstellen in Hessen und Rheinland-Pfalz eine im Vergleich zu früher deutlich veränderte Arbeitsweise feststellen, wobei neben einer starken Reduzierung diagnostischer Aufgaben vor allem eine erhebliche Zunahme an therapeutischen Tätigkeiten zu verzeichnen war. Familientherapie wird in dieser Untersuchung von 94 % der befragten Stellen als Arbeitsmodell angegeben und liegt damit vor der Gesprächspsychotherapie, der Verhaltenstherapie und tiefenpsychologischen Verfahren an der Spitze aller therapeutischen Arbeitsformen.

Die institutionalisierten Familienberatungsstellen haben sich in der Bundesrepublik Deutschland zum "Deutschen Arbeitskreis Jugend-, Ehe- und Familienberatung" (DAK) zusammengeschlossen. Dem DAK gehören fünf Mitgliedsverbände an, die sich hinsichtlich ihrer fachlichen und weltanschaulichen Ausrichtungen mehr oder weniger unterscheiden (vgl. Keil 1979). Hierzu gehören: (a) die Bundeskonferenz für Erziehungsberatung - Gesellschaft für Beratung und Therapie von Kindern, Jugendlichen und Eltern, (b) die Deutsche Arbeitsgemeinschaft für Jugend- und Eheberatung (c) die Evangelische Konferenz für Familien- und Lebensberatung (d) die Katholische Bundesarbeitsgemeinschaft für Beratung und (e) Pro Familia, Deutsche Gesellschaft für Sexualberatung und Familienplanung e.V.. Keil (1979) kommt bei seiner Zusammenstellung aller im DAK zusammengeschlossenen Dachverbände auf insgesamt 1468 Beratungseinrichtungen, wobei allerdings die Aufgaben und die personelle Ausstattung dieser Institutionen erhebliche Unterschiede aufweisen.

Nach einem Bericht der Welt-Gesundheits-Organisation (WHO) aus dem Jahre 1958 wird eine Erziehungsberatungsstelle mit vier bis fünf vollzeitbeschäftigten Fachkräften für ca. 45.000 Einwohner als notwendig erachtet. Für die Bundesrepublik Deutschland werden entsprechend dem Regierungsentwurf eines Jugendhilfegesetzes vom Februar 1979 insgesamt 1200 Erziehungsberatungsstellen mit viereinhalb Fachkräften als Richtzahl angegeben - eine Zahl, die längst nicht erreicht ist. Keil (1979) spricht unter Berücksichtigung der WHO-Richtlinien von einem Fehlbestand von 620 Beratungsstellen, der sich auf 1000 Stellen erhöht, wenn man die Ungleichheit der Zugangsmöglichkeiten aufgrund der regionalen Bevölkerungsverteilung berücksichtigt. Allein für die Bereiche "Erziehungs- und Familienberatung" sowie "Ehe- und Lebensberatung" veranschlagt Keil (1979) einen Mehrbedarf von 350 Beratungsstellen, was einem Personalzuwachs von 2000 Mitarbeitern und einem Finanzierungsvolumen von DM 120 Millionen entspricht.

Bei all diesen Berechnungen ist allerdings zu bedenken, daß sich in den letzten Jahren neben den institutionalisierten Beratungseinrichtungen immer mehr freie Praxen etabliert haben, die ebenfalls familienorientierte Beratung und Therapie anbieten. Leider gibt es keine verläßlichen Informationen über die Zahl, personelle Ausstattung und Arbeitsweise dieser freien Praxen, so daß gegenwärtig zur Frage der Versorgung der Bevölkerung in der Bundesrepublik Deutschland mit familienorientierten Beratungs- und Therapieeinrichtungen keine verbindlichen Aussagen gemacht werden können.

11.3 Familienberatung und -therapie im Kontext

Allgemein gesprochen hat Familienberatung und -therapie sämtliche Lebensbereiche zum Gegenstand, in denen es auf individuellem oder familiärem Niveau zu Störungen und Bewältigungsproblemen kommt bzw. kommen kann. Dies bringt es mit sich, daß es verschiedene Kontexte von Familienberatung und -therapie gibt, zwischen denen mehr oder weniger enge Bezüge bestehen. Der theoretische Hintergrund hierfür ist, daß individuelle und familiäre Lebensvollzüge in ineinander verschachtelte Systemeinheiten eingebettet sind, worauf Bronfenbrenner (1981) mit seiner Unterscheidung von mikro-, meso-, exo- und makrosystemischen Einflüssen auf das Entwicklungsgeschehen aufmerksam gemacht hat. Konsequenterweise folgt daraus, daß z.B. familientherapeutische Interventionen sich nicht nur auf das Mikrosystem Familie beschränken müssen, sondern auch außerfamiliäre Lebenskontexte mit zu berücksichtigen haben (vgl. Imber-Black 1988, Schwartzman 1985). Mit anderen Worten: individuelle und Beziehungsprobleme können sich - auch wenn sie eine familiäre Entstehungsgeschichte haben - nicht nur im familiären Kontext, sondern auch in anderen Lebensbereichen (z.B. Schule, Betrieb) äußern. Umgekehrt können auch außerfamiliäre Bedingungen zur Entstehung und Aufrechterhaltung von individuellen und Beziehungsproblemen beitragen (z.B. Kontakt mit drogenabhängigen Klassenkameraden, familienunfreundliche Arbeitszeiten, mangelnde finanzielle Entlastung von Familien durch das politische System). Dennoch besteht auch im letzteren Falle der Fokus der Familienberatung und -therapie in einer Einbeziehung des Familiensystems in das Behandlungskonzept. Dabei geht es insbesondere darum, die familiären Ressourcen zu stärken bzw. für die Gewährleistung des Behandlungserfolgs zu nutzen (vgl. Karpel 1986).

Ein hilfreiches Modell, das diese kontextbezogenen Überlegungen mit berücksichtigt, ist von Markman, Floyd, Stanley und Lewis (1986) vorgeschlagen worden. Diese Autoren gehen von einem familienstreß- und bewältigungstheoretischen Ansatz aus, den sie mit verschiedenen Phasen und Übergängen im Familienlebenszyklus verbinden. Markman et al. (1986) haben dieses Modell vor allem für den Bereich der Prävention beim Übergang zur Ehe entwickelt. Das Anwendungsfeld des Modells ist jedoch wesentlich breiter, wenngleich wir uns bei der Wiedergabe des Modells in Ab-

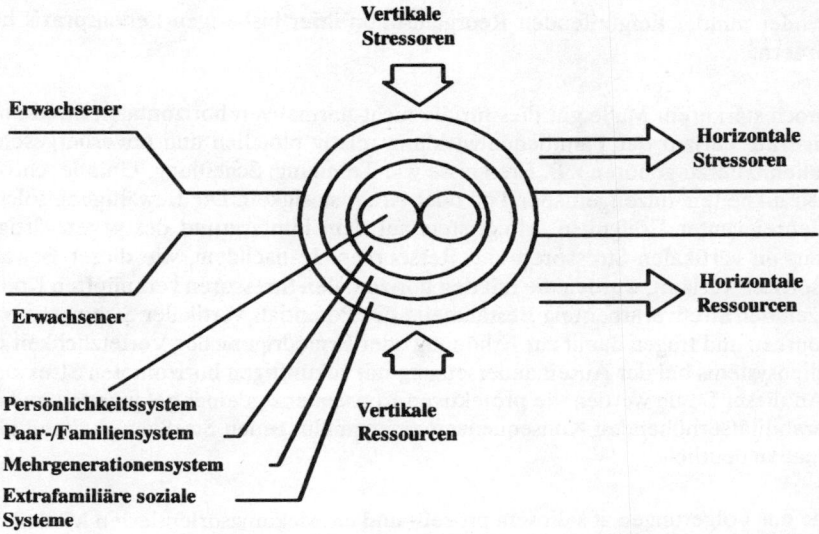

Abb. 11.1   Entwicklungsbezogene Stressoren und Ressourcen auf unterschiedlichen Systemebenen

bildung 11.1 weitgehend an der ursprünglichen Fassung von Markman et al. (1986, S. 176) orientieren. Eine Erweiterung des Modells findet sich bei Schneewind (1990).

In Anlehnung an Carter und McGoldrick (1980) wird in diesem Modell zwischen vertikalen Stressoren und Ressourcen einerseits und horizontalen Stressoren andererseits unterschieden. Vertikale Stressoren und Ressourcen beziehen sich auf die historisch gewachsenen und in die Gegenwart hineinwirkenden Gegebenheiten (a) des sozialen Systems (z.B. ökonomische Bedingungen von Familien, gesellschaftliche Werthaltungen und Prioritäten bezüglich Ehe, Scheidung und Elternschaft), (b) des transgenerationalen Systems (z.B. Qualität der Beziehung zu Eltern und Schwiegereltern, Wirkung überkommener Familientabus und -mythen), (c) des gegenwärtigen Paar- bzw. Familiensystems (z.B. Ausmaß an familiärer Kohäsion und Anpassungsfähigkeit, familiäre Kommunikations-, Interaktions- und Problemlösungsmuster) und (d) des Persönlichkeitssystems (z.B. physische Gesundheit, Ausprägung von Selbstwertgefühl, personaler Kontrolle und sozialen Kompetenzen).

Die Balance zwischen vertikalen Stressoren und Ressourcen hat einen Einfluß auf das Ausmaß an Verletzlichkeit eines Familiensystems, wenn es im Zuge seiner weiteren Entwicklung mit horizontalen Stressoren konfrontiert wird. Hierbei läßt sich grob zwischen normativen und nicht-normativen Stressoren unterscheiden. Als normative horizontale Stressoren sind vor allem die erwartbaren Übergänge und Phasen im Familienlebenszyklus zu bezeichnen (z.B. Übergang zur Elternschaft, Übergang zur Phase des sog. "leeren Nests"). Diese Entwicklungsübergänge und auch die dazwischenliegenden Phasen im Familienlebenszyklus lassen sich durch entsprechende Familienentwicklungsaufgaben markieren, die ihrerseits das Familiensystem zu einer mehr oder minder tiefgreifenden Reorganisation ihrer bisherigen Lebenspraxis herausfordern.

In noch stärkerem Maße gilt dies für die nicht-normativen horizontalen Stressoren, die sich im Verlauf der Familienentwicklung relativ plötzlich und unvorhergesehen einstellen. Hierzu gehören z.B. Ereignisse wie Trennung, Scheidung, Unfälle, chronische Krankheiten, unzeitgemäßer Tod oder Arbeitslosigkeit. Die Bewältigung solcher familienrelevanter Ereignisse erfolgt stets auf dem Hintergrund des gegenwärtigen Niveaus an vertikalen Stressoren und Ressourcen. Je nachdem, wie dieser Bewältigungsprozeß verläuft, werden die mit den horizontalen Stressoren verknüpften Konsequenzen der Streßverarbeitung Bestandteile des Potentials vertikaler Stressoren bzw. Ressourcen und tragen damit zur Erhöhung oder Erniedrigung der Verletzlichkeit des Familiensystems bei der Auseinandersetzung mit zukünftigen horizontalen Stressoren bei. An dieser Stelle werden die protektiven Konsequenzen einer gelungenen und die vulnerabilitätserhöhenden Konsequenzen einer mißlungenen Streßverarbeitung gleichermaßen deutlich.

Eine der Folgerungen aus diesem prozeß- und entwicklungsorientierten Modell der familiären Streßbewältigung ist, daß die Konfrontation mit Stressoren per se nicht unbedingt ein alarmierendes Zeichen zu sein braucht. Es kommt vielmehr darauf an, wie Stressoren bewältigt werden. Man wird hinzufügen können, daß gerade die gelungene Bewältigung von zeitlich vorauslaufenden Stressoren das Potential an vertikalen Ressourcen und damit die Effektivität der aktuellen Streßbewältigung erhöht (vgl. McCubbin & Patterson 1983a, Schneewind 1987a).

Zusammenfassend läßt sich somit die folgende grundlegende Hypothese formulieren: Je größer zu einem bestimmten Zeitpunkt innerhalb einer Familie das Potential an vertikalen Stressoren in Relation zu vertikalen Ressourcen ist, desto anfälliger ist die Familie bei zukünftigen Belastungen für dysfunktionale Entwicklungen. Umgekehrt können belastende Ereignisse, die zu einem bestimmten Zeitpunkt im (Familien-) Lebenszyklus auftreten, umso besser bewältigt werden, je größer das Ausmaß an vertikalen Ressourcen im Vergleich zu vertikalen Stressoren ist.

In der nicht-interventiven Familienforschung finden sich ansatzweise Belege für diese Hypothese z.B. im Bereich der generationenübergreifenden Lebenslaufforschung (vgl. Elder & Caspi 1988), der Scheidungswirkungsforschung (vgl. Hetherington 1979) oder der Familienentwicklungspsychopathologie (vgl. Martin 1987). Eine umfassende familiensystembezogene Überprüfung dieser Hypothese steht allerdings noch aus. Darüber hinaus bedarf das in Abbildung 11.1 wiedergegebene Modell noch einer genaueren inhaltlichen Differenzierung der verschiedenen Klassen von Stressoren und Ressourcen sowie einer präziseren persönlichkeits- und familientheoretischen Verankerung. Dennoch soll es in der folgenden Darstellung der verschiedenen Ansatzpunkte von Familienberatung und -therapie als Orientierungshilfe dienen.

11.4 Ansatzpunkte der Familienberatung und -therapie

Im folgenden gehen wir von der These aus, daß das Ausmaß an Streßbelastung oder Verletzlichkeit einer Familie in hohem Maße mit ihrer Interventionsbedürftigkeit korreliert ist. Dies besagt: je höher das Verletzlichkeitsniveau einer Familie, desto bedürftiger ist sie für eine professionelle Beratung und Therapie. Bei einer groben Unterscheidung von drei Verletzlichkeitsniveaus (niedrig: unauffällige Familien; mittel: Risikofamilien; hoch: auffällige Familien) und drei Stufen der Interventionsbedürftigkeit (niedrig, mittel, hoch) lassen sich die im ersten Abschnitt dieses Kapitels angeführten Interventionsziele von Familienberatung und -therapie (Entwicklungsoptimierung, Prävention, Remediation) entsprechend zuordnen (vgl. Abbildung 11.2).

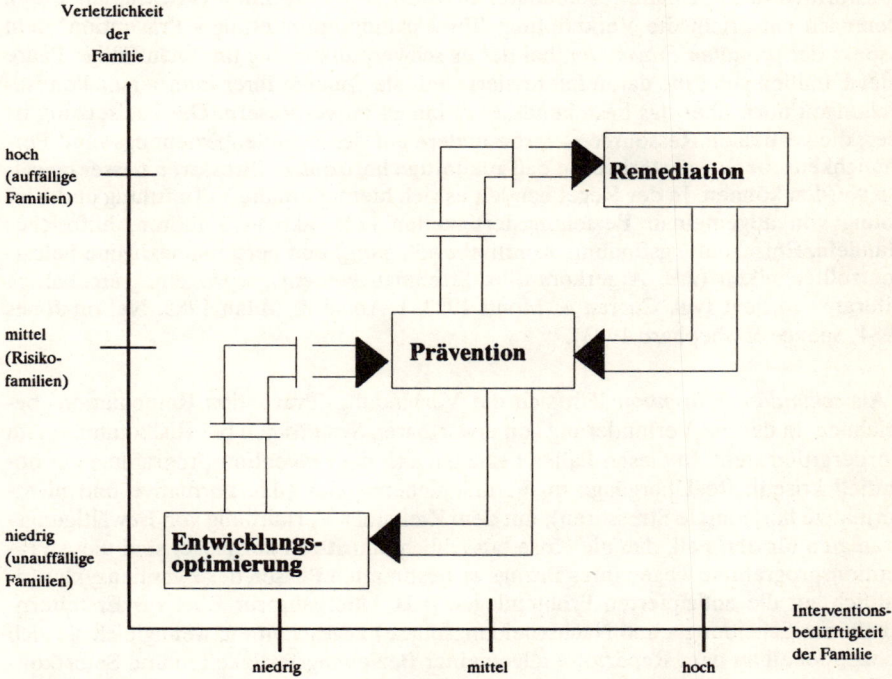

Abb. 11.2 Interventionsziele von Familienberatung und -therapie in Abhängigkeit von der familiären Verletzlichkeit und Behandlungsbedürftigkeit

Den in Abbildung 11.2 durch Pfeile wiedergegebenen Beziehungen zwischen den remedialen, präventiven und entwicklungsoptimierenden Ansatzpunkten der Familienberatung und -therapie liegen folgende Annahmen zugrunde: Zum einen sollen die durchgezogenen Pfeile signalisieren, daß eine Verknüpfung zwischen zwei interventiven Ansatzpunkten eine Verringerung des Verletzlichkeitsniveaus und damit der Interventionsbedürftigkeit mit sich bringt. So wird etwa bei Familien, die durch ein bestimmtes Symptom (z.B. Kindesmißhandlung) auffällig geworden sind, der Behandlungserfolg langfristig dauerhafter sein, wenn im Anschluß an eine remediale Inter-

275

vention präventive Maßnahmen zur Verhütung von Rückfällen durchgeführt werden. Zum anderen - und dies sollen die unterbrochenen Pfeile in Abbildung 11.2 zum Ausdruck bringen - wird angenommen, daß bei Risikofamilien die Durchführung präventiver Maßnahmen die Erhöhung ihres Verletzlichkeitsniveaus und damit die Notwendigkeit einer remedialen Intervention verhindert. Darüber hinaus kann über entwicklungsoptimierende Maßnahmen bei Risikofamilien deren Verletzlichkeitsniveau noch weiter gesenkt werden bzw. bei unauffälligen Familien das Auftreten von Risikofaktoren oder behandlungsbedürftigen Symptomen verhindert werden.

Die hier vorgeschlagene Verknüpfung von unterschiedlichen Interventionsansätzen erlaubt im übrigen auch eine Zuordnung der traditionellen Klassifikation von Präventionsformen nach primärer, sekundärer und tertiärer Prävention (vgl. Caplan 1964). Demnach entspricht die Verknüpfung "Entwicklungsoptimierung - Prävention" dem Aspekt der *primären Prävention*, bei der es schwerpunktmäßig um unauffällige Paare oder Familien geht, die daran interessiert sind, die Qualität ihrer interpersonalen Beziehungen noch über das bestehende Maß hinaus zu verbessern. Die Zielsetzung ist hier, die vertikalen Ressourcen - insbesondere auf der Familienbeziehungs- und Persönlichkeitsebene - zu stärken, so daß zukünftige horizontale Stressoren besser bewältigt werden können. In der Regel handelt es sich hierbei um die Vermittlung und Einübung von allgemeinen Beziehungsfertigkeiten (z.B. aktives Zuhören, hilfreiches Handeln, Entscheidungsfindung, Konfliktbewältigung) und personenbezogene Selbstkontrolltechniken (z.B. Ärgerkontrolle, Streßmanagement), wozu eine reichhaltige Literatur vorliegt (vgl. Curran & Monti 1982, L'Abate & Milan 1985, Nelson-Jones 1984, Spence & Shephard 1983).

Als *sekundäre Prävention* läßt sich die Verbindung "Prävention-Remediation" bezeichnen, in der die Verhinderung von erwartbaren Symptomen bei Risikofamilien im Vordergrund steht. In diesen Fällen beziehen sich die Präventionsprogramme auf potentiell krisenhafte Übergänge im Familienlebenszyklus (d.h. normative und nichtnormative horizontale Stressoren), mit dem Ziel einer Vermittlung von Bewältigungsstrategien für den Fall, daß die Krise tatsächlich eintritt. In der Regel sind diese Präventionsprogramme wegen ihres Bezugs zu bestimmten Phasen des Familienzyklus inhaltlich auf die antizipierten Problemlagen (z.B. Übergang zur Ehe, zur Erstelternschaft, zur Scheidungs- und Nachscheidungsphase) zugeschnitten, wenngleich sie sich konzeptionell an dem Repertoire allgemeiner Beziehungsfertigkeiten und Selbstkontrolltechniken orientieren (vgl. hierzu Guerney, Guerney & Cooney 1985, L'Abate 1986a, Levant 1986a). Von daher stellt die Beziehung "Prävention - Entwicklungsoptimierung" eine Generalisierung von familienentwicklungsspezifisch angelegten Präventionsmaßnahmen dar und bildet somit eine weitere Facette der sekundären Prävention.

Bei der *tertiären Prävention* schließlich geht es um die Verknüpfung "Remediation-Prävention", d.h. um die Reduzierung und Stabilisierung der Verletzlichkeit einer Familie auf einem niedrigeren Niveau als zu Beginn der Intervention. Die Zielsetzung hierbei ist es, zunächst durch eine remediale Intervention den akuten Zustand der Verletzlichkeit zu verringern und anschließend durch präventive Maßnahmen den therapeutischen Effekt zu festigen. Je nachdem, ob man bei der Behebung eines Symptoms von einem medizinischen oder einem psychosozialen Krankheitsmodell oder auch von einem Mischmodell ausgeht, das sowohl somatische wie psychosomatische Aspekte berücksichtigt, werden die remedialen therapeutischen Maßnahmen unterschiedlich aussehen. Bei einer strikt am *medizinischen Krankheitsmodell* orientierten Behandlungsstrategie wird z.B. die Behandlung einer als schizophren diagnostizierten Person ausschließlich, d.h. sowohl remedial als auch präventiv, medikamentös erfolgen. Im *psychosozialen Krankheitsmodell* werden - wie weiter oben bereits angesprochen - die Ursachen für die Entstehung, Auslösung und Aufrechterhaltung von Symptomen ausschließlich in den psychosozialen Umständen gesehen. Diese Störungen sollen daher auch ausschließlich mit familientherapeutischen Methoden behandelt werden, bevor dann ggf. präventive Maßnahmen eingesetzt werden. So empfiehlt etwa L'Abate (1986b) für die Behandlung von akuten Störungen (z.B. manifesten depressiven Zuständen) zunächst mit indirekten familientherapeutischen Methoden wie positivem Umdeuten oder Verhaltensverschreibungen zu arbeiten, um nach einer Linderung der akuten Krise mit direkten präventiven oder auch entwicklungsoptimierenden Maßnahmen den Behandlungserfolg zu vertiefen.

Bei einer Behandlungsstrategie, die sich sowohl auf somatische als auch auf psychosoziale Verursachungsfaktoren stützt, können medizinische (z.B. pharmakotherapeutische) Maßnahmen zur remedialen Symptomlinderung mit einer anschließenden Kombination von medikamentösen und psychosozialen Präventivmaßnahmen verbunden werden. Daß dies ein erfolgversprechender Weg ist, wurde z.B. bei der Behandlung schizophrener Patienten in einer Reihe von Studien, auf die wir weiter unten noch zu sprechen kommen, eindrücklich unter Beweis gestellt.

Abschließend muß zu dem in Abbildung 11.2 wiedergegebenen Versuch einer Plazierung von unterschiedlichen Interventionsansätzen der Familienberatung und -therapie in einem zweidimensionalen Modell von Verletzlichkeit und Interventionsbedürftigkeit angemerkt werden, daß es sich hierbei allenfalls um ein heuristisches Schema handelt. Zum einen fehlt es bisher an Indikatoren, die eine umfassende, zuverlässige, gültige und konsensfähige Erfassung des Verletzlichkeitsniveaus von Familien erlauben würden. Zum anderen ist das Konzept der Interventionsbedürftigkeit nicht unproblematisch. So kann zumindest im Falle von Familien mit einer hohen Erwartungswahrscheinlichkeit für die Bildung gravierender Symptome (z.B. Kindesmißhandlung oder Ausbruch einer psychischen Erkrankung) die Interventionsbedürftigkeit im Vergleich zu Familien mit manifesten Symptomen genauso hoch eingeschätzt werden. Trotz dieser Bedenken werden im folgenden die unterschiedlichen Ansatzpunkte von Familienberatung und -therapie auf dem Hintergrund des in Abbildung 11.2 dargestellten Schemas etwas genauer dargestellt und hinsichtlich ihrer wissenschaftlichen Fundierung unter die Lupe genommen.

11.4.1 Remediation

Die auf der Verletzlichkeitsdimension als "auffällig" bezeichneten Familien werden hier aus rein pragmatischen Überlegungen unter diesem Begriff zusammengefaßt. Der gemeinsame Nenner besteht darin, daß entweder die gesamte Familie oder einzelne Subsysteme bzw. Mitglieder der Familie Symptome aufweisen, die von der

Familie selbst oder von anderen Instanzen des gesellschaftlichen Systems (z.B. Gesundheitswesen, Rechtssystem, Schule, Betrieb) als "deviant", "gestört", "dysfunktional", "unerwünscht" und damit als behandlungsbedürftig angesehen werden. Zweifellos können dabei auch vorschnelle Etikettierungen von Familien und ihren Mitgliedern erfolgen. Der Hintergrund hierfür ist, daß die gesellschaftlichen Bedingungen abweichenden Verhaltens und Erlebens häufig ignoriert werden. Eine umfassende systemische Diagnostik - auch wenn diese bei weitem noch nicht entwickelt ist - wird jedoch auch diese Aspekte mit zu berücksichtigen haben und zugleich einen Standpunkt einnehmen können, der gegebene Symptome im Kontext ihrer Entstehung, Begleitumstände und Konsequenzen einordnet (vgl. Auerswald 1968, Keeney 1979).

Auf der *Individualebene* äußern sich behandlungsbedürftige Störungen in Symptomen wie Schizophrenie, psychosomatische Auffälligkeiten, Alkohol- und Drogenabusus, kriminelles Verhalten, Suizid, Depressionen oder Phobien. Beispiele für Störungen auf der *Familienbeziehungsebene* sind etwa chronische Partnerschaftskonflikte, manifeste sexuelle Probleme, Mißhandlungen von Kindern, Frauen oder älteren Familienangehörigen. All diese Symptome können als Indikatoren für ein stark ausgeprägtes Verletzlichkeitsniveau der Familie angesehen werden, die eine hohe Behandlungsbedürftigkeit signalisieren. Das Vorgehen ist dabei in erster Linie remedial, d.h. es geht vor allem um eine Behebung oder zumindest Reduzierung von Symptomen, die bereits manifest geworden sind. Es ist dies vornehmlich die Domäne der klinischen Familienpsychologie (vgl. L'Abate 1985b) bzw. der Familienpsychiatrie (vgl. Howells 1971), wobei das Behandlungskonzept in engerem Sinne als familientherapeutisch zu bezeichnen ist.

Nun gibt es freilich innerhalb des familientherapeutischen Paradigmas nicht nur eine familientherapeutische Vorgehensweise, sondern eine ganze Reihe familientherapeutischer Schulen, die mehr oder weniger für sich in Anspruch nehmen, den Königsweg zur Heilung dysfunktionaler Familien gefunden zu haben. Im gegebenen Kontext verbietet sich eine ausführliche Darstellung und vergleichende Gegenüberstellung der einzelnen familientherapeutischen Schulen. Hierzu muß auf andere Quellen verwiesen werden (vgl. Gurman & Kniskern 1981, Wolman & Stricker 1983, Nichols 1984, Schneider 1983, Piercy, Sprenkle & Associates 1986). Statt dessen soll ein von Levant (1984) unterbreiteter Vorschlag zur Reduktion familientherapeutischer Schulen auf drei familientherapeutische Modelle kurz vorgestellt werden.

Levant (1984, S. 80 f.) unterscheidet zwischen drei familientherapeutischen Modellen, nämlich (a) einem historischen, (b) einem struktur-/prozeß- und (c) einem erfahrungsorientierten Modell. Das *historische Modell* konzentriert sich vor allem auf die Vergangenheit und analysiert Familienbeziehungen über wenigstens zwei, meistens jedoch mehrere Generationen. Die therapeutischen Bemühungen laufen darauf hinaus, die Familie und ihre Mitglieder von ihren dysfunktionalen Bindungen an frühere Generationen zu befreien. Die Rolle des Therapeuten ist eher passiv, die Dauer der Therapie relativ lang und die theoretischen Wurzeln dieses Modells liegen vornehmlich in der Psychoanalyse. Beispielhafte Vertreter des historischen Modells sind Boszormenyi-Nagy (1987), Bowen (1978) und Stierlin (1975).

Das *Struktur-/Prozeßmodell* fokussiert vor allem die gegenwärtige Situation einschließlich der jüngsten Vergangenheit und der nahen Zukunft. Die therapeutischen Ziele liegen in einer Änderung dysfunktionaler familienstruktureller Regeln und Interaktionen. Die Rolle des Therapeuten ist aktiv und direktiv. Die Behandlungsdauer ist eher kurz, und die theoretischen Orientierungen gründen in der Familiensystemtheorie sowie in der Lerntheorie. Repräsentative Vertreter dieses Modells sind Haley (1976), Minuchin (1977), Selvini-Palazzoli, Boscolo, Cecchin und Prata (1977), Alexander und Parsons (1982), Patterson (1982) und Stuart (1980).

Im Vergleich zu den beiden anderen Modellen bezieht sich das *erfahrungsorientierte Modell* am stärksten auf die im "Hier und Jetzt" ablaufenden Prozesse. Das therapeutische Ziel besteht in einer Intensivierung positiver emotionaler Erfahrungen zwischen den Familienmitgliedern. Der Therapeut ist aktiv und versteht sich als eine Person, die sich mit viel Einfühlsamkeit auf die Familie einläßt. Die Therapien sind eher von mittlerer Dauer und basieren auf den existentialistischen und phänomenologischen Ansätzen der humanistischen Psychologie. Bekanntere Vertreter dieses familientherapeutischen Modells sind Kempler (1981), Satir (1973) oder Whitaker und Keith (1981).

Während - wie bei jedem Versuch der Komplexitätsreduzierung - die Besonderheiten der innerhalb eines bestimmten Modells zusammengefaßten Familientherapieschulen eher eingeebnet werden, treten die Unterschiede zwischen den drei familientherapeutischen Modellen besonders deutlich hervor. Im Hinblick auf den weiter oben dargestellten familienstreß- und bewältigungstheoretischen Ansatz sind die historisch orientierten Familientherapieschulen eher an den Bereich vertikaler Stressoren und Ressourcen interessiert, die das transgenerationale System (d.h. die Herkunftsfamilien der Partner) betreffen. Hingegen liegt der Zeitpunkt des struktur-/prozeßorientierten und des erfahrungsorientierten Therapiemodells in der Gegenwart und thematisiert damit vor allem horizontale Stressoren sowie die Aspekte von vertikalen Stressoren und Ressourcen, die sich auf das gegenwärtige Familiensystem und auf das Persönlichkeitssystem beziehen. Dabei ist der Unterschied zwischen den beiden zuletzt genannten Modellen in einem eher verhaltensbezogenen (struktur- und prozeßorientiertes Modell) und einem eher erlebensbezogenen (erfahrungsorientiertes Modell) Fokus zu sehen.

Eine andere, unter wissenschaftlichen wie gesundheitspolitischen Gesichtspunkten besonders bedeutsame Frage ist, welche Effektivität die einzelnen familientherapeutischen Schulen nachweisen können. Zu dieser Frage liegen nach dem jüngsten Bericht von Gurman, Kniskern und Pinsof (1986) bereits 47 Sammelreferate vor. Die Autoren steuern selbst den 48. Überblick bei, der sicher nicht der letzte in diesem wichtigen Forschungsfeld sein wird. Nach einer Darstellung der vielfältigen methodischen Probleme, die sich bei einer wissenschaftlich fundierten Evaluation von Therapieerfolgs- und Prozeßstudien ergeben, gelangen Gurman et al. (1986) aufgrund ihrer Analyse des vorliegenden empirischen Materials zu einer Tabelle, in der sie den Effektivitätsnachweis von insgesamt 15 familientherapeutischen Richtungen in bezug auf zehn spezifizierte Störungen bewerten (vgl. hierzu die ähnliche Vorgehensweise von Olson, Russell & Sprenkle 1980). Der Hauptbefund von Gurman et al. (1986) besteht darin, daß von den insgesamt 150 Evaluationsmöglichkeiten, die sich aus der Verknüpfung der Therapieschulen und Störungsformen ergeben, lediglich 35 (25 %) realisiert wurden. Nur in 13 Fällen (9 %) dieser Kombination haben die Autoren eine Einschätzung des Therapieerfolgs abgegeben, die für eine wahrscheinliche oder gesicherte Effektivität der therapeutischen Intervention spricht. Freilich betonen Gurman et al. (1986, S. 593) auch, daß "diese summarische Einschätzung des Therapieerfolgs nicht mit der Intention erfolgt, Anhänger bestimmter 'Schulen' von der Weiterführung ihrer gegenwärtigen Praktiken abzubringen, da das Fehlen eines Wirksamkeitsnachweises offenkundig kein Beleg für Unwirksamkeit ist". Was die Zahlen allerdings sehr wohl belegen, ist ein eklatanter Mangel an fundierter Forschung im Bereich der familientherapeutischen Effektivitätskontrolle.

Betrachtet man die von Gurman et al. (1986) vorgelegten Befunde unter dem Gesichtspunkt des Beitrags, den die oben dargestellten familientherapeutischen Modelle bezüglich ihres Wirksamkeitsnachweises geleistet haben, so liegt das struktur-prozeßorientierte Modell bei 90 möglichen Kombinationen mit 11 halbwegs gesicherten Effektivitätsbelegen an der Spitze, wobei der Löwenanteil auf die verhaltenstheoretischen Therapieschulen fällt. Das historische Therapiemodell bleibt mit zwei aus 40 möglichen Effektivitätsnachweisen im Vergleich zum struktur-prozeßorientierten Modell deutlich zurück, während das erfahrungsorientierte Therapiemodell auf keinerlei Effektivitätsnachweise zurückblicken kann. Auch dies muß nach Meinung von Gurman et al. (1986, S. 594) nicht unbedingt zur Besorgnis Anlaß geben, da "in der Regel positive und bisweilen außerordentlich eindrucksvolle Ergebnisse dokumentiert wurden, wenn familientherapeutische Behandlungsmethoden einem rigorosen Test unterzogen wurden." Wenngleich diese Einschätzung nicht ganz im Einklang mit einem früheren Befund von Gurman und Kniskern (1978a) steht, wonach es immerhin in 5 bis 10 % der familientherapeutisch behandelten Fälle zu einer Symptomverschlechterung kommt, meinen die gleichen Autoren (Gurman & Kniskern 1978b), auch Belege für die Überlegenheit oder zumindest Gleichwertigkeit familientherapeutischer im Vergleich zu individualtherapeutischen Vorgehensweisen beigebracht zu haben.

Diese Schlußfolgerung wird allerdings - zumindest was die nicht-behavioralen Varianten der systemischen Familientherapie anbelangt - von Bednar, Burlingame und Masters (1988) energisch bestritten. Diese Autoren zeigen an einer Stichprobe von 25 Therapieerfolgsstudien, die im weitesten Sinne als nicht-behaviorale Familiensystemtherapien zu bezeichnen sind, daß in keiner dieser Studien systemische Behandlungsvariablen (z.B. Einbeziehung multipler Quellen der Einflußnahme, Diagnostik auf dem Niveau unterschiedlicher System- und Subsystemebenen, Registrierung reziproker Einflüsse, Erfassung der Unmittelbarkeit und Intensität familiärer Transaktionen) Berücksichtigung gefunden haben. Dieser Befund steht im übrigen im Einklang mit einer Bemerkung von Gurman et al. (1986, S. 573), wonach "Studien zum Ergebnis von Familientherapien, die auf systemischen Diagnosen beruhen, nicht existieren." Bednar et al. (1988, S. 417) ziehen daraus den folgenden Schluß: "Wenn Familientherapien wissenschaftlich untermauern wollen, daß sie eine besondere und effektive Behandlungsform darstellen, müssen sie (a) ihre Behandlungsfaktoren definieren und zeigen, in welcher Weise sie eine Besonderheit darstellen und (b) bestimmen, welcher

Teil der Ergebnisvarianz auf diese besonderen Behandlungsfaktoren zurückgeführt werden kann... Bis dahin erscheint die Behauptung, daß (a) Familientherapie eine besondere Behandlungsmodalität darstellt, die (b) wenigstens genauso wirksam ist wie Individualtherapie, wenig plausibel."

Diese Feststellung wollen Bednar et al. (1988) allerdings nicht als eine Bevorzugung individualtherapeutischer bzw. Zurückweisung familientherapeutischer Verfahren verstanden wissen. Die Autoren plädieren vielmehr für eine klare konzeptuelle und methodische Untermauerung familientherapeutischer Ansätze und meinen, daß diese Voraussetzungen im Modell der behavioralen Ehe- und Familientherapie besser realisiert seien (vgl. Falloon 1988).

In diesem Modell werden Ehe- und Familienprobleme als das Ergebnis einer ungenügenden Reizkontrolle und ihrer verhaltensmäßigen Konsequenzen sowie als Wissens- und Fertigkeitsdefizite im familiären Interaktionsgeschehen angesehen. Anhand einer Analyse von 72 Therapieerfolgsstudien, die sich am Modell der behavioralen Ehe- und Familientherapie orientieren, untermauern Bednar et al. (1988) die These, daß diese Studien auf einem präziseren konzeptuellen und methodischen Niveau durchgeführt wurden als die Therapieerfolgskontrollen der nicht-behavioralen Familiensystemtherapien.

Obwohl man aufgrund der gegebenen Forschungslage Bednar et al. (1988) wohl zugestehen muß, daß die nicht-behavioralen Familiensystemtherapien mehr Semantik als Substanz produziert haben - Bogdan (1987) spricht sogar von einer "systemischen Umweltverschmutzung" - sollte auch bedacht werden, daß der in den bisherigen Forschungsstudien dokumentierte Mangel an Einbeziehung von systemischen Variablen weder gegen die Existenz noch gegen die therapeutische Effektivität dieser Variablen spricht. Für die Zukunft der systemischen Familientherapie wird es entscheidend sein, ob sie sich den Herausforderungen einer wissenschaftlichen Fundierung ihres Effektivitätsnachweises stellt oder ob die von der Familiensystemtheorie propagierte "Epistemologie" eines öko-systemischen Denkens (vgl. Keeney 1983) zur Orthodoxie und Kulthaftigkeit degeneriert (vgl. Pittman 1983), was letztlich die Familiensystemtheorie vom "Boom" zum "Bankrott" führen würde (vgl. L'Abate & Jurkovic 1987).

11.4.2 Prävention

Entsprechend der in Abbildung 11.2 eingeführten Zuordnung familienberaterischer und -therapeutischer Interventionsformen geht es im Falle der Prävention um die Zielgruppe der Risikofamilien. Als Risikofamilien bezeichnen wir solche Familien, bei denen auf Individual- oder Familienbeziehungsebene die Wahrscheinlichkeit des Auftretens bzw. Wiederauftretens von behandlungsbedürftigen Symptomen besonders hoch ist. Die Rückfallprophylaxe bei psychischen Störungen und massiven Beziehungsproblemen gehört hier ebenso dazu wie die Abwendung von voraussehbaren Fehlentwicklungen aufgrund normativer und nicht-normativer horizontaler Stressoren im Familienlebenszyklus (z.B. Erziehungsschwierigkeiten von Kindern, Übergang zur Scheidungs- und Nachscheidungsphase).

Der gemeinsame Nenner präventiver Maßnahmen besteht in der Stärkung personaler und interpersonaler Kompetenzen, um erwartbare Belastungen besser meistern zu können. In der Terminologie des weiter oben eingeführten familienstreß- und bewältigungstheoretischen Modells heißt dies, daß die Erhöhung des Potentials an vertikalen Ressourcen auf der Familien- und Persönlichkeitsebene im Vordergrund steht. Dabei geht es vor allem um (a) die Vermittlung und Einübung von Kommunikationsfertigkeiten auf der Ebene des Empfangens und Sendens von verbalen und nonverbalen Informationen, (b) die Lösung von Problemen und Konflikten sowie (c) die Kontrolle von personinternen Zuständen, die einer effektiven Kommunikation im Wege stehen (z.B. Mangel an Selbstbehauptung, Selbstenthüllung, Ärgerkontrolle und Streßregulation). Levant (1986a) spricht in diesem Zusammenhang von einem psychoedukativen Ansatz der Familienberatung und -therapie, wobei er in einem ausführlichen Überblicksreferat die Fülle der im angloamerikanischen Sprachraum existierenden familienorientierten Programme hinsichtlich ihrer theoretischen Orientierung und ihrer Haupteinsatzgebiete klassifiziert hat. Andere zusammenfassende Darstellungen finden sich bei Guerney, Guerney und Cooney (1985), L'Abate (1986a, 1987a), L'Abate und Milan (1985). Für den deutschsprachigen Bereich sei auf die Sammeldarstellungen von Becker und Minsel (1986), Minsel (1984) und Peterander (1988) verwiesen.

Die meisten zusammenfassenden Darstellungen orientieren sich an den Übergängen im Familienlebenszyklus bzw. den jeweils vor- und nachgeschalteten Lebensphasen. So unterscheidet Levant (1986b) auf der Ebene des Paarsystems zwischen prä-, neo-, meso- und post- (einschließlich scheidungsbezogenen) präventiven Programmen. Auf der Ebene des Eltern-Kind-Systems wird zwischen prä-, neo- und mesopräventiven Programmen unterschieden. Schließlich werden noch Programme angeführt, die das gesamte Familiensystem betreffen. Je nachdem, welches Ausmaß an Verletzlichkeit den jeweiligen Paaren oder Familien unterstellt wird, ist der Übergang zu eher remedialen oder eher entwicklungsoptimierenden Interventionszielen fließend. Bei der Implementierung präventiver familienorientierter Programme bedarf es neben der Berücksichtigung des Familienlebenszyklus auch einer Beachtung der familiären Lebenslage. Spezifische sozioökonomische (z.B. Unterschichtsfamilien), soziokulturelle (z.B. Ausländerfamilien), familienstrukturelle (z.B. Einelternteil oder sog. Zweikarrierenfamilien) oder individuelle (z.B. Familien mit behinderten, chronisch kranken oder hochbegabten Kindern) Lebenslagen sind hier zu nennen (vgl. L'Abate 1987a). Besonders im Falle sozioökonomisch und soziokulturell benachteiligter Familien ergibt sich das Problem einer erhöhten Distanz gegenüber professionellen Beratungs- und Therapieangeboten, was sich in einer Unterrepräsentanz dieses Klientels sowie im gehäuften Abbruch von Beratungs- und Therapiekontakten äußert (vgl. Koschorke 1975, Seus-Seberich 1981). Wenngleich neuere Befunde für eine Senkung der Akzeptanzschwelle bei der Inanspruchnahme von familienorientierten Beratungs- und Therapieangeboten sprechen (vgl. Ewert 1988, Klann & Hahlweg 1987, Knobloch 1985), gibt es zusätzlich Möglichkeiten, durch neue Formen der Gestaltung und Implementierung von Beratungs- und Therapieleistungen die Distanz zum Klientel zu verringern. Die Vorschläge hierzu reichen von der programmierten Familientherapie (vgl. L'Abate 1987b) bis zur Realisierung offener Beratungsformen (vgl. Straus, Höfer & Gmür 1988, Institut für psychosoziale Praxisforschung 1986), bedürfen aber noch einer Überprüfung ihrer Wirksamkeit.

Da viele der präventiv orientierten Ansätze der Familienberatung und -therapie im Vergleich zu den remedialen Interventionsformen einen höheren Grad an Standardisierung und Strukturiertheit aufweisen, scheinen sie auf den ersten Blick für eine wissenschaftlich fundierte Effektivitätskontrolle besonders geeignet zu sein. Trotz einer beachtlichen Fülle an entsprechenden Untersuchungen (vgl. Levant 1986b) reduziert sich das verwertbare Potential an Studien drastisch, wenn man die üblichen Standards experimenteller Forschung (z.B. Vorhandensein von Experimental- und Kontroll- bzw. Vergleichsgruppen, Randomisierung der Zuweisung von Familieneinheiten zu Versuchs- und Kontrollbedingungen, Prä- und Posttesterhebungen, längerfristige Nachfolgeuntersuchungen) zugrundelegt. So haben z.B. Bagarozzi und Rauen (1981) ihre zunächst auf 50 Programme zur Ehevorbereitung basierende Wirksamkeitsanalyse wegen methodischer Unzulänglichkeiten auf 13 Programme reduzieren müssen. Aber selbst bei diesen 13 letztlich ausgewählten Effektivitätsstudien verwendeten nur sieben eine Kontroll- oder Vergleichsgruppe, nur zwei machten von standardisierten Meßinstrumenten Gebrauch und nur in zwei Fällen wurden Nachfolgeuntersuchungen durchgeführt (vgl. Levant 1986b). Studien, die etwas über den längerfristigen Erfolg von Ehevorbereitungsprogrammen (etwa im Sinne einer Verringerung von Scheidungszahlen oder weniger belasteten Ehe- oder Familienbeziehungen) aussagen, sucht man in der einschlägigen Evaluationsliteratur vergeblich (vgl. Fournier & Olson 1986). Eine präventive Wirkung dieser Programme ist damit empirisch nicht gesichert.

Im folgenden soll exemplarisch kurz auf einige der besser geplanten Studien aus den Bereichen der sekundären und tertiären Prävention eingegangen werden. Wie in Abschnitt 11.4 dargestellt, handelt es sich im Falle der sekundären Prävention um die Stärkung des Bewältigungspotentials von Risikofamilien mit dem Ziel, das Auftreten behandlungsbedürftiger Symptome zu verhindern, während das Ziel der tertiären Prävention vor allem eine Rückfallprophylaxe ist.

Wir beginnen mit dem Beispiel zur *tertiären Prävention*, das aus dem Bereich der Schizophrenieforschung stammt. Hier legen - wie weiter oben bereits angedeutet - neuere Forschungsbefunde nahe, daß sowohl genetische als auch psychosoziale Einflußfaktoren für die Entstehung und Aufrechterhaltung schizophrener Symptome verantwortlich sind (vgl. zusammenfassend hierzu Goldstein 1988, Goldstein & Strachan 1987). Die in diesen Bereich fallenden Untersuchungsansätze gehen von einem Vulnerabilitäts-Streß-Modell aus (vgl. Rosenthal 1970, Zubin & Spring 1977), wonach die Prädisposition für Schizophrenie vererbt ist. Die damit gegebene Verletzlichkeit des Persönlichkeitssystems wird durch belastende oder unterstützende Umwelteinflüsse, insbesondere solche in der Familie, moderiert, wodurch wiederum die Wahrscheinlichkeit für das Auftreten der Krankheit beeinflußt wird.

Goldstein (1988) führt anhand von prospektiven Längsschnittstudien empirische Belege an, die sowohl die Entstehung als auch die Aufrechterhaltung von schizophrenen Symptomen nach dem Vulnerabilitäts-Streß-Modell stützen. In diesem Zusammenhang sind vor allem die Untersuchungsbefunde von Interesse, die den Nachweis erbringen, daß präventive Methoden der familiären Intervention in Kombination mit einer pharmakologischen Behandlung zu einer drastischen Verringerung der Rückfallquoten von schizophrenen Patienten führen. Obwohl dies eine Relativierung des am psychosozialen Krankheitsmodell orientierten familientherapeutischen Paradigmas bedeutet, sind diese Untersuchungen wegen ihrer nachgewiesenen präventiven Wirkung von besonderer Bedeutung. Im Hinblick auf die familienbezogenen Einflüsse haben sich Variablen wie (a) Kommunikationsabweichung (vgl. Wynne, Singer, Bartko & Toohey 1977), (b) negatives emotionales Familienklima - in der Literatur als EE (expressed emotion) bezeichnet - (vgl. Vaughn & Leff 1976), (c) ein in der direkten Interaktion erfaßter negativer affektiver Stil (AS nach Doane, West, Goldstein, Rodnick & Jones 1981) sowie (d) ein intensiver Kontakt des Patienten mit Verwandten, die hohe Ausprägungsgrade auf den vorgenannten Kommunikationsmerkmalen aufweisen, als rückfallerhöhende Risikofaktoren erwiesen.

Insbesondere eine Veränderung der affektiven Aspekte des Beziehungsklimas in der Familie hat zusammen mit anderen psychoedukativen Methoden (z.B. Aufklärung über die Hintergründe und Erscheinungsformen von Schizophrenie, vgl. Anderson 1983) in einer Reihe methodisch gut kontrollierter Studien zu drastisch reduzierten und zeitstabilen Rückfallquoten geführt. In wenigstens drei Studien (vgl. Leff, Kuipers, Berkowitz, Eberlein-Fries & Sturgeon 1982, 1983; Falloon, Boyd & McGill 1984; Hogarty, Anderson, Reiss, Kornblith, Greenwald, Javna, Madonia & EPIC Schizophrenia Research Group 1986) wurde nachgewiesen, daß bei Patienten, deren Familienmitglieder sich einem Familienpräventionsprogramm unterzogen hatten, die Rückfallquoten im Schnitt um 40 % niedriger lagen als bei Patienten, die eine alternative (z.B. individuelle psychotherapeutische) Behandlung erfahren hatten. Falloon et al. (1984) konnten darüber hinaus noch nachweisen, daß ihr familienorientiertes Behandlungsprogramm um 20 % kostengünstiger war als eine individualtherapeutische Behandlung.

Inwieweit derartige Forschungsbefunde sich auf andere psychische Störungen mit mutmaßlich biologischer Basis verallgemeinern lassen, bleibt abzuwarten. Auf jeden Fall legen die Befunde aus dem Bereich der Schizophrenieforschung nahe, die Familie nicht voreilig zum "identifizierten Patienten" abzustempeln. Johnson (1987) hat an einer Reihe von Beispielen nachgewiesen, daß - eine fundierte Diagnostik vorausgesetzt - bei biologisch begründeten Defiziten von einzelnen Personen eine systemische Umdeutung des Symptoms nicht nur wenig hilfreich, sondern sogar schädlich sein kann. Statt dessen mag es sinnvoller sein, die Familie eines Symptomträgers - selbst wenn sie mutmaßlich an der Entstehung und Aufrechterhaltung des Symptoms beteiligt ist - von mehr oder minder impliziten Schuldzuweisungen zu befreien und sie zu Helfern bei der Symptombehandlung zu machen, indem die Bewältigungskompetenzen der Familienmitglieder gestärkt werden.

Wir wenden uns nun dem Beispiel zur *sekundären Prävention* zu. Hier geht es um das auch im deutschsprachigen Raum weit verbreitete Programm "Familienkonferenz" (vgl. Gordon 1989). In den USA haben nach der Aussage von Gordon (1980) über 600000 Eltern an dem Programm teilgenommen. Das Programm besteht aus einem achtwöchigen, insgesamt 24 Stunden dauernden Kurs, in dem auf dem Wege von Kurzvorträgen, Lektüreanweisungen, Rollenspielen, Diskussionen und Hausaufgaben folgende drei Beziehungsfertigkeiten eingeübt werden sollen: (a) Aktives Zuhören, d.h. eine einfühlende und akzeptierende Haltung gegenüber dem Kind, (b) Ich-Botschaften, d.h. eine klare und direkte Kommunikation von Gefühlen, ohne das Kind zu beschuldigen und (c) Konfliktlösung nach der "Keiner verliert"-Methode, d.h. die Suche nach einer für alle Seiten akzeptablen Lösung von Problemen.

Trotz der beachtlichen Verbreitung des Programms ergaben sich bei einer Synopse der bis 1980 durchgeführten Effektivitätsstudien eher kritische als befürwortende Stimmen (vgl. Rinn & Markle 1977, Doherty & Ryder 1980). Auch die von Levant (1986c) auf der Basis von 23 Studien durchgeführte Evaluation des "Familienkonferenz"-Programms erbrachte keine sonderlich beeindruckenden Ergebnisse. In elf Studien mit unbehandelten Vergleichsgruppen ergaben sich bei den Erfolgsmaßen in 53 % keine Unterschiede, in 36 % der Signifikanzprüfungen fielen die Ergebnisse zugunsten und in 11 % zuungunsten des Programms aus. Noch ungünstiger waren die Ergebnisse für die zehn Studien, in denen die Vergleichsgruppen eine alternative Behandlung erfuhren. Hier ergab sich für 69 % der Signifikanzprüfungen kein Unterschied, während 25 % für die Überlegenheit des "Familienkonferenz"-Programms und drei Prozent für günstigere Effekte bei den alternativen Programmen sprachen.

Levant (1986c) macht jedoch auch darauf aufmerksam, daß sich das Bild zugunsten des "Familienkonferenz"-Programms verbessert, wenn man die Studien nach rigoroseren methodischen Gesichtspunkten beurteilt. Allerdings bleiben dann nur noch ganze drei Studien übrig, von denen zumindest zwei explizit auf potentielle Risikofamilien (Einelternteilfamilien und Familien mit lernbehinderten Kindern) zugeschnitten waren. Es zeigte sich, daß in diesen Fällen 69 % der Signifikanzen für und 0 % gegen das "Familienkonferenz"-Programm sprachen, während sich in 31 % der Fälle keine Signifikanzunterschiede nachweisen ließen. Diese Befunde machen deutlich, daß es auch aus Gründen einer fairen Beurteilung von präventiven Programmen angezeigt ist, methodische Minimalstandards der Programmevaluation zu befolgen. Allerdings muß man auch für die drei von Levant (1986c) ausgewählten Studien sagen, daß im Untersuchungsdesign keine Nachfolgeuntersuchungen vorgesehen waren, so daß die zeitliche Stabilität der durch das "Familienkonferenz"-Programm ausgelösten Effekte und somit die längerfristige präventive Wirkung ungeklärt ist.

Die bisher genannten Ansätze der Prävention im Bereich der Familienberatung und -therapie zielen im wesentlichen auf eine Stärkung der personalen und interpersonalen Kompetenzen ab. Sie sind somit der Klasse vertikaler Ressourcen auf der Familien- und Persönlichkeitsebene zuzuordnen. Eine Ausweitung familientherapeutischer und psychoedukativer Methoden auf die Stärkung vertikaler Ressourcen des transgenerationalen Systems ist zwar möglich, wird jedoch weit weniger häufig praktiziert (vgl. Hovestadt & Fine 1987). Noch weniger achten die Verfechter familienberaterischer und -therapeutischer Ansätze auf die Beziehungen der Familie und ihrer Mitglieder zu außerfamiliären Lebenskontexten (z.B. Schule, Betrieb, Verwaltung, Banken, Rechtssystem, Freizeit, Religion, Konsum). In all diesen Feldern kann eine im weitesten Sinne familienorientierte Beratung stattfinden, wenn es zu Problemen in dem einen oder anderen Bereich gekommen ist und professionelle Hilfe erforderlich wird (vgl. Keil 1979). An dieser Stelle geht es nicht mehr ausschließlich darum, der Familie entsprechende Kommunikationsfertigkeiten oder Entscheidungs- und Problemslösungstechniken beizubringen. Vielmehr stellt sich auch die Frage, ob die Berater selbst über die entsprechenden Beziehungsfertigkeiten verfügen. Diese Frage ergibt sich im übrigen auch im Zusammenhang mit professionellen Beratungs- und Therapieprozessen, nachdem sich herausgestellt hat, daß - unabhängig von der Schulenzugehörigkeit - bis zu 60 % des Therapieerfolgs aus den Strukturierungs- und Beziehungsfertigkeiten des Therapeuten vorhersagbar sind (vgl. Alexander, Barton, Schiavo & Parsons 1976). Sowohl für den Bereich der Familienberatung und -therapie im Gesundheitswesen als auch für familienbezogene Beratungsansätze in anderen Lebensbereichen ergibt sich somit die Aufgabe, bei der Ausbildung von Beratern und Therapeuten (und auch von paraprofessionellen Personen mit Beratungsfunktion) auf die Entwicklung angemessener Beziehungsfertigkeiten zu achten (Liddle, Schwartz & Breulin 1988, Peterson & Nisenholz 1987). Auf diese Weise kann auf breiter Basis die Voraussetzung für ein angenehmeres Beziehungsklima und eine effektivere Problemlösung in unterschiedlichen familiären Lebensbereichen geschaffen werden.

11.4.3 Entwicklungsoptimierung

Bei unauffälligen Familien ist entsprechend Abbildung 11.2 die Interventionsbedürftigkeit am geringsten ausgeprägt. Abgesehen davon, daß sich hinter den "unauffälligen" Familien bisweilen verkappte Risikofamilien verbergen, gibt es in der Tat Familien, die weniger aus Gründen der Prävention, sondern eher aus Gründen einer Steigerung und Entfaltung ihrer Möglichkeiten als Person und als Beziehungspartner an einer professionellen Unterstützung bei der Verfolgung dieses Zieles interessiert sind. Es ist dies der Ansatz der sog. "Enrichment"-Bewegung im Bereich Ehe und Familie, die sich im Gefolge des sich ausbreitenden Einflusses der humanistischen Psychologie Mitte der 60er Jahre in den USA etabliert hat (vgl. Mace 1986).

Mittlerweile gibt es eine Fülle von entsprechenden Programmen mit unterschiedlicher theoretischer Fundierung, Gruppengröße, Dauer, Vermittlungsart und Strukturiertheit (L'Abate 1981). Im Kern laufen diese Programme darauf hinaus, eine Verbesserung des Beziehungsklimas und der Beziehungsfertigkeiten über das bereits bestehende hohe Niveau hinaus zu erreichen. Dabei wird je nach Programm auf eine Mixtur von Kurzvorträgen, Selbsterfahrungsübungen, Gruppendiskussionen, Hausaufgaben und Hintergrundslektüre zurückgegriffen. Das Repertoire an Techniken rekrutiert sich im wesentlichen aus dem Methodenarsenal der Familiensystemtherapien sowie aus dem Fundus der eher verhaltens- und kommunikationstheoretisch beeinflußten Methoden des psychoedukativen Ansatzes (vgl. Guerney, Guerney & Cooney 1985, Levant 1986b,c; L'Abate 1986a, 1987a). Ähnlich wie bei den präventiven Programmen sind die meisten Programme auf unterschiedliche Phasen des Familienlebenszyklus (voreheliche, eheliche und Familienphase) zugeschnitten (vgl. Fournier & Olson 1986, Cartier 1986).

Da eine detaillierte Beschreibung der einzelnen Programme im gegebenen Zusammenhang nicht möglich ist, muß auf die entsprechenden Sammeldarstellungen verwiesen werden (vgl. L'Abate 1981, 1986a, Levant 1986a, Becker & Minsel 1986). Stattdessen soll der Frage nach der Effektivität dieser Programme nachgegangen werden. Die ersten zusammenfassenden Untersuchungen hierzu stammen von Gurman und

Kniskern (1977), Hof und Miller (1981) und Wampler (1982). Die bis dato umfassendste und methodisch anspruchvollste Studie wurde von Giblin, Sprenkle und Sheehan (1985) vorgelegt. Diese Autoren werteten insgesamt 85 Studien, an denen alles in allem 3886 Paare und Familien teilgenommen hatten, nach der Methode der Metaanalyse (vgl. Glass, McGraw & Smith 1981) aus. Metaanalysen beruhen auf dem Prinzip der Standardisierung von Effektstärken von Interventionen. Dabei wird im einfachsten Fall für die interessierenden Veränderungsmaße die Differenz der Experimental- und Kontroll- bzw. Vergleichsgruppenmittelwerte auf die Standardabweichung der Kontrollgruppenwerte bezogen. Der hieraus resultierende z-Wert spricht - je weiter er in der positiven Richtung von Null abweicht - für eine um so größere Effektivität des Programms. Effektstärken bis zu .35 werden als gering, von .36 bis .75 als mittel und darüber hinaus als hoch angesehen (vgl. Cohen 1977).

Giblin et al. (1985) errechneten nun bei ihrem Untersuchungsansatz eine durchschnittliche Effektstärke (ES) über alle Programme von $\overline{ES}$ = .44. Dies bedeutet, daß im Schnitt zum Zeitpunkt des Nachtests 67 % der Personen, die an einem Ehe- oder Familienprogramm zur Entwicklungsoptimierung teilgenommen hatten, die unbehandelten Kontrollpersonen übertreffen. Allerdings reduzierte sich die durchschnittliche Effektstärke auf einen Wert von $\overline{ES}$ = .34 bei der Auswertung der Studien, in denen auch Nachfolgeuntersuchungen (im Schnitt 12 Wochen nach dem Nachtest) durchgeführt wurden. Obwohl die Abnahme der Effektstärke immer noch für eine - wenn auch schwache - Wirkung der Programme spricht, machen diese Befunde dennoch auf die Notwendigkeit von "Auffrischungskursen" aufmerksam, um die Trainingseffekte zu stabilisieren.

Auf einige interessante Teilbefunde der Metaanalyse von Giblin et al. (1985) soll noch kurz eingegangen werden. So fanden die Autoren bei einer Klassifikation der Programme nach Ehevorbereitungs- bzw. Ehe- und Familienprogrammen unterschiedliche durchschnittliche Effektstärken für den Zeitpunkt des Nachtests. Die Familienprogramme ($\overline{ES}$ = .55) schnitten dabei gefolgt von den Ehevorbereitungsprogrammen ($\overline{ES}$ = .52) am besten ab, während die Eheprogramme mit einer durchschnittlichen Effektstärke von $\overline{ES}$ = .42 etwas zurückfielen. Darüber hinaus konnten die Autoren auch zeigen, daß Effektivitätsstudien, die auf Programmen beruhen, die (a) ein besseres Untersuchungsdesign aufweisen, (b) länger dauern, (c) Verhaltens- statt Selbstberichtmaße verwenden, (d) sich auf Beziehungsfertigkeiten und nicht so sehr auf Zufriedenheits- und Persönlichkeitsmaße beziehen und (e) mit weniger gebildeten Personen durchgeführt wurden, im Schnitt höhere Effektstärken erzielten.

Der Befund, daß Personen mit geringerer Schulbildung eher von Entwicklungsoptimierungsprogrammen dieser Art profitieren, mag darauf zurückzuführen sein, daß bei diesen Personen das Ausgangsniveau der Zielvariablen zu Programmbeginn niedriger war. Das gleiche Argument trifft auch für einen weiteren Befund der Metaanalyse von Giblin et al. (1985) zu, wonach Paare und Familien, deren Beziehungen zu Programmbeginn stärker belastet waren, aus den Entwicklungsoptimierungsprogrammen mehr Gewinn zogen. Während die durchschnittliche Effektstärke für die belasteten Paare und Familien bei $\overline{ES}$ = .51 lag, reduzierte sich der entsprechende Wert bei den wenig belasteten Paaren und Familien auf $\overline{ES}$ = .27, was vermutlich mit einem Dekkeneffekt erklärbar ist.

Die Wirkung von Deckeneffekten auf die Veränderungsmessungen wird man wohl auch zumindest teilweise für die im Schnitt mittleren Effektstärken von Entwicklungsoptimierungsprogrammen dieser Art verantwortlich machen können. Ein weiterer Beleg für diese These kommt von Metaanalysen zur Wirkung von Psychotherapien, für die sich eine durchschnittliche Effektstärke von $\overline{ES}$ = .85 ergab (vgl. Smith, Glass & Miller 1980). Auch hier kann von vorneherein von einer größeren Interventionsbedürftigkeit der Klienten ausgegangen werden.

Insgesamt sprechen somit die von Giblin et al. (1985) vorgelegten Befunde durchaus für eine mittelstarke Wirkung von Entwicklungsoptimierungsprogrammen auf Paar- und Familienebene. Leider beziehen sich die Daten nur auf kurze Evaluationszeiträume, so daß eine Aussage über die langfristigen präventiven Wirkungen derartiger Programme nicht gemacht werden können. Dabei ist zu berücksichtigen, daß nicht alle Paare und Familien den Eindruck gewinnen, von Entwicklungsoptimierungsprogrammen zu profitieren, und in manchen Fällen sogar von einer Verschlechterung ihrer Beziehung berichten. So konnten z.B. Lester und Doherty (1983) bei einer schriftlichen Nachbefragung von 200 Paaren, die an einem von Calvo (1975) ins Leben gerufenen Wochenendprogramm der Ehebegegnung (Marriage-Encounter) teilgenommen hatten, feststellen, daß immerhin 9,3 % der Paare über ernsthafte negative Nachwirkungen ihrer Wochenenderfahrung berichteten. Solche Befunde machen deutlich, daß insbesondere bei zeitlich limitierten Programmen die Möglichkeit einer Nachbetreuung eine unerläßliche Programmkomponente sein sollte.

11.5 Herausforderungen für die Familienberatung und -therapie

Familienberatung und -therapie hat insbesondere durch die Ausrufung und Verbreitung des familientherapeutischen Paradigmas einen immensen Aufschwung genommen. Olson, Russell und Sprenkle (1980) geben in ihrem Dekadenüberblick für die 70er Jahre an, daß im angloamerikanischen Bereich zwischen 1970 und 1979 etwa 1500 Zeitschriftartikel und 200 Bücher publiziert wurden, die sich mit dem Thema Ehe- und Familienberatung bzw. -therapie beschäftigen. Die Mitgliederzahl der American Association of Marriage and Family Therapy (AAMFT) hat sich in diesem Zeitraum um 800 Prozent erhöht, und 1978 wurde eine zweite Organisation, die American Family Therapy Association (AFTA), gegründet. In Deutschland hat der Boom der familientherapeutischen Bewegung zwar mit einer gewissen Zeitverschiebung, aber nicht minder heftig, eingesetzt. 1975 wurde das erste familientherapeutische Ausbildungsinstitut gegründet. 1984 wurden bereits 20 Einrichtungen dieser Art gezählt, die allesamt außerhalb der Universitäten Familientherapeuten aus- und weiterbilden (vgl. Körner & Zygowski 1988). Der Trend scheint ungebrochen. Allenthalben schießen neue Ausbildungsinstitute aus dem Boden, und dies nicht zuletzt auch deswegen, weil auf diesem Feld gutes Geld zu machen ist. Es stellt sich also die Frage: Ist dieser Aufschwung berechtigt? Hat er Substanz? Wird er von Bestand sein? Und vor allem: Läßt er sich unter wissenschaftlichen und ethischen Gesichtspunkten rechtfertigen?

Dies sind heikle Fragen, und es bleibt nicht aus, daß man bei einem Versuch ihrer Beantwortung Stellung beziehen muß. Dabei werden die Schlußfolgerungen nicht nach jedermanns Geschmack sein. Im folgenden sollen kurz einige Anmerkungen (a) zur Professionalisierung, (b) zur wissenschaftlichen Fundierung und (c) zur gesellschaftlichen Integration von Familienberatung und -therapie gemacht werden.

11.5.1 Professionalisierung

Betrachtet man den Stellenwert von Familienberatung und -therapie unter berufsständischen Gesichtspunkten, so bleibt nur eine Schlußfolgerung: Der Grad an Professionalisierung in diesem Bereich ist erschreckend gering. Es gibt bislang - auch unter Berücksichtigung des Deutschen Arbeitskreises für Jugend-, Ehe- und Familienberatung (DAK) und der Deutschen Arbeitsgemeinschaft für Familientherapie (DAF) - keine starke professionelle Organisation, die auf der Basis von Mindeststandards der Ausbildung und Supervision von Familienberatern und -therapeuten eine Akkreditierung und Lizenzierung vornehmen könnte. Gleichermaßen mangelt es an einem verbindlichen Kodex zur Regelung von ethischen und rechtlichen Fragen sowie zur Umsetzung von familienberaterischen und -therapeutischen Dienstleistungen im öffentlichen und privaten Bereich. Anders ist die Situation in den USA: Dort werden all diese Funktionen von der American Association for Marriage and Family Therapy (vgl. AAMFT 1979, 1981, 1982) und mittlerweile auch von der Division 43 der American Psychological Association (APA) übernommen. Darüber hinaus gibt es an den amerikanischen Universitäten mehr und mehr Programme auf Graduierten- und Postgraduiertenniveau, die nach den üblichen akademischen Standards durchlaufen und abgeschlossen werden müssen (vgl. Kaslow 1987).

Die Quintessenz aus diesen Überlegungen ist: Solange in der Bundesrepublik Deutschland keine professionellen Maßstäbe für die Ausbildung und Praktizierung von Familienberatung und -therapie existieren, ist das Ende einer wildwüchsigen und unkontrollierten Ausweitung von Ausbildungseinrichtungen, deren Absolventen sich letztlich als praktizierende Familienberater und -therapeuten bezeichnen, nicht abzusehen. Damit soll kein grundsätzliches Verdikt gegen die Existenz außeruniversitärer Aus- und Fortbildungseinrichtungen ausgesprochen werden. Was allerdings in der Bundesrepublik Deutschland fehlt, ist ein akademisches Gegengewicht zu diesen Einrichtungen. Es ist zu vermuten, daß mit einer stärkeren Einbindung von Familienberatung und -therapie in den akademischen Betrieb auch die Maßstäbe für eine inhaltlich verantwortbare Ausbildung erarbeitet werden. Dies ist vor allem auch unter ethischen Gesichtspunkten - Lakin (1988, S. 90) spricht unter Bezug auf eine Fülle von Beispielen aus der Praxis von einem "ethischen Minenfeld der Ehe- und Familientherapien" - eine unerläßliche Voraussetzung für eine halbwegs an wissenschaftlichen Kriterien orientierte Berufspraxis. Diese Kriterien haben sich im großen und ganzen bewährt und genießen deshalb nicht zu Unrecht eine hohe gesellschaftliche Reputation. Wenn Familienberatung und -therapie sich diesen Kriterien nicht stellt, wird sie es auf lange Sicht schwer haben, sich im Gesundheitswesen einen angesehenen Platz zu sichern.

11.5.2 Wissenschaftliche Fundierung

Bereits in den 30er Jahren hat Reichenbach (1938) auf zwei unterschiedliche Aspekte wissenschaftlicher Erkenntnis aufmerksam gemacht, die er als "Kontext der Entdeckung" und als "Kontext der Rechtfertigung" bezeichnete. Während die Ausrufung des familientherapeutischen Paradigmas dem Kontext der Entdeckung, in dem es um die Kreation von neuen und weiterführenden Ideen geht, zuzurechnen ist, läßt das mühevolle Geschäft einer wissenschaftlichen Rechtfertigung dieser Ideen zu wünschen übrig. Bisweilen findet sich unter bekannten Vertretern des familientherapeutischen Paradigmas sogar eine ausgesprochen antitheoretische und antiempirische Haltung (vgl. Colapinto 1979, Whitaker 1976). Dies hat dazu geführt, daß eine sorgfältige und methodisch abgesicherte Diagnostik den Gewißheitserlebnissen subjektiver Impressionen weichen mußte (vgl. Ewert 1988), was gleichermaßen auch für die "Evaluation" von abgeschlossenen Fällen gilt, ganz zu schweigen von der Fülle familientherapeutischer Methoden und Techniken, deren Wirksamkeit von den Meistern und Gurus, die sie mit Geschick und ansteckender Euphorie vertreten, unhinterfragt (und bisweilen unhinterfragbar) als gegeben vorausgesetzt wird (vgl. L'Abate & Jurkovic 1987).

Solange die Familiensystemtheorie nicht in die Form testbarer Hypothesen gebracht wird und solange die aus ihr abgeleiteten therapeutischen Methoden hinsichtlich ihrer Wirksamkeit nicht wenigstens annäherungsweise replizierbar sind, kann man der Familienberatung und -therapie allenfalls den *Anspruch* auf Wissenschaftlichkeit - nicht aber den *Nachweis* von Wissenschaftlichkeit - attestieren. Damit soll nicht gesagt sein, daß eine nicht-wissenschaftlich betriebene Familienberatung und Familientherapie keine Existenzberechtigung habe. Daß Therapie - auch Familientherapie - von manchen eher als eine Art "Kunst", denn als Wissenschaft definiert wird, mag als Beleg dafür gelten, daß es sich auch mit einem außerwissenschaftlichen Verständnis von familientherapeutischer Praxis ganz gut leben läßt. Von daher kann es im Sinne einer klaren Grenzziehung nur von Vorteil sein, wenn explizit gemacht wird, welche Ansätze von Familienberatung und -therapie sich als wissenschaftlich qualifizieren (oder sich zumindest darum bemühen) und welche nicht (vgl. Bednar et al. 1988).

An dieser Stelle ist ein weiteres klärendes Wort vonnöten: Wenn man Familienberatung und -therapie auf ein wissenschaftliches Fundament stellen will, heißt dies nicht, daß jeder, der in diesem Bereich tätig ist, ein Wissenschaftler ist oder eine wissenschaftliche Ausbildung hinter sich gebracht haben muß. Im Gegenteil: Es gibt genügend Beispiele dafür, daß beraterische und auch therapeutische Dienstleistungen von Semi- und Paraprofessionellen erbracht werden können, sofern sie eine entsprechende Ausbildung absolviert haben (vgl. Balch & Solomon 1976, Karlsruher 1974). Der kritische Punkt ist, inwieweit die Inhalte einer derartigen Ausbildung für sich in Anspruch nehmen können, im "Kontext der Rechtfertigung" genügend Pluspunkte gesammelt zu haben, um mit gutem Gewissen von einer wissenschaftlich fundierten Praxis sprechen zu können.

Wie die vorangegangenen Abschnitte zur Entwicklungsoptimierung, Prävention und Remediation im Bereich der Familienberatung und -therapie gezeigt haben, gibt es eine Reihe von wissenschaftlich abgesicherten Belegen für die Wirksamkeit familienbezogener Interventionsverfahren. Es überwiegen jedoch die weißen Flecken auf der Landkarte wissenschaftlicher Erkenntnis. Die meisten, die einer wissenschaftlichen Fundierung von Familienberatung und -therapie das Wort reden, plädieren mit konstruktiven Vorschlägen für eine verstärkte grundlagen- und anwendungsorientierte Forschung zum Ausgleich dieses Defizits (vgl. Gurman et al. 1986, Jacobson 1985, Sprenkle & Piercy 1984). Solange dieses Defizit besteht, wird jedoch jeder, der Familienberatung und -therapie praktisch betreibt, mit der Frage rechnen müssen, ob und inwieweit er sein Metier als "Kunst" (bzw. "Kunsthandwerk") oder als ein wissenschaftlich untermauertes Unterfangen versteht.

11.5.3 Gesellschaftliche Integration

Reichenbachs (1938) Unterscheidung von zwei Arten wissenschaftlicher Erkenntnis - dem "Kontext der Entdeckung" und dem "Kontext der Rechtfertigung" - kann und muß ein dritter Aspekt hinzugefügt werden, nämlich der "Kontext der Verwertung" (vgl. Schneewind 1977). Die Praxis von Familienberatung und -therapie - sei es nun Forschungs- oder Anwendungspraxis - findet nicht im luftleeren Raum, sondern im Kontext eines gesellschaftlichen Systems statt. Dieser Kontext wird bestimmt durch dessen Geschichte, materielle Basis und Ideologie. Sofern Familienberatung und -therapie nicht auch diesen Aspekt mitreflektiert, d.h. ihre Funktion im gesellschaftlichen System aus kritischer Distanz einzuschätzen versucht, bleibt sie - bei allen theoretischen und technischen Fortschritten, die es geben mag - auf halbem Wege stehen.

Zwei Beispiele sollen dies verdeutlichen. Zum einen bringt es die Arbeit mit dysfunktionalen Familien mit sich, daß Familienberater und -therapeuten ein mehr oder minder explizites Bild von einem "normalen" Familiensystem haben (vgl. Walsh 1982). Dabei kommen u.a. Vorstellungen über das Verhältnis der Geschlechter ins Spiel, die sich häufig an traditionellen Rollen- und Wertmustern orientieren (vgl. American Psychological Association Task Force 1985). In kritischer Auseinandersetzung mit diesen Ideen hat sich ein feministischer Zweig der familientherapeutischen Bewegung entwickelt, der es sich u.a. zur Aufgabe macht, Benachteiligungen von Frauen transparent zu machen (vgl. Ault-Riché 1985, Avis 1986). So konnten Caplan und Hall-McQuorcodale (1985) bei einer über mehrere Jahrgänge durchgeführten Inhaltsanalyse einer Reihe einschlägiger wissenschaftlicher Zeitschriften nachweisen, daß bei zwei Drittel der publizierten Untersuchungsbefunde die Mütter für eine Reihe unterschiedlicher Störungen ihrer Kinder verantwortlich gemacht wurden. Hingegen wurden die Väter eher in einer idealisierten und positiven Weise dargestellt. Derartige Befunde machen deutlich, wie wichtig eine ideologiekritische Analyse von Familienberatung und -therapie ist.

Gleiches gilt auch für das zweite Beispiel. Das familientherapeutische Paradigma legt nahe, daß die Entwicklung dysfunktionalen Verhaltens vornehmlich auf das Beziehungsgeschehen innerhalb der Familie zurückzuführen ist und es daher darum geht, die Familie wieder "in Ordnung" zu bringen. Dies hat den Familiensystemtherapien die Kritik des "therapeutischen Familialismus" eingebracht (vgl. Hörmann & Körner 1988).

An dieser Stelle werden die Grenzen eines Vorgehens erkennbar, das im wesentlichen eine Umstrukturierung innerfamiliärer Beziehungen zum Ziel hat, in der Hoffnung, daß sich die Familie und ihre Mitglieder zu ihren Lebensverhältnissen auf eine andere, mutmaßlich weniger störende Weise in Beziehung setzen kann. Daß diese Verhältnisse allerdings auch von mächtigen außerfamiliären Einflußgrößen bestimmt werden können (z.B. belastende Arbeitsbedingungen, ökonomische Deprivation, familienunfreundliche Steuergesetzgebung), die von der Familie selbst kaum zu verändern sind, macht deutlich, daß es auch noch andere (z.B. politische) Ebenen familienrelevanter Intervention gibt, denen in der Praxis der Familienberatung und -therapie gewöhnlich wenig Beachtung geschenkt wird. Auch hier darf Familienberatung und Familientherapie nicht auf halbem Wege stehen bleiben, wenn sie an einer umfassenderen Analyse und politischen Beeinflussung der Voraussetzungen ihrer Praxis interessiert ist.

12. Integrative Familienberatung: Argumente für eine Koordination familienorientierter Beratungsangebote

12.1 Zum Bedarf an Familienberatung

Wenn man sich den im Auftrag des Familienministeriums 1987 herausgegebenen Beratungsführer anschaut und ihn mit dem vergleicht, der im Jahre 1975 erstmalig veröffentlicht wurde, läßt sich eine Umfangserweiterung um das Dreifache feststellen (Deutsche Arbeitsgemeinschaft für Jugend- und Eheberatung 1987). Dies entspricht in etwa dem Zuwachs an Beratungsstellen, die in diesem Beratungsführer in einer nach Ländern geordneten Adressenliste für folgende Beratungsbereiche zusammengetragen sind: psychosoziale Beratung, Familien- und Lebensberatung, Familienplanungsberatung, Sozialberatung, Schwangerschafts- und Schwangerschaftskonfliktberatung, Beratung für Kinder, Jugendliche und Eltern. Während 1975 etwa 2.000 Beratungsstellen genannt wurden, erhöhte sich 1987 die Zahl der aufgeführten Beratungsstellen auf rund 6.000. Dies kann als erster Indikator dafür gelten, daß offenkundig ein drastisch erhöhter Beratungsbedarf besteht. Wenn man nun die Nachfrage nach Beratung dagegenhält, dann zeigt sich, daß nach wie vor die Wartezeiten bei institutionellen Anbietern von Beratungsleistungen im Schnitt etwa bei 6 - 7 Wochen liegen. Eine neuere Untersuchung belegt diese Zahl, so daß wir davon ausgehen müssen, daß trotz des gestiegenen Angebots an Beratung die Nachfrage nicht nur Schritt gehalten hat, sondern offenkundig noch immer das Angebot übersteigt (Heekerens 1987). Die Schlußfolgerung liegt nahe, daß Menschen, die in Partnerschaften, Ehen oder Familien leben, mehr und mehr in Probleme geraten, zu deren Bewältigung sie auf professionelle Hilfe angewiesen sind.

Eine Reihe weiterer Indikatoren scheint dafür zu sprechen, daß die Familie in ihren unterschiedlichen Erscheinungsformen offenkundig unter Belastung steht. Ein paar der herausragenderen Indikatoren für die Veränderungen, die im Bereich Familie stattgefunden haben, sind in Tabelle 12.1 zusammengetragen (vgl. hierzu Kapitel 2 in diesem Band).

Die in Tabelle 12.1 wiedergegebenen Zahlen sprechen für sich, auch wenn wir uns vor einer kurzschlüssigen Gleichsetzung von globalen gesellschaftlichen Veränderungsprozessen auf der einen Seite und einer Zunahme des Beratungsbedarfs auf der anderen Seite hüten müssen. Erwähnenswert zu den in Tabelle 12.1 angeführten Zahlen ist jedoch, daß es in manchen Fällen schwierig ist, überhaupt zuverlässiges Zahlenmaterial zu erhalten. So ist man z.B. hinsichtlich des quantitativen Anstiegs an Gewalt gegenüber Kindern, Frauen und älteren Familienangehörigen auf Schätzungen angewiesen, da es entsprechende flächendeckende Kriminalstatistiken nicht gibt. Im Bereich des sexuellen Mißbrauchs von Kindern liegt die Schätzziffer bei ca. 300.000 im Jahr, wobei man davon ausgehen muß, daß die Dunkelziffer in diesem Bereich ganz besonders hoch ist. Honig (1978) vermutet, daß die Dunkelziffer etwa das Fünffache der Schätzziffer ausmacht, d.h. wir müssen im Jahr etwa von 1,5 Mio. sexuellen Mißhandlungsfällen bei Kindern ausgehen.

Tab. 12.1 Indikatoren des Wandels von Familien in der Bundesrepublik Deutschland

- Rückgang der Eheschließungen
  (von 521.000 im Jahre 1960 auf 364.000 im Jahre 1984
  = Absinken der Eheschließungsquote von 9,4 auf 5,9)

- Anstieg der Zahl der nicht-ehelichen Lebensgemeinschaften
  (von 237.000 im Jahre 1972 auf 1.032.000 im Jahre 1982
  = Vervierfachung)

- Kontinuierliche Zunahme der Scheidungszahlen
  (von 49.000 im Jahre 1960 auf 130.700 im Jahre 1984
  = Ansteigen der Scheidungsquote von 3,6 auf 8,1
  je 1.000 Ehen)

- Abnahme der Kinderzahl
  (Nettoreproduktionsrate fiel 1970 unter 1,00. Sie lag 1987 bei
  0,64 und ist gegenwärtig die zweitniedrigste der Welt)

- Zunahme an Gewalt gegenüber Kindern, Frauen und älteren
  Familienangehörigen
  (z.B. sexueller Mißbrauch von Kindern liegt bei ca. 300.000,
  davon 279.000 Mädchen, bei einer geschätzten Dunkelziffer von
  1 : 5)

Ein anderer Zugang zur Klärung des Bedarfs an Familienberatung ergibt sich aus einer empirischen Analyse der Anlässe, die zu einer Kontaktaufnahme mit Familien- und Erziehungsberatungsstellen geführt haben. Eine neuere Untersuchung, die 1985 von der "Katholischen Bundesarbeitsgemeinschaft für Beratung e.V." durchgeführt und 1987 publiziert wurde (Klann & Hahlweg 1987), wertete die Beratungsanlässe bei einer Stichprobe von rund 25.000 Ratsuchenden aus. Einen zusammenfassenden Überblick über die verschiedenen Beratungsanlässe vermittelt Tabelle 12.2.

Zum Verständnis von Tabelle 12.2 ist zu sagen, daß die Themenbereiche, die hier sehr kursorisch zusammengefaßt sind, sich noch einmal differenziert in einzelne Unterkategorien aufspalten lassen. Bei einem Blick auf Tabelle 12.2 fällt auf, daß die am stärksten ausgewiesene Kategorie "Partnerschaftsprobleme" im Verhältnis zu anderen familienbezogenen Problemen deutlich an der Spitze steht. Dabei ist allerdings zu berücksichtigen, daß bei der Zusammenstellung der Beratungsanlässe Mehrfachnennungen möglich waren. Auch in der zweiten Kategorie, in der es sich um persönliche Probleme (körperbezogen, selbstbezogen, außenbezogen) handelt, sind bei einer differenzierteren Analyse in starkem Maße familien- oder beziehungsrelevante Schwierigkeiten im Spiel. Gleiches gilt auch für die dritte größere Kategorie, nämlich "Probleme aus der sozio-ökonomischen Situation".

Tab. 12.2   Anlässe für Kontaktaufnahme mit Beratungsstellen (nach Klann & Hahlweg 1987, S. 28)

Partnerprobleme, Beziehung der Partner zueinander	68,2 %
Partnerprobleme aus dem Verhältnis zu Eltern, Kindern	6,5 %
Andere Beziehungsprobleme	9,4 %
Persönliche Probleme, körperbezogen	16,0 %
Persönliche Probleme, selbstbezogen	41,1 %
Persönliche Probleme, außenbezogen	36,7 %
Probleme aus der sozio-ökonomischen Situation	12,7 %
Besondere Anlässe (Information nach Klinikaufenthalt etc.)	9,5 %
Sonstige Anlässe	0,1 %

All dies macht deutlich, daß zum einen offenkundig Partnerschaften und Familien häufig in Krisen geraten und zum anderen familienbezogene Probleme auftreten, die sich in einem entsprechenden Beratungsbedarf manifestieren. Im gegebenen Beispiel beschränkt sich zwar die Nachfrage nach Beratung auf das Beratungsangebot der katholischen Kirche, dem in der Bundesrepublik Deutschland ungefähr 620 Beratungsstellen einschließlich der katholischen Telefonseelsorge zuzurechnen sind. Solche Zahlen und inhaltliche Aufschlüsselungen sind jedoch für das gesamte Anbieterfeld von Familienberatung wichtig, um Hinweise über den faktischen Bedarf an Beratung zu bekommen, die dann zu einer verbesserten Abstimmung von integrativen Beratungsansätzen genutzt werden können.

12.2 Beratung als familienorientierte Beratung

Im zweiten Familienbericht der Bundesregierung der Bundesrepublik Deutschland (Deutscher Bundestag 1975, S. 118) wird Beratung als "umfassender, die Existenz ganzheitlich betrachtender Akt verstanden, durch welchen der Ratsuchende Hilfe in der Problemerkennung und -bewältigung erfährt. Über den aktuellen Beratungsanlaß hinaus soll Beratung aber auch dazu führen, daß der Ratsuchende eine Stärkung für autonomes Handeln erfährt". Obwohl sich der zweite Familienbericht schwerpunktmäßig mit den Sozialisationsbedingungen und -leistungen der Familie als einem überindividuellen System beschäftigt, ist es auffällig, daß in dieser Definition von Beratung von dem Ratsuchenden, also von einer Person, die Rede ist. Dabei hatte bereits Salomon (1926, S. 221) in ihrem Buch "Soziale Diagnose" klargestellt: "Es gibt keinen isolierten Menschen, es gibt kein Ich, das nur in Gestalt des Menschen gedacht werden kann; das wirkliche Ich ist der Mensch mit dem ganzen Netz seiner Beziehungen". Zur gleichen Zeit hatte der amerikanische Soziologe Burgess (1926, S. 3) die Familie als "eine Einheit interagierender Persönlichkeiten" definiert, um damit darauf aufmerksam zu machen, daß es einen Systemzusammenhang zwischen Personen und der Familie als einer Institution gelebter Familienbeziehungen gibt.

Auf dem Hintergrund einer derartigen systemorientierten Sichtweise schlagen wir vor, die Aufgaben der Familienberatung und auch der Familientherapie in folgenden zwei Punkten zusammenzufassen:

- Behebung bzw. Reduzierung manifester psychischer und psychosomatischer Störungen;

- Bereitstellung von Wissen und Erweiterung von Handlungsmöglichkeiten mit dem Ziel einer Stärkung des individuellen und familiären Bewältigungspotentials in unterschiedlichen Lebensbereichen und Lebensphasen (vgl. hierzu Kapitel 11 in diesem Band).

Für eine derartige Konzeption von Familienberatung ist der Hinweis wichtig, daß es sich um *familienorientierte* Beratung handeln soll. Dabei heißt Familienorientierung nicht, was etwa in neueren Ansätzen der Familienberatung und -therapie häufig nahegelegt wird, nämlich daß die Familie oder Teile der Familie zusammen in eine Beratung kommen. Vielmehr kann man auch im Rahmen einer Einzelberatung familienorientiert vorgehen (vgl. Weiss 1988). Wenn wir den Beratungsbegriff auch im Sinne von *Konsultation* verstehen, kann darüber hinaus eine familienorientierte Beratung auch für Institutionen stattfinden (z.B. für kommunale Einrichtungen, Sozialstationen, Selbsthilfegruppen), in denen eine Familienkomponente sichtbar wird. Hierzu gehört auch eine familienpolitik-orientierte Beratung, wie sie z.B. vom Beirat für Familienfragen beim Bundesministerium für Jugend, Familie, Frauen und Gesundheit betrieben wird, um der politischen Exekutive wissenschaftlich fundierte Hinweise zu einer Verbesserung der monetären, rechtlichen und sozialen Rahmenbedingungen für familiäres Zusammenleben zu geben (vgl. hierzu z.B. das Gutachten "Leitsätze zur Familienpolitik im vereinigten Deutschland" des Wissenschaftlichen Beirats für Familienfragen beim Bundesministerium für Jugend, Familie, Frauen und Gesundheit 1990).

Zusammenfassend können wir also festhalten, daß die Adressaten von Familienberatung entweder Familien oder ihre Mitglieder sind, zugleich aber auch Institutionen, die in der einen oder anderen Weise mit Familien zu tun haben. Insofern sollte auch eine konsultative Familienberatung für diese Institutionen nicht außer acht gelassen werden.

12.3 Beratungsfelder für eine integrative Familienberatung

Familienberatung hat sämtliche Lebensbereiche zum Gegenstand, in denen es auf individuellem oder familiärem Niveau zu Bewältigungsproblemen kommt bzw. kommen kann. Die im folgenden angeführten Beratungsfelder sind stets im Lebenszusammenhang der Familie zu sehen, was zur Folge hat, daß zwischen ihnen mehr oder weniger enge Bezüge bestehen. Abbildung 12.1 soll dies verdeutlichen.

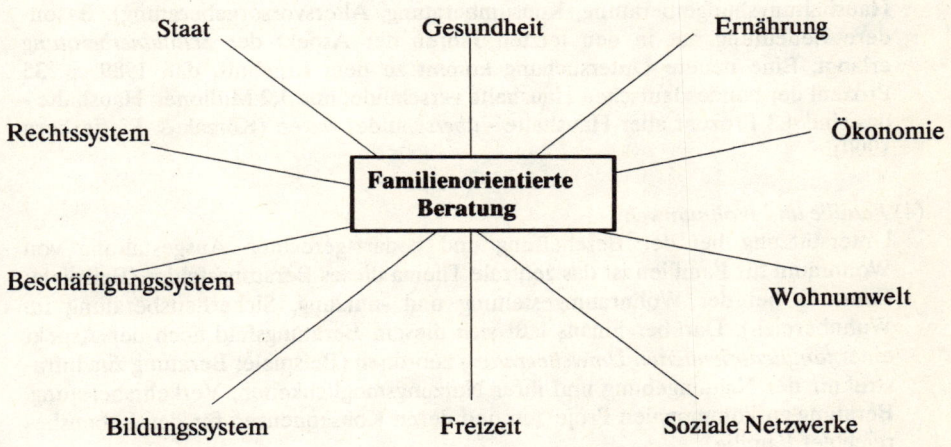

Abb. 12.1   Arbeitsfelder für eine familienorientierte Beratung

Im folgenden sollen nun die einzelnen Arbeitsfelder einer familienorientierten Beratung unter Hinweis auf beispielhafte Beratungsthemen kurz vorgestellt werden.

(1) *Familie und Gesundheit*
Geht man im Sinne der Weltgesundheitsorganisation von einem weit gefaßten Gesundheitsbegriff aus, so läßt sich ein *medizinischer* und ein *psychosozialer Fokus* unterscheiden, wenngleich die Grenzen (wie etwa im Fall der Psychosomatik) unscharf sind. Es gilt, die relevanten Bereiche einer medizinischen und psychosozialen Gesundheitsberatung als Teil eines familienorientierten Beratungsangebots herauszuarbeiten (Beispiele für medizinische Gesundheitsberatung: Hygieneberatung, Krankheitsprävention, genetische Beratung; Beispiele für psychosoziale Gesundheitsberatung: Beratung bei psychischen Problemen, Erziehungsberatung, Partnerschaftsberatung).

(2) *Familie und Ernährung*
In enger Beziehung zum Gesundheitsbereich steht das Beratungsfeld Ernährung.

Da für diesen Bereich offenbar eine zunehmende Sensibilisierung auf breiter Front zu verzeichnen ist, dürfte einer familienorientierten Ernährungsberatung in Zukunft eine wachsende Bedeutung zukommen (Beispiele: allgemeine Ernährungsberatung im Sinne einer gesundheitsförderlichen Kostgestaltung; spezielle Ernährungsberatung für unterschiedliche Lebensphasen bzw. medizinische Indikationen).

(3) *Familie und Ökonomie*

In diesem Bereich stehen vor allem Fragen des Umgangs mit dem Familienbudget in einer mehr oder minder langfristigen Perspektive im Vordergrund (Beispiele: Haushaltungsbudgetberatung, Konsumberatung, Altersvorsorgeberatung). Besondere Bedeutung hat in den letzten Jahren der Aspekt der *Schuldnerberatung* erlangt. Eine neuere Untersuchung kommt zu dem Ergebnis, daß 1989 ca. 35 Prozent der bundesdeutschen Haushalte verschuldet und 1,2 Millionen Haushalte - das sind 4,3 Prozent aller Haushalte - *über*schuldet waren (Korzak & Pfefferkorn 1990).

(4) *Familie und Wohnumwelt*

Unterstützung bei der Beschaffung und bedarfsgerechten Ausgestaltung von Wohnraum für Familien ist das zentrale Thema dieses Beratungsfeldes (Beispiele: Beratung bei der Wohnraumgestaltung und -nutzung, Sicherheitsberatung im Wohnbereich). Darüber hinaus läßt sich diesem Beratungsfeld auch der Aspekt einer *familienorientierten Umweltberatung* zuordnen (Beispiele: Beratung zur Infrastruktur der Nahumgebung und ihrer Nutzungsmöglichkeiten, Verkehrsberatung, Beratung zu kommunalen Projekten und deren Konsequenzen für den Lebensbereich der Familie).

(5) *Familie und soziale Netzwerke*

Neben den einer Familie bereits bekannten und von ihr auch genutzten sozialen Unterstützungssystemen (z.B. Verwandte, Freunde, Bekannte) gibt es auch solche, die nicht bekannt sind oder nicht genutzt werden. Die zentrale Aufgabe in diesem Beratungsfeld besteht darin, zum einen auf bereits existierende soziale Unterstützungssysteme aufmerksam zu machen oder - sofern sie noch nicht bestehen - sie gegebenenfalls auch zu initiieren, und zum anderen, eventuell bestehende Akzeptanzbarrieren zu beseitigen (Beispiele: kommunale Bürgerinitiativen, kirchliche Unterstützungsangebote, Nachbarschaftshilfen, Seniorenclubs). Im Kern läuft dieser Aspekt eines familienorientierten Beratungsangebots darauf hinaus, auf dem Wege einer Stärkung außerfamiliärer Sozialkontakte das *informelle Selbsthilfepotential im Lebensumfeld von Familien* anzuregen und zu fördern.

(6) *Familie und Bildungssystem*

In dieses Beratungsfeld fallen alle Fragen, die für einzelne oder mehrere Familienmitglieder einen Beratungsbedarf im schulischen sowie im Aus-, Fort- und Weiterbildungsbereich signalisieren (Beispiele: Schul- und Schullaufbahnberatung, schulpsychologische Beratung, Beratung im Bereich der Erwachsenenbildung, beruflichen Weiterbildung etc.).

(7) *Familie und Beschäftigungssystem*

Gegenstand dieses Beratungsfeldes ist die Integration der Familie und ihrer Mitglieder in das Beschäftigungssystem (Beispiele: Berufsberatung, Beratung im Zusammenhang mit Arbeitsplatzverlust, Umschulung, beruflicher Wiedereingliederung, Existenzneugründung etc.).

(8) *Familie und Freizeit*

Im Zuge eines im Schnitt größer werdenden Zeitanteils für Freizeitaktivitäten eröffnet sich in diesem Feld ein breites Beratungsangebot. In familienorientierter Sicht fallen hierunter Beratungsangebote zu Fragen der Feriengestaltung, der Sport-, Spiel- und kulturellen Betätigungsmöglichkeiten sowie der Nutzung von Massenmedien.

(9) *Familie und Rechtssystem*

Diesem Beratungsfeld lassen sich alle Fragen zuordnen, bei denen die Familie mit dem Rechtssystem in Berührung kommt. Neben dem Gebiet des Familienrechts im engeren Sinne (d.h. Eherecht, Kindschaftsrecht) gibt es auch andere Rechtsbereiche, die für eine Familie direkt oder indirekt bedeutsam werden können (z.B. Mietrecht, Arbeitsrecht) und von daher als Bestandteile eines familienorientierten Beratungsbedarfs anzusehen sind.

(10) *Familie und Staat*

Im Zentrum dieses Beratungsfeldes steht das Angebot an monetären und nicht-monetären Maßnahmen der Familienpolitik auf der Ebene von Bund, Ländern und Gemeinden. Zum Beratungsumfang in diesem Feld gehört es unter anderem, das Leistungsangebot an familienpolitischen Maßnahmen transparent zu machen sowie die Anspruchsvoraussetzungen zu klären und gegebenenfalls zu koordinieren.

Auf dem Hintergrund dieser Skizze möglicher Beratungsfelder für eine familienorientierte Beratung wird deutlich, daß die diversen Beratungsleistungen nicht nur von einer Institution angeboten werden können. Da sich aber häufig die Nachfrage nach Beratung nicht nur auf einen einzigen inhaltlichen Beratungsbereich bezieht, bedarf es einer entsprechenden Koordination von Beratungsangeboten (vgl. Lehmann 1990). Dies ist das Hauptanliegen, das dem Konzept einer integrativen Familienberatung zugrunde liegt.

Bei alldem ist zu berücksichtigen, daß der Beratungsbedarf einer Familie zu verschiedenen Zeitpunkten im Verlauf der Familienentwicklung auftreten und somit unterschiedliche Problemlagen zum Gegenstand haben kann. Darüber hinaus muß zwischen verschiedenen Familientypen bzw. Lebensumständen von Familien unterschieden werden, wodurch ebenfalls unterschiedliche Problemlagen dominant werden (vgl. hierzu die verschiedenen Beratungsthemen in dem von Textor 1990 herausgegebenen Handbuch "Hilfen für Familien").

Es liegt daher nahe, innerhalb der oben dargestellten Beratungsfelder eine Gliederung des Beratungsangebots nach den Kriterien der Lebenslage und Lebensphase der jeweiligen Familie und ihrer Mitglieder vorzunehmen. Die explizite Berücksichtigung des Prozeßcharakters von Familienleben öffnet den Weg für die Konzeption einer *familienentwicklungsorientierten Beratung*. Es wäre zu prüfen, inwieweit die bereits existierenden Beratungsangebote in den einzelnen Beratungsfeldern sich nach dem Gesichtspunkt der Familienentwicklung ordnen lassen bzw. inwieweit es angebracht erscheint, Lücken im Beratungsangebot aufzuspüren und entsprechend dem Familienentwicklungskonzept zu schließen.

12.4 Ansatzpunkte der Familienberatung

Angebot und Bedarf an Familienberatung lassen sich grob nach zwei Ansatzpunkten gliedern. Sie beziehen sich zum einen auf eine Stärkung des Bewältigungspotentials bei akuten Problemlagen und zum anderen auf vorbeugende Maßnahmen zur Bewältigung potentieller Probleme, die in der Zukunft auftreten können.

(1) *Familienberatung bei akuten Problemlagen*

Bei akuten Problemlagen entsteht ein Beratungsbedarf, der - je nachdem wie gravierend die Problemsituation einzuschätzen ist - eine mehr oder minder rasche Intervention erforderlich macht. So ist beispielsweise bei akuter Suizidgefahr oder Gewalttätigkeit in der Familie sofortiges Handeln im Sinne einer *Krisenintervention* angezeigt, während etwa im Falle einer Familie mit einem bettnässenden Kind zwar ein Beratungsanlaß mit aktueller Problematik besteht, ohne daß jedoch ein unmittelbares Eingreifen unabdingbar ist.

(2) *Präventive Familienberatung*

Im Falle einer präventiven Familienberatung liegt der Akzent auf der Stärkung des Bewältigungspotentials im Hinblick auf bevorstehende Ereignisse oder erwartbare Problemlagen (Beispiele: Schwangerschaftsberatung, Ehevorbereitungsseminare). Für eine präventive Familienberatung eignet sich besonders ein *familienentwicklungsorientierter Beratungsansatz*, bei dem der Umgang mit erwartbaren und potentiell krisenhaften Phasen und Übergängen im Entwicklungsgang einer Familie im Vordergrund steht.

Einige *Vorteile präventiver Ansätze der Familienberatung* lassen sich unter folgenden Stichpunkten zusammenfassen:

- Geringere Wahrscheinlichkeit einer negativen Etikettierung von Familien, die präventive Beratung in Anspruch nehmen (im Gegensatz zu ausdrücklich als "therapeutisch" gekennzeichneten Ansätzen);

- relativ geringer Zeitbedarf (im Gegensatz zur Langzeitberatung oder -therapie);

- weitgehend standardisiertes Format von Programmen mit Informations-, Selbsterfahrungs- und Einübungsanteilen;

- vorwiegende Einbeziehung von Familiengruppen (im Gegensatz zu Einzelfamilien) in das Beratungsprogramm;

- leichter Übergang von formellen zu informellen Formen der Unterstützung (z.B. Selbsthilfegruppen);

- größere Verbreitung des Beratungsangebots nach dem Mediatorenkonzept (z.B. durch Ausbildung von paraprofessionellen Beratern);

- leichtere wissenschaftliche Überprüfbarkeit der Effekte von Beratungsprogrammen (im Gegensatz zu Beratungskonzepten mit geringer Standardisierung).

12.5 Beratungsformen

Das Angebot an Familienberatung kann unterschiedliche Gestalt annehmen. Grundsätzlich lassen sich zwei Grundformen der Familienberatung unterscheiden: eine nicht-personale und eine personale Form.

(1) *Nicht-personale Familienberatung*
Für diese Variante von Familienberatung gilt, daß es zu keinem unmittelbaren persönlichen Kontakt zwischen den Beratungssuchenden und einem Berater bzw. Beraterteam kommt. In diesen Bereich gehören alle einschlägigen Angebote der gedruckten Medien (Beratungsliteratur), des Hörfunks und des Fernsehens (Ratgeber-Sendungen) einschließlich der "Neuen Medien". Gegenstand dieses Beratungsangebots ist vor allem die Vermittlung von Sach*wissen* und Handlungs*wissen* im Gegensatz zur Vermittlung und Einübung von Handlungs*fertigkeiten*.

Wenn auch unzweifelhaft nicht-personale Formen der Familienberatung wertvolle Dienste leisten können, bleibt ein wesentliches Manko dieser Angebotsform der fehlende persönliche Charakter der Beratung, die mangelnde Einstellung auf die spezifische Problemlage einer Familie und die fehlende wechselseitige Rückmeldung zwischen Beratungssuchendem und Berater. Hinzu kommen erhebliche Qualitätsunterschiede des Beratungsangebots, die eine Orientierung für den Beratungssuchenden erschweren. Eine fachwissenschaftliche Qualitätsbeurteilung des nicht-personalen Angebots an Familienberatung erscheint daher dringend erforderlich.

Trotz der Mängel der nicht-personalen Familienberatung erfüllt sie wichtige Funktionen. Neben der (in aller Regel auch vergleichsweise preiswerten) Vermittlung von Sach- und Handlungswissen können nicht-personale Formen der Familienberatung z.B. dazu beitragen, die Indikation für eine persönliche Beratung zu verringern. Darüber hinaus können auch im Rahmen einer personalen Familienberatung Materialien, die der nicht-personalen Beratungsform zuzurechnen sind, im Laufe des Beratungsprozesses in gezielter Weise eingesetzt werden (Stichwort: Bibliotherapie).

(2) *Personale Familienberatung*

Diese Form der Familienberatung setzt den persönlichen Kontakt zwischen Berater und Klienten voraus. Die konkrete Ausgestaltung dieser Beratungsform kann sehr unterschiedlich sein. Ohne Anspruch auf Vollständigkeit seien hierzu einige Aspekte genannt:

- *Setting* (z.B. Telefonberatung vs. physische Präsenz des/der Berater; Einzel- vs. Gruppenberatung)

- *Zeit* (Kurz- vs. Langzeitberatung)

- *Professionalität* (paraprofessionelle vs. professionelle Beratung)

- *Schulenzugehörigkeit* (z.B. psychoanalytisch vs. verhaltenstherapeutisch orientierte Beratung)

- *Beratungsumfang* (d.h. spezialisiertes vs. generalisiertes Angebot an Beratungsleistungen durch einen Berater bzw. ein Beraterteam)

- *Qualität/Effizienz* (z.B. Beratung mit und ohne wissenschaftliche Fundierung, mit und ohne Supervision, mit und ohne Katamnese etc.)

- *Kosten* (in erster Linie: finanzielle Aufwendungen pro Beratungszeiteinheit)

Personale Formen der Familienberatung ermöglichen neben der Vermittlung von Sach- und Handlungswissen auch die *konkrete Aktivierung, Einübung und Überwachung neuer Handlungsmöglichkeiten* im Sinne einer Stärkung und Erweiterung des problemspezifischen Bewältigungspotentials der Beratungssuchenden. In vielen Fällen ist dabei der Übergang zu Interventionsformen, die gewöhnlich als "therapeutisch" bezeichnet werden, fließend.

12.6 Umsetzung des Konzepts einer integrativen Familienberatung

Wir gehen davon aus, daß sowohl die Beratungssuchenden als auch die Anbieter von Beratungsleistungen davon profitieren, wenn *Familienberatung als ein Netzwerk von Beratungsangeboten* gesehen wird. Der Netzwerkgedanke unterstellt, daß Verknüpfungen zwischen den einzelnen Aspekten eines umfassenden Konzepts von Familienberatung hergestellt bzw. (dort, wo diese Verknüpfungen bereits bestehen) durchschaubar gemacht werden. Im einzelnen erscheint besonders wichtig, daß

- die sachlich gebotenen Verknüpfungen *innerhalb und zwischen den einzelnen Beratungsfeldern* herausgearbeitet werden,

302

- die *lebenslagen- und phasenspezifischen Aspekte* von Familienberatung in den einzelnen Beratungsfeldern erkennbar gemacht werden,

- die Beziehungen zwischen *aktuell und präventiv orientierten Beratungsangeboten* gestärkt werden,

- angemessene Verflechtungen innerhalb und zwischen *personalen und nicht-personalen Angebotsformen* hergestellt werden.

Damit sind die wesentlichen Zielsetzungen einer integrativen Familienberatung skizziert. Zur Frage der Verwirklichung eines umfassenden und integrativen Konzepts von Familienberatung soll auf die folgenden fünf Gesichtspunkte kurz eingegangen werden:

(1) *Dokumentation von Beratungsangeboten*
Eine wesentliche Voraussetzung für die Integration von Beratungsangeboten ist deren Dokumentation. Eine systematische Dokumentation ist für den Anbieter von Beratungsleistungen wie für den Beratungssuchenden eine gleichermaßen hilfreiche Informationsquelle. Es wird vorgeschlagen, einer systematischen Dokumentation für den Bereich der Familienberatung die vier Aspekte (a) *Beratungsfelder*, (b) *Lebenslagen- und Phasenorientierung*, (c) *aktueller vs. präventiver Beratungsansatz* sowie (d) *Beratungsformen* zugrundezulegen.

Eine derartige Dokumentation bedürfte sowohl einer regionalen als auch einer überregionalen Ausgestaltung. Dabei eignen sich die nicht-personalen Angebotsformen eher für eine überregional, die personalen Angebotsformen eher für eine regional organisierte Dokumentation. Zu überlegen ist in diesem Zusammenhang, ob im Rahmen einer systematischen Dokumentation von Beratungsangeboten auch ein Kriterienraster erarbeitet werden soll, der eine Qualitätsbeurteilung der diversen Beratungsangebote ermöglicht. Auf jeden Fall wünschenswert wäre eine periodisch erfolgende Aktualisierung der Dokumentation.

(2) *Vernetzung von Beratungsangeboten*
Auf der Basis einer systematischen Dokumentation kann auf der Angebotsseite über bereits bestehende Kontakte hinaus eine stärkere Verknüpfung und Koordination von Beratungsangeboten initiiert werden. Neben der bloßen Informationsvermittlung bedarf es hierzu auch der Stärkung und des Ausbaus persönlicher und institutioneller Kontakte zwischen den verschiedenen Beratungsfeldern. Dies kann z.B. auf regionaler Ebene durch entsprechend organisierte Tagungen oder informelle Gesprächskreise geschehen, die nicht nur Ideen, sondern auch Personen miteinander fachlich verbinden.

Im übrigen haben die aus solchen persönlichen Kontakten resultierenden Formen der Zusammenarbeit per se auch eine präventive Funktion. Lehmann (1990, S. 175) bemerkt hierzu: "Um den Zugang für Klienten zu unterschiedlichen Beratungsangeboten zu verbessern, ist es notwendig, daß das Wissen um die Existenz der verschiedenen Angebote und die Kenntnis von der Arbeitsweise in diesen verschiedenen Beratungsdiensten verbessert wird. Querbezüge zwischen den unterschiedlichen Arbeitsfeldern müssen von den Fachleuten hergestellt werden... Wenn sich die Mitarbeiter unterschiedlicher Beratungsdienste untereinander kennen, sind sie auch eher bereit, Klienten an andere Kollegen zu vermitteln. Dies führt dazu, daß Klienten eher und schneller an die Stellen kommen, die für sie zuständig sind. In diesem Sinne ist Kooperation eine Form der Prävention."

(3) *Informationsabruf von Beratungsangeboten*
Für Beratungssuchende ist es häufig ein Problem, sich über bestehende Beratungsangebote angemessen zu informieren. Auch hier kann eine regionalisierte systematische Information über familienorientierte Beratungsangebote hilfreich sein. Bezüglich der Form des Informationsabrufs bieten sich unterschiedliche Möglichkeiten (z.B. über die Massenmedien, die hierbei eine Vermittlerrolle übernehmen könnten).

Wichtig ist jedoch, daß der Beratungssuchende neben nicht-personalen Informationsquellen auch auf eine *persönliche Beratung über Beratungsmöglichkeiten* zurückgreifen kann. In diesem Zusammenhang ist erwägenswert, auf regionaler Ebene (eventuell auf dem Wege der Kooperation bereits bestehender Beratungseinrichtungen) eine Anlaufstelle zu schaffen, die diese Funktion übernimmt.

Eine wichtige Hilfe hierbei wäre die Einrichtung von örtlichen bzw. regionalen Datenbanken, wie sie von Behrensdorf (1990) vorgeschlagen wurde. In diesem Konzept können über ein entsprechendes Computerprogramm *Themenbereiche* (z.B. Familienberatung, Familienhilfe, Familienbildung, Familienerholung etc.), *Stichworte* (innerhalb des Themenbereichs Familienberatung z.B. Erziehungsberatung, Scheidungsberatung, Wohnberatung, Schuldnerberatung etc.), *örtliche Bereiche* (z.B. Straßenzug, Orts-/Stadtteil, Gemeinde) und *Trägerorganisationen* (z.B. kommunale Träger, kirchliche Träger, privates Hilfsangebot) miteinander verknüpft werden.

(4) *Inanspruchnahme von Beratungsleistungen*
Auf dem Hintergrund einer systematischen Dokumentation und verstärkten Vernetzung von Beratungsangeboten auf der Angebotsseite bei gleichzeitiger Erleichterung des Informationsabrufs über Beratungsangebote beim Beratungssuchenden kommt es vermutlich neben einer qualitativen und quantitativen Verbesserung des Beratungsangebots auch zu einer vermehrten Inanspruchnahme und effektiveren Nutzung von Beratungsleistungen.

Inwieweit sich dies auf die Kosten von Beratungsleistungen auswirkt, wäre im einzelnen zu prüfen. Dabei ist jedoch zu bedenken, daß entsprechend dem hier vorgeschlagenen integrativen Modell von Familienberatung ein Großteil der Beratungsleistungen durch eine verbesserte Koordination und Nutzbarmachung bereits vorhandener personeller und institutioneller Ressourcen erbracht werden kann. Des weiteren gilt für den großen Bereich an Beratungsleistungen, der sich ausschließlich auf die Vermittlung von Sach- und Handlungswissen bezieht und somit vorwiegend der nicht-personalen Beratungsform zuzuordnen ist, daß er vergleichsweise kostengünstig abgedeckt werden kann.

Kosten fallen vor allem bei personalintensiven Beratungsleistungen an, wobei je nach Trägerschaft und Art der Beratungsleistungen unterschiedliche Modelle der Kostendeckung zu diskutieren sind. Diese können von der völligen Kostenbefreiung des Beratungssuchenden über einen mehr oder minder großen Selbstbeteiligungsanteil (z.B. nach dem Versicherungs-, Steuerabzugs- oder Spendenmodell) bis zur vollständigen Selbstfinanzierung von Beratungsleistungen laufen. Dabei sollte - abgesehen von psychologischen Überlegungen, die einen gewissen Selbstfinanzierungsanteil nahelegen - nicht übersehen werden, daß Beratungssuchende bei einem entsprechend dringlichen Anliegen in der Regel auch bereit sind, für die von ihnen in Anspruch genommenen Beratungsleistungen finanziell aufzukommen.

(5) *Forschung im Bereich der Familienberatung*
Ein wesentlicher Innovationsschub für die Praxis der Familienberatung ist von einer einschlägig anwendungsorientierten Forschung zu erwarten. Die Aufgaben in diesem Bereich sind vielfältig. Sie reichen von der bescheiden wirkenden, aber schwierig zu realisierenden Aufgabe, im Beratungsalltag eine systematische Protokollierung von Beratungsverläufen einzuführen, um angewandte Beratungsforschung überhaupt erst möglich zu machen, bis zur Entwicklung und praxisreifen Erprobung neuer Beratungsformen.

Als Beispiel für die zuletzt genannte Forschungsaufgabe sei die Konzeption und praxistaugliche Ausgestaltung von *präventiven Beratungsformen mit einer Familienentwicklungsorientierung* genannt. Hierzu gehören all jene Beratungsangebote, die sich auf einen phasenbezogenen Klärungsbedarf bzw. auf vorhersehbare Problemlagen im Verlauf der Familienentwicklung beziehen (z.B. Partnerschaftsprobleme, Erziehungsschwierigkeiten, Sinnkrisen etc.). Durch eine angemessene Vorbereitung auf klärungsbedürftige Übergänge im Familienlebenszyklus kann ein wesentlicher Beitrag zu ihrer Bewältigung geleistet werden. Ein Beispiel für die Entwicklung und Erprobung eines präventiven Programms zur Frage "Kinder ja oder nein" wird in Kapitel 13 dieses Bandes ausführlicher beschrieben.

Wenn derartige Programme angeboten werden, darf freilich nicht übersehen werden, daß von nicht wenigen Beratungssuchenden der Einstieg in ein als "Vorbeugungsmaßnahme" gekennzeichnetes Beratungsangebot de facto genutzt wird, um akute Probleme aufzuarbeiten (Beispiel: Präventive Partnerschaftsberatung, in der schwerwiegende Probleme thematisiert werden). Von daher liegt es nahe, die Verbindungslinien zwischen präventiv und an akuten Problemlagen orientierten Beratungsansätzen zu stärken.

12.7 Zum Problem der Beratungsabhängigkeit

Ein letztes Wort sei zum Problem der Beratungsabhängigkeit gesagt. Werden nicht aufgrund eines durchorganisierten Netzwerks von Beratungsangeboten die Familien und ihre Mitglieder in diesem Netz gefangen und damit ihrer Autonomie beraubt? Wird nicht durch eine womöglich zunehmende Institutionalisierung eines familienorientierten Beratungsangebots dieser Trend gefördert?

Es wäre sicher unklug, diese Befürchtungen einfach vom Tisch zu wischen, ohne ihren möglichen Realitätsgehalt zu bedenken. Nur: Die gegenwärtige Situation spricht eher für eine Unterversorgung statt für eine Überversorgung an familienorientierten Beratungsangeboten. Die in einzelnen Beratungsfeldern zum Teil erheblichen Wartezeiten sind ein beredter Beleg hierfür.

Wartezeiten allein sind allerdings kein gutes Argument, um einer effizienteren Gestaltung bzw. einem stärkeren Ausbau von Familienberatung das Wort zu reden. Es sollten vielmehr die bereits existierenden Beratungsangebote auf ihre "Beratungsphilosophie" untersucht werden (und auch darauf, wie sehr sie ihre veröffentlichte Beratungsphilosophie tatsächlich ernst nehmen).

Eine mögliche Beratungsphilosophie, für die hier ausdrücklich plädiert wird, besteht darin, die *Inanspruchnahme von formellen Beratungsleistungen so schnell wie möglich überflüssig zu machen*, wozu die Anbieter von Beratungsleistungen in erheblichem Maße beitragen können. Auf diese Weise kann die Gefahr der Beratungsabhängigkeit auf ein Minimum reduziert werden. In diesem Sinne lassen sich konkrete Beratungsangebote unter anderem auch daraufhin befragen, inwieweit sie Übergänge von formellen zu informellen Unterstützungsformen (z.B. von professionell geleiteten Paarseminaren zu selbstorganisierten Paargruppen) konzeptionell und in der tatsächlichen Beratungspraxis berücksichtigen. Dieser Frage liegt die Überzeugung zugrunde, daß das oberste Ziel von Familienberatung letztlich sein sollte, das Bewältigungspotential und die Selbstregulationsfähigkeit von Familien zu stärken.

13. Kinder Ja oder Nein? Entwicklung und Erprobung eines Präventionsprogramms

13.1 Prävention als Klärungshilfe

Zähneputzen gegen Karies; Jogging, Nichtrauchen und fettloses Essen gegen den Herzinfarkt: Im Bereich der medizinischen Gesundheitsvorsorge hat der Präventionsgedanke längst Fuß gefaßt, auch wenn die Ärzte beklagen, daß lediglich ein Drittel der Frauen und ein Zehntel der Männer die Möglichkeit der Krebsvorsorgeuntersuchung wahrnehmen. Im psychologischen Bereich ist präventives Denken weit weniger vertraut und als präventives Handeln in der Praxis noch viel weniger verwirklicht. Dennoch zeigen kontrollierte Studien - z.B. im Bereich der Prävention von Partnerschwierigkeiten - , daß die Scheidungsquote bei Paaren, die ein entsprechendes Präventionsprogramm durchlaufen und dabei u.a. auch Problem- und Konfliktlösetechniken gelernt haben, etwa um die Hälfte niedriger liegt als bei unbehandelten Paaren (Markman 1990). Bedenkt man die psychischen und auch finanziellen Kosten, die sich bei einer Scheidung für die beteiligten Partner und in vielen Fällen auch für die aus diesen Ehen entstammenden Kinder ergeben, ist der Aufwand für ein Präventionsprogramm minimal einzuschätzen.

Prävention (vom lateinischen praevenire = zuvorkommen) zielt - allgemein gesprochen - darauf ab, dem Auftreten unerwünschter Zustände durch entsprechende Maßnahmen zuvorzukommen. Diese Maßnahmen können entweder umwelt- oder personbezogen sein. *Umweltbezogene präventive Maßnahmen* haben zum Ziel, durch eine Umgestaltung der Lebensbedingungen erwartbare Probleme zu verhindern oder zu verringern. Ein Beispiel hierfür wäre etwa die Einrichtung von betriebseigenen Kinderbetreuungsmöglichkeiten für Eltern, die beide berufstätig sind. *Personbezogene präventive Maßnahmen* zielen hingegen darauf ab, bei den betroffenen Personen selbst die Kompetenzen zu stärken, die ihnen den Umgang mit schwierigen Situationen erleichtern. Das oben genannte präventive Kommunikationstraining für Paare wäre ein Beispiel für den personbezogenen Ansatz von Prävention. Mehr noch: In diesem Beispiel geht es nicht nur um eine einzelne Person, sondern um eine aus zwei Personen bestehende Einheit, nämlich das Partnersystem als einen Prototyp intimer Beziehungssysteme. Wir können daher neben individuellen personbezogenen Präventionsmaßnahmen auch von *familienbezogener Prävention* sprechen.

Wenn auch prinzipiell umwelt- und person- bzw. familienbezogene Präventionsmaßnahmen miteinander verknüpft werden können, konzentriert sich der weitaus größte Teil der psychologischen Forschungs- und Anwendungspraxis auf die Möglichkeiten der person- und familienbezogenen Prävention. Wir richten entsprechend unserer familienpsychologischen Perspektive unser Hauptaugenmerk im folgenden vor allem auf den familienorientierten Präventionsansatz. Dabei können je nach dem Grad der Risikobehaftetheit bzw. Interventionsbedürftigkeit der Familie drei Arten der Prävention unterschieden werden, die in anderem Zusammenhang bereits von Caplan (1964) genannt wurden:

- *Primäre Prävention*, d.h. die Vermittlung von interpersonalen Fertigkeiten und die Stärkung von Möglichkeiten zur Bewältigung von potentiell krisenhaften Siuationen. Prinzipiell gehören hierzu alle allgemeinen Beziehungsfertigkeiten, die den Umgang der Familienmitglieder miteinander - auch in Problem- und Konfliktsituationen - erleichtern. Beispiele für derartige Präventionsprogramme sind etwa das Paar-Kommunikationsprogramm von Nunnally, Miller und Wackman (1976, Wackman & Wampler 1985), das Beziehungsentwicklungs-Programm von Guerney (1988, Guerney & Guerney 1985) oder das Familienkonferenz-Programm von Gordon (1989), in denen Sender- und Empfängerfertigkeiten wie die Verwendung von Ich-Botschaften, Selbstöffnung, aktives Zuhören, Umgang mit Ärger und Streß oder effektive Konfliktlösungsstrategien vermittelt werden.

Darüber hinaus sind Adressaten für primäre Präventionsmaßnahmen vor allem Paare und Familien, die sich entweder in kritischen Übergangphasen im Familienlebenszyklus befinden (z.B. im Übergang von der Partnerschaft zur Ehe, von der Ehe zur Elternschaft, von der Elternschaft zur nachelterlichen Gefährtenschaft, vom Berufsleben zum Rentnerdasein) oder mit besonderen familiären Herausforderungen konfrontiert sind (z.B. Scheidung, chronische Krankheit, Arbeitslosigkeit). Beispiele für Präventionsprogramme dieser Art, die neben den oben genannten allgemeinen Beziehungsfertigkeiten auch spezifische problembezogene Techniken beinhalten, finden sich etwa bei L'Abate und Young (1987) oder in dem von Bond und Wagner (1988) herausgegebenen Sammelband.

- *Sekundäre Prävention*, d.h. die Bereitstellung und Durchführung von vorbeugenden Maßnahmen für Familien, bei denen das Risiko für das Auftreten bestimmter Formen dysfunktionalen Verhaltens besonders hoch ist. Hierzu gehören z.B. Hilfen für Familien, in denen die Eltern als Kinder selbst Opfer von sexueller oder physischer Mißhandlung waren (vgl. Swift 1988). Weitere Adressatengruppen für sekundäre Präventionsmaßnahmen sind Kinder oder Erwachsene aus Familien mit drogensüchtigen, alkoholkranken, persönlichkeitsgestörten, suizidalen oder psychotischen Eltern. Auch wenn diese Personen selbst noch nicht auffällig geworden sind, besteht ein erhöhtes Risiko, daß die Entwicklung ihrer Persönlichkeit und ihres Beziehungsverhaltens belastet ist. Für eine Reihe dieser potentiellen Problembereiche hat L'Abate (1990a) auf der Basis des Konzepts des "programmierten Schreibens" Arbeitsbücher entwickelt, die von den betroffenen Zielgruppen unter professioneller Anleitung und Rückmeldung durchgearbeitet werden.

- *Tertiäre Prävention*, d.h. Rückfallprophylaxe nach einer erfolgten therapeutischen Intervention. In diesem Fall ist das Ziel, das Funktionsniveau einer Familie so zu beeinflussen und zu stabilisieren, daß die Wahrscheinlichkeit für das Wiederauftreten des Problemverhaltens möglichst gering ist. Beispiele hierfür sind etwa die Ansätze der Angehörigenarbeit bei Personen mit Alkohol-, Sucht- oder psychotischen Problemen (vgl. Angermeyer & Finzen 1984). Als besonders hilfreich haben sich z.B. aufklärungs- und kommunikationsorientierte Programme in der Arbeit mit Familienangehörigen von schizophrenen Patienten erwiesen. In kontrollierten Studien stellte sich heraus, daß die Rückfall- und Rehospitalisierungsquote von Personen mit einer schizophrenen Psychose bis zu 50 Prozent niedriger lag, wenn ihre Familienangehörigen in die Behandlung und Rehabilitation der Patienten mit einbezogen waren (vgl. Falloon, Boyd & McGill 1984, Müller, Hahlweg, Feinstein & Dose 1990).

Trotz der erkennbar unterschiedlichen Zielsetzungen der drei Präventionsarten besteht eine wichtige Gemeinsamkeit darin, daß sie von einem psychoedukativen Ansatz ausgehen (vgl. Levant 1986a). Gemeint ist damit die pädagogisch intendierte Vermittlung von Sach- und Handlungswissen sowie die Einübung von Beziehungsfertigkeiten. Oberstes Ziel ist es, die betroffenen Personen und Familien in die Lage zu versetzen, ihre Probleme ohne professionelle Hilfe selbst lösen zu können. Von zentraler Bedeutung ist dabei, daß im Rahmen von Präventionsmaßnahmen in aller Regel lediglich "Werkzeuge" zu einer effektiven Problemlösung, nicht aber die Lösungen der Probleme selbst angeboten werden. Die eigentliche Problemlösung muß von den einzelnen Personen oder Familien selbst erarbeitet werden. Erst aus dieser "Arbeit" resultiert letztlich das Bewußtsein, daß die Lösung eines Problems eine "eigene" und nicht eine fremdverursachte ist.

Prävention ist somit ein Instrument zur Vorbereitung auf die selbst erarbeitete Klärung von schwierigen oder unklaren Situationen, die sich im Lebensgang von Personen oder Familien mehr oder minder erwartbar einstellen. In diesem Sinne ist auch das im folgenden beschriebene Präventionsprogramm zur Frage "Kinder Ja oder Nein?" als ein Angebot zur Klärungshilfe in einem wichtigen Bereich der partnerschaftlichen bzw. familiären Lebensgestaltung zu verstehen.

13.2 Aufbau des Präventionsprogramms

Nach unseren eigenen Untersuchungen (vgl. Schneewind, Vaskovics und Mitarbeiter 1989) ist davon auszugehen, daß gegenwärtig bis zu 15 Prozent der jung verheirateten Paare sich unsicher darüber sind, ob sie Kinder haben wollen oder nicht. Berücksichtigt man weiterhin, daß - wie Nave-Herz (1989) betont - der Entschluß zur Ehe weitgehend kindorientiert ist, mithin also die Entscheidung für ein Leben mit Kindern bei der Eheschließung in den meisten Fällen bereits gefallen ist, dann muß man annehmen, daß in vorehelichen Partnerschaften der Prozentsatz derer, die in der Kinderfrage unentschieden sind, noch größer ist. Hintergrund dafür, daß Elternschaft überhaupt zu einer entscheidbaren Frage wurde, ist vor allem die Verfügbarkeit von sicheren Verhütungsmethoden. Die dadurch ermöglichte Entkoppelung von partnerschaftlicher Sexualität und Elternschaft hat die "Selbstverständlichkeit" von Vater- und Mutterschaft in Frage gestellt. Zugleich sind damit eine Reihe von persönlichen, partnerschaftlichen, ökonomischen und ökologischen "Gründen" ins Spiel gekommen, die bei der Klärung der Frage "Kinder Ja oder Nein?" zu berücksichtigen sind.

Im Hinblick auf die Unumkehrbarkeit der Entscheidung und die langfristige Verpflichtung, die mit der Geburt eines Kindes gegeben ist, verwundert es, daß es kaum entsprechende Präventionsmaßnahmen in einer solch wichtigen Frage gibt. Bei einer Literaturrecherche zu diesem Thema haben wir für den deutschsprachigen Raum keine einzige und für den angloamerikanischen Sprachraum lediglich vier publizierte

Arbeiten gefunden, die sich im Sinne einer präventiven Intervention mit der Frage der Elternschaft beschäftigen (vgl. Daniluk & Herman 1984, Kimball & McCabe 1981, Prochaska & Coyle 1979, Potts 1980). Dabei erscheint es angesichts der Vorstellung einer aufgeklärten und verantworteten Elternschaft wünschenswert, daß - wie Duncan und Markman (1988, S. 275) sich ausdrücken - potentielle Eltern "eine realistischere Abklärung ihrer eigenen Bedürfnisse und Wünsche als Paar und als Individuen vornehmen, so daß ihre Entscheidung, Eltern zu werden, auf Fakten, Diskussion und Introspektion gründet und nicht auf kulturellen Mythen und Unwissenheit."

In diesem Sinne kann die präventive Klärung der Kinderfrage nicht nur für Paare mit unsicherem Kinderwunsch sondern auch für Paare, die sich prinzipiell ein Leben mit Kindern oder auch ein Leben ohne Kinder vorstellen, ein willkommener Anlaß zur Überprüfung ihrer Einstellung zu diesem Thema sein. Dabei kann es - wie im vorangegangenen Abschnitt bereits betont - nicht darum gehen, mit Hilfe eines entsprechenden Präventionsprogramms eine bestimmte Lösung der Kinderfrage nahezulegen. Mit anderen Worten: Das Programm muß in der Konzeption und Durchführung so aufgebaut sein, daß die Entscheidung für oder gegen Elternschaft ausschließlich von den Paaren selbst gefällt und verantwortet wird. Dazu gehört auch, daß es den Paaren - auch nach dem Durchlaufen des Programms - freigestellt sein muß, ihre Entscheidung offen zu halten. Das Programm bietet lediglich "Werkzeuge" an, mit deren Hilfe eine realistischere und besser informierte Entscheidung in der Kinderfrage getroffen werden kann - und zwar zu einem Zeitpunkt, den die Paare selbst bestimmen. Der Kerngedanke dabei ist, daß die Paare sich auf den Gebrauch dieser "Werkzeuge" besinnen, wenn ein Entscheidungsbedarf in dieser Frage besteht.

Auf der Basis dieser allgemeinen Überlegungen sollen im folgenden zwei Varianten eines Präventionsprogramms zur Frage "Kinder Ja oder Nein?" vorgestellt und anschließend miteinander verglichen werden. Die beiden Programmvarianten unterscheiden sich trotz vergleichbarer Inhalte grundsätzlich hinsichtlich ihres methodischen Zugangs. Im einen Fall wird das Programm im Rahmen einer Gesprächsgruppe durchgeführt. Im anderen Fall erhalten die Teilnehmer an dem Programm auf dem Postwege schriftliches Material zugesandt, das sie - je nach Anweisung zu den einzelnen Bestandteilen des Programms - allein bzw. mit ihren Partnern zuhause durcharbeiten sollen. Wir beginnen zunächst mit der Darstellung des Programms für die Gesprächsgruppe.

13.2.1 Gesprächsgruppe

Das Programm besteht aus sechs ca. zweistündigen Sitzungen, die im Abstand von etwa einer Woche für eine Gruppe von vier bis fünf Paaren angeboten werden. Die Anleitung der Paargruppen erfolgt durch wenigstens einen erfahrenen Gruppenleiter. Im einzelnen beziehen sich die sechs Sitzungen auf folgende Themen:

- Gründe für und gegen Kinder

- Ich und Elternschaft

- Partnerschaft und Elternschaft

- Herkunftsfamilie und Elternschaft

- Finanzielle Aspekte von Elternschaft

- Beruf und Elternschaft

Für alle Programmeinheiten wird eine methodische Mischung bestehend aus Kurz-vorträgen des Gruppenleiters, Selbsterfahrungsübungen als Einzelperson und als Paar, Gruppendiskussionen und "Hausaufgaben" realisiert. Im folgenden sollen nun die einzelnen Programmsegmente kurz beschrieben werden.

(1) Segment 1: Gründe für und gegen Kinder
In der Einführungsphase dieser ersten Sitzung werden nach der Begrüßung und dem Vorstellen bzw. Sich-Bekanntmachen in der Gruppe die Themen, Zielsetzun-gen und methodischen Vorgehensweisen des Programms vom Gruppenleiter aus-führlicher dargestellt. Im Anschluß daran werden die Regeln für den Gruppenpro-zeß geklärt und per Gruppenkonsens festgelegt. Danach folgt die erste Selbster-fahrungsübung.

Übung 1: Nähe-Distanz zur Vorstellung "Ich als Mutter/Vater"
In dieser Übung wird die Gesamtgruppe in eine Männer- und eine Frauen-gruppe aufgeteilt. Die zueinander gehörenden Partner stellen sich Rücken an Rücken in der Mitte des Raumes auf. Für jede Person befindet sich an der sichtbaren Wandseite ein Stuhl, der als Symbol für "Ich als Mutter" bzw. "Ich als Vater" steht. Die Gruppenmitglieder werden aufgefordert sich langsam auf "ihren" Stuhl zuzubewegen. Dabei werden sie ermuntert, mit der Nähe und Entfernung zum Stuhl zu experimentieren und schließlich in der Position zu verharren, die das momentane eigene Befinden am besten wiedergibt.
Wenn alle Gruppenmitglieder ihre Position gefunden haben, erfolgt an-schließend ein Austausch über eigene Erfahrungen, Gedanken und Gefühle während dieser Übung in der Gesamtgruppe.

Übung 2: Sammeln von Pro-, Contra- und ?-Gründen zur Kinderfrage
In dieser Übung wird jeder Gruppenteilnehmer aufgefordert, seine Gründe, die für oder gegen Kinder sprechen bzw. ihn in dieser Frage unentschieden sein lassen, auf Kärtchen aufzuschreiben und an vorbereitete Stellwände zu heften. Die Gruppenmitglieder erhalten somit die Möglichkeit, sich über die kollektiv gesammelten Gründe zu informieren. Dabei soll ein besonderes Augenmerk auf die Gründe gelegt werden, die für die einzelne Person neu sind.
Anschließend erstellt der Gruppenleiter zusammen mit den Gruppenteil-nehmern eine inhaltliche Zusammenfassung in der Pro-, Contra- und ?-Ka-tegorie. Danach erfolgt noch ein Austausch über eigene Erfahrungen, Ge-danken und Gefühle in der Gesamtgruppe.

Hausaufgabe: Individuelle und gemeinsame Bewertung von Pro- und Contragründen zur Kinderfrage
Der Gruppenleiter beendet die erste Sitzung und bietet den Gruppenteil-nehmern folgende "Übung für zuhause" an: Jeder erhält eine Liste mit insge-samt 36 Gründen, die für oder gegen Kinder sprechen können (Beispiele:

311

"Kinder bringen die Partner einander näher", "die Bedeutung, die mein Beruf für mich hat"). Jeder dieser Gründe soll zunächst von den Partnern getrennt nach den Antwortkategorien "spielt keine Rolle", "spricht für Kinder", "spricht für und gegen Kinder", "spricht gegen Kinder" eingeschätzt werden. Danach werden die Partner aufgefordert, ihre persönlichen Einschätzungen zu vergleichen und die aufgetretenen Gemeinsamkeiten und Unterschiede zu besprechen.

(2) Segment 2: Ich und Elternschaft

Der Gruppenleiter führt kurz in das Thema der zweiten Sitzung ein und fordert dann in der Gesamtgruppe zu einer Rückmeldung über die Erfahrungen mit der "Hausaufgabe" aus der letzten Sitzung auf. Im Anschluß daran erfolgt die Überleitung zur ersten Übung in dieser Sitzung.

Übung 1: "Lebensbereiche-Kuchen"

Jeder Gruppenteilnehmer erhält ein DIN A 3-Blatt mit einem großen Kreis. Die Aufgabe besteht darin, den Kreis in einzelne Segmente aufzuteilen, die verschiedene Lebensbereiche wie "Partnerschaft", "Ausbildung/Beruf", "Freunde/Bekannte", "Eltern/Verwandte", "Freizeit/Hobbies", "Reisen" etc. für die gegenwärtige Lebenssituation symbolisieren sollen. Die Größe der Segmente oder "Kuchenstücke" steht für die Wichtigkeit, die den einzelnen Lebensbereichen zugemessen wird. In einem zweiten Durchgang sollen noch einmal "Lebensbereich-Kuchenstücke" bestimmt werden, diesmal jedoch unter der Voraussetzung, daß die Person Mutter oder Vater eines Kindes ist. Im Anschluß daran kommt es zu einem Erfahrungsaustausch in der Gruppe, wobei der Gruppenleiter vor allem "Abstriche" und "Zugewinne" in den einzelnen Lebensbereichen herausarbeitet.

Übung 2: Traumreise

In dieser Übung führt der Gruppenleiter die Gruppenteilnehmer in eine leichte Trance und geleitet die Gruppe durch eine Reihe von konkreten Entwicklungsstationen eines imaginierten eigenen Kindes. Dabei soll insbesondere auf die sich einstellenden Gefühle geachtet werden. Nachdem der Gruppenleiter die Gruppe aus der Trance zurückgeholt hat, erfolgt ein Erfahrungsaustausch über die Übung in der Gesamtgruppe.

Übung 3: Ichzustände

Jedes Gruppenmitglied erhält einen DIN A 2-Bogen, auf dem - je nach Geschlecht - zwei schematisierte Mann-/Fraufiguren gezeichnet sind. Die linke Schemafigur ist überschrieben mit "Wie ich jetzt bin und wie ich mich fühle". Die Überschrift über der rechten Schemafigur lautet: "Wie ich als Mutter/Vater wäre und mich fühlen würde". Jeder soll für sich in oder neben die beiden Schemafiguren Eigenschaften, Gefühlszustände, Gedanken etc. schreiben, die für die jeweilige Situation zutreffen.
Anschließend werden die DIN A 2-Bögen an Stellwände geheftet, so daß die Gruppenmitglieder sich wechselseitig über ihre Kreationen informieren können. Den Abschluß bildet ein Erfahrungsaustausch zu dieser Übung in der Gesamtgruppe.

Hausaufgabe: Schwierige und beglückende Situationen mit einem Kind

Bevor der Gruppenleiter die zweite Sitzung beendet, erläutert er die "Übung für zuhause", die als schriftliche Anleitung mitgegeben wird. Die Gruppenteilnehmer werden gebeten, sich eine Reihe von schwierigen Situationen, in die sie mit einem Kind kommen könnten, vorzustellen und auf einem Blatt Papier zu notieren. Als nächstes sollen sie sich in eine dieser Situationen genauer hineinversetzen und dann aufschreiben, welche Gedanken ihnen kommen, welche Gefühle sich spontan bei ihnen einstellen, was sie in dieser Situation tun würden und wie sie sich verhalten würden, wenn ihr Handeln nicht den gewünschten Erfolg hat.

Im zweiten Teil dieser Hausaufgabe werden die Gruppenteilnehmer gebeten, sich aus einer Reihe schöner oder beglückender Situationen mit einem Kind eine bestimmte auszusuchen. Auch für diese Situation sollen dann Gedanken, Gefühle und Verhaltensweisen so detailliert wie möglich aufgeschrieben werden. Schließlich werden die Gruppenteilnehmer gebeten, ihre Aufzeichnungen zur nächsten Zusammenkunft mitzubringen.

(3) Segment 3: Partnerschaft und Elternschaft

Nach der Begrüßung und dem Hinweis, daß die Rückmeldung über die "Übung für zuhause" von der letzten Zusammenkunft zu einem späteren Zeitpunkt erfolgt, beginnt diese Sitzung sofort mit der ersten Übung.

Übung 1: "Partnerschaft ist...."

Den Gruppenteilnehmern werden DIN A 5-Kärtchen ausgehändigt, auf denen ein stilisiertes Pärchen zu erkennen ist. Die Frauen erhalten Kärtchen, bei denen der weibliche Teil des abgebildeten Pärchens mit einer großen Sprechblase dargestellt ist, in der die Worte "Partnerschaft ist..." zu lesen sind. Analog erhalten die männlichen Gruppenteilnehmer Kärtchen mit einer entsprechend beschrifteten Sprechblase für den Mann des abgebildeten Pärchens. Die Gruppenteilnehmer werden aufgefordert, auf beliebig vielen Kärtchen den Slogan "Partnerschaft ist..." mit den Inhalten zu ergänzen, die für ihre eigene Partnerschaft wichtig sind. Anschließend sollen sie ihre Kärtchen auf vorbereitete Stellwände heften. Die Gruppenmitglieder werden dann aufgefordert, die Stellwände zu inspizieren und - wenn sie dies wollen - sich mit den Kärtchenschreibern auszutauschen.

Übung 2: Selbstöffnung und aktives Zuhören

Diese Übung nimmt die "Hausaufgabe" aus der letzten Sitzung zum Thema "Schwierige und beglückende Situation mit einem Kind" auf. Die Paare werden gebeten, sich im Raum einen Platz zu suchen, wo sie ungestört miteinander sprechen können. Dann soll zunächst ein Partner über seine "schwierige" Situation und die dabei aufgetretenen Gedanken, Gefühle und Verhaltensweisen berichten. Der andere Partner soll so aufmerksam wie möglich zuhören und nachzuvollziehen versuchen, was sein Gegenüber an der Situation als so schwierig empfindet und wie es ihm dabei geht. Anschließend werden die Sprecher- und Zuhörerrolle getauscht. In einem zweiten Durchgang berichten sich die Partner nach dem gleichen Muster gegenseitig über die "beglückende" Situation. Abschließend zu dieser Übung erfolgt ein Erfahrungsaustausch in der Gesamtgruppe.

Übung 3: Reise in die Zukunft

Diese Übung läuft methodisch im Sinne einer dynamischen Paarskulptur ab. Als Requisiten stehen für jedes Paar ein Kissen, eine Puppe, ein Seil, ein Babyfoto und eine Karte mit der Aufschrift "Kind" zur Verfügung. Die Partner werden als erstes gebeten, ihre derzeitige Beziehung zueinander räumlich darzustellen. Für die nächste Etappe ihrer "Reise in die Zukunft" sollen sie sich vorstellen, daß ein Kind unterwegs sei. Das Paar wird gebeten, für sich herauszufinden, welche Veränderungen sich in der Beziehungsskulptur ergeben. In einem dritten Schritt soll das Paar sich vorstellen, daß das Kind nun geboren sei und aus dem Paar nun eine kleine Familie geworden ist. Auch hier sollen die veränderten Beziehungsverhältnisse wieder in einer Skulptur dargestellt werden. Im Anschluß daran beendet der Gruppenleiter die "Reise in die Zukunft" und führt das Paar wieder zurück in die gegenwärtige Partnersituation. Die Übung endet mit einem Erfahrungsaustausch in der Gesamtgruppe.

313

Hausaufgabe: "Elternschaft würde für unsere Partnerschaft bedeuten ..."

Als kleine "Übung für zuhause" erhalten alle Gruppenteilnehmer eine Reihe von Blättern, auf denen eine Henry Moore Familienskulptur wiedergegeben ist. Über jedem Blatt steht "Elternschaft würde für unsere Partnerschaft bedeuten ...". Ähnlich wie bei Übung 1 soll jeder Partner zuhause für sich selbst beliebig viele persönliche Argumente zur Vervollständigung dieses Satzanfangs aufschreiben. In einem zweiten Schritt sollen die Partner ihre Argumente austauschen und mit ihrem Partner darüber sprechen.

(4) Segment 4: Herkunftsfamilie und Elternschaft

Die vierte Sitzung beginnt mit einer Rückmeldung zur "Hausaufgabe" in der Gesamtgruppe und leitet dann mit einer kurzen Darstellung und Interpretation des Märchens "Rumpelstilzchen" zur Thematik der Sitzung über. Anknüpfend an das Märchen wird die erste Übung vorgestellt.

Übung 1: Struktur der Herkunftsfamilie

Jeder Gruppenteilnehmer erhält als Material einen großen DIN A 2-Bogen mit einem stilisierten Haus sowie vier große und vier kleine Pappfiguren. Außerdem gehören zur Materialausstattung 40 rote Klebepunkte und ein schwarzer Filzstift. Die Gruppenteilnehmer werden nun gebeten, die Mitglieder ihrer Herkunftsfamilie (einschließlich sich selbst) in dem Haus zu plazieren - und zwar zu einem Zeitpunkt, als sie selbst zwischen 10 und 15 Jahre alt waren. Dabei soll Nähe bzw. Distanz zwischen den einzelnen Familienmitgliedern durch die Entfernung zwischen den entsprechenden Pappfiguren zum Ausdruck gebracht werden. Das Ausmaß an Einfluß jedes Familienmitglieds soll durch die Anzahl roter Klebepunkte, die neben der jeweiligen Figur angebracht werden, verdeutlicht werden. Schließlich soll noch für die eigene Herkunftsfamilie ein Motto gefunden werden, das gleichsam über der Haustür der Familie steht und die Art des Familienlebens schlaglichtartig charakterisiert.
Nachdem jeder Gruppenteilnehmer auf diese Weise seine Herkunftsfamilie dargestellt hat, werden die Familienbilder paarweise an vorbereitete Stellwände geheftet. Die Partner werden aufgefordert, sich über Gemeinsamkeiten und Unterschiede ihrer Herkunftsfamilien auszutauschen.

Übung 2: Telegramm/Brief an die Eltern

Diese Übung ist eine Gestaltübung, in der die beiden Eltern der Gruppenteilnehmer jeweils durch einen Stuhl repräsentiert sind. Die Gruppenteilnehmer erhalten den Text eines Telegramms und eines Briefes. Sie sollen sich zunächst vorstellen, das Telegramm, mit dem angekündigt wird, daß ein Kind unterwegs sei, an ihre Eltern abgeschickt zu haben. Als nächstes sollen sie in die Rollen ihrer Mutter bzw. ihres Vaters schlüpfen und, während sie auf dem Mutter- bzw. Vaterstuhl sitzen, die Gedanken und Gefühle wiedergeben, die ihre Eltern vermutlich nach dem Erhalt des Telegramms haben. Zunächst begibt sich einer der Partner in die Rollen seiner beiden Eltern, während der andere Partner zuhört. Anschließend tauschen die Partner.
Im zweiten Durchgang dieser Übung erhalten die Paare den Text eines Briefes, der die Mitteilung an ihre Eltern enthält, daß sie sich nach reiflicher Überlegung bewußt gegen ein Kind entschieden hätten. Analog zum ersten Teil der Übung sollen auch hier die mutmaßlichen Gedanken und Gefühle der Eltern auf dem Mutter- und Vaterstuhl wiedergegeben werden. Zum Abschluß der gesamten Übung werden die Partner aufgefordert, sich über ihre Erfahrungen mit dieser Übung auszutauschen.

Hausaufgabe: Nähe/Distanz zu den Herkunftsfamilien

Für diese "Hausaufgabe" erhalten die Paare zwei vorbereitete DIN A 4-Blätter. Die Motive auf beiden Blättern sind ähnlich aufgebaut. Motiv 1 stellt in der Mitte des Blattes ein stilisiertes Haus dar, in dem sich - symbolisiert durch die Buchstaben M und F - das Paar befindet. Vom Zentrum des Hauses gehen Linien in die vier Ecken des Blattes, an deren Enden Kreise als Symbole für die Eltern der Frau und des Mannes stehen. Das Paar erhält nun die Anweisung, gemeinsam zu überlegen, wie weit die Kreise von ihrem "Paarhaus" entfernt sind. Sie können die Kreise gleichsam auf den vorgegebenen Linien wandern lassen, wobei die Möglichkeit besteht, die Elternsymbole auch bis in das Haus hineinwandern zu lassen. Wenn das Paar für alle vier Elternteile die entsprechende Position gefunden hat, sollen sie abschließend noch ein Motto für ihr "Paarhaus" finden.

Das Motiv 2 unterscheidet sich vom ersten Motiv lediglich darin, daß in der Mitte des Hauses das Paar mit einem Kind symbolisiert ist. Das heißt, das Paar soll sich nun vorstellen, mit seinem gemeinsamen Kind unter einem Dach zu leben. Ansonsten sind die Instruktionen identisch zum ersten Teil der "Hausaufgabe".

(5) Segment 5: Finanzielle Aspekte von Elternschaft

In dieser Programmeinheit geht es um Informationen zu den finanziellen Kosten, die durch ein Kind entstehen, um die Rechte werdender Eltern, um Betreuungsmöglichkeiten für Kleinkinder und um staatliche Leistungen für Familien mit Kindern. Nachdem der Gruppenleiter eine Rückmeldung über die Erfahrungen mit der "Hausaufgabe" aus der vorangegangenen Zusammenkunft eingeholt hat, leitet er zur ersten Übung dieser Sitzung über.

Übung 1: Finanzspiel

Diese Übung wird in Vierergruppen durchgeführt. Dabei erhält jede Gruppe einen Pappstreifen, auf dem verschiedene Lebensabschnitte eines Kindes eingezeichnet sind, die bezüglich finanzieller und sozialer Hilfen für die Familie bedeutsam sind. Außerdem erhält jede Spielgruppe einen Satz von 28 Karten, auf denen Informationen zu finanziellen, rechtlichen und sonstigen staatlichen Regelungen für werdende bzw. junge Eltern zu lesen sind. Die Karten sind nach Themengebieten geordnet und farblich gekennzeichnet. Die Themengebiete umfassen (a) Mutterschutzgesetz und Mutterschaftsgeld, (b) Bundeserziehungsgeld und Bundeserziehungsurlaub, (c) Landeserziehungsgeld und Landeserziehungsurlaub, (d) Kindergeld, (e) Kinderbetreuung.

Bei der Durchführung des Finanzspiels wird wie folgt vorgegangen: Einer der Mitspieler nimmt den Kartensatz auf und liest die erste Frage vor (z.B. "Wer hat Anspruch auf Erziehungsgeld?"). Die drei übrigen Mitspieler sollen dann die richtige Antwort auf diese Frage finden. Je nachdem, wie gut die Frage beantwortet wurde, werden Punkte in Form von Spielchips vergeben (der Punkteschlüssel ist auf der jeweiligen Karte vermerkt). In jedem Fall wird die richtige Antwort vorgelesen und anschließend dem entsprechenden Abschnitt auf dem Pappstreifen zugeordnet. Der Kartenstapel wird dann an den nächsten Mitspieler weitergereicht, der die nächste Frage vorliest. Am Ende des Spiels werden die Punkte jedes einzelnen Mitspielers zusammengezählt. Der Spieler mit den meisten Punkten hat gewonnen und erhält einen kleinen Preis.

Nach dem Spiel kommen die Gruppenteilnehmer in der großen Runde zusammen und tauschen sich über ihre Erfahrungen mit dem Finanzspiel aus. Der Gruppenleiter weist darauf hin, daß am Ende der Sitzung eine Informationsbroschüre, in der die Fragen und Antworten zu dem Finanzspiel zusammengestellt sind, mit nach Hause genommen werden kann. Außerdem wird darauf hingewiesen, daß es zu diesem Thema noch eine kleine Aufgabe für zuhause geben wird.

Kurzvortrag: Kinderbetreuungsmöglichkeiten

In einem kurzen Referat werden verschiedene Möglichkeiten der Kinderbetreuung in der BRD vorgestellt. Im einzelnen wird auf folgende fünf Betreuungsarrangements eingegangen: Kinderkrippe, Tagesmutter, Kindergarten, erweiterte Familie und Familienselbsthilfe. Diese fünf Modelle werden auf Schautafeln mit Photos und den wichtigsten Informationen veranschaulicht. Anschließend erfolgt eine Gruppendiskussion über die Vor- und Nachteile der verschiedenen Kinderbetreuungsmodelle.

Hausaufgabe: Gesellschafts- und familienpolitische Wünsche

Die Gruppenteilnehmer werden gebeten, sich zuhause Gedanken darüber zu machen, welche gesellschaftlichen Veränderungen und staatlichen Unterstützungsmaßnahmen sie sich wünschen, die ein Leben mit Kindern erleichtern. Diese Wünsche sollen als Stichpunkte schriftlich formuliert und in die nächste Sitzung mitgebracht werden.

(6) Segment 6: Beruf und Elternschaft

Nach einem Feedback über die "Hausaufgabe" aus der vorangegangenen Sitzung erläutert der Gruppenleiter kurz die Thematik der jetzigen Zusammenkunft. Danach erfolgt der Einstieg in die erste Übung.

Übung 1: "Montagsmaler"

Die Gesamtgruppe wird in eine Frauen- und eine Männergruppe geteilt. Beide Gruppen erhalten als Material eine Anzahl bunter Filzstifte, einen Packen Zeitschriften, Scheren, Klebestifte und Packpapier. Die Aufgabe für die Frauengruppe lautet, eine Collage ihres Traummannes und Traumvaters eventueller Kinder zu schaffen. Bei der Anweisung wird darauf hingewiesen, daß die Gruppe spontanen und "verrückten" Einfällen nachgehen soll. Das Endprodukt sollte eine möglichst vielfältige, bunte und kreative Zusammenstellung aller möglichen Aspekte ihres Traummannes sein. In ähnlicher Weise wird die Männergruppe instruiert, ihre Traumfrau und Traummutter eventueller Kinder in einer Collage zusammenzustellen. Wenn die Gruppen mit ihrer Arbeit fertig sind, stellen sie sich gegenseitig ihre Kreationen vor.

Kurzvortrag: Familienfreundliche Arbeitszeitmodelle

In einem Kurzreferat werden drei familienfreundliche Arbeitszeitmodelle vorgestellt. Es sind dies (a) das Arbeitszeitsystem "Individuelle Arbeitszeit" des Münchner Textilhauses Beck am Rathauseck, (b) das Programm "Eltern und Kind" der BASF AG und (c) das Konzept "Befristeter beruflicher Ausstieg mit Wiedereinstellungszusage" der BAYER AG. Die wesentlichen Merkmale dieser drei Arbeitszeitmodelle werden anhand von Postern dargestellt.

Übung 2: Modelle der Vereinbarkeit von Beruf und Elternschaft

Auf acht DIN A 2-Blättern wird jeweils ein Modell für die konkrete Gestaltung zur Vereinbarkeit von Beruf und Elternschaft kurz skizziert (Beispiele: "Familie als Lebensberuf der Frau, d.h. langjährige Versorgung mehrerer Kinder unter vollständigem Verzicht auf Erwerbstätigkeit; der Mann ist Alleinverdiener"; "Drei-Phasen-Modell für die Frau, d.h. zuerst Ausbildung und Berufstätigkeit, dann Mutter und Hausfrau, dann Rückkehr in die Berufstätigkeit; der Mann ist voll berufstätig"; "Abstriche bei Kinderzahl und Erwerbstätigkeit der Frau, z.B. Ein-Kind-Familie und Halbtagstätigkeit der Frau; der Mann ist voll berufstätig".)

Die Gruppenteilnehmer werden aufgefordert, sich mit den acht Modellvarianten vertraut zu machen und dann in entsprechend vorbereitete Spalten auf den DIN A 2-Blättern zu schreiben, was sie einerseits persönlich zur Realisierung eines bestimmten Modells beitragen müßten und andererseits, was von gesellschaftlicher oder staatlicher Seite unternommen werden müßte, um ein bestimmtes Modell für junge Paare in dieser Lebensphase attraktiv zu machen. Darüber hinaus werden die einzelnen Teilnehmer angehalten, sich auch die Argumente der anderen Gruppenmitglieder anzusehen und schließlich ein Modell zu wählen, das ihren persönlichen Vorstellungen am nächsten kommt. Im Anschluß daran erfolgt eine Diskussion in der Gesamtgruppe.

Mit dieser Übung endet die Gesprächsgruppe. Der Gruppenleiter holt in einer Abschlußrunde die Meinung der Gruppe zu dem gesamten Programm ein. Danach verabschieden sich der Gruppenleiter und die Gruppenteilnehmer voneinander.

13.2.2 Schriftliches Programm

Wie bereits erwähnt, deckt das schriftliche Präventionsprogramm inhaltlich in etwa die gleichen Aspekte einer Klärungshilfe zur Frage der Elternschaft ab wie die Gesprächsgruppe. Es liegt jedoch in der Natur des Vorgehens, daß die Methodenvielfalt und die erfahrungserweiternden Anregungen des persönlichen Austauschs in der Gruppe für die schriftliche Version des Präventionsprogramms nicht verwirklicht werden konnten. Auch auf "Hausaufgaben" mußte für die schriftliche Gruppe verzichtet werden, da die einzelnen schriftlichen Programmsegmente per se als "Übungen für zuhause" anzusehen sind. Wir haben jedoch einige der "Hausaufgaben" aus dem Gesprächsgruppenprogramm für die schriftliche Programmversion adaptiert.

Da die Programmsegmente zum Teil von den Partnern allein und zum Teil als Paar zu bearbeiten sind, erhalten beide Partner je einen Satz der kompletten Unterlagen. Durch entsprechende Instruktionen werden die Programmteilnehmer angehalten, ihre Erfahrungen mit den einzelnen Übungen so detailliert wie möglich schriftlich festzuhalten. Die jeweils bearbeiteten Programmsegmente müssen zunächst an uns zurückgeschickt werden, bevor die nächste Programmeinheit zugesandt wird. Dies erfolgt in der Regel im Turnus von etwa 8 bis 10 Tagen.

Es folgt nun eine kurze Übersicht über den Aufbau der sechs Programmsegmente des schriftlichen Präventionsprogramms, wobei wir uns im Falle von Übungen, die mit denen der Gesprächsgruppe mehr oder weniger übereinstimmen, eine genauere Beschreibung ersparen und statt dessen auf die entsprechende Übung der Gesprächsgruppe verweisen.

(1) Segment 1: Gründe für und gegen Kinder

Übung 1: Sammeln von Pro-, Contra- und ?-Gründen zur Kinderfrage
Diese Übung ist eine strukturierte Fassung von Übung 2 zu dieser Programmeinheit für die Gesprächsgruppe. Auf einem vorbereiteten Raster werden 14 Kategorien von Einflußgrößen zur Frage der Elternschaft (z.B. "Ich als Person", "mein Partner", "mein Beruf") vorgegeben, für die die Programmteilnehmer in einem ersten Schritt ihre persönlichen Argumente aufschreiben sollen. In einem zweiten Schritt sollen dann die einzelnen Argu-

317

mente danach bewertet werden, ob sie (a) für Kinder sprechen, (b) gegen Kinder sprechen oder (c) sowohl für als auch gegen Kinder sprechen.

Übung 2: Austausch mit dem Partner

Diese Übung knüpft an Übung 1 an und fordert die beiden Partner auf, Gemeinsamkeiten und Unterschiede in ihren Argumenten herauszufinden. Im Anschluß daran soll jeder Partner für sich eine Reihe von Fragen schriftlich beantworten (z.B. "Wie haben Sie sich während des Gesprächs mit Ihrem Partner gefühlt?"; "Haben sich in dem Gespräch Aspekte ergeben, die Ihnen neu waren?").

(2) Segment 2: Ich und Elternschaft

Übung 1: Ichzustände

Diese Übung bezieht sich konzeptionell auf die Übung 3 und die "Hausaufgabe", die von der Gesprächsgruppe zu dieser Programmeinheit durchgeführt werden. Sie besteht aus drei Schritten. In einem *ersten Schritt* sollen die Programmteilnehmer unter den Rubriken "Ich bin eher" und "Ich bin eher nicht" Eigenschaften und Verhaltensweisen aufschreiben, die sie als Person charakterisieren. In einem *zweiten Schritt* werden die Teilnehmer gebeten, sich vorzustellen, sie hätten ein Kind. Für diesen Fall sollen sie - diesmal unter den Rubriken "Als Mutter/Vater wäre ich eher" und "Als Mutter/Vater wäre ich eher nicht" - wiederum charakteristische Verhaltensweisen und Eigenschaften aufschreiben. In einem *dritten Schritt* sollen die Teilnehmer sich zunächst angenehme Situationen mit einem Kind vorstellen und diese niederschreiben. Anschließend werden sie aufgefordert, sich in schwierige Situationen mit einem Kind hineinzudenken und diese schriftlich festzuhalten. Für die schwierigen Situationen sollen die Teilnehmer dann noch angeben, welche ihrer Eigenschaften und Verhaltensweisen zur Bewältigung dieser Situationen "eher hilfreich" bzw. "eher nicht hilfreich" sind.

Übung 2: "Lebensbereiche-Kuchen"

Diese Übung entspricht weitgehend der Übung 1 für die Gesprächsgruppe.

Übung 3: Austausch mit dem Partner

Diese Übung setzt voraus, daß beide Partner die Übung 2 abgeschlossen haben. Die Partner werden aufgefordert, ihre jeweiligen "Lebensbereiche-Kuchen" zusammen anzuschauen und Gemeinsamkeiten bzw. Unterschiedlichkeiten herauszufinden. Darüber hinaus werden die Paare angehalten, ihrem Partner mitzuteilen, welche Lebensbereiche ihnen besonders wichtig sind, wo sie sich Veränderungen wünschen und welchen Einfluß ein Kind auf ihre Lebensgestaltung hätte. Im Anschluß daran soll jeder Partner wieder für sich allein eine Reihe von offenen Fragen zu seinen persönlichen Erfahrungen mit dem Partnergespräch niederschreiben.

(3) Segment 3: Partnerschaft und Elternschaft

Übung 1: "Partnerschaft ist ..."

Diese Übung entspricht mit entsprechenden methodischen Abwandlungen weitgehend der Übung 1 der Gesprächsgruppe. Anders als in der Gesprächsgruppe wird jedoch jeder Teilnehmer zusätzlich aufgefordert, sich in die Position des Partners einzufühlen, um dann niederzuschreiben, wie der Partner den Satzanfang "Partnerschaft ist ..." vervollständigen würde.

Übung 2: "Elternschaft würde für unsere Partnerschaft bedeuten..."

Diese Übung entspricht der "Hausaufgabe" aus dem vierten Segment der Gesprächsgruppe.

Übung 3: Austausch mit dem Partner

Voraussetzung für diese Übung ist, daß beide Partner ihre Übungen 1 und 2 abgeschlossen haben. Wenn dies der Fall ist, sollen die Partner in einem ersten Schritt gemeinsam herausfinden, welche Dinge ihnen an ihrer Partnerschaft besonders wichtig sind, was ihnen an ihrem Partner besonders gut gefällt und was sie eventuell gerne verändern möchten. Abschließend zu diesem Schritt sollen sie zusammen ein Motto für ihre Partnerschaft finden und niederschreiben.

In einem zweiten Schritt sollen die Partner Gemeinsames und Unterschiedliches in ihren Antworten zur Übung 2 herausfinden. Außerdem sollen sie gemeinsam festlegen, was ihre Partnerschaft im Falle einer Elternschaft dazugewinnen bzw. verlieren würde und inwieweit Elternschaft eine Annäherung oder eine Entfernung von ihrer Idealvorstellung von Partnerschaft bedeuten würde.

Abschließend erhalten die Partner wieder eine Reihe von offenen Fragen zu ihren Erfahrungen mit dem Partnergespräch, die sie für sich allein schriftlich beantworten sollen.

(4) Segment 4: Herkunftsfamilie und Elternschaft

Übung 1: Struktur der Herkunftsfamilie

Diese Übung ist im wesentlichen identisch mit der ersten Übung dieser Programmeinheit für die Gesprächsgruppe.

Übung 2: Lebenssicht der Eltern

In dieser Übung sollen die elterlichen Lebensansichten und Wertvorstellungen aus der Perspektive der Teilnehmer erfaßt werden. Dies erfolgt in mehreren Schritten. Zunächst werden die Teilnehmer gebeten, für ihre Mutter und ihren Vater aufzuschreiben, welche Bedeutung Kinder in deren Leben haben. Als nächstes werden - wiederum getrennt für Mutter und Vater - die Vorstellungen und Wünsche erhoben, die beide Eltern mutmaßlich für ihre Kinder, d.h. die Programmteilnehmer, haben. Schließlich sollen die Teilnehmer angeben, wie ihre Mutter und ihr Vater reagieren würden, wenn sie erführen, daß sie sich endgültig für ein Kind entschieden hätten bzw. endgültig zu der Überzeugung gelangt seien, keine Kinder bekommen zu wollen.

Übung 3: Nähe/Distanz zur Herkunftsfamilie

Diese Übung entspricht der "Hausaufgabe", die der Gesprächsgruppe für diese Programmeinheit gegeben wurde.

(5) Segment 5: Finanzielle Aspekte von Elternschaft

Übung 1: Familienpolitisches Quiz

Diese Übung stellt eine Umarbeitung der Übung 1 ("Finanzspiel") des fünften Programmsegments der Gesprächsgruppe für die Zwecke der schriftlichen Version des Präventionsprogramms dar. Die insgesamt 28 Fragen zu den finanziellen, sozialpolitischen und rechtlichen Rahmenbedingungen von Elternschaft werden in Form eines Quiz gestellt, wobei zu den einzelnen Fragen jeweils vier Anwortalternativen vorgegeben werden. Die Teilnehmer sollen zunächst für sich allein die ihrer Meinung nach richtigen Antworten ankreuzen. Anschließend haben sie die Möglichkeit, ihre Antworten anhand eines beigehefteten Lösungsblattes zu überprüfen. Außerdem wird den Teilnehmern nahegelegt, nach Abschluß dieser Übung ihre Antworten mit denen ihres Partners zu vergleichen und sich mit ihrem Partner über ihre Gedanken und Vorstellungen zu diesem Thema auszutauschen.

Mit der Zusendung dieses Programmsegments erhalten die Teilnehmer -

ähnlich wie die Mitglieder der Gesprächsgruppe - eine Informationsbroschüre, die in Frage- und Antwortform Hinweise zu finanziellen und familienpolitischen Maßnahmen für junge Eltern enthält. In diese Informationsbroschüre sind auch Angaben zu diversen Kinderbetreuungsmöglichkeiten eingearbeitet, wofür in der Gesprächsgruppe ein eigener Programmpunkt vorgesehen ist.

(6) Segment 6: Beruf und Elternschaft

Übung 1: Modelle der Vereinbarkeit von Beruf und Elternschaft
Diese Übung entspricht im Grundkonzept der Übung 2 für die Gesprächsgruppe und wird zunächst von den Teilnehmern einzeln durchgeführt.

Übung 2: Austausch mit dem Partner
Nachdem beide Partner die Übung 1 für sich abgeschlossen haben, sollen sie als Paar der Frage nachgehen, ob sie sich auf eines des Modelle einigen können. Wenn dies gelingt, werden sie gebeten, ihr partnerschaftlich abgestimmtes Modell für die Vereinbarkeit von Beruf und Elternschaft aufzuschreiben. Finden sie keine Lösung für ein gemeinsames Modell, sollen sie die wichtigen Unterschiede in ihren Auffassungen schriftlich darstellen.
Wenn sie diese Übung beendet haben, sollen die Partner wieder für sich allein eine Reihe offener Fragen zu ihren Erfahrungen mit dem Partnergespräch niederschreiben.
Abschließend erhalten die Teilnehmer eine Informationsbroschüre zum Thema "Familienfreundliche Arbeitszeitmodelle". Diese Broschüre entspricht im wesentlichen dem Inhalt des Kurzreferats, das Bestandteil des sechsten Programmsegments der Gesprächsgruppe ist.

13.3 Evaluation

Strukturierte Präventionsprogramme können einerseits relativ leicht einer wissenschaftlichen Überprüfung zugänglich gemacht werden, andererseits aber geben sich die beabsichtigten Programmeffekte - wenn überhaupt - häufig erst spät zu erkennen, da im Gegensatz zu einer Krisenintervention kein unmittelbarer Handlungsbedarf besteht. Dies gilt auch für das Präventionsprogramm "Kinder Ja oder Nein?", das sich - wie oben bereits dargelegt - als ein Angebot zur Klärungshilfe in einer wichtigen Lebensfrage versteht. Man wird daher nicht ohne weiteres erwarten können, daß Paare, die noch keine Kinder haben bzw. sich unschlüssig sind, ob sie Kinder haben wollen oder nicht, nach Absolvierung des Programms sofort eine Entscheidung für die eine oder andere Option treffen. Wichtig ist vielmehr, ob die Programmteilnehmer Erfahrungen und Einsichten gewonnen haben, die es ihnen gestatten, die Entscheidung für oder gegen ein Kind auf einer gesicherteren Basis zu treffen. In diesem Sinne geht es bei einer Beurteilung der Effekte unseres Präventionsprogramms vor allem um die Frage, ob es gelungen ist, einen breiteren Wissens- und Erfahrungsfundus sowie mehr Klarheit in der Kinderfrage zu vermitteln.

Neben diesem wirkungsbezogenen Aspekt der Programmevaluation gibt es noch einen zweiten, nämlich die Frage der Qualitätsanalyse der einzelnen Programmsegmente. Diese Frage ist im Hinblick darauf, daß es sich bei dem Programm um eine Neuentwicklung handelt, von besonderer Bedeutung. Es lassen sich dadurch mögliche Schwachstellen und Optimierungsansätze des Programms aufzeigen. Im folgenden sollen sowohl zur Qualitäts- als auch zur Wirkungsanalyse des Programms einige empirische Daten dargestellt werden.

(1) *Experimental- und Vergleichsgruppe.* Die Programmevaluation bezieht sich auf eine Untersuchung von insgesamt 39 Paaren, von denen 16 an der Gesprächsgruppe und 23 an dem schriftlichen Programm teilgenommen haben. Die Rekrutierung der Paare erfolgte über Zeitungsannoncen, Stadtfunkdurchsagen und Vermittlungspersonen im "Schneeballsystem". Dabei war eine Reihe vorgegebener Kriterien (z.B. Zusammenleben in einem gemeinsamen Haushalt, mindestens einjährige Partnerschaftsdauer, bisher noch kinderlos) zu beachten. Im Sinne eines quasi-experimentellen Untersuchungsplanes ist die Gesprächsgruppe als Experimental- und die schriftliche Gruppe als Vergleichsgruppe zu verstehen. Eine randomisierte Zuweisung der Programmteilnehmer zu der Experimental- und Vergleichsgruppe konnte nicht realisiert werden, was zur Folge hat, daß die Gruppen sich in einigen Person- und Paarmerkmalen unterscheiden. Einen Überblick über einige ausgewählte soziodemographische Daten verschafft Tabelle 13.1.

Die Durchführung des Gesprächsgruppenprogramms erfolgte in vier Gruppen. Zwei familientherapeutisch erfahrene Gruppenleiterinnen betreuten je zwei Gruppen, wobei sie jeweils von zwei bis drei Studenten, die bei der Entwicklung des Programms mitgearbeitet hatten, assistiert wurden. Die insgesamt sechs Gruppensitzungen fanden in der Regel im Abstand von einer Woche in einem Raum des Instituts für Psychologie der Universität München statt und dauerten jeweils ca. zwei Stunden. Die Gruppenteilnehmer wurden darüber informiert, daß sie wegen der Neuentwicklung des Programms neben einer Eingangs- und Abschlußdiagnostik um eine Reihe zusätzlicher Angaben zu den einzelnen Programmeinheiten gebeten werden.

Den Teilnehmern an dem schriftlichen Programm wurden die sechs Programmeinheiten per Post zugesandt. Nach Bearbeitung eines Programmsegments mußten die schriftlichen Unterlagen an uns zurückgeschickt werden. Erst dann erfolgte die Zusendung der nächsten Programmeinheit. Auch die Teilnehmer an dem schriftlichen Programm waren darüber informiert, daß es sich um die Erprobung eines neu entwickelten Präventionsprogramms mit einer Reihe zusätzlicher diagnostischer Erhebungen handelt.

(2) *Evaluationsinstrumente.* Vor Beginn und nach Abschluß des Programms wurde bei allen Programmteilnehmern eine Reihe diagnostischer Erhebungen durchgeführt. Darüber hinaus erfolgte jeweils unmittelbar nach Abschluß einer Programmeinheit eine Beurteilung der einzelnen Bestandteile des entsprechenden Segments. Es folgt nun ein kurzer Überblick über die Erhebungsinstrumente.

- *Eingangsdiagnostik:* (a) soziodemographische Daten zu Alter, Ausbildung, Beruf, Einkommen, Partnerschaftsdauer, Familienstand etc.; (b) Kinderwunschfragebogen mit Angaben zu eigenen Vorstellungen und denen des Partners, Entscheidungsverhalten in der Kinderfrage etc.; (c) Fragebogen zur Erfassung von Veränderungserwartungen für unterschiedliche Lebensbereiche (28 Items) im Falle

Tab. 13.1 Soziodemographische Daten der Teilnehmer an der Gesprächsgruppe und an dem schriftlichen Programm

Sozio-demographische Daten	Gesprächsgruppe (N = 16 Paare)	Schriftliche Gruppe (N = 23 Paare)
Durchschnittsalter der Frauen	28,0	28,4
Durchschnittsalter der Männer	30,0	31,8
Berufstätigkeit der Frauen	50,0%	60,9%
Berufstätigkeit der Männer	50,0%	87,0%
Einkommen des Paares in DM		
unter 2000,--	25,0%	10,9%
2000,-- bis 3000,--	34,4%	28,9%
3500,-- bis 5000,--	15,6%	31,1%
5000,-- bis 6500,--	25,0%	17,8%
über 6500,--	0,0%	11,1%
Durchschnittliche Dauer der Partnerschaft (Jahre)	6,4	5,7
Durchschnittliche Dauer des Zusammenlebens (Jahre)	4,3	2,9
verheiratet	43,7%	100%

der Geburt eines Kindes (z.B. "meine persönliche Freiheit" wird "stark zunehmen", "sich nicht verändern", "stark abnehmen"); (d) Fragebogen zur Erfassung von Kenntnissen und Meinungen zu staatlichen Unterstützungsleistungen für junge Familien (z.B. Kindergeld, Bundes- und Landeserziehungsgeldgesetz, Kinderbetreuungsregelungen).

- *Programmbegleitende Diagnostik*: Jeder Bestandteil eines Programmsegments (Übung, Gruppen-/Partneraustausch, Kurzreferat, Informationsbroschüre, Hausaufgabe) sollte nach seiner Schwierigkeit, Interessantheit und weiterer Beibehaltung im Programm beurteilt werden. Darüber hinaus erfolgte am Ende der einzelnen Sitzungen der Gesprächsgruppe eine Einschätzung des Gruppenklimas, der thematischen Breite und des Anregungsgehalts der Sitzung.

- *Abschlußdiagnostik*: Von den Erhebungsverfahren, die während der Eingangsdiagnostik zur Anwendung kamen, wurden erneut eingesetzt (a) der Kinderwunschfragebogen ergänzt um eine Gesamtevaluation des Programms zu einer Reihe von Fragen (z.B. inwieweit wurden die in das Programm gesetzten Erwartungen erfüllt; konnte durch das Programm mehr Klarheit in der Kinderfrage vermittelt werden etc.); (b) der Fragebogen zur Erfassung von Veränderungserwartungen im Falle der Geburt eines Kindes und (c) der Fragebogen zur Erfassung von Kenntnissen und Meinungen zu staatlichen Unterstützungsleistungen für junge Familien.

Programmsegmente

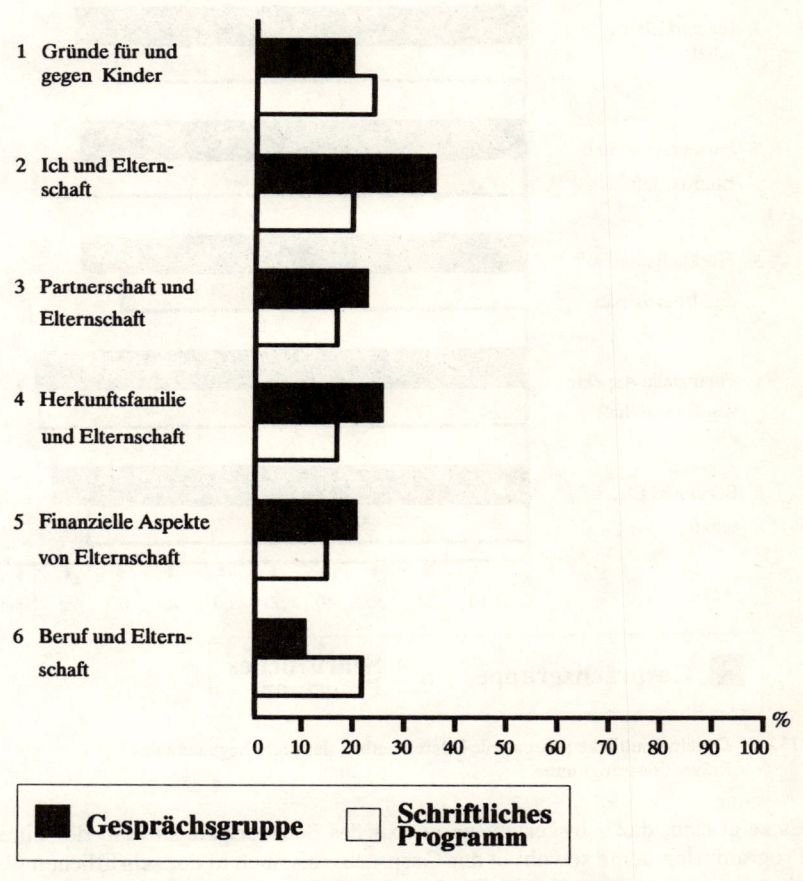

Abb. 13.1 Durchschnittliche prozentuale Schwierigkeit der sechs Segmente des Präventionsprogramms

(3) *Qualitätsanalyse.* Zur Beurteilung der einzelnen Programmbestandteile wurden die Teilnehmer jeweils nach Abschluß eines Segments unter anderem gebeten, eine Schwierigkeits- und eine Interessantheitseinschätzung abzugeben. Dies erlaubt eine sehr differenzierte vergleichende Analyse der Einzelelemente des Programms. Im folgenden sollen jedoch - getrennt für die sechs Programmsegmente - lediglich die zusammengefaßten Schwierigkeits- und Interessantheitsbeurteilungen dargestellt werden. In Abbildung 13.1 sind zunächst die prozentualen Schwierigkeitseinschätzungen wiedergegeben.

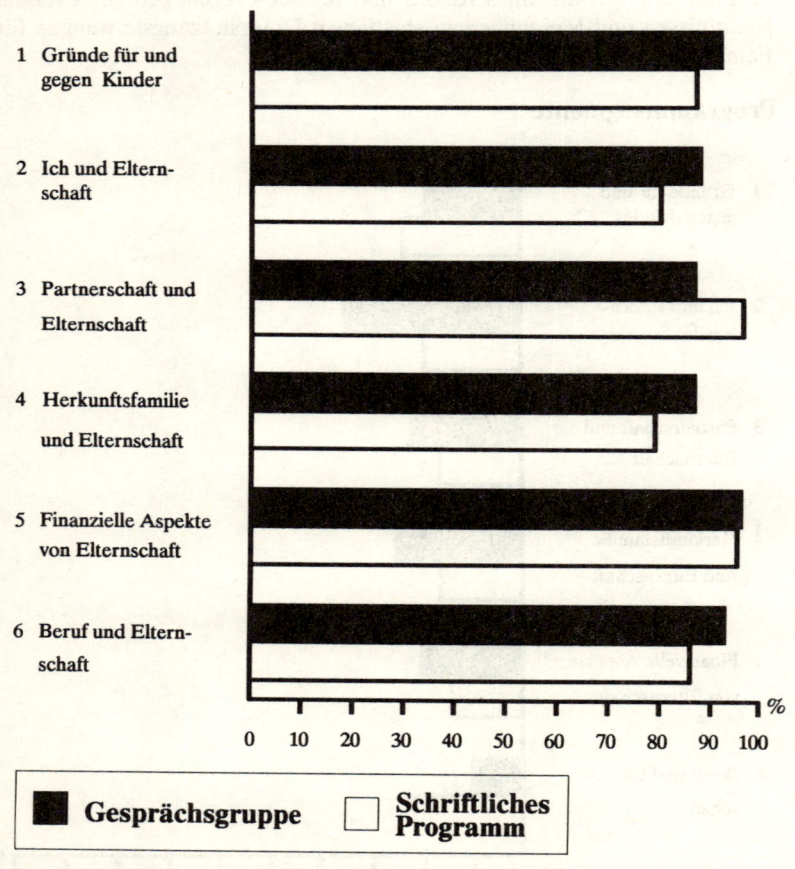

Programmsegmente

1 Gründe für und gegen Kinder

2 Ich und Elternschaft

3 Partnerschaft und Elternschaft

4 Herkunftsfamilie und Elternschaft

5 Finanzielle Aspekte von Elternschaft

6 Beruf und Elternschaft

■ **Gesprächsgruppe**   □ **Schriftliches Programm**

Abb. 13.2 Durchschnittliche prozentuale Interessantheit der sechs Segmente des Präventionsprogramms

Es zeigt sich, daß - insgesamt gesehen - das Schwierigkeitsniveau der einzelnen Programmsegmente sowohl in der Gesprächs- als auch in der schriftlichen Gruppe eher gering eingestuft wurde. Für keines der Programmsegmente ergeben sich signifikante Unterschiede zwischen der Gesprächs- und der schriftlichen Gruppe.

Dies gilt auch für das Programmsegment "Ich und Elternschaft", bei dem sich mit 35 Prozent für die Gesprächsgruppe der insgesamt höchste summarische Schwierigkeitskennwert ergibt, was im übrigen vor allem zu Lasten der Übung 1 ("Lebensbereiche-Kuchen") geht. Bei einem Vergleich der Schwierigkeitseinstufungen zwischen der Gesprächs- und der schriftlichen Gruppe ist daran zu erinnern, daß methodenbedingt in die einzelnen Programmeinheiten zum Teil unterschiedliche Übungen eingehen. Streng genommen erlauben insofern die in Abbildung 13.1 wiedergegebenen Werte lediglich vergleichende Aussagen über das Schwierigkeitsniveau innerhalb der beiden Programmversionen. Analoges gilt auch für die in Abbildung 13.2 zusammengestellten Interessantheitswerte.

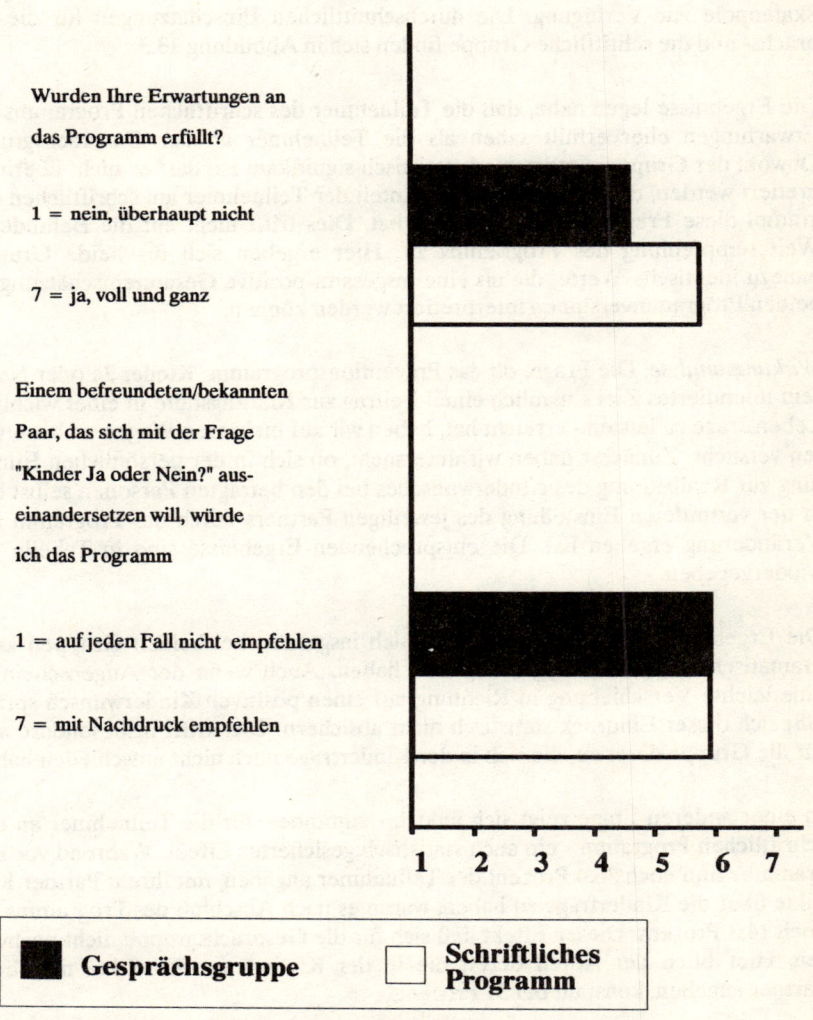

Abb. 13.3   Fragen zur Qualitätsanalyse des Präventionsprogramms

325

Die Interessantheitswerte der sechs Programmeinheiten für die Gesprächs- und für die schriftliche Gruppe sind hoch bis sehr hoch, wobei auch hier keine signifikanten Unterschiede zwischen den Gruppen festgestellt werden können. Insgesamt läßt dies die Schlußfolgerung zu, daß die Teilnehmer die einzelnen Bausteine der beiden Programmversionen im wesentlichen positiv aufgenommen haben.

Eine gewisse Bestätigung hierfür ergibt sich auch bei einem Blick auf einige Befunde der Gesamtprogrammevaluation. Wir stellten unter anderem die Frage, ob das Programm die Erwartungen erfüllt habe und ob die Teilnehmer das Programm weiterempfehlen würden. Zur Beantwortung dieser beiden Fragen hatten die Teilnehmer jeweils eine siebenstufige Skala mit verbaler Verankerung der Skalenpole zur Verfügung. Die durchschnittlichen Einschätzungen für die Geprächs- und die schriftliche Gruppe finden sich in Abbildung 13.3.

Die Ergebnisse legen nahe, daß die Teilnehmer des schriftlichen Programms ihre Erwartungen eher erfüllt sahen als die Teilnehmer an der Gesprächsgruppe. Obwohl der Gruppenunterschied statistisch signifikant ist, darf er nicht überinterpretiert werden, da ein relativ großer Anteil der Teilnehmer am schriftlichen Programm diese Frage nicht beantwortet hat. Dies trifft nicht auf die Befunde zur Weiterempfehlung des Programms zu. Hier ergeben sich für beide Gruppen nahezu identische Werte, die als eine insgesamt positive Gesamteinschätzung der beiden Programmversionen interpretiert werden können.

(4) *Wirkungsanalyse*. Die Frage, ob das Präventionsprogramm "Kinder Ja oder Nein?" sein intendiertes Ziel - nämlich einen Beitrag zur Klärungshilfe in einer wichtigen Lebensfrage zu leisten - erreicht hat, haben wir auf mehreren Wegen zu beantworten versucht. Zunächst haben wir untersucht, ob sich in der persönlichen Einstellung zur Realisierung des Kinderwunsches bei den befragten Personen selbst bzw. in der vermuteten Einstellung des jeweiligen Partners durch das Programm eine Veränderung ergeben hat. Die entsprechenden Ergebnisse sind in Tabelle 13.2 wiedergegeben.

Die Ergebnisse machen deutlich, daß sich insgesamt bei beiden Gruppen keine dramatischen Veränderungen ergeben haben. Auch wenn der Augenschein für eine leichte Verschiebung in Richtung auf einen positiven Kinderwunsch spricht, läßt sich dieser Eindruck statistisch nicht absichern. Dies trifft insbesondere auch für die Gruppe derer zu, die sich in der Kinderfrage noch nicht entschieden haben.

In einer anderen Frage zeigt sich jedoch - zumindest für die Teilnehmer an dem schriftlichen Programm - ein auch statistisch gesicherter Effekt. Während vor Programmbeginn noch 36,4 Prozent der Teilnehmer angaben, mit ihrem Partner Konflikte über die Kinderfrage zu haben, waren es nach Abschluß des Programms nur noch 14,3 Prozent. Dieser Effekt ließ sich für die Gesprächsgruppe nicht nachweisen. Hier blieb der Anteil derer, die in der Kinderfrage Konflikte mit ihrem Partner angaben, konstant bei 31 Prozent.

Tab. 13.2 Persönliche Einstellung und Einstellung des Partners zur Kinderfrage vor und nach der Teilnahme an dem Präventionsprogramm

Persönliche Einstellung zur Kinderfrage	Gesprächsgruppe		Schriftliche Gruppe	
	vorher %	nachher %	vorher %	nachher %
noch nicht entschieden	21,9	16,7	28,3	28,6
Kinder ja, aber später	50,0	46,7	34,8	34,3
Kinder ja	25,0	36,7	30,4	34,3
Kinder nein	3,1	0,0	6,5	2,9
Einstellung des Partners zur Kinderfrage	Gesprächsgruppe		Schriftliche Gruppe	
	vorher %	nachher %	vorher %	nachher %
noch nicht entschieden	12,5	13,3	19,6	20,0
Kinder ja, aber später	43,8	50,0	37,0	34,3
Kinder ja	34,4	33,3	37,0	40,0
Kinder nein	9,4	3,3	6,5	5,7

Auch für den Bereich der Veränderungserwartungen im Falle der Geburt eines Kindes ergaben sich keine substantiellen Veränderungen, die als programmbedingte Effekte gewertet werden könnten. Wir ziehen daraus den Schluß, daß dieses Evaluationsinstrument für eine kurzfristige Programmbeurteilung wenig geeignet ist.

Ein anderer und direkterer Zugang zur Evaluation besteht in der summarischen Einschätzung bestimmter Programmziele nach Abschluß des Programms. Wir haben hierzu die Teilnehmer beider Gruppen gefragt, ob (a) das Programm im Hinblick auf die Kinderfrage mehr Klarheit gebracht hat, (b) ob inhaltlich Neues dazugelernt wurde und (c) ob die Standpunkte der Partner zur Kinderfrage sich angenähert haben. Die Beantwortung dieser Fragen erfolgte wiederum auf einer siebenstufigen, an den Skalenpolen verbal verankerten Skala. In Abbildung 13.4 sind die durchschnittlichen Einschätzungen der Gesprächs- und der schriftlichen Gruppe graphisch dargestellt.

327

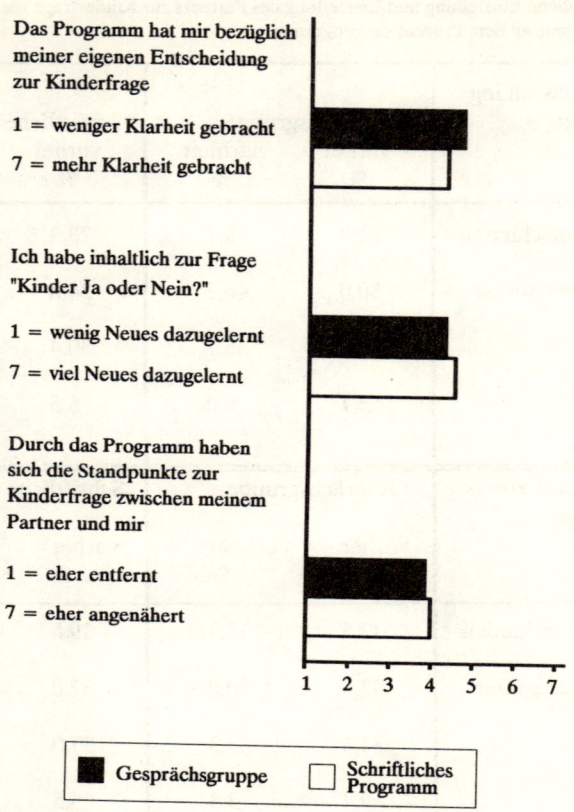

Das Programm hat mir bezüglich meiner eigenen Entscheidung zur Kinderfrage

1 = weniger Klarheit gebracht

7 = mehr Klarheit gebracht

Ich habe inhaltlich zur Frage "Kinder Ja oder Nein?"

1 = wenig Neues dazugelernt

7 = viel Neues dazugelernt

Durch das Programm haben sich die Standpunkte zur Kinderfrage zwischen meinem Partner und mir

1 = eher entfernt

7 = eher angenähert

■ Gesprächsgruppe   □ Schriftliches Programm

Abb. 13.4   Daten zur Gesamtevaluation des Präventionsprogramms

Die Ergebnisse liegen für beide Gruppen im mittleren Skalenbereich, wobei signifikante Gruppenunterschiede nicht feststellbar sind. Wenn auch erkennbar noch Entwicklungsmöglichkeiten für eine weitere Programmoptimierung bestehen, sprechen die Befunde doch dafür, daß im Schnitt die Teilnehmer davon überzeugt sind, daß ihnen durch das Programm mehr Klarheit, mehr Wissen und mehr partnerschaftliche Gemeinsamkeit bezüglich der Kinderfrage vermittelt wurde.

In einem besonderen Evaluationsschritt sind wir der Frage nachgegangen, inwieweit die Kenntnisse und Einstellungen zu diversen staatlichen Unterstützungsmaßnahmen für junge Familien sich durch die Teilnahme an dem Programm verändert haben. Diese Frage zielt schwerpunktmäßig auf die Inhalte des Programmsegments 5 ("Finanzielle Aspekte von Elternschaft") ab. Dabei wurden für beide Gruppen die Angaben vor Beginn und nach Abschluß des Programms miteinander verglichen. Im folgenden wählen wir zur Illustration einige markante Ergebnisse zum Kindergeld und zum Erziehungsgeld (bezogen auf das Bundeserziehungsgeldgesetz) aus. Zunächst sind in Tabelle 13.3 die Veränderungen zum subjektiv einge-

Tab. 13.3 Subjektives Wissensniveau zu einigen familienpolitischen Maßnahmen vor und nach der Teilnahme am Präventionsprogramm

	Gesprächsgruppe		Schriftliche Gruppe	
	vorher %	nachher %	vorher %	nachher %
Höhe des Kindergeldes für das erste Kind				
weiß genau bescheid	6,3	33,3	20,8	48,6
weiß ungefähr bescheid	75,0	56,7	58,3	37,8
nur davon gehört	15,6	10,0	20,8	13,5
noch nie gehört	3,1	0,0	0,0	0,0
Höhe des Erziehungsgeldes				
weiß genau Bescheid	6,3	26,7	10,4	27,0
weiß ungefähr Bescheid	40,6	60,0	50,0	51,4
nur davon gehört	50,0	13,3	37,5	18,9
noch nie gehört	3,1	0,0	2,1	2,7
Dauer des Erziehungsurlaubs				
weiß genau Bescheid	3,2	24,1	8,3	32,4
weiß ungefähr Bescheid	64,5	72,4	45,8	48,6
nur davon gehört	25,8	3,4	41,7	16,2
noch nie gehört	6,5	0,0	4,2	2,7
Anrechnung von Erziehungszeiten in der Rentenversicherung				
weiß genau Bescheid	0,0	13,8	0,0	24,3
weiß ungefähr Bescheid	41,9	44,8	16,7	32,4
nur davon gehört	38,7	31,0	58,3	40,5
noch nie gehört	19,4	10,3	25,0	2,7

schätzten Kenntnisstand bezüglich dieser familienpolitischen Leistungen dargestellt.

Die Ergebnisse sprechen für eine deutliche und statistisch für alle Fragen hochsi-
gnifikante Veränderung des subjektiven Wissensniveaus bei den beiden Programmversionen. Zumindest in einigen Fällen wird der subjektive Eindruck der
Teilnehmer - wie Tabelle 13.4 demonstriert - durch ihr faktisches Wissen zu den
einzelnen familienpolitischen Leistungen bestätigt.

Tab. 13.4 Objektives Wissensniveau zu einigen familienpolitischen Maßnahmen vor und nach der
Teilnahme am Präventionsprogramm

	Gesprächsgruppe		Schriftliche Gruppe	
	vorher %	nachher %	vorher %	nachher %
Höhe des Kindergeldes für das erste Kind	44,4	55,6	66,7	69,4
Höhe des Erziehungsgeldes	80,0	80,0	75,8	80,0
Dauer des Erziehungsurlaubs	7,4	57,7	25,0	65,7
Anrechnung von Erziehungszeiten in der Rentenversicherung	20,0	33,3	20,0	76,6

Ein relativ hoher Wissensstand ergibt sich bei beiden Gruppen für die Frage nach
dem genauen Betrag des Erziehungsgeldes und zwar bereits vor Programmbeginn.
Eine programmbedingte Verbesserung des Wissensstandes läßt sich jedoch nicht
nachweisen. Der stärkste Wissenszuwachs zeigt sich hingegen für die Frage nach
der Dauer des Erziehungsurlaubs sowie für die Frage nach der Anrechnung von
Erziehungszeiten in der Rentenversicherung. Alles in allem fällt das relativ niedrige Ausgangsniveau an familienpolitischem Wissen bei den Gesprächsgruppenteilnehmern auf. Darüber hinaus scheinen sie auch insgesamt weniger von dem Programm für ihr konkretes Wissen über staatliche Unterstützungsleistungen zu profitieren, als dies bei den Teilnehmern an dem schriftlichen Programm der Fall ist.
Dies wirft die Frage nach der Effektivität des "Finanzspiels" in der Gesprächsgruppe im Vergleich zu dem mit ähnlicher Intention geschaffenen "Familienpolitischen
Quiz" der schriftlichen Programmversion auf. Auf der anderen Seite scheinen aber
gerade die Teilnehmer an der Gesprächsgruppe für die Beurteilung der Qualität
der staatlichen Informationspolitik und die Angemessenheit familienpolitischer
Unterstützungsleistungen durch das Programm besonders sensibilisiert worden zu

330

sein. Die in Tabelle 13.5 zusammengestellten Ergebnisse geben hierüber Auskunft.

Tab. 13.5 Einschätzung der Informiertheit und Angemessenheit zu staatlichen
Unterstützungsleistungen vor und nach der Teilnahme am Präventionsprogramm

| | Gesprächsgruppe | | Schriftliche Gruppe | |
	vorher %	nachher %	vorher %	nachher %
Informationen über familienpolitische Leistungen von staatlicher Seite				
schlecht	28,1	63,3	43,5	44,4
teils/teils	68,8	33,3	52,2	55,6
gut	3,1	3,3	4,3	0,0
Einschätzung der staatlichen Unterstützungsleistungen für Familien				
nicht ausreichend	53,1	73,3	57,4	60,0
angemessen	34,4	23,3	23,4	28,6
überzogen	0,0	0,0	2,1	0,0
weiß nicht	12,5	3,3	17,0	11,4

Während sich für die Teilnehmer an dem schriftlichen Programm weitgehend stabile Prozentwerte für ihre Einschätzung der staatlichen Informationspolitik und der familienpolitischen Maßnahmen ergeben, zeigt sich bei den Gesprächsgruppenteilnehmern nach Abschluß des Programms eine deutlich ungünstigere Einstellung gegenüber dem Informationsverhalten von staatlicher Seite. Auch die Gesamtbeurteilung der familienpolitischen Maßnahmen fällt nach Beendigung der Gesprächsgruppe erkennbar schlechter aus als zu Programmbeginn. Wir vermuten, daß dieser Effekt auf die Stabilisierung einer kritischen Haltung nach entsprechenden Gruppendiskussionsprozessen zurückzuführen ist.

13.4 Resümee

Bei einem Rückblick auf die verschiedenen Vorgehensweisen, die bei der Evaluation des Präventionsprogramms "Kinder Ja oder Nein?" Anwendung fanden, läßt sich sagen, daß beide Programmversionen in der Qualitäts- und Wirkungsanalyse weitgehend vergleichbare Ergebnisse erbrachten. Die Programme für die Gesprächs- und für die schriftliche Gruppe zeichnen sich gleichermaßen durch ein relativ niedriges Schwierigkeitsniveau und einen hohen Interessantheitsgrad aus. Wenn sich auch hinsichtlich der Einstellung zur Realisierung des Kinderwunsches zum Programmabschluß keine nachweisbaren Veränderungen ergeben haben, so scheint nach den Aussagen der Teilnehmer das Ziel einer Klärungshilfe im Sinne einer bewußteren, besser informierten und mit dem Partner abgestimmten Herangehensweise an eine für den einzelnen und das Paar wichtige Lebensfrage weitgehend erreicht worden zu sein. Inwieweit diese Aussage auf längere Dauer Bestand hat, wird durch zwei Nachfolgeuntersuchungen, die in einjährigem Abstand geplant sind, zu prüfen sein.

Besondere Beachtung verdient der Befund, daß die Ergebnisse der Evaluationsuntersuchung alles in allem keine substantiellen Unterschiede zwischen der Gesprächsgruppe und der schriftlichen Gruppe erbrachten. Im Hinblick auf die wesentlich ökonomischere Abwicklung und leichtere Verbreitbarkeit des schriftlichen Programms bietet sich an, diese Programmversion in größerem Umfang für Präventionszwecke einzusetzen. Dies entspricht den Erfahrungen und Empfehlungen von L'Abate (1990a), der besonders für Vorhaben der primären und sekundären Prävention das Medium des "programmierten Schreibens" für angemessen hält. Hinzu kommt, daß - wie unsere eigenen Erfahrungen zeigen - das öffentlichkeitsfernere und damit mehr Distanz belassende Angebot zur Teilnahme an dem schriftlichen Präventionsprogramm wesentlich mehr Akzeptanz gefunden hat als das Angebot zum Mitmachen in der Gesprächsgruppe. Auf diesem Hintergrund ist zu überlegen, das Material des schriftlichen Programms in geeigneter Weise zu veröffentlichen, um somit einem breiteren Kreis interessierter Personen und Paare eine Klärungshilfe zur Frage "Kinder Ja oder Nein?" anzubieten.

V AUSBILDUNG IN FAMILIENPSYCHOLOGIE

Übersicht:

Das abschließende *vierzehnte Kapitel* beginnt mit einigen Argumenten für eine akademisch betriebene Familienpsychologie. Dabei stehen sowohl forschungs- wie anwendungsorientierte Gesichtspunkte der Familienpsychologie im Vordergrund. Auf der Basis dieser Überlegungen wird das Konzept einer Ausbildung in Familienpsychologie beschrieben, das an der Universität München im Rahmen des Diplomstudiengangs Psychologie seit Mitte der 80er Jahre angeboten wird. Im Anschluß daran kommt es zu einer Diskussion von Erweiterungsmöglichkeiten einer akademischen Ausbildung in Familienpsychologie im Sinne eines postgradualen Studiums. Dabei wird zwischen einer vornehmlich forschungsbezogenen und einer stärker klinisch-therapeutisch ausgerichteten Weiterbildung unterschieden.

14. Familienpsychologie an der Universität München

14.1 Familienpsychologie als wissenschaftliche Disziplin

Selbst in den innovationsfreudigen USA ist die Familienpsychologie eine junge und bislang wenig verbreitete Disziplin: Die Bezeichnung "family psychology" läßt sich in der Literatur nicht früher als 1983 nachweisen; eine professionelle Fachgruppe zur Familienpsychologie in der weltweit größten Psychologenvereinigung - der American Psychological Association (APA) - gibt es seit 1984, und die erste familienpsychologische Zeitschrift, das "Journal of Family Psychology", erschien 1987 auf dem Markt psychologischer Fachzeitschriften. Hinzuzufügen ist, daß es auf internationaler Ebene erst 1990 zur Gründung einer "International Academy of Family Psychology" (IAFP) gekommen ist (L'Abate 1990).

Parallel zu den vorsichtigen Anfängen einer akademisch betriebenen Familienpsychologie hat sich auch die Etablierung entsprechender Ausbildungsprogramme an den Universitäten eher zögerlich entwickelt. So berichtet L'Abate (1985a) in dem von ihm herausgegebenen zweibändigen "Handbook of Family Psychology and Therapy" lediglich von zwei Ausbildungsprogrammen an amerikanischen Universitäten: dem "Family Psychology Curriculum" an der Georgia State University und dem "Training Program in Child and Family Clinical Psychology" an der Michigan State University. In beiden Fällen handelt es sich um akkreditierte Ausbildungsprogramme, die über einen Zeitraum von drei bzw. vier Jahren laufen.

Die reservierte Haltung gegenüber der Familienpsychologie als einer neuen Disziplin hat verschiedene Gründe. Wir wollen auf einige dieser Gründe kurz eingehen.

(1) Zunächst einmal ist festzuhalten, daß die Institution "Familie" als eine überindividuelle Einheit sich nicht im Brennpunkt eines individuumszentrierten Verständnisses der traditionellen Psychologie befindet. So hat sich etwa die Soziologie sehr viel früher um die Familie als Forschungsgegenstand gekümmert und mit der Einrichtung der Familiensoziologie als einer eigenständigen Teildisziplin diesem Forschungsinteresse auch eine institutionelle Basis verliehen. Dabei hat sich die Familiensoziologie unter dem Stichwort "mikrosoziologische Analyse der Familie" auch dem Studium innerfamiliärer Beziehungen gewidmet und somit ein Thema für sich reklamiert, das eigentlich eher in den Aufgabenbereich der Sozialpsychologie gehört. Auf diesem Hintergrund ist es nicht verwunderlich, daß die beiden zur Zeit bedeutendsten englisch- und deutschsprachigen Handbücher zur Familienforschung - das "Handbook of Marriage and the Family" (Sussman & Steinmetz 1987) und das "Handbuch der Familien- und Jugendforschung, Band I: Familienforschung" (Nave-Herz & Markefka 1989) - von Soziologen herausgegeben wurden.

(2) Ein weiterer Grund für die geringe Akzeptanz der Familienpsychologie hat damit zu tun, daß systemisches und kontextualistisches Denken innerhalb der Psycholo-

gie nur langsam Fuß faßt. Die Beschäftigung mit intrapsychischen Strukturen und Prozessen stellt immer noch den Kern des wissenschaftlichen Selbstverständnisses der Psychologie dar. Dies ist umso erstaunlicher, als der Forschungsbetrieb in einigen Bereichen der Psychologie - insbesondere in der Entwicklungs-, Sozial-, Persönlichkeits- und Klinischen Psychologie - durchaus eine paradigmatische Wende in Richtung auf eine interaktionistische oder transaktionale Sichtweise der Person-Umwelt-Beziehung vollzogen hat (vgl. Kaye 1985, Petzold & Nickel 1989). Dennoch hält es z.B. Schmidt-Denter (1989), der einem Denken in familienpsychologischen Kategorien eher nahe steht, für ratsam, lieber die traditionellen Ausbildungsfächer der Psychologie wie etwa die Psychologische Diagnostik oder die Klinische Psychologie mit systemischen bzw. kontextualistischen Inhalten anzureichern statt "Familienpsychologie" als eine eigenständige Disziplin einzurichten. Schmidt-Denter (1989, S. 100) begründet seine Haltung damit, daß das "familiäre Systemdenken" dann "eher wie eine Rückzugsstrategie in ein familienpsychologisches Reservat wirken (könne), was von der inhaltlichen Bedeutung nicht gerechtfertigt wäre." Diese Argumentation übersieht jedoch, daß es nicht nur um "familiäres Systemdenken", sondern auch um die Etablierung eines inhaltlich abgrenzbaren Forschungs- und Anwendungsbereichs der Psychologie geht, der mit der Verflechtung menschlicher Lebensvollzüge im Kontext von intimen Beziehungssystemen zu tun hat (vgl. hierzu Kapitel 3 in diesem Band).

(3) Ein dritter Grund, der einer Institutionalisierung der Familienpsychologie im Wege steht, ist die boomartige Entwicklung der Familientherapie. Die Familientherapie hat sich als eine systemisch orientierte Interventionsmethode größtenteils außerhalb der akademischen Psychologie entwickelt. Kommerziell geführte Ausbildungseinrichtungen bieten Weiterbildungsprogramme an, die häufig berufsbegleitend absolviert werden können. Auf jeden Fall setzen sie nicht notwendig ein Studium der Psychologie voraus und können somit auch nicht auf dem theoretischen, methodischen und inhaltlichen Wissenskanon und dem Repertoire an Fertigkeiten aufbauen, das für eine Universitätsausbildung im Fach Psychologie kennzeichnend ist. Dies gilt auch für eine Reihe akademischer Ausbildungsprogramme in Familientherapie, die in den USA z.B. in Studiengänge zur Ausbildung von Medizinern, Sozialarbeitern, Krankenschwestern oder Hauswirtschaftlern integriert sind (vgl. Lebow 1987, Ribordy 1987).

Den Unterschied zwischen Familienpsychologie und Familientherapie hat L'Abate (1991, S. 1) wie folgt beschrieben: "Die Familienpsychologie beschäftigt sich als eine akademische Teildisziplin der Psychologie in Theorie und Anwendung mit der Beziehung des Individuums zur Familie, und zwar sowohl zur Herkunfts- als auch zur Zeugungsfamilie. Familientherapie ist dagegen eine Form der Krisenintervention und beschäftigt sich mit Familien, die unmittelbar oder auf längere Sicht professionelle Hilfe benötigen, wobei die Ressourcen der gesamten Familie ins Spiel gebracht werden." Entsprechend fehlt es vielen Ansätzen der Familientherapie (a) an einer Berücksichtigung des gesamten Spektrums der Funktionalität und Dysfunktionalität des Familienlebens, (b) an einer angemessenen interventionsvorbereitenden Familiendiagnostik und Evaluation der Behandlungseffekte und schließlich (c) an der Einbeziehung präventiver und entwicklungsoptimierender Interventionsformen, die eher pädagogischer als klinisch-psychologischer Natur sind.

Trotz der genannten Gründe, die sich allesamt erschwerend auf die Etablierung einer akademisch betriebenen Familienpsychologie auswirken, sind wir der Überzeugung, daß die Wissensbestände der Psychologie die Einrichtung der Familienpsychologie als einer eigenständigen Disziplin rechtfertigen. *Intradisziplinär* kann dies jedoch nur auf dem Hintergrund eines soliden Verständnisses der Grundlagen der Psychologie und einer Einbettung der Familienpsychologie in das bereits bestehende Gefüge psychologischer Forschungs- und Anwendungsfelder geschehen. Insofern kann die Familienpsychologie nicht nur aus dem Fundus etablierter psychologischer Grundlagendisziplinen wie der Entwicklungs-, Sozial- oder Persönlichkeitspsychologie schöpfen, sondern mit dem besonderen Fokus ihres Gegenstandsbereichs, d.h. der gemeinsamen Entwicklung von Personen in intimen Beziehungssystemen, auch befruchtend auf diese Grundlagenfächer zurückwirken. Gleiches gilt für die anwendungsorientierten psychologischen Disziplinen, insbesondere die Klinische und die Pädagogische Psychologie. Auch hier kann die Familienpsychologie vieles von dem bereits bestehenden Wissensfundus adaptieren, zugleich aber auch mit ihrer speziellen Sichtweise neue Impulse für diese psychologischen Anwendungsfächer setzen.

Interdisziplinär sollte sich die Familienpsychologie für die Entwicklungen offen halten, die in anderen Familienwissenschaften zu verzeichnen sind. Dies gilt insbesondere für Bereiche wie Familiensoziologie, Familienpädagogik, Familienmedizin, Familienrecht, Familiendemographie, Sozialgeschichte der Familie oder Familienpolitik, um nur einige Disziplinen zu nennen, die je nach Fragestellung für die Familienpsychologie relevant sind.

Sofern sich Familienpsychologen intra- und interdisziplinär mit den Voraussetzungen und Besonderheiten ihrer praktischen Tätigkeit vertraut gemacht haben, dürften sie in besonderer Weise für ein Berufsfeld vorbereitet sein, in dem beziehungspsychologische Fragen im Vordergrund stehen. Klassische Tätigkeitsfelder ergeben sich im Bereich der *Erziehungs-, Partnerschafts-, Familien- und Lebensberatung* mit ihren unterschiedlichen Konfliktanlässen und präventiven Klärungsbedürfnissen. Dies kann im Kontext einer Institution oder - was mehr und mehr der Fall ist - in privater Praxis geschehen. Dabei können im Sinne einer integrativen Familienberatung auch *konsultative Beratungsaufgaben* (z.B. Supervision, Institutionenberatung) zum Tätigkeitsprofil eines Familienpsychologen gehören (vgl. hierzu Kapitel 12 in diesem Band).

Ein weiteres wichtiges Anwendungsfeld, in dem familienpsychologische Kompetenzen gefragt sind, ist die diagnostische und beraterische Tätigkeit im Rahmen von *familienpsychologischen Rechtsgutachten.* Beispiele hierfür sind etwa fachgutachterliche Stellungnahmen zur rechtlichen Entscheidungsfindung im Falle von Sorgerechtsregelungen oder Kindes- und Partnermißhandlungen.

Für den klinischen Familienpsychologen bieten sich Berufsmöglichkeiten in *medizinischen und psychiatrischen Kliniken* sowie *Rehabilitationseinrichtungen* unterschiedlicher Art an, wobei allerdings aufgrund der bislang in der Bundesrepublik Deutschland noch ungeklärten rechtlichen Voraussetzungen einer heilkundlichen Tätigkeit als Psychologe eine uneingeschränkte Berufsausübung nicht möglich ist.

Ein weiteres Tätigkeitsfeld eröffnet sich für Familienpsychologen im Zusammenhang mit pädagogischen Aufgaben. Hierzu gehören im engeren Sinne *Einrichtungen der Familienbildung und der Erwachsenenbildung* mit familienorientierten Anteilen (z.B. Volkshochschulen, kirchliche Fortbildungseinrichtungen). Im weiteren Sinne sind hier aber auch *berufliche Fort- und Weiterbildungsorganisationen* mit einem Akzent auf der Optimierung zwischenmenschlicher Prozesse zu nennen, wofür der Familienpsychologe aufgrund seiner beziehungspsychologischen und systemorientierten Sichtweise in besonderer Weise vorbereitet ist.

Zusammenfassend können wir festhalten, daß im Hinblick auf die intra- und interdisziplinäre Situation der Psychologie und unter Berücksichtigung der Aufgaben und Tätigkeitsfelder, die sich für den Familienpsychologen auftun, die Etablierung eines akademischen Ausbildungsschwerpunkts in Familienpsychologie begründbar erscheint. Im folgenden soll nun das Konzept eines solchen Ausbildungsschwerpunkts, wie es seit dem Wintersemester 1984/85 an der Universität München im Rahmen der Diplomausbildung für Psychologen praktiziert wird, vorgestellt werden.

14.2 Das Münchner Ausbildungsmodell in Familienpsychologie

Im Rahmen des Diplomstudienganges Psychologie besteht nach der Absolvierung des Grundstudiums für Hauptfachstudierende des Faches Psychologie an der Universität München die Möglichkeit, ein Themengebiet vertieft zu studieren. Für dieses sogenannte *Vertiefungsfach* können sich die Studierenden entscheiden, indem sie aus einem größeren Angebot an Vertiefungsfächern (u.a. aus den Bereichen der Allgemeinen Psychologie, Klinischen Psychologie, Organisations- und Wirtschaftspsychologie, Angewandten Sozialpsychologie und Pädagogischen Psychologie) wählen.

Außer dem im Sinne eines Wahlpflichtfaches zu studierenden Vertiefungsfach sind folgende Kernfächer obligatorisch: Klinische Psychologie, Organisations- und Wirtschaftspsychologie sowie Pädagogische Psychologie. Zum weiteren Studien- und Prüfungsprogramm gehören - ebenfalls obligatorisch - die Fächer Grundlagen der psychologischen Diagnostik, Tiefenpsychologie und Psychopathologie.

Die Prüfungsordnung für das Hauptdiplom in Psychologie sieht außerdem noch eine dreistündige Klausur in einem von den Studierenden zu wählenden Vertiefungsfach sowie das Studium eines Nebenfachs vor. Schließlich ist eine wesentliche Voraussetzung für den Erwerb des Hauptdiploms in Psychologie die Anfertigung einer Diplomarbeit.

Auf diesem Hintergrund wird verständlich, daß das Vertiefungsfach "Familienpsychologie", das vom Institutsbereich Persönlichkeitspsychologie und Psychodiagnostik angeboten wird und organisatorisch der Pädagogischen Psychologie zugeordnet ist, lediglich einen relativ kleinen Anteil des gesamten Hauptstudiums abdeckt. Die

Familienpsychologie ist somit einerseits eingebettet in ein breites Spektrum an psychologischen Anwendungsfächern. Andererseits bringen die Studenten mit dem bestandenen Vordiplom für das Vertiefungsfach "Familienpsychologie" ein solides methodisches Wissen und fundierte Kenntnisse in den psychologischen Grundlagenfächern Allgemeine Psychologie, Biopsychologie, Entwicklungspsychologie, differentielle und Persönlichkeitspsychologie sowie Sozialpsychologie mit.

Das Vertiefungsfach "Familienpsychologie" ist ein *viersemestriges curricular gegliedertes Lehrprogramm*. Dies besagt, daß innerhalb der einzelnen Lehreinheiten die Lehrinhalte im Sinne von zunehmend komplexer werdenden Aufgaben und Anforderungen aufeinander aufbauen. Im einzelnen besteht das Lehrprogramm aus folgenden fünf Lehreinheiten:

- Familienpsychologische Grundlagen

- Familiendiagnostik

- Prävention im Bereich Partnerschaft, Ehe und Familie

- Intervention in Familiensystemen

- Familienpsychologische Fallstudien

Die in diesen Lehreinheiten zu erarbeitenden Kenntnisse und Fertigkeiten sollen nun etwas ausführlicher dargestellt werden.

(1) Lehreinheit 1: Familienpsychologische Grundlagen

Diese Lehreinheit erstreckt sich über ein Studiensemester und beginnt stets im Wintersemester eines Studienjahres. Die Lehreinheit besteht aus zwei Veranstaltungen, nämlich einer zweistündigen Vorlesung "Einführung in die Familienpsychologie" und einem ebenfalls zweistündigen Seminar "Familienpsychologische Grundlagenvertiefung".

Die *Vorlesung "Einführung in die Familienpsychologie"* informiert überblicksmäßig über folgende Themenbereiche: (a) Gegenstand und Aufgaben der Familienpsychologie, (b) theoretische Ansätze in der Familienpsychologie und in der Familientherapie, (c) Aspekte und Befunde der familiären Sozialisation, (d) Ansätze und Verfahren der Familiendiagnostik, (e) Vorgehensweisen und Befunde der familiären Intervention, (f) psychosoziale Aspekte der Familienpolitik.

Das Leitthema des *Seminars "Familienpsychologische Grundlagenvertiefung"* ist die Entwicklung der Familie als einer Einheit aufeinander bezogener Personen sowie die Entwicklung des einzelnen im Kontext der Familie. Themen wie Geburt und Tod, Sexualität, Trennung und Scheidung, Geschlechtsrollenentwicklung, Bindung und Ablösung werden im Rahmen dieses Leitthemas vertieft behandelt. Weitere Themenbereiche sind: Familie und Sozialisation, Familie und Umwelt, Sozialgeschichte der Familie und politische Rahmenbedingungen des Familienlebens. Die Erarbeitung der Themen im familienpsychologischen Grundlagenvertiefungsseminar erfolgt weitgehend auf der Basis von Referaten, die von den Studierenden vorbereitet und in den Seminarstunden diskutiert werden.

Die erste Lehreinheit hat im wesentlichen eine orientierende Funktion. Sie soll den Studierenden einen Einblick in die Themen und Arbeitsweise der Familienpsychologie vermitteln und stellt somit eine Klärungshilfe dar, ob ein vertieftes Weiterstudium im Rahmen der stärker praktisch ausgerichteten Lehreinheiten 2 bis 5 angestrebt wird. Für diesen Teil des familienpsychologischen Curriculums stehen pro Studienjahr 15 Studienplätze zur Verfügung. Die Rekrutierung der Studierenden erfolgt nach einem kurzen individuellen Gespräch mit zwei Dozenten, die an dem Studienprogramm beteiligt sind. Es kommt dadurch zur Bildung einer Gruppe von Studierenden, die in dieser Formation über die nächsten drei Semester im wesentlichen zusammenbleibt. Der durch dieses Vorgehen initiierte Gruppenbildungsprozeß ist eine wichtige Voraussetzung für eine vertrauensvolle Arbeit in den folgenden Lehreinheiten, die u.a. auch in erheblichem Umfang Selbsterfahrungsanteile beinhalten.

(2) Lehreinheit 2: Familiendiagnostik

Die Themen dieser Lehreinheit kreisen um methodische Zugangsweisen zur Erfassung funktionaler und dysfunktionaler Aspekte des Familienlebens. Die stark praxisorientierten Seminare erstrecken sich über drei Semester zu je zwei Wochenstunden, wobei jedoch - wie auch in den anderen Lehreinheiten - über die Seminarstunden hinaus eine aufgabenorientierte Vor- und Nachbereitungszeit erforderlich ist. Im folgenden werden die Inhalte der drei aufeinander aufbauenden familiendiagnostischen Seminare kurz vorgestellt:

(a) *Theoretische und praktische Grundlagen der Familiendiagnostik*: *Das Individuum in der Familie*

Das Seminar beginnt mit einem Überblick über die Grundlagen der Familiendiagnostik. Hierzu gehören: Dimensionen familiärer Interaktion, Familienklassifikation, Klassifikation von Meßverfahren, Vorstellung und Kennenlernen spezieller familiendiagnostischer Verfahren (z.B. Familienanamnese, Familieninterview, Beobachtungsverfahren, Familienskulpturtechnik, Genogramm, experimentelle Spiele). Weitere Themenbereiche sind: Erfassung von familiärem Streß und dessen Bewältigung; Mikroanalyse familiärer Kommunikation und Interaktion; Erfassung familiärer Umwelten; Devianzproblematik; Einführung in diagnostisch orientiertes systemisches Denken.

Praktische Ziele sind das Erlernen von paar- und familienbezogenen Gesprächstechniken. Hierzu hat jeder Studierende mit einer Person ein Interview zu einem ausgewählten Familienthema zu führen und auf Videokassette aufzuzeichnen. Darüber hinaus sollen wenigstens zwei weitere familiendiagnostische Verfahren, die zuvor in der Selbsterfahrung kennengelernt wurden, bei einer Person durchgeführt werden. In allen Fällen erhalten die Studenten Supervision und entsprechende Rückmeldung.

(b) *Struktur- und prozeßorientierte Familiendiagnostik*

Im Vordergrund dieses Seminars steht die Theorie und Praxis des Familienerstgesprächs im Rahmen von struktur- und prozeßorientierten Familientherapietheorien (strukturell-strategische Familientherapie, systemische, konstruktivistische und verhaltenstheoretisch sowie feministisch orientierte Familientherapie).

Hierzu gehören: Analyse des Kontexts von Überweisung und Anmeldung, Phasen von Erstgesprächen, Erlernen von Fragetechniken (linear und zirkulär), Verhalten in problematischen Situationen im Erstgespräch, Verhalten von unterschiedlichen Familientypen im Erstgespräch (z.B. Familien in Krisensituationen, Familien mit psychosomatisch oder psychotisch erkrankten Mitgliedern), Evaluation von Erstgesprächen, Formulieren von Familiendiagnose und -prognose.

Praktisches Ziel ist die Durchführung und Evaluation eines videographierten Erstgesprächs mit einem Paar oder einer Familie mit anschließender Supervision.

(c) *Historisch orientierte Familiendiagnose*
Im Zentrum dieses Seminars steht die Theorie und Praxis des Familienerstgesprächs im Rahmen historisch orientierter Familientherapietheorien (Mehrgenerationenfamilientherapie). Hierzu gehören: Kennenlernen des Ansatzes der Mehrgenerationenfamilientherapie, empirische Studien zum Generationenverhältnis, Längsschnittstudien zur Entwicklung von und in Familien über mehrere Generationen (z.B. Judenvernichtung, 2. Weltkrieg), Arbeit mit der Ursprungsfamilie, Familiengenogrammanalyse, Erlernen spezieller Fragetechniken, Techniken der Interpretation, Umdeutung, Vorgehen bei Familiengeheimnissen, vertieftes Kennenlernen der experimentellen Methoden in der Familiendiagnostik (z.B. Familienskulptur, Rollenspiele, Videokonfrontation, Körper-Gestaltarbeit).

Praktisches Ziel ist die Familienrekonstruktion der Seminarteilnehmer in einer Mehrgenerationenperspektive. Hierzu ist es erforderlich, daß die Seminarteilnehmer anhand des nunmehr bekannten Repertoires an familiendiagnostischen Methoden eine umfassende Dokumentation zu den faktischen und Beziehungsdaten ihrer wenigstens drei Generationen zurückreichenden Herkunftsfamilie zusammentragen. Auf der Basis dieser Informationen erfolgt dann unter Anleitung die individuelle Familienrekonstruktion.

(3) Lehreinheit 3: Prävention im Bereich Partnerschaft, Ehe und Familie
Diese Lehreinheit bezieht sich ausschließlich auf präventive und entwicklungsoptimierende Ansätze der Familienpsychologie. Der Schwerpunkt liegt auf pädagogischen bzw. psychoedukativen Formen der familiären Intervention. Auch diese Lehreinheit gliedert sich in drei aufeinander aufbauende zweistündige Seminare, die sich über einen Zeitraum von drei Semestern erstrecken. Die Abfolge der Seminare und ihre Inhalte werden im folgenden kurz skizziert.

(a) *Grundlagen und Überblick über Prävention in der Familienpsychologie*
In diesem Seminar erfolgt zunächst eine vertiefte Analyse von ausgewählten Präventionsprogrammen in der Familienpsychologie (z.B. Modelle der Elternerziehung, Elterntraining, Ehevorbereitung, Krisenprävention, Scheidungsberatung, Arbeit mit sozialen Netzwerken, Arbeit mit Angehörigen von Suchtkranken oder psychiatrisch erkrankten Patienten). Darüber hinaus wird ein prakti-

sches Training grundlegender Beziehungsfertigkeiten (Sender- und Empfänger-fertigkeiten, Umgang mit Ärger und Streß, Problem- und Konfliktlösefähigkeiten) durchgeführt. Zum Teil erfolgt die Einübung dieser Beziehungsfertigkeiten auch im Rahmen von "Hausaufgaben". Daran anknüpfend werden unter Supervision Techniken der Gruppenleitung praktiziert.

Praktisches Ziel ist die Aneignung und Vermittlung von strukturierten Übungen zur Verbesserung grundlegender Fertigkeiten in persönlichen Beziehungen.

(b) *Entwicklung eines strukturierten Präventionsprogramms*
Zentrales Thema dieses Seminars ist die von den Studierenden unter Supervision selbst zu erarbeitende Entwicklung eines strukturierten Präventionsprogramms für einen ausgewählten Anwendungskontext.

Praktisches Ziel ist die Durchführung und Evaluation des Programms in der Selbstanwendung. Dabei erfolgt ein vertieftes Training von Basisfertigkeiten als Trainer.

(c) *Praktische Anwendung eines Präventionsprogramms*
In diesem Seminar findet die Durchführung und Evaluation des im vorangehenden Semester entwickelten Präventionsprogramms (z.B. Kommunikationstraining für Paare) statt. Die Durchführung des Präventionsprogramms erfolgt in Kleingruppen und wird durchgängig videographiert. Anhand der Videos wird nach Abschluß des Programms eine Supervision in der Großgruppe angeboten.

(4) Lehreinheit 4: Intervention in Familiensystemen

Im Brennpunkt dieser Lehreinheit stehen die diversen Theorien, Methoden und Anwendungskontexte der Familientherapie. Im Gegensatz zu Lehreinheit 3 steht hier ein klinisch-psychologisches Erkenntnis- und Anwendungsinteresse im Vordergrund. Wie schon für die Lehreinheiten 2 und 3 werden auch für diesen Themenkomplex über einen Zeitraum von drei Semestern drei jeweils zweistündige Seminare angeboten, die inhaltlich wie folgt aufgebaut und miteinander verknüpft sind:

(a) *Grundlagen der Familientherapie*
In diesem Seminar erfolgt ein Überblick über Modelle und Techniken der Familientherapie sowie - anhand von Videobeispielen - eine vergleichende Analyse von verschiedenen Schulen der Familientherapie. Weitere Themen des Seminars sind: Stand der Familientherapieprozeß- und Ergebnisforschung, beispielhafte Therapiestudien zum Prozeß der Familientherapie, Darstellung und Kritik exemplarischer Studien von Familientherapie bei Verhaltensstörungen, Drogensucht, Alkoholismus, Depressionen, Schizophrenie, psychosomatischen Auffälligkeiten, Sexualstörungen usw., feministische Ansätze zur Familientherapie. Darüber hinaus werden therapeutisch relevante Phasen des Familienzyklus sowie Besonderheiten des therapeutischen Vorgehens bei verschiedenen Familienformen thematisiert.

Praktisches Ziel ist das Kennenlernen und die Herausarbeitung von unterschiedlichen theoretischen Konzepten und methodischen Herangehensweisen verschiedener familientherapeutischer Schulen. Zu diesem Zweck müssen von den Seminarteilnehmern theoretisch und methodisch kommentierte Protokolle erarbeitet werden.

(b) *Systemische Therapie mit Familien*

In diesem Seminar geht es um ein vertieftes Kennenlernen des Modells und der Techniken der systemischen Arbeit mit Familien anhand von videographierten Fallbeispielen. In diesem Zusammenhang werden folgende Themen eingehender behandelt: Epistemologie und therapeutisches Denken, empirische Mikroanalysen von Therapieverläufen, Training von therapeutischem Vorgehen im Rollenspiel (z.B. Vermittlung und Einübung von Therapietechniken wie Hypothesenbildung, Zirkularität, Neutralität, Arbeit mit Kognition, Emotion, Metaphern, Imagination).

Praktisches Ziel ist das Beobachten im System sowie das Kennenlernen und Einüben von Techniken der systemischen Familientherapie in der supervidierten Selbsterfahrung.

(c) *Evaluation von Familientherapien*

Dieses Seminar widmet sich der Kritik der Familientherapie im gesellschaftlichen Kontext. Dabei werden Aspekte wie Geschlechtsrollenentwicklung, Macht, Normalität, Arbeit mit Unterschichtfamilien etc. behandelt. Ein weiterer Schwerpunkt ist die Analyse von sog. "Mißerfolgen" oder negativen Ausgängen in der Familientherapie.

Praktisches Ziel ist die Reflexion über familientherapeutisches Vorgehen im gesellschaftlichen Kontext sowie eine Sensibilisierung für die Möglichkeiten und Grenzen der Familientherapie in zunehmend schwieriger werdenden Anwendungsfällen.

(5) Lehreinheit 5: Familienpsychologische Fallstudien

Diese Lehreinheit besteht aus zwei Seminaren, die über zwei Semester verteilt sind. Der Besuch dieser Seminare ist optional. Eine Zulassung zu diesen Seminaren erfolgt jedoch frühestens, nachdem die Studierenden die jeweils ersten Seminare der Lehreinheiten 2 bis 4 absolviert haben.

In den Seminaren erfolgt eine Live-Demonstration therapeutischer Arbeit bei Familien, die sich in familientherapeutischer Behandlung befinden. Die Studierenden sind entweder bei der Live-Sitzung unmittelbar anwesend, oder sie verfolgen die Sitzung hinter der Einwegscheibe. Die Live-Sitzungen werden entsprechend vor- und nachbereitet.

Praktisches Ziel dieser beiden Seminare ist es, die Studierenden anhand unterschiedlicher Problemstellungen mit familientherapeutischen Techniken in der Live-Arbeit mit Familien vertraut zu machen.

Den Abschluß des Vertiefungsschwerpunkts "Familienpsychologie" bildet eine Prüfung in diesem Fach. Hierzu liegt u.a. eine Literaturliste vor, die sich auf die Themen bezieht, die in den einzelnen Lehreinheiten behandelt und erarbeitet wurden. Eine größere Zahl derer, die das Lehrprogramm "Familienpsychologie" absolviert haben, schreibt auch die nach der Prüfungsordnung geforderte dreistündige Klausur in diesem Fach.

Darüber hinaus sind die Studierenden - wenn sie sich einmal für das Vertiefungsfach "Familienpsychologie" entschlossen haben - neben der Teilnahme an den dargestellten Lehreinheiten in der Regel noch in eine Reihe weiterer familienpsychologischer Studienaktivitäten involviert. Dazu gehört zum einen, daß die meisten Teilnehmer an dem Ausbildungsprogramm in ihrer Diplomarbeit ein familienpsychologisches Thema aufgreifen. Des weiteren werden Praktika bevorzugt an Praktikumsstellen mit einer familienpsychologischen Arbeitsausrichtung abgeleistet. Außerdem arbeiten viele Studenten an größeren Forschungsprojekten mit, die am Institutsbereich Persönlichkeitspsychologie und Psychodiagnostik zu familienpsychologischen Fragen durchgeführt werden. Schließlich wählen mehr und mehr Studenten, die sich für das Vertiefungsfach "Familienpsychologie" entschieden haben, ein in der Prüfungsordnung vorgeschriebenes Nebenfach, das einen Bezug zur Familienpsychologie hat (z.B. Familienrecht).

All dies macht deutlich, daß die Einrichtung des Vertiefungsfachs "Familienpsychologie" im Rahmen des Diplomstudienganges Psychologie nicht nur - wie aus den Stellungnahmen unserer Absolventen zu entnehmen ist - auf eine positive Resonanz stößt, sondern auch über das eigentliche Lehrprogramm hinaus zu einer weiteren Beschäftigung mit familienbezogenen Themen animiert.

14.3 Erweiterung der familienpsychologischen Ausbildung

Trotz der bereits erwähnten studentischen Akzeptanz des Vertiefungsfachs "Familienpsychologie" darf nicht übersehen werden, daß die Ausbildungskapazität mit 15 Studenten pro Studienjahrgang begrenzt ist. Darüber hinaus ergeben sich auch aufgrund der an der Universität München gültigen Studien- und Prüfungsordnung quantitative Beschränkungen für das Vertiefungsfach. Dies wird vor allem mit Blick auf den im engeren Sinne familientherapeutischen Ausbildungsanteil deutlich. Wir machen unsere Studierenden nachdrücklich darauf aufmerksam, daß das Vertiefungsfach "Familienpsychologie" auf keinen Fall als Äquivalent für eine Ausbildung in Familientherapie angesehen werden kann. Eine verantwortungsvolle Tätigkeit in diesem Bereich erfordert eine wesentlich längere und vertiefere Praxiserfahrung, als dies im Rahmen des oben dargestellten Lehrprogramms möglich wäre. Wir sind aber davon überzeugt, daß unsere Absolventen mit dem Fundus an Kenntnissen und Fertigkeiten, den sie in diesem Lehrprogramm erworben haben, eine solide Ausgangsbasis für eine entsprechende Weiterbildung im Bereich der Familienberatung und -therapie haben.

Es zeichnet sich somit eine *erste Erweiterungsmöglichkeit* für die im Vertiefungsfach "Familienpsychologie" angeeigneten Kompetenzen ab. Wir plädieren für die Einrichtung einer wenigstens zwei Jahre umfassenden *postgradualen Weiterbildung in Familienberatung und Familientherapie* auf universitärer Ebene, wobei eine Kooperation mit entsprechenden Praxiseinrichtungen anzustreben ist. Dabei ist von besonderer Bedeutung, daß in Abhebung von den Weiterbildungskonzepten kommerzieller außeruniversitärer Einrichtungen eine familienpsychologische Grundlegung der familientherapeutischen Arbeit als verbindlich vorausgesetzt wird. Darüber hinaus ist zu fordern, daß die Standards einer am Wissenschaftler-Praktiker Modell orientierten Anwendungspraxis im Bereich der Familienberatung und -therapie allgemein akzeptiert werden. Im Klartext heißt dies, daß (a) eine solide behandlungsvorbereitende, begleitende und -abschließende Diagnostik sowie (b) eine wissenschaftlich rechtfertigbare und womöglich empirisch begründete Anwendung therapeutischer Interventionen zum verbindlichen Maßstab einer akademisch vertretbaren familientherapeutischen Praxis gemacht werden.

Dies führt uns zu einer *zweiten Erweiterungsmöglichkeit* der Ausbildung in Familienpsychologie. Es ist dies der Bereich der familienpsychologischen Forschung, und zwar nicht nur für das Anwendungsfeld der Familienberatung und Familientherapie, obwohl gerade hier z.B. im Hinblick auf die Analyse von Familientherapieprozessen ein erheblicher Forschungsbedarf besteht. Weiter oben hatten wir jedoch darauf hingewiesen, daß Familienpsychologie nicht gleichzusetzen ist mit Familientherapie.

In diesem Sinne sind empirische Untersuchungen zu Entwicklungsprozessen in nicht-auffälligen Familien ebenso unerläßlich wie Studien zur Entwicklung und Verfeinerung familiendiagnostischer Methoden oder zur Konzeption, Überprüfung und Verbreitung von Präventionsprogrammen für unterschiedliche familiäre Lebenslagen und Lebensphasen. Eine *koordinierte familienpsychologische Forschung* dieser Art bedarf eines entsprechenden institutionellen Rahmens, der über die bloße Diplomausbildung hinausgeht. Auch hier bietet sich die Einrichtung eines *postgradualen universitären Studienkonzepts* an, das jedoch im Gegensatz zu der eher praktisch orientierten Weiterbildung in Familienberatung und -therapie eindeutig forschungsbetont sein sollte. Nach dem Durchlaufen eines derartigen forschungsorientierten Graduiertenprogramms in Familienpsychologie sollten die Absolventen mit ihren Dissertationen jeweils einen Beitrag zur Erweiterung der wissenschaftlichen Basis der Familienpsychologie geleistet haben.

Es ist zu hoffen, daß in diesem Sinne das Vertiefungsfach "Familienpsychologie" eine Vorläuferfunktion für die Weiterentwicklung der Familientherapie und der psychologischen Familienforschung im Rahmen postgradualer Ausbildungskonzepte hat.

Quellennachweise:

Kapitel 1 erschien 1987 unter dem Titel "Familienpsychologie: Argumente für eine neue psychologische Disziplin" in der *Zeitschrift für Pädagogische Psychologie, 1,* 79-90.

Kapitel 3 erschien unter dem Titel "Familien als intime Beziehungssysteme" in dem von U. Schmidt-Denter und W. Manz (1991) herausgegebenen Sammelband *Entwicklung und Erziehung im öko-psychologischen Kontext* (S. 42-55) im Reinhardt Verlag, München.

Kapitel 4 erschien 1983 unter dem Titel "Ungleichheiten von Familien und Kindern im kulturellen Kontext" in der Zeitschrift *Behindertenpädagogik, 22,* 194-226.

Kapitel 5 erschien unter dem Titel "Familienentwicklung" in dem von R. Oerter und L. Montada (1987) herausgegebenen Lehrbuch *Entwicklungspsychologie* (S. 971-1014) in der Psychologie Verlags Union, München-Weinheim.

Kapitel 7 erscheint unter dem Titel "Die Familie als Kontext individueller Entwicklung" in dem von A. Engfer, B. Minsel und S. Walper herausgegebenen Sammelband *Zeit für Kinder. Kinder in Familie und Gesellschaft* im Beltz Verlag, Weinheim.

Kapitel 10 ist die deutschsprachige Fassung des Artikels "The analysis of family and parent-child relations in a systems-oriented perspective", der 1987 in der Zeitschrift *Family Perspective, 4,* 337-353, erschienen ist.

Kapitel 11 erschien unter dem Titel "Familienberatung und Familientherapie" in dem von R. Nave-Herz und M. Markefka (1989) herausgegebenen *Handbuch der Familien- und Jugendforschung. Band 1, Familienforschung* (S. 679-709) im Luchterhand Verlag, Neuwied.

Literaturverzeichnis:

Achenbach, T.M. & Edelbrock, C.S. (1983). *Manual of the Child Behavior Checklist and Revised Child Behavior Profile.* Burlington:University of Vermont, Department of Psychiatry.

Acitelli, L.A. & Duck, S. (1987). Postscript: Intimacy as the proverbial elephant. In D. Perlman & S. Duck (Eds.), *Intimate relationships: Development, dynamics, and deterioration* (pp. 297-308). Newbury Park: Sage.

Ackerman, N.J. (1984). *A theory of family systems.* New York: Gardner Press.

Ainsworth, M.D.S. (1972). Attachment and dependency: A comparison. In J.L. Gewirtz (Ed.), *Attachment and dependency* (pp. 97-137). Washington: Winston.

Ainsworth, M.D.S. (1977). Attachment theory and its utility in cross-cultural research. In P.H. Leiderman, S.R. Tulkin, & A. Rosenfeld, (Eds.), *Culture and infancy* (pp. 49-69). New York: Academic Press.

Ainsworth, M.D.S. (1982). Attachment: Retrospect and prospect. In C.M. Parkes & J. Stevenson-Hinde (Eds.), *The place of attachment in human behavior* (pp. 3-31). New York: Basic Books.

Ainsworth, M.D.S., Blehar, C.M., Walters, E. & Wall, S. (1978). *Patterns of attachment: A psychological study of the strange situation.* Hillsdale: Erlbaum.

Aldous, J. (1978). *Family careers.* New York: Wiley.

Alexander, J., Barton, C., Schiavo, R. & Parsons, B. (1976). Systems- behavioral intervention with families of delinquents: Therapist characteristics, family behavior and outcome. *Journal of Consulting and Clinical Psychology, 44,* 656-664.

Alexander, J.F. & Parsons, B. (1982). *Functional family therapy.* Monterey: Brooks/Cole.

Allerbeck, K. & Hoag, W. (1985). *Jugend ohne Zukunft? Einstellungen, Umwelt, Lebensperspektiven.* München: Piper.

Allport, G.W. (1963). *Pattern and growth in personality.* New York: Holt, Rinehart & Winston.

Altman, I. & Taylor, D.A. (1973). *Social penetration: The development of interpersonal relationships.* New York: Holt, Rinehart & Winston.

Altman, I. &. Chemers, M.M. (1980). Cultural aspects of environment behavior relationships. In H.C. Triandis & E.J.G. Draguns (Eds.), *Handbook of cross-cultural psychology. Vol. 5* (pp. 335-393). Boston: Allyn & Bacon.

American Association of Marriage and Family Therapy (1982). *Code of professional ethics and standards for public information and advertising.* Upland: Author.

American Association of Marriage and Family Therapy (1979). *Marriage and family therapy manual on accreditation.* Upland: Author.

American Association of Marriage and Family Therapy (1981). *Procedures for handling complaints of violations of the code of ethical principles for family therapists.* Upland: Author.

American Psychological Association Task Force (1985). Report of the task force on sex bias and sex-role stereotyping in psychotherapeutic practice. *American Psychologist, 30,* 1169-1175.

Anderson, C.M. (1983). A psychoeducational program for families of patients with schizophrenia. In W.R. McFarlane (Ed.), *Family therapy in schizophrenia* (pp. 99-116). New York: Guilford Press.

Andrews, M.P., Bubholz, M.M. & Paolucci, B. (1980). An ecological approach to the study of the family. *Marriage and Family Review, 3,* 29-49.

Angell, R.O. (1936). *The family encounters the depression.* New York: Scribner.

Angermeyer, M.C. & Finzen, A. (Hrsg.). (1984). *Die Angehörigengruppe: Familien und psychisch Kranke auf dem Wege zur Selbsthilfe.* Stuttgart: Enke.

Anthony, E.J. (1974). The syndrome of the psychologically invulnerable child. In K.C. Anthony (Eds.), *The child in his family: Children at psychiatric risk* (pp. 3-10). New York: Wiley.

Ariès, P. (1975). *Geschichte der Kindheit.* München: Hanser.

Auerswald, E. (1968). Interdisciplinary versus ecological approach. *Family Process, 7*, 202-215.

Ault-Riché, M. (Ed.).(1985). *Woman and family therapy*. Rockville: Aspen Publishers.

Avery, A.W., Ridley, C.A., Leslie, L. & Milholland, T. (1980). Relationship enhancement with premarital dyads: A six-month follow up. *American Journal of Family Therapy, 8*, 23-30.

Avis, J.M. (1986). Feminist issues in family therapy. In F.P. Piercy, D.H. Sprenkle & Associates (Eds.), *Family therapy sourcebook* (pp. 213-242). New York: Guilford Press.

Bagarozzi, D.A. (1989). Family diagnostic testing: A neglected area of expertise for the family psychologist. *The American Journal of Family Therapy, 17*, 257-272.

Bagarozzi, D.A. & Rauen, P. (1981). Premarital counseling: Appraisal and status. *American Journal of Family Therapy, 9*, 13-30.

Bakan, D. (1966). *The duality of human existence: Isolation and communion in western man*. Boston: Beacon Press.

Bakeman, R. & Gottman, J.M. (1986). *Observing interaction*. New York: Cambridge University Press.

Baker, P. (1981). *Basic family therapy*. Baltimore: University Park Press.

Balch, P. & Solomon, R. (1976). The training of paraprofessionals as behavior modifiers: A review. *American Journal of Community Psychology, 4*, 167-179.

Baltes, P.B. &. Steven, J. (1980). Intervention in life-span development and aging. In R.R. Turner & W. Hayne (Eds.), *Life-span developmental psychology: Intervention* (pp. 49-74). New York: Academic Press.

Barcai, A. (1981). Normative family development. *Journal of Marital and Family Therapy, 7*, 353-359.

Bateson, G. (1982). *Geist und Natur. Eine notwendige Einheit*. Frankfurt: Suhrkamp.

Bateson, G., Jackson, D.D., Haley, J. & Weakland, J.H. (1956). Toward a theory of schizophrenia. *Behavioral Science, 1*, 251-261.

Baumrind, D. (1972). An explorative study of sozialization effects on black children: Some black-white comparisons. *Child Development, 43*, 261-267.

Bavelas, J.B. & Segal, L. (1982). Family systems theory: Background and implications. *Journal of Communication, 32*, 99-107.

Beaucom, D.H. & Adams, A.N. (1987). Assessing communication in marital interaction. In K.D. O'Leary (Ed.), *Assessment of marital discord* (pp. 139-181). Hillsdale: Erlbaum.

Beavers, R.M. & Voeller, M. (1983). Family models: Comparing and contrasting the Olson Circumplex model with the Beavers systems model. *Family Process, 22*, 85-98.

Beavers, W.R. (1988). A clinically useful model for family assessment. In C. Ramsey (Ed.), *Family systems in medicine* (pp. 62-74). New York: Guilford Press.

Beck-Gernsheim, E. (1989). Freie Liebe, freie Scheidung. Zum Doppelgesicht von Freisetzungsprozessen. In A. Weymann (Hrsg.), *Handlungsspielräume* (S. 105-119). Stuttgart: Enke.

Becker, P. & Minsel, B. (1986). *Psychologie der seelischen Gesundheit. Bd. 2*. Göttingen: Hogrefe.

Becker, W.C. (1964). Consequences of parental discipline. In M.L. Hoffman & L.W. Hoffmann (Eds.), *Review of child development research. Vol. 1* (pp. 169- 208). New York: Russell Sage Foundation.

Bednar, R. C., Burlingame, G. M. & Masters, K. S. (1988). Systems of family treatment: Substance or semantics? *Annual Review of Psychology, 39*, 401-434.

Behrensdorf, B. (1990). Örtliche/regionale Datenbank: Beratung und Hilfen für Familien. In Institut für Entwicklungsplanung und Strukturforschung (Hrsg.), *Beratung und Bildung für Familien* (S. 185-187). Hannover: Popp-Sofort-Druck.

Bell, R.Q. (1977). *The effect of children on parents*. Hillsdale: Erlbaum.

Bell, R.Q. (1979). Parent, child, and reciprocal influences. *American Psychologist, 34*, 821-826.

Bell, R.Q. & Harper, L.V. (Eds.) (1977). *Child effects on adults*. Lincoln: University of Nebraska Press.

Beller, K.E. (1979). Early intervention programs. In J.D. Osofsky (Ed.), *Handbook of infant development* (pp. 852-893). New York: Wiley.

347

Belsky, J. (1984). The determinants of parenting: A process model. *Child Development, 55*, 83-96.

Belsky, J. (1985). Exploring individual differences in marital change across the transition to parenthood: The role of violated expectations. *Journal of Marriage and the Family, 47*, 1037-1044.

Belsky, J. & Vondra, J. (1985). Characteristics, consequences, and determinants of parenting. In L'Abate (Ed.), *The handbook of family psychology and therapy. Vol. 1* (pp. 523-556). Homewood: Dorsey Press.

Belsky, J., Lerner, R.M. & Spanier, G.B. (1984). *The child in the family*. Reading: Addison Weseley.

Bentler, P.M. (1980). Multivariate analysis with latent variables: causal modeling. *Annual Review of Psychology, 31*, 419-456.

Berger, B. & Berger, P.L. (1984). *In Verteidigung der bürgerlichen Familie*. Frankfurt: Fischer.

Bergius, R. (1959). Entwicklung als Stufenfolge. In H. Thomae, (Hrsg.), *Handbuch der Psychologie. Bd. 3: Entwicklungspsychologie* (S. 104-195). Göttingen: Hogrefe.

Berry, J.W. (1971). Ecological and cultural factors in spatial perceptual development. *Canadian Journal of Behavioral Science, 3*, 324-326.

Berry, J.W. (1980). Social and cultural change. In H.C. Triandis & E.J.C. Draguns (Eds.), *Handbook of cross-cultural psychology. Vol. 5.* (pp. 211-279). Boston: Allyn & Bacon.

Berscheid, E. & Peplau, L.A. (1983). The emerging science of relationships. In H.H. Kelley, E. Berscheid, A. Christensen, J.H. Harvey, T.L. Huston, G. Levinger, E. McClintock, L.A. Peplau, & D.R. Peterson (Eds.), *Close relationships* (pp. 1-19). New York: Freeman.

Bertalanffy, L.v. (1956). General systems theory. *General Systems Yearbook. 1,1.*

Bertalanffy, L.v. (1968). *General systems theory*. New York: Braziller.

Birch, H.G. (1972). Malnutrition, learning, and intelligence. *American Journal of Public Health, 62*, 773-784.

Blasio, P., Fischer, J.M. & Prata, E. (1986). The telephone chart: A cornerstone of the first interview with the family. *Journal of Strategic and Systemic Theories, 5*, 31-44.

Block, J.H., Block, J. & Gjerde, P.F. (1986). The personality of children prior to divorce: A prospective study. *Child Development, 57*, 827-840.

Bloom, B.L. (1985). A factor analysis of self-report measures of family functioning. *Family Process, 24*, 225-239.

Bogdan, J. (1987). 'Epistemology' as a semantic pollutant. *Journal of Marital and Family Therapy, 13*, 27-35.

Bond, L.A. & Wagner, B.M. (Eds.). (1988). *Families in transition: Primary prevention programs that work*. Newbury Park: Sage.

Booth, A. &. Welch, S. (1973). *The effects of crowding: A cross-national study*. Vortrag anläßlich der Montreal Convention of the American Psychological Association.

Borkin, J., Thomas, E.J. & Walters, C.L. (1980). The marital communication rating schedule: An instrument of clinical assessment. *Journal of Behavioral Assessment, 2*, 287-307.

Boss, P.G. (1980). Normative family stress: Family boundary changes across the life span. *Family Relations, 29*, 445-450.

Boszormenyi-Nagy, I. (1987). *Foundations of contextual therapy*. New York: Brunner/Mazel.

Bowen, M. (1978). *Family therapy in clinical practice*. New York: Aaronson.

Bowlby, J. (1969). *Attachment and loss. Vol. 1: Attachment*. London: Hogarth Press.

Böning, U. & Henss, R. (1983). Empirische Ergebnisse zum Einsatz der Dyadic Adjustment Scale von G.B. Spanier. *Partnerberatung, 20*, 37-42.

Bradley, R.H. & Caldwell, B.M. (1976). Early home environment and changes in mental test performance in children from 6 to 36 months. *Developmental Psychology, 12*, 93-97.

Braiker, H. & Kelley, H.H. (1979). Conflicts in the development of close relationships. In R.L. Burgess & T.L. Huston (Eds.), *Social exchange in developing relationships* (pp. 135-168). New York: Academic Press.

Bray, J.A., Williamson, D. & Malone, P.E. (1984). Personal authority in the family system: Development of a questionnaire to measure personal authority in intergenerational family processes. *Journal of Marital and Family Therapy, 10*, 167-178.

Brazelton, T.B. (1984). *Neonatal behavioral assessment scale (2.ed.).* London: Spastics International Medical Publications.

Brazelton, T.B., Koslowski, B. & Tronick, E. (1976). Study of the neonatal behavior in Zambian and American neonates. *Journal of the American Academy of Child Psychiatry, 15*, 97-102.

Bretz, M. & Mitarbeiter (1990). Die Familie im Spiegel der Statistik. In Statistisches Bundesamt (Hrsg.), *Familien heute. Strukturen, Verläufe und Einstellungen* (S. 9-15). Stuttgart: Metzler-Poeschel.

Brigitte-Redaktion (Hrsg.). (1988). *Kind? Beruf? oder beides?* Hamburg, München: Brigitte, DJI.

Brockhaus Enzyklopädie. (1968). *Stichwort "Familie". Band 6.* Wiesbaden: Brockhaus.

Broderick, C.B. & Schrader, S.S. (1981). The history of professional marriage and family therapy. In A.S. Gurman & D.P. Kniskern (Eds.), *Handbook of family therapy* (pp. 5-39). New York: Brunner/Mazel.

Bronfenbrenner, U. (1974). *Wie wirksam ist die kompensatorische Erziehung ?* Stuttgart: Klett.

Bronfenbrenner, U. (1975). *The challenge of social change to public policy and developmental research.* Vortrag anläßlich der Denver Convention of the Society for Research in Child Development.

Bronfenbrenner, U. (1976). Is early intervention effective? Facts and principles of early intervention: A summary. In A.M. Clarke & A.D.B. Clarke (Eds.), *Early experience: Myth and evidence* (pp. 247-259). New York: Free Press.

Bronfenbrenner, U. (1977). Ecological factors in human development in retrospect and prospect. In H. McGurk (Eds.), *Ecological factors in human development* (pp. 37-47). Amsterdam: North Holland Publishing Company.

Bronfenbrenner, U. (1979). Contexts of child rearing: Problems and prospects. *American Psychologist, 34*, 844-850.

Bronfenbrenner, U. (1981). *Die Ökologie der menschlichen Entwicklung.* Stuttgart: Klett -Cotta.

Bronfenbrenner, U. (1983). *The ecology of the family as a context of human development.* Unveröffentlichtes Manuskript für den Fünf-Jahres-Plan des Institute for Child Health and Human Development, Washington D.C.

Bronfenbrenner, U. (1986). Ecology of the family as a context for human development. *Developmental Psychology, 22*, 723-742.

Brown, G.W., Bhrolchain, M.N. & Harris, T. (1975). Social class and psychiatric disturbance among women in an urban population. *Sociology*, 9, 225-254.

Brunner, E.J. (Hrsg.).(1983). *Interaktion in der Familie.* Heidelberg: Springer.

Burgess, E. (1926). The family as a unity of interacting personalities. *Family, 1*, 3-6.

Burke, R.J. & Weir, T. (1982). Husband-wife helping relationships as moderators of experienced stress: The "mental hygiene" function of marriage. In H.I. McCubbin, A.E. Cauble, & J.M. Patterson (Eds.), *Family stress, coping, and social support* (pp. 221-238). Springfield: Thomas.

Burr, W.R. (1973). *Theory construction and the sociology of the family.* New York: Wiley.

Buy, V., Specht, F. & Zuschlag, B. (1981). Erziehungs- und Familienberatung in der Bundesrepublik Deutschland. *Zeitschrift für klinische Psychologie, 10*, 147-166.

Calvo, G. (1975). *Marriage Encounter.* St. Paul: Marriage Encounter Incorp.

Campbell, G.D. (1964). Peer relations in childhood. In M. Hoffman & L. Hoffman (Eds.), *Review of child development research* (pp. 289-322). New York: Russell Sage Foundation.

Caplan, G. (1964). *Principles of preventive psychiatry.* New York: Basic Books.

Caplan, G. (1982). The family as a support system. In H.I. McCubbin, A.E. Cauble, & J.M. Patterson (Eds.), *Family stress, coping, and social support* (pp. 200-220). Springfield: Thomas.

Caplan, P.J. & Hall-McQuorcodale, I. (1985). Mother-blaming in major clinical journals. *American Journal of Orthopsychiatry, 44*, 345-353.

Carlson, C.I. & Grotevant, H.D. (1987). A comparative review of family rating scales: Guidelines for clinicians and researchers. *Journal of Family Psychology, 1*, 23-47.

Carlson, C.I. (1989). Criteria for family assessment in research and intervention contexts. *Journal of Family Psychology, 3*, 158-176.

Carter, B. & McGoldrick, M. (Eds.).(1980). *The family life cycle: A framework for family therapy*. New York: Gardner Press.

Carter, B. & McGoldrick, M. (1980). The family life cycle and family therapy: An Overview. In B. Carter & M. McGoldrick (Eds.), *The family life cycle: A framework for family therapy* (pp. 3-20). New York: Gardner Press.

Carter, B. & McGoldrick, M. (Eds.).(1988). *The changing family life cycle: A framework for family therapy*. New York: Gardner Press.

Carter, E.A. & Orfanidis, M.M. (1976). Family therapy with one person and the family therapist's own family. In P.J. Guerin (Eds.), *Family therapy: Theory and practice* (pp. 193-220). New York: Gardner Press.

Cartier, M.R. (1986). Marriage enrichment. In R.F. Levant (Ed.), *Psychoeducational approaches to family therapy and counseling* (pp. 223-265). New York: Praeger.

Cattell, R.B. (1949). R_p and other coefficients of pattern similarity. *Psychometrika, 14*, 279-298.

Cattell, R.B., Coulter, M.A. & Tsujioka, B. (1966). The taxometric recognition of types and functional emergents. In R.B. Cattell (Ed.), *Handbook of multivariate experimental psychology* (pp. 288-329). Chicago: Rand McNally.

Caudill, W.A. (1973). The influence of social structure and culture on human behavior in modern Japan. *The Journal of Nervous and Mental Disease, 156*, 240-257.

Cavan, R. & Ranck, K.R. (1938). *The family and the depression*. Chicago: University of Chicago Press.

Chávez, A., Martínez, C. & Yaschine, T. (1974). The importance of nutrition and stimulation in child mental and social development. In J. Cravioto, L. Hambraeus & B. Valmquist (Eds.), *Early malnutrition and mental development* (pp. 211-225). Uppsala: Almquist & Wiksell.

Cierpka, M. (1988). Überblick über familiendiagnostische Fragebogeninventare. In M. Cierpka (Hrsg.), *Familiendiagnostik* (S. 215-231). Heidelberg: Springer.

Cierpka, M. (o.J.). *Der Familieneinschätzbogen*. Anleitungsheft. Abteilung Psychotherapie. Universität Ulm.

Clarke, A.M. & Clarke, A.D.B. (Eds.).(1976). *Early experience: Myth and evidence*. New York: Free Press.

Clarke-Stewart, A. (1977). *Child care and the familiy: A review of research and some propositions for policy*. New York: Academic Press.

Cobb, S. (1982). Social support and health through the life course. In H.I. McCubbin, E.A. Cauble & J.M. Patterson (Eds.), *Family stress, coping, and social support* (pp. 189-199). Springfield: Thomas.

Coehlo, G. V. & Irving, R. I. (Eds.). (1981). *Coping and adaptation: An annotated bibliography and study guide*. Rockville: National Institute of Mental Health.

Cohen, J. (1977). *Statistical power analysis for the behavioral sciences*. Hillsdale: Lawrence Erlbaum.

Cohen, S. (1976). *Social and personality development in childhood*. New York: Macmillan Publications.

Colapinto, J. (1979). The relative value of empirical evidence. *Family Process, 18*, 427-441.

Coleman, J.C. (1984). *Intimate relationships, marriage, and family*. Indianapolis: Bobbs-Merrill.

Coleman, J.C. (1965.). *Education and political development*. Princeton: University Press.

Constantine, L.L. (1978). Family sculpture and relationship mapping. *Journal of Marriage and Family Counseling, 4*,13-23.

Cooley, C.H. (1909). *Social organization*. New York: Charles Scribner's Sons.

Cooper, A., Rampage, C. & Soucy, G. (1981). Family therapy training in clinical psychology programs. *Family Process, 20*, 155-166.

Cooper, D. (1981). *Der Tod der Familie*. Reinbek: Rowohlt.

350

Cornelius, I. (1987). *Modellrechnungen zur wirtschaftlichen Lage von Familienhaushalten mit unterschiedlicher Kinderzahl*. Materialien und Berichte der Familienwissenschaftlichen Forschungsstelle im Statistischen Landesamt Baden-Württemberg (Heft 19). Stuttgart.

Costa, P.T. & McCrae, R.R. (1983). Contribution of personality research to an understanding of stress and aging. *Marriage and Family Review, 6*, 157-173.

Coursin, P.B. (1975). Malnutrition, brain development and behavior: anatomic, biochemical, and electrophysiological constructs. In M.A.B. Brazier (Eds.), *Growth and development of the brain. Vol. 1* (pp. 289-307). New York: Raven Press.

Cowen, E.L. (1973). Social and community interventions. *Annual Review of Psychology , 24*, 423-472.

Cravioto, J. et al. (1966). Nutrition, growth and neurointegrative development: an experimental and ecological study. *Pediatrics, 20*, 319-327.

Crockenberg, S.B. (1981). Infant irritability, mother-responsiveness, and social support influences on the security of infant-mother attachment. *Child Development, 52*, 857-865.

Cromwell, R.E. & Keeney, B.P. (1979). Diagnosing marital and family systems: A training model. *Family Coordinator, 28*, 101-108.

Cromwell, R.E. & Olson, D.H. (1975). Multidisciplinary perspectives of power. In R.E. Cromwell, D.H. Olson (Eds.), *Power in families* (pp. 15-37). New York: Halsted Press.

Cromwell, R.E. & Peterson, G.W. (1983). Multisystem-multimethod family assessment in clinical contexts. *Family Process, 22*, 147-163.

Cromwell, R.E., Olson, H.D. & Fournier, D.G. (1976). Tools and techniques for diagnosis and evaluation in marriage and family therapy. *Family Process, 15*, 1-49.

Curran, J.P. & Monti, P.M. (1982). *Social skills training: A practical handbook for assessment and treatment*. New York: Guilford Press.

Daly, J.A., Davis, J.H. & Robertson, R.L. (1979). Determinants of health and nutritional status. In R. Klein, M.S. Read, H.W. Riecken, J.A. Brown, A. Pradilla & C.H. Dora (Eds.), *Evaluating the impact of nutrition and health programs* (pp. 7-34). New York: Plenum Press.

Daniluk, J.G. & Herman, A. (1984). Parenthood decision-making. *Family Relations, 33*, 607-612.

David, H.P. (1978). Healthy family functioning: A crosscultural appraisal. *Bulletin of the World Health Organization, 56*, 327-342.

Dell, P. (1982). Beyond homeostasis: Toward a concept of coherence. *Family Process, 21*, 21-42.

Deutsche Arbeitsgemeinschaft für Jugend- und Eheberatung (Hrsg.). (1987). *Beratungsführer*. Detmold: Merkur-Druck.

Deutscher Bundestag (1975). *Zweiter Familienbericht*. Stuttgart: Kohlhammer.

Deutscher Bundestag (1979). *Dritter Familienbericht*. Bonn: Heger.

Dickerson, V.C. & Coyne, J.C. (1987). Family cohesion and control: A multitrait-multimethod study. *Journal of Marital and Family Therapy, 13*, 275-285.

Dietrich, G. (1983). *Allgemeine Beratungspsychologie*. Göttingen: Hogrefe.

Distler, L.S. (1970). The adolescent "hippie" and the emergence of a matristic culture. *Psychiatry, 33*, 362-371.

Doane, J.A., West, K.L., Goldstein, M.J., Rodnick E.H. & Jones, J.E. (1981). Parental communication deviance and affective style: Predictors of subsequent schizophrenia spectrum disorders in vulnerable adolescents. *Archives of General Psychiatry, 38*, 679-685.

Doherty, W.J. & Ryder, R.G. (1980). Parent effectiveness training: Criticisms and caveats. *Journal of Marital and Family Therapy, 6*, 409-419.

Doi, C.T. (1973). *The anatomy of dependence*. Tokyo: Kodansha International.

Draguns, J.C. (1977). Problems of defining and comparing abnormal behavior across cultures. *Transactions of the New York Academy of Sciences, 285*, 644-675.

Draguns, J.C. (1980). Psychological disorders of clinical severity. In H.C. Triandis & E.J.C. Draguns (Eds.), *Handbook of crosscultural psychology. Vol. 6* (pp. 99-174). Boston: Allyn & Bacon.

Duhl, B. & Duhl, F. (1980). *From the inside out: It's hard to kiss a system*. Montreal: Vortrag anläßlich der Montreal Convention der American Psychological Association.

Duhl, F. & Duhl, B. (1979). Structured spontaneity: The thoughtful art of integrative family therapy at BFI. *Journal of Marital and Family Therapy*, *5*, 59-75.

Duhl, F., Kantor, D. & Duhl, B. (1973). Learning, space, and action in family therapy. In D. Bloch (Ed.), *Techniques of family psychotherapy: A primer*. New York: Grune & Stratton.

Duncan, S.W. & Markman, H.J. (1988). Intervention programs for the transition to parenthood: Current status from a prevention perspective. In G.Y. Michaels & W.A. Goldberg (Eds.), *The transition to parenthood: Current theory and research* (pp. 270-310). Cambridge: Cambridge University Press.

Dunne, E.E. & L'Abate, L. (1978). The family taboo in psychology testbooks. *Teaching of Psychology*, *5*, 115-117.

Duss-von Werdt, J. (1980). Der Familienmensch: Identität und Familie. In J. Duss-von Werdt & R. Welter-Endlin (Hrsg.), *Der Familienmensch* (S. 17-20). Stuttgart: Klett-Cotta.

Duvall, E.M. & Hill, R. (1948). *Report of the Committee on the dynamics of family interaction*.

Duvall, E.M. (1977). *Marriage and family development* (5.ed.). New York: Lippincott.

Ehrenfels, C.v. (1890). *Über Gestaltqualitäten*. Vierteljahrsschrift für wissenschaftliche Philosophie,14.

El-Islam, F.M. (1974). Culture bound neurosis in Qatari women. *Transcultural Psychiatric Research Review*, *11*, 167-168.

Elder, G.H., Liker, J.K. & Cross, C.E. (1984). Parent-child behavior in the great depression: Life Course and intergenerational influences. In P.B. Baltes & O.G. Brim (Eds.), *Life-span development and behavior* (pp. 109-158). New York: Academic Press.

Elder, G.H. & Caspi, A. (1988). *Studying lives in a changing society: Sociological and personological explorations*. Michigan State University Henry A. Murray Lecture Series. Lansing.

Elias, M.F. & Samonds, K.W. (1977). Protein and calorie malnutrition in infant cobus monkeys: Growth and behavioral development during deprivation and rehabilitation. *American Journal of Clinical Nutrition*, *30*, 355-366.

Emery, R.E. (1982). Interparental conflict and the children of discord and divorce. *Psychological Bulletin*, *92*, 310-330.

Engel, K. & Ahrens, H.J. (1979). Interaktionsdiagnostik: Ein empirischer Vergleich von Bales- Skala, Expertenrating, Gießen Test, Gemeinsamer Rohrschach-Versuch (GRV),SIMFAM. *Gruppenpsychotherapeutische Gruppendynamik*, *14*, 374-392.

Engfer, A. (1986). *Kindesmißhandlung*. Stuttgart: Enke.

Epstein, N.B., Bishop, D.S. & Levin, S. (1978). The McMaster Model of Family Functioning. *Journal of Marriage and Family Counseling*, *4*, 19-31.

Erickson, E. H. (1963). *Childhood and society*. New York: Norton.

Erickson, M.L. (1976). *Assessment and management of developmental changes in children*. St. Louis: Mosby.

Ewert, O. (1988). Veränderungen in der Inanspruchnahme familienorientierter Beratungsangebote am Beispiel der Erziehungsberatung. In R. Nave-Herz (Hrsg.), *Wandel und Kontinuität der Familie in der Bundesrepublik Deutschland*. (S. 259-278). Stuttgart: Enke.

Eye, A.v. & Kreppner, K. (1989). Family systems and family development: The selection of analytical units. In K. Kreppner & R. M. Lerner (Eds.), *Family systems and life-span development* (pp. 247-269). Hillsdale: Erlbaum.

Fabrega, H., Jr. (1970). Mexican-American of Texas: Some social psychiatric features. In E. Brody (Ed.), *Behavior in new environments: Adaptation of migrant populations* (249-275). Beverly Hills: Sage.

Falloon, I.R.H., Boyd, J.L. & McGill, C.W. (1984). *Family care of schizophrenia: A problem-solving approach to the treatment of mental illness*. New York: Guilford Press.

Falloon, I.R.H. (Ed.).(1988). *Handbook of behavioral family therapy*. New York: Guilford Press.

Feldman, S.S. & Gehring, T.M. (1988). Changing perceptions of family cohesion and power across adolescence. *Child Development, 59*, 1034-1045.

Feldman, S.S., Wentzel, K.R. & Gehring, T.M. (1989). A comparison of the views of mothers, fathers, and preadolescents about family cohesion and power. *Family Psychology, 3*, 39-60.

Ferreira, A.J. (1963). Decision making in normal and pathological families. *Journal of General Psychiatry, 8*, 63-73.

Figley, C.R. & McCubbin, H.I. (Eds.).(1983). *Stress and the family. Vol. 2: Coping with catastrophe*. New York: Brunner/Manzel.

Filsinger, E.E.(1983). *Marriage and family assessment: A source book for family therapy*. Beverly Hills: Sage.

Fisher, L. (1976). Dimensions of family assessment: A critical review. *Journal of Marriage and Family Counseling, 2*, 367-382.

Fisher, L., Kokes, R.F., Ransom, D.C., Phillips, S.L. & Rudd, P. (1985). Alternative strategies for creating "relational" data. *Family Process, 24*, 213-224.

Fleuridas, C., Nelson, T. S. & Rosenthal, D. (1986). The evolution of circular questions: Training family therapists. *Journal of Marital and Family Therapy, 12*, 113-127.

Floyd, F.J., Weinand, J.W. & Cimmarusti, R.A. (1989). Clinical family assessment: Applying structured measurement procedures in treatment settings. *Journal of Marital and Family Therapy, 15*, 271-288.

Folstein, S. & Rutter, M. (1977). Genetic influences and infantile autism. *Nature, 265*, 726-728.

Fournier, D.G. & Olson, D.H. (1986). Programs for premarital and couples. In R.F. Levant (Ed.), *Psychoeducational approaches to family therapy and counseling* (pp. 194-231). New York: Springer.

Frankova, S. (1974). Interaction between early malnutrition and stimulation in animals. In J. Cravioto, L. Hambaeus, & B. Vahlquist (Eds.), *Early malnutrition and mental development* (pp. 202-209). Uppsala: Almquist & Wiksell.

Freedman, D.G. & Freedman, N. (1969). Behavioral differences between Chinese-American and European-American newborns. *Nature, 1227*,221-224.

Freeman, D. (1981). *Techniques of family therapy*. New York: Aaronson.

Freeman, H.E. (1977). Relations between nutrition and cognition in rural Guatemala. *American Journal of Public Health, 67*, 233-239.

Friedl, I. (1988). *Stiefamilien*. München: DJI-Verlag.

Fthenakis, W. (1984). *Väter*. 2 Bände. München: Urban & Schwarzenberg.

Fulmer, R.H. (1983). Teaching the family life cycle: A guide for a workshop using simulated families. *The American Journal of Family Therapy, 11*, 55-63.

Furman, W.B.D. & Buhrmester, D. (1985). Children's perceptions of the quality of sibling relationships. *Child Development, 56*, 448-461.

Galle, O.R., Grove, W.R. & Pherson, J.M. (1972). Population density and pathology: What are the relations for men? *Science, 176*, 23-30.

Ganahl, G.F., Rau-Ferguson, L. & L'Abate, L. (1985). Training in family psychology. In L. L'Abate (Eds.), *The handbook of family psychology and therapy. Vol. 2* (pp. 1249-1280). Dorsey: Homewood.

Garmezy, N. (1976). The experimental study of children vulnerable to psychopathology. In A. Davios (Ed.), *Child personality and psychopathology. Vol. 2* New York: Springer.

Garmezy, N. (1981). Children under stress. In A.I. Rabin (Eds.), *Further explorations in personality* (pp. 196-269). New York: Springer.

Gehring, T.M. & Schultheiss, R.B. (1987). Spatial representation and assessment of family relationships. *The American Journal of Family Therapy, 15*, 261-264.

Gehring, T.M. & Wyler, I.L. (1986). Family System Test (FAST): A three-dimensional approach to investigate family relationships. *Child Psychiatry and Human Development, 16*, 235-248.

Gerson, M. (Ed.). (1979). *Family, woman and socialization in the Kibbutz*. Lexington: Norton.

Giblin, P., Sprenkle, D. & Sheehan, R. (1985). Enrichment outcome research: A meta-analysis of premarital, marital and family findings. *Journal of Marital and Family Therapy, 11*, 257-271.

Ginsberg, B.C. & Vogelsong, E. (1977). Premarital relationship improvement by maximizing empathy and self-disclosure: The PRIMES program. In B.G. Guerney (Ed.), *Relationship enhancement* (pp. 268-289). San Francisco: Jossey Bass.

Gittins, D. (1986). *The family in question: Changing households and family ideologies*. Atlantic Highlands: Humanities Press.

Glass, E., McGraw, B. & Smith, M. (1981). *Meta-analysis in social research*. Beverly Hills: Sage.

Gloger-Tippelt, G. (1988). *Schwangerschaft und erste Geburt. Psychologische Veränderungen der Eltern*. Stuttgart: Kohlhammer.

Goetting, A. (1980). Former spouse - current spouse relationships. *Journal of Family Issues, 1*, 58-80.

Goldstein, M.J. & Strachan, A.M. (1987). The family and schizophrenia. In T. Jakob (Ed.) *Family interaction and psychopathology* (pp. 481-508). New York: Plenum Press.

Goldstein, M.J. (1988). The family and psychopathology. *Annual Review of Psychology, 39*, 283-299.

Goode, W.J. (1960). *Die Struktur der Familie*. Köln/Opladen: Westdeutscher Verlag.

Gordon, T. (1989). *Familienkonferenz*. München: Heyne.

Gordon, T. (1980). Parent effectiveness training: A preventive program and its effects on families. In M. Fine (Ed.), *Handbook on parent education* (pp. 101-119). New York: Academic Press.

Gottman, J.M. (1979). *Marital interaction: Experimental investigations*. New York: Academic Press.

Gottman, J.M. (1987). The sequential analysis of family interaction. In T. Jacob (Ed.), *Family interaction and psychopathology* (pp. 435-478). New York: Plenum Press.

Graham, P., Rutter, M. & George, S. (1973). Temperamental characteristics as predictors of behavior disorders in children. *American Journal of Orthopsychiatry, 43*, 328-339.

Green, R. & Saeger, M.K. (1982). Learning to "think systems": Five writing assignments. *Journal of Marital and Family Therapy, 8*, 285-294.

Green, R.G., Kolevzon, M.S. & Vosler, N.R. (1985). The Beavers-Timberlawn Model of family competence and the Circumplex Model of family adaptability and cohesion: Separate but equal? *Family Process, 26*, 385-398.

Greenberg, E.F. & Nay, R. (1982). The intergenerational transmission of marital instability. *Journal of Marriage and the Family, 44*, 335-347.

Grinder, J. & Bandler, R. (1985). *Umdeuten*. Paderborn: Junfermann.

Groeben, N. & Scheele, B. (1977). *Argumente für eine Psychologie des reflexiven Subjekts*. Darmstadt: Steinkopf.

Grotevant, H.D. (1989). The role of theory in guiding family assessment. *Journal of Family Psychology, 3*, 104-117.

Grotevant, H.D. & Carlson, C.I. (1987). Family interaction coding system: A descriptive review. *Family Process, 26*, 49-74.

Grotevant, H.D. & Carlson, C.I. (1989). *Family assessment: A guide to methods and measures*. New York: Guilford Press.

Group of Advancement of Psychiatry. (1970). *The case history method in the study of family process, 6*, No. 76.

Guerin, P.J. & Pendagast, E.G. (1976). Evaluation of family system and genogram. In P.J. Guerin (Ed.), *Family therapy: Theory and practice* (pp. 450-464). New York: Gardner Press.

Guerney, B.G. (1988). Family relationship enhancement: A skill training approach. In L.A. Bond & B.M. Wagner (Eds.), *Families in transition: Primary prevention programs that work* (pp. 99-134). Newbury Park: Sage.

Guerney, B.G., Guerney, L. & Cooney, T. (1985). Marital and family problem prevention and enrichment programs. In L. L'Abate (Ed.), *The handbook of family psychology and therapy. Vol. 2* (pp. 1179-1217). Dorsey: Homewood.

Guerney, L. & Guerney, B.G. (1985). The relationship enhancement family of family therapies. In L. L'Abate & M. Milan (Eds.), *Handbook of social skills training and research* (pp. 506-525). New York: Wiley.

Guntern, G. (1980). Die Kopernikanische Revolution in der Psychotherapie: Der Wandel vom psychoanalytischen zum systemischen Paradigma. In J. Duss-von Werdt & R. Welter-Enderlin (Hrsg.), *Der Familienmensch* (S. 74-96). Stuttgart: Klett-Cotta.

Gurman, A. (1983). Family therapy research and the "new epistemology". *Journal of Marital and Family Therapy, 9*, 227-234.

Gurman, A.S. & Kniskern, D.P. (1977). Enriching research on marital enrichment programs. *Journal of Marriage and Family Counseling, 3*, 3-11.

Gurman, A.S. & Kniskern, D.P. (1978a). Deterioration in marital and family therapy: Empirical, clinical and conceptual issues. *Family Process, 17*, 3-20.

Gurman, A.S. & Kniskern, D.P. (1978b). Research on marital and family therapy: Progress, perspective, and prospect. In S.L. Garfield & A.E. Bergin (Eds.), *Handbook of psychotherapy and behavior change. Vol 2* (pp. 817-901). New York: Wiley.

Gurman, A.S. & Kniskern, D.P. (Eds.). (1981). *Handbook of family therapy*. New York: Brunner/Mazel.

Gurman, A.S., Kniskern, D.P. & Pinsof, W.M. (1986). Research on the process and outcome of marital and family therapy. In S.L. Garfield & A.E. Bergin (Eds.), *Handbook of psychotherapy and behavior change. Vol. 3* (pp. 565-624). New York: Wiley.

Habermas, J. (1976). *Zur Rekonstruktion des Historischen Materialismus*. Frankfurt: Suhrkamp.

Haley, J. (1976). *Problem solving therapy*. San Francisco: Jossey-Bass.

Haley, J. (1978). *Die Psychotherapie M. Ericksons*. München: Pfeiffer.

Hall, A.D. & Fagan, R.E. (1956). Definition of system. *General Systems Yearbook, 1*, 18-28.

Hampson, R.B., Beavers, W.R. & Hulgus, Y.F. (1989). Insiders' and outsiders' views of family: The assessment of family competence and style. *Journal of Family Psychology, 3*, 118-136.

Hank, G., Hahlweg, K. & Klann, N. (1990). *Diagnostische Verfahren für Berater*. Weinheim: Beltz.

Hareven, T.K. (1982). *Family time and industrial time*. New York: Cambridge University Press.

Hart, R. (1978). *Children's experience of place: A developmental study*. New York: Halstead Press.

Hartman, A. (1978). Diagrammatic assessment of family relationships. *Social Casework, 59*, 465-476.

Hartup, W.W. (1979). The social worlds of childhood. *American Psychologist, 34*, 944-950.

Havighurst, R. (1953). *Developmental tasks and education*. New York: McKay.

Hawkins, J.L. & Killorin, E.A. (1979). Family of origin: An experiential workshop. *The American Journal of Family Therapy, 7*, 5-18.

Hawkins, R.P. (1979). The functions of assessment: Implications for selection and development of devices for assessing repertoires in clinical, educational, and other settings. *Journal of Applied Behavior Analysis, 12*, 501-516.

Hayes, S.C., Nelson, R.O. & Jarrett, R.B. (1987). The treatment utility of assessment: A functional approach to evaluating assessment quality. *American Psychologist, 42*, 963-974.

Hazan, C. & Shaver, P. (1987). Romantic love conceptualized as an attachment process. *Journal of Personality and Social Psychology, 52*, 511-524.

Hazzard, A., Christensen, A. & Margolin, G. (1983). Children's perceptions of parental behavior. *Journal of Abnormal Child Psychology, 2*, 49-60.

Heekerens, H.-P. (1987). Familientherapie, Wartezeit und Krisenintervention in der Erziehungsberatungsstelle. *Praxis der Kinderpsychologie und Kinderpsychiatrie, 36*, 126-133.

Heilig, G. (1985). Die Heiratsneigung lediger Frauen in der Bundesrepublik Deutschland 1950-1984. *Zeitschrift für Bevölkerungswissenschaft, 11*, 519-547.

Hellbrügge, Th. (1960). Waisenkinder der Technik. In R. Dermoll (Hrsg.), *Menschheit im Schatten*. München.

Herrera, M.G. (1980). Effects of nutritional supplementation and early education on physical and cognitive development. In R.R. Turner & H.W. Reese (Eds.), *Life-span developmental psychology: Intervention* (pp. 149-178). New York: Academic Press.

Hetherington, E.M. (1979). Divorce: A child's perspective. *American Psychologist, 34*, 851-858.

Hetherington, E.M., Cox, M. & Cox, R. (1978). The aftermath of divorce. In J.H. Stevens & M. Matthews (Eds.), *Mother-child, father-child relations for the education of young children* (pp. 110-155). Washington: National Association.

Hetherington, E.M., Cox, M. & Cox, R. (1985). Long-term effects of divorce and remarriage on the adjustment of children. *Journal of the American Academy of Child Psychiatry, 24*, 518-530.

Hill, R. & Mattessich, P. (1979). Family development theory and life-span development. In P.B. Baltes & O.G. Brim (Eds.), *Life-span development and behavior. Vol. 2* (pp. 161-204). New York: Academic Press.

Hill, R. & Rodgers, R.H. (1964). The developmental approach. In H. Christensen (Eds.), *Handbook of marriage and the family* (pp. 171-211). Chicago: Rand McNally.

Hill, R. (1949). *Families under stress*. New York: Harper & Brothers.

Hill, R. (1958). Generic features of families under stress. *Social Casework, 49*, 139-150.

Hinde, R.A. (1979). *Towards understanding relationships*. London: Academic Press.

Hof, L. & Miller, W.R. (1981). *Marriage enrichment: Philosophy, process and program*. Bowie: Brady.

Hoff, A. (Hrsg.). (1987). *Vereinbarkeit von Familie und Beruf - Neue Forschungsergebnisse zwischen Wissenschaft und Praxis*. Stuttgart: Kohlhammer.

Hoffman, L.M. (1974). Effects of maternal employment on the child - a review of the research. *Developmental Psychology, 10*, 204-228.

Hoffman, L.M. (1979). Maternal employment. *American Psychologist, 34*, 859-865.

Hogarty, G.E., Anderson, C.M., Reiss, D.J., Kornblith, S., Greenwald, D.P., Javna, C.D., Madonia M.J. & EPICS Research Group (1986). Family psychoeducation, social skills training, and maintenance chemotherapy in the aftercare treatment of schizophrenia. *Archives of General Psychiatry, 43*, 633-642.

Holman, A.M. (1983). *Family assessment. Tools for understanding and intervention*. Beverly Hills: Sage.

Honig, M.S. (1978). Das Dunkelfeld der Gewalt und der zivilisatorische Auftrag der Professionellen - Folgerungen aus einer Studie über Gewalthandeln von Familien. In M.E. Karsten & H.U. Otto (Hrsg.). *Die sozialpädagogische Ordnung der Familie* (S. 87-99). Weinheim: Juventa.

Horn, J.L. (1961). Significance tests for use with r_p and related profile statistics. *Journal of Educational and Psychological Measurement, 21*, 363-370.

Horowitz, F.D. (1980). Intervention and its effects on early development: What model of development is appropriate? In R. Turner & H.W. Reese, (Eds.), *Life-span developmental psychology: Intervention* (pp. 235-247). New York: Academic Press.

Hovestadt, A.J. & Fine, M. (1987). *Family of origin therapy*. Rockville: Aspen Publishers.

Howard, J. (1980). *Families*. New York: Berkeley Books.

Howells, J.G. (Ed.).(1971). *Theory and practice of family psychiatry*. New York: Brunner/Mazel.

Höhn, C. (1982). *Der Familienzyklus - zur Notwendigkeit einer Konzepterweiterung*. Boppard: Boldt.

Hörmann, G. & Körner, W. (1988). *Familie und Familientherapie: Probleme, Perspektiven, Alternativen*. Opladen: Westdeutscher Verlag.

Hughes, S., Berger, M. & Wright, L. (1978). The family life cycle and clinical intervention. *Journal of Marriage and Family Counseling, 4*, 33-40.

Huntington, D.S. (1979). Supportive programs for infants and parents. In J.D. Osofsky, (Ed.), *Handbook of infant development* (pp. 837-852). New York: Wiley.

Hurrelmann, K. (1988). *Sozialisation und Gesundheit*. Weinheim: Juventa.

Imber-Black, E. (1988). *Families and larger systems*. New York: Guilford.

Imhoff, A. (1981). *Die gewonnenen Jahre*. München: Beck.

356

Inglehart, R. (1977). *The silent revolution. Changing values and political styles among Western publics*. Princeton: Yale University Press.

Institut für psychosoziale Praxisforschung (1986). *Realisierungschancen offener Formen der Beratung in Bayern*. Unveröffentlichtes Manuskript. München.

Jacob, T. & Tennenbaum, D.L. (1988). *Family assessment: Rationale, methods, and future directions*. New York: Plenum Press.

Jacobson, N.S. (1985). Family therapy outcome research: Potential pitfalls and prospects. *Journal of Marital and Family Therapy, 11*, 149-158.

Jankowski, P. (1978). Diagnostik in der Erziehungs- und Familienberatung. In L.Pongratz, (Hrsg.), *Handbuch der Psychologie. Bd. 12, Klinische Psychologie. Bd. 1, Halbband 2* (S.1726-1755). Göttingen: Hofgrefe.

Jensen, A.R. (1980). *Bias in mental testing*. New York: Free Press.

Johnson, H.C. (1987). Biologically based deficits in the identified patient: Indications for psychoeducational strategies. *Journal of Marital and Family Therapy, 13*, 337-348.

Joseph, K. (1972). *Speech to the Preschool Playgroups Association*. Unveröffentlichtes Manuskript. London.

Jugendwerk der Deutschen Shell (Hrsg.).(1985). *Jugendliche und Erwachsene 85*. Opladen: Leske & Budrich.

Kagan, J. (1976). Resilience and continuity in psychological development. In A.M. Clarke & A.D.B. Clarke (Eds.), *Early experience: Myth and evidence* (pp. 97-121). New York: Free Press.

Kagan, J. (1979). Family experience and the child's development. *American Psychologist, 34*, 886-891.

Kagan, J., Kearsley, R.B. & Zelazo, P.R. (1978). *Infancy, its place in human development*. Cambridge: Harvard University Press.

Kaplan, B.J. (1972). Malnutrition and mental deficiency. *Psychological Bulletin, 78*, 321-334.

Karlsrusher, A.E. (1974). The nonprofessional as a psychotherapeutic agent: A review of empirical evidence pertaining to his effectiveness. *American Journal of Community Psychology, 2*, 61-77.

Karpel, M.A. & Strauss, E.S. (1983). *Family evaluation*. New York: Gardner Press.

Karpel, M. (1986). *Family resources. The hidden partner in family therapy*. New York: Guilford.

Kasahara, Y. (1974). Fear of eye-to-eye confrontation among neurotic patients in Japan. In T.S. Lebra & W.P. Lebra (Eds.), *Japanese Culture and behaviour: Selected readings* (pp. 379-388). Honolulu: University of Hawaii Press.

Kaslow, F. (1987). Trends in family psychology. *Journal of Family Psychology, 1*, 77-89.

Kaufmann, F.X. (1988). Familie und Modernität. In K. Lüscher, F. Schultheis & M. Wehrspaun (Hrsg.), *Die "postmoderne" Familie* (S. 391-415). Konstanz: Universitätsverlag Konstanz.

Kaufmann, F.X. (1990). *Zukunft der Familie*. München: Beck.

Kaye, K. (1985). Toward a developmental psychology of the family. In L. L'Abate (Ed.), *The handbook of family psychology and therapy. Vol. 1* (pp. 38-72). Homewood: Dorsey Press.

Keeney, B.P. & Cromwell, R.E. (1977). Towards systemic diagnosis. *Family Therapy, 4*, 225-254.

Keeney, B.P. (1979). Ecosystemic epistemology: An alternative paradigm for diagnosis. *Family Process, 18*, 117-129

Keeney, B.P. (1983). *The aesthetics of change*. New York: Guilford.

Keil, S. (1979). *Konzeption und Organisation familienrelevanter Beratung in der Bundesrepublik Deutschland*. München: DJI Verlag.

Kelley, H.H., Berscheid, E., Christensen, A., Harvey, J.H., Huston, T. L., Levinger, G., McClintock, E., Peplau, L.A. & Peterson, D.R. (1983). *Close relationships*. New York: Freeman.

Kelley, H.H. (1986). Personal relationships: Their nature and significance. In R. Gilmour & S. Duck (Eds.). *The emerging field of personal relationships* (pp. 3-19). Hillsdale: Erlbaum.

Kelly, G.A. (1955). *The psychology of personal constructs*. New York: Norton.

Kempler, W. (1981). *Experiential psychotherapy with families*. New York: Brunner/Mazel.

Keupp, H. (1982). Soziale Netzwerke. In H. Keupp & D. Rerrich (Hrsg.), *Psychosoziale Praxis* (S. 43-54). München: Urban & Schwarzenberg.

Keupp, H. (1988). *Riskante Chancen. Das Subjekt zwischen Psychokultur und Selbstorganisation*. Heidelberg: Asanger.

Kiev, A. (1972). *Transcultural psychiatry*. New York.: Free Press.

Kimball, K.K. & Mc Cabe, M.E. (1981). Should we have children? A decision-making group for couples. *Personnel and Guidance Journal, 60*, 153-156.

Klann, N. & Hahlweg, K. (1987). *Ehe-, Familien- und Lebensberatung. Besuchsmotive und Bedarfsprofile: Ergebnisse einer empirischen Erhebung*. Freiburg: Lambertus.

Klaus, M. & Kennell, J. (1976). *Maternal-infant bonding*. St. Louis: Mosby.

Knobloch, E.M. (1985). *Veränderungen der Inanspruchnahme und der Tätigkeiten von Erziehungsberatungsstellen*. Unveröff. Diss., Universität Göttingen, Göttingen.

Knopp, V., Vierzigmann, G., Schneewind, K.A. & Sierwald, W. (1990). Veränderungserwartungen und Erwartungsverletzungen beim Übergang zur Elternschaft. In D. Frey (Hrsg.), *Bericht über den 37. Kongreß der Deutschen Gesellschaft für Psychologie in Kiel 1990 (S. 599-600)*. Göttingen: Hogrefe.

Kobasa, S.C. (1979). Stressful life events, personality and health: An inquiry into hardiness. *Journal of Personality and Social Psychology, 37*, 1-11.

Koblank, E. (1967). *Die Erziehungsberatungsstelle: Ihre Institution und Praxis*. Neuwied: Leuchterhand.

Kohlberg, L. (1971). Stages of moral development as a basis for moral education. In C.M. Beck, B.S. Crittenden & E.V. Sullivan (Eds.), *Moral education: Interdisciplinary approaches* (pp. 23-93). Toronto: University of Toronto Press.

Kojak, G. (1974). The American community in Bangkog, Thailand. A model of social disintegration. *American Journal of Psychiatry, 131*, 1229-1233.

Kommission "Zukunftsperspektiven gesellschaftlicher Entwicklungen" (1983). *Zukunftsperspektiven gesellschaftlicher Entwicklungen*. Raidwangen: Studiodruck.

Korner, A. (1974). Individual differences at birth: Implications for child care practices. In D. Bergsma (Ed.), *The infant at risk* (pp. 51-63). New York: Intercontinental Medical Book Corporation.

Korzak, D. & Pfefferkorn, E. (1990). *Forschungsvorhaben zur "Überschuldungssituation und Schuldnerberatung in der Bundesrepublik Deutschland"*. Abschlußbericht eines Forschungsprojekts im Auftrag des Bundesministeriums für Jugend, Familie, Frauen und Gesundheit und des Bundesministers der Justiz. München: GP Forschungsgruppe.

Koschorke, M. (1975). Unterschichten und Beratung. *Wege zum Menschen, 25*, 129-163.

Köcher, R. (1985). *Einstellungen zu Ehe und Familie im Wandel der Zeit - Eine Repräsentativuntersuchung im Auftrag des Ministeriums für Arbeit, Gesundheit, Familie und Sozialordnung Baden-Württemberg*. Stuttgart: Graphische Betriebe Süddeutscher Zeitungsdienst.

König, R. (1946). Zwei Grundbegriffe der Familiensoziologie: Desintegration und Desorganisation der Familie. In *Materialien zur Soziologie der Familie* (S. 55-87). Köln: Francke.

Körner, W. & Zygowski, H. (1988). Im System gefangen. *Psychologie heute, 15*, 38-45.

Köstlin-Gloger, G. (1985). Der Übergang zur Elternschaft. Eine entwicklungspsychologische Analyse. *Zeitschrift für Entwicklungspsychologie und Pädagogische Psychologie, 17*, 53-92.

Kramer, J.R. (1985). *Family interfaces: Transgenerational patterns*. New York: Brunner/Mazel.

Krampen, G. (1982). *Differentialpsychologie der Kontrollüberzeugungen*. Göttingen: Hogrefe.

Krampen, G. (1987). *Handlungstheoretische Persönlichkeitspsychologie*. Göttingen: Hogrefe.

Krähenbühl, V., Jellouschek, H., Kohaus-Jellouschek, M. & Weber, R. (1986). *Stieffamilien: Struktur, Entwicklung, Therapie*. Freiburg: Lambertus.

Krohne, H.W. (Hrsg.).(1985). *Angstbewältigung in Leistungssituationen*. Weinheim: VHC Verlagsgesellschaft.

Kruse, F.O. (1984). Interaktionsdiagnostik in der Familie. In Jüttemann, G. (Hrsg.), *Neue Aspekte klinisch-psychologischer Diagnostik* (S.102-123). Göttingen: Hogrefe.

Kveback, D., Cromwell, R. & Fournier, D. (1980). *The Kveback Family Sculpture Technique: A diagnostic and research tool in family therapy.* Jonesboro: Pilgrimage.

L'Abate, L. (1976). *Understanding and helping the individual in the family.* New York: Grune & Stratton.

L'Abate, L. (1981). Skill training programs for couples and families. In A.S. Gurman & D.P. Kniskern (Eds.), *Handbook of family therapy* (pp. 631-661). New York: Brunner/Mazel.

L'Abate, L. (1983). *Family Psychology.* Washington: University Press of America.

L'Abate, L. (Ed.). (1985a). *The handbook of family psychology and therapy.* Dorsey: Homewood.

L'Abate, L. (1985b). The status and future of family psychology and therapy. In L. L'Abate (Ed.), *Handbook of family psychology and therapy. Vol. 2* (pp. 1417-1435). Homewood: Dorsey.

L'Abate, L. (1985c). A training program in family psychology: Evaluation, prevention and family therapy. *American Journal of Familiy Therapy, 13,* 7-15.

L'Abate, L. (1986a). Prevention of marital and family problems. In B.A. Edelstein & L. Michelson (Eds.), *Handbook of prevention* (pp. 177-193). New York: Plenum Press.

L'Abate, L. (1986b). *Systematic family therapy.* New York: Brunner/Mazel.

L'Abate, L. (1987a). Recent developments in psychoeducational skills programs for families: A review of reviews. In L. L'Abate (Ed.), *Family Psychology II: Theory, therapy, enrichment and training* (pp. 195-203). Lanham: University Press of America.

L'Abate, L. (1987b). The practice of programmed family therapy: A radical proposal. In L. L'Abate (Ed.), *Family Psychology II: Theory, therapy, enrichment, and training* (pp. 109-121). Lanham: University Press of America.

L'Abate, L. (1990a). *Building family competence: Primary and secondary prevention strategies.* Newbury Park: Sage.

L'Abate, L. (1990b). On the International Academy of Family Psychology. *Japanese Journal of Family Psychology, 4,* 1-4.

L'Abate, L. (1991). *Family psychology and family therapy: Comparisons and contrasts.* Unveröffentlichtes Manuskript. Family Study Center. Georgia State University. Atlanta.

L'Abate, L. & Jurkovic, G. (1987). Family systems theory as a cult: Boom or bankruptcy? In L. L'Abate (Ed.), *Family psychology II: Theory, therapy, enrichment and training* (pp. 19-27). Lanham: University Press of America.

L'Abate, L. & Milan, M. (Eds.).(1985). *Handbook of social skills training and research.* New York: Wiley.

L'Abate, L. & Thaxton, L. (1983). The family as a unit of psychological study and practice. In L. L'Abate (Ed.), *Family Psychology* (pp. 3-15). Washington: University Press of America.

L'Abate, L. & Wagner, V. (1985). Theory-derived family oriented test batteries. In L. L'Abate (Ed.), *Handbook of family psychology and therapy. Vol. 2* (pp. 1006-1033). Homewood: Dorsey Press.

L'Abate, L. & Young, L. (1987). *Casebook of structured enrichment programs for couples and families.* New York: Brunner/Mazel.

L'Abate, L., Ganahl, G. & Hansen, J. C. (1986). *Methods of family therapy.* Englewood Cliffs: Prentice Hall.

Lakin, M. (1988). *Ethical issues in psychotherapies.* New York: Oxford University Press.

Lamb, M.E. (1976). *The role of the father in child development.* Hillsdale: Erlbaum.

Lamb, M.E. (1978). *Social and personality development.* Hillsdale: Erlbaum.

Lamb, M. E. (1977). The effects of divorce on children's personality development. *Journal of Divorce, 2,* 163-174.

Lamb, M.E. (1979). Paternal influences and the father's role: A personal perspective. *American Psychologist, 34,* 938-943.

Lampert, H. (1989). Familie heute - sozialökonomische Analyse ihrer Lebenslage. In M. Wingen (Hrsg.), *Familie im Wandel - Situation, Bewertung, Schlußfolgerungen* (S. 92-120). Bad Honnef: Eigenverlag des Katholisch-Sozialen Instituts.

Lasch, C. (1987). *Geborgenheit. Die Bedrohung der Familie in der modernen Welt.* München: Deutscher Taschenbuch Verlag.

Lazar, I. (1977). *The persistence of preschool effects.* Ithaca: Cornell University Press.

Lebow, J.L. (1987). Training psychologists in family therapy in family institute settings. *Journal of Family Psychology, 1,* 219-231.

Lec, J.S. (1982). *Alle unfrisierten Gedanken.* München: Piper.

Lefcourt, H.M. (1980). Locus of control and coping with life events. In I. Staub (Ed.), *Personality. Basic aspects and current research* (pp. 200-235). Englewood Cliffs: Prentice Hall.

Lefcourt, H.M. (1982). *Locus of control. Current trends in theory and research.* Hillsdale: Erlbaum.

Leff, J., Kuipers, L., Berkowitz, R., Eberlein-Fries, R. & Sturgeon, D. (1982). A controlled trial of social intervention in the families of schizophrenic patients. *British Journal of Psychiatry, 141,* 121-134.

Leff, J., Kuipers, L., Berkowitz, R., Eberlein-Fries R. & Sturgeon, D. (1982). Social intervention in the families of schizophrenics: Addendum. *British Journal of Psychiatry, 142,* 313-322.

Lehmann, F. (1990). Örtliche und regionale Koordination von Beratung. In Institut für Entwicklungsplanung und Strukturforschung (Hrsg.), *Beratung und Bildung für Familien* (S. 169-176). Hannover: Popp-Sofort-Druck.

Leighton, H.M. (1974). Social disintegration and mental disorder. In S. Arieti & G. Caplan (Eds.), *American handbook of psychiatry* (pp. 411-424). New York.: Basic Books.

Lempp, R. (1986). *Familie im Umbruch.* München: Kösel.

Leno, J. (1979.). *Indicators of the role and changing conditions of children in the development process.* UNESCO, Division for socio-economic analysis, Sector of social sciences and their applications. SS.79/WS.39.

Lerner, R.M. & Busch-Rossnagel, N.A. (Eds.) (1981). *Individuals as producers of their development: A life-span perspective.* New York: Academic Press.

Lester, M.E. & Doherty, W. (1983). Couples' long-term evaluations of their Marriage Encounter weekend. *Journal of Marital and Family Therapy, 9,* 183-189.

Levant, R.F. (1980). Sociological and clinical models of the family: An attempt to identify paradigms. *The American Journal of Family Therapy, 8,* 5-20.

Levant, R.E. (1984). *Family therapy: A comprehensive overview.* Englewood Cliffs: Prentice Hall.

Levant, R.F. (Ed.).(1986a). *Psychoeducational approaches to family therapy and counseling.* New York: Springer.

Levant, R.F. (1986b). An overview of psychoeducational family programs. In R. F. Levant (Ed.), *Psychoeducational approaches to family therapy and counseling* (pp. 1-51). New York: Springer.

Levant, R.F. (1986c) Client-centered skills-training programs for the family. In R.F. Levant (Ed.), *Psychoeducational approaches to family therapy and counseling* (pp. 52-97). New York: Springer.

Levine, R.A. (1977). Child rearing as cultural adaptation. In H.P. Leiderman, S.R. Tulkin, & A. Rosenfeld (Hrsg.), *Culture and infancy.* New York: Academic Press.

Lewin, K. (1935). *A dynamic theory of personality.* New York: McGraw Hill.

Lewis, M. & Rosenblum, L. A. (1975). *Friendship and peer relations.* New York: Wiley.

Lewis, O. (1968). The culture of poverty. In D.P. Moynihan (Ed.), *On understanding poverty* (pp. 184-201). New York: Basic Books.

Liddle, H. & Saba, G. (1982). Teaching family therapy at the introductory level: A conceptual model emphasizing a pattern which connects training and therapy. *Journal of Marital and Family Therapy, 8,* 63-72.

Liddle, H.A., Schwartz R.C. &. Breulin, D.C. (Eds.). (1988). *Handbook of family therapy training and supervision.* New York: Guilford Press.

Liegle, L. (1977). *Familie und Kollektiv im Kibbuz*. Weinheim: Beltz.

Liegle, L. (1980). Kulturvergleichende Ansätze in der Sozialisationsforschung. In K. Hurrelmann & D. Ulich (Hrsg.), *Handbuch der Sozialisationsforschung* (pp. 179-227). Weinheim: Beltz.

Lipman-Blumen, J. (1975). A crisis framework applied to macrosociological family changes: Marriage, divorce, and occupational trends associated with World War II. *Journal of Marriage and the Family, 3*, 889-902.

Littmann, E. & Kasielke, E. (1970). Zur Diagnostik elterlichen Erziehungsverhaltens. *Probleme und Ergebnisse der Psychologie*. Beiheft 2.

Loehlin, J.C. & Nichols, R.C. (1976). *Heredity, environment, and personality: A study of 850 sets of twins*. Austin: University of Texas Press.

Lohmöller, J.B. (1979). *Estimating parameters of linear structural relation models under partial least-squares criteria*. Forschungsbericht 79.01. München: Fachbereich Pädagogik der Hochschule der Bundeswehr.

Lonner, W.J. (1980). The search for psychological universals. In H.C. Triandis & E.J.G. Draguns (Eds.), *Handbook of cross-cultural psychology* (pp. 143-205). Boston: Allyn & Bacon.

Loo, C.M. (1977). Beyond the effects of crowding: Situational and individual differences. In D. Stokols (Ed.), *Perspectives on environment and behaviour: Theory, research, and applications*. New York: Plenum Press.

Loveland, N., Wynne, L. & Singer, M. (1963). The Family Rorschach: A new method for studying family interaction. *Family Process, 2*, 187-215.

Luhmann, N. (1982). *Liebe als Passion: Zur Codierung von Intimität*. Frankfurt: Suhrkamp.

Lukesch, H. (1975). *Erziehungsstile. Pädagogische und psychologische Konzepte*. Stuttgart: Kohlhammer.

Lüscher, K. & Böckle, F. (1981). Familie. In F. Böckle (Hrsg.), *Christlicher Glaube in moderner Gesellschaft. Teilband 7* (S. 87-145). Freiburg: Herder.

Lüscher, K. (1975). *Demographic influences on socialisation*. Vortrag anläßlich der International Conference on Ecological Factors in Human Development. Guilford, Great Britain.

Lüscher, K. (1988). Familie und Familienpolitik im Übergang zur Postmoderne. In K. Lüscher, F. Schlutheis & M.Wehrspaun (Hrsg.), *Die "postmoderne" Familie* (S.15-36). Konstanz: Universitätsverlag Konstanz.

Lüscher, K. (1989). Von der ökologischen Sozialisationsforschung zur Analyse familialer Aufgaben und Leistungen. In R. Nave-Herz (Hrsg.), *Handbuch der Familien- und Jugendforschung. Bd. 1: Familienforschung* (S. 95-112). Neuwied: Luchterhand.

Lüscher, K. & Fisch, R. (1977). *Das Sozialisationswissen junger Eltern*. Projektgruppe Familiäre Sozialisation an der Universität Konstanz. Arbeitsbericht 1. Konstanz.

Lynn, D.B. (1974). *The father: His role in child development*. Monterey: Brooks/Cole.

Lytton, H. (1980). *Parent-child interaction: The socialization process observed in twin and singleton families*. New York: Plenum Press.

Maccoby, E.E. & Martin, J.A. (1983). Socialization in the context of the family: Parent-child interaction. In E.E. Hetherington *Handbook of child psychology. Socialization, personality and social development Vol. 4* (pp. 1-101). New York: Wiley.

Mace, D.P. (Ed.).(1983). *Prevention in family services*. Beverly Hills: Sage.

Mace, D.E. (1986). Marriage and family enrichment. In F.P. Piercy, D.H. Sprenkle & Associates. (Eds.), *Family therapy sourcebook* (pp. 187-212). New York: Guilford Press.

Macklin, E.D. (1980). Nontraditional family forms: A decade of research. *Journal of Marriage and the Family, 42*, 175-192.

Macklin, E.D. (1987). Nontraditional family forms. In M.B. Sussman & K. Steinmetz (Eds.), *Handbook of marriage and the family* (pp. 317-353). New York: Plenum Press.

Marcus, C.C. (1974). Children's play behaviour in a low rise inner-city housing development. In D. Carson (Ed.), *Man environment interactions: Evaluation and applications*. Milwaukee.

361

Margolies, P.J. & Weintraub, S. (1977). The revised 56-item CRBPI as a research instrument: Reliability and factor structure. *Journal of Clinical Psychology, 33*, 472-476.

Margolin, G. (1987). Participant observation procedures in marital and family assessment. In T. Jacob (Ed.), *Family interaction and psychopathology* (pp. 391-426). New York: Plenum Press.

Markman, H.J. (1990). *Das PREP (Premarital Relationship Enhancement Program) - Erfahrungen und Ergebnisse.* Zusammenfassung eines Vortrags am 21.06.1990. Unveröffentlichtes Manuskript. Institut für Forschung und Ausbildung in Kommunikationstherapie. München.

Markman, H.J. & Notarius, C.I. (1987). Coding marital and family interaction: Current status. In T. Jacob (Ed.), *Family interaction and psychopathology* (pp. 329-390). New York: Plenum Press.

Markman, H.J., Floyd, F.J., Stanley, S.M. & Lewis, H.C. (1986). Prevention. In N.S. Jacobson & A.S. Gurman (Eds.), *Clinical handbook of marital therapy* (pp. 173-195). New York: Guilford Press.

Marsella, A.J., Escudero, M. & Gordon, P. (1970). The effects of dwelling density on mental disorders in Filipino men. *Journal of Health and Social Behavior, 11*, 288-294.

Martin, B. (1975). Parent-Child relations. In F. D. Horowitz (Ed.), *Review of child development research Vol. 4* (pp. 463-540). Chicago: University of Chicago Press.

Martin, B. (1987). Developmental perspectives on family theory and psychopathology. In T. Jakob (Ed.), *Family interaction and psychopathology* (pp. 163-202). New York: Plenum Press.

Martin, G. & Cierpka, M. (1988). Die Strukturdiagnose. In M. Cierpka (Hrsg.), *Familiendiagnostik* (S. 48-67). Berlin: Springer.

Maruyama, M. (1960). Morphogenesis and morphostasis. *Methods, 12*, 251-296.

Massey, R.F. (1985). Was/wer ist das Familiensystem? *Zeitschrift für systemische Therapie, 3*, 21-34.

McAdams, D.P. (1988). Personal needs and personal relationships. In S. Duck (Ed.), *Handbook of personal relationships* (pp. 7-22). New York: Wiley.

McCall, R.B. (1974). Exploratory manipulation and play in the human infant. *Monographs of the Society for Research in Child Development, 39*, 1550.

McColley, S. & Baker, E. (1982). Training activities and styles of beginning supervisors: A survey. *Professional Psychology, 13*, 283-292.

McCubbin, H.I. & Figley, C.R. (1983). Bridging normative and catastrophic family stress. In H.I. McCubbin & C.R. Figley (Eds.), *Stress and the family. Vol. 1: Coping with normative transitions* (pp. 218-228). New York: Brunner/Mazel.

McCubbin, H. I. & Patterson, J. (1983a). The family stress process: The double ABCX model of adjustment and adaptation. *Marriage and Family Review, 6*, 7-37.

McCubbin, H.I. & Patterson, J. (1983b). Family transitions: Adaptation to stress. In H.I. McCubbin & C.R. Figley (Eds.), *Stress and the family. Vol. 1: Coping with normative transitions* (pp. 5-25). New York: Brunner/ Mazel.

McCubbin, H.I., Joy, C.B., Cauble, A.E., Comeau, J.K., Patterson, J.M. & Needle, R.H. (1980). Family stress and coping: A decade review. *Journal of Marriage and the Family, 42*, 125-141.

McCubbin, H.I., Needle, R. & Wilson, M. (1985). Adolescent health risk behaviors: Family stress and adolescent coping as critical factors. *Family Relations, 34*, 51-62.

McDonald, G.W. (1980). Family power: The assessment of a decade of theory and research, 1970-1979. *Journal of Marriage and the Family, 42*, 111-124.

McGoldrick, M. & Carter, B. (1982). The family life cycle. In F. Walsh (Ed.), *Normal family process* (pp. 167-195). New York: Guilford Press.

McGoldrick, M. & Gerson, R. (1990). *Genogramme in der Familienberatung.* Bern: Huber.

McKay, H. & Associates (1978). Improving cognitive ability in chronically deprived children. *Science, 200*, 270-278.

Mederer, H. & Hill, R. (1983). Critical transitions over the family life span: Theory and research. *Marriage and Family Review, 6*, 39-60.

Mednick, S.A. & Christiansen, K.O. (1977). *Biosocial bases of criminal behavior*. New York: Gardner Press.

Melson, G.F. (1980). *Family and environment: An ecosystem perspective*. Minneapolis: Burgess.

Menaghan, E.G. (1982). Assessing the impact of family transitions on marital experience. In H.I. McCubbin, A.E. Cauble, & J.M. Patterson (Eds.), *Family stress, coping, and social support* (pp. 90-108). Springfield: Thomas.

Menaghan, E. G. (1983). Individual coping efforts and family studies: Conceptual and methodological issues. *Marriage and Family Review, 6*, 113-135.

Menne, K. & Alter, K. (Hrsg.). (1988). *Familie in der Krise*. Weinheim: Juventa.

Mielke, R. (Hrsg.). (1982). *Interne/externe Kontrolle*. Bern: Huber.

Milholland, T.A. (1982). Effects of Marriage Encounter on self-disclosure, trust and marital satisfaction. *Journal of Marital and Family Therapy, 8*, 87-89.

Miller, J.G. (1978). *Living systems*. New York: McGraw Hill.

Minsel, B. (1984). Elterntraining. *Zeitschrift für personenzentrierte Psychologie und Psychotherapie, 3*, 55-66.

Mintz, N.L. & Schwartz, D.T. (1964). Urban ecology and psychosis: Community factors in the incidence of schizophrenia and manic depression among Italians of greater Boston. *International Journal of Social Psychiatry, 10*, 101-118.

Minuchin, P. (1985). Families and individual development: Provocations from the field of family therapy. *Child Development, 56*, 289-302.

Minuchin, S. (1977). *Familie und Familientherapie*. Freiburg: Lambertus.

Minuchin, S. & Fishman, H. C. (1983). *Praxis der strukturellen Familientherapie*. Freiburg: Lambertus.

Minuchin, S., Rosman, R.L. & Baker, L. (1978). *Psychosomatic families*. Cambridge: University of Cambridge Press.

Mitchell, R.E. (1971). Some implications of high density housing. *American Sociological Review, 36*, 18-29.

Mitterauer, M. & Sieder, R. (1980). *Vom Patriarchat zur Partnerschaft. Zum Strukturwandel der Familie*. München: Beck.

Montada, L. & Filipp, S.H. (1976). Implications of life-span developmental psychology for childhood education. In H.W. Reese (Ed.), *Advances in child development and behavior* (pp. 254-264). New York: Academic Press.

Moore, B. (1969). Thoughts on the future of the family. In J. Edwards (Ed.), *The family and change* (pp. 455-469). New York: Knopf.

Moos, R.H. (1974). *Combined preliminary manual for the Family, Work, and Group Environment Scales*. Palo Alto: Consulting Psychologists Press.

Moos, R.H. (1979). Messung und Wirkung sozialer Settings. In H. Walter & R. Oerter (Hrsg.), *Ökologie und Entwicklung* (S. 172-184). Donauwörth: Auer.

Moos, R.H. & Fuhr, R. (1982). The clinical use of socio-ecological concepts: The case of an adolescent girl. *American Journal of Orthopsychiatry, 52*, 111-122.

Moos, R.H. & Moos, B.S. (1981). *Family environment scale. Manual*. Palo Alto: Consulting Psychologists Press.

Moos, R.H. & Moos, B.S. (1983). Clinical applications of the family environment scale. In E.E. Filsinger (Ed.), *Marriage and family assessment* (pp. 253-273). Beverly Hills: Sage.

Moos, R.H. & Moos, B.S. (1986). *Family Environment Scale. Manual*. (2nd ed.) Palo Alto: Consulting Psychologists Press.

Morrill, W., Oeting, E. & Hurst, J. (1974). Dimensions of counselor functioning. *Personal and Guidance Journal, 52*, 354-359.

Mönckeberg, F. (1972). Malnutrition and mental capacity. In Pan American Health Organization (Eds.), *Nutrition, the nervous system and behavior*. Washington.

Murphy, H.B.M. (1968). *Mental hospitalization patterns in twelve Canadian subcultures*. Montreal.

Murray, H.A. (1938). *Explorations in personality*. New York: Oxford University Press.

Murray, J.P. (1974). The influence of crowding on children's behavior. In D. Canter & T. Lee (Eds.), *Psychology and the built environment* (pp. 112-118). London: Architectural Press.

Mushkin, S.J. (1979). Educational outcomes and nutrition. In R.E. Klein, M.S. Ried, H.W. Riecken, J.A. Brown, A. Pradilla & C.H. Dora (Eds.), *Evaluating the impact of nutrition and health programs* (pp. 269-302). New York: Plenum Press.

Müller, U., Hahlweg, K., Feinstein, E. & Dose, M. (1990). Die Einbeziehung der Familienangehörigen in die Behandlung und Rehabilitation psychisch Kranker - Familienbetreuung bei schizophrenen Psychosen. In M. Textor (Hrsg.), *Hilfen für Familien: Ein Handbuch für psychosoziale Berufe* (S. 674-690). Frankfurt: Fischer.

Nave-Herz, R. (1984). Familiale Veränderungen in der Bundesrepublik Deutschland seit 1950. *Zeitschrift für Sozialforschung und Erziehungssoziologie, 4*, 45-63.

Nave-Herz, R. (Hrsg.).(1988). *Wandel und Kontinuität der Familie in der Bundesrepublik Deutschland*. Stuttgart: Enke.

Nave-Herz, R. (1989). Zeitgeschichtlicher Bedeutungswandel von Ehe und Familie in der Bundesrepublik Deutschland. In R. Nave-Herz & M. Markefka (Hrsg.), *Handbuch der Familien- und Jugendforschung. Band 1: Familienforschung* (S. 211-222). Neuwied: Luchterhand.

Nave-Herz, R. & Markefka, M. (Hrsg.) (1989). *Handbuch der Familien- und Jugendforschung. Band1: Familienforschung*. Neuwied: Luchterhand.

Needle, R.H., Glynn, T.J. & Needle, M.P. (1983). Drug abuse: Adolescent addictions and the family. In C.R. Figley & H.I. McCubbin (Eds.), *Stress and the Family. Vol. 2: Coping with catastrophe* (pp. 37-52). New York: Brunner/Mazel.

Neidhardt, F. (1970). Die Familie in Deutschland. In *Deutsche Gesellschaft im Wandel. Bd. 2*. Opladen: Westdeutscher Verlag.

Nelson-Jones, R. (1984). *Personal responsibility counselling and therapy: An integrative approach*. London: Harper & Row.

Neuhaus, P.H. (1982). Finis familiae? *Zeitschrift für das gesamte Familienrecht, 29*, 1-6.

Newcombe, B. (1976). *Children of the dispossessed*. Honolulu: University of Hawai Press.

Newson, J. & Newson, E. (1973). *Infant care in an urban community*. London: Pluto Press.

Nichols, M. (1984). *Family therapy: Concepts and methods*. New York: Gardner Press.

Nock, S.L. (1979). The family life cycle: Empirical or conceptual tool? *Journal of Marriage and the Family, 41*, 15-26.

Nock, S.L. (1981). Family life cycle transitions: Longitudinal effects on family members. *Journal of Marriage and the Family, 43*, 703-714.

Noelle-Neumann, E. & Piel, E. (Hrsg.). (1983). *Eine Generation später. Bundesrepublik Deutschland 1953-1979*. München: Saur.

Nowicki, S. & Schneewind K.A. (1982). Relation of family climate variables to locus of control in German and American students. *Journal of Genetic Psycholgy,141*, 277-286.

Nunnally, E.W., Miller, S. & Wackman, D.B. (1976). The Minnesota couples communication program. In H.A. Otto (Ed.), *Marriage and family enrichment: New perspectives and programs*. (pp. 180-192). Nashville: Abington.

O'Leary, K.D. (Eds) (1987). *Assessment of marital discord*. Hillsdale: Erlbaum.

Oberg, K. (1960). Culture shock: Adjustment to new cultural environments. *Practical Anthropology, 7*, 177-182.

Oliver, J.E. & Cox, J. (1973). A family kindred with ill-used children: The burden on the community. *British Journal of Psychiatry, 123*, 81-90.

Oliveri, M.E. & Reiss, D. (1984). Family concepts and their measurement: Things are seldom what they seem. *Family Process, 23*, 33-48.

Olson, D.H. (1977). Insiders' and outsiders' views of relationships: Research studies. In G. Levinger & H. Rausch (Eds.), *Close relationships* (pp. 115-137). Amherst: University of Massachusetts Press.

Olson, D.H. (1981). Family typlogies: Bridging family research and family therapy. In E.E. Filsinger & R.A. Lewis (Eds.), *Assessing marriage: New behavioral approaches* (pp. 74-89). Beverly Hills: Sage.

Olson, D.H. (1986). Circumplex model VII: Validation studies of FACES III. *Family Process, 25*, 337-351.

Olson, D.H. & Killorin, E. (1985). *Clinical Rating Scale for the Circumplex Model of Marital and Family Systems*. University of Minnesota, Department of Family Social Science, St. Paul.

Olson, D.H. & Lavee, Y. (1989). Family systems and family stress: A family life cycle perspective. In K. Kreppner & R.M. Lerner (Eds.), *Family systems and life-span development* (pp. 165-195). Hillsdale: Earlbaum.

Olson, D.H. & McCubbin, H.I. (1982). Circumplex model of marital and family systems. V: Application to family stress and crisis intervention. In H.I. McCubbin, A.E. Cauble, & J.M. Patterson (Eds.), *Family stress, coping, and social support* (pp. 48-68). Springfield: Thomas.

Olson, D.H. & McCubbin, H.I. (1983). *Families. What makes them work*. Beverly Hills: Sage.

Olson, D.H., Portner, J. & Lavee, Y. (1985). FACES III manual. University of Minnesota, Department of Family Social Science, St. Paul.

Olson, D.H., Russel, C.S. & Sprenkle, D.H. (1980). Marital and family therapy: A decade review. *Journal of Marriage and the Family, 42*, 973-994.

Olson, D.H., Russell, G.S. & Sprenkle, D.H. (1983). Circumplex Model VI: Theoretical update. *Family Process, 22*, 69-83.

Olson, D.H., Sprenkle, D.H. & Russel, C.S. (1979). Circumplex model of marital and family systems: I. Cohesion and adaptability dimensions, family types, and clinical applications. *Family Process, 18*, 3-28.

Omran, A.J. et al. (1976). *Family formation patterns and health*. Geneva: World Health Organization.

Osofsky, J.K. & Connors, K. (1979). Mother-infant interaction: An integrative view of a complex system. In J.D. Osofsky (Ed.), *Handbook of infant development* (pp. 519-549). New York: Wiley.

Packard, V. (1984). *Verlust der Geborgenheit*. München: Scherz.

Parke, R.D. (1978). Children's home environments: Social and cognitive effects. In I. Altman & J.F. Wohlwill (Eds.), *Children and environment* (pp. 33-74). New York: Plenum Press.

Patterson, G.R. (1982). *Coercive family process*. Eugene: Castalia Publishing.

Patterson, J. (1985). Critical factors affecting family compliance with home treatment for children with cystic fibrosis. *Family Relations, 34*, 79-89.

Pearlin, L.I. & Schooler, C. (1978). The structure of coping. *Journal of Health and Social Behaviour, 19*, 2-21.

Pechstein, J. (1985). Biologische Disposition und Entfaltung der Persönlichkeit. In A. Niegl (Hrsg.), *Frühe Kindheit, Fundament des menschlichen Lebens* (S. 31-67). St. Pölten - Wien: Niederösterreichisches Pressehaus.

Pendagast, E.G. & Sherman, C.D. (1977). A guide to the genogram. *The Family, 5*, 3-14.

Penn, P. (1982). Circular questioning. *Family Process, 21*, 267-280.

Perlman, D. & Duck, S. (Eds.). (1987). *Intimate relationships: Development, dynamics, and deterioration*. Newbury Park: Sage.

Perlman, D. & Fehr, B. (1987). The development of intimate relationships. In D. Perlman & S. Duck (Eds.). *Intimate relationships: Development, dynamics, and deterioration* (pp. 7-43). Newbury Park: Sage.

Perosa, L.M., Hansen, J. & Perosa, S. (1981). Development of the Structural Family Interaction Scale. *Family Therapy, 8*, 77-90.

Perrez, M. (Hrsg.).(1979). *Krise der Kleinfamilie?* Bern: Huber.

365

Peterander, F. (1988). *Interaktionsanalyse und Veränderung von Beziehungsmustern bei Mutter-Kind-Paaren: Eine Beobachtungsstudie*. Unveröffentlichte Habilitationsschrift. München.

Peterson, J.V. & Nisenholz, B. (1987). *Orientation to counseling*. Boston: Hall.

Petzold, M. & Nickel, H. (1989). Grundlagen und Konzept einer entwicklungspsychologischen Familienforschung. *Psychologie in Erziehung und Unterricht, 36*, 241-257.

Piaget, J. (1947). *Psychologie der Intelligenz*. Zürich: Rascher.

Piaget, J. (1964). *The moral judgement of the child*. New York: The Free Press.

Piercy, F.P., Sprenkle, D.H. & Associates (1986). *Family therapy sourcebook*. New York: Guilford Press.

Pillisuk, M. & Parks, S. H. (1983). Social support and family stress. *Marriage and Family Review, 6*, 137-156.

Pinsof, W. (1981). Family therapy process research. In A. Gurman & D. Kniskern (Eds.), *Handbook of family therapy* (pp. 699-742). New York: Brunner/Mazel.

Pittman, F. (1983). Of cults and superstars. *Family Therapy Networker, 2*, 28-29.

Plomin, R. (1986). *Development, genetics, and psychology*. Hillsdale: Erlbaum.

Plomin, R., Loehlin, J.C. & DeFries, J.C. (1984). Genetic and environmental components of 'environmental' influences. *Developmental Psychology, 21*, 391-402.

Potts, L. (1980). Considering parenthood: Group support for a critical life decision. *American Journal of Orthopsychiatry, 50*, 629-638.

Powell, D.R. (1979). Family-environment relations and early childrearing: The role of social networks and neighborhoods. *Journal of Research and Development in Education, 13*, 1-11.

Prochaska, J. & Coyle, J.R. (1979). choosing parenthood. A needed family life education group. *Social Casework, 60*, 289-295.

Pross, H. (Hrsg.).(1979). *Familie - wohin?* Reinbeck: Rowohlt.

Pye, L.W. (1963). *Communication and political development*. Princeton: Princeton University Press.

Raasoch, J. & Laquer, H. (1979). Learning multiple family therapy through simulated workshops. *Family Process, 18*, 95-98.

Rau-Ferguson, L. (1980). Survey of training in applied developmental Psychology. *Developmental Psychology, Newsletter: Division 7*, 47-49.

Reichenbach, H. (1938). *Experience and prediction*. Chicago: University of Chicago Press.

Reiss, D. (1983). Sensory extenders versus meters and predictors: Clarifying strategies for the use of objective tests in the family therapy. *Family Process, 22*, 165-171.

Rerrich, M.S. (1988). *Balanceakt Familie. Zwischen alten Leitbildern und neuen Lebensformen*. Freiburg: Lambertus.

Ribordy, S.C. (1987). Training family therapists within an academic setting. *Journal of Family Psychology, 1*, 204-218.

Richter, H.E. (1970). *Patient Familie*. Reinbek: Rowohlt.

Ridley, C.A., Jorgensen, S.R., Morgan, A.G. & Avery, A.W. (1982). Relationship enhancement with premarital couples. *American Journal of Family Therapy, 10*, 41-48.

Riegel, K. (1975). Toward a dialectical theory of development. *Human Development, 18*, 50-64.

Riegel, K. (1980). *Grundlagen der dialektischen Psychologie*. Stuttgart: Klett-Cotta.

Ringeling, H. & Svilar, M. (1980). *Familie im Wandel*. Bern: Haupt.

Rinke, R. & Schneewind, K.A. (1978). *LOC-E und LOC-K. Zwei Fragebogen zur Erfassung internaler vs. externaler Kontrollüberzeugungen bei Erwachsenen und Kindern*. Arbeitsbericht 26 aus dem Projekt Eltern-Kind-Beziehungen an der Universität München, München.

Rinn, R.C. & Markle, A. (1977). Parent effectiveness training: A review. *Psychological Reports, 41*, 95-109.

Rodgers, R.H. (1973). *Family interaction and transaction. The developmental approach*. Englewood Cliffs: Prentice Hall.

Rogers, L.E. & Farace, R.V. (1975). Analysis of relational communication in dyads: New measurement procedures. *Human Communication Research, 1*, 231-251.

Rogers, L.E. & Millar, F.E. (1988). Relational communication. In S. Duck (Ed.), *Handbook of personal relationships* (pp. 289-305). New York: Wiley.

Rosemann, H. (1979). *Intelligenztheorien*. Hamburg: Rowohlt.

Rosenthal, D. (1970). *Genetic theory and abnormal behavior*. New York: Mc Graw-Hill.

Rotter, J.B. (1966). Generalized expectancies for internal versus external control of reinforcement. *Psychological Monographs 80, No. 609*, 1-28.

Rotter, J.B., Chance, J.E. & Phares, E.J. (Eds.). (1972). *Applications of a social learning theory of personality*. New York: Holt, Rinehart & Winston.

Roy, K. (1950). Parents' attitudes toward their children. *Journal of Home Economics, 42*, 652-653.

Rudert, R. & Stein, R. (1959). Erziehungsberatung. In H. Hetzer (Hrsg.), *Handbuch der Psychologie. Bd. 10: Pädagogische Psychologie* (S. 502-517). Göttingen: Hogrefe.

Rueveni, U. (1979). *Networking families in crisis*. New York: Human Science Press.

Rutter, M. & Madge, N. (1976). *Cycles of disadvantage*. London: Heinemann.

Rutter, M. (1979). Protective factors in children's responses to stress and disadvantage. In M.W. Kent & J.E. Rolf (Eds.), *Primary prevention of psychopathology: Social competence in children. Vol. III.* Hannover.

Rüfner, W. (1989). Familie heute und alternative Lebensformen (Familienersatzformen - Rechtsprobleme). In M. Wingen (Hrsg.), *Familie im Wandel - Situation, Bewertung, Schlußfolgerungen* (S. 58-91). Bad Honnef: Eigenverlag des Katholisch-sozialen Instituts.

Sader, M. (1986). *Das Rollenspiel als Forschungsmethode*. Braunschweig: Westermann Verlag.

Salomon, A. (1926). *Soziale Diagnose*. Berlin: Carl Heymann.

Sanua, V.D. (1980). Familial and socio-cultural antecedents of psychopathology. In H.C. Triandis & J.E. Draguns (Eds.), *Handbook of cross-cultural psychology. Vol. 6: Psychopathology* (pp. 175-236). Boston: Allyn & Bacon.

Satir, V. (1972). *Peoplemaking*. Palo Alto: Science and Behavior Books.

Satir, V. (1973). *Familienbehandlung*. Freiburg: Lambertus.

Satir, V. (1975). *Selbstwert und Kommunikation*. München: Pfeiffer.

Scanzoni, J., Polonko, K., Teachman, J. & Thompson, L. (1989). *The sexual bond. Rethinking families and close relationships*. Newbury Park: Sage.

Scarr, S. & Kidd, K.K. (1983). Developmental behavior genetics. In P.H. Mussen (Ed.), *Handbook of child psychology. Vol. 2* (pp. 345-434). New York: Wiley.

Scarr, S. & McCartney, K. (1983). How people make their own environments: A theory of genotype-environment effects. *Child Development, 54*, 424-435.

Scarr, S. (1979). Psychology and children: Current research and practice. *American Psychologist, 34*, 809-811.

Schaefer, E.S. (1959). A circumplex model for maternal behavior. *Journal of Abnormal and Social Psychology, 59*, 226-235.

Schäfer, B. (1985). *Sozialstruktur und Wandel in der Bundesrepublik Deutschland*. Stuttgart: Enke.

Scheuch, E.K. (1970). Sozialprestige und soziale Schichtung. *Kölner Zeitschrift für Soziologie und Sozialpsychologie, Sonderheft, 5*, 65-103.

Schiller, B.R. (1973). Empirical studies of welfare dependency: A survey. *Human Resources, 8*, 19-32.

Schlippe, A.v. & Schweitzer, J. (1988). Familienforschung per Fragebogen. Eine epistemologische Kritik am Circumplex-Modell und an den "Family Adaptability and Cohesion Evaluation Scales" (FACES II). *System Familie, 1*, 124-136.

Schlippe, A.v. (1984). *Familientherapie im Überblick*. Paderborn: Junfermann.

Schmidt-Denter, U. (1989). Zum Konzept einer Ausbildung in "Familienpsychologie". *Zeitschrift für Familienforschung, 1,* 90-101.

Schmidt-Rinke, M. (1982). *Familienklassifikation in der familiären Sozialisationsforschung.* Unveröff. Diss. Universität München, München.

Schnabel, T. (1987). *Familienlastenausgleich - Anspruch und Wirklichkeit seit 100 Jahren.* Neuwied: Strüder.

Schneewind, K.A. (1976). Erziehungsstil und kindliches Verhalten. *Medizinische Klinik, 71,* 133-142.

Schneewind, K.A. (1977). Zum Verhältnis von Psychologie und Wissenschaftstheorie. In K.A. Schneewind (Hrsg.), *Wissenschaftstheoretische Grundlagen der Psychologie* (S. 11-25). München: Reinhardt.

Schneewind, K.A. (1978). Eltern-Kind-Beziehungen als Determinanten des generativen Verhaltens. *Zeitschrift für Bevölkerungswissenschaft, 3,* 269-283.

Schneewind, K.A. (1979a). Sozialisation unter entwicklungspsychologischer Perspektive. In L. Montada (Hrsg.), *Brennpunkte der Entwicklungspsychologie* (pp. 288-299). Stuttgart: Kohlhammer.

Schneewind, K.A. (1979b). Erziehungs- und Sozialisationsprozesse in der Perspektive der sozialen Lerntheorie. In J. Brandtstädter, G. Reinert & K.A. Schneewind (Hrsg.), *Pädagogische Psychologie: Probleme und Perspektiven* (S. 153-180). Stuttgart: Klett-Cotta.

Schneewind, K.A. (1982a). *Persönlichkeitstheorien I: Alltagspsychologie und mechanistische Ansätze.* Darmstadt: Wissenschaftliche Buchgesellschaft.

Schneewind, K.A. (1982b). Familiäre Aspekte der Selbstverantwortlichkeit. In R. Mielke (Hrsg.), *Interne/ externe Kontrollüberzeugung* (S. 199-221). Bern: Huber.

Schneewind, K.A. (1983a). Konsequenzen der Erstelternschaft. *Psychologie in Erziehung und Unterricht, 30,* 161-172.

Schneewind, K.A. (1983b). Neuere Konzepte der psychologischen Diagnostik. In H. Häcker & W. Winkler (Hrsg.), *Verkehrspsychologische Beiträge II* (S. 104-126). Braunschweig: Rot-Gelb-Grün.

Schneewind, K.A. (1984). *Persönlichkeitstheorien II: Organismische und dialektische Ansätze.* Darmstadt: Wissenschaftliche Buchgesellschaft.

Schneewind, K.A. (1985). Entwicklung personaler Kontrolle im Kontext der Familie. In W.F. Kugemann, S. Preiser & K.A. Schneewind (Hrsg.), *Psychologie und komplexe Lebenswirklichkeit* (S. 201-223). Göttingen: Hogrefe.

Schneewind, K. A. (1987a). Familienentwicklung. In R. Oerter & L. Montada (Hrsg.), *Entwicklungspsychologie* (S. 971-1014). München-Weinheim: Psychologie Verlags Union.

Schneewind, K.A. (1987b). The analysis of family and parent-child relations in a systems-oriented perspective. *Family Perspective, 21,* 337-353.

Schneewind, K.A. (1987c). Personale Kontrolle: Zur Theorie und Empirie eines zentralen psychologischen Konstrukts. In W. Maiers & M. Markard (Hrsg.), *Kritische Psychologie als Subjektwissenschaft* (S. 177-191). Berlin: Campus.

Schneewind, K.A. (1988a). Das familiendiagnostische Testsystem (FDTS): Ein Fragebogeninventar zur Erfassung familiärer Beziehungsaspekte auf unterschiedlichen Systemebenen. In M. Cierpka (Hrsg.), *Familiendiagnostik* (S. 320-342). Heidelberg: Springer.

Schneewind, K.A. (1988b) Die Familienklimaskalen. In M. Cierpka, (Hrsg.), *Familiendiagnostik* (S. 320-342). Heidelberg: Springer.

Schneewind, K.A. (1989). Contextual approaches to family systems research: The macro-micro puzzle. In K. Kreppner & R.M. Lerner (Eds.), *Family systems and life span development* (pp. 197-221). Hillsdale: Erlbaum.

Schneewind, K.A. (1990). Theories and techniques of family psychodiagnostics. *Japanese Journal of Family Psychology, 4,* 65-76.

Schneewind, K.A. (1991). Familien als intime Beziehungssysteme. In U. Schmidt-Denter & W. Manz (Hrsg.), *Entwicklung und Erziehung im öko-psychologischen Kontext* (S. 42-55). München: Reinhardt.

Schneewind, K.A. & Braun, M. (1988). Jugendliche Ablösungsaktivitäten und Familienklima. *System Familie, 1,* 49-61.

Schneewind, K.A., Beckmann, M. & Engfer, A. (1983). *Eltern und Kinder. Umwelteinflüsse auf das familiäre Verhalten*. Stuttgart: Kohlhammer.

Schneewind, K.A., Beckmann, M. & Hecht-Jackl, A. (1985). *Familiendiagnostisches Testsystem (FDTS)*. Forschungsberichte aus dem Institutsbereich Persönlichkeitspsychologie und Psychodiagnostik an der Universität München.

Schneewind, K.A., Schröder, G. & Cattell, R.B. (1983). *Der 16-Persönlichkeitsfaktoren-Test*. (16 PF). Bern: Huber.

Schneewind, K.A., Schröder, G. & Cattell, R.B. (1986). *Der 16- Persönlichkeits-Faktoren-Test*. (16PF), 2. Aufl. Bern: Huber.

Schneewind, K.A., Vaskovics, L.A. & Mitarbeiter (1988). *Optionen junger Ehen: Literaturbericht zum BMJFFG Projekt "Optionen von Paaren beim Übergang von der Ehe zur Elternschaft und Kinderwunsch".* Unveröffentlichter Arbeitsbericht. Universität München, Universität Bamberg.

Schneewind, K.A., Vaskovics, L.A. & Mitarbeiter (1989). *Optionen der Lebensgestaltung junger Ehen und Kinderwunsch*. Unveröffentlicher Zwischenbericht an das Bundesministerium für Jugend, Familie, Frauen und Gesundheit. Bamberg/München.

Schneewind, K.A. et al. (1981). *Psychologische und ökologische Determinanten von Eltern-Kind-Beziehungen*. Abschlußbericht an die DFG. 2 Bände. München.

Schneider, K. (Hrsg.).(1983). *Familientherapie in der Sicht psychotherapeutischer Schulen*. Paderborn: Junfermann.

Schütze, Y. (1988). Zur Veränderung im Eltern-Kind-Verhältnis seit der Nachkriegszeit. In R. Nave-Herz (Hrsg.), *Wandel und Kontinuität der Familie in der Bundesrepublik Deutschland* (S. 95-114). Stuttgart: Enke.

Schwartz, R.C. (1987). Working with 'internal and external' families in the treatment of bulimia. *Family Relations, 36*, 242-245.

Schwartzman, J. (1985). *Families and other systems. The macrosystemic context of family therapy*. New York: Guilford Press.

Schweitzer, R.v. (Hrsg.) (1981). *Leitbilder für Familien und Familienpolitik*. Berlin: Duncker & Humboldt.

Schweitzer, J. & Weber, G. (1982). Beziehung als Metapher: Die Familienskulptur als diagnostische, therapeutische und Ausbildungstechnik. *Familiendynamik, 7*, 113-128.

Seifert-Schröder, B. (1981). *Bildung und Beratung zur Stützung familialer Sozialisation*. München: DJI Verlag.

Seitz, W. & Rausche, A. (1976). *Persönlichkeitsfragebogen für Kinder (PFK 9-14)*. Braunschweig: Westermann.

Seitz, W. (1977). *Persönlichkeitsbeurteilung durch Fragebogen*. Braunschweig: Westermann.

Self, P. A. & Horowitz, F.D. (1979). The behavioral assessment of the neonate: An overview. In J.D. Osofsky (Hrsg.), *Handbook of infant development* (pp. 723-780). New York: Wiley.

Selowsky, M. (1978). *The economic dimensions of malnutrition in young children*. World Bank Staff Working Paper.

Selvini-Palazzoli, M., Boscolo, L., Cecchin, G. & Prata, G. (1977). *Paradoxon und Gegenparadoxon*. Stuttgart: Klett-Cotta.

Selvini-Palazzoli, M., Boscolo, L., Cecchin, G. & Prata, G. (1981). Hypothetisieren - Zirkularität - Neutralität: Drei Richtlinien für den Leiter der Sitzung. *Familiendynamik, 6*, 123-139.

Seus-Seberich, E. (1981). Unterschicht- und Randgruppenberatung. In M. Hockel & F. Feldhege (Hrsg.), *Handbuch der angewandten Psychologie. Bd. 2* (S. 661-690). Landsberg: Ecomed.

Sherman, R. & Fredman, N. (1986). *Handbook of structured techniques in marriage and family therapy*. New York: Brunner/Mazel.

Shipman, G. (1982). *Handbook for family analysis*. Lexington: Heath.

Sigafoos, A., Reiss, D., Rich, J. & Douglas, E. (1985). Pragmatics in the measurement of family functioning: An interpretive framework for methodology. *Family Process, 24*, 189-203.

Sigel, I.E., Dreyer, A.S. & McGillicuddy-DeLisi, A.V. (1984). Psychological perspectives of the family. In R.D. Parke (Ed.) *Review of child development research*. Vol.7 (pp. 42-79). Chicago: University of Chicago Press.

Simon, F.B. & Stierlin, H. (1984). *Die Sprache der Familientherapie. Ein Vokabular*. Stuttgart: Klett-Cotta.

Skinner, H.A. (1987). Self-report instruments for family assessment. In T. Jacob (Ed.), *Family interaction and psychopathology* (pp. 427-478). New York: Plenum Press.

Skinner, H.A., Steinhauer, P.D. & Santa-Barbara, J. (1983). The Family Assessment Measures. *Canadian Journal of Community Mental Health, 2,* 91-105.

Skolnick, A. (1981). The family and its discontents. *Society, 18,* 42-47.

Smid, H. & Armbruster, E. (1980). *Institutionelle Erziehungsberatung*. Eine Bestandsaufnahme in Hessen. Weinheim: Beltz.

Smilkstein, E. (1978). The Family APGAR: A proposal for a family function test and its use by physicians. *Journal of Family Practice, 6,* 1231-1239.

Smilkstein, G., Ashworth, C. & Montano, D. (1982). Validity and reliability of the Family APGAR as a test for family function. *Journal of Family Practice, 15,* 303-311.

Smith, G. & James, T. (1975). The effects of preschool education: Some American and British evidence. *Oxford Review of Education, 1,* 223-240.

Smith, M., Glass, G. & Miller, T. (1980). *Benefits of psychotherapy*. Baltimore: Johns Honkins University Press.

Snyder, D.K. (1981). *Marital Satisfaction Inventory (MSI) manual*. Los Angeles: Western Psychological Services.

Sommer, G. (1977). Kompetenzerwerb in der Schule als primäre Prävention. In G. Sommer & H. Ernst (Hrsg.), *Gemeindepsychologie: Therapie und Prävention in der sozialen Umwelt* (S.70-98). München: Urban & Schwarzenberg.

Sommerkorn, I.N. (1988). Die erwerbstätige Mutter in der Bundesrepublik: Einstellungs- und Problemveränderungen. In R. Nave-Herz (Hrsg.), *Wandel und Kontiniuität der Familie in der Bundesrepublik Deutschland* (S. 115-144). Stuttgart: Enke.

Spanier, G.B. & Glick, P.C. (1981). Marital instability in the United States: Some correlates and recent changes. *Family Relations, 30,* 329-338.

Spanier, G.B. (1976). Measuring dyadic adjustment: New scales for assessing the quality of marriage and similar dyads. *Journal of Marriage and the Family, 38,* 15-30.

Spanier, G.B., Sauer, W. & Larzelere, R. (1979). An empirical evaluation of the family life cycle. *Journal of Marriage and the Family, 37,* 27-38.

Speck, R.V. (1984). Intervention in soziale Netzwerke: Entwicklung, Theorie und Therapie. In M.R. Textor (Hrsg.), *Das Buch der Familientherapie* (S. 167-199). Eschborn: Verlagsbuchhandlung für Psychologie.

Speer, D. (1970). Family systems: Morphostasis and morphogenesis, or "is homeostasis enough?" *Family Process, 9,* 259-278.

Spence, S. & Shephard, G. (Eds.).(1983). *Developments in social skills training*. New York: Academic Press.

Sperling, E., Massing, A., Reich, G., Georgi, H. & Wöbke-Mönks, E. (1982). *Die Mehrgenerationen-Familientherapie*. Göttingen: Vandenhoeck & Rupprecht.

Spinetta, J.J. & Rigler, D. (1972). The child abusing parent: A psychological review. *Psychological Bulletin, 77,* 296-304.

Sprenkle, D.H. & Piercy, F.P. (1984). Research in family therapy: A graduate level course. *Journal of Marital and Family Therapy, 10,* 225-240.

Sroufe, L.A. (1979). The coherence of individual development. Early care, attachment, and subsequent development. *American Psychologist, 34,* 834-841.

Stapelton, C.M. (1980). Reformulation of the family life cycle concept: Implications for residential mobility. *Environment and Planning, A 12,* 1103-1118.

Stapf, K.H., Herrmann, T., Stapf, A. & Stäcker, K.H. (1972). *Psychologie des elterlichen Erziehungsstils*. Stuttgart: Klett.

Starr, R.H. (1979). Child abuse. *American Psychologist, 34*, 872-878.

Steinglass, P. (1987). A systems view of family interaction and psychopathology. In T. Jacob (Ed.), *Family interaction and psychopathology* (pp. 25-65). New York: Plenum Press.

Steinhauer, P.D. (1987). The family as a small group: The process model of family functioning. In T. Jacob (Hrsg.), *Family interaction and psychopathology* (pp. 67-115). New York: Plenum Press.

Stierlin, H. (1975). *Von der Psychoanalyse zur Familientherapie*. Stuttgart: Klett-Cotta.

Straus, F., Höfer R. & Gmür W. (1988). *Familie und Beratung*. München: Profil Verlag.

Strodtbeck, F.L. (1951). Husband-wife interaction over revealed differences. *American Sociological Review, 16*, 468-473.

Stuart, R.B. (1980). *Helping couples change: A social learning approach to marital therapy*. New York: Guilford Press.

Stukat, K.E. (1976). *Current trends in European preschool research*. Council of Europe.

Sugarman, S. (1987). *The interface of individual and family therapy*. Rockville: Aspen Publishers.

Sullivan, H.S. (1953). *The interpersonal theory of psychiatry*. New York: Norton.

Sussman, M.B. & Steinmetz, S.K. (Eds.).(1987). *Handbook of marriage and the familiy*. New York: Plenum Press.

Süssmuth, R. (1981). Familie. In H. Schiefele & A. Krapp (Hrsg.), *Handlexikon zur Pädagogischen Psychologie* (S. 124-128). München: Ehrenwirth.

Swift, C.F. (1988). Stopping the violence: Prevention strategies for families. In L.A. Bond & B.M. Wagner (Eds.), *Families in transition: Primary prevention programs that work* (pp. 252-285). Newbury Park: Sage.

Szinovacs, M.E. (1987). Family power. In M.R. Sussman & S.K. Steinmetz (Eds.), *Handbook of marriage and the family* (pp. 615-693). New York: Plenum Press.

Taft, R. (1977). Coping with unfamiliar environments. In N. Warren (Ed.), *Studies in cross-cultural psychology. Vol. 1* (pp. 121-151). London: Academic Press.

Taubin, S.B. & Mudd, E.H. (1983). Contemporary traditional families: The undefined majority. In E.D. Macklin & R.H. Rubin (Hrsg.), *Contemporary families and alternative lifestyles* (pp. 256-270). Beverly Hills: Sage.

Terry, L.L. (1989). Systems assessment of families through individual treatment: A teaching module. *Journal of Marital and Family Therapy, 15*, 379-385.

Textor, M.R. (1987). Beratung, Erziehung, Psychotherapie: Eine Begriffsbestimmung. *Psychologie in Unterricht und Erziehung, 34*, 1-13.

Textor, M.R. (Hrsg.). (1990). *Hilfen für Familien. Ein Handbuch für psychosoziale Berufe*. Frankfurt: Fischer.

Thoman, E.B. (1975). The role of the infant in early transfer of information. *Biological Psychiatry, 10*, 161-169.

Thomas, A. & Chess, S. (1977). *Temperament and development*. New York: Brunner/Mazel.

Thomas, A., Birch, H., Chess, S., Hertzig, M. & Korn, S. (1963). *Behavioral individuality in early childhood*. New York: University Press.

Thomas, A., Chess, S. & Birch, H. (1968). *Temperament and behavior disorders in children*. New York: University Press.

Thomas, A., Chess, S. & Birch, H.G. (1970). The origins of personality. *Scientific American, 223*, 102-109.

Thomas, D.L. & Wilcox, J.E. (1987). The rise of family theory: A historical and critical analysis. In M.B. Sussman & S. Steinmetz (Eds.), *Handbook of marriage and the family* (pp. 81-102). New York: Plenum Press.

Thomas, V. (1988). Das "Circumplex model" und der FACES. In M. Cierpka (Hrsg.), *Familiendiagnostik* (S. 256-281). Heidelberg: Springer.

Toman, W. (1974). *Familienkonstellationen* (2. Aufl.). München: Beck.

Toman, W. (1979). *Familientherapie*. Darmstadt: Wissenschaftliche Buchgesellschaft.

Toman, W. & Preiser, S. (1973). *Familienkonstellationen und ihre Störungen*. Stuttgart: Enke.

Tomm, K. (1985). Circular interviewing: A multifaceted clinical tool. In D. Campbell & R. Draper (Eds.), *Application of systemic family therapy* (pp.33-47). New York: Grune & Stratton.

Tomm, K. (1989). Das systemische Interview als Intervention: Teil III. Lineale, zirkuläre, strategische oder reflexive Fragen? *System Familie, 2*, 21-40.

Touliatos, J., Perlmutter, B.F. & Straus, M.A. (Eds).(1989). *Handbook of family measurement techniques*. Newbury Park: Sage.

Trost, J. (1977). The family life cycle: A problematic concept. In J. Cuisinier (Eds.), *The family life cycle in European societies* (pp. 467-481). Den Haag: Mouton.

Tseng, W.S. & Hsu, J. (1970). Chinese culture, personality formation and mental illness. *International Journal of Social Psychiatry, 16*, 5-14.

Tseng, W.S. & Hsu, J. (1980). Minor psychological disturbances of everyday life. In H.C. Triandis & E.J.G. Draguns (Eds.), *Handbook of cross-cultural psychology Vol. 6*. (pp. 61-99). Boston: Allyn & Bacon.

Tseng, W.S. (1975). The nature of somatic complaints among psychiatric patients: The Chinese case. *Comprehensive Psychiatry, 16*, 237-245.

Turner, R.R., Connell, D.B. & Mathis, A. (1980). The preschool child or the family?: Changing models of developmental intervention. In R.R. Turner & H.W. Reese (Eds.), *Life-span developmental psychology: Intervention* (pp. 250-272). New York: Academic Press.

Tyrell, H. (1985). Literaturbericht. In Bundesminister für Familie, Jugend und Gesundheit (Hrsg.), *Nichteheliche Lebensgemeinschaften in der Bundesrepublik Deutschland* (S. 93-140). Stuttgart: Kohlhammer.

Tyrell, H. (1988). Ehe und Familie - Institutionalisierung und Deinstitutionalisierung. In K. Lüscher, F. Schultheiss & M. Wehrspaun (Hrsg.), *Die "postmoderne" Familie* (S. 145-156). Konstanz: Universitätsverlag Konstanz.

Umbach, E. & Mackensen, R. (1984). Die Familie hat Zukunft - aber welche? In R. Mackensen, E. Umbach & R. Jungk (Hrsg.), *Neue Zukunft* (S. 33-41). Berlin: Arani.

Valentine, C.A. (1971). The "culture of poverty": Its scientific significance and its implications for action. In E.B. Leacock (Ed.), *The culture of poverty: A critique*. London: Touchstone Book.

VandenBos, G. & Stapp, J. (1983). Service providers in psychology: Results of the 1982 APA human resources survey. *American Psychologist, 38*, 1330-1352.

Vaskovics, L.A., Buba, H.-P. & Rupp, M. (1990). *Optionen der Elternschaft und der Lebensgestaltung in nichtehelichen Lebensgemeinschaften*. Forschungsbericht der Sozialwissenschaftlichen Forschungsstelle Bamberg.

Vaughn, C.E. & Leff, J.P. (1976). The influence of family and social factors on the course of psychiatric illness: A comparison of schizophrenic and depressed neurotic patients. *British Journal of Psychiatry, 129*, 125-137.

Vincent, C. (1958). *Human sexuality in medical education and practice*. Springfield: Thomas.

Visher, B. & Visher, J.S (1987). *Stiefeltern, Stiefkinder und ihre Familien. Probleme und Chancen*. Weinheim: Beltz.

Votteler, M. (1987). *Aufwendungen der Familien für ihre minderjährigen Kinder*. Materialien und Berichte der Familienwissenschaftlichen Forschungsstelle im Statistischen Landesamt Baden-Württemberg. Heft 18. Stuttgart.

Voydanoff, P. (1983). Unemployment: Family strategies for adaptation. In C.R. Figley & H.I. McCubbin (Eds.), *Stress and the family Vol. 2: Coping with catastrophe* (pp. 90-102). New York: Brunner/Mazel.

Wackman, D.B. & Wampler, K.S. (1985). The couples communication program. In L. L'Abate & M. Milan (Eds.), *Handbook of social skills training and research* (pp. 457-476). New York: Wiley.

Wallerstein, J. & Kelly, J.B. (1980). *Surviving the breakup: How children and parents cope with divorce*. New York: Basic Books.

Walsh, F. (Ed.).(1982). *Normal family processes*. New York: Guilford Press.

Walker, A. & Thompson, L. (1983). Intimacy and intergenerational aid and contact among mothers and daughters. *Journal of Marriage and the Family, 45*, 841-850.

Walters, L.H. (1982). Are families different from other groups ? *Journal of Marriage and the Family, 44*, 841-850.

Wampler, R.S. (1982). Bringing the review of literature into the age of quantification: Meta-analysis as a strategy for integrating research findings in family studies. *Journal of Marriage and the Family, 44*, 1009-1023.

Watzlawick, P., Beavin, J.H. & Jackson, D.D. (1967). *Pragmatics of human communication*. New York: Norton.

Watzlawick, P., Weakland, J.H. & Fisch, R. (1974). *Lösungen*. Bern: Huber.

Weeks, G.R. & Wright, L. (1979). Dialectics of the family life cycle. *The American Journal of Family Therapy, 7*, 85-91.

Weinberg, R.A. (1979). Early childhood education and intervention: Establishing an American tradition. *American Psychologist, 34*, 912-916.

Weingarten, K. (1979). Family awareness for non-clinicians: Participation in a simulated family as a teaching technique. *Family Process, 18*, 143-150.

Weiss, R.L. & Perry, B.A. (1979). *Assessment and treatment of marital dysfunction*. Eugene: Marital Studies Programm.

Weiss, R.L. & Summers, K.J. (1983). Marital Interaction Coding System III. In E.E. Filsinger (Ed.), *Marriage and family assessment* (pp. 85-115). Beverly Hills: Sage.

Weiss, T. (1988). Familientherapie ohne Familie. München: Kösel.

West, D.J. (1969). *Present conduct and future delinquency*. London: Heinemann.

Whitaker, C.A. & Keith, D.V. (1981). Symbolic-experiential family therapy. In A.S. Gurman & D.P. Kniskern (Eds.), *Handbook of family therapy* (pp. 127-226). New York: Brunner/Mazel.

Whitaker, C.A. (1976). The hindrance of theory in clinical work. In P.J. Guerin (Ed.), *Family therapy: Theory and practice* (pp. 156-164). New York: Gardner Press.

White, B.L. (1975). *The first three years of life*. Englewood Cliffs: Prentice-Hall.

White, B.L., Kaban, B., Shapiro, B. & Anttonuci, J. (1976). Competence and experience. In C. Uzgiris & F. Weizman (Eds.), *The structuring of experience*. New York: Plenum Press.

Willerman, L. (1979). Effects of families on intellectual development. *American Psychologist, 34*, 923-929.

Willi, J. (1973). *Der Gemeinsame Rorschach-Versuch*. Bern: Huber.

Willi, J. (1985). *Koevolution. Die Kunst des gemeinsamen Wachsens*. Reinbeck: Rowohlt.

Williamson, D. (1981). Personal authority via termination of the intergenerational hierarchical boundary: A "new" stage in the family life cycle. *Journal of Marital and Family Therapy, 7*, 441-452.

Wingen, M. (1989). Familie heute - Entwicklung, Bestandsaufnahme, Trends. In M. Wingen (Hrsg.), *Familie im Wandel - Situationen, Bewertung, Schlußfolgerungen* (S. 13-57). Bad Honnef: Eigenverlag des Katholisch-Sozialen Instituts.

Wingen, M. (1983). Familienpolitik. In W. Mickel & D. Zitzlaff (Hrsg.), Handlexikon zur Politikwissenschaft (S. 136-191). München: Ehrenwirth.

Winick, M. & Rosso, P. (1969). The effect of severe early malnutrition on cellular growth of human brain. *Pediatric Research, 3*, 181-184.

Winick, M. & Rosso, P. (1975). Malnutrition and central nervous system. In J.W. Prescott et al. (Eds.), *Brain function and malnutrition*. New York: Wiley.

Winick, M., Meyer, K. & Harris, R. (1975). Malnutrition and environmental enrichment by early adoption. *Science, 190*, 1173-1175.

Wissenschaftlicher Beirat für Familienfragen beim Bundesministerium für Jugend, Familie und Gesundheit. (1975). *Familie und Wohnen*. Stuttgart: Kohlhammer.

Wissenschaftlicher Beirat für Familienfragen beim Bundesministerium für Jugend, Familie und Gesundheit (1980). *Familien mit Kleinkindern*. Stuttgart: Kohlhammer.

Wissenschaftlicher Beirat für Familienfragen beim Bundesministerium für Jugend, Familie und Gesundheit (1984). *Familie und Arbeitswelt*. Stuttgart: Kohlhammer.

Wissenschaftlicher Beirat für Familienfragen beim Bundesministerium für Jugend, Familie, Frauen und Gesundheit (1990). *Leitsätze zur Familienpolitik im vereinigten Deutschland*. Hektographiertes Manuskript. Bonn.

Wittchen, H.U., Saß, H., Zaudig, M. & Koehler, K. (1989). *Diagnostisches und statistisches Manual psychischer Störungen DSM-III-R*. Weinheim: Beltz.

Wittkower, E.D. & Prince, R. (1974). A review of transcultural psychiatry. In S. Arieti & G. Caplan (Eds.), *American Handbook of Psychiatry* (pp. 535-551). New York: Basic Books.

Wold, H. (1979). *Model construction and evaluation when theoretical knowledge is scarce*. Cahier 79.06 du department d' économetrie, faculté des sciences économiques et sociales Université de Genève, Genf.

Wolman, B.B. & Stricker, G. (Eds.).(1983). *Handbook of family and marital therapy*. New York: Plenum Press.

World Bank (1979). *World atlas of the child*. Washington.

Wulffen, B.v. (1980). *Zwischen Glück und Getto*. Zürich: Edition Interform.

Wynne, L.C. (1985). Die Epigenese von Beziehungssystemen: Ein Modell zum Verständnis familiärer Entwicklung. *Familiendynamik, 10*, 112-146.

Wynne, L.C., Singer, M.T., Bartko J. & Toohey, M.L. (1977). Schizophrenics and their families: Research on parental communication. In J. Tanner (Ed.) *Developments in psychiatric research* (pp. 254-286). London: Hodder & Stoughton.

Yarrow, L.J., Rubinstein, J.L. & Pedersen, F.A. (1975). *Infant environment: Early cognitive and motivational development*. New York: Halsted Press Book.

Yatkin, U.S. & McLaren, D.S. (1970). The behavioral development of infant's recovering from severe malnutrition. *Journal of Mental Deficiency Research, 14*, 25-32.

Zaidi, S.M. (1969). Socio-cultural change and value conflict in developing countries: a case study of Pakistan. In W. Caudill & T.Y. Lin (Eds.), *Mental health research in Asia and the Pacific* (pp. 53-91). Honolulu: East West Center Press.

Zubin, J. & Spring, B.J. (1977). Vulnerability: A new view of schizophrenia. *Journal of Abnormal Psychology, 86*, 103-126.

Sachregister

A

AAMFT, 288, 289
ABCX-Modell, 115
Abgrenzung, 17, 57, 99
Ablenker, 110
Ablösung
  aus dem Elternhaus, 167
  erlaubte, 168
  faktische, 168
  zugestandene, 168
Ablösungsaktivitäten, 168
  jugendliche, 168
Ablösungserfahrungen, 169
Ablösungsprobleme, 114
Abschlußdiagnostik, 323
AFTA, 288
aktive Freizeitgestaltung, 159
Alleinerziehende, 42
amaeru, 67
American Psychological Association Task
  Force, 291
Analyse
  sequentielle, 197
Angemessenheit, 68
  funktionelle, 190
  strukturelle, 190
Ankläger, 110
Annahmebereitschaft, 69
Annahmen
  lineare, 178
  zirkuläre, 178
APA, 289
Arbeitszeitmodell
  familienfreundliches, 316, 320
Armut, 73, 93
Auffälligkeit
  psychiatrische, 86
Autonomie, 62, 164, 165, 167, 169
  individuelle, 61
  zugestandene, 50, 62, 63

B

Bandbreite des Nutzens, 184
Bedingungskontrolle, 150
Beeinflußbarkeit, 149, 151
Behandlungsablauf
  diagnostische Begleitung, 189
Behandlungsnützlichkeit, 190, 191
Behandlungsplanung
  diagnostisch gestützte, 188
Beobachtungsorientierte Schätzskalen, 187
Beratung
  familienentwicklungsorientierte, 300

  familienorientierte, 267, 268, 282, 296
Beratungsabhängigkeit, 305
Beratungsangebote
  Dokumentation, 303
  Informationsabruf, 304
  phasenbezogene, 305
  Vernetzung, 303
Beratungsansätze
  familienbezogene, 286
Beratungsbedarf, 293
Beratungsfelder, 297
Beratungsform, 301
  nicht-personale, 301
  offene, 282
  personale, 302
Beratungsleistungen
  Inanspruchnahme, 304
  Kosten, 304
Beratungsphilosophie, 306
Beratungsthemen
  Familie und Beschäftigungssystem, 299
  Familie und Bildungssystem, 298
  Familie und Ernährung, 297
  Familie und Freizeit, 299
  Familie und Gesundheit, 297
  Familie und Ökonomie, 298
  Familie und Rechtssystem, 299
  Familie und soziale Netzwerke, 298
  Familie und Staat, 299
  Familie und Wohnumwelt, 298
Berufstätigkeit
  weibliche, 43
Beschwichtiger, 110
Bewältigungsform
  dysfunktionale, 126, 131
  funktionale, 126, 131
Bewältigungsressourcen, 126, 127
  persönliche, 127
Bewältigungsstreß, 117
Beziehung
  enge, 157, 172
  komplementäre, 197
  symmetrische, 197
  zirkuläre, 175
Beziehungsaspekte, 226
Beziehungsdaten, 211
Beziehungsfertigkeiten, 341
Beziehungsgeschichte, 55
Beziehungskonstellation, 226
  dyadische, 226
Beziehungskonstrukt, 233
  konstellationsspezifisches, 234
Beziehungskontext
  familiärer, 158, 164, 166, 167, 168, 169
Beziehungsmodell
  internes, 107

Personenregister

384

385

387

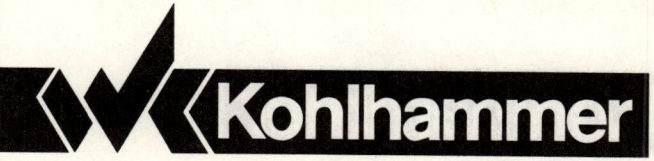

Philipp Mayring/Winfried Saup (Hrsg.)
Entwicklungsprozesse im Alter
mit Beiträgen von I. Fooken, J. Wickert, M. Schuster, U. Fleisch-
mann, F. Dittmann-Kohli, I. Deusinger
1990. 217 Seiten. Kart. DM 29,80
ISBN 3-17-010610-4

Dieses Buch gibt eine grundlegende, leicht verständliche Einführung in wichtige Entwicklungsbereiche des Alters.

Die Autoren verstehen Altern dabei nicht als Lebensabschnitt der
Stagnation, nicht als Abbauprozeß – vielmehr vertreten sie eine
Perspektive des Alters, die vor allem die Chancen und Möglichkei-
ten für die persönliche Weiterentwicklung des einzelnen betont.
Bedeutsame Lebensereignisse im Alter wie Wiederverheiratung,
Pensionierung, Partnerverlust und Heimübersiedlung werden
unter diesem Aspekt behandelt. Auch wird auf traditionelle
Forschungsgebiete (Gedächtnis und Intelligenz) und neuere
Themenschwerpunkte in der Gerontologie (Sinngebung, Glück
und Wohlbefinden, Lebensbewältigung, Identität im Alter) ein-
gegangen.

Oswald/Herrmann/Kanowski-Lehr/Thomae (Hrsg.)
Gerontologie
Medizinische, psychologische und sozialwissenschaftliche
Grundbegriffe
2., überarb. und erw. Auflage 1991
687 Seiten mit 9 Abbildungen und 29 Tabellen
Fester Einband DM 198,–
ISBN 3-17-010983-9

 | Verlag   Postfach 80 04 30
                      | W. Kohlhammer 7000 Stuttgart 80

421-891 278 MFG

Reiner Bastine
Klinische Psychologie
Band 1: Grundlagen und Aufgaben Klinischer Psychologie –
Definition, Klassifikation und Entstehung psychischer
Störungen
2., überarbeitete Auflage 1990
313 Seiten mit 14 Abbildungen und 15 Tabellen
Kart. DM 49,80
ISBN 3-17-010712-7

„Diesem Buch kann man getrost fundamentale Qualitäten zubilligen. Es leistet einen wertvollen Beitrag zur dringend erforderlichen Vernetzung bislang kompilierten Wissens um die Veränderung des Menschen."
Verhaltenstherapie und psychologische Praxis

H. Bommert/Th. Henning/D. Wälte
Indikation zur Familientherapie
1990. 210 Seiten mit 11 Abbildungen und 14 Tabellen
Kart. DM 48,–
ISBN 3-17-011035-7
Verhaltensmodifikation – Diagnostik, Beratung, Therapie

Rainer Sachse/Claudia Maus
**Zielorientiertes Handeln in der
Gesprächspsychotherapie**
1991. 176 Seiten mit 8 Tabellen. Kart. DM 29,80
ISBN 3-17-010946-4
Verhaltensmodifikation – Diagnostik, Beratung, Therapie

 Verlag   Postfach 80 04 30
W. Kohlhammer 7000 Stuttgart 80

422-891278 MFG